奥古斯都

〔英〕特威兹穆尔　著

王以铸　译

商务印书馆

2010年·北京

Augustus

by

Lord Tweedsmuir

本书根据柏林汉斯·冯·胡果出版社（Hans von Hugo Verlag）1939 年版卢特·魏兰特博士（Dr. Ruth Weiland）之德译本译出

奥古斯都

世界的主人

盖乌斯·优利乌斯·恺
撒·屋大维亚努斯

盖乌斯·优利乌斯·
恺撒·屋大维亚努斯
（阿克提乌姆之战
以后）

年轻的屋大维

玛尔库斯·维普撒尼
乌斯·阿格里帕

阿格里帕(优利娅之夫)

优 利 娅

屋大维娅

克列欧帕特拉

盖乌斯·恺撒

利维娅

麦凯纳斯

利维娅·奥古斯塔

首席元老

维吉尔

目　　录

祖国之父

译 者 的 说 明

由于各种各样的原因,我国的世界史文献一直有不少较大的空白点需要进行大量的编写和翻译工作来填补。新中国成立以来在这方面我们有了可观的成就,但又远不足以应付实际的需要。比如说,像奥古斯都这样的相当于我们的秦皇、汉武的大人物,我们早就应当有他的一部传记或评传了。我自己就曾想尝试一下这个工作。

先说编写吧,在过去长时期动荡不安的环境里,首先是没有足够的时间,其次是材料也不足。这还不仅仅是说我个人得不到我所需要的一切材料,而是在客观上,传世的材料远不足以使我们写出一部详尽的、有血有肉的奥古斯都传。这困难已由本书作者在序言中指出了。半个多世纪以后的今天看起来,枝节的部分虽可能略有充实,但总的情况并无重大改善。比如,奥古斯都对安托尼乌斯取得决定性胜利的阿克提乌姆一战的详细经过,就谁也说不清楚。恺撒、西塞罗、庞培、安托尼乌斯等人的比较详尽的传记相继问世,而且有的不止一种,唯独奥古斯都传却很少,看来文献不足恐怕是一个原因。任何想写一部奥古斯都传的人所能依据的原始材料就是众所周知的这么一点点,而且在这一点点当中又有相当的部分是既含混又不十分可靠的。人们虽然可以(我也可以)用这点材料铺陈成相当热闹的一部历史小说,但是我并不想写小说。

后来我又想从其他角度,从同时代其他文献,比如说从维吉尔和贺拉斯等人的作品中探索有关奥古斯都的一些新的消息。我首先在《埃涅阿斯》这部史诗上试了一下,有些问题虽然逐步深入,有了若干副产品,但要把它同奥古斯都本人直接联系起来,依然是困难重重。

继而我又想先选一部外国著作翻译过来,这期间曾考虑过十几种,有的写得还可以,能成一家之言,但那些都是研究奥古斯都的学术专著,不是他的传记。而且这些作品不是太专门,就是太枝蔓、琐碎,不是专门研究罗马史的谁也不会有兴趣看那些东西,而专门研究者自然又有能力去看原书而无须介绍了。比如,苏联玛什金的《奥古斯都的元首制》一书,是材料比较丰富的一部专著,但是它的缺点是平行罗列了许多事实和史料,要讲的问题反而不突出,使读者把握不住他立论的线索。我虽一直留心此事,但直到20世纪七十年代这部《奥古斯都》才在我的狭隘的视界中偶然出现。我得到本书的德译本后,用了整整两天的时间贪婪地读完了它。我并不想把这部作品说得多么理想,或者多么有文采,但作者毕竟把有限的材料组成了一部可读的传记。如果说作者终于完成了他多年的心愿,那他实际上也给读者做了一件好事。传记的篇幅适中,叙述得严谨而清楚,可以说,关于奥古斯都的主要的事情他都谈到了,这就是他的很大的功劳了。他提供了可靠的知识。至于论点,作者一开头就申明:"我的关于奥古斯都的著作是个人的,是受我个人的信念和感受的影响的。"其实哪一部书不是提出作者个人的论点?并且,既是个人的论点,那就只是供读者参考的,没有一个作者(除非他是传教士)会执拗到非要读者相信自己不可。独立思考的读者自可作出自己的判断。比如:作者在个别地方把宗教当成了历史,但我想只要不妨碍主题的介绍,即使让他讲几句在我们看来是不够唯物不够科学的话也是无碍大局的。至于为什么要从德译本重译，理由很简单，我找不到原书。英文原书的书名就是《奥古斯都》(*Augustus*)，德译本的副题"世界的主人"(Augustus：Der Herr der Welt)不清楚是否也是原书的。德译者是卢特·魏兰特博士(Dr. Ruth Weiland)。大概是原文风格如此的缘故，德译本的文字比较简洁，没有德语类似作品中常见的那种冗长累赘的句子。这一点对于像我这样曾经啃过蒙森的《罗马史》的人来说，感受就特别深刻。我不能担保德译本每一句话都是译得十全十美的。有些明显的翻译或排印方面的错误，则据上下文改正，不另注明。

原文显然是给一般读者写的，所以既无注释，引文一般也未注明出处。本书虽写得清楚明白，但对于我国一般读者来说，有许多东西还是生疏的，所以我给全书作了注释，个别地方也发了几句议论。注释是为了说明事实，议论则纯属个人的，仅供读者参考，没有半点想加以引导的意思，说错了，译者个人负责，请指正。由于所有的注释都是译者加的，所以就不再在每条注释下加"译注"的字样了。原书中有些地方引用了拉丁文原文，德译者保留了拉丁原文，中译文也是这样，但重复出现多次的拉丁原文，则按照编辑部的意见，酌量删去而代之以译文，这样对一般读者会更方便些。

关于奥古斯都的名字，这里也有必要作一交代。奥古斯都的本名叫盖乌斯·屋大维(Gaius Octavius)，当他的作为恺撒继子的身份被确认之后，他便继承了恺撒的名字，而叫做盖乌斯·优利乌斯·恺撒·屋大维亚努斯(Gaius Julius Caesar Octavianus)，简称屋大维亚努斯。公元前 27 年元老院把奥古斯都(Augustus，意为尊贵的、神圣的)的称号授予屋大维亚努斯之后，当时以及后世便都称他为"奥古斯都"而不叫他的名字了。同一个人的三个名字代表他的三个时期,三种不同的身份,这是要请读者注意的。

关于附录,我也想补充几句。

《奥古斯都行述》(以下简称《行述》)是奥古斯都在他去世前不久亲手写定的一个记述自己的功业以及元老院和罗马人民给予他的荣誉的记录。他曾命令把这一文件刻在铜板上,立在他的陵寝入口处,可见他对这一文件的重视。人们虽然从苏埃托尼乌斯的记述(参见本书所附《圣奥古斯都传》,第 101 章)中知道这一文件,但已无从寻觅。直到 1555 年,斐迪南二世派往苏丹索利曼那里去的一位荷兰学者伯伊斯贝黑,才在小亚细亚安启拉(安卡拉)罗马女神与奥古斯都神殿入口处两面墙壁上发现了这一文件的复本,并在神殿的一面外墙上发现了这一文件的希腊译文。后来在其他地方也发现了同一文件复本的片段。这是古典研究历史上一件大事,此后就不断有人到那里去临摹、翻拓并加以研究,而蒙森对这一文件的研究(Res Gestae Divi Augusti ex Monumentis Ancyrano et Appolloniensi,柏林,1883 年)则可称为集大成之作。直到今天,还没有任何一个拉丁铭刻的重要性超过这一《行述》,蒙森称这一铭刻为"拉丁铭刻之女王",实非过誉。后人每提到安启拉铭刻(Monumentum Ancyranum),实际上指的就是《行述》。

文件的复本因刻在墙上,所以经过岁月的消磨剥落之处不少,虽有希腊文译文可资对照,但希腊文本也有剥落之处,如果二者同时漫漶不清,而其他地方发现的片段又不能为之补充,那就只好由学者揣摩上下文的意思,按所空字母的数目(原刻每行字母数大体上是固定的)加以补充。这种补充虽然见仁见智各有特色,但终归是一种猜测(conjecture)。幸而这样的地方不多,所以《行述》总的说来仍是出自奥古斯都本人之手的、完全可信的第一手的史料。

我是依照洛布丛书的拉丁文参照所附希腊译文和洛布本喜普

利的译文和《罗马文明》的编者刘易斯和莱因霍尔特所提供的译文（都是英文）译出的,这是我所能依据的仅有的一点材料。洛布本的拉丁文本出版于1924年,此后学术界在这一史料本身的研究方面所作的贡献我一无所知,但估计部分应当反映在三十年后《罗马文明》(第二卷)的译文上,因此凡《罗马文明》本译文同原文有出入或补充之处均予注明,但我无法用更新的拉丁文本加以核对,这是要请读者鉴谅的。

作者为了表示文件的庄重性,用古拉丁语撰写这一文件,因此不必要的词一概不用,不用说形容词、副词,就是介词也用得不多(维吉尔的诗歌也多有这种情况),其难解的程度不下于塔西佗的作品,一些词之间的关系也往往难于确定,真够得上是"周诰殷盘,佶屈聱牙",幸而经过不少古典大师的精心整理和补充,这才使我能以怀着感激的心情读下来。这个文件的注解主要取自两个英译本,少数是我个人的,不再一一注明。

文件是以一个至高无上的统治者的口吻撰述的。它记的只是干巴巴的事实:我给国家做了什么什么,国家给了我什么什么。他叙述的口吻,极其冷静,极其自信,因为他的地位太高了,权力太大了,他甚至不屑于表现一种扬扬自得的神气,更不屑于点出自己对手的名字。他的表达方式说明他不愧是务实的古罗马人的典型。他在年轻时做过些荒唐过火的事情,但从他掌握大权以来,却反而表现了惊人的谨慎与克制,完全不同于一般统治者掌权后之忘乎所以,胡作非为,因此他在历史上造成了一个长期的令人怀念的治世,绝非偶然。他不但考虑到了当前,而且考虑到了未来,他认识到用暴力和压服的办法绝难持久,所以要在后世给自己树立一个具有崇高道德的长者的形象。他是这样想的,也是这样做的,因此人们读他的《行述》,虽然觉得他口气极大,却没有矫饰、浮夸之感,原因就在这里。

《行述》复本的正文前有一段说明，指出原文刻在罗马的两个铜柱上（incisarum in duabus aheneis pilis quae su（n）t Romae positae），记的是圣奥古斯都的功业，因此人们认为 Rérum gestrum...云云可能正是铜柱的原来的说明。蒙森因此把 Res Gestae Divi Augusti 取为这一文件的名称。文件中从十九岁说起，没有一字涉及他的身世、籍贯、家庭情况、所受教育以及他同优利乌斯·恺撒的种种关系，所以严格地说，它不是一篇自传，而只是用来向后人说明自己的道义上的崇高地位的一个功业的记录。

苏埃托尼乌斯的《圣奥古斯都传》是传世资料中比较完整的一种。这里主要译自饶尔夫（J. C. Rolfe）的英译（洛布本）参考了拉丁原文和莫斯科科学出版社 1964 年版俄译本。不管人们认为它写得多么不够严谨，但它毕竟是古罗马人写的古罗马人的传记，单是作者所处的年代和地位就使这篇传记有很大的价值了。不少学者认为苏埃托尼乌斯的作品史料价值不如塔西佗的作品，这当然有道理，但《行述》的发现，正好说明苏埃托尼乌斯的记述并非尽是无稽之谈。苏埃托尼乌斯是奥古斯都死后大约半个世纪多才出生的人，和塔西佗与小普利尼属同一时代。小普利尼同他相识并在书信中提到过他。苏埃托尼乌斯做过皇帝哈德里安的秘书，但看来在当时的政治生活中并不活跃，否则他就没有时间从事写作了。他写过不少诗人的传记，最有名的却是一部从优利乌斯·恺撒起十二位罗马皇帝的传记（De vita Caesarum）。论文笔和史识，苏埃托尼乌斯当然无法同塔西佗相提并论，但他的这部书却比塔西佗的作品走运，长时期里（直到中世纪）始终是人们爱读的作品。他所处的地位使他能接触到许多宫廷传闻，这是他的作品中最吸引人的部分。当然，这些传闻真真假假，我们已无从作出判断，但就其敢于揭露统治者的荒淫无耻这一点而论,这些传记仍然有其不可磨灭的价值。比如作为罗马帝国的一个官员,他竟敢于列举优利乌斯·恺撒的情妇的名字和人们对此人的最厉害的咒骂,连司马迁对刘邦的描述也未能达到这样的程度。还有有关皇帝们的若干具体的细节也仅见于他的作品,这些描写如果说在当时是多余的,现在却是弥足珍贵的史料了。《十二恺撒传》的记述有一个共同的模式,特别对于每一皇帝的外貌、健康情况、衣食习惯、情场生活,叙述得比政治、军事方面的活动更加具体、生动,这大概是考虑到了要迎合读者口味的缘故。现在把这篇传记全文附在这里,读者通过它可以知道奥古斯都在古罗马人的心目中是怎样一个形象。

　　年表是我在翻译过程中随手编制的,目的在于给读者以奥古斯都一生的一个轮廓。古人撰史在年代月份方面往往不够精确,不同史料相互间有很大出入,所以有些事实只能说个大概,不能像后世那样年月日时都能讲得清楚准确。比如,罗马历史上极有名的所谓前三头的结成年代,现在我们就只能推测而不能确定。尽管如此,这个年表的编制仍然花费了我大量的时间精力,往往一个年代,一个月份,一位执政官的名字,要查阅很多资料,反复核对、排列,才能勉强定下来。可能读者仍会发现某些事件衔接得不严密或有相互矛盾的地方,故略作说明如上。

　　插图和地图都是原书的,地图是请杨京平同志照原图绘制后制版的,尹凤阁同志为此书设计封面,特别是本书责任编辑徐葆初同志细心阅读全稿,提出修改意见,大力促成此书早日同读者见面,对以上几位同志,我在此深表感谢。

　　书中有错误或不当之处,望读者不吝教正。

一九八六年九月。北京。

译 者 序
——补充有关奥古斯都的若干问题

道地的古罗马人

奥古斯都和希腊文化遗产

军事力量决定一切

正"名"的作用

奥古斯都和行省

元首的威信

罗马文学的"黄金时代"

奥古斯都和血统贵族

奥古斯都如何处理军队问题

千百年来,研究罗马历史上的重点人物始终是人们重视的课题。这些课题很吸引人,然而又很难着手。这不仅仅是因为有关的史料不足,更主要的是因为人们的观点历来有很大的分歧。但人们仍注意到这些问题的直接的、现实的意义,认为它们对今天依然有很高的参考价值,是一些古老而又新鲜的问题。

大家知道,罗马本来不过是意大利中部梯伯河畔丘陵地带上的一个小小的聚落。后来它竟然从这小小的聚落发展成为一个囊括地中海、地跨欧亚非三洲的大帝国。自从罗马帝国解体以后,历史上再也没有一个国家能把地中海当成自己的内海了。为什么正是罗马,而不是某个古老的东方王国或希腊的某个城邦,成为这样一个大帝国的主人? 其中总应当有些道理。

罗马帝国又是一个曾把今天的意大利、法国、英格兰、西班牙、希腊、埃及、南斯拉夫、土耳其……都包容在一个政治联合体之内的国家,其内部民族成分、政体、风习、地理条件、历史背景之复杂是难以想象的,然而又是什么力量或什么办法能使它维持了数百年之久? 这里面又应当有些道理。

我们必须掌握大量的材料并对之进行科学的、深入的分析,然后才有可能回答这样的问题。这是罗马史研究者的任务。我们研究具有典型意义的奥古斯都和他的时代,就可以取得解决这些问题的若干重要线索。

因此,可以说,两千年前的这个西方人的事情和我们仍然不是毫不相干的,研究他,吸收他的经验教训,仍然不是多余的事情。

道地的古罗马人

历来研究罗马历史与文化的学者几乎一致认为,古罗马人首先是一个十分现实的、讲求实际的民族。W. W. 缶勒在半个多世纪以前对普通英国读者所讲的话,今天对我们来说依然没有陈旧过时。他说:

让我们假定有一个对古典历史没有什么特别研究的英国人去参观在博物馆的玻璃柜中展出的一批罗马古物。他可能不会在这些展览柜前面停留很久,而是去看那些也许更能够吸引他的什么东西。他看到的东西大多数既不引人注目又不漂亮……它们主要是实用的东西,是各种各样的工具和用具。……当然,如果他到罗马的一个博物馆去参观,他会发现那里有许多美丽的东西,但那些东西都是希腊艺术家的作品,是生活在罗马晚期的那些富有的或有鉴赏力的罗马人从外国买来的。但是一批真正典型的罗马古物给你的印象可能正是前面我说的那样。遗留下这些东西的民族,他们制造它们的动机看来乃是实用,而不是美丽。(着重点引者所加)

如果我们去看一下意大利或欧洲大陆其他地方任何较大的罗马建筑物,我们也会感到同样的动机。我们大都知道那穿山越谷的罗马大道是什么样子,它们主要是用于军事的目的,军队可以在这些大道上迅速推进,并且在行军时对地形进行观察。在发掘出来的市镇中,我们通常发现它们的最宏伟壮丽的建筑必然是集会之用的会堂(basilicae),而人们就在这里处理各种各样的事务,特别是同法律和政治有关的事务。(《罗马·引言》)

关于罗马人的这种务实的品质,稍稍考察一下他们最早的历史就可以看得更加清楚了。远古时期,栖身于梯伯河岸一小块丘陵地带的古罗马人经常处于敌人入侵的威胁之下,没有任何真正可恃的天然屏障。他们占有的那用一天时间便可以徒步穿行的小小地段虽然还算得上肥沃,但是由于农业技术相对地落后和人口较多,粮食一直是紧张的。务农的古罗马人并不是生活在世外桃源之中,他们的南北都是敌人,因此他们只能用战斗来保卫自己的生存,不能一日苟安。在这种激烈的生存斗争中,他们所能考虑的只能是"实"事,即如何保持足够的力量,使自己能够在这块土地上存活下去。

古罗马的男子为了存活,一是要种地,二是要拿起武器来保卫农耕的果实。他们既要抢锄头又要拿刀剑,农夫和战士两位一体,这就是古罗马人的形象。然而无论干农活还是打仗,都是极为辛苦的事情,所以古罗马人表现出来的和罗马人要求于子孙后代的,首先就是农夫和士兵所必须具有的品质。

农民大多是安土重迁的,他们绝不肯轻易地离开或放弃自己世世代代耕种的土地。与奥古斯都同时代的诗人贺拉斯在给麦凯纳斯的诗里就表达了罗马农民的这种朴素的感情:"你绝不能使喜欢耕耘世代相传的土地的农民按照阿塔路斯①的条件变成一个战战兢兢地在塞浦路斯的小舟里去耕耘米尔托斯的大海②的人。"而且,贺拉斯在他的诗篇里就描述过罗马农民的理想:

> 这样的人是幸福的:他远离城中俗务的纷扰,
> 用自己的牛耕种祖先的土地,
> 不去考虑任何金钱问题。
> 这正是我们祖先的生计。

> 这个人无须像一名士兵,
> 被号角的鸣声催起,也不害怕
> 那愤怒的海洋,并且避开法庭
> 和豪族的大门。

拿起武器当然不是他们的本意,而是迫不得已。罗马的强悍的士兵就是拿起武器保卫自己的耕地的农民。士兵,说到底还是

---

① 培尔加门的国王(公元前241—公元前197年在位),他曾协助罗马人对阿凯亚(希腊)人作战。
② 米尔托海(Myrtoum Mare)是爱琴海的一部分,在阿提卡、埃乌波亚和阿尔戈利斯以南,可能因米尔托岛而得名。

农民。"好农民"才是古罗马人对人们的最高评语。当罗马还是一个小小城邦的时候,罗马公民自己备办武器,他们大都各自有自己的土地。后来当兵成了一种专业,募兵制代替了最初的民兵,但士兵作为农民最后仍然希望有自己的一块土地作为归宿①。不了解这一点,就不能了解为什么用土地安置退役士兵的问题始终是罗马共和时期历史上突出的问题之一。

前面说过,农民的收获是很有限的,后来罗马本地也始终未能彻底解决粮食自给的问题,因此作为普通农民,他们只好过俭朴的有节制的生活。从存世的文献来看,罗马人很讲究种地,因为这是他们的命根子②。种不好地就谈不上起码的生存。种地又要遵守节令的推移,这便要求他们既要勤劳又得有耐心。除了上述的美德之外,作为战士,罗马人还要求勇敢的品质,否则劳动的果实便难以保全。在拉丁语中,有"美德"的意思的 virtus,最初乃是"勇武"的意思。因此一个理想的罗马人就应当是一个果敢有力的人(vir fortis et strenuus)。他不仅应当勤俭、刻苦,他的仪表还应当有凝重的特色,此外他还要有很大的克制力。罗马诗人维吉尔借努玛努斯之口就说出了典型的古罗马人是怎样抚养大的:

> 我们这个从一开头便能吃苦耐劳的民族,孩子生下来就给抱到河边,
>
> 泡进冰冷的水里锻炼他们;
>
> 男孩子夜里也在打猎,把森林搅得精疲力尽,

①　但到帝国初期,奥古斯都也用退役金等等作安排以保证退伍士兵的温饱,而不一定是都用土地来安置了。

②　在共和末期,罗马的农业技术已经达到相当高的水平,保存下来的罗马农业文献可以证明这一点。

他们以弓马为游戏；

到了青年时，他们勤劳工作：

或者锄地，或者在战争中攻陷城市。

（《埃涅阿斯》，第 9 卷，第 603 行以次）

　　罗马人不愧是强者，他们终于在残酷的斗争中存活下来了。当然，他们在斗争中也不断遭到失败，有时甚至是十分惨重的失败，但是他们有一股犟劲，从不认输，总是在极为困难的条件下一点点地把优势夺回来，最后成为胜利者。对高卢人和迦太基人的残酷斗争可以说是突出的例子。后来他们有了实力，便以攻为守，向外打了出去，最后转化为侵略者、征服者。同样是由于这种性格，罗马人的内战也进行得特别残酷。内战给罗马人自己带来了极大的苦难，在共和后期使千千万万的罗马人倒入血泊之中。这时他们已不再是为保卫自己的生存权利，而是为争夺罗马国家的统治权、乃至当时西方世界的霸权而作战了。

　　从这时起，本来是淳朴农民的罗马人开始以统治民族自居，而统治世界这种使命感在帝国初期甚至共和末期便已出现在统治阶级的意识之中。

还有一些人（按原诗指冥界的希腊人。——引者）

能更精美地铸造出能呼吸的铜像，

（我相信，）并且能用大理石雕出逼真的面容，

还能在法庭上更好地进行辩护，用尺子

画出群星的运转和星座的升降，

但是你，罗马人哟，记住，你要统治世界各族人民！

这才是你的本分——使人们得到和平，

> 对被打倒的人表现仁慈，并制服不肯就范的人。

> （维吉尔:《埃涅阿斯》,第 6 卷,第 847—853 行）

当罗马人在共和与帝国之交开始打出自己这种"使命"的旗号时,我们很自然地会联想到古罗马人后来表现得比较突出的另外两个特点。

一个特点就是一种庄严凝重的气度（gravitas）,换言之,即同罗马人有关的一切都给人一种脚踏实地、坚实可靠的感觉。这种气度在建筑上表现得尤为显著。罗马的神殿、会堂、剧场、拱门等等遗存,使人感到每一建筑物都是百年大计、千年大计,绝不像日本人的木结构的房屋那样给人以飘忽的、暂时的感觉。日本三岛天灾频仍,一次地震、台风都能使一切立刻消失得无影无踪,所以他们对佛教宣扬的"无常"有切身的感受,并且喜爱花开不久便凋落的樱花。古罗马人则不然。他们不是拜倒在自然力的脚下,而是站在高处看世界的。如果人们不能体会英语中 imposing、magnificent 等词的确切含义,那么看一下罗马的雄伟的建筑物的气势那是会很有启发的。而且,不仅在罗马本城和意大利各地是如此,今天法国、联邦德国、西班牙的罗马遗迹也莫不如此。马克思的故乡、今天联邦德国的特里尔的黑门（Porta Niger）可以为例。这里原是古罗马军事移民地的旧址,它们大多是仿军营的形式建造的,本应带有临时的性质,但实际上它们都经得起以千年计的风风雨雨。仅此一端便看得到古罗马人的厚重性格。

另一个特点是古罗马人处理政务,处理人与人之间关系的杰出才能。牛津大学出版社有一部通俗的文集《罗马的遗产》（*The Legacy of Rome*）,其中 H. 斯图亚特·琼斯和德·沮鲁伊塔的几篇专文便提到了古罗马人在这方面的成就（特别是有关法律的人),可以参看,这里不拟详述。在这里我只想指出一个现象。且不提波利比乌斯认为罗马的体制是综合君主政体、民主政体和寡头政体三者的优点的最理想的政体的论点,只看一下他们罗马人在那样早的时候就提出了"元老院和罗马人民"(senatus populusque romanus,简称 S. P. Q. R.)来概括罗马的国体,并且用相互可以使用否决权的两位执政官和后来的神圣不可侵犯的保民官等等体制来防止个人专政,就可以知道他们在政治上的成就实在是了不起的。设想一下,如果抽去罗马传统,后来的欧洲文明会变成什么样子?因此,说罗马文明是今天欧洲文明极为重要的源泉并不是过分的。

以古罗马人的这两个特点为背景,我们可以更好地认识奥古斯都其人了。奥古斯都在罗马历史上是从共和向帝国转换期的关键人物,他应当被认为是罗马帝国的真正的开创者,而恺撒只是他的先导。但就他本人来说,他实际上应属于共和国末期的人物,因此古罗马人的上述美德和特点在他身上均有所体现。

从母亲和外祖母方面来说,他的出身无疑是十分高贵的,但从他父系方面来说,却只能说是富而不贵——不过在他当时,身世是否显贵已经不像经济实力那样重要了。他受的是典型的上层罗马人的教育。他的体质虽不算强健,但他自奉俭朴,能吃苦耐劳,不图安逸,不畏艰难险阻,仍是古罗马人的气派,和我们所想象的旧社会那种弱不禁风的富家子弟完全不同。这种品质同恺撒颇有相似之处,而在他作为随从随恺撒远征西班牙时,正是他的这种品质引起了恺撒的重视和欣赏。当然,比起恺撒来,奥古斯都并不是出色的军人和战略家,也不是一位伟大的统帅,但是他善于同士兵共甘苦,对士兵虽要求严格,但赏罚分明,待人宽厚,单是这些特点就很得军心了。阿克提乌姆一役的详情我们已不得而知了,但是从他直到第二天早上才从舰船返回陆地这一点来判断,在这一战役中他始终在场,绝不是一个在后方坐享其成的懦夫懒汉,因为这同他作为一个古罗马人的性格是不相容的。安托尼乌斯曾嘲笑他在西西里战争中在作战前还要被人唤醒,但这可能证明他当时疲倦之极,却未必能证明他在沉湎于个人的享乐。只要看他在取得统治大权之后,绝不贪图个人享受,而是力图经常在外地巡视这一点就够了。在健康不佳的情况下,他便乘抬床出行。他甚至不是在罗马去世的!因此他一生始终给人们留下励精图治的印象,就不是偶然的了。从传世的雕像和有关史料来判断,奥古斯都从小即是一位文静秀美的少年,他性格极端内向,但是具有外柔内刚的特点。如果作一个不甚恰当、然而又不无道理的比较,我总是想到和他同时代的汉光武帝。

说来也奇怪,奥古斯都这样一位不世出的英雄虽然开创了一代治世,但他本人却说不上有什么专长。他不是军事家、战略家,这一点在前面已经指出了;他研究过哲学,但不是哲学家,没有什么完整的哲学理论,更不好玄思空想;他学过修辞学,但他不是雄辩的演说家,而毋宁说是一位寡言少语的人;他喜爱文学艺术,自己也能写诗,却没有留下任何动人的诗篇。但是,另一方面,他有自己的优点,别人难以企及的优点,正是这些优点使他开拓了长治久安的基业,给后人留下了一笔无可估价的政治财富。下面我们想就此作一些论述。

纵观奥古斯都一生,开始时除了有恺撒的继承人这样一个实际上还不大可靠的身份之外,逐鹿天下的每一个其他条件对他都是极其不利的。公元前 44 年恺撒遇刺时,他一点精神准备也没有。他太年轻,没有任何从政的经验,在经济上也尚未能独立,可说是毫无凭借。另一方面,恺撒派的安托尼乌斯①却占尽了一切优势。安托尼乌斯是恺撒的同僚,即这一年的执政官。如果说恺撒被刺后共和国的一套已经不起任何作用,作为罗马共和国主体的"人民"和元老院被吓得目瞪口呆、束手无策,而所谓"解放者"又证明自己没有任何号召力,那么,安托尼乌斯看来就是唯一能收拾局势的人物了。作为恺撒身边的人物,安托尼乌斯是可疑的。当然,从恺撒这方面看来也从来不曾把安托尼乌斯引为自己的心腹,这在当时恐怕也是尽人皆知的事实,否则阴谋者就不会轻易地放他过去了②。不过有一点是不容怀疑的:安托尼乌斯在军事上一直是恺撒的得力助手,在关键的战斗中是为他效过力的。安托尼乌斯本人有丰富的作战经验,在内战中称得上是一位仅次于恺撒的风云人物。

对奥古斯都来说,安托尼乌斯是前辈,安托尼乌斯从来也没有把奥古斯都这个"小孩子"当作一个可以认真对待的敌手。安托尼乌斯基本上是一个没有政治头脑的武夫,对之当然不能估计过高。这是个一朝有权便忘乎所以的人。面对着冷静深沉的青年奥古斯都,他的失败看来是注定了的。奥古斯都审时度势,从长远的眼光就双方条件加以分析后,才作出了自己有可能同安托尼乌斯一决雌雄的估计。这个青年就抱着这个目的,不屈不挠,然而是有步骤、有节制地,以巨大的耐心逆风而进,终于挫败了自己的对手。不慌不忙,不急不躁,稳步前进,待机而动,坚持到底——这就是表现在奥古斯都身上的突出的特点。

---

① 安托尼乌斯,通常按英译名译作安东尼。
② 谋刺恺撒时,布路图斯坚持放过安托尼乌斯,看来是有根据的。

因此,我们不妨在这里提一下奥古斯都所喜爱的一些格言。下面就让我们看一下苏埃托尼乌斯在《圣奥古斯都传》(第 25 章)里是怎么说的:

> 他认为对于一位理想的领袖来说,最不应当有的品质就是仓促和鲁莽,因此他就喜爱这样的格言:"要抓紧,但不能图快。""宁可要一位稳妥的,也不要一位勇猛的统帅。"以及"只要做得好,那就是够快的了"。他经常说,不应当在任何情况下随便发动一场战争或战斗,除非得的希望明显地大于失的恐惧……

这几句话准确地道出了奥古斯都处理事物的态度。关于这里的"要抓紧,但不能图快",奥古斯都引用的是古希腊语,这原是希腊诗人美加拉人西奥格尼斯(活动于公元前六世纪后半叶)的话。后来这话译成拉丁语,人们就把它当作奥古斯都自己的话传开了①。不过这句话同孔子的那句"欲速则不达"还多少有一点区别。速则不达,但速的反面是慢,这里则更着眼于稳中求快,丝毫没有可以"慢慢来"的味道。奥古斯都之夺得大权和后来的建国大业都是在这种步调中完成的。那位在罗马历史上曾经以"拖延者"(Cunctor)享名的法比乌斯·玛克西姆斯·维尔茹科苏斯也是以同样的精神硬是拖垮了汉尼拔。法比乌斯不是像某些人认为的那样被敌人牵着鼻子走的,他是在貌似缓慢的行动中"主动地"拖垮了敌人的,这正是罗马人特有的坚韧的精神。

---

① 古代格言中这样的情况是常见的,"认识你自己"就曾分别归之于奇隆、苏格拉底、泰理士等人,但实际上这是戴尔波伊阿波罗神托所门前的铭文,在民间这话流传得可能更早。

奥古斯都以其政治家的敏锐目光,早就看出了今后的成败在于是否能取得军事独裁大权这一点上。马里乌斯、苏拉、恺撒的例子都已说明了这一点,因此在这一点上,他的决心是不可动摇的,但他并不鲁莽从事,他有为实现这一目标的最大耐心与灵活性。

因此,奥古斯都认为自己的事业是以征募自家的军队为起点的,这也正是他的《行述》的起点。他的这个认识非常正确。从共和的传统来看,他为个人募兵是非法的,但那时你没有军权就没有发言权,没有军队,谁也不会理会你说的话。在募兵方面,恺撒的继承人的身份是有特别的号召力的,奥古斯都就充分利用了自己的"位能"。为了对付"解放者",他要同安托尼乌斯保持联系;为了联系元老院同时也为了表示自己的敬意,他又专门去看了西塞罗。他善于利用棋盘上的每一个棋子,却又不轻举妄动,总之都是为了他最后夺取最高统治权服务。他需要强硬时就向安托尼乌斯示威,表明了自己的存在,转眼间他又可以同安托尼乌斯结成联盟,向元老院表明自己不是可以随便被放到一旁的。他可以为了目的而不择手段,因此在争夺权力中,他绝不手软,甚至不惜同意杀害西塞罗,但一旦取得大权,他又懂得怎样与民休养生息,一个杀人不眨眼的魔王于是一下子成了温和可亲的长者。他的耐心和应变能力都是惊人的,他能顺应形势把一出戏演得恰如其分,一直到死,像他自己所说的那样(苏埃托尼乌斯:《圣奥古斯都传》,第99章)。

他的坚定肯定给了同时代人以深刻的印象,就像贺拉斯在《诗歌集》里(第3卷,第3首)所歌颂的:

> 执著追求正义目标的人
> 无论是公民们疯狂的邪恶的反对,

无论是威吓的暴君的表情，

都动摇不了他的坚定信念。无论是奥斯特尔、

那汹涌澎湃的亚得里亚海的暴躁的主人，

无论是雷电之神朱庇特的强大有力的手

也是如此。如果天穹塌下来

压到他身上，他也不会惊惶失措①。

正是由于这种品质，波路克斯②和流浪的赫丘利斯

才上升到星光灿烂的天庭，

而奥古斯都将斜卧③在他们中间

用朱唇吸吮甘露。

这里的第三节对作者的主人虽然不免有过分吹捧之嫌，但是对于典型罗马人的坚定顽强的性格的描绘，却不能说是不准确的。

奥古斯都和希腊文化遗产

罗马喜剧作家普劳图斯（公元前三世纪中叶生）早就承认过，罗马人在希腊人面前乃是蛮族（barbari）。这句话无意中道出了罗马主人长时期下意识中在被统治的希腊人面前的自卑思想。

---

① 天会塌下来在古人中间是一个比较普通的想法，我国神话中的炼石补天，就是以天穹倾陷的设想为前提的。

② 波路克斯（Pollux），据神话，是宙斯和列姐的儿子。罗马人相信他和他的兄弟在列古路斯湖之战中曾帮助过罗马人对拉丁人作战。在罗马广场上有专为他修建的神殿。骑士阶级则认为波路克斯和他的兄弟是他们的保护神。

③ 在罗马式的宴会中，人们都是斜卧在床榻上的。小桌放在中央，几只床榻放射式地排在四周。

后世多以希腊罗马并称。它们的继承关系当然是不成问题的。希腊文化哺育了罗马文化，罗马文化主要是在希腊文化的模式下成长起来的。在罗马的发展过程中，希腊人对罗马人的文化教育始终起有举足轻重的作用。但只要我们深入观察一下就可以发现，由于历史和地理背景的不同，希腊人和罗马人的民族性格之间的差异其实很大。前面我们指出了罗马人民族性格的特点，拿这些特点同希腊人的特点相对照，就可以看出希腊人的思辨、推理和想象的能力都是罗马人所不具备或虽有而很差的。罗马从不曾产生希腊那样的大哲学家、科学家、艺术家。罗马人虽然是脚踏实地的实干家，却没有希腊人的那种开拓性的冒险精神。如果说罗马是农民的国土，希腊就是水手的国家了。罗马后来的发展是求生存的一种反动，希腊的开拓则带有奇幻的色彩。希腊的色调总的说来比罗马要生动、瑰丽得多。那对比就好像多变的海洋之于凝重的大地。这又好像日本文化虽受中国文化的哺育，但日本文化毕竟不同于中国文化，日本和中国文化仍然各具自己鲜明的特色。希腊与罗马的文化，基本上也是这样的关系，无论从哪一个角度说都是如此。

作为一个典型的上层罗马人，奥古斯都也如同他的先辈一样，系统地接受了希腊文化。可以认为，在当时罗马人心目中，只有完成了希腊式的教育才称得起真正有学问，这是几百年来形成的一种固定的看法，这和日本人必以汉学作为根底才算有学问一样。奥古斯都很早便能阅读希腊文的作品，也有用希腊语写作的能力，只是讲话似乎不像一般罗马上层知识分子那样自如而已（苏埃托尼乌斯说他用希腊语时要有人为他翻译，这大概是限于他所处的地位。但他随口吟诵的诗有不少是希腊语的）。罗马上层人物之间用希腊语交谈就好像沙俄时代上层的俄国人用法语交谈那样普

遍。尽管希腊在他的时代已降为罗马的一个行省——公元前 27
年罗马在那里置阿凯亚行省,尽管希腊人在罗马本城大多处于下
九流的地位,但值得注意的是,希腊对罗马在文化上的优势却一直
保持下来。希腊的奴隶不少人兼有家庭教师或秘书的身份,有学
问的和多才多艺的希腊奴隶价格高得惊人。罗马人鄙视他的身
份,内心深处又羡慕他的学问。即使像西塞罗和恺撒那样的政治
上的风云人物也还得去向希腊的大师求教,还得到东方的希腊世
界去深造。公元前 44 年奥古斯都在阿波罗尼亚,除了为恺撒的出
征打前站之外,也还有向希腊教师学习的任务。这就难怪后来贺
拉斯在给奥古斯都的信里不无感慨地指出,被征服的希腊,反过来
又征服了凶恶的罗马征服者,并且把它的精美的艺术品引进了不
开化的拉提乌姆。

早在罗马成为后来的罗马帝国之前很久,希腊人就渡海来到
了西西里和意大利南部,在这里的沿岸地带建立移民地并定居下
来。拉提乌姆无论多么闭塞,要想完全排除自南而来的希腊影响
恐怕是困难的。把埃涅阿斯同罗马的祖先扯到一处看来绝不是奥
古斯都或维吉尔的捏造,而可能是几百年来落后的罗马人在接触
到璀璨的希腊文化之后想加以模仿和攀附的一种天真愿望的表
现。《埃涅阿斯》的历史的和文化的价值这里可以不论,单就其内
容来看,可以认为完全是罗马人在长时期中附会荷马的史诗和希
腊的神话传说编造出来的(维吉尔是整理者,但未必是编造者)。
奥古斯都想用这部有意创作的史诗当作发扬国威、进行思想宣传
的工具,正好说明了他对希腊文化传统的态度。顺便指出,《埃涅
阿斯》虽然是维吉尔个人执笔的力作,但是反映了罗马官方的思
想,是宫廷文士的遵命之作,因而无论它的构思多么完整,技艺何
等高明,无论作者在诗句上下了多大的工夫,这种奉命写诗的方式

毕竟是正直的诗人无法忍受的。为统治者讲话绝不是一项光荣的任务，所以作者后来在遗嘱中要求把原稿全都烧掉就不是偶然的了。

前面已经指出，生活在自然条件和社会条件都十分艰苦的环境中的罗马农民，为了存活只能先做"实干的人"，而在立定脚跟后，才能考虑其他。罗马文学始终缺乏希腊文学那种活泼清新的气象，这可能是原因之一。至于作抽象思维，进行冥思苦想，则这更与罗马人不相干，所以罗马人根本没有自成体系的哲学，至于作直觉的观照，则连希腊人一般也还做不到这一点，更不用说罗马人了（这正是希腊、罗马不能产生世界性的宗教的原因）。而等到罗马人在征战中打出了一个局面，生活过得像些样子，有条件去考虑那些更基本、更本质的问题时，他们只能把现成的希腊哲学（从地理位置上说，也以接受希腊的哲学最方便）拿过来，加以适当的调整，作为自己的东西。不过他们的吸收的方式是很粗陋的，不但消化得不充分，语言的准备也不足，因为拉丁语里能以表现丰富思维内容的词汇极为缺乏，而讲授哲学的希腊大师们又不屑于学习粗陋的拉丁语，这就给介绍希腊哲学的罗马人提出了艰巨的任务。人们只好在翻译过程中创造语汇，而西塞罗在这方面的功绩是不朽的。

就务实这一点而论，古代中国人同古罗马人颇有相似之处，都是擅长于"从政"的民族，都只有一些粗陋、原始的迷信，谈不上什么真正的宗教信仰。中国人的哲学大都同从政相联系，并没有纯粹的哲学体系。印度的佛教传入中国后同中国的玄谈融合起来，不久发生了质变，才慢慢形成中国牌号的佛教，有了言之成理的各种体系。但罗马人之接受希腊宗教则只是拙劣的比附与模仿，他们的宗教始终不曾超越希腊神话和原始崇拜的水平，以至在基督教面前只能落得个全军覆没。像卢克莱修那样写出了《物性论》的大思想家在罗马人中间只能说是极个别的。

就奥古斯都当时来说，罗马正在受所谓中期斯多葛主义的强烈影响。斯多葛主义侈谈的什么"真正的知识"、什么"理性"，本来是同罗马人的头脑格格不入的。它经过帕那提乌斯的解释才终于能为罗马人所接受。帕那提乌斯是著名的斯多葛派巴比伦人狄奥根尼斯和塔尔索斯人安提卡特尔的嫡传弟子，公元前 44 年他来到罗马并结识了声名赫赫的普布利乌斯·斯奇比奥·埃米利亚努斯。这位斯奇比奥就是当时不久之前摧毁了迦太基并设立了阿非利加行省（他因此取得了阿非利加努斯的称号）的那个人。不过，应当着重指出的是，罗马的权门看待希腊哲学家的心理也是复杂的，他们也和对待自己的奴隶教师一样，一方面羡慕他的学问，用为幕僚、顾问、教师，另一方面，又把他看成"哲学贩子"而倡优畜之。文化上不如希腊人的罗马人在无可奈何的情况下又往往爱摆出主人的架子。

看来帕那提乌斯对罗马人的性格是了解得比较清楚的。他知道罗马人能够理解和接受的是些什么，因此他就用斯多葛哲学附会罗马的现实，强调其中伦理的、实践性强的部分，而不是其中推理的、思辨的部分。他这样做不但正好能满足了罗马人的精神上的需要，而且从政治的角度来看也很有针对性。

奥古斯都这一代人很难想象在哲学观点上（如果有所谓哲学观点的话）不会直接或间接受西塞罗的影响。毫无疑问，西塞罗是一位伟大的政治家、文章家、雄辩家，但他却不能不说是一位十分蹩脚的"哲学家"，后人对他的哲学观点无以名之，称之为折中主义，其实说穿了就是大杂烩。他对于以前有过的观点，是采取随用随取的态度，从来不曾作过通盘的认真的思考。换言之，他不过是在自己的政论中即兴式地使用希腊哲学武库中的名词而已。甚至恺撒的"仁慈"口号也不能不说是受了斯多葛主义的影响,虽然,恺撒同哲学家的头衔更是风马牛不相及了。奥古斯都虽研究过哲学,但他也是用这种路数使用哲学。

恐怕没有比罗马人更不适于研究哲学的民族了,就这一点而论,恐怕没有比奥古斯都更为典型的古罗马人了。我不是说罗马上层人物没有任何哲学头脑,也不是说罗马人不会受哲学思想的影响。应当说,凡是能思考问题的人都对哲学的探索有一定的能力,但对哲学概念、界说的兴趣并不就表现为对整个哲学的兴趣。罗马人不乏不远千里东行求师的学问家,但他们学回来的是雄辩术,是修辞学,是伦理学,是道德上的说教,是供从政和执法使用的一大堆有哲学味道的辞藻,唯独不是真正意义下的哲学。无论对西塞罗、恺撒还是对奥古斯都,斯多葛哲学宣扬的勇敢、克制、坚忍、慷慨、仁慈、宽大……之类的概念绝不是陌生的,也绝不是无用的。这些概念较之柏拉图的"理念"、亚里士多德的"恩特莱希"、毕达哥拉斯的"数"等等,对罗马人要亲切有味得多。所以说希腊哲学对罗马的影响主要是在政治、伦理方面,如果罗马也有哲学的话,那至多是希腊哲学的末流或变种,不但谈不上体系,就连用词的内容也不曾加以充实或丰富。罗马人在写所谓哲学作品时,除了少数例外,他们写的实际上大多是政论或其他(如修辞、文法、伦理、教育等等),而且大都只是说教的水平。

把希腊人和罗马人作对比,不但后来人喜欢这样做,奥古斯都当时人们便已经多次这样做,甚至把这看成是一件时髦的事情了。不过动机是各有不同的。希腊人是要在罗马主人面前提高自己的地位,罗马人则是要借一点光,要凭借希腊人的文化洗刷自己身上的"土气",所以罗马人一般容许希腊人在撰写有关罗马历史的著作时抬高自己。在这方面最明显的是普鲁塔克的《希腊罗马比较列传》。这是一个以希腊文化传播者的身份在罗马人统治的世界里悠游一生的人物。罗马的政体保证了他的自由,而罗马人对希腊文化的仰慕使得他成为在罗马世界中也十分走红的人物。他虽然是罗马臣民,但是也和一般希腊学者一样不屑于学拉丁语,因为希腊语在罗马上层人物当中是通行无阻的。他长期任戴尔波伊神托所的司祭,身上带着几分"仙气",再加上他能言善道,肯定又是个说书和说教的能手,所以在文坛艺苑都颇受欢迎。作为罗马世界的希腊文化人,普鲁塔克的命运颇有典型意义。

但是要比较希腊人和罗马人的优劣和高下,那是没有意义的。二者各有所长,也各有所短。后世的许多研究者指出,在科学、哲学、文学、艺术方面,罗马人不能不让希腊人出一头地,但在安邦治国和征战方面,那就是罗马人的天下了。把牛津大学出版社出版的《希腊的遗产》和《罗马的遗产》二书的篇目对照一下,人们会得到更加具体的印象。

当罗马成为地中海世界中心时,大批的希腊人——当然也不只是希腊人,东方人也是一样——渡海向西流入罗马谋生是很自然的事情,这当然也造成了罗马人同希腊人的关系的另一个方面,一个使希腊人的名声一直不大好的方面。希腊人在罗马人的谚语里,有点像后来荷兰人在西欧人的谚语里那样。希腊人的誓言被认为是最靠不住的。优里披德斯就说过一句话,用来形容希腊的诡辩家:"我是用舌头起誓的,但是我心里并没有起誓。"维吉尔也说过:"即使希腊人带着礼物来我也怕他们"(Tiemo Danaos et dona ferentes)。八十年后讽刺大师优维纳利斯对涌入罗马的三教九流的希腊人(包括希腊化的东方人)更是形容得淋漓尽致,想来

同奥古斯都当时相差不会太大,这些诗句在近两千年后的人们读来仍然感到极为生动有趣:

> ······
>
> 现在我要谈谈我们的财主特别钟爱
>
> 而我最怕见到的那么一号人,
>
> 但并不是我害羞!公民们,我不能容忍
>
> 一个希腊的罗马城;那么,阿凯亚①来的下层人民有多少呢?
>
> 叙利亚的奥隆特斯河早就流入了梯伯河,
>
> 它带来了它的语言和风习,带来了笛子和偏斜的琴弦······
>
> 有来自西巨昂②的人,有来自阿米顿③的人,
>
> 有来自安德罗斯④的人,还有一些人来自撒摩斯、特拉列斯⑤或阿拉班达⑥,
>
> 他们都是到埃斯克维利埃山⑦或因种柳树而得名的山丘⑧去的,
>
> 意在打入高门大宅并成为那里的主人!

---

① 即希腊。公元前 27 年,罗马人把希腊改组为阿凯亚行省,而以科林斯为行省的首府。

② 西巨昂(Sicyon):伯罗奔尼撒东北部城市,在科林斯西北。

③ 阿米顿在马其顿。

④ 安德罗斯(Andros)是爱琴海上库克拉德斯群岛中最北面的一个岛。

⑤ 特拉列斯(Tralles)是卡里亚北部城市。

⑥ 阿拉班达(Alabanda)也在卡里亚。

⑦ 埃斯克维利埃山(Esquiliae),所谓罗马七山中最大最高的一座,在罗马东北部。

⑧ 当指维米那利斯山(Viminalis),山因植柳(vimen)而得名。

他们机敏而脸皮极厚，但应对如流，

比伊撒乌斯①还能言善辩：你说，他们

都有些什么人？凡我们需要的人他都带来了：

语法教师、雄辩术教师、丈量员、画匠、按摩师、

走绳的杂技演员、算命先生、医生、占星术士……

最后，那给自己安上了翅膀的人②不是玛乌路斯人、不是
色雷斯人，

而是生在雅典中心的人。

……

他们生来就会演戏。如果你笑，希腊人就会笑得

直不起腰来，如果你看到他的朋友掉一滴泪，他就会哭起
来，

但并不悲伤！如果在冬天你需要一点火，

他就披上他的外衣；如果你说一声"我热！"

他就浑身出汗！

……

除去这一切之外，他的淫欲也是百无禁忌，

不论家中的主妇、未婚的女儿，还是未来的

还没有长胡须的女婿，保有童贞的儿子无一幸免。

如果这些人都不在，那么老祖母也逃不了被糟蹋的命
运！③

---

① 伊撒乌斯(Isaeus)是希腊的演说家，亚述有一位同名的修辞学家。

② 指希腊神话传说中的能工巧匠达伊达路斯(Daedalus)，据说克里特岛上的迷
宫就是他修建的。

③ 《讽刺诗》，Ⅲ，58—108。

诗句肯定是夸张的,未可尽信,但读者至少从中可以看出希腊人当时在罗马人的生活当中的地位和影响。罗马人看的戏大都是从希腊的戏文移植过来的,经过罗马人改编的希腊戏肯定给罗马的社会增加了许多欢快的气氛。但我们更有幸能直接读到两千多年前的希腊喜剧,比如阿里斯托芬的作品,这使我们能够有机会较之读荷马的史诗或中国的《诗经》更为直接地同外国的古人们生活在一起。这些不朽的喜剧仍然能为几百年后希腊人在罗马的活动,提供有力的色彩鲜明的印证。

军事力量决定一切

罗马人的农民与士兵合一的身份,如前所述,是同共和城邦早期的历史情况密切相关的。那时城邦(国)的地域狭小,战斗的规模也小,有似后世的械斗(我国《左传》所记载的战争也是类似的规模)。倾国(城)出战也没有多少人,而所要保卫的也就是巴掌大的那么一座城邑(包括城郊的少量土地)。人们只需从城里到城外吆喝一圈,就可以把人民集合到广场或市场上,这就是人民大会了。不过这可算是真正的人民大会,它同后来的代议制的"人民代表大会"完全不是一回事。后来,大家知道,罗马的疆土越开拓越大,罗马的概念从一个城邦扩充到整个意大利,继而又扩充到地中海四周的罗马各行省,罗马成了地跨欧亚非三洲的大国,而这时要对付的敌人越来越多,作战的地区越来越远,作战的时间也越来越长,这样一来,像最早的罗马公民放下锄头就披挂上阵,在城池附近打一阵子仗又回来种地的做法,肯定是行不通了。

于是募兵制应运而生,打仗的事只好叫一批专业的士兵去干,这样士兵和一般人民的概念慢慢地分了家,"元老院与罗马人民"从此不再能确切地表达罗马统治大权的全部内容。历史上虽记载着是玛里乌斯最早实行募兵,但实际上,在募兵之前便有了一批批专业的军人。他们当然大都是农民,但因长年转战四方,家乡的田园荒芜,事实上他们已同土地脱离了关系。但战争一旦停下来,安置老兵回乡务农的事就变成了严重的问题。

军队一经从罗马人民中间分离出来,权力和内容与形式也随之发生了变化。罗马的士兵不单单是罗马公民,意大利人和行省居民也都成了罗马士兵。士兵从一支独立的军事力量,久而久之发展成为一支具有决定作用的政治力量。早期罗马的民兵没有土地问题,现在大量士兵的归宿成了十分难办的问题。困难之处在于公有地不足,要安置老兵,就得强行收买甚至霸占一部分私人的土地,像奥古斯都本人后来做过的那样。如果说权门触犯不得,那么一般的地主就遭了殃。诗人维吉尔一家就曾经是这种无理剥夺的受害者,后来靠着像麦凯纳斯那样的有力人物的斡旋,才得到了相应的补偿。士兵同罗马公民分离之后,理论上作为国家权力基础的罗马全体公民和公民的上层即贵族寡头利益的代表者元老院,也便在事实上失去了本身权力的依据。情况的演变也正是如此。谁能左右军队,谁就能左右政局,元老院也只能看他的眼色行事。士兵长期追随自己的统帅,他们的利益千丝万缕地相互交织在一起。士兵的战利品是从一位具体的统帅手中取得,而不是从元老院和罗马人民这个有名无实的主体手中取得的。如果他真心实意地效忠于统帅个人,他的一切希望就可以落到实处。士兵的感情总是眷恋着自己的统帅的,因此他们惯于把自己称为苏拉、马里乌斯、庞培、恺撒的老兵。到共和国末期,军队名义上虽仍是共和国的军队,但从实质上看,他们已经是属于个人的军队了。只有在对外作战时这一点才表现得不那么明显。

从马里乌斯和苏拉之间的内战爆发以来,军队性质的改变对任何人都不是秘密了。史书通常把募兵称为马里乌斯的军事改革，其实募兵成了一种不可阻挡的潮流。大敌当前，罗马人不能抛下一切去打仗，没有士兵怎么办？而不用升官发财的远景去引诱农民或城市无业游民参加军队，又有谁愿意干这种既艰苦又危险的行当？

可以认为，自从统帅能够把个人的意旨加给军队（当然后来也可以反过来），也就是统帅个人能够左右国家的命运那时起，所谓共和体制、共和精神实际上已经灭亡了。具体的国家即所谓 res，从此成了少数人手中的私有物，再也不是全体公民的共同财产（res publica）了。作为贵族寡头利益的代表者的元老院，不管其中出现了怎样的信守共和原则的杰出人物——如小加图和西塞罗——其结果只能成为军事独裁者手下的牺牲品。元老院虽名气很大，威信很高，但它已经成为一个很不可靠的保护伞，甚至它本身的存在都成了问题。如果说它好像还起了一点作用，那也只是在军事独裁者之间斗争的夹缝中施展政客的手腕以求苟延残喘而已。而一旦归于一统，一个独裁者的统治确立起来，元老院必然立刻成为阿谀奉承者流的大本营，成为统治者手中一个方便的工具，从而不能不使具有共和思想的有识之士深感痛心。甚至在奥古斯都去世后几十年，罗马史学家塔西佗在提到元老院在皇帝面前的表现时，心情仍然是十分沉重的：

……屋大维（即奥古斯都。——引者）放弃了三头之一的头衔，声称自己只不过是一个普通的执政官，只要有保护人民的保民官的权力便感到满足。他首先用慷慨的赏赐笼络军队（这里作者抓住了最根本之点。——引者），用廉价的粮食讨好民众，用和平安乐的生活猎取世人对他的好感，然后再逐步

地提高自己的地位,把元老院、高级长官乃至立法的职权都集
于一身。反对他的力量已荡然无存:公然反抗的或在战场上
或在公敌宣告名单的法律制裁下被消灭了;剩下来的贵族则
觉得心甘情愿的奴颜婢膝才是升官发财的最便捷的道路。
(着重点引者所加)

——《编年史》,第1卷,第1章。

说老实话,只有像庞培那样的没有政治斗争经验的军人(也可
以说是糊涂人吧)当年才会在他从东方返回时,居然按照共和国的
"惯例"解散了自己的军队,然后以一个普通罗马公民的身份入城。
也许庞培过于自信了(从资历到威望都比庞培差得很远的恺撒当
时是不会引起庞培的担心的),自信到不屑于不按照惯例交出"枪
杆子"。他的确看不到会有同他争夺大权的敌手。他这样做也许
是因为他认为元老院毕竟还只是他的囊中之物,也许是因为他不
愿使用违反共和传统的手段,因为他后来在恺撒进军罗马的前夕,
还讲过他一跺脚便会有军队从地上涌现出来的豪言壮语。总而言
之,他就是没有看到罗马全城,从元老院到普通老百姓早已惴惴不
安地准备欢迎新主人了。如果一旦庞培挥师入城,"元老院和罗马
人民"的态度立刻会有个一百八十度的转变,绝不会像后来那样,
连对于批准庞培在东方的措施也竟然刁难起来。他的不识时务的
做法注定了他最终的失败,而只是赢得了书生气十足的西塞罗的
赞赏,因为西塞罗以为庞培只有这样做,才表明是真正保卫共和精
神的。这种认识使得他在庞培逃到希腊之后,还把在奇利奇亚长
官任上得到的一笔钱,给庞培送去,尽管人们都知道,西塞罗一向
不懂得弄钱,他的经济状况一直是不好的。

在这点上,恺撒就比庞培要精明,他针对元老院的决定,悍然

挥师南下,从法律上看,这确是甘冒天下之大不韪,破坏了罗马的
"惯例"。但有一点他是确信无疑的,即他一旦进入罗马,就会成为
那里决定一切的主人。恺撒在广场上用拳头同对手对话已经不是
一次两次了。他完全可以指使元老院(当然是没有随庞培走的那
一部分)打着共和的旗号给自己效劳。他后来的行动不够谦逊和
谨慎,结果落得个杀身之祸,可谓咎由自取。西塞罗后来虽然得到
恺撒的谅解甚至尊重,但他心里明白,大家上上下下都已成了恺撒
的奴隶,只是不曾说明而已。

但有一点西塞罗是看对了:恺撒也是被大局拖着走的。不管
怎样说,直到公元前 44 年,恺撒并没有做过什么原则上错误的事,
从历史的观点来看,也没有倒行逆施。他的失误是在个人的因素
上,他过于自信,甚至不屑于采取任何防范措施。他早已意识到共
和灭亡了,但独裁的地位却又冲昏了他的头脑,使他连罗马人民世
代相传的起码的共和感情都不放在眼里(安托尼乌斯后来同样犯
了这个错误),结果酿成了他个人的悲剧。要知道,如果恺撒不进
军罗马,庞培的独裁或元老院寡头的独裁(最后也还要集中于一
人)也许比恺撒的独裁要坏得多。庞培的个人品德不见得比恺撒
好些,他也没有结束野心家相互厮杀的能力,这是肯定的。我们还
知道,庞培派在希腊刚刚取得对恺撒的第一回合的胜利,他们内部
已经在为战后分赃问题争吵得一塌糊涂了。人们早就在为共和国
的前途问题担忧了。具有讽刺意味的是:从王政时期经过共和走
了过来的罗马人民又不得不回到专制统治的道路上去。不管史学
家们曾把罗马共和国的体制说得多么理想,共和机构的瘫痪是眼
前千真万确的事实。人民大会早就被抛到一旁,至多成为一种点
缀。元老院、甚至神圣不可侵犯的保民官都成了个人争夺权力的
工具。军事从属于民政的日子早已成为历史的幻影,现在则是实

力和金钱征服一切,而这里正是恺撒可以大显身手的地方,因此他一旦登上罗马的政治舞台,不久便通行无阻,所向披靡。

恺撒之死至少向罗马人民证实了一件值得深思的事情:共和国的一切制度都不起作用了。人们不能不重新认真考虑罗马向哪里走的问题。奥古斯都也不例外。如果事情像"解放者"们(布路图斯和卡西乌斯等)所设想的那样,"暴君"一旦打倒,共和立即恢复,那么 3 月 15 日恺撒死后的局势就不会像实际发生的那种样子了。国家的两根顶梁柱元老院和人民都不知道应当怎么办。德高望重的西塞罗自然也控制不了局势,因为他没有军队,结果他只能和稀泥,而不能彻底终止混乱。人们需要另一个铁腕人物出来重新把全国置于自己的统治之下。这个人是谁,还有待分晓,但如果有谁认为可以无须这样的人出现,那他在政治上一定是个糊涂虫。

从后来奥古斯都终于作出给自己征募一支军队(尽管这是非法的)的决定来看,这个深沉冷静的青年的这一步显然是经过周密的考虑的。雄辩术的黄金时代早已过去了。现在凭"三寸不烂之舌"至多当上一名说客、谋士,要真干起来,还得"提三尺剑取天下"。一旦他的目标看准,手段对头,余下的就是在大风大浪中不屈不挠地开拓前进的道路了。

在阿波罗尼亚接到凶信的屋大维以恺撒继承人的身份(这个身份在当时是没有十分把握的)返回意大利的时候,他的目标是明确的。在一场争夺个人统治大权的斗争中他完全可以接替恺撒的地位,他要做一个名副其实的继承人。

不错,文静的、内向的屋大维完全可以退一步想。他家是富有的,因此他完全可以凭借这份家业在东方(远离纠纷的中心)过西塞罗的好友阿提库斯那样的逍遥岁月。但过去几十年的历史又使他认识到,在内战的公敌宣告时期,不是有更多的人正是由于自己的财产而送了命吗？如果他应恺撒的老兵之请立刻出面争雄，则无论就他的年龄、资望而论都显得过于冒失，特别当时恺撒的著名助手安托尼乌斯的态度还不清楚。即使要收拾大局，依法也只能是安托尼乌斯出面。屋大维虽然违背了母亲和继父的意旨决定出头，但他凭着远远超过了自己年龄的冷静和谨慎是在一步步地试探前行，绝不轻举妄动。恺撒终不愧是慧眼识英雄，如果像后来伽尔巴那样选了皮索，这段历史可能完全会变成另一个样子了。

"解放者"们的悲剧就在于，他们没有看到，恺撒可以杀死，但恺撒的一套做法取消不了，他们的"解放"丝毫不能改变问题的实质。恺撒当然因狂妄而干了一些蠢事，但也应当看到，他干的顺应潮流的事更多。人们不能轻易改变它们，也不敢这样做，理由很简单，一动乱子就更大了。那么"解放者"究竟解放了谁呢？他们只是放开了自己的手脚，约定每个参加阴谋的人都必须在恺撒身上刺一刀，如此而已。他们造成的只是更加混乱和复杂的形势。问题明摆在那里，只要恺撒的阴魂不散，屋大维就终有一天能站起来，谁也阻挡不了。让我们回溯一下事情是怎样演变的：

……恺撒被刺死之后，布路图斯就走到人们中间去想发表演说，他想鼓励元老们，叫他们留下，但元老们吓得在混乱中逃掉了，……原来他们下了坚定的决心，只杀恺撒一人，而使所有的人取得自由。其余的人在考虑这事时，认为他们同时也应当把安托尼乌斯和恺撒一道除掉，因为此人也觊觎王权并且性情暴烈，此外，他同军队的亲密交往，使得他成为一个强有力的人物，更主要的则是除了他生来狂妄和肆无忌惮之外，他作为恺撒的同僚而拥有执政官的高位。但布路图斯反对这样做，理由一是出于公道，二是认为事情后来会有变化。……这样布路图斯便救了安托尼乌斯。

……在当时的一团慌乱之中,安托尼乌斯换上平民的服装逃掉了。布路图斯和他一派的人去朱庇特神殿,他们双手都是血,他们拔出刀剑来给人们看,号召公民争取自由。原来在谋杀之后,可以听到呼号声,人们四处乱跑,形成一片混乱;但后来看到没有继续杀人,也没有抢劫出售的物品的事情发生,元老们和许多平民才壮着胆子到神殿那里去看阴谋者。

人们集合起来之后,布路图斯就按照当时情况发表讲话,讨好民众;当民众称赞他们并且要他们下来时,阴谋者就满怀信心地下到广场上来,其余的人一个个地跟在后面。但是许多有地位的人把布路图斯围在中间,把他从神殿雄壮威武地送上讲坛。下面的想闹事的驳杂的一大群人看到布路图斯时都害怕了,于是他们就默不作声地老实地等在那里,静观事态的发展。布路图斯发言时,他们都在那里听着。但并不是所有的人都高兴这件事(恺撒派的人要表态了。——引者);因此当秦纳(老秦纳的儿子,是恺撒的第一个妻子科尔涅利娅的兄弟,他本人又是庞培的女婿。——引者)发言指责恺撒时,下面人们情绪就激怒起来,咒骂秦纳,阴谋者只好返回神殿。……但是第二天元老院在大地之神神殿开会时,安托尼乌斯和普兰库斯①还有西塞罗都谈到了大赦和取得和解的问题。结果作出如下的决定,阴谋者不仅不应惩处,而且执政官还要建议把荣誉加给他们。他们就这些事件表决之后,分手了。

在安托尼乌斯把自己的儿子送往神殿作为人质之后(可

---

① 普兰库斯(Lucius Munatius Placus)过去曾追随恺撒在高卢作战,内战中也站在恺撒一边。在佩路吉亚战争中站在安托尼乌斯一边,公元前42年任执政官;公元前32年转到屋大维方面。公元前27年建议把"奥古斯都"称号授予屋大维。

见恺撒不把安托尼乌斯引为心腹是有道理的,屋大维肯定不会不了解这一点。——引者),布路图斯和阴谋者就从神殿下来,大家相互握手致意……到天明时,元老们再次集会。首先他们嘉奖安托尼乌斯,因为他防止了一场内战;其次又对布路图斯和他的在场的友人表示感谢,最后则分配了行省。他们把克里特给了布路图斯,利比亚给了卡西乌斯,亚细亚给了特列波尼乌斯……

在这之后,又讨论了恺撒的遗嘱问题。安托尼乌斯要求公开宣读遗嘱,并且遗体要体面地、而不是秘密地抬出来,以便不伤害民众的感情(罗马有大批恺撒的受惠者,这一部分人的力量不可小看。——引者),对此卡西乌斯极力反对,布路图斯却让步了(恺撒毕竟宠爱过布路图斯。——引者),因此人们认为他犯了第二个错误。……(第一个错误是饶了安托尼乌斯一命。——引者)

原来遗嘱首先送给罗马人民每人七十五德拉克玛,此外还把梯伯河对岸(就是幸福神殿如今所在的地方)的那些庭园送给人民,这样一来,他就会取得罗马人民对他的极大的爱戴并且为他的死亡而深感遗憾。其次,恺撒的遗体搬到广场上来时,按惯例安托尼乌斯为恺撒发表了一篇送葬演说,而当他看到民众因他的演说而动情时,他就把民众的感情变成了对恺撒的同情,他把恺撒的血衣展示给民众看,叫他们看衣服上割裂之处和伤口的数目。这样一来,下面就乱了起来,有些人竟高呼要处死阴谋者,还有一些人,就像过去蛊惑分子克洛狄乌斯的事件①那样,他们把作坊里的桌子板凳都砸烂,然后堆

---

① 公元前52年1月当时竞选行政长官的克洛狄乌斯被竞选这一年的执政官的米洛手下的人刺死,从而引起民众的骚乱,元老院会堂被烧掉。

到一处成了一个很大的柴堆，就把尸体放在上面，在许多神殿、圣堂和神圣场所的环绕当中烧掉了。当火烧得正旺的时候，从四面八方来的人聚拢来拣起正在燃烧着的木头，分头跑到谋杀恺撒的人们的家里去，打算把它们点着。……

……正是由于这一不幸事件引起的恐惧，还有安托尼乌斯态度的改变（可见安托尼乌斯既无原则，又无主见。——引者），布路图斯和他的一派离开了罗马城。他们先是留在安提乌姆①，想等到民众的怒气过了高潮而平息之后再返回罗马。他们认为群众的事情一定会这样发展的，因为群众的情绪是会受外界瞬息万变的影响的，而且元老院是站在他们一方的，……对于几乎取得了王权的安托尼乌斯，民众也是很恼火的，他们想念布路图斯，希望他作为市长官亲自来主持赛会②，因为这是他的本职。但是当布路图斯听说，许多曾在恺撒手下服役并且从他手中取得过土地和城市的人正在想办法对付他，并且分批地渗入城市的时候，他就不敢出头露面了，不过，布路图斯虽然没有出席，赛会还是举行得盛大豪华的，因为他购买了许多野兽……而他自己则去涅阿波利斯③，去约请大多数的优伶……他还写信给西塞罗，敦请他无论如何也要出席赛会。

……正当事态是这样的时候，年轻恺撒④的到来使事情

---

① 安提乌姆在离罗马三十英里的海岸地带，现在的名字叫波尔托·丹佐（Porto d'Anzo）。

② 据狄奥·卡西乌斯（第47卷，第20章），这个赛会是克温提利乌斯月（即7月）4日（一说5日）举行的阿波罗赛会（Ludi Apollinarcs）。主持这次赛会的是玛尔库斯的兄弟路奇乌斯·安托尼乌斯（布路图斯的同僚）。

③ 在康帕尼亚。

④ 即屋大维。

发生了另一个变化。……（普鲁塔克：《布路图斯传》，第 18—22 章）

以上就是普鲁塔克有关恺撒被刺后直到屋大维在罗马出现这一时期的简短记述。这时无论元老院还是罗马人民都只是出现在事件表面的影子，整个罗马共和国实际上要由拥有军事实力的权势人物之间的最后较量来决定去向。

虽然元老院的权力早已不存在了，但元老院却仍然是一个争权夺利的方便场所，因为"祖宗体制"大家还需要维持，它还是有一定号召力的。"解放者"打出的当然是元老院与罗马人民的旗号，但天知道这些东西在他们心中有多大的分量。大家都清楚，这时混在元老院里的是一批相互利用、相互倾轧的名利之徒。说"解放者"和一般老百姓看不惯，乃至憎恶恺撒那种目空一切和专横跋扈的作风，这是完全可能的，但这种憎恶毋宁更多是出于个人的动机。试想，像布路图斯那样阴郁凶残的人一旦得势，他对待自己的敌人和老百姓绝不可能比号称温文尔雅的苏拉更好些，顶多也就是赛克斯图斯·庞培一流的人物罢了。事实上，为了对付恺撒派，布路图斯和卡西乌斯在东方的压榨也够得上是无法无天了。

从安托尼乌斯在恺撒死后的表现来看，在解决了"解放者"的问题之后，马上就会发生奥古斯都和安托尼乌斯两人之间的对立。两雄不并立，最高权力是不能分享的，这岂是过去罗马为防止专政而设置两位执政官时所能想到的！

那么，安托尼乌斯是不是能成事呢？这也需要分析。

前面说过，恺撒被刺的那一年，安托尼乌斯正好是他的同僚执政官，这种地位使他在一定的时期里似乎对任何对手（其中包括屋大维）都占据了绝对的优势地位。按惯例，恺撒的妻子是要把恺撒的文件和遗款交安托尼乌斯处理的,这一点本书正文已经提到了。论关系,安托尼乌斯的母亲优利娅是恺撒同族的姊妹,所以他们还应当是远房甥舅的关系。论性格,两个人的生活同样放荡,作战时同样勇猛顽强,又都能与士兵同甘共苦,从而能取得士兵的爱戴,这是他们的共同之处;但论见识(政治眼光和战略眼光),特别是论学问,安托尼乌斯就远远不如恺撒了。安托尼乌斯更多是一个武人。在性格方面,如果说恺撒好虚荣,则安托尼乌斯更甚,安托尼乌斯的王权思想比恺撒露骨得多,后来竟达到肆无忌惮的地步。恺撒骄傲却豁达大度,安托尼乌斯则暴躁褊狭,过去阴谋者所以想把他连同恺撒一起除掉,就是担心他的这个缺点。在文风方面,恺撒平实而安托尼乌斯浮夸。恺撒的传世作品,叙事平实,文字清楚明畅,他的《高卢战记》千百年来一直是学习拉丁语的典范。安托尼乌斯的文字据说是矫揉造作,烦琐堆砌的东方(亚细亚)文体。综上所述,可知安托尼乌斯虽同恺撒有亲属关系,又是他军事上的得力助手①,但他同恺撒的关系主要仍是公职上的关系,不像比如希尔提乌斯、欧皮乌斯等人那样,是恺撒的知心朋友。恺撒重视安托尼乌斯的军事才能,用彼之长,可谓有知人之明。安托尼乌斯慑于恺撒的威望,在他面前自然不能不有所收敛,甚至采取迎合的态度。在一次赛会上他把王冠当众送给恺撒的做法,实际上是给恺撒帮了倒忙,也有人说是陷害,但对照安托尼乌斯的平时作风,这不能不说是他很大的弱点。他总是把事情想得太简单。

请再看普鲁塔克的记述:

> ……那是在卢佩尔卡利亚节的时候……恺撒前来参观,

---

① 对庞培一役,安托尼乌斯负责从海上向恺撒及时运送援军,起了决定作用。

他穿着凯旋服坐在讲坛上的一个镀金座椅里；安托尼乌斯因
为是执政官，所以参加了节日的赛跑。当他跑进罗马广场而
群众为他让路的时候，他把带在身边的一顶冕旒献给了恺撒，
冕旒外面还罩着一顶月桂冠。这时有一阵轻微的、不响的拍
手声，并且已有人响应了。当恺撒把冕旒推开时，全场的人都
拍手（这也看出民众意向之所在。——引者）。而当恺撒再次
表示拒绝接受时，所有的人便欢呼起来。恺撒看到这种做法
行不通，就站起来，下令把冕旒送到朱庇特神殿去，当人们看
到国王的冕旒被戴到恺撒的雕像上去的时候，两位保民官佛
拉维乌斯和玛茹路斯就走上前去把它们取下来，并且把他们
发现最先把恺撒的雕像当作国王崇拜的人们关到监狱里去
（这说明在罗马存在着反恺撒的一股势力，它是不可低估
的。——引者）。人民跟在后面拍手并且把保民官称为布路
图斯，因为正是布路图斯打垮了国王的权力，并且把一个人的
权力交给了元老院和罗马人民的。对此恺撒十分恼火，他于
是剥夺了佛拉维乌斯和玛茹路斯的官职（这就表现出他不尊
重罗马传统和他的专横。——引者），并且在评述保民官的行
为时，他还常常侮辱民众，因为他说保民官毫无道理，是库麦
人①。（《恺撒传》，第 61 章。按引文中的卢佩尔卡利亚节
[Lupercalia]每年 2 月 15 日举行，这是一个古老的牧人的节
日，它崇祀的牧神卢佩尔库斯，同传说中抚养罗慕路斯和列穆
斯的那个母狼有关。）

---

① 拉丁文的"布路图斯"（brutus）有"毫无道理"之意。语系双关，因为有人把保
民官比为布路图斯（罗马史早期的另一个布路图斯）。库麦在希腊的埃奥利斯，当时库
麦人被认为是十分愚昧的，据斯特拉波说，库麦人建城后三百年，才想到在港口收税的
问题，这足以证明他们的无知。

安托尼乌斯对 3 月 15 日事件之后恺撒的影响是估计不足的,他大概同时错误地估计了卢佩尔卡利亚节时民众对冕旒事件的反应。"应当如何"和"实际如何"之间是有很大距离的,帝国治下的既得利益者塔西佗不仍然是一个慷慨激昂的共和主义者吗? 安托尼乌斯对作为恺撒的继承人的屋大维的潜力就估计得更加不足了。这种估计使他进行了浑水摸鱼的活动。安托尼乌斯治军不能说没有办法,但如前所述,他昧于整个国家的局势,缺乏远大的政治和战略眼光,否则他最初对被他视为孩子的屋大维就不会那么傲慢无礼,根本不以之为对手了。

"解放者"起初想把安托尼乌斯和恺撒一道刺死以剪除恺撒的羽翼是有依据的。他们没有忘记,就在前一年(公元前 45 年)秋天,当恺撒从伊伯利亚返回意大利时,他为了对安托尼乌斯表示器重,一路上都叫安托尼乌斯同他一道乘坐在战车上,而屋大维则随侍在他们的身后。但布路图斯饶了安托尼乌斯一命,这也没有错,因为他们清楚,恺撒和安托尼乌斯之间是有矛盾的,请看布路图斯一派离开罗马之后。

> ……恺撒的妻子卡尔普尔尼娅相信了他(指安托尼乌斯。——引者),就把恺撒财产的主要部分从家中拿出来交给了他,其总值多达四千塔兰特。他还接受了恺撒草拟的文件,文件里记着恺撒所作的决定和命令。安托尼乌斯向里面塞了好多私货,随自己的意思任命了许多人担任官职。他还任命了许多位元老,召回了一些流放中的人,又从监狱中释放了另一些人,就仿佛这些都是恺撒的决定似的……(普鲁塔克:《安托尼乌斯传》,第 15 章)

　　单从这一点也可以看出，"解放者"所宣传的所谓共和体制根本不可能因恺撒的死亡而实现。安托尼乌斯代替恺撒之后，事实证明他比恺撒坏得多。元老院除了是个人争权夺利的工具之外仍然什么都不是，它是道道地地的"泥潭"，一个由毫无原则的政客们组成的大杂烩。对"解放者"提出了一个奇怪的赦免问题，而且这建议竟来自共和信念最坚定的西塞罗。事态后来的发展无论怎样出乎西塞罗的意料，除掉恺撒终归是合乎西塞罗的心意的。但西塞罗最多只能逃脱不做恺撒的奴隶——他自己一直是这样认为的！——的命运，却逃不出另一个暴君的手掌。尽管人们有理由除掉"暴君"（"为了罗马的利益，我杀死了我的最好的朋友……"，莎士比亚：《优利乌斯·恺撒》第三幕第二场中布路图斯语），可"暴君"的一切法令却又奇怪地保存下来，仍然生效！其实仔细想一下，这没有什么奇怪。元老院早已经是"恺撒"牌号的元老院，而且许多"解放者"的官职也都是按照恺撒生前的安排定下来的。

　　初初一看，统治大权就放在安托尼乌斯的面前，只需伸手取过来就是了。但是他忘记了，在这紧要关头，不仅"解放者"容不得他（尽管他们曾"握手言欢"），元老院（无论是"泥潭派"还是西塞罗）也容不得他。屋大维当然更是他的死对头，如果他不肯承认屋大维的继承人身份的话。安托尼乌斯当然不肯担任后来阿格里帕的角色，屋大维也不可能指望安托尼乌斯像过去对待恺撒那样地对待自己。最后不可避免的仍是一场决定于军事力量的决斗。

　　在这里我们不能不指出往往为人们所忽略的另一个实力派，这就是大庞培的两个儿子格涅乌斯和赛克斯图斯。他们的实力可以从孟达一战中恺撒所遇到的困难看出来。他们在西班牙是有基础的，恺撒虽然明智地注意到了这一点，但是他在公元前44年东渡之前的西班牙之行并没有真正解决问题。孟达一战之后恺撒甚至表示，如果说在过去的战争中是为争取胜利而战，那么孟达之战却是为活命而战了。阿庇安的《内战史》（第 2 卷，第 104 章）就是这样记载着的。孟达一战之后，赛克斯图斯（和他的哥哥格涅乌斯）也只是战败，却没有被打垮。格涅乌斯死后①，庞培的支持者仍然不断地向赛克斯图斯的身边集结，把他看成是对付恺撒一派的旗帜。在共和末期甚至帝国初期，要想把大庞培的名字和他的影响彻底消除看来都是十分困难的。奥古斯都后来为了笼络人心把庞培的像重新树立起来。恺撒派的远西班牙的长官看来也对付不了他，因此到公元前 43 年还不得不任命他为海军的统帅。后来在屋大维和安托尼乌斯之间的搏斗中，赛克斯图斯仍然是一支举足轻重的力量，以致屋大维也不得不同他缔结米塞努姆协定。奥古斯都只能承认他的存在并进而用联姻的办法笼络他。但可惜的是，赛克斯图斯虽有一定的号召力和实力，由于他毕竟是个残暴的割据一方的"军阀"——后来成了海盗——而成不了一支能同奥古斯都抗衡的政治力量，那失败也就是必然的了。

"正名"的作用

奥古斯都懂得只有凭借军事力量才能争得对帝国的专制统治大权。他对于当时他是其中一分子的罗马民众的心理是了解得一清二楚的：谁都知道，共和只成了一种形式，但人们对它又十分眷恋；谁都知道 rex 的专制统治是最可恨的，但国家最后又非掌握在一个人的手里则无法得到安定，而人们也非得投靠一个有实权的人才能得到实惠。人们口头上承认共和体制的优越，但欢迎的却

---

① 格涅乌斯是恺撒在阿非利加作战时去西班牙的，很快就在那里集结了一支强大的军事力量。他是公元前 45 年孟达之战打败后被捕杀的。

是恺撒那样挥金如土的豪士。当奥古斯都知道元老院因牵动过多而不敢贸然对恺撒生前的安排改弦更张时,他便在军队之外,又打出了另一张王牌,即恺撒曾选定他为正式的继承人。他要使这个身份最后能得到正式的认可。任何一个统治者都懂得要给自己打出一个牌子,提出一个口号,编造一套谎言,比如什么奉天承运、君权神授、赤帝白帝等等。但奥古斯都的牌子在当时却有其特殊的意义,因为它代表了一个不可阻挡的趋势。

几十年后的小普利尼说得好,人们一般都是喜欢新奇的,唯独罗马人却保守得厉害。所以,如前所述,奥古斯都既能从实处(用军队)夺取政权,又能从虚处依次打出适时的口号,注意到不伤害罗马人几百年来的共和感情,特别是元老们的感情。对于名不正,则言不顺,言不顺,则事不成的道理,奥古斯都是深有体会的。

恺撒的继承人的牌号是有号召力的。虽然这种继承还没有任何法律上的依据,但是人们却知道这是取得统治大权的必由之路,舍此则无他途。恺撒的豁达大度,挥金如土,有恩必报的作风,使得极多的人受他的恩惠,成为罗马社会中的一大势力,但恺撒的专断作风却使这一大势力蒙受一种不太光彩的名声。因此奥古斯都在大权到手之后,立刻打出一个打动人心的口号:重建共和!但是,天知道共和的精神在什么地方。这犹如今天的世界,甚至法西斯分子也爱用"社会主义"的外衣来打扮自己一样。在这一点上,恺撒和安托尼乌斯便远不如奥古斯都聪明了。恺撒过于相信枪杆子和金钱的绝对力量,以致敢于公开指出共和国徒有虚名,这样就在政治斗争中授人以柄,处于被动,反而叫敌人打出方便的共和口号。在政治斗争中,伤害民众感情的事情,应当说是最愚蠢的了。

即使到帝国时期,共和思想仍然是罗马人民心目中的一笔重要财富。这就说明为什么在帝国时期,还要在一段时期里保持选举执政官的把戏。血统贵族在共和末期还能引起人们下意识的尊重。在帝国时期，哪怕当一天的执政官而捞得的同执政官（pro-consul）的头衔，仍然能拿来在凡夫俗子和利禄之徒面前夸耀。如前所述，罗马在其建城初期，的确是一个全体民众相依为命的共同体，它的发轫期经历过一段艰苦奋斗的不平凡的历史。应当说，后世的人读任何国家的历史（我国的历史除外）都不像读传统的罗马史那样感到一种波澜壮阔的气氛。罗马人的这种务实的气质（加上希腊人的探求真理的精神）预示了将在人类历史上起重要作用的欧洲文明，而欧洲人的有进取精神的那一部分又造成了后来美国的文明。罗马人从小受的就是这种共和传统的教育。远的不说，帝国初期家喻户晓的李维的《罗马史》的前十卷就充满了不少能抓住每一个罗马人的心灵的故事。那些可歌可泣的战斗千百年来一直是后世许多大手笔的最方便的题材。共和的传统如此深入人心，以致在后来个人的权力斗争中，相互间总是要把对方指责为元老院和罗马人民的敌人就没有可以奇怪的了。

由人民大会所"代表"的罗马人民，实际上早就同罗马的政治生活无关了。除了最原始的人民大会、即我在前面所说的那种全城邦人民的集会之外，对传统罗马体制中的三种人民大会稍加分析，就可以看出它们已不具备真正代表人民的性质，而只不过是召之即来的表决机器而已。先看所谓人民，这是指有罗马公民权的那部分罗马人，妇女和奴隶两大门类的人都没有权利参加人民大会，此其一；人民大会只能由高级官吏召集和主持，它们没有自己的常设机构；高级官吏可以在人民大会上发言，但参加大会的民众却没有这种权利，此其二；人民大会只能就高级官吏提出的法案进行表决，在同意或不同意两者间进行选择，而且这种同意或不同意又都是由各投票单位的有势力者所操纵的；至于修正，人民大会没有这种权力,此其三。仅此三者便足以使人民大会成为一种形式。

　　至于人民大会的所谓三种传统的区分,实际上也是没有什么意义的。库里亚民会(comitia curiata)虽然从王政时期便已存在,但后来逐渐为百人团民会所取代,而它只在形式上把统治大权(imperium)授予高级官吏,从而蜕化为一种空洞的仪式,干脆由三十名侍从(lictores)代表原有的三十个库里亚。在城界外玛尔斯广场上召开的百人团民会(comitia centuriata)本来是由拥有统治大权的高级官吏召集、以军事单位组成的人民大会。它虽然有选举高级官吏这一主要职能,但当选的人实际上早已由当权的寡头集团或个人内定了,百人团民会也只是履行仪式而已,而在斗争激烈的时候,民会又大多是在武力的公然威胁之下来表态的,根本谈不上代表什么人民的意志。至于以地区(到公元前 241 年从最初的四个特里布斯增加到三十五个)而不以等级和财产划分的特里布斯民会(comitia tributa)好像比较具有民主性,但实际上这个主要拥有立法职能的大会在投票时仍是以每一特里布斯内部的权势之家(贵族的和平民的,也就是新贵的)的影响为转移的,所谓罗马人民云云仍然只起陪衬的作用。

　　元老院,据罗马的史料,是从王政时期国王的咨议机构演化而来,并且,从理论上说,它应当也是罗马高级官吏的咨议机构。但实际上,它就是罗马共和国的政府,因为高级官吏虽逐年变动而元老院则基本上是稳定的。而且,外交、财政、军事、宗教、立法等等,总之,国家的一切重要职能都在元老院的权力范围之内。一切重大问题都是在元老院内部决定之后再由人民大会在形式上通过。元老院的成员在共和时期是由执政官、后来又由监察官选定的,参加元老院的绝大多数是担任过高级官吏的人(公元前 81

年,参加元老院的成员的下限放宽到财务官,即青年人就有资格担任元老了),这一情况使得元老院只是掌握在少数权势之家,即贵族寡头的手里。到内战时期,元老院基本上就受个人的摆布了。元老院从一开始就是一个特权机构,是少数人或个人的专利品,它从来不是代表民众利益的。特别应当指出的是,元老院虽然是一个立法机构,但它本身的职权却没有成文法的依据,而只是以惯例为基础的,这也是罗马人尊重世代相传的惯例的表现。

于是就发生了一个奇怪的现象,对于作为共和国主体的人民,特权阶级的元老院实际上只是利用与豢养,至于行省和附属国的民众,那就更是它的单纯压榨的对象了。诗人优维纳利斯所说的"人们热心追求的只是面包和马戏"(《讽刺诗》,第 10 卷,第 80 行),可以说明罗马普通公民的特殊地位,罗马国力的强大反而使罗马的"选民"的大多数堕落成为寄生分子。

过着这种游荡的、寄生生活的罗马人是以实力人物手中工具的身份参加了共和晚期的政治生活的。他们根据经验知道,他们所得的实惠永远是同一个具体的人联系在一起的,无论对苏拉、马里乌斯,对庞培、恺撒、克洛狄乌斯都一样。头目和民众的结合或多或少带有帮派(factio)的性质。国家和"人民"从公物(res publica)变成了私人手中的东西(res privata)。

当奥古斯都扬言要把共和国交还给人民的时候,人民在哪里呢?百余年来,人民受尽了内战之苦,他们虽以共和的主人自豪,但是他们久已不知道如何行使自己那实际上并不存在的权力了。"共和"是一句空话,对此无人心里不清楚,既然太平世界的奴隶的日子已经比过去好得多,又有一个罗马"光荣传统"的旗号,那又何乐而不拥护自称是恢复了共和的大人物呢?

奥古斯都和行省

行省（provincia）的本意指的是掌握大权的高级长官的任何活动地区，有时这一地区在被罗马征服、合并之前，对于某一位长官来说，也是他的 provincia。从公元前 227 年起建立了西西里和撒地尼亚两个行省以来，罗马的疆土不断扩大，较早建立的行省有西班牙（公元前 197 年）、马其顿（公元前 148 年）、阿非利加（公元前 146 年）、亚细亚（公元前 133 年）、纳尔波高卢（公元前 121 年）、奇利奇亚（公元前 102 年）等等。到奥古斯都时代，罗马和意大利更多是作为政治中心而存在，在其他方面行省实际上已成了罗马帝国的平等部分。比如，就经济发展和文化水平来说，高卢就绝不比意大利差，在某些方面，甚至比意大利还要先进和富庶。西班牙和北非的个别地区也是这样的情况，阿凯亚（希腊）虽然在政治和经济上衰落了，但在文化上依然是一个重要中心。

行省在共和时期是罗马贵族寡头的掠夺对象。元老院在卸任的高级长官间分配行省，实际上具有分赃的性质。外放行省就是"发财"的代词，因为他们在那里可以肆无忌惮地进行掠夺，而除了个别情况（在政治斗争的背景下），他们很少受到追究和惩罚。揭发和控告在绝大多数情况下都是在当权元老的包庇下大事化小，小事化了。恺撒过去负了天文数目的债务，如果没有克拉苏斯的帮忙和担待，几乎无法从罗马脱身，但一任西班牙长官回来，不但清偿了债务，而且成了腰缠累累的富翁。就是最不贪财的西塞罗，在奇利奇亚那样荒远的地方一任长官之后，也取得了二百二十万谢斯特尔提乌斯的收入。这当然不算是巨大的数目，但在当时也够得上是一笔财富了。布路图斯和卡西乌斯这些共和派在东方用搜括所得很快就招募起一支军队。至于等而下之，那些贪暴成性的行省长官,他们的压榨和掠夺就更是骇人听闻了。

在共和末期的权力斗争中,行省已处于举足轻重的地位。恺撒过去敢于挥师南下,他的实力地位有相当一部分就在于他同高卢的联系。恺撒东去对付庞培之前特地先去西班牙一行,这一点也可以看出单有意大利作为后方的基地已是不够的了。西班牙曾经是谢尔托里乌斯和庞培的两个儿子格涅乌斯和赛克斯图斯的相当巩固的基地,凡是占有它的人在长时期当中都会成为不可忽视的一方势力。庞培渡海到希腊之后所以能立刻组织起比恺撒还雄厚的一支军事力量,这固然是由于庞培本身还有号召力,但也可以看出行省这里有怎样的潜力。除了抱残守缺的老顽固之外,稍稍有一点政治眼光的人已很难把行省这个因素排除在国家事务的考虑之外了。

元首制的确立在对行省的关系上可以说是一个相当重要的转折。早从共和末期开始,从整个罗马国家的角度来看,行省的稳定与繁荣已经关系甚大。奥古斯都对这一点有清醒的认识并处理得慎重得当,这也是他能使国家取得长治久安的一个重要的因素。

帝国初期罗马对行省的政策的一个十分重要的特征,就是除了全国性的统一安排(例如在税收、兵源方面)之外,其他均一仍其旧。各行省都保持高度的自治,罗马一般不加干预,在语言、风习、宗教甚至体制方面都是如此。与民休养生息,一动不如一静——即老子所说的"治大国如烹小鲜"——高度的自治和政府不加烦琐的干预,这一切构成了帝国初期行省高度繁荣的一个先决条件。从当时文献来看,即使除掉夸大的成分,各行省确实都乐于接受罗马的宗主权。这种宗主权使各行省本身不受外界的侵犯,又能在不伤害自己的自豪感和爱国心的条件下按照自己的传统习俗生活。拿希腊来说,这个阿凯亚行省的居民虽是罗马帝国的臣民,却

又享有光辉的希腊文化的保有者的身份,二者不但不矛盾,而且起
相互补充的作用。希腊在罗马的统治下依然是文化重镇。希腊贱
民虽然在罗马本城受到歧视,但是他们在本乡本土却是自由的,有
些希腊的大师虽然也到罗马来,但大多还留在本地,因此连西塞
罗、恺撒这样的大人物也都得东渡向他们求教,以提高自己的素
养。常住在罗马的希腊学者有不少在罗马上层人物中保持相当的
影响,从不受多次"驱赶异邦人(主要是希腊人)"的浪潮的波及。
在传世的罗马史中,希腊人的作品占了相当的比重。普鲁塔克把
希腊罗马的名人对照立传,既给自己的祖先增添了光彩,同时出于
礼貌,也抬举了罗马主人,至少在表面上做到不卑不亢。在史料中
我们还没有看到过罗马当局干预、甚至迫害著名希腊作家的记载。
普鲁塔克的际遇可以证明行省文化人在帝国统治下过的是舒心安
泰的日子。诺斯指出:

> 普鲁塔克家庭环境好,受过很好的教育,生活条件优裕。
> 他是个自重的、和蔼可亲的人,懂得如何通过旅行,对公私事
> 务的献身精神来改善自己所受的良好教育;他精通古代文化,
> 对他读的书能作出公正的评价;他是社交场上的名人,是自己
> 家中的国王,身边有一批精选的朋友(当然不会被罗马当局认
> 成是别有用心的小集团。——引者),知道美好的谈话有多大
> 的价值;他在给自己妻子的一封信里写道:"在他的幸福生活
> 中,就和读一部写得好的作品一样,他很少发现什么缺陷。"

如果我们回想一下罗马本城政治斗争的历史,甚至可以认为,
像阿提库斯那样远离是非之地的行省居民反而更安全一些。至于
在东方行省,只有为皇帝(从奥古斯都起)建立神殿和祭坛是一个

比较特殊的现象,但这是同东方的专制统治的传统密切相关的,很难相信这是在罗马当局的示意或高压之下勉强施行的。这样看来,早在将近两千年前,罗马实际上便已经成功地实现了一国多制。再说一遍,帝国初期的形势是各行省在保持本民族特点的前提下保持高度的自治,地方拥护中央,中央保护地方,统治者"不事琐碎",被统治者若鱼忘于水,两者不仅相安无事,而且相辅相成,从而开创了一个相当长久的安定局面。

其所以如此,是因为奥古斯都对行省的治理作了一些整顿。过去行省对罗马来说有如殖民地,只有挨压榨的份儿,人民的死活同罗马的贵族老爷无关,所以行省的骚乱只是见于文献的就此起彼伏,连绵不断,未经记载的想来更多。在这种情况下,行省就谈不上什么正规的治理了。但是到帝国时期,行省的局面就大为改观。虽然它们在政治上还没有取得同罗马与意大利完全平起平坐的地位(当然,这是奥古斯都有意如此安排的),但它们已是帝国的部分,不再是罗马的"化外之地"。他把行省分成直属皇帝的和由元老院治理的两部分。皇帝的行省多在边界,是紧要的所在,那里驻有保卫边疆的军队。过去长官(同执政官、同行政长官……)外放行省,没有固定的薪水,任期又短(一般为一年),因此长官到任首先就是不择手段地抢钱,什么卑鄙的事都干得出来。西塞罗弹劾西西里长官维尔列斯的演说和他本人在奇利奇亚任长官时的书信,可以为我们提供不少行省的情况。奥古斯都掌握了统治大权之后,就在这方面显示了他个人的作用。外放行省的长官,其人的品质是要经过慎重考虑的。长官是去"治理",而不是去"搜刮"。长官的任期也延长了,不再像走马灯那样换来换去,这样长官既能安心,又便于深入了解行省的情况。长官开始取得丰厚的薪金以"养廉",这样,除了特别贪婪者以外,多数的人可以不致有非分之想,即使出了问题也有人来过问。具体官吏的选任由皇帝本人和在皇帝监督下的元老院进行。长官的治绩要对皇帝负责,对元老院负责实际上也是对皇帝负责,这同过去的可以为所欲为情况完全不同,因为过去的元老院同长官狼狈为奸,而元老院里各派系相互倾轧,各自包庇自己一派的人。今后长官的一言一行便不能不有所顾忌了。过去为政府收税或承包物资供应的包税人是行省长官的帮凶,有了包税人,行省居民就等于受到加倍(有时甚至是三倍、四倍)的压榨,因为包税人要把大量的现金和贵重物品先付给授权给他们的长官。奥古斯都为包税人规定了种种限制,使人们对付包税人时有法可依,这样就大大缓解了民众的负担,而许多税后来干脆就逐步由皇帝直辖行省的代理官(procurator)和元老院所属行省的财务官(财务官一般是作为行省长官的属员随同前来的)专门征收了。此外,行省居民还有权因自己所受不公道的待遇而向皇帝直接控告长官或代理官,这对行省的统治者也是一种限制。奥古斯都的老友科尔涅利乌斯·伽路斯的垮台就是这种直接控告的结果。伽路斯一直是奥古斯都的忠诚的支持者。他在公元前30年征服埃及这件事上起了不小的作用,因此后来他被任命担任埃及长官这一重要职位(埃及是罗马的粮仓、生命线)。但伽路斯恃功自傲,在埃及胡作非为而不得不被召回。召回的原因有人认为他触犯了奥古斯都的统治大权,也有人认为奥古斯都是为了缓和元老院对伽路斯的反感才放逐了他的。

元首的威信

为了给奥古斯都的统治披上合法的外衣,元老院需要按照共和国的惯例(因为据说这时共和国已经重建起来了)不断批准授权给他,尽管谁都清楚,这种授权完全是一种多余却又必要的形式。

它丝毫也不意味着元老院在国家事务上有什么高于一切的权威，而只是履行一种例行公事而已。在反对派眼里，这乃是一出道地的滑稽戏。奥古斯都虽说用武力取得的权力被元老院承认为"合法"的，并且受到绝大多数人的认可甚至欢迎，但他自己心里却知道这种"合法性"在民众心目中到底有多大分量。

大家知道，罗马的粗陋的宗教在国家的政治生活中虽然占有相当重要的位置，但罗马并不是一个政教合一的国家，宗教上的最高职位最高司祭不同于后世的天主教教皇，他并不是专职的神职人员。比如恺撒本人就担任过这个职务，而他在罗马人当中可说是个宗教气味很少的人，对占卜、星命之类也从来不大关心。古罗马人作为不甚开化的农民只有一些原始的迷信和粗陋的神话传说（大多从希腊神话传说附会而成），很难说得上有真正的宗教，这也正是后来基督教把这种宗教称为"异教的"（paganus 原义是"鄙俗的"，其他意义均从此演化而来）的原因。和原始的农民一样，古罗马人是十分迷信的，原始的信仰（精灵和灵魂的崇拜）、各种各样的禁忌、以安慰神灵为目的的各种各样的宗教仪节渗透于他们的社会和家庭生活的每个角落。例如，他们相信每个人自己身上都有一个保护神（相当于我国民间所说的本命神）。此外，各家又各有自己的家神，一家之中门有门神，灶有灶神，窗户、门坎儿、墙角等等也各有自己的精灵和小神。街道、村落、井、路口、桥也是这样。神殿和军事、行政之间更是存在着千丝万缕的联系。且不说纯宗教的活动，行政活动如元老院的会议、国库的安置、军队出征等等往往都要利用神殿，任何重大的政治或军事活动都首先要通过占卜师来请示诸神的意旨。维斯塔贞女大多是从权势之家的守童贞的女儿中选出的，她们有绝对的神圣不可侵犯的权利，但三十年的独身生活被势家的女儿视为畏途，如有可能，她们大多像逃避瘟疫那样地害怕被最高司祭选中。当然,维斯塔贞女后来还是会发生这样那样的问题,不过这是后话了。在奥古斯都执政时,宗教事务还是比较正规地进行的。当时的最高司祭列皮都斯(后三头之一)是因安托尼乌斯的支持而担任这一职务的(接替被刺的恺撒)。奥古斯都后来稍一示意就可以把这个光荣的职位拿过来。但是他并没有这样做,这是他极为聪明的地方。这一则是因为列皮都斯尽管同奥古斯都的关系不好,但他毕竟是在内战中追随过恺撒的前辈,有一定的资望;二则是奥古斯都处处注意接受恺撒的教训,不愿给人以专横跋扈的印象。他的这种作风使得罗马的政治生活显示出一定程度的宽松气氛,正像苏埃托尼乌斯所说,在元老院进行辩论时,人们竟敢于当面同他顶撞而不必担心受到报复。还有,列皮都斯本人老耄昏聩,从公元前 36 年起在政治上实际已经不起任何作用,把他留在任何重要的职位上都是无害的。因此直到公元前 12 年(一说公元前 13 年)列皮都斯去世,奥古斯都才顺理成章地成了最高司祭,成了世俗的和宗教的双重领袖,这样就在掌权的道路上又稳稳地向前迈了一步。皇帝即最高司祭,从此成了惯例。

但我们仔细观察一下就可以看出,罗马的最高司祭本质上也是一个政治头衔,因为他除了宗教事务外还兼管世俗的政务。最高司祭的职位虽然显赫,但它并不说明担任这一职位的人具有很高的道德威望。恺撒在公元前 63 年甚至在担任其他高级官职之前便能担任这样的职务(当时他的年龄、资历都不够),很明显是贿买的结果,这一点很能说明最高司祭在罗马人心目中道义上的分量。列皮都斯私生活之放荡也是有名的,绝不会比恺撒好,而贪婪吝啬则远远超过恺撒,这在罗马民众的心目中也是清楚的。这种情况也使奥古斯都并不忙于再给自己加上这个头衔,因为这个头衔并无助于提高他所期待的那种威望。

　　奥古斯都心里清楚,他的权力,他的号令、统率一切的地位最初是建立在暴力即镇压的力量之上的。这种暴力在历史上的一定时期是必要的、合理的,但在道义上却往往是软弱无力的。暴力的镇压、不公正的迫害即使能得逞于一时,结果却往往使镇压者处于被动地位。当一个人处于可以为所欲为而不受惩罚(这当然只是暂时的)的地位时,稍一不慎,便要埋下毁灭的种子。当一个人被民众侧目而视,人人都怕他的时候,反过来,这个残暴的统治者一定也害怕民众,每天提心吊胆地过日子,最后只好自己把自己隔离、囚禁起来,成为独夫民贼,过着极为痛苦的日子。事情的逻辑就是这样,有一点头脑的人都能看到这一点,奥古斯都这个清醒明白的人当然也不例外。不管他把自己打扮得怎样合法,不管那些势利之徒怎样吹捧他,他的政敌一旦有机可乘,一定会不择手段地对付他,而且一旦成功,这些手段也一定被说成是百分之百合法的。我们的老祖宗早就总结出了"胜者王侯败者贼"这句名言。没有一个动用暴力的人不是打着仁义道德的旗帜的,没有比给暴力找一个合法的依据、美丽的借口更方便的了。因此,明智之士为了长久之计,就需要更高一级的道义上的威信(auctoritas)同他已有的权力(potestas)相辅而行,这样才能使自己真正处于不败的地位。这种认识使得奥古斯都在取得大权之后始终保持清醒冷静的头脑,反对人们向他欢呼、为他立像,反对不负责的廉价的吹捧,不因个人好恶滥行镇压,不兴文字狱,对政敌虽严加防范但不无故迫害,甚至对一般的造谣诬蔑也不追究,如此等等,处处表现出一位真正大政治家的风度,这在中外历史上也是罕见的。

　　威信这个词在共和末期并不是一个陌生的词。西塞罗就不止一次地谈到有时是个人的、有时是元老院的威信,他是十分了解这个词的分量的。比如,在他给好友阿提库斯的一封信里,对当时刚

刚出现在政治舞台上的屋大维,就认为他有勇气而威信不够。道
义上的威信也许可以用欺诈、笼络等不正当手段骗取(但这只能蒙
混一时,最后必然败露),但断然不是用暴力和高压所能取得的。
暴力和高压可以使人慑服于一时,却不能使人心悦诚服,因此这种
统治绝对不能长久维持。冷静、务实的奥古斯都用武力得了天下
之后,就开始考虑树立自己的威信的办法了。这可以说是他能使
国家长治久安的一个关键之处。

优利乌斯·恺撒早在高卢战争时期,特别在后来的内战时期,
提出过一个仁慈(clementia)的口号,作为对敌斗争的一个辅助手
段。恺撒的的确确是按照自己提出的口号做的,并且取得了相当
的成效,读他的《高卢战记》的人当能感觉到这一点。古罗马人最
初并不懂得什么善待敌人或俘虏的问题,他们认为把俘虏杀掉或
变卖为奴隶乃是天经地义的事情,并不涉及任何道德问题。恺撒
提出具有政治意义和策略意义的"仁慈"口号,就大大加速了瓦解
敌人队伍的过程,同时又极大地壮大了自己的力量。"仁慈"政策
的提出固然有赖于恺撒的政治眼光,但同他的性格也不无一定关
系。原来在恺撒的性格里有一种类似我国古代的侠气的东西。他
虽然有一套用大把金钱收买、笼络人心的办法,但是不大善于从更
高的政治角度考虑问题。而且,他过于自信,过于狂傲,因此在不
知不觉中伤害了许多甚至是老友的自尊心、爱国心即共和情绪。
一些历史学家曾指责他的"仁慈政策"是虚伪的,但"仁慈政策"总
的说来并没有错,他的失败更多是根源于他个人性格的缺点方面。

奥古斯都把树立威信作为自己的一项重要策略,这一点可以
从如下情况清楚地看出来:他为了取得独裁的统治大权,曾一度表
现为无视任何道德准则、为达到目的而不择手段的野心家。他的
做法也有如历来的任何政客一样,例如他在同元老院、同安托尼乌

斯、同赛克斯图斯·庞培的关系方面,都是达到了翻手云覆手雨的地步。为了夺取政权的需要,他可以把自己的姊妹屋大维娅(可怜的屋大维娅!)嫁给自己最严重的潜在敌人安托尼乌斯,也可以同意和赛克斯图斯·庞培攀亲。在私生活方面,虽说到共和末期罗马上层人士在男女关系问题上变得越来越随便,但是霸占有夫之妇,同正在怀着第二个儿子杜路苏斯(一说生下后不久)的利维娅结婚,即使得到利维娅的前夫提贝里乌斯·克劳狄乌斯·尼禄的默许,这也绝不能说是一件光彩的事情。但是他一旦取得统治大权,就好像完全变成了另外一个人,实施了许多有助于提高他的威信的措施,简直成了道德的化身。

如上所述,奥古斯都一手结束了持续几十年的大规模的军事行动,并且像他所说,他给国家带来了"和平与自由"——带来和平,这是确确实实的,至于自由,早在恺撒时期,人们就都心中有数了。西塞罗早就直截了当地指出:"我们都是恺撒的奴隶。"奥古斯都的自由意味着什么,大家当然清楚。不过,单单是停止了长时期无休无止的自相残杀这一点就肯定会得到饱经战乱之苦的罗马民众的衷心欢迎。奥古斯都同恺撒虽是继承(政治上的继承)的关系,所追求的虽是相同的目的,但是他们具体做法有很多不同,有时甚至完全相反。比如说,恺撒在遇刺当时,他本来正在准备挥师东向,想发动一场论规模绝不会比高卢战争小的远征帕尔提亚的战争。奥古斯都并没有按着恺撒的计划做下去,因为他知道东征比在高卢作战要困难得多,这在历史上已有过不止一次的教训了,说不定会有同克拉苏斯相同的命运在等待着他,那时罗马人将会遭到新的灾难。奥古斯都从执政的头一天起就明确放弃了主动向外扩张的方针,转而采取了怀柔睦邻的政策,因此终其一生,维持住了几十年的安定和平的局面。北方的日耳曼人给他添了一些麻烦（包括公元 9 年瓦鲁斯之败）。对这些麻烦奥古斯都虽看得极为严重，其实这对整个大局并无太大影响，后来的发展就证明了这一点。对于友好的邻国，奥古斯都主要采取尊重、联合的态度，因此大体上相互间能相安无事；不过他对外来的骚扰绝不采取姑息的态度。

在内政方面，奥古斯都有一个极明智的做法，即只要不从根本上危害他的统治大权，他绝不轻易使用自己的最后决定权。他做到使一切都按照共和的惯例行事，真好像共和给恢复起来了。他对元老院十分放手，元老院里也自有一大批望风承旨的人替他办事，因此许多例行的公务都能由元老院"独立地"处理得十分妥当。奥古斯都接受恺撒的教训，特别注意不过分突出自己，完全以平等一员的身份参加元老院的例会。在不涉及根本性质的问题上，他从不坚持自己的意见。他甚至有意起用过去追随过布路图斯和卡西乌斯的人们，这样就给人以他既开明宽大又通情达理的印象。人们在承平的日子里，很容易忘记还有一位主宰一切的主人。如果这个主人不胡作非为，像奥古斯都这样，他必然能赢得元老们的赞许与合作。尽管这时元老院已成了共和体制的一项装饰品，但它在人们的心目中，在舆论中还能保持相当的影响。

此外，他还大力整顿奢靡的社会风气，崇尚节俭，奖励农耕（这是罗马治国之本），保护学术文艺，给予人们相当程度的言论自由，善待异邦人，等等，这一切都能取得广大人民的好感和拥护。结果他的形象就不仅是一位国家的统治者，而且是一位道德高尚、值得敬重的长者了。他的形象不仅被加上了一道神圣的光圈，在道义上也成了人们崇拜的对象。因此，在奥古斯都身上，威信就成了不属于法律范畴，而属于道德范畴的概念。就后一范畴而论，威信的作用显然要大得多。

奥古斯都利用威信来加强自己的统治的做法当然不是他的创造。历代的聪明的统治者大都懂得这一点，但懂得的未必能做到，做到的未必能坚持到底，而他这个具体的人在造成和利用威信方面却取得了很大的成功。玛格德兰说得好："奥古斯都把自己的auctoritas 同自己的 potestas 加以对比。这种对比并不是新鲜事，这乃是个人威信与合法政权的由来已久的二重性。"苏拉也考虑过在取得统治权之后如何树立个人威信的问题，但是他没有奥古斯都那样的自制力，最后终于把残暴的形象留在史册上。

奥古斯都对于在政治斗争中的敌人，在防范和笼络的同时，表现了相当的宽大。苏埃托尼乌斯的《奥古斯都传》中所记述的他对待提贝里乌斯的抱怨的态度就很好地说明了这一点。在他掌握了大权之后，他在权力的利用上是谨慎的，始终不曾制造株连多人的大狱。因此只有在了解到上述情况之后，才能知道为什么奥古斯都在自己的《行述》里，写出了那句踌躇满志的话："余之威信超过一切人。"如果像他自己所说，他一生都是在演戏，如本节以上所述，应当说他是一个极为成功的演员。

罗马文学的"黄金时代"

每一个聪明的统治者都懂得使民众不仅仅要服从自己的统治，而且把他们的思想、感情也都纳入自己所希望的轨道。虽然，事情往往不是按统治者主观设想的那样发展，只有具有非凡的智慧和能力的人才能勉强做到这一点。比起历史上曾掌握过独裁大权的许多统治者来，奥古斯都的确高明和有远见多了。罗马文学史上有一个所谓"黄金时代"，一般的算法是从公元前 44 年恺撒之死到公元 14 年奥古斯都之死，前后半个世纪多一些。"黄金时代"的提法是否正确可以研究，这里不妨加以沿用，但这个"黄金时代"

的名称本身足以证明，他在引导舆论方面，在文艺政策方面，取得了相当的成功，并且是大大有助于他本人威信的提高的。然而，这一成就的取得又绝不是偶然的。

前面说过，奥古斯都是一位好学深思之士。就当时标准而论，他是一个在各方面都很有教养的人。他本人很喜欢读希腊的文艺作品，自己也能用希腊和拉丁语写诗，但他不是文学家。就罗马人的性格而论，他们本来很难写出出色的文艺作品，奥古斯都也不是例外。罗马人擅长治术，但提不出什么出色的政治理论，却还要希腊人来总结他们的体制。但上述情况并不妨碍奥古斯都奖励文艺活动。比如说，为了奖励创作，他常常亲自参加当时作为宣传、社交手段的公开朗诵会。这是作家在正式"出版"自己的作品前宣传自己的作品的一个方便的场所，这种做法在当时的罗马颇为盛行。他也在会上朗诵自己的作品，但他以平等一员的身份出现，从不以文艺权威自居，更不凭借自己的权势要人们吹捧自己的作品或让人们把它当作典范去学习。他从不在文艺问题上进行过多的干预，晚年对奥维狄乌斯和谢维路斯的处分，其理由毋宁是在于二人的道德品质问题，而不是文艺问题；处分也只是放逐，并不株连他人。文献中从不曾见过在这方面对奥古斯都有什么过分的指责。

奥古斯都首先选定诗歌作他的主要宣传手段不是没有考虑的。古拉丁语的诗歌虽不押韵，但是韵律性强，这是西方诗歌的一大特色，这种特色一直保持到后世，比如莎剧的无韵诗就是这样。因此用它来铺陈故事容易上口，便于在公共场所朗诵，效果也好①。古希腊的史诗大多由竖琴伴奏演唱，这和我国民间的有三

---

① 请参看拙作《论诗之不可译》中就《埃涅阿斯》的诗句所举的例子。载《翻译论集》，第 881—882 页，罗新璋编，商务印书馆 1984 年版。

弦伴奏的大鼓书并无二致。行吟的诗人或歌手(他们往往是盲人)被召来为宴会助兴,有如过去鼓书艺人之应"堂会"。口头文学的史诗在描写方面有很多作为民间文艺特色的"套子",到时就把它们用上,这也和我们大鼓书里的"幅"①差不多。荷马史诗(还有别的史诗)里保存的古代神话传说,作为史料,作为民俗学的资料都有很高的价值;作为民间文艺,则它流传很广,可以做到众口相传,家喻户晓,又有很大的宣传价值。在古代,史诗的文艺价值是毋庸置疑的,当然也不应该因为它是两千多年前的作品便把它们说得过分,说得神乎其神、高不可攀。史诗便于朗诵,这在当时条件下是进行宣传教育的一个方便的手段,奥古斯都认识到这一点,所以有意识地要他最器重的诗人维吉尔仿照荷马的史诗,以个人之力创作一部为罗马人树碑立传的史诗,真可谓深谋远虑了。有人认为维吉尔从青年时期起就有了写作史诗的雄心壮志,这显然与事实和历史背景不符,但本文不拟对此详加讨论。

维吉尔的诗作我们今天还读得到,对他的诗才人们是不能不肯定的。奥古斯都虽不是发现了他的人,却是看中和提拔他的人,并把他当作国内的第一大手笔而加以重用。维吉尔是"有幸"、还是"不幸"而成为"御用诗人",这是另外一个问题,但无论如何,写作拉丁史诗《埃涅阿斯》是一项极为艰巨的任务。荷马史诗的素材来自民间,看来它的情节是经过长时间的融合自然而然地连缀起来的,维吉尔的史诗虽然利用了许多现成的罗马传说(就是优维纳利斯所说的那些陈词滥调)作为骨架,但这基本上是个人的作品,并且也不排除其中有若干情节可能出自主人的授意,因此诗人只

---

① 鼓书中如出现一名小将,头戴什么,身穿什么,足登什么,面如什么,唇如什么,声如什么,都有固定的描写,到时就脱口而出,颇有"填充剂"的作用,行话则谓之"幅"。

能在有限的空间里驰骋自己的想象，这当然是一件苦差事了。应
制诗之类本是御用文人的拿手好戏，却绝非真正诗人所擅长。对
真正民间的史诗（如荷马的史诗）来说，《埃涅阿斯》只算是一件假
古董。尽管这部作品（经过但丁直到弥尔顿，此后若干失败的拟作
不在此例）为后人开了一个法门，但对此，大手笔如维吉尔也肯定
无能为力，因此他只能在矛盾与痛苦的心情中惨淡经营：既不忘记
自己作为诗人的良心、天职，又要理所当然地用他那精雕细琢的诗
句歌颂罗马人的祖先的丰功伟绩，并对奥古斯都表示感谢。诗人
仿照史诗的惯例首先推出了至高至善的罗马天神朱庇特代他讲
话，给埃涅阿斯定调子：

> 那人（指埃涅阿斯。——引者）要在意大利进行一场大规
> 模的战争（bellum ingens geret Italia①），并且要把一些凶悍
> 的民族
> 彻底打垮，还要为人民树立风习（mores），修建城堡……

接下去就以最权威的口吻宣扬了罗马人的声威（环视当时的世界，
只有远在东方的汉帝国可以同罗马的地位相比）：

> 对他们（指罗马人。——引者）我不设置任何限度和期限：
> 我给了他们无限的统治大权（imperium sine fine，实际上
> 只有奥古斯都一人享有这种权力。——引者）。残暴的优诺
> 出于恐惧而把天地和海洋折腾个够，

---

①　按诗的格律上的需要，用 Italia 代替 in Italia 是允许的，而且读起来也更加古
朴有力，但据苏埃托尼乌斯的记载，奥古斯都一般是不赞成这种省略的。

　　　　但她会听人劝告,同我一道爱护

　　　　这些统治世界和穿外袍的罗马人(Romanos,rerum dom-

　　inos,gentemque togalam)……

最后转入正题,很自然地引出了奥古斯都。如果有人问《埃涅阿
斯》的写作其意义何在的话,其意义就在这里:

　　　　一位光荣的恺撒(指奥古斯都。——引者)将会从特洛伊
　　人中间产生,

　　　　他君临欧凯阿诺斯①,他的声名远届星空,

　　　　优利乌斯这个名字是从伟大的优路斯②变化来的,

　　　　总有一天你会安然地把他这个

　　　　满载着东方战利品③的人迎入天穹;而在祈求的时候,他
　　也要被叫到。

　　　　那时战争终止,严酷的年代趋于和缓,

　　　　白发的"信谊"④和维斯塔⑤,列穆斯和他的兄弟克维星努
　　斯(即成神后的罗慕路斯。——引者)

　　　　将制订法律,战争的大门将被关闭⑥,用精巧的铁箍箍

---

　　①　古人认为欧凯阿诺斯(Oceanus)是环绕大地的海洋,这里实指世界而言。

　　②　埃涅阿斯和克列乌撒所生的儿子阿斯卡尼乌斯的拉丁名字叫优路斯(Iulus)。
他陪同他父亲在特洛伊被攻陷后来到意大利。据说他的后人就是优利乌斯氏族(gens
Iulia)。

　　③　spoliis Orientis onustum,这里当指奥古斯都先对布路图斯和卡西乌斯,后来
又对安托尼乌斯取得的胜利。

　　④　Fides,罗马女神,她是同类型的女神中最古老的。

　　⑤　Vesta,罗马的女灶神,相当于希腊的赫斯提娅(Hestia)。

　　⑥　罗马军队出征时要通过雅努斯神神殿的门,只有在承平时期,神殿的门才关
闭。

住；而在门内，渎神的狂暴之神将坐在凶残的武器上，

被一百根铜绳反缚双手，

它那可怕的血盆大口在呻吟。

狂暴之神被锁住，罗马人得到了和平——突出奥古斯都给罗马人带来了安定的日子，这无疑是抓住了要点的。如果配合着历史背景来看，就不能认为这一节只是不负责任的吹捧了。诗人在这里着力描绘，是因为他毕竟感到一种宽慰：几十年的血腥屠杀终于结束了。只要看他怎样描述渎神的狂暴之神（Furor impius）被制服，就可以知道诗人对战争厌恶到什么程度了！诗人生长在动乱年代，他本人饱尝动乱之苦，一度被搞得倾家荡产。他亲眼看到了罗马人民身受的无穷无尽的苦难，并从内心中发出悲叹：罗马民族在缔造自己的国家时经历了多少苦难啊！（《埃涅阿斯》，第1卷，第32行）

维吉尔当然知道这种重彩描绘的诗句意味着什么，会引起怎样的反响。事实也是这样：怀有强烈共和情绪的反对派，在诗人的《农事诗》和《埃涅阿斯》的一部分公布时，就对它们进行了十分猛烈的抨击。诗人对这些地方本来可以写得更含蓄一些，但是"宫廷诗人"的身份、受惠者的地位都使他没有别的选择。生性不爱虚荣的诗人偏偏要用他的诗句去参加歌功颂德的队列，其内心矛盾和不安可以想见。如果不是这种情况，作者就不会在遗嘱中要把原稿毁掉了。而且，从艺术的角度来看，诗人也不能容忍把自己认为不完美的作品拿出去。

奥古斯都绝不是在吹捧面前忘乎所以的人，所以他一方面把维吉尔这样的大手笔抓住，希望自己能随着诗人的作品而不朽（这一点他真的做对了），另一方面又下令坚决制止那些下流的文丐们

对他进行任何歌颂。这可以证明,这类的"作品"必定是早已充斥于所谓诗坛之上,已经到了引起人们厌恶的程度。这类作品的数量肯定不止于是《埃涅阿斯》的十倍、百倍吧。

《埃涅阿斯》这部曾为大诗人但丁所倾倒的作品,我个人觉得总的说来是一位伟大诗人的失败的作品。就这一点而论,我觉得诗人自己对这部史诗的看法是对的。尽管如此,《埃涅阿斯》仍有它的伟大之处,并且它的价值是多方面的。古老是一方面,这一点非常重要,因为它保存了不少很可能会失传的罗马传说,这些当时的陈词滥调对后世来说都是弥足珍贵的史料。文字又是一方面。不容讳言,古拉丁语是有些粗陋、干枯、单调、笨拙,用它叙事还可以,用它描写就感到有点不够用。卢克莱修和西塞罗在把拉丁语用于说理方面,对它起了很大的丰富、改造作用。共和时期诗人的诗歌,大都还带有朴素的、民间的色彩,但拉丁语到维吉尔手里,在描写方面提高了一大步。他的诗句比起早期的拉丁诗歌已能做到细针细线,优美精练。此外,诗的音调铿锵有力,起伏自然,其抑扬顿挫之处与诗的内容若合符节,能给人以深刻的印象,并且由于这是个人的作品,又经过长期的苦心经营,所以全诗始终保持一种完整、细腻、稳重、深沉的气度,只是气魄显然不如荷马的史诗,缺乏后者固有的那种原始的粗犷之气或野性。

诗人虽说是在奉命铺陈,但我们仍然能看到他在诗篇的一些地方迸发出来的真正仁者的心声。从读诗的角度来看,这些地方才是全诗菁华之所在。诗人的确不愧是文字的大师,但如果专就诗人的遣词造句谋篇方面进行钻研,这可以说没有搔到痒处。因为谁都知道,用诗体连篇累牍地叙述这样多的事情,其效果最多只能是鼓书、弹词之类,是不可能做到字字珠玑的。

诗人出身农家,他本身就是一个道地的农民,并且他也是以农

民的这个标准要求自己的，就像诗人的诗作中埃涅阿斯对自己的
儿子讲的话：

> 孩子，跟我学做个男子汉，学习正正经经地干活，要想享
> 福，那得要别人指点……
> （Disce，puer，virtutem ex me verumque laborem Fortu-
> nam ex aliis...）

因此，当他靠着权势者的说情，在康帕尼亚的涅阿波利斯重新有了
一块立足之地，并得到了喘息和恢复的机会时，他是怀着感激之情
从恩人麦凯纳斯那里接受了写作《农事诗》的任务的。诗人同大自
然早已结下了不解之缘，对务农一事有亲身体会。他的《农事诗》
体现了赫西奥德以来直到加图、瓦罗的西方农业著作的传统，他本
身作为典型的罗马农民，笔下也是饱含着对祖国土地的深厚感情
的。即使是劳苦的农事，也还是多么难得啊！作者深深体会到内
战结束后和平生活的幸福，因此对奥古斯都的感激心情应当说也
是真实的。《农事诗》本来是劝农歌、劝善歌一类题材的通俗作品，
只要写得清楚明白、便于记诵就好，它本来并不需要很高的文艺水
平，但一经大手笔之手，这部著作顿时充满了诗情画意和淳朴之
美。试看他是以怎样的深情描述开春的农业景象的：

> 当新春伊始，白皑皑的山上冰雪消融，
> 而西风把大地吹裂的时候，
> 我把犁深深犁入土地，我的牛叫了起来，
> 犁头磨损并发出了光亮。

　　这个终生不慕荣利的农民诗人，尽管他是随侍在煊赫之极的"世界主人"奥古斯都身旁的"宠儿"，但他的内心看来是深深感到寂寞的。希腊人和罗马人往往有自拟墓铭向过路的人讲话的习惯。传说维吉尔自拟的墓铭是这样：

> 曼图阿生我，卡拉布里亚使我丧生，现在
>
> 帕尔提诺佩埋葬了我；我吟唱过牧场、田野和领袖。

　　如果墓铭是真的，它也可以说明一些问题。诗人在墓铭中丝毫没有夸耀自己在罗马的地位，甚至没有像吴梅村那样给自己加上"诗人"的头衔。为了表示自己的农民出身，他竟然在他的歌咏对象中把牧场和田野放在领袖人物前面。而且，他用领袖一词，却没有特别突出奥古斯都，而把对他施过恩的人，诸如麦凯纳斯都包括在内了。他反正无意于世间的虚荣，更没有必要为了个人的动机而把奥古斯都捧成天神。他只把四分之一的遗产赠给奥古斯都，这也有明显地不突出他的性质①。

　　奥古斯都对维吉尔也许不曾像唐玄宗对待李白那样轻视，但是把他"笼养"起来当作一个有力的喉舌却是事实。据说维吉尔每写完一部分作品之后，往往要连续几天朗诵给自己的主子听，这对于生来不好出头露面又一直有胃病的诗人，肯定不是一件轻而易举的事。

　　《埃涅阿斯》乃至《农事诗》的细心的读者一定会在字里行间发现，诗人心中始终有一种压抑的因素。促成这种情况的是，现实和

---

　　①　按照罗马的惯例，像维吉尔这样的同奥古斯都有如此亲密关系的人，是应当把全部遗产赠给奥古斯都的，尽管这也只是一种形式。

诗人的"仁爱之心"、一种"真正伟大崇高的同情心"之间存在着冲突和矛盾。这种"悲观"精神（是佛教以大悲心观照世界的那种悲观，而不是通常我们理解的悲观）正是诗中特别感人之处，在专门喜欢以残酷的表演取乐的罗马风尚中尤为难得。仁爱的精神大概可以作为诗人一生的注脚了。

比奥古斯都年长七岁的维吉尔只活到五十一岁，维吉尔死后递补上来的就是贺拉斯了。贺拉斯是在得到维吉尔的赏识并经过他的引荐才最后受到当权集团的注意的。两位诗人之间的友谊可以说是相反相成的一个有趣的例子。史料记载说维吉尔是个黑瘦的高个子，一个土里土气的乡巴佬儿①，但他是内秀的，性格也是内向的，平时沉默寡言，在创作上他是慢工出巧匠的类型，严肃认真到对自己苛酷的地步。反之，矮胖的贺拉斯的性格开朗爽快，谈笑风生，滑稽可笑，是一个乐生的人物。贺拉斯在生活上也极为随便，在诗作中公然自称喜好廉价的爱情。他虽出身卑微，但遇上了一个百般关心他的好父亲，从小也说得上是娇生惯养。这种出身和教育同他的性格的形成不无关系。他也是内战的受害者，但后来由于取得了奥古斯都的"文化宣传顾问"麦凯纳斯的欢心，而在公元前 33 年左右，从麦凯纳斯手中取得了一座庄园。庄园位于罗马东北二十五英里的狄根提亚河（此河流入阿尼欧河）河谷。据一位英国学者的估计，他的这座庄园的价值可以折合三十年代的八九万英镑，如果换成今天（1985 年）我国的人民币，其价值恐怕要几百上千万元了。这使他立刻成了一位拥有可观资产的寓公。贺

---

① 据苏埃托尼乌斯《维吉尔传》："Corpore et statura fuit grandi, aquillo colore, facie rusticana..."（维吉尔体格高大，肤色黝黑，外表像个庄稼人……）。

拉斯那样性格的人一旦成了文坛上名利双收的代表人物，自然心满意足，一种悠然自得的情绪在诗句中间跳跃，字里行间要表现对势家和恩人的感激的心情自然不在话下。

贺拉斯用诗歌尽心竭力地报效奥古斯都是奥古斯都善于用人的又一个例子。奥古斯都是充分认识到贺拉斯的价值的，所以也就像曹操使用陈琳那样，不再去计较过去贺拉斯曾站在布路图斯一面同他作战的经历。

贺拉斯的诗才无疑也是突出的，即使从整个西方的角度来看也是如此。有教养的西方人没有一个人不熟悉贺拉斯的。可惜一般西方人从现代欧洲语接触到的贺拉斯已经大大地走了样子。欧洲人译诗实在译得太随便了。且不说贺拉斯原作的味道传达不了，就是内容大都和原诗也相去甚远！我个人觉得贺拉斯的诗无论在深度上、广度上都不能同维吉尔相比，只是贺拉斯的作品"世俗性"较强，更易为世人（无论当时还是后世）所接受。贺拉斯的诗作表现力强，富于跳跃性，善于抓住读者，这同他在词句的选择和格律的安排方面的才能有关。但贺拉斯同维吉尔相比，毕竟经不住仔细回味，略似元（稹）白（居易）之于孟（浩然）杜（甫）。

大概是由于性格使然吧，贺拉斯对奥古斯都的颂扬，无论从内容还是从文字上都显得比维吉尔更激动，更热情，虽然被歌颂的人的确也有他的优点，但是我们总是不由得要怀疑，这种过分的颂扬到底有几分是真实的。

只要看一下本文第一节所引的、他的《诗歌集》的第3卷第3首就很能说明问题了。如果说维吉尔只是预言奥古斯都将升入天庭，那么在贺拉斯这里奥古斯都已经同诸神一道吸吮仙露了。这样的比喻并不奇怪，因为当时除罗马和意大利外，从希腊到整个东方早已把奥古斯都视为天神并为他修建神殿和祭坛了。此后贺拉斯虽"应制"为重大节日撰写庆祝诗篇,但终感力量不足。尽管如此,这时已没有别人可以替补他。当然,这时有一些专门以酒和女人为对象的抒情歌手,但有铺陈大块文章的本领的人已寥若晨星。公元前9年贺拉斯去世之后,奥古斯都一代的诗歌就衰落了。

在散文方面,演说术(修辞学)虽然说是几百年来罗马最重要的科目之一,并且取得了可以同希腊相比的成就,但是随着共和精神事实上的消亡,它已失去了德摩斯塞尼斯当时那样的光彩,而是向法庭,后来又向学校和书斋退却了。在奥古斯都当时,演说术除了作为学校的课目之外,只能在婚丧或节日的场合至多在法庭上起几分点缀作用罢了。

奥古斯都出生在西塞罗和盖·安托尼乌斯担任执政官的那一年,正是西塞罗同卡提利那派斗争得最激烈的时候。如果说共和精神当时便已经消亡,那么奥古斯都却还能在西塞罗身上看到共和的一个淡淡的影子。把雄辩当作政治斗争手段的日子甚至在西塞罗时期便已经逝去了,罗马广场上早已是棍棒和刀剑横行的时代。为了保卫早已泯灭的共和,并且由于发表了一系列反安托尼乌斯的抨击演说而付出了生命代价的西塞罗生于一个错误的时代。在共和国末期搞政治并不需要舌头,而是像恺撒所说,金钱和武力才最能解决问题。一个人一旦被卷入政治斗争的旋涡,他在罗马出出进进就总得有一批武装的侍卫保卫着才能保证安全。克洛狄乌斯就是在这种气氛中在白刃之下的牺牲者。如果说在奥古斯都治下较少发生这类事情,那正是他个人发挥影响的结果。

奥古斯都在历史作品中也发现了散文的用场。因此,一位真正的"布衣"李维也就在风云际会中成了罗马文学史上"黄金时期"的另一位大人物。

　　李维名副其实地是奥古斯都的同时代人,他大概比奥古斯都小几岁。从所受的教育来判断,他应当出身于富裕家庭。在以从政为正途的罗马,李维是一个很突出的例外,这是因为没有任何史料证明他担任过任何公职。这样,后人就很难根据他的行迹对历史学家的一生作比较准确的记述,就像法国的文艺批评家泰纳说的:"罗马的历史学家没有历史!"

　　关于李维的政治立场,从塔西佗的《编年史》以及从李维作品本身都可以看出他是一个具有十分强烈的共和情绪的人。塔西佗在他的作品中提到科列姆提乌斯曾经指出:"以雄辩和坦率而享最高盛名的李维说了这样恭维庞培的话,以致奥古斯都称他为'庞培派',然而这并没有在他们的友谊中间引起裂痕。"①此外,从苏埃托尼乌斯的《克劳狄乌斯传》②,我们还知道李维曾劝未来的皇帝克劳狄乌斯学习历史。由此可见,奥古斯都同李维不是一般的关系。但仅从这一个情况也可以看出李维是个心口如一的人以及奥古斯都的雅量。塞内加在一封信里则把李维作为大演说家同西塞罗和阿西尼乌斯·波利欧并举。李维除了他的历史巨著的一部分之外,并无其他作品保存下来,不过,单就我们看到的部分,已足以想象他的文采。

　　人们也许奇怪,帝国的缔造者为什么那样放手重用具有明显共和情绪的人,但是,我们不可忘记,奥古斯都本人一直是以重建共和的英雄的姿态出现的。老实说,在奥古斯都实际上已掌握了国内的专制统治大权的情况下,他心里清楚,对于这类纯属纸上谈兵的、无害的"共和派",他是无须担心的。反之,起用过去的共和

---

① 参见拙译《塔西佗:编年史》,商务印书馆 1983 年版,第 4 卷,第 34 章。
② 第 41 章。

派只能更加提高他在国人心目中的声望,这一点在有关他的威信的一节里我已经指出了。

要像奥古斯都所希望的那样进行爱国教育,发扬罗马国威,李维的《罗马史》无疑是有用的。这是一部令人难以卒读的不折不扣的巨著,仅从保存下来的还不到四分之一的篇幅看来,内容已经够浩瀚的了。当时罗马的书写材料(纸草)十分方便易得,因而作者可以随心所欲地铺陈,不像我国古时的竹帛,或难得,或难写,因此大作品在罗马接连出现。但另一方面,如果李维不完全放弃政治和社会活动,他是不可能完成这一作品的。

但作为严格意义下的史书而论,李维的《罗马史》并不能说是十分成功的。事实上,任何大手笔也不可能把这样巨大篇幅的作品写得完美无缺。重复,冗赘,取材粗糙,叙述不严谨,史实、年代、地点不够准确,如此等等都是本书显而易见的缺点。作者虽然是一位大文章家,但是作为一位史学家,他只是无批判地把大量传说、资料连缀成一部十分庞杂的史料长编,没有经过一番认真的去粗取精、去伪存真的研究工作,而且里面肯定还有不少作者自己随意引申出来的东西。我不是说他提供的资料毫无价值,但它们要经过比较、分析、鉴定、删汰的功夫才能使用。后世的考古发掘证明李维的许多记述并非无稽之谈,对之一概否定是不对的。作为文章家,他的文字具有典雅流利、优美华赡的特色,他的光华温润的文体被克温提利亚努斯用奶汁来形容,我看还是恰当的。李维和西塞罗是同时人而辈分略晚,但他们的文字风格已属于两个时代。保存下来的李维的《罗马史》的前十卷是他的精心之作,几乎从一问世就受到欢迎和重视,成了家喻户晓的名著,恰恰起了奥古斯都所期望的那种宣传作用。当时李维名气之大,可以从小普利尼提供的一个情况看到:住在帝国边疆地区(西班牙南部的加地斯)的人曾不惜远道来到罗马,只是为了一睹李维的风采。

到底是什么动机促使李维从事撰史的工作呢?我们只要看一下他的《罗马史》的引言就可以知道奥古斯都重视他的作品绝不是偶然的了。有趣的是,这样一部大书,它的引言却短得出奇,而且气势凌厉,和正文的娓娓而谈的调子很不相同,但它却能表现出奥古斯都时代的特点:

> ……这一题材(指撰写历史。——引者)需要人们付出巨大的劳动。它要回溯到七百年前,并且从卑微的记述开始之后,它的规模已经大到开始感到无法承受的程度。……建城以前或正在建城时期的传统事件更适于装点诗人的创作而不适于装点历史学家的真实记录,……对于古人,应当容许他们有这样的自由,即他们把人的和神的行动混到一处,这样可以使国家的起源有一种更加庄严神圣的气象(这里明明是同《埃涅阿斯》的调子大不相同了。——引者)。而且,如果有一个国家能够宣称它的起源是神圣的,并指出它的父系祖先是神,这个国家就是罗马。要知道,她的战功是如此煊赫,以致当她选择玛尔斯神作她本身和她的创建者的父亲时,世界各国都泰然地接受她的这种说法,就好像接受她的统治一样……
>
> 从历史研究取得的一个特别有益和有效的好处,就是你可以明确地按照历史的真相,看到所有各种类型的范例。从这些范例你可以为你自己和你的国家选择应当仿效的东西和应当避免的东西——因为那种东西在开头时只是有害的,但到最后却是灾难性的了。然而,除非我因为偏爱自己的事业而判断错误,那就可以说,从来没有一个共和国有更强大的力量,更纯正的道德,或者更富于良好的范例;也从没有一个国

家到这样晚的时候才受到它的贪欲和奢侈的侵蚀,或者它的清贫和节约始终不断地受到如此高度的重视,从而十分清楚地表明,人们占有的财富越少,他们贪求的也就越少。在近些年里,财产带来了贪欲,人们取得的无限享乐使得他们不顾一切地要通过自我放纵和淫乱的生活毁灭他们自己和所有其他事物……

李维在他的著作里已经称屋大维为奥古斯都,可见他在撰述此书时已在公元前 27 年以后了。不过从序言的口吻来看,他的这篇文字可能在他开始撰述以前或开始撰述后不久就写成了,因为这时他对内战的灾害记忆犹新,对内战的惨痛后果仍感到极为痛心。他完全不曾从俗先把奥古斯都的统一天下、"重建共和"的丰功伟绩颂扬一番,可见这位布衣史家同宫廷文人确有不同之处。他敢于保持自己的独立见解,因此塔西佗记述说他在奥古斯都当权时期还敢于颂扬庞培,看来就是可信的了。

既然李维要"闭上眼睛不去看我们的一代多年来亲眼目睹的罪过",他当然更不愿被卷入当时政治斗争的旋涡,因此他宁愿钻到自己的神话、传说、史籍、资料的小天地里去,想从那里取得一些范例来感化和教育世人。从序文可以看出,他自己其实并不完全相信那些传说。对于把恺撒所属的优利乌斯家族的祖先同神联系起来的做法,他也甚不以为然,只是人们都这样认为,他也就照录而已,就和我们的史家过去照录三皇五帝的传说一样。史家在这里既然不便有更多的发挥,这里也正是他详今略古的依据了。

然而可以肯定的是:李维是爱国的,他歌颂罗马、歌颂使罗马变成伟大国家的英雄们,这是奥古斯都进行爱国教育时所需要的。李维并不想粉饰太平,他一再为后来罗马人的堕落而悲叹,对于这一现实,当时作为共和时期古罗马人最后一代的代表者的奥古斯都是不能不承认的。

总之,作为史家,李维的毛病在于贪多。他的史书兼收并蓄,细大不捐,势必给人以臃肿庞杂的印象,引起后人的非议。司马温公的《资治通鉴》体例精严,叙述的时期长于《罗马史》而篇幅少于《罗马史》。即使如此,当时能把《通鉴》通读一遍的他也只能指出王胜之一人。李维的巨著且不说当时一般人买不起,买得起也读不完,所以起初仅前十卷通行(这十卷论数量也超过了我们的《史记》),而后世人们只好为之作提要,那就不奇怪了。罗马皇帝卡利古拉指责李维的作品"废话连篇,粗制滥造",话虽有点过分,却也说对了一部分。

仅从奥古斯都当政时期上述三个代表人物身上可以看出,奥古斯都的"文艺政策"是很有成效的。他有意识地把重点放到诗歌、散文上面。对于戏剧,因为它的现实性太强,煽动性大,看来他就回避把它当作重点来提倡。奥古斯都时代没有产生大戏剧家,这也是原因之一。人们看的还是那些从希腊原本因袭下来的传统戏剧,但即使如此,观众还是容易把它同现实联系到一起。苏埃托尼乌斯便记载了观众为一句台词而作出强烈反应的情况(见本书附录《圣奥古斯都传》第 68 章)。

再提一下:奥古斯都固然有意识地奖励他喜欢的作品,但对于他不喜欢的作品,对于反对、甚至攻击他的作品,他表现了一种宽容的气度,这也是在他当政时期所以造成一定程度的创作繁荣的重要原因。

奥古斯都和血统贵族

奥古斯都本人毕竟是一个从共和时期过来的人,因此他和每一个道地的罗马人一样,对古老的、光荣的共和传统有一种几百年来培养起来的眷恋之情和自豪感。为了照顾人们对这种古老共和传统的感情,不给政敌以反对的口实,为了接受恺撒的教训,也是为了策略上的需要,他在取得独裁统治大权之后,如上所述,第一件事就是打出了重建共和国这一最能收揽人心的口号。他在一切事情上都有节奏地行动而不操之过急,有时正是在他最希望做到的事情上,竟然给人以他好像反对的印象。他绝对避免做出恺撒把保民官免职之类的蠢事,小心谨慎地给他的统治披上共和这件合法外衣,创立了大乱之后长治久安的局面。

据专家们的研究,罗马史上王政时期的最后一个国王塔尔克维尼乌斯·苏培尔布斯(Tarquinius Superbus,传说他的在位时间是公元前 534—前 510 年)很可能是一个埃特路里亚人,故而他的统治带有罗马人无法容忍的民族压迫的性质。因此罗马传统给此人加上 Superbus(横傲的)的称号,把他说成是杀死了自己的岳父赛尔维乌斯·图利乌斯(Servius Tullius)而篡夺了王位的暴君。也有人认为国王中的两个塔尔克维尼乌斯实际上是由一个原型衍化出来的。但无论怎样,国王(rex)就意味着暴君,这是最引起罗马人反感的一个词。

要想知道古罗马人厌恶个人专制到什么程度,只要看他们在那样早的时候就已采取了多么认真、周密的措施来防止它就够了。可以这样说,纵观中外历史,还没有哪一个国家能像罗马那样完备地提出过防止权力集中于一人的办法。这一点足以说明古罗马人在政治实践方面的成熟程度。然而,事件的发展又不是人们主观意志所能左右的。事实却是:随着客观形势的发展,权力向一个人手里的集中后来竟成了摆脱混乱的唯一手段。

罗马曾选出两位具有同等权力的执政官以取代专制的国王。

学术界对于长官的名称最初是 consul 还是 praetor 有不同意见，这不在本文讨论范围之内。两位执政官完全平等，相互间都有权否决对方的命令。至于执政官这一最高级的职务，一是要选出，所以当事人必须有一定的政绩和声望；二是要有资历、年龄的限制，除非有特殊情况，不能越级而上。此外，执政官逐年改选，并且只有在出罗马城——在起初，罗马就是罗马城——作战时才有军权（统率权），战争一经结束，执政官就要交卸军权，仍以公民（civis）的身份入城，这样做的用意也在于防止个人凭借武力专横跋扈。作为一种牵制的力量，后来又设置了代表人民（当然是在奴隶主的范围内）利益的保民官，保民官有权对任何一位高级官吏的政务进行干预，并有权对高级官吏的命令、元老院的决定加以否决，他是神圣不可侵犯的，而后来这种权力正是奥古斯都的权力的合法依据。诸如此类的措施保证了罗马奴隶主贵族的政治体制的正常运转，使罗马的国力在一段时期之内迅速强大起来。

正是这种传统——不论其利弊——几百年来早已深入人心，即使没有明文规定，只是作为惯例也被视为天经地义。罗马人非不得已，对此绝不肯轻易加以变动。罗马人中间以元老院为代表的贵族，又是最保守的部分。这种情况也可以说明，当个人的专制事实上早已代替了共和体制的时候，为什么当事人却总要援引共和的惯例，把自己的政敌宣布为事实上已毫无权力的元老院和罗马人民的敌人。

正如本书所指出的，作为从共和国生活过来的一个人，奥古斯都对共和传统的最有资格的代表者即古老的血统贵族怀有一种天生的敬畏感。比如，他同利维娅结婚时，不会不知道利维娅的父亲利维乌斯·杜路苏斯·克劳狄亚努斯是站在他的敌人方面战死于菲利皮的，但利维娅的高贵出身甚至使他这位夺得了专制大权的皇帝都不免有一种攀附之感,这一点同后来拿破仑娶奥地利公主时的想法颇有若干相似之处。据说奥古斯都每次都是正襟危坐地同利维娅谈论事情,有时甚至事先还要拟一个提纲。这当然同奥古斯都本人的谨慎的性格有关,但也可以看到他对利维娅的尊重。再如恺撒遇刺后,他明明知道西塞罗在政见上同恺撒有分歧,但他仍然特地去看望这位老人请求指教。不少人认为这是他的一种策略,认为西塞罗同这个青年是相互利用。对西塞罗的态度如何评价这里可以不论,屋大维访问西塞罗并向他求教,我个人认为在一定程度上是出于他对西塞罗的道德、学问、声望,换言之,也就是对光荣的共和传统的一种潜在的尊重。西塞罗是一个所谓"新人",没有显赫的门第作凭借,但他对共和的信念是坚定的,而且具有代表性。如果说共和传统还有一点影子的话,只有少数人(主要是西塞罗,还有例如小加图和前面说的李维)才有代表这一传统的资格。与此相关联,他后来起用"解放者"一派的人,在下意识里也部分地有一点这种意味。后三头时期的安托尼乌斯没有恺撒那样的政治眼光和气量,也没有奥古斯都那样的教养,所以西塞罗终于成了他手下的牺牲品。奥古斯都在这个问题上对安托尼乌斯让步是错误的,但是在当时的具体情况下我们不能对他过分责怪。对此屋大维内心负疚则是肯定的,否则,后来在西塞罗的著作被列为禁书的情况下,奥古斯都看到自己的孙辈偷偷阅读西塞罗的作品时,便不会对西塞罗作出那样高的评价了。

照顾罗马人民的共同感情和保持对古老的血统贵族的尊重,在个人专制的情况下,有利于缓和统治者和被统治者之间的关系。此外,奥古斯都又善于照顾各种政治力量之间的平衡,不伤害任何一方的面子,因此尽管人们知道奥古斯都恢复的"共和"是怎么一回事,在这种各得其所的气氛里,他们也就不仅默默地妥协,甚至顺水推舟,加以迎合了。奥古斯都统治的几十年已经给人们对这一情况的适应打下了坚实的基础,因此后来提贝里乌斯一继位,在元老院中就出现了争相献媚的局面,就是理所当然的了。

奥古斯都如何处理军队问题

奥古斯都是凭借武力夺得统治大权并给罗马带来了几十年的和平与安定的,仅仅这一个贡献就是如何估价也不过分的。他在《行述》中承认自己的事业是从募兵开始的。在权力的争夺中,他从一开始就懂得要抓住最要害的东西。屋大维是以恺撒继承人的身份征募恺撒旧部的,这可谓充分利用了他当时的地位。尽管这样做按传统来说是非法的,然而是极为英明的一着。如果这一步骤被安托尼乌斯占了先或者安托尼乌斯另有更高明的笼络恺撒旧部的办法,情况就会大不相同了。奥古斯都是以孱弱之身率军逐鹿天下的;他没有恺撒和安托尼乌斯那种壮健的体魄,而完全凭坚强的意志来应付戎马生活。无论在战争的理论和实践方面,他都不是一个出色的军人,不仅比不上天才的军事家恺撒,就是比久经战阵的安托尼乌斯也差得很远。菲利皮一役他实际上是侥幸获胜的;赛克斯图斯·庞培是被他的得力助手阿格里帕打垮的;阿克提乌姆一战我们虽不得其详,但有一点可以肯定,胜利主要也是阿格里帕的功劳;后来对付北方的日耳曼人的担子则是在他的继子提贝里乌斯的身上。但认识到军队在罗马政治斗争中的作用,并且懂得怎样在斗争中利用它,这才是奥古斯都的高明之处。

恺撒死后的罗马局势是十分微妙复杂的。元老院虽经过恺撒的整顿,仍无力控制局势;安托尼乌斯态度暧昧,想讨好两面,浑水摸鱼;"解放者"也没有得到他们所期望的那种积极的反应。总之,发展的趋势还是要实力人物出来收拾局势,其他的办法都是幻想和带有应付的性质。

其实无论元老院的头目们、还是安托尼乌斯、布路图斯、卡西乌斯都是各怀鬼胎的野心家,到头来他们之间的倾轧和冲突仍然是不可避免的。除了一个恺撒的头衔之外,年纪轻、资历浅的屋大维在他们中间不蓄积自己的力量便无法存在下去。正像阿庇安所说:

> ……屋大维从他的密探那里得到消息,说布伦狄西乌姆的军队和移民地的士兵憎恨安托尼乌斯,因为他没有替恺撒报仇。如果可能的话,他们愿意帮助屋大维替恺撒报仇,为此安托尼乌斯去了布伦狄西乌姆。由于害怕安托尼乌斯带着军队回来时,趁他没有保护而逮捕他,所以他带着钱去康帕尼亚招募他父亲(指优利乌斯·恺撒。——引者)安置在那里的市镇上的老兵。首先他把加拉西亚的老兵争取到他这边来,继而又争取到了卡西利努姆的老兵。这两个市镇就在卡普亚的两侧。他给每人五百德拉克玛。他征募了一万人左右,但并不是都有武装的,也不是按照正规大队召集的,只不过作为一个卫队,在一个旗帜下服役而已。当罗马的公民们看到安托尼乌斯将领导一支军队来到罗马时,十分恐慌(当时内战中凡率军开赴罗马的,都引起罗马人的恐慌,因为这往往意味着一场大屠杀。——引者);他们又听到屋大维领导另一支也将来到罗马,他们就更加恐慌,而另一些人则很高兴,因为他们相信可以利用屋大维来反对安托尼乌斯。……

在这个恐慌时刻,原来就反对安托尼乌斯因而对屋大维表示友好的保民官卡努提乌斯去见屋大维。当他知道屋大维的真正用意之后,便向人民发表演说,说屋大维带兵前来确实是为了反对安托尼乌斯的,凡是害怕安托尼乌斯阴谋做暴君的人应当站在屋大维一边,因为目前他们没有别的军队,他说了这些话之后便引导屋大维进城……当屋大维来到时,他带着他的士兵,暗藏短剑,前往卡斯托尔和波路克斯神殿。卡努提乌斯首先发言抨击安托尼乌斯。随后屋大维也要求他们不要忘记他的父亲,不要忘记安托尼乌斯使他遭受的痛苦,因此他才征募这支军队,作为他自己的卫队(这是为了对付敌人指责的。——引者)。他宣布他自己在一切事情上都是他的祖国的忠顺仆人,说他在目前紧急情况下,准备抵抗安托尼乌斯。(《罗马史》,第 15 卷,即《内战史》第 3 卷,第 40—41 章)

按罗马惯例,国家遇到有外敌入侵时,只有高级官吏才能由元老院授权征兵。但屋大维所征募的士兵宁愿认为自己是恺撒的人,元老院对他们根本无威信可言,这在近几十年中已成为惯例,反之,一旦安托尼乌斯成为一支威胁共和的力量,元老院还要借重这支军队呢。

从马里乌斯、苏拉、恺撒过去的情况都可以看出,在罗马共和国后期,武力的原则已经取代了共和的原则。权力集中的趋势是不可阻挡的,兵戎相见已成为个人权力之争最后的必由之路。这些教训对奥古斯都是十分深刻的。如果恺撒当时在对元老院寡头的态度上稍有一点犹豫,给了对方以从容安排的机会,或者终于交出了自己的军队,那么公元前 49 年以后一段时期的情况恐怕就不是后来我们看到的那个样子了。而且,必须有实力做后盾,恺撒继承人这块招牌才能发挥它应有的作用。

屋大维在战场上虽然也能与士卒同甘共苦,比起恺撒来毕竟还差得很远,但是在对士兵的慷慨这一点上,他却颇有恺撒的作风。反之,安托尼乌斯对克列欧帕特拉和她的孩子极为慷慨,但是对士兵十分吝啬。当他在率领恺撒的老兵去高卢之前决定发给士兵每人一百德拉克玛时,竟引起了他们的嗤笑而纷纷离开了他。屋大维一开口便给他的士兵每人五倍于此的数目并答应在胜利之后再给每人五千德拉克玛。后来在用土地安置老兵这件事上,屋大维经过权衡,宁肯违心地伤害一般公民也要取信于他的士兵。

屋大维虽然是用武力取得统治大权的,但是他深知武力在运用不得当时的害处。首先他绝不是穷兵黩武的人。比起恺撒来,他既有远见,又十分慎重,表现出他是一位既能使用又能控制军队的杰出政治家。恺撒如果不遭 3 月 15 日之难,不久即将挥师东向。这一行动,就当时情况而论,只不过是为了满足个人的虚荣心而已。恺撒并不能为如此仓促地出征帕尔提亚举出任何站得住的理由。其实,远者如高卢战争可以不论,较近的如杜尔拉奇乌姆之战、孟达之战就都是恺撒应当吸取的教训,而西亚的自然条件比希腊或西班牙都严酷得多,更何况帕尔提亚的军队也素以强悍著称,不是那么容易对付的。我国历史上唐太宗东征高丽之举,同克拉苏斯东征的惨败颇有相似之处,此次东征恺撒不多从困难处考虑,未免过于自信了。

高卢战争期间,恺撒不轻易深入不列塔尼亚和日耳曼尼亚的腹地,这是他的明智之处,但是东征之计,显然是不够冷静了。如果说他想洗雪公元前 53 年克拉苏斯惨败之耻,则东征也不应当选在内部问题还没有安排妥当的这个时候,而且,从历史上东西方关系来看,军事行动也未必是解决问题的最好办法。一旦把这种并无实惠可言的旷日持久的战争继续下去,恺撒最后也只能成为一个穷兵黩武的失败者。

连年的战争除了给人民带来灾难和痛苦之外,还会给手握重兵的军人以干预国家大事的机会,参照几十年来国内的厮杀来看,对这一点奥古斯都是深有体会的。他虽然借军队的力量取得了统治大权,却又无时不在考虑如何使军队就范的问题。比如,为了使人民得以休养生息,保持长时期的和平,他首先宣布不准备再扩充边界,这就排除了大规模用兵的可能性。但另一方面,他却丝毫不放松边界的防务,而把边界驻军的行省直接收归于自己的管辖之下,这便保证了国内的安全。后来在北方虽然出了一些麻烦,包括瓦鲁斯之败,但从总体来看,却是局部性的问题(不过这在居安思危的奥古斯都看来,却是极为严重的)。他是这样宣布的,也正是这样做的,这不能不说是促成罗马和平(Pax Romana)的一个极其重要的因素。

其次,由于他看到军队过多会造成跋扈的将领,使国内多事,因此他又把军队的数量裁减到最低限度,并且用严格的纪律来约束他们。本来大多数都是农民的士兵如果解甲归田,有了一块自己的土地或者有了足够安享晚年的退役金,他们自然是高兴的。阿克提乌姆一战之后,他把原有的五十个军团削减一半。从公元前 29 年到奥古斯都去世时为止,他裁军二十三万人,最后在广大的罗马帝国服现役的军队据估计不过十五万人左右而已。

复次,他要求军团的将领和士兵都要履行一定的仪式,向他本人宣誓效忠。宣誓效忠只不过是一种形式,重要的是要使士兵看到,正是在这一行动上是自己的切身利益之所在。从政治上和道义上来看,这种做法也是有相当作用的。在古罗马,人事上的宣誓本来主要带有私人关系的性质,它代表的是帮派的头目和成员之间的关系,是保护人和被保护人之间的关系。在共和后期,统帅和士兵之间也是这样的关系。罗马人通常对这种关系比较认真,并不仅仅把它看成是一种官样文章。至于恺撒在死前公然接受元老院对他的效忠保证，这却是公然破坏共和传统，而不是帮派内部的效忠问题了。

奥古斯都规定保卫他个人安全的近卫军尤其需要这种效忠宣誓。近卫军虽然名义上是步兵中队，实际上是两个军团的实力（一万三四千人）。由于是对个人效忠的性质，所以他们特别有帮他排除私敌（inimici）的义务（国家的敌人叫 hostes）。

其实，奥古斯都在《行述》里早已经把宣誓效忠扩大到整个意大利了："全意大利自愿向余宣誓效忠并要求余负领导战争之责，而余乃于阿克提乌姆一战中取得胜利。"（第 25 章）罗马从马里乌斯和苏拉之间的内战以来，便已成为军事实力派的囊中物，民众只能在无休止的屠杀中苟延残喘，哪里谈得上向谁宣誓效忠。奥古斯都在《行述》说向他宣誓效忠（sub sacramento）的部队有五十万人，看来却是夸大了，因为其中很大一部分是移民地和自治市的表态，不属正规军的范围。实际的作战队伍最多时也不会超过二十万人。

到公元 9 年，奥古斯都的二十五个军团的分布情况是这样的：

上日耳曼四个军团——奥古斯都第二军团、盖米那第十三军团、盖米那第十四军团、高卢第十四军团。

下日耳曼四个军团——日耳曼第一军团、阿拉乌达第五军团、瓦列里亚第二十军团、腊帕克斯第二十一军团。

潘诺尼亚三个军团——奥古斯都第八军团、西班牙第九军团、阿波利那里斯第十五军团。

叙利亚四个军团——高卢第三军团、费尔腊塔第六军团、弗列顿西斯第十军团、富尔米那塔第十二军团。

美西亚两个军团——斯奇提亚第四军团、马其顿第五军团。

达尔玛提亚两个军团——克劳狄亚第七军团、克劳狄亚第十一军团。

埃及两个军团——库列奈卡第三军团、狄奥塔里亚那第二十二军团。

阿非利加一个军团——奥古斯都第一军团。

西班牙三个军团——马其顿第四军团、维克特里克斯第六军团、盖米那第十军团。

大家知道，军队在共和国末期在国内一直是一个活跃的政治因素，军队的动向直接对政局发生影响，但是在奥古斯都统治时期，奥古斯都却做到使军队成为他手中的工具（至少他在世时是如此）而不提出独立的政治要求，这一点不能不说是他的一项杰作。军队大都驻在边界的行省，没有直接参与国家事务的机会（但后来近卫军和行省的军队也都成了争夺统治大权的重要力量，这却是奥古斯都没有想到的）。军团士兵的待遇每年二百二十五狄那里乌斯，生活可以保证。作为骨干的主力百人团长（primpilarius）则是一般士兵的三倍多，而近卫军一般士兵的待遇每年是七百五十狄那里乌斯，这就是比较优厚的待遇了。退伍的士兵虽然一般不再采取用移民地加以安置的方式，但是都能得到生活上的保障，因而他们退役后一般不会成为不安定的因素。后来为此奥古斯都还设置了一个军库。军团的长官大多是行政长官级的副帅（legatus pro praetore），但重要的军团长官则直接由奥古斯都任命，而且各军团的最高领导权绝对属于奥古斯都，不得视为副帅个人的队伍，因此军团长官经常对调，以防止他们个人专权跋扈。可见奥古斯都在军队问题上，也表现了一位伟大政治家的远见和才干。

作 者 序

这部书试图对一位大人物作出稍稍公正的评价。在青年时代，优利乌斯·恺撒曾使我倾倒。也和蒙森及其学派一样，我曾认为通常归之于恺撒的甥孙奥古斯都的那些建设性思想都是来源于奥古斯都的舅祖父的天才设计。但随着我继续进行探索，我发现这种看法，就同较后的看法，即认为罗马帝国的缔造者实际上是阿格里帕的看法一样，都是站不住脚的。我认识到，所有的计划始终必须要回溯到奥古斯都身上去，并且，这些计划都是在他的领导下实现的，而正确地选用许多同他合作的人，这正是他的重要才能之一。他的业绩具体说明了他的深刻的、实践的智慧达到了理想的完美程度，而这种智慧在历史上也是比较罕见的。因此在我大学生活的前几年，我便已经热心于对此人的研究，而虽然在随后多变的许多年中间我要处理对任何时代都一样的政务问题，但这种研究兴趣始终未衰。在加拿大居留的两个冬天使我能够完成早已开始的这一工作。

吉本曾经抱怨说，关于图拉真的业绩，他只能从片段和很不足信的诔词中把它重新恢复起来。有关奥古斯都的原始资料也绝不是令人满意的。他同时代的重要文献都失传了，这种文献包括：奥古斯都的十三卷的自传、他和西塞罗之间的书信（三卷）、阿格里帕的回忆录、阿西尼乌斯·波利欧和美撒拉·科尔维努斯的作品、李维的作品中记述公元前44年到公元前9年的部分（十三卷）、欧皮乌斯和优利乌斯·撒图尔尼努斯这样一些人的论著和尼古拉欧斯·冯·达玛斯库斯的几乎全部作品。此外,还有许多有助于理解罗马社会和思想情况的资料也失传了:诸如比较不出名的诗人的几乎全部作品、西塞罗的许多作品,还有不是模仿希腊的剧本而是真实地表现了当时罗马生活的剧本。已经失传的作品有些肯定会重新出现在后来史家的记述之中,不过我们却难于判定哪些是后来的创作,哪些才能代表有关时代本身的思想情况了。除了不怎么重要的同时代人如斯特拉波和维列优斯之外,我们只好满足于生活在一百五十到二百年之后的作家们的记述,诸如普鲁塔克、阿庇安、苏埃托尼乌斯、老普利尼和小普利尼和狄奥·卡西乌斯等人的作品。但这些人都是说教家和撰写演义的人,他们并没有什么历史责任感(这话用于阿庇安显然便不大合适。——译者)。即使那位真正的天才人物塔西佗,他的写作时期也是很晚的了,卡莱尔在提到此人时指出,他"对彻底性上较之对真实性更为重视"。

　　幸运的是,考古学的和铭文方面的重要材料补充了文字资料的不足。自从皇帝斐迪南二世的使节在 1555 年第一次把安启拉铭文(Monumentum Ancyranum)复制下来(译者按:指当时在罗马女神和奥古斯都神殿的墙壁上发现了奥古斯都已经失传的《行述》的希腊、拉丁两种文字对照的铭文)。从那时起,每一世纪都有新的发现。纸草卷广泛地揭示了对埃及的统治情况。法律、敕令和元老院决定的铭刻扩大了我们有关对行省的统治的知识。出色的发掘使我们对奥古斯都时代的雕刻与建筑有了新的认识。尽管如此,我们据以对本书的主人公和他的事业作出判断的材料仍然是很少的。在我们进行研究时,传统仍然提供一种十分有价值的指导;我们知道,在依次而来的各个时代里,对他的同样的看法一直保持下来并且这样一种信念很少是没有根据的。

  伟大的学者维拉莫维茨在谈到恢复历史真相之难于成立时写道:"传统留给我们的只有废墟,而我们越是细心地探讨和检验这些东西,就越是清楚地看到,它们是何等零碎,并且人们从来也无法从中得出一个完整的东西。传统是死的,而我们的任务却是使过去的生活重新复活。我们知道,精灵在喝了血之前是不能说话的,而我们唤醒的精灵则要求我们流在心脏里的血。我们愿意把血给它们,并且当它们回答我们的问题的时候,我们知道我们生命中的某些东西已经到它们中间去了。"我自己清楚,我的关于奥古斯都的著作是个人的,是受我个人的信念和感受的影响的。但是,由于历史学家最熟悉同他自己的时代相似的时代,所以我希望,我们时代的动荡,使我们较之生活在那个时代的学者更易于理解早期罗马帝国的问题。我不得不大量利用我在欧洲的友人的帮助和照顾,并且特别要感谢牛津大学的休·拉斯特教授和罗贝尔托·外斯伯爵的支持。

渥太华　总督官邸

特威兹穆尔

屋　大　维

13

第一章　阿波罗尼亚(今之波罗尼亚)的冬天

(公元前 45 年—公元前 44 年)

由于外套向我显示了面孔——
我的窥伺的眼睛利用了这一瞬间,
它从头顶看到嘴部。
够了——我已经知道他是谁。

高高的额头上是带褐色的金黄发鬓,
而在美丽的弯弯的眉毛下,
统治者的眼睛像两颗明星般地眺望着。
虽然他保持沉默,但他那薄薄的嘴却在讲话。

——白朗宁:《Imperante Augusto》①

一

公元前 44 年的春天,阿波罗尼亚城是伊利里亚海岸上的一个科林斯的古老的移民地,是人们都爱去的一个地方。这个城市是

---

① 西班牙语:统治的奥古斯都。

面临亚得里亚海的一处繁华的所在,位于把罗马同东方连接起来并且有埃格纳提亚之名的一条大道(Via Egnatia)①上。阿波罗尼亚又是一个军事据点。这里的气候温和宜人,并且,由于它位于东方与西方之间,因此这个位置把许多学者吸引过来,而这些学者的声名又使他们的学生也都跟踪而至。它同时又是一个港口城市,一个驻防要地并且有一所大学,因此阿波罗尼亚又成了青年们乐于流连的场所。

在温和的 3 月天气里,青年们都在街道上漫步。对于其中的一名青年,过路的人们都要多张望几眼,因为他是当时统治世界的那位大人物②的外甥孙子③。然而,即使没有这样一层亲属关系,这个青年由于他本身的缘故也会到处引起人们的注意。他的名字是盖乌斯·屋大维·图里努斯(Gaius Octavius Thurinus)。后面"图里努斯"这个称号是为了纪念他的父亲在图里伊(Thurii)④对一大群逃跑的奴隶所取得的胜利,不过他从来也不使用这个名字。他是在头一年的秋天来到阿波罗尼亚的,目的在于完成自己那因西班牙战争而中断的学业⑤。他的年龄在十九与二十岁之间,他是在公元前 63 年 9 月 23 日出生的。公元前 63 年正是西塞罗担

14

---

① 这条大道以杜尔拉奇乌姆为起点,穿过马其顿到提撒罗尼卡,从那里沿色雷斯海岸直达拜占廷。从杜尔拉奇乌姆到阿波罗尼亚是一条支线。

② 指优利乌斯·恺撒。

③ 奥古斯都的母亲阿提娅是恺撒的姊妹优利亚的女儿,换言之,恺撒是奥古斯都的外祖母的兄弟,我们称为舅祖父。

④ 图里伊,又叫图里翁(Thurium,希腊语 Θουριον),是公元前 443 年由伯里克利斯在意大利南部建立的希腊移民地,据说"历史之父"希罗多德曾参与此事,他死后也埋在这里。公元前 282 年以来便有罗马军队驻在这里。公元前 193 年这里成了罗马的一个移民地,名叫科皮亚(Copia)。

⑤ 求学固然是他的一项任务,而更主要的是他在这里为恺撒计划的对帕尔提亚的出征作先遣者的工作。参见本书边码第 15 页有关段落。

任执政官的那一年。他身材瘦小但是长得匀称。他的面容温柔，几乎像一个女孩子；但由于他的紧闭的口形和炯炯发光的灰色的眼睛，他却不给人以柔弱的印象。他的一双眼睛真是十分出色，那咄咄逼人的目光简直往往使那些被他注视的人们感到手足无措。他面色苍白，因为他的身体一直不大好。但有时他的面色忽然红润起来。看来他比起他的年龄来是要更成熟些。此外，他不像一般青年那样轻率鲁莽。他只是偶尔喝一点酒，而且他吃得也很少，这特别是因为他的胃不好。因此他绝不是一个通常那种靠大吃大喝取乐的人，然而他却有迷人的风度。同样他也感到了潜伏在他身上的权力意识①。

人们看到，从童年时代起他便献身于学问。事实上几乎还在童年时他便学习起演说术来，而在几乎还是个孩子的时候，就在罗马认真地钻研起哲学来了。也和其他那些罗马少年一样，他把许多时间用于学习修辞学，研究熟练地表达自己的看法以及进行政治辩论的技巧。然而他并不属于西塞罗所鄙视的那一部分年轻人——这些人喜欢使用怪诞的和夸张的词语。他的文风有如他的舅祖父(恺撒)的文风，几乎可以说是平淡无味的，并且他更喜欢的乃是阿提卡式的，而不是亚细亚式的文风②。从他喜欢哲学这一点也可以看出同样的一种强烈的淳朴性。他并不怎么喜欢希腊文化，并且他也绝不是希腊大师的崇拜者，而毋宁说是一位罗马式的折中主义者③。也如同他的舅祖父一样，他对于波西

15

————————

① 这是写名人传记的作者们常有的一种非历史主义的目的论的论调。屋大维其实是被一些他不能预料到的因素推上历史舞台的。

② 阿提卡的文风的特点是简洁而典雅，有如我国先秦的散文；亚细亚的文风的特点是堆砌而烦琐，有如我国的赋和骈文。

③ 他的长辈西塞罗在哲学上就是一位著名的折中主义者。

多尼乌斯①十分倾倒。波西多尼乌斯是一位斯多葛派②,他曾把许多学派的学说综合起来作为他自己学说的基础,并曾试图把希腊的和东方的思想同罗马的传统融合起来,以便创造适用于世界帝国的一种统一的信仰。屋大维同与他相同年龄的许多青年人相反,他既不轻视古代罗马的风格,又不过分喜爱外国的东西③。

这个孤僻的年轻人有一位名叫阿波罗多洛斯④的教师。这是佩尔加门⑤的一位年老的学者,他的主要任务就是改进他的学生的不大好的希腊语。但是同屋大维有交往的并不仅限于学园里的同学。在伊利里亚和马其顿驻扎着六个罗马军团,并且,由于他本人又是优利乌斯·恺撒的帐下人员,所以他有一大部分时间是在军人中间度过的。他特别受到军官们的喜爱,因为他能够把自己在前一次西班牙战役中的经历告诉他们。此外,他还享有这样一个光荣,即他是当代最伟大的军人的亲属和朋友。但他又是与众不同的人。同他在一起的人们都感到他注定会成就一番大事业,

---

① 波西多尼乌斯(Posidonius,约公元前135—前51/50年),阿帕美亚(叙利亚)人,雅典人帕纳伊提欧斯的学生。他曾在罗得斯岛设立学校讲学。公元前78年,西塞罗也到这里来听过他的课。他有许多关于哲学、历史、地理的著作,但只有片段保存下来。

② 斯多葛派的哲学是塞浦路斯岛基齐昂人芝诺(Zenon,公元前335—前263年)于公元前300年左右在雅典创立的,因这一派的集会地点在"有壁画的柱廊"(Stoa poikile)而得名。早期的斯多葛派对自然界的认识和它的认识论有某些辩证的和唯物主义的思想,但在伦理学方面,他们宣传安贫乐道,清心寡欲,一切服从命运的安排,并把抽象的美德作为唯一的善,作为幸福的源泉,而把它同物质生活的改善割裂开来,这就暴露了这一学说倒退的和唯心的本质。

③ 这里所谓"外国的东西"(das Exotische)主要指希腊的和特别是东方的东西。

④ 阿波罗多洛斯(Apollodorus)是公元前一世纪十分有名的修辞学教师,他在这方面的著作《技艺》(Techne)曾被译成拉丁语(已佚)。他坚持主张一篇演说必须由引言、陈述、论证和结论四个部分构成。

⑤ 佩尔加门(Pergamon)是小亚细亚西北部的要塞城市,位于离海岸约二十五公里的小山上。今天叫贝尔伽玛(Bergama)。

有关他的出生和他的童年的预言是各公共场所惯常的谈话材料①。当他有一次在阿波罗尼亚去拜访占星术士提奥根尼斯时，这个占星术士竟为屋大维的星命图的宏大气象所吓倒，以致他自己也拜倒在屋大维的脚下。年轻人自己却不经心地把这事看成是迷信而加以否定，不过这一事件却引起了公众的注意，这是他亲眼看到了的，而在同样程度上，它也加强了他的自信心。

除去他的老师阿波罗多洛斯和另一位学者塔尔索斯人阿提诺多洛斯②以外，屋大维还有一些同他年龄不相上下的朋友。其中一人就是撒尔维迪耶努斯·茹福斯(Salvidienus Rufus)，但他们之间的友谊却落得个悲惨的结局③。盖乌斯·奇尔尼乌斯·麦凯纳斯(Gaius Cilnius Maecenas)也同他比较接近。麦凯纳斯比他年长几岁，此人的祖先可以回溯到埃特路里亚的古老的王族④。麦凯纳斯是一个特别引人注目的人物，他双目深陷，面容严厉而起伏显著，一点也看不到罗马人面容的那种柔和⑤。他的外表虽然极为严厉，但他的行动却十分温和；他的衣着往往带有一种幻奇的色彩，而他的兴趣看来就是不断地进行书信往来，并很快地结识朋友。但是屋大维十分重视他那往往是提得非常直率的意见，并且

16

---

① 古代的史家无分中外，都习惯于把各种传闻以目的论的手法附会到大人物的幼年、童年时代上去，这是一种很难摆脱的历史局限性，它是由许多因素所决定的。太史公那样瞧不起刘邦，也还在《史记·高祖本纪》里记着："其先刘媪尝息大泽之陂，梦与神遇。是时雷电晦冥，太公往视，则见蛟龙于其上。已而有身，遂产高祖。"

② 阿提诺多洛斯(Athenodorus)也是一位斯多葛派的哲学家。塔尔索斯是小亚细亚的奇利奇亚的首府。

③ 茹福斯担任过奥古斯都的副帅。后来因同安托尼乌斯勾结，而在元老院被奥古斯都所指控，最后被宣布为公敌(公元前 40 年)。

④ 埃特路里亚人不是意大利的土著，这已从多方面得到证实。

⑤ 从本书所附麦凯纳斯的传世雕像来看，他的祖先显然是日耳曼人，最初可能是越过阿尔卑斯山南下来到意大利的。罗马的面容仍保持在今天南欧人的面容上，这种面容同身材高大、浅色肤发、面容棱角分明的北欧人依然形成鲜明的对比。

不怀疑他的友谊是真诚的。麦凯纳斯看来往往比为他自己更加有力地为他的朋友进行辩护。

在所有同龄的伴侣当中,同他最接近的要算是玛尔库斯·维普撒尼乌斯·阿格里帕(Marcus Vipsanius Agrippa)了。阿格里帕虽然不属于罗马的或埃特路里亚的名门望族,但他在短期的出征中已成了屋大维的好友,并且赢得了历时三十年之久始终不渝的友情和信任。他是一个不能加以忽视的年轻人。他的严肃的眼睛是清澈明亮的,他的目光是咄咄逼人的;他的笔直的眉毛能给人以难忘的印象,他的下腭突出,而口形就和优利乌斯·恺撒的口形同样的优美。在才智方面,阿格里帕并不比麦凯纳斯差。然而即使在当时,人们就都看到,他不仅是一位足智多谋的外交家,而在重要关头他甚至能够掌握局势。军官们私下里都重视他的军事见解,并且把他看成是一位他们所信服的、行动得体的人物。他对屋大维的忠诚只能使他受到他们更大的尊敬。诚然,他并不是世界的统治者的外甥孙子,但是造成他自身的材料也正是造成世界的统治者的那种材料。这个十八岁的年轻人是当时最杰出的人物之一;但是他把他的全部精力和才能都放到友谊的祭坛上去了。对于占居第二把交椅的、具有极大的能力和知识的人物来说,他是一个理想的范例,因为这是忠诚为他作了这样的安排。

屋大维出生在罗马帕拉提乌姆山①东侧的一座邸宅里,但是他的家庭却是来自行省的。他的祖父出自平民的屋大维家系,曾

①　帕拉提乌姆山是罗马七山(丘陵)之一,通常被认为是罗马最先被移住的一个山。公元前二世纪,这里已成为贵族居住区。除了屋大维一家之外,卡图路斯、克拉苏斯、杜路苏斯、霍尔田西乌斯、西塞罗在这里都有邸宅。

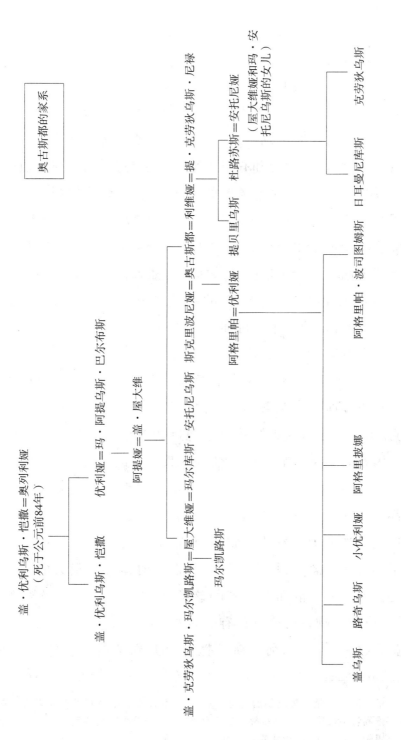

奥古斯都的家系

在沃尔斯奇人的城市维利特莱①经营银钱兑换业，这种职业在罗马人的心目中是低贱的。他的父亲盖乌斯·屋大维却使他的一家上升为贵族，因为盖·屋大维担任过财务官、平民营造官和行政长官等公职，并且，在对个别山区部落进行了若干次胜利的小规模征讨之后，还曾可以信赖地和有成果地治理了马其顿。此外，通过结婚，盖·屋大维又同一个最显要的贵族家族，也就是优利乌斯家族发生了联系，因为他的妻子阿提娅是维利特莱一位公民玛尔库斯·阿提乌斯·巴尔布斯和优利娅之间所生的女儿，而优利娅则是盖乌斯·优利乌斯·恺撒的姊妹。而如果盖·屋大维不是在公元前58年死于他自己在诺拉②的别墅之中——当时他的儿子只有五岁——的话，他是很有可能成为执政官的。孩子是在农村（主要是在维利特莱）长大的，但是他也常常去属于这一十分富裕的家族的其他别墅。阿提娅第二次结婚是嫁给了担任过执政官的路奇乌斯·玛里乌斯·菲利普斯——同名的著名演说家（西塞罗的挚友）的儿子——不过屋大维的逃避现世的教育的那些严格的原则却不曾因此而受到影响。屋大维是按照斯巴达式的教育路线成长起来的，他一直同自己的书籍保持密切的联系并且很少得到允许到首都去看一看。在长大成人之前他只有一次在公开的场合露面。这就是当他十二岁的时候，他在他的外祖母优利娅的葬礼上发表了例行的悼念演说，而罗马的公众这时则怀着很大的兴趣和同情注视着这一文静而又漂亮的孩子，因为他是一位大人物的亲属，而这位大人物自己又是没有子嗣的。

就在这一年里，优利乌斯·恺撒上升到了他一生的最高峰。

---

① 沃尔斯奇人是拉提乌姆的古意大利部族，居住在利里斯两岸直到第勒尼安海的地方。维利特莱（Velitrae）是拉提乌姆南部的城市，今天叫维列特里（Velletri）。

② 康帕尼亚的城市，在维苏威火山东北。

正当屋大维在维利特莱,在诺拉或他继父在康帕尼亚的别墅中和自己的老师在一起的时候,同庞培的斗争正在十分激烈地进行着。他的继父在政治上是同情庞培一方面的,但是由于同恺撒的亲属关系而不得不对这一斗争保持中立的态度,因此他的一家就始终没有被卷入战争的旋涡。当公元前 49 年恺撒渡过鲁比康河①时,这个孩子才十四岁。战事发展下去,意大利转入入侵者的手中;那时屋大维常常被带到罗马去,并且受到王子般的隆重款待。在帕尔撒路斯一役②之后,他几乎有十六岁了,这时他正式被认为已经长大成人,同时被接受参加了司祭团③。对于像他这样年轻的人来说,这乃是一项非常的荣誉。现在他已担任某些公职了;例如他有时就主持行政长官④的法庭,这也是司祭有权担任的职务。但是他的母亲却严格地注意到使他尽量不要抛头露面。尽管如此,外面还是对他越来越注意,因为大家都把他看成是统治世界的那个人的继承人。

对于一个有点小聪明的青年人来说,这种普遍受到注意的地位是很容易使他忘乎所以的。但屋大维却能以保持清醒的头脑,并且满足于按照自己的本分行事,根本不抛头露面。不过他却不能使自己不去越来越多地考虑他的舅祖父的问题。他是殷切地盼

---

①　意大利的翁布里亚和山南高卢之间的界河,渡过这条河意味着内战的开始,但奇怪的是,此事只见于后人的记述,还没有见到过恺撒本人文献方面的依据。

②　帕尔撒路斯(Pharsalus)是帖撒利亚南部的城市,位于埃尼佩乌斯河(Enipeus)河畔。公元前 48 年 8 月 9 日恺撒和庞培之间在这里进行了一场决定庞培命运的战斗。

③　这个司祭团(Collegium Pontificium)是罗马的主要的司祭团,负责监督罗马宗教祭仪的正确执行。到共和末期,这个团的成员增加到十六人,为首的称最高司祭(Pontifex Maximus)。

④　行政长官(Praetor)地位仅次于执政官,最初是执行审判任务的长官,所以研究罗马法的人也把这个词译为大法官。共和国末期的行政长官已有十六人,他们的职权其实不限于审判方面的,他们可以代理执政官,也可以统率军队,治理行省。

19 望舅祖父的归来的。他几乎可以说没有看见过舅祖父,因为当他还是个孩子的时候,优利乌斯·恺撒就已经到高卢去了①,而说他们祖孙二人在恺撒乘船出征——这次出征以帕尔撒路斯一役而告结束——之前那十分动荡的一段时期里见过面,那也是不能接受的。但是当胜利者在公元前 47 年的秋天从亚历山大里亚回来并重新见到屋大维的时候,这位老人才向美貌的少年倾注了全部爱抚之情。恺撒非常想把屋大维带到阿非利加去,屋大维也很愿意随他去,但那时屋大维的健康情况很差,所以母亲不同意他去。在塔普苏斯一役②之后,他实际上成了经常同独裁官在一起的伴侣,尽管这时他还没有正式被过继为恺撒的继子③。他参加恺撒的凯旋式,这时他同恺撒乘一辆战车,就紧站在恺撒的背后。他曾使恺撒赦免了阿格里帕的兄弟,因为此人在阿非利加曾站在庞培方面反对过恺撒。他陪伴恺撒参加献牲式,看戏时也坐在恺撒的身边;他是恺撒的侍从人员当中的第一人者,而且,尽管他年轻,看来却肯定是独裁官经常的伴侣和最信任的人。

但是罗马的炎热气候使他染上了热病;他病得很厉害,而这时(公元前 46 年 12 月)恺撒却出发去西班牙,以便进行他最后的一场战斗。第二年年初,他得到了充分的恢复,他又能以跟随在恺撒身后了,于是他就在孟达一战④当天的早上,经过一段危险而又困

---

① 恺撒是在公元前 58 年即执政官卸任后的第二年去高卢的。

② 塔普苏斯(Thapsus)是阿非利加北部沿海的城市,在苏撒东南约三十英里。公元前 46 年,恺撒在这里打败了在加图、斯奇比奥和优巴统率下的庞培派军队,结束了阿非利加的战争。

③ 过继为继子(adoptio)实际上意味着确定为政治上的正式继承人。

④ 孟达(Munda)是西班牙南部巴伊提卡的一个小城镇,目前历史学家还不能确定它在现在的什么地方。公元前 45 年 3 月 17 日,恺撒在这里击败了庞培的儿子的军队,这是恺撒所曾进行的最困难的一次战斗。普鲁塔克记述说(《恺撒传》,第 56 章):"在战斗之后,恺撒对自己的朋友们说,他常常为取得胜利而战斗,但现在才第一次是他决定生死存亡的战斗。"

难的旅程来到了卡尔佩(直布罗陀)恺撒这里。孟达就在科尔多巴附近。然后他同恺撒一道去迦太基,参加了有关建立帝国新体制的事先商讨工作。在这之后,他就一个人返回了罗马;但是在这里,他必须审慎从事,因为他在到处都被视为征服者的亲信并且受到尊敬。还需要准备一次出征帕尔提亚的事情,并且,作为两位骑兵长官(Magistri equitum)①之一(骑兵长官在人们心目中是威望很高的职位),他要直接领导一次出征。此外,元老院还应优利乌斯·恺撒的请求,把他列入贵族。在这些困难的日子里,他无论做什么都必须特别小心,这样才不致为自己树立任何敌人,并且使自己避开阴谋与争端。通常他总是说,他虽然是优利乌斯·恺撒的外甥孙子,但还只是个青年,他所关心的只是如何完成自己的学业,一切事情都必须等待恺撒回来后再决定。当世界的主人在 9 月里真的回来以便把帝国的重建问题确定下来的时候,他们只是匆匆地会了一面。紧接在这之后,屋大维便和自己的老师一道——很可能是他自己愿意这样做的②——到阿波罗尼亚去了。他已经取得了一位大人物的钟爱和信任,但是他的心情却很不平静。他需要时间和安静以便认真思考一个重大的政治问题,并且使自己清醒地认识人们曾预言他会承担的那一崇高使命。

二

当时的局势已发展到看来非用武力不能解决的地步了。但是

---

① 骑兵长官,按罗马惯例是独裁官的助手。独裁官就任之后首先就任命骑兵长官。骑兵长官可以受托统率军队或处理其他事务,地位相当于平时的行政长官。独裁官权力中止时,骑兵长官同时交卸职务。

② 事实是恺撒把他派去的。

屋大维通过他的哲学研究而认识到,只有在少数情况下,武力才能是一个起决定作用的解决办法。他清楚地记得罗马过去的历史,罗马人民的伟大历史,而在乡村度过的长期的宁静岁月里,他曾带着特别深厚的爱深入研究过这一历史。同时他还学会把能够对罗马的未来起作用的一切因素正确地相互加以权衡。

使他感到惊奇的是:一个小小的设防城市,务农的公民的国家的一个中心,在它建立四百年之后,竟然夺得了对意大利的统治权。又过了二百年,它又统治了整个地中海①并且还有亚历山大大帝的帝国的很大一部分。这个城市周边的山丘也变得像雅典的卫城和埃及的金字塔那样有名了,环绕在罗马城墙之外的、发源于山中的河流,它的名字同样为人们所熟知,就和埃及的伟大的尼罗河一样。罗马的经济发展和它的商业同它的侵略扩张并驾齐驱地进行。命运的打击并没有使它气馁,却反而使它坚强起来,进而去开拓新的事业。但是罗马的体制却跟不上迅速发展的其他方面。这座永久之都(Die Ewige Stadt)还是按照城邦(polis)的那种过时的方式来治理着,作为它的依据的那些法律一直在遭到践踏和蔑视,但是在理论上,它们却始终有效并且是不可触犯的②。一个城市公社(Stadtgemeinde)并且其体制本身实际上根本不能保持均衡的一个城市公社,却统治着半个世界。它的成长与其说是经过细心周密的计划,毋宁说是决定于偶然的因素。在全部统治大权转入罗马手中——罗马在接受这份礼物时是没有很大信心的——

---

① 值得注意的是,在罗马的鼎盛时期,地中海成了罗马的内海,而在这之后,再也没有一个国家的版图达到罗马那样使地中海成为内海的规模。

② 这就是罗马人常说的对所谓祖宗法制的依恋,这是一种只能起阻碍作用的习惯势力,但人们又不可能用行政手段把它们消除净尽,因为它的潜在作用还是十分巨大的。

之后，它需要在意大利本土保持某种安全与稳定。它的政策从来没有意识到要扩张①，但扩张却又是一个事实，这一事实充分说明罗马的政治体制的改变速度是赶不上客观的需要的。

　　自从十二铜版法②公布以来，罗马人民的主人地位就是罗马统治的基本原则。不过人民只是最后的权威，与其说他们进行统治（regieren），毋宁说他们是处于君临的地位（herrschen）③。实际上，他们总计起来也只是城界以内的五十万居民。人民的权力首先是在于独立自主地选举高级官吏，而高级官吏就——和元老院一道——代表政府本身。元老院体现多年的传统和整个罗马的集体智慧。贵族（patricii）和平民（plebeii）之间的古老区别已不再有什么意义了。新的贵族则是由担任过高级官吏的贵族构成的，也就是那些担任国家高级官职的家族。这个圈子里的人反对对外侵略是可以理解的，因为人们认为每占领一个行省就要安排一个统治者，而且高级官吏人数的增加有损于个别人的重要性和实际影响。④

　　然而命运是比元老院更强的：元老院取得了它并不想得到的土地。罗马扩大了，而这本来是它所不愿看到的。元老院尽力想维持传统和古老的习俗，但是徒劳无益；行政长官的数目增加了，高级官吏身份的体制使得高级官吏本身担负起双重的任务。但即

___

　　①　这种说法不对。罗马从建城起，除了最初进行过自卫斗争外，此后就一直在扩张，它那追求领土和物质财富的目的是明确的。

　　②　一个十人小组（decemviri）于公元前451年应平民的请求在罗马制订的罗马法律，全部共十条。公元前450年（?）选出的另一个小组又补充了两条，这十二条法律刻在放于广场的十二个铜版之上，称《十二铜表法》。铜版毁于高卢人攻占罗马之时。

　　③　这犹如君主立宪政体下的国王，他名义上是最高权力的保有者，但实际上并不进行统治。

　　④　这个说法也不对，无论恺撒之不攻占不列塔尼亚，还是奥古斯都之不深入日耳曼人的地区，都是出于全局利害的考虑，同个别人的影响无关。

使这样,问题并没有得到解决,因为外放的行政长官的数目超过了人们希望的限度。当人的能力在困难的情况下发挥不了作用时,命运本身就来进行干预了。罗马的人民大会依旧是一种权力①,并且每在使人民受到严重威胁的危急时刻,它就可以把特殊的权力和决定性的指挥权委托给一位受到爱戴的将领或政治家。这一新的措施,说到底,就意味着共和国的结束。帝国提出了比这老化的机器所能解决的更加重大和困难的任务。当元老院或人民在一次紧急情况下把信任托付给一位大人物,并且把一支军队交他处置的时候,古老的统治方式的基础也就必然随之动摇了。

23　　没有一个思考问题的罗马人能够回避这一事实,并且一个庞大的帝国就在违反罗马意志的情况下慢慢地产生出来了,这个帝国的天然边界迟早必然要扩充到大西洋、阿非利加的沙漠、幼发拉底河、多瑙河和莱茵河。在东方,帕尔提亚是一个威胁;在北方,日耳曼民族的挟带雷雨的阴云正笼罩在那里。在罗马边界本身以内的那些行省有如轰鸣的火山。直到这时人们也没有为行省找到一个行之十分有效的统治方式。也不存在任何一批固定的行政人员。地方行政长官逐年更换,这些人的统治作风是可以忍受的,还是等于一种压迫人民的暴政,这完全要看他们的品行如何。行省的收入(罗马本城的主要收入来源)都流入了资本主义商号的腰包②。由元老院进行统治的方式已经变得如此不能应付局势,以致它的威望为此而受到很大的损失。对罗马人民来说,统治方式是否统一,这一点并没有任何意义;任何体制,只要它能证明自己有几分存在的道理,他们就都认为是正确的。关于这一点,后来的

———————

　　①　在共和末期,这种权力只有象征的性质而已。独裁大权委托给谁完全决定于统治上层各种势力之间的力量对比,而不取决于完全成为形式的人民大会。
　　②　这实际上是骑士等级在各行省进行包税、商业与高利贷活动的机构。

一位历史学家指出："人们重视一个帝国的现实存在，但是没有看到，问题涉及的却是一个空洞的形式。"西塞罗说："所有的行省都在受苦；所有的自由人都在诉苦……罗马人民不再能忍受它们……这些诉苦、埋怨和眼泪。"

　　罗马本身在一百年中间一直是贵族派（optimates）①和平民派（populares）之间角逐的场所。贵族派是担任高级官职的保守的贵族，他们想的是如何加强元老院的统治；平民派则是激进的改革派，他们想通过人民大会促成一次变革。双方都需要罗马传统法律的保证，但双方又都以同样的方式动摇着现存体制的基础。双方对付对方的武器实际上都是为在危机出现时的这样一种做法辩护，即由于某种紧急状态而必须设置一位具有独裁官大权的、特殊全权的、非常的高级官吏——一个苏拉、一个庞培、一个恺撒，不过这个制度这时已变成经常性的制度了。按照柏克②的名言，则是宪法规定的只有在不得已时才能使用的药物，这时已经成为每日离不开的食物了。在四百年中间，元老院已经成为了国家的重心，但这时它发生了变动，只是人们不知道它要向什么方向发展。"在几百年中间，从一个确实罕见却又比较单纯的政治组织中产生出了宪法权利和某些习俗的一种混合物。甚至有经验的罗马法学家也不再感到自己能适应这一混合物，而且，尽管他富于一切想象力和发明才能，却仍然不能使它形成完整的体系。"如果说理论方面的失败最后没有导致实际上的崩溃的后果的话，那是因为这种失

24

————————

　　①　罗马的寡头统治阶级自称 optimates，原意为"最杰出的人物"。
　　②　柏克（Edmund Burke，1729—1797 年），英国作家、政论家。有《从哲学的角度探讨我们关于崇高与美的事物的看法的起源》（*A philosophical inquiry into the origin of our ideas of the sublime and beautiful*）（1757）、《论法国革命》（*Reflections on the Revolution in France*）（1790）等等。

败本来就没有任何重要的意义①。人民大会已表明它并不适于成
为一个统治机构,而元老院则面临一项双重的任务,即统治一个世
界帝国和建立一个新的民主体制,但是它在这两个任务上都失败
了。人们慢慢地确信,必要的改革只能来自拥有实权的方面,也就
是说,来自最高统帅部,来自被授予发号施令的实权并且有一支军
队做后盾的那个人。

甚至具有绝对的和平主义立场和具有尊重法制的思想的人最
后也不能不承认,通过武力作出决定是不可避免的了。在不肯在
事实的规律面前屈服的保守派和要求改变现状的激进派——但他
们并不真正清楚变革的性质——之间,看来是不可能取得任何谅
解的了。最后的决定权保留给一支新型的军队。在先前,每一个
公民同时又都是士兵,他必须无偿地为一般不重要的战争效力。
据李维②的说法,在长期围攻威伊(在伊索拉附近)③时,人们才第
一次感到有必要向士兵支付饷银。对迦太基的战争和紧接在这之
后的西班牙战争都要求延长服役的期限;汉尼拔的失败使罗马成
25 为一个世界国家,并且使它不得不再去进行一些著名的战役,但它
的公民却只会讨厌参加这样的战役。因此马里乌斯就创建了一支
志愿的军队。这支军队只对一位特定的统帅和一次特定的战役负
责。这就从根本上改变了罗马军队的性质。士兵的命运和他们的

---

① 脱离实际的理论本身便是一文不值。

② 李维(Titus Livius),罗马帝国初期历史学家,他的卷帙浩繁的《建城以来的罗
马史》的前十卷长期以来是罗马学子必读的作品。此书现已残缺不全,但有后人所作
的提要保存下来。参见本书译序部分。

③ 威伊(Veii)是埃特路里亚的城市,位于罗马以北约十五公里。公元前五世纪
罗马对威伊的侵略引起了二者之间的冲突。传说经过十年的围攻,罗马的统帅玛尔库
斯·富里乌斯·卡米路斯于公元前 396 年摧毁了威伊,并把它的土地变成公有地,分
配给罗马公民。

收入这样就不可分地同他们的统帅联系在一起了。只有他本人才能筹措需要支付给士兵的饷银。因此士兵与其说对国家效忠,不如说对一个人效忠①。一位民众的将领如果他懂得如何给自己征募一支军队并保证这支军队能对自己有献身的忠诚②,那么他手里就有了一件足以动摇罗马体制的基础的强大武器。罗马在意大利并不拥有任何常备军,它在各行省的兵力也十分有限;在紧急关头,真可以说是在咄嗟之间就非得募集起一支军队来不可。然而只有著名的统帅才能办到这一点。这样他就可以提出自己的条件了。元老院并不能建立在这样一支军队的献身的忠诚上。这样,在边远的地区作战时,统帅从一开始就成了国家机器的一个重要组成部分。苏拉、庞培和优利乌斯·恺撒就都是这样的情况。那么古老的、以公民为主体的体制会不会为军人跋扈的制度所取代呢?

　　不愧是出身于一个银钱兑换业家族的屋大维立刻就看出,国家需要解决的不单单是政治问题,还有经济问题。在战争和动乱期间,人们把这个问题完全忽略了。尽管如此,这种问题是同样危险和具有威胁性的,因为罗马的经济生活已经完全陷入了混乱。廉价谷物的输入使古老的农庄无法再维持下去。一些种植小麦的地主不得不放弃原来的作物而转向有利可图的葡萄和橄榄种植业。但是许多人破产了,大片可以垦种的土地变成了牧场,而商店或个别财东只好依靠奴隶的劳动来经营牧场。罗马不再能自给自

26

---

　　①　效忠于个人在罗马当时的条件下是维系军队的团结的唯一手段。征募的军队较之仓促集合、自带干粮武器的民军是一种进步,否则就无法保存军队的战斗力。
　　②　比较一下东汉末年以及隋末群雄并起的情况。只要能拉起一支效忠于自己的部队,就能成为一个独霸一方的割据势力,也只有能用武力削平这些势力的人才有统一中国的可能。

足,而既然罗马居民的生活必需品都要从外面运进来,所以对大海的统治就成了一个不可缺少的条件。无偿发放谷物的制度使罗马居民更加贫困了。罗马本城成了大规模金融活动的中心——作为银钱兑换业者的一个孙子,屋大维对这一点看得十分清楚;在罗马广场(Forum Romanum)①的北侧,人们大规模地扩充银行和交易所②。但是罗马本城的商业活动和经济活动,至少只要它们还掌握在罗马人手里,那规模就很有限了③。在这个国家里,商人是不受重视的④。他并未能做到改善欧斯提亚⑤这个港口。他的大一些的船只只好利用一百五十英里外的普提欧利⑥。在一个以奴隶劳动为基础的社会里,商业和工业的信誉往往是靠不住的。公开的金融活动只有不成文的规定。意大利本土没有任何直接税,收入来自国有土地的租金,盐的专卖和某些小的税收。国家的主要收入则来自各行省的赋税,但是这种赋税是按照一种十分古老的

---

① 罗马广场是罗马的政治、行政、法律和商业活动的中心场所。它四周有各种公共建筑物和神殿等等。它位于卡皮托利乌姆、帕拉提乌姆和克维里努斯三座山丘之间的谷地上,它从公元前六世纪被疏干时起就成了这样的一个集合场地。

② 所谓北侧,不一定指直接面临广场,也包括通向广场的那些街道。

③ 共和末期,行省骑士等级的经济力量已经发展到了能以左右大局的地位,有钱的骑士(如庞培一家)不用说,就是中等资产的家族(如西塞罗一家)也要迁入罗马,同罗马本地人争一日之短长。行省的企业家可以举西塞罗的挚友阿提库斯为代表,他的经济实力可以对政局发生影响,尽管他本人没有担任过任何公职。

④ 罗马的祖制规定高级官吏不能经商,商人受到鄙视没有政治地位。这可以同我国汉代重农抑商的政策作一比较。

⑤ 欧斯提亚(Ostia)位于梯伯河口,据说它是罗马最古老的移民地,距罗马二十六公里。从公元前二世纪起它就是罗马的主要输入口岸,但它在公元前一世纪八十年代的内战中遭到了破坏并受到海盗的干扰,到奥古斯都的统治确立之后,它才重新得到了繁荣。

⑥ 普提欧利(Puteoli),是库麦在公元前六世纪建立的一个移民地,原来叫狄凯阿尔奇亚(Dicaearchia),临那不勒斯湾。公元前194年,这里成了罗马的移民地,有阿皮亚大道(Via Appia)同罗马相接。

办法征收的,以致能够缴入国库的钱未必能有一半。罗马的全部国家收入大约有六千万马克①;由于征收的方法不完备,所以这个数目是够可怜的了。因此屋大维很瞧不起罗马的财政机构是不足为奇的了。

　　这时屋大维还在考虑另一个更具有社会—哲学意义的问题。在下层的阶级里,几乎根本还没有代表古罗马的人物。在人民大会上投票的人们乃是各个种族的大杂烩。人们估计其中大约百分之九十是外国人,而且其中大多数又是出身东方种族的。比较贫苦的公民只是不同程度的寄生虫,他们依靠国家来养活,还能免费观看各种表演。这样他们就成了煽动分子求之不得的最好对象。中等阶级是由没有社会地位的商人所构成。他们当中比较富有的部分是通过包收国家的租税,通过征兵、奴隶买卖和一种银行活动(人们毋宁应当把这种活动看成是一种投机性质的贷款活动)而挣得自己的财产的。血统贵族要么同"新人"②联合在一起追求财富,要么就作陈旧、古老的时代的落后、腐朽的崇拜者。就是在城外的农村地区和城内的一些旧式家庭里、罗马的传统的威严(gravitas)③和宗教的虔诚(pietas)也都成为属于过去的概念了。

　　所有这一切对这样一个青年人来说绝不是一幅美妙的图像:因为他是在农村的生活方式下长大成人的,并且他喜欢的乃是一

---

　　①　这是德译者折合成三十年代的马克数目。但证之以当时的开支,这个数字显然被大大地缩小了。

　　②　"新人"(Novus homo)在共和国末期指非显贵家族中出现的第一位执政官或这个家族中最先成为元老的人。担任过高级官吏的人成了"新贵"(Nobilitas);成为元老的人则是元老贵族。"新人"通常来自骑士家族,西塞罗就是一位著名的"新人"。

　　③　gravitas(德语 ernste Würde)在拉丁语中还有"严肃"、"权威"、"厚重"、"庄严"等等含义。

27

种注定要没落的生活,并且这种生活同当前的时代看来是隔着宽宽的一道鸿沟的。肯定有一种情况是清楚的。国家体制受到的多次震动使得人们把对于国家的责任感降到一个更低的水平。这一体制乃是"人为地阻止一次内部的变革并把相互冲突的力量软弱无力和漫无目的地调和起来的试图所造成的混乱的结果。一个国家里有三个人民大会①,而其中每一个大会都有权确定人民的主权意志,这样一个国家是不会有作为任何一种体制的前提的内部秩序的。毋宁说它缺少一切公民政治生活的基础,这就是一系列始终有效的命令和规定"。元老院的地位是同样矛盾和不起作用的。它意味着向蛮族体制的一种倒退,就是说,发号施令的大权是依次由不同的最高统帅来掌握的。这样,罗马的行政体制就彻底崩溃了,可是人们却不知道用什么体制来取代它。过去对单个的城市都不懂得如何治理的一个民族,究竟能不能管理全世界的事务?罗马的胜利是否同时意味着它的衰亡?

屋大维亲眼看到,西塞罗如何像学校教师讲课似的为元老院辩护,而那些一般的保守派又如何激动和愤怒地为元老院辩护。人们满足于确认,共和国本身是经受住了相当的考验的,直到这部机器给恺撒、庞培和克拉苏斯结成的"三头"(Triumviri)②所破坏的时候。在罗马的体制中并没有取消任何东西,正像希腊人波利

---

① 百人团民会、库里亚民会和特里布斯民会。参见拙译《古代罗马史》(三联书店版,1957年),第133—137页。

② "三头"(或"前三头")是恺撒、庞培和克拉苏斯三人在公元前60年(有不同说法)结成的私人联盟,这是当时罗马政界各种矛盾的产物。"三头"是反元老院的,它并没有法律上的依据。在"三头"内部,特别恺撒和庞培的结合有暂时相互利用的性质。恺撒是为了竞选执政官,庞培则是想使自己在东方的措施得到认可。

比欧斯①早就说过的那样,它保持着自己的均势;它以同等的方式把君主政体、贵族政体和民主政体三者结合在一起。有权同元老院、人民大会一道处理事务的高级官吏拥有广泛的行政权力,但这权力又受元老院的限制。保民官的异议权保护了个别人。元老院体现了国家的集体权力和经验,而高级官吏的公开选举则是宣告人民意志的合法手段。如果罗马回到人们熟悉的老路上去,一切必然会重新好转起来的。但这个青年清楚地认识到,这种回到老路上去的可能性已不存在了。这个国家机器在一百年中间已经表明自己出了毛病,不能再加以修复了。只要存在一个世界帝国,人们就不能缺少最高统帅,同样也不能缺少他们那掌握权力的军队。在这样的情况下,如何能找到一个解决办法呢? 只能在蛮族体制和混乱中进行选择吗?

屋大维忽然意识到,这一切都不过是书生之见,并且他完全忘记了优利乌斯·恺撒。他的舅祖父已经打败了所有其余的掌握实权的人,使元老院惶惶不可终日(这种惊惶情绪几乎并未因敬畏心情而有所缓和)并且亲自平定了整个世界。这个人已经准备了罗马的新建筑。屋大维亲眼看到,恺撒在军营里怎样长时间不眠不休地用他那平静而又有点沙哑的声音陈述他的计划,以及从他瘦削面容上的眼睛里又怎样反射出朱庇特的锐利的眼睛的那种咄咄逼人的光芒。他听说优利乌斯·恺撒的友人们怎样在讨论改革事宜,他还听说后来在阿波罗尼亚才知道的那些命令,那些命令意味

---

①　波利比欧斯(Polybius,约公元前 200—前 120 年以后),希腊历史学家。公元前 170 年左右曾任阿凯亚联盟的骑兵队长,皮得那一役(公元前 168 年)之后,他作为反对罗马的希腊人被送往意大利,但在这里他有幸成了斯奇比奥·埃米利亚努斯的朋友和顾问,因而得到了较大的自由。他的主要著作是一部四十卷的《罗马史》(已残缺)。他的历史准确可靠,但是没有文采。

着在一种新的政策的道路上已经迈出了第一步。

现在他试图从这些零碎的消息构想出一个统一的整体来。法律和秩序应当重新建立起来。帝国必须置于强有力的统治之下，它必须有一个中央政权。整个罗马世界应当只有唯一的一种行政制度，并且这个制度不能由民众创造出来，因为群众是绝不能进行统治的。元老院也根本不能再制订任何新的制度，因为它已经证明自己是没有任何能力的；此外，它也不能指望士兵对它的忠诚。在这样的时刻，只有一个个别的人能应付局面，而军队、的确是独一无二的军队必须誓死效忠于这个人。一位没有军队的统帅就什么都不是了——庞培就有过这样的体会①——而既然不可能缺少一支军队，那么统率这支军队的人同时就必须是国家的统治者。从希腊和东方传入的那种由个人进行统治的概念现在必然会变成现实②，因为没有任何别的办法可以摆脱无政府状态。这就是优利乌斯·恺撒的主导思想。而其必然的结果则是：贵族和元老院过去的专制统治消失了。事情就是从这里开始的。优利乌斯·恺撒一直都在否认说他摧毁了共和制度——这确实是使他感到恼火的少数指控之一。他只是想结束一种同共和制度毫不相干的暴政。虽然他对元老院极为尊重，但是常常不知不觉地又把它放到一边。他本人和他想组织的新的一套官吏班子应当是新政府的事实上的工具。他想亲自任命行省的长官，并且对这些人的诚实和能力负责。他想在理性和人道主义的基础上把世界帝国重建起来。

① 指他从东方返回罗马（公元前 61 年）时，按照罗马的惯例，解散了自己的军队，然后进城。元老院对手中有重兵的庞培本来心怀畏惧，庞培交卸军权之后，它就开始敷衍，甚至轻视庞培了。

② 罗马共和国是摆脱了暴虐的国王（rex）的专制统治之后才产生出来的，所以罗马人对个人的统治有一种几乎是天生的憎恨，这也说明为什么在个人的专制统治确立后，还要披上共和的外衣，以照顾罗马人的传统感情。

这样就产生了一个新的帝国,它实现了亚历山大大帝的一部分梦想,但从本质上说,它是它自己的一个果敢的和冷静的天才人物的创造①。在这一制度下,地方享有广泛的自由。按照他的计划,人们开始是在意大利本土担任地方上的行政职务,以这些为起点再进而达到自由公社和一种各地分权而治的世界体系。罗马只不过是其他许多自治的大城市当中最大的一个而已。应当有一个世界性的罗马国家,而不是一个城市统治着依赖于它的许多行省。凡是有资格取得公民权的都给予公民权。取代颓废没落的罗马平民的,应当是那些奋发有为的新公民。

恺撒以他那能打动人心和具有说服力的言语,以统帅的著名的雄辩才能(facultas dicendi linperatoria)讲出的一套强大有力的想法,使年轻人内心深为激动。他在这里看到的并不是一位哲学家的理论设想,而是一位有经验的政治家的明确的政治方针。广泛的法律改革和财政改革应当同恺撒的建设性的计划结合在一起。知道屋大维在这方面的兴趣的一些通信者详细地向他报告了这些宏伟的经济改革计划、广泛的殖民活动、国家计划对意大利的农业和帝国的商业所作的帮助,此外,还报告了新的港口和设施的建设、荒地的开垦、一条穿过科林斯地峡②的可以通航的运河的修建和被摧毁城市(它们过去都是商业的据点)的重建。世界既被征服,现在就得对之重新加以安排。

屋大维给涌上心头的各种想法和意见弄得无所适从,正好像

①　这是历史发展的必然,个人的作用只能放到适当的位置上。

②　科林斯地峡位于伯罗奔尼撒和中希腊之间。科林斯是多里斯人的城市。公元前196年它是阿凯亚联盟的主要城市之一。公元前146年联盟被罗马人打败后,科林斯也随之被摧毁。公元前44年,恺撒又向这里移民,因而这里再次发展起来。后来它就成了阿凯亚行省(实际上就是希腊)的首府。

他以极度惊异的心情望着恺撒所做的一切那样。然而在漫长的冬天,他还是有时间进行思考的,这时他对于这一规模宏伟的计划的正确性确实开始有了信心,只是对这一计划的个别方面是否行得通有所怀疑。比如,对于所有的人都能取得公民权的想法他就不大同意。他深信意大利人民比所有其他民族都要优秀得多,因此他不愿意看到这个民族消失在一锅煮的一只坩埚里。此外,他感到自豪的是,他的祖先作为商人只限于实现了有可能实现的目的。在这之外,还要考虑到他的家族的一个保守的要素,因为他的亲戚当中有一半多是贵族。他喜爱古老的传统,并且不同意进行任何变革;而且他还不盲目相信武力。在这一点上,他同优利乌斯·恺撒的看法是一致的,因为恺撒经常表示,任何国家都不能长期靠战争法规统治下去。但是在他的舅祖父的计划里,军事的要素是不是因此就不占主要的地位了呢?他在营地里从个别的士兵以及在罗马从恺撒派的民众演说家那里听到的狂热的演说,使他从内心深处感到厌恶。按照他的看法,世人要求的是正义与和平①,而不是特权与自由。但这只意味着回到旧有的方式上去,而就某个方面来说,就是共和制度重新恢复起来。对于普通的罗马人来说,一个没有元老院的共和国是没有任何意义的,而正是这个优利乌斯·恺撒取消了元老院的一切权力和一切尊严。有一种根深蒂固的舆论,甚至恺撒的天才也不能把这种舆论完全推到一边去不管。如果在他渡过鲁比康河之后这一舆论不是无条件地站在他的一面,那他就绝不可能战胜庞培。长时期以来,没有一个征服者,不管他有多么大的功勋,能以取得公众的这样的无限爱戴。不过古

---

① 奥古斯都建立的"罗马和平"指的是没有自由的、血腥的和平。当时以及在他之后不久的罗马作家便已有了这种看法。

老城邦的那种顽固的保守心理依然是一股不容低估的力量。对这种力量完全不予考虑是否明智呢？人们能不能找出这样一种办法：它既能够以某种方式保持古老的形式，同时又使贵族感到满意？即使在更新的和更好的基础上也必须有一个统治阶级。因此屋大维就同年老的西塞罗保持广泛的一致，而对于西塞罗，优利乌斯·恺撒确实是友好的，但是却不加以重视①。

罗马选择了一条由一个人进行统治的道路。优利乌斯·恺撒这时已经五十八岁②。他已经察觉到了自己身上老年的迹象。他将不再能久居人世，诸神③会把他召唤去的。谁应继他之后掌握世界的统治大权呢？罗马将不会忍受人们通常理解的任何世袭的君主制度。而优利乌斯·恺撒又肯定得指定一个继承人，因此，许多小的迹象都能表明他所选定的是什么人。青年人同样既感到自豪又感到惶惑，因为他自己已经意识到，他很可能就是下一个世界统治者。

三

在 3 月底的一个下午，屋大维的母亲家里的一名被释奴隶给阿波罗尼亚这里的屋大维送来了一封信。这封信带来了一个内容十分重要的消息。书信的日期是 3 月 15 日，这封信告诉他，就在同一天，优利乌斯·恺撒在元老院的议事堂被杀害了。信里没有说是谁，而只说是"他的敌人"杀死了他。阿提娅写道："你必须表

---

①　恺撒只是从个人的角度尊重西塞罗，并在取得权力之后赦免了他，但在政治上却从来不大考虑西塞罗的影响。

②　假定他生在公元前 102 年，但一般认为他生在公元前 100 年。

③　指出现在罗马神话中的诸神。

现为一个男子汉和行动起来的时刻到来了,因为谁也不知道当前还会发生什么事情。"恺撒遇害的消息传播得很快,一个小时之后全城就都知道了这件事,到晚上就有许多人向屋大维表示给予支持。公民们答应给他一个安全可靠的避难所。军队也保证给予支持。现在首先要做的是对这一卑鄙的谋杀进行报复,并确保应当取得的遗产。他心平气和地放开了一切并且同自己的朋友聚集在他的房间里商谈,直到夜深的时候。一些人如阿格里帕和撒尔维迪耶努斯·茹福斯主张屋大维应当立刻作出决定,并且率领着马其顿的各军团进军罗马。另一些人,其中也许包括麦凯纳斯,则劝他考虑自己的安全,并且先到意大利去了解一下外面的气氛,再决定采取什么行动。屋大维采纳了后一种意见。在他能够租到一只船之前,他至少还有几乎两天的时间。而且这只船十分糟糕;到卡拉布里亚沿岸最近的地点希德伦图姆(欧特兰托)去的航路是既不舒适又不安全的。这时他采取的策略是要十分谨慎地行事,因为他避开了繁荣的和流言飞语甚多的布伦狄西乌姆①。

就在被释奴隶把书信交给屋大维的那一天,屋大维的青年时代结束了。这个消息极为强烈地动摇了他内心的平静。他对伟大死者的感情超过了孩童的尊敬和亲属的依恋。他觉得恺撒好像是一只高贵的鹿被一名歹徒冷酷地杀害了。这个想法使得他几乎发疯,并且激发了他身上最强烈的报复本能。报复是一定要进行的,但是必须细心考虑并加以准备。在当前的时刻,他对于事态的发

---

① 亚得里亚海的最好的港口是布伦狄西乌姆(今天的布林狄西)。它原是希腊移民地,公元前三世纪转入罗马统治之下(公元前 246 年这里建立了一个拉丁移民地),阿皮亚大道这时也修到了这里。公元前二世纪,这里是罗马同东方希腊化世界联系的枢纽。公元前 89 年,这里成了一个自治市。恺撒东渡对庞培作战也是从这里出发的。

展情况几乎一无所知。他甚至不知道谁是谋杀者;他只是推测到,在这一阴谋中,他还会遇到一些意想不到的情况。此外他还不能肯定,他到底是不是恺撒的继承人;他确实是恺撒最近的亲属,但是他从来没有经过一次正式过继的手续。他没有同意阿格里帕和军团的坚决的请求,即他亲自把军队统率起来。他并不大懂得战争,为什么他要以一位特殊的军事天才自居呢?当他以一个没有充分合法依据的篡权者的身份出现在意大利的时候,他的一生很容易就此突然被断送。事态是十分危急的,他自己也清楚这一点。他非常想奋斗出一个结果来。但在这之前他必须明确拟订这一事业的方法和手段。他终有一天会穿上恺撒的外袍,只是他必须为此选择一个适当的时机。从这时起,他的行动应当极为谨慎,应当目标明确,还应当有坚定不移的耐心。

迄今为止他对人是十分坦率和开诚相见的,有时还有点容易发火,但是也容易平静下来,而且他还有某种孩子气,这一点是同他那招人喜爱的面容十分适合的。现在青年人的那种无忧无虑的快活日子已经一去不复返了。从这时起他戴上了一副面具。作为悲悼的标记,他留起了胡须,六年中间不刮脸。他的健康情况再次恶化了,皮肤上出现了斑点。他从不向别人谈自己的想法,甚至对自己最知心的友人也讳莫如深。他的印章上有一个狮身人面怪的图像①。他把自己的全部力量集中起来,准备作出一个强有力的决定。

---

① 狮身人面怪(Sphinx)源自埃及,后来才传入希腊。在希腊神话中,它是同有关厄狄波斯(Oedipus)的底比斯传说联系在一起的。希拉(一说阿波罗)为了惩罚底比斯而把这个怪物派到该城城门前,要它向所有进城的人说一个谜语(什么东西早上用四条腿、正午用两条腿、晚上用三条腿走路?),凡不能回答的便给它吃掉。厄狄波斯解开了这个谜(谜底是"人"),怪物于是自杀而死(一说被厄狄波斯杀死)。怪物的人面多半表现为一位美丽的妇女,后来日益带有神秘的性质。这里用狮身人面怪的图像似有使自己神秘莫测的含义。

第二章　有争论的遗产

（公元前 44 年—公元前 43 年）

> 是的，我年轻，可是在真正的人身上，生气勃勃的精神比年龄更有分量。
>
> ——郭乃意:《唐·罗德里格》①

一

当还不到十九岁的屋大维于 4 月中旬的一天在卡拉布里亚登陆的时候，他已经下定决心为一位伟大人物报仇了:这位伟大人物曾经对他像慈父一般地加以照顾并且使他的青年时代的梦想有了实际的内容②。他还想在罗马发挥自己的作用，因为恺撒曾激发他的事业心。现在恺撒已经去世了，要实现他的决心就不是一件轻而易举的事情了。他自己清楚地意识到，没有恺撒的外袍，他只不过是一个来自行省的、有点贵族血统③的普通公民罢了;他缺少

---

① 郭乃意(Pierre Corneille,1606—1684 年)，法国诗人兼戏剧家。唐·罗德里格(Don Rodrigue,1043—1099)即熙德(Cid)，是西班牙民族英雄。

② 即恺撒有意把他当作继承人。

③ 他的外祖母优利亚出身于第一等高贵的优利乌斯氏族。传说这一氏族是罗马人的始祖埃涅阿斯的后裔。特洛伊的英雄埃涅阿斯流浪到意大利后，和拉维尼娅生了阿斯卡尼乌斯，即在阿尔巴努斯山上建立了阿尔巴·隆加(Alba Longa)的国王。罗马人又把阿斯卡尼乌斯称作优路斯(Iulus)，而优利乌斯氏族(gens julia)就因此而得名。

一笔真正巨大的财产以及有影响的社会关系；他在政治上没有经验而且年轻得可怜。他就像是出发去同巨人作战的一个侏儒。尽管他深感自己软弱无力，但他却在表面上保持最大冷静的情况下等待进一步的消息，并且甚至不向自己的朋友透露半点自己的想法。

在他去布伦狄西乌姆的半途中得到的消息是非同寻常的①。原来参与谋杀恺撒的都是恺撒的老战友，诸如戴奇姆斯·布路图斯②和特列波尼乌斯③。嗾使进行这次谋杀的则是功名心重，"想一举成功的"盖乌斯·卡西乌斯④和玛尔库斯·布路图斯⑤。布路图斯是加图的外甥，曾因为他那可望而不可即的威严气度而特别

① 屋大维不是乘船在布伦狄西乌姆登陆的，这乃是为了避开人们的耳目，但他仍然要经陆路去那里，因为那里有阿皮亚大道通向罗马。

② 戴奇姆斯·尤尼乌斯·布路图斯（Decimus Junius Brutus）年轻时就随同恺撒在高卢作战并且在海上立过战功。他在山北高卢任长官时曾镇压过贝洛瓦奇人的一次骚乱（公元前 46 年）。恺撒待他始终很好，并曾预先指定他为公元前 42 年度的执政官。

③ 盖乌斯·特列波尼乌斯（Gaius Trebonius）在公元前 55 年担任保民官时曾提出著名的特列波尼乌斯法（Lex Trebonia），把为期五年的统率权授予庞培和克拉苏斯。此后，在公元前 55 年至公元前 50 年间，他是恺撒的副帅。公元前 48 年他任行政长官，第二年他奉派去西班牙，但对庞培派作战不利。公元前 45 年他被恺撒任命为补缺执政官。

④ 盖乌斯·卡西乌斯（Gaius Cassius）最初在克拉苏斯手下任财务官（公元前 53 年）。克拉苏斯在卡尔莱一役战败后，卡西乌斯则在叙利亚对帕尔提亚人作战，直到公元前 51 年。公元前 49 年他任保民官。在内战中他站在庞培一边，统率着一支舰队。庞培失败后，卡西乌斯得到了恺撒的宽恕。公元前 44 年恺撒使他担任行政长官。谋杀事件发生后，他于 4 月中旬离开罗马去东方。

⑤ 玛尔库斯·布路图斯（Marcus Brutus）大约生于公元前 85 年。他的父亲在公元前 77 年因为参加列皮都斯的叛乱而被庞培处死。公元前 58—前 56 年，他随同加图在塞浦路斯。他曾拒绝恺撒要他去高卢的建议，却在公元前 53 年随他的岳父阿·普尔凯尔去奇利奇亚任财务官。公元前 49 年他在内战中站在有杀父之仇的庞培的一面，但后来他也得到了恺撒的宽恕。公元前 46 年，恺撒任命他为山南高卢的长官。公元前 44 年他任行政长官并被预先指定为公元前 41 年度的执政官。他的母亲谢尔维利娅是恺撒最宠爱的情妇，所以有的史料说他是恺撒的私生子。

37 得到恺撒的赞赏。在这次谋杀之后，凶手们悔恨地感到希望破灭了①，于是他们就逃到卡皮托利乌姆山上的朱庇特神殿去。玛尔库斯·安托尼乌斯以年长的执政官的身份在骑兵长官(Magister equitum)列皮都斯的协助下接管了城市统治大权。卡尔普尔尼娅把她丈夫恺撒的文件和现金交给了他。他于是在 3 月 17 日召开了元老院的会议，由元老院宣布一次大赦，并宣布恺撒已公布的和计划公布的一切命令全部有效②。此外，安托尼乌斯还在同一天把凶手们召请来会餐。激动人心的事件接二连三地发生。谋杀事件发生之后三天，军队的老兵采取了行动。象牙制的停尸台被抬到广场上去的时候，送葬的人们唱着一位古代诗人的诗句："我挽救的人们却把我置之于死地。"然后安托尼乌斯在讲坛上向罗马人民发表讲话。火葬的柴堆就设置在广场上，恺撒的遗体就在群众的发自内心的同情和无止无休的号泣中化为灰烬。紧接着在罗马的街道上便发生了极大的混乱，所有那些必然会失去一些什么的人们开始了一次仓促的逃窜。这些人就是布路图斯、卡西乌斯、西塞罗、克列欧帕特拉③，还有一大批贵族和元老。

安托尼乌斯把统治的缰绳掌握在自己手里。他精心地准备了这场表演。他在把群众煽动起来之后，现在又转而对付他们，但同时却又相当巧妙地不去制造任何敌人。他看来是站在恺撒的拥护

---

① 凶手们虽然自称杀死了暴君，但民众的反应却十分冷淡，他们吓得都躲了起来。元老院也完全失去了控制局势的能力。

② 恺撒遇刺后，元老院不知道是应当追究凶手，还是应当宣布恺撒为暴君。西塞罗提出了折中办法，宣布大赦凶手，同时又批准恺撒的命令。

③ 克列欧帕特拉(Cleopatra)生于公元前 69 年，是埃及国王托勒密十二世奥列特斯的女儿。父亲死后，同她共治埃及的兄弟兼丈夫托勒密十三世于公元前 48 年把她驱出埃及，而她是借恺撒的力量才于第二年复位的。这一年她和恺撒生了一个儿子托勒密十五世，又叫恺撒里昂。公元前 46 年到公元前 44 年她在罗马。

者的一边,并且同意多拉贝拉①继优利乌斯·恺撒之后担任执政官,尽管在早些时候,他曾利用他的影响反对这一任命。他还帮助列皮都斯②取得了最高司祭的地位,从而赢得了列皮都斯的支持。他对元老院的态度也是和缓的。他亲自提出了一项法令,根据这项法令,独裁官的职位永远被取消了。他认为布路图斯应当较长时期地离开罗马,因为对于市长官(Praetor urbanus)来说,一般说来这样做还是允许的。甚至对西塞罗,他的态度也是友好的。他还通过别的方式,表明自己是热心办事的。优利乌斯·恺撒的财产掌握在他的手里;而在检查恺撒的文件时,他不断发现新的命令,而元老院通过一项决定就使这些命令有了法律的效力。这些命令加强了安托尼乌斯的权力并且扩大了他的财富。对于这种情况,人们普遍怀疑有欺骗行为。屋大维也是如此,他越考虑这件事,就越是充满了不信任和怀疑。

38

但是有一个比所有其他消息更为重要的消息。恺撒在他的遗嘱中正式宣布过继屋大维为继子。在把大量的遗产分配给了罗马公民之后,剩下的巨额财产有四分之三留给了屋大维。其余的四

---

① 普布利乌斯·科尔涅乌斯·多拉贝拉(Publius Cornelius Dolabella)可能生于公元前 79 年。公元前 50 年,他曾指控竞选监察官的阿皮乌斯·克劳狄乌斯·普尔凯尔(A. Claudius Pulcher,公元前 54 年度执政官)而未成功,并在这时同西塞罗的女儿图里娅结了婚。内战期间他站在恺撒一边作战。他是恺撒在亚得里亚海的舰队的统帅(公元前 49 年)并参加过帕尔撒路斯、塔普苏斯和孟达诸役。他本人因负债甚多,故而在公元前 47 年任保民官时提出了取消债务的法案。安托尼乌斯和多拉贝拉的同僚对此都表示反对,但是多拉贝拉却取得了恺撒的同情,恺撒决定在他出征帕尔提亚时,由多拉贝拉任补缺执政官。安托尼乌斯这时是按照恺撒的决定行事的。

② 玛尔库斯·埃米利乌斯·列皮都斯(Marcus Aemilius Lepidus)在内战中也是站在恺撒一边作战的。公元前 48 年到公元前 47 年他是近西班牙的长官并为此取得了一次凯旋的荣誉。公元前 46 年他任执政官,此后又是独裁官恺撒的助手,即骑兵长官。

分之一则分给了恺撒的其他两个外甥孙儿路奇乌斯·皮那里乌斯①和克温图斯·佩狄乌斯②。安托尼乌斯、戴奇姆斯·布路图斯和另外几个人被任命主持这件事，以便使某一个或所有的外甥拒绝接受这些遗产。屋大维深为感动：他下决心要为之复仇的伟大人物竟选定他为继承人，并且不仅把财产而且把自己的名字也留给了他。现在恺撒的袍子真的披到他的身上了，对于这一尊荣的标记，任何人都不能提出异议了。

屋大维的决心坚定到什么程度，这一点很快就受到了考验，因为他在布伦狄西乌姆收到了他的母亲阿提娅和他的继父菲利浦斯③的信件，信中劝他不要接受这笔遗产。他的母亲要他立刻到她那里去。菲利浦斯是个老庞培派并且是个不爱出头露面的人。屋大维答复菲利浦斯说，恺撒把名字留给他，是因为恺撒认为他当得起这个名字，因此他不应加以拒绝。对于他的母亲阿提娅的意见——他一向十分重视母亲的意见——则他回答以阿奇利斯④对39 自己的母亲赛提丝⑤所讲的那句著名的话："现在我要去会会这样

----

① 路奇乌斯·斯卡尔普斯·皮那里乌斯（L. Scarpus Pinarius）是恺撒的外甥（Neffe）还是外甥孙儿（Grossneffe）史料中没有说清楚。本书前面说"外甥孙儿"，后面又说"外甥"，看来也没有弄清楚。此人情况不详。

② 克温图斯·佩狄乌斯（Quintus Pedius）出身骑士家庭，可能是恺撒的姊妹优利娅的儿辈或孙辈。他曾随恺撒出征高卢，公元前48年任行政长官时，镇压过米洛的叛乱。公元前47年他可能是近西班牙的长官并参加了孟达之役。他和皮那里乌斯当时的情况如何史无明文记载。据说他们把应得的份额都交屋大维处理了。

③ 路奇乌斯·玛尔奇乌斯·菲利浦斯（Lucius Marcius Philippus）公元前62年任行政长官，并在随后的公元前61年到公元前60年出任叙利亚长官。公元前56年他任执政官。

④ 阿奇利斯（Achilles）是希腊神话中最强有力的也是最英俊的英雄。他是国王佩列欧斯和海中仙女赛提丝的儿子。

⑤ 据希腊神话，赛提丝是海神涅列乌斯的女儿，涅列乌斯的女儿（Nereides）有五十或一百人，同他一起住在深海里。

一个人，他是使我所爱的人丧生的罪魁祸首。只要是宙斯①和诸神意愿如此，即使发生什么不幸的事，我也心甘情愿地献出生命。"②虽然如此，他还是赶忙应召到他母亲那里去。阿提娅和菲利浦斯这时正在普提欧利③。在他们最接近的人当中还有西塞罗和恺撒的另一些拥护者，诸如巴尔布斯④、希尔提乌斯⑤和潘撒⑥，还有一些罗马贵族。无论如何，到母亲那里去是对的，因为这样他可以了解地方上的情绪。不过人们仍然必须审慎从事。诚然，他是恺撒的继承人，但总的说来，他还不是一个举足轻重的人物。大权掌握在安托尼乌斯手里。关于此人，有谣传说他极力想占有恺撒遗产中保存在欧普斯神殿⑦中的、原来在手头的那一部分。恺撒的老兵希望屋大维率领他们去进行一次复仇的讨伐，这样的建

---

① 宙斯（Zeus），希腊神话中最高的天神。

② 这话见于荷马史诗《伊利亚特》的第 18 卷。阿奇利斯的最要好的朋友帕特洛克洛斯在战场上被海克托尔杀死之后，阿奇利斯要为他报仇。这是他在去同敌人海克托尔决斗前对母亲讲的话。

③ 普提欧利（Puteoli）是康帕尼亚的沿海城市，位于涅阿波利斯和库麦之间。再参见本书原文第 26 页有关注释。

④ 巴尔布斯（Lucius Cornelius Balbus），恺撒的亲信之一，可能是西班牙南部加地斯（Gades）的腓尼基人。他因为在西班牙对谢尔托里乌斯作战而从庞培手中取得罗马公民权。公元前 62 年和公元前 59 年他在恺撒手下任工务官（Praefectus fabrum）。恺撒出征高卢时期（公元前 58—前 50 年），他是恺撒在财政和政治方面的代表。西塞罗在公元前 56 年曾为他之取得罗马公民权作过辩护。内战期间他站在恺撒一边而背叛了自己过去的保护人庞培。恺撒死后，他站在屋大维一边。

⑤ 奥路斯·希尔提乌斯（Aulus Hirtius），恺撒亲信之一。他从公元前 54 年就追随恺撒在高卢作战，内战中也站在恺撒一边。公元前 46 年他任行政长官后即出任高卢长官。恺撒的《高卢战记》的第 8 卷便是由他续成的。有人认为署名恺撒的《亚历山大战记》也是他写的。

⑥ 盖乌斯·维比乌斯·潘撒（Gaius Vibius Pansa），恺撒亲信之一。公元前 51 年任保民官；公元前 45 年任山南高卢长官。恺撒曾预先指定他为公元前 43 年度执政官。

⑦ 欧普斯（Ops）最初是古罗马丰产与收获之女神，但后来人们把她说成是撒图尔努斯（收获之神）的妻子，并同列娅等同起来。她的最早的神殿位于罗马广场东头国王努玛的旧王宫（Regia）之内。

议越来越多了。但当前他却不动声色地把这些建议放到一边。他的首要任务就在于先到罗马去,并且向那里的长官申明,他要接受遗产。然后他必须在公开的集会上说明他的有关执行遗嘱的计划,并且使他之被过继得到正式的确认。由于他明智地预见到了后来发生的事件,所以他作为优利乌斯·恺撒的继承人,派人去亚细亚取回恺撒为了进行帕尔提亚战争而存放在那里的财富。此外,他的活动有如一个普通的公民,这个公民关心的只是他自己的权利和义务,关心如何保持对自己的伟大亲属的 Pietas①,因为这种 Pietas 能够为他之参加政治生活提供一个护身符。

他沿着阿皮亚大道(Via Appia)②去普提欧利。在路上,移民者和老兵都对他作出各种关心和尊敬的表示。是的,有一些人加入了他的一行。他不能回避人们用恺撒的名字称呼他。大约在这个月的 18 日,他来到了继父的别墅,并发现他的母亲同意他的计划,不过菲利浦斯依然采取反对态度。第二天,屋大维见到了巴尔布斯并且对他谈了自己的打算,优利乌斯·恺撒的这个忠诚的拥护者是在屋大维的家庭圈子之外第一个了解到屋大维的想法的人。同一天里他又访问了西塞罗。在优雅的谈话中,六十二岁的政治家和十九岁的青年都想了解对方灵魂深处的东西。

西塞罗是最后一位有哲学头脑的共和主义者。他在一个时期里曾是恺撒的友人,他甚至曾这样写过:"我对他满怀热爱。"然而最后他却站到了庞培一边,不过也是半心半意的③。但是在帕尔

---

① Pietas 在拉丁语有"责任"、"义务"、"虔诚"、"忠诚"等意义。

② 公元前 312 年度监察官阿皮乌斯·克劳狄乌斯·凯库斯修筑的大道,大道从罗马通到卡普阿,计一百三十二英里。在公元前三世纪,大道经过倍涅文图姆和塔伦图姆延伸到亚得里亚海岸的布伦狄西乌姆。它是罗马同南意大利联系的主要道路。

③ 对西塞罗来说,站在庞培一面就是站在"共和"一面。

撒路斯一役之后,恺撒表扬了西塞罗,而这位老人也给恺撒写了一封热情洋溢的信。由于恺撒的死亡,不大正视政治现实①的西塞罗又有了新的希望。他毫不掩饰对于这次谋杀感到的兴奋情绪,他把布路图斯和卡西乌斯说成是神灵,并且试图为惊惶失措的谋杀者的行动寻求令人信服的动机。但是安托尼乌斯的阴森可畏的形象堵塞了重建共和国的道路。于是西塞罗就躲在他自己的别墅里,给他那些时而满怀过分的希望、时而又陷入绝望的深渊的友人们写了无数封信。这样,作为一位其哲学上的宁静难以动摇的哲学家,他便致力于通过有关"老年"的论文②来集中论述自己的思想,并且以不知疲倦的热情计划写一部论述"义务"的新作品③。他的内心充满了人的一切激情;此外他还有这样一个梦想,即他会像在反对卡提利那的阴谋的日子里那样成为他的国家的救主④。屋大维从在罗马时就同西塞罗有过一面之识。他研读过西塞罗的著作《论共和国》(*De Republica*)和《论法律》(*De Legibus*),并且 41 从中吸取了他终生难忘的各种教训。他在许多方面同西塞罗的看

---

①　在恺撒当政时,西塞罗只是闷闷不乐地过日子,不过问政治是不得已的。

②　即《论老年》(*De Senectute*),又叫《大加图》(*Cato Maios*),此文原来是献给他的好友阿提库斯的。

③　即《论义务》(*De Officiis*)。

④　路奇乌斯·谢尔吉乌斯·卡提利那(Lucius Sergius Catilina)出身于没落的贵族家庭。在公元前82—前81年的内战中他站在苏拉的一面。公元前68年他任行政长官,随后外任阿非利加的长官(公元前67—前66年)。他回罗马后因被指控有勒索行为,因而未能竞选公元前65年度和公元前64年度的执政官。在公元前63年度执政官竞选中,他又被西塞罗和安托尼乌斯击败。卡提利那竞选公元前62年度执政官再度失败,因此他有了阴谋武力夺取政权的打算,并为此而提出取消债务(tabulae novae)的口号。当时的执政官西塞罗对此虽没有掌握证据,但却做到使元老院宣布全国处于紧急情况(公元前63年10月21日)。同年12月初,西塞罗得到了阴谋的证据,立刻下令逮捕了主犯,后来元老院又下令处死了他们。西塞罗弹劾卡提利那的几篇演说已成为著名的文献。西塞罗本人也为此而被宣布为"祖国之父"。

法是一致的,并且他想从西塞罗那里打听到更多有关优利乌斯·
恺撒的死亡的背景和原因。

作为一个只是履行自己的亲属义务的青年人,他去拜访了这
位老政治家。他称西塞罗为 pater(父亲),并且避免任何会引起矛
盾的话;他忧郁地谈到当时的不稳定的局势并且谦逊地征求西塞
罗的意见。他给西塞罗留下了一个好的印象,但是这个好的印象
却因为陪他前来的喧闹的恺撒派①而被冲淡了。西塞罗写信告诉
阿提库斯说,这个年轻人是尊重他的,虽然,他怀疑,由于先人的关
系而加给他的重负是否能使他成一个好的公民。在他看来,屋大
维是无害的和无足轻重的。此外,使他极为恼火的是,当他心目中
的英雄布路图斯和卡西乌斯不在罗马露面时,这个年轻人肯定能
到罗马去;但是一想到屋大维又会因他应得的那份遗产而要同安
托尼乌斯算账,这一点又使他感到某种满足。

屋大维从西塞罗那里知道的东西多于西塞罗从屋大维那里知
道的东西。无论怎样,屋大维在这次交谈中了解到的一件事就是,
他还没有引起人们的注意,并且他的要求首先必须变为行动。共
和派并不大把他放在心上。一些恺撒派确实聚集在他的身边,但
是他们原来的领袖人物安托尼乌斯这时却试图不顾信义地霸占指
定给屋大维的遗产。西塞罗对这个青年人是友好的,因为他认为
此人是他可以打到他的敌人中间去的一个楔子。——突然间屋大
维看到自己提出的任务变得十分庞大了:他感到他将不仅必须对
恺撒的敌人进行斗争,而且还不得不对恺撒的朋友进行斗争。因

---

① 恺撒在高卢期间为了维持自己在罗马的势力,用金钱(这是他最得意的手段)
收买了一批近似后世的打手的人,作为自己的"帮派"。在必要时(如选举时),这些人
和他的老兵都能大打出手。这是罗马政治斗争中一种流行的风气。

此他得比迄今行动得更加小心谨慎。他必须坚持反对"解放者"①
的立场。但首先他得把安托尼乌斯制服，为此他就得同共和派结
成暂时的联盟。因而他必须同西塞罗保持密切的联系，因为在西
塞罗身上看来有一种新的力量在复活。西塞罗的保守主义部分地
可以看成是法学家对过去一切事物的信仰，但部分地也可以看成
是对于旧贵族的一种感情上的依恋。这种保守主义是从他的战斗
性的信念②中产生出来的。他已经放弃了他过去关于 concordia
ordinum（一切等级的团结一致）的梦想，而成了一个狂热的帮派
分子。他的个人虚荣心在更崇高的思想面前退却了。现在他所致
力的是想把国家从第二批强盗手中挽救出来。为了这一目的，他
甘愿冒一切危险。尽管偶尔也有过犹豫不决的时候，有过一时的
惊恐情绪，但这时勇气——确实是一种不顾一切的勇气——成了
老人的动力。对于西塞罗，人们毫无疑问是不能忽视的。

　　屋大维动身去罗马，到那里时还是 5 月第一周的周末。城内
暂时是一片宁静。在优利乌斯·恺撒的遗嘱中作为赠款对象的民
众正在等着按遗嘱应分给他们的金钱。他们热情地欢迎他，有如
从高卢战争归来的士兵。诸神看来对他也是善意的，因为在他进
入罗马的那一天，太阳四周出现了一个日晕。罗马城的统治大权
掌握在三个姓安托尼乌斯的人手里——执政官玛尔库斯、行政长
官盖乌斯和保民官路奇乌斯③。他正式通知盖乌斯，说他接受过

———————
　　①　杀死恺撒的共和派自称是把罗马人民从暴君的统治下解放出来的"解放者"。
　　②　即不惜一切代价维护共和的信念。
　　③　他们三兄弟是玛尔库斯·安托尼乌斯·克列提库斯（Marcus Antonius Cretic-us）的儿子。玛尔库斯最大；盖乌斯是老二，曾担任过恺撒的副帅（公元前 49 年），他在这一年担任了行政长官之后就去马其顿，后来死在布路图斯手里；路奇乌斯是老三，此人在公元前 50 年在亚细亚行省任财务官（从政的开始），这一年的前些时候他曾通过一项法律，授予恺撒以任命高级官吏的权力。后来此人死在西班牙。

继的身份,而路奇乌斯则使他出席了法律规定的公开集会。屋大维在会上作了一次十分克制的演说,他在演说中保证立刻从恺撒的遗产中向每一个公民支付赠款,并且,如果必要的话,他将自己

43　出钱举办为庆祝恺撒的胜利而规定在优利乌斯月即 7 月①举行的公开表演。使西塞罗感到难过的是,屋大维并没有许诺将来对谋杀者实行大赦。但是后来,除了在举行表演时——在 4 月间被推迟的一次——一位保民官不允许他使用优利乌斯·恺撒的镀金座椅之外,却也没有发生任何事情。中等阶级出身的观众对这一出人意外的事件报以喝彩声,这一情况向他表明,在罗马到底还有多少人是支持共和派的。在过继这件事情上,甚至路奇乌斯·安托尼乌斯都表现得显然是举棋不定了。

　　但首先是玛尔库斯·安托尼乌斯的行为引起了他的深思。从下述的事实可以看出执政官对屋大维之来到罗马根本不予重视:在此事之前一个星期他便离开了罗马。他正忙于在康帕尼亚用老兵和叙利亚人给自己组成一支亲卫队,然后他把这支队伍一小批一小批地派赴罗马。屋大维不得不等他回来以便取得现金,用来支付优利乌斯·恺撒所规定的赠款。屋大维自己有一笔可观的财产,还从母亲那里得到一份支援,但是考虑到将来还要有大量物质上的需要,所以他还不想动用他的私人财产。现在他还拥有他的舅祖父的其余的产业;这部分产业主要由土地和奴隶构成,并且依法要支付各种租税。现金则是保存在欧普斯神殿中的财产和卡尔普尔尼娅在恺撒遇刺的当天晚上交给安托尼乌斯的那笔款项。安托尼乌斯用这笔钱还了自己的债务,征募了追随自己的人。屋大

————————————

　　①　罗马人为了取悦于恺撒,把他诞生的那个月份改为优利乌斯月,这个名称一直保存在今天欧洲的许多语言里,如英语的 July、德语的 Juli 等等都是从 Julius 变化来的。

维必须同像巨人一样挡住了他的进路的那个人早日达成协议。 44

今天的历史学家要想探索玛尔库斯·安托尼乌斯的性格,这一课题绝不比探索他同时代的屋大维的性格容易。玛尔库斯·安托尼乌斯过去就懂得把他自己同优利乌斯·恺撒在政治上的对立巧妙地掩盖起来,并且在孟达①一役之后站到了征服者的一边,而就在这时,他成了执政官,并且他往往被认成很可能就是恺撒的继承人。从罗马人的口味来看,他是漂亮的,但他的行动是粗野的,而且他进食的仪态也很不文雅。尽管他在年轻时放浪无度,可是他却保持了在莎士比亚的剧作中布路图斯所说的那种"机灵的精神"。他并没有像拉比耶努斯②或克温图斯·西塞罗③那样的军事才能,但是他却有某种"恺撒式的 celeritas"④,这就是说,无论是考虑问题还是采取行动,他都和恺撒一样,能当机立断,迅速行事。他容易发火,但是也容易使自己平静下来,而他的风趣、他对同伴的关怀以及他的乐天思想,使他赢得了民众的爱戴并适合于做领袖人物。屋大维并不信任他,对他也不抱任何同情。他和别的许多人都不相信安托尼乌斯对恺撒的忠诚。这个披着人皮的牲畜,这个像一头孔雀那样趾高气扬的人物,很少对这个多愁善感的、温

----

① 孟达(Munda)是巴伊提卡(西班牙南部)的城市,参见本书边码第10页有关注释。

② 提图斯·拉比耶努斯(Titus Labienus,约公元前100—前45年)最初曾同庞培合作。公元前63年任保民官时曾协助恺撒当选最高司祭。在高卢战争期间(公元前58—前50年),他是恺撒的副帅,备受恺撒的信任,但在内战中他站到庞培一边,最后死于孟达一役。

③ 克温图斯·图利乌斯·西塞罗(Quintus Tullius Cicero,公元前102—前43年)是玛尔库斯·西塞罗的弟弟。公元前65年他任营造官;公元前62年任行政长官;公元前61—59年任亚细亚长官。公元前57年他去撒地尼亚任庞培的副帅;公元前54—前51年,他在恺撒麾下任副帅并立了很大的战功。公元前51年,他在奇利奇亚担任他哥哥的副帅。内战期间他站在庞培一边,但在帕尔撒路斯一役之后,转到恺撒方面来。公元前43年12月,他和自己的独生子死在后三头之手。

④ celeritas,拉丁语意为"迅速"。

柔的青年人讲话。在屋大维看来,安托尼乌斯是个 faux bonhom-me①。他既不是一个伟大的军人,也不是一个很有文化教养的人,虽然说他也具有一定的口才,但是迄今却没有一个人把他看成是个大政治家。但是现在,在他即将满四十岁的时候,他好像经历了一次转变。在屋大维考虑了人们在前一次关于他都讲了些什么之后,他不得不承认,安托尼乌斯已经巧妙地和有分寸地走到了前面。他已经把恺撒派掌握在手里,但是他又没有同共和派最后决裂。他已经在国家占居了第一把交椅。他利用恺撒的钱给自己招募了一批人,并且现在他正在康帕尼亚,想从恺撒过去的老兵中间45 选出一批人来做自己的亲卫队。这就是说,他先前的那种放荡生活的后果使得他现在由于个人的安全而变得极为敏感、容易激动和惊惶不安。不过迄今他一直还没有犯过任何战术上的错误。凡是他一度取得的东西,他是不会轻易地再让它失掉的。可能一个头脑更加冷静和精神更加专注的人物有一天将会制服这个容易激动和充满热情的人。这个想法意味着在将来会有一些希望。安托尼乌斯在 5 月 20 日左右带着由武装的老兵组成的一支亲卫队——他们在人民大会上也有投票权——返回了罗马。他用恺撒的钱收买了西塞罗的女婿、放荡的多拉贝拉作为同盟者。罗马城里立刻谣诼四起。安托尼乌斯并不想对谋杀者实行大赦,他想使自己成为独裁官,并且想随自己的意思安排高级官吏。为了这个目的,他公布了据说是恺撒的命令。解放者(liberatores)大为惊恐,而西塞罗则对国家感到绝望了。6 月间召开了元老院的会议,但是只有少数他的一派的人出席。于是安托尼乌斯决定采取一个比较迅速而简单的办法。他安排了一次人民投票,把执政官统治

---

① 法语:伪君子。

国家的权力从两年延长到五年。他就用这种办法为自己确保了马其顿和它的军团，并为多拉贝拉确保了叙利亚。本来布路图斯和卡西乌斯曾被优利乌斯·恺撒任命去这些行省任职，但这时他们被委任去负责粮食供应事务。当他们拒绝了这一有伤于他们自尊心的建议时，才奉派去治理并不重要的库列涅①和克里特②。这时安托尼乌斯的弟弟③又通过一项会使老兵感到满意的新的土地法案。

安托尼乌斯一点儿也不把屋大维放在眼里，他提到屋大维时把他说成是"孩子"，并且嘲笑屋大维的经营贷款业务的祖先。由于安托尼乌斯拒绝把恺撒的财产交给屋大维，所以这位继承人只好从自己的腰包里拿出钱来支付答应的赠款。安托尼乌斯还阻止他竞选保民官，但同时他却使长久以来为人们所忽视的一项根据法律表示异议的权利生效。诚然，他同意在庞培的故居同屋大维谈一次话，却又叫屋大维在前厅等候很久，并且在随之进行的一次简短的交谈中有意地以无礼的态度对待屋大维。于是这个青年经过深思熟虑采取了一次有力的回击。他在罗马的街道上公开地把安托尼乌斯说成是叛变了优利乌斯·恺撒的人，因为安托尼乌斯没有采取任何行动为恺撒报仇，反之却侵吞了属于人民的钱财。他声称他自己将如数支付遗嘱里答应赠给的金钱，即使把自己的全部产业花光也在所不惜。考虑到未来，他写信给他在马其顿军团的那些朋友，告诉他们他所遇到的侮辱性的对待。当 7 月间为了纪念恺撒的胜利而举行表演时，发生了公开的破裂。屋大维想

46

---

① 库列涅在北非利比亚沿岸，最初是希腊多里斯人的移民地。公元前 96 年托勒密八世的儿子托勒密·阿皮昂把库列涅遗赠给罗马。公元前 74 年，此地被改组为行省。

② 克里特岛是在公元前 68—前 67 年被罗马征服的。在帝国时期，它同库列涅合并为一个行省。

③ 路奇乌斯。

再次坐到镀金座椅上去,却再度遭到安托尼乌斯的制止,尽管人民的同情是在屋大维的一边的。在那前一天,天空里出现了彗星,即 sidus Julium(优利乌斯星),人民认为这表示优利乌斯·恺撒已成为上天诸神之一,而文静的屋大维则认为这是一个吉兆而感到高兴①。现在安托尼乌斯开始考虑现实了。这个果敢有毅力的青年人在狂热的恺撒派中间无疑是有相当数量的拥护者的。使这个青年人的情绪平静下来看来是明智的做法。安托尼乌斯自己的卫队已向他提出请求,建议他对优利乌斯·恺撒的继承人给以适当的礼遇。他通过一次公民投票,把自己对马其顿的统治改为对山南高卢——今天的意大利北部直到亚平宁山——的统治。他手里有了这张王牌,就可以做到在行动上显得宽宏大量了。因此他并不反对进行一次形式上的和解。

同安托尼乌斯的关系不好,这一点对屋大维来说无论如何也会造成这样一种后果,即加强了他在共和派心目中的地位。屋大维相当机智,因而他同西塞罗保持着密切的关系,因为西塞罗的意见在保守派中间是很有分量的。这位老政治家的心情现在很不好,他一直在义务和个人利益之间徘徊不定。他打算回到希腊去,却又舍不得离开自己的家乡。他的情绪可说就是表现在他在自己的女儿②死后所写的一段著名的话之中的情绪:"我不再生存于其

---

① 古代西方也和我国古代一样,相信天象和人事之间的联系,占星术(astrology)便由此而产生。希腊的占星术系由美索不达米亚传入,然后又传给罗马。从共和末期起,不仅一般人,就是学者也相信占星术,犹如过去我国的许多读书人也相信星命八字。占星术至罗马帝国而臻于极盛,提贝里乌斯本人即精于此道。星命之学在今天的西方仍有相当的市场,在日常语言中也留下不少占星术的痕迹,如英语中的 be born under a lucky star 即是。

② 西塞罗所钟爱的女儿图利娅(Tullia)生于公元前 78 年左右,公元前 63 年嫁给盖乌斯·卡尔普尔尼乌斯·皮索·佛路吉(公元前 57 年去世),公元前 50 年嫁给她第三个丈夫多拉贝拉。公元前 46 年他们离婚后,图利娅于第二年死去。图利娅之死对西塞罗是一次极大的打击。恺撒当时为此曾专函表示慰问。

中的无限的时间,在我看来,较之我认为已经太长的、人世的短暂时期是更为重要的。"他害怕的对象只有安托尼乌斯,而他的希望——尽管布路图斯对此表示怀疑——从现在起却是屋大维了。6月,他在给阿提库斯的一封信里首次称屋大维为屋大维亚努斯(Octavianus)①。这样,他也就承认了优利乌斯·恺撒对屋大维的过继。

> 我清楚地认识到,他有才智和见识,并且他像是我们所期望的那种英雄人物。然而我们仍然必须慎重考虑,我们对他能相信到什么程度,必须考虑到他的年龄、他的名字、他作为恺撒的继承人的地位、他所受的教育。他必须积累经验,而首先安托尼乌斯必须被疏远……他有过人的天资,但愿它们能发挥自己的作用。

在几个月的等待和疑虑之后,屋大维接受了明智的阿格里帕和麦凯纳斯的劝告,下决心采取一项看来很可能会有成果的举动。他的最重要的目标依然是为恺撒报仇并把他的事业继续下去。但这就是说,他迟早必然要同拥护共和制度的保守派处于对立的地位。在实现第一个目标时,安托尼乌斯对他是会有帮助的,然而,毫无疑问,他绝不愿同安托尼乌斯结为盟友,而安托尼乌斯却是要尽一切力量使自己 de facto② 成为优利乌斯·恺撒的继承人和接班者。为了使安托尼乌斯的头脑清醒过来,屋大维有两件事必须要做。首先,他本人必须有一批武装的侍从,而通过花费大量的金钱和热心的宣传他是可以做到这一点的,因为无论他的名字,还是他

---

① 屋大维被恺撒过继后,他的全名便改为盖乌斯·优利乌斯·恺撒·屋大维亚努斯(Gaius Julius Caesar Octavianus)。

② 拉丁语:事实上。

之被过继和指定为优利乌斯·恺撒的继承人,都能够在老兵中间发挥作用。此外,他还必须对害怕和不相信安托尼乌斯的人表示友好的态度。在这些人面前他要表现出是这样一个青年人:他要求自己的合法权利,他确实是恺撒的崇拜者,但同时他又是一心想维护共和体制的。他必须把"liberadores"①引为知己,就好像他一直把他们看成这样似的;他还必须表明自己是一个有节制的恺撒派,但同时又是安托尼乌斯的一个死对头。对他来说,无论他的姊妹屋大维娅的丈夫盖乌斯·玛尔凯路斯②还是西塞罗,都是很有用处的同盟者。

这个沉默寡言、自信心很强的青年人越来越使安托尼乌斯感到不安了。这首先是因为他在老兵中间的声望越来越高了。8月底,西塞罗来到了罗马并在元老院发表了一篇演说,即通常所谓Philippicae③的第一篇。在这一演说里,他对自己的立场作了详尽的评述,这一行动大大地有助于把保守派更加紧密地团结在一起。安托尼乌斯指控屋大维想谋害他。但是通过这一完全没有根据的指控,外界的人们却很有根据地认识到他日益严重的不安情绪。年轻的屋大维把这一荒诞无稽的指控引为笑谈,并且使整个罗马也和他一样把这事当作笑料。

尽管如此,安托尼乌斯的地位却没有发生任何动摇。他已经把戴奇姆斯·布路图斯从山南高卢排除掉了,并且计划在下一年

---

① 拉丁语:解放者。

② 盖乌斯·克劳狄乌斯·玛尔凯路斯(Gaius Claudius Marcellus)是公元前50年度执政官。他原来是庞培的人,后来取得了恺撒的宽恕。他同屋大维娅所生的儿子玛尔库斯娶了屋大维的女儿优利娅(公元前25年)。玛尔库斯一时几乎成了奥古斯都的继承人。

③ 原指希腊政治家德谟斯提尼斯反对马其顿的菲利浦斯的一系列演说,这里被借用来指西塞罗反对安托尼乌斯的一系列演说。Philippicae 后面译为《弹劾演说》。

还为自己确保凯尔特人居住的高卢。他的朋友多拉贝拉应当取得叙利亚，并且，甚至如果人们把马其顿交给戴奇姆斯，那里也不会有军团驻守的。布路图斯和卡西乌斯时而在这里，时而在那里，没有一定的居处，因而人们并不把他们看成是值得认真对待的一股力量。手里有军队的大部分行省长官都是恺撒派，因此这些人很可能都是他的朋友——在高卢的是普兰库斯①；在远西班牙（安达路西亚、格兰那达、巴伦西亚）的是阿西尼乌斯·波利欧②，而列皮都斯就在这时应取得近西班牙和纳尔波高卢（普洛文斯）。这样，人们就来到了一个紧要关头，而全部问题都在于手里要控制着军队。因此安托尼乌斯的主要目标就在于，他自己也建立一支军队。他已经在康帕尼亚的老兵以及 Condottieri③ 中间进行了征募，并且拥有海上的四个马其顿军团。10 月 9 日，他去布伦狄西乌姆，想在那里同他们见面。陪他同去的是他的妻子富尔维娅。她属于在罗马时而可以见到的那一类妇女：她冷酷无情，有一种近于疯狂的权力欲。先前她是一个名叫克洛狄乌斯的帮派头目的妻子④。

---

①　路奇乌斯·穆那提乌斯·普兰库斯（Lucius Munatius Plancus）在高卢战争和内战时期曾在恺撒麾下服役，公元前 46 年任市长官（praefectus urbi）。他是在木提那一役（公元前 43 年）结束之前转到安托尼乌斯一边的。但这是后话了。

②　盖乌斯·阿西尼乌斯·波利欧（Gaius Asinius Pollio）虽具有共和思想，但在内战中却是站在恺撒方面的，并且参加过西西里、阿非利加和西班牙的战斗。公元前 45 年他任行政长官。在恺撒死后，他在公元前 43 年站到安托尼乌斯一面。但后来他脱离了政治活动，而没有参加屋大维和安托尼乌斯之间的斗争。他是一位著名的文学家和作家，他写诗、剧本还有一部记述从公元前 60 年到公元前 42 年的罗马内战的历史。但他的作品没有一部传下来。他是诗人卡图路斯和贺拉斯的朋友，并且帮助过诗人维吉尔。他又是一个严格的评论家，连西塞罗、恺撒、撒路斯提乌斯和后来的李维都不能逃脱他的指责。

③　意大利语：雇佣兵。

④　她在克洛狄乌斯死后，还嫁过克洛狄乌斯的朋友盖乌斯·斯克里波尼乌斯·库里欧（G. S. Curio）。库里欧也是安托尼乌斯的朋友。在公元前 1 世纪 50 年代，他随同父亲站在庞培一边，后来被恺撒收买过来（这是公元前 50 年，他任保民官时的事）。公元前 49 年，库里欧在阿非利加作战时，为优巴所杀。

这个女人和安托尼乌斯的弟弟路奇乌斯——他甚至在他不大出名的时候就非常像他的哥哥——是安托尼乌斯的主要顾问。

50　　屋大维决定慎重行事。由于安托尼乌斯可笑地指控屋大维想谋害他,所以屋大维同安托尼乌斯的和解就毫无意义了。在公众的眼里,这两个人已经成了公开的敌人。屋大维把代表派出去,同马其顿军团进行磋商,并在他们中间散发传单,用以说明自己的立场。他本人则巡视康帕尼亚的老兵移民地,以优利乌斯·恺撒的名义号召他们重服兵役,并且为此答应给他们每人四千马克①。他必然或者从被安托尼乌斯侵吞的金钱中取回若干,或者出卖了地产,因为没有任何史料可以证明,他曾经动用过他母亲的钱或他自己的财产。从这时起,他再也没有遇到过财政上的困难。结果他竟能够招募到三千人并把他们分成两个军团②。这是一个十分大胆的举动,因为在法律上他并没有统率军队的权力,也没有得到元老院或人民的任何相应的命令(mandatum)③。综述他一生中主要事件的《行述》(*Res gestae*)则把这件事认成是屋大维的第一件事业。"余年十九,自行出资募军,时有徒众一伙荼毒共和,余之军队乃使共和重获自由。"他就是带领着这同一支军队,在阿克提乌姆取得了胜利的,并且以这第一步为起点,着手进行自己的复仇战役。安托尼乌斯的运气不大好。在苏埃撒④,他对他的军队进

---

① 这是德译者据 30 年代后期德国马克的实际价值折算的。

② 到共和国末期,一个军团的人数一般在五千到六千人之间,但名额不足的情况也是常有的。这里三千人还要分两个军团,实际上是一种虚张声势的做法。

③ 据罗马传统,罗马军团只有在作战时由高级长官(执政官等)据元老院的命令来征募。战争结束后,军团自行解散,高级长官也随即放弃兵权。

④ 在拉提乌姆有两个叫苏埃撒(Suessa)的城市。奥伦奇人的首府苏埃撒·奥伦卡(Suessa Aurunca)在拉提乌姆南部玛西库斯山西麓。沃尔斯奇人的城市苏埃撒·波美提亚(Suessa Pometia)则在东南部。前者比后者大而且富庶得多,估计安托尼乌斯就驻在这里。

行了一次清洗，下令处死了一批他对其忠诚有所怀疑的士兵。在布伦狄西乌姆，他发现只有三个军团来到这里。这样看来，屋大维的宣传还是起了作用的。安托尼乌斯为恺撒复仇的行动显然进行得松松散散，他完全不提给老兵的那些十分可怜的补偿——这种补偿根本不能同屋大维的慷慨大度的作风相比——因而军团对此是很有意见的。在安托尼乌斯作出处死一些军官和大约三百名士兵的决定之后，骚乱看来暂时是镇压下去了。他在自己身边纠合了一支亲卫队，然后动身去罗马。他在路上亲自掌握阿拉乌达军团，这是恺撒在高卢作战时麾下的一个著名的军团。他命令其余的军团越过通向阿里米努姆（里米尼）的沿着海岸的道路，顺着通向山南高卢的道路行进。

　　不过就是屋大维现在也面临着一项困难的任务。他手里确实已经有了一支军队；但是，他首先应当用这支军队做什么呢？如果他不能把马其顿军团争取到自己一方面来的话，那么他的兵力较之安托尼乌斯的兵力就要软弱得多了。他的力量在于他对罗马人民和老兵的影响，因为老兵对优利乌斯·恺撒是十分有感情的；他的力量还在于对相当一部分这样的公民和贵族也有影响——这些人对安托尼乌斯满怀不信任的情绪。然而他却试图同时达成两个相互对立的目的。他奉行向谋杀者复仇的计划。但他又支持"解放者"，并且试图回避内战。尽管他对安托尼乌斯怀有敌意，但是对这样的人却不能得罪——他们虽然对优利乌斯·恺撒的继承人抱有好感，却又同安托尼乌斯结成反对"解放者"的同盟；并且，尽管他对恺撒派给予支持，但是他不应拿阶级的信任来冒险，因为这个阶级在他身上看到的是一个保守分子，而不是反对重建共和国的一个敌人。那么他的下一个步骤应当怎样走呢？他应当和他的军队一道留在康帕尼亚，还是应当向罗马进军，碰一碰运

51

52

气呢？

对于一个十九岁的青年来说，要作出决定是困难的。但是屋大维并不犹豫。他确实给西塞罗写了许多信，在信中他请求老人给他出主意，但是他已经下了决心，而这个决心也正是他十分果敢的一个证明。在同西塞罗的交往中，他表现了耐心和灵活的手腕。西塞罗的心情同样是矛盾的。一方面他同意进军罗马，因为屋大维看来是对付安托尼乌斯的唯一武器，而且西塞罗还答应用自己在元老院的一切活动来配合。不过这位老人还是不放心的。屋大维曾请求他到首都来拯救共和国，就像他先前曾做过的那样①——这其实是一种捧场话，不过它对于西塞罗的虚荣心还是起了作用的。另一方面，西塞罗又害怕安托尼乌斯，他是十分勉强地离开了海岸的，因为在海边有逃跑的机会。而且他对于青年人屋大维会采取什么政策并不清楚。他就是这样地向阿提库斯说明了自己所以不放心的情况。屋大维还是一个孩子，不过这个孩子确实是想同安托尼乌斯对抗的。但是这种态度对共和国以及对他本人是否有利？毫无疑问，存在着一场新战争的危险——因此他希望亡命于大海彼岸的布路图斯和卡西乌斯赶快返回。

11 月 10 日，屋大维率领着他的三千名士兵开进了罗马，并且发现这里的形势十分紧张。他在卡斯托尔神殿②举行了一次公开的集会，会上一位年纪较大的保民官对安托尼乌斯进行了猛烈的攻击。屋大维本人也仿效了这位有经验的人民的代表者的榜样，

---

① 指西塞罗任执政官时（公元前 63 年）镇压了所谓卡提利那的阴谋一事，当时元老院因他拯救了共和国而授予他"祖国之父"的称号。

② 据罗马传统，对卡斯托尔和波卢克斯孪生兄弟的崇拜是公元前六世纪以前传入罗马的。早在公元前 486 年便在广场上修建了他们的一座神殿。卡斯托尔同骑士等级有关系，这也是屋大维选这里开会的原因。

他长时间地详细论述了优利乌斯·恺撒的丰功伟绩,还有他一再
从肆无忌惮的安托尼乌斯那里受到的侮辱。但是使人感到奇怪的
是:这一演说没有得到任何赞同的反响。他的许多在安托尼乌斯 53
麾下服役过的士兵对于他们先前的统帅所受的指责感到恼火,因
此屋大维认为他不得不按照他们个人的意愿遣散他的一部分军团
士兵,并且对留下来的士兵支付提高了的饷银。保守派对于青年
人的这一过分大胆的行动显然觉得在感情上受到了伤害,他们并
不高兴听到对优利乌斯·恺撒的言过其实的称颂,不高兴听到没
有实现希望的话,即"他在争取得到他的父亲优利乌斯·恺撒的一
切荣誉"。最不喜欢屋大维这一演说的是西塞罗。出于个人的原
因,这位老人也认为自己非到罗马来不可了。老人尽管生来小心
谨慎,这次却鼓起非凡的勇气来进行最后的战斗了。屋大维并不
能留在罗马,因为安托尼乌斯率领着自己的亲卫队和阿拉乌达军
团已经来到了罗马城下。这样屋大维的基础就比先前更不稳固
了:他开始失掉了恺撒派的信任,但是却没有得到保守派的重视。
他和阿格里帕——因为除了不大关心他的事业的亲戚菲利浦斯和
玛尔凯路斯之外,他没有任何其他顾问人员——这两个还不到二
十岁的青年人所要对付的是他们当时最有声望的军队,是这样一
个人,这个人有一支庞大的军队,而且就从人们那里所得到的同情
而论也可以同他们本身相匹敌。就在这同时,他们试图同贵族结
成联盟,尽管他们憎恶贵族所追求的政治目的,而贵族则拿他们寻
开心,把他们看成是玩打仗游戏的孩子。安托尼乌斯也不是无所
事事的,他对屋大维极尽嘲弄侮辱之能事,并且散布谣言,说他
好像沉溺于难于说出口的恶习。屋大维并没有使自己迷失方
向,但是当他离开罗马去埃特路里亚——他花费巨额的金钱继
续在那里从老兵中间征募军队——时,未来的希望看来只是十 54

分渺茫的了。

但形势突然发生了变化。11月20日,安托尼乌斯率领着他的军队威武雄壮地进入了首都。他把他的部队的主力留在了提布尔(提沃利),但是他的亲卫队已足以使罗马公民陷入惊惶与恐惧之中。他的心情并不好,他在一份为此目的而草拟的命令中诽谤了屋大维,并且在24日召开了元老院的会议,不过在这一天他本人却没有露面。西塞罗宣称他喝醉了,但是他不参加会议的真正理由要到他从提布尔那里得到的消息中去寻求。还记得同屋大维保持友谊的玛尔斯军团是受到了屋大维的宣传的影响的,因此它违抗安托尼乌斯的命令而去了阿尔巴·隆加。这是一座小城镇,就在今天罗马附近的帕拉佐拉修道院那里。安托尼乌斯立刻赶到那里去,但城门向他关闭了,从城墙上射下了雨点般的箭。28日,他参加了推迟召开的元老院会议。在会上他要元老院通过无数的法令,并且把一些被蹂躏的行省委托给依附自己的人们去治理。然后他再次赶到提布尔去,因为在那里,第四军团这时也学了玛尔斯军团的样子。接着他就率领着他新征募的阿拉乌达军团和第二军团的士兵到阿里米努姆去;他的弟弟路奇乌斯也要把到达布伦狄西乌姆的马其顿军团带到那里去。这期间,他曾指令戴奇姆斯·布路图斯无条件地把山南高卢交出来。但布路图斯却宣称,他必须按照元老院和人民的命令保有这个行省。他知道自己并没有足够的力量同安托尼乌斯在战场上兵戎相见,并且他必须等待罗马方面的帮助。因此他就暂时撤向南方,大约于12月中旬在木提那(摩迭那)设防据守,并在那里等待敌人的一次围攻。

屋大维成了共和派的唯一指望——而且是非在危急时不能轻易动用的指望,因为这期间在他身边已经集合了相当大的一支兵力。此外,他已经同戴奇姆斯·布路图斯联合起来,因为他始终坚持这样一种做法,即绝不放过任何一个有可能同他结成盟友的人。

虽然经过一番犹豫,最后他还是同意选举谋杀者之一、"嫉妒的卡斯卡"为保民官。"解放者们"早已不再因为他年轻而嘲笑他了,现在他们把他看成是国家的救星。当西塞罗来到罗马时,他代替两位不在这里的执政官掌握了国家的统治大权。这时他已确信,人们可以无条件地信任恺撒的继承人了。

当屋大维跟在安托尼乌斯的后面缓缓地向北方推进时,在罗马发生了一些意义十分重大的事件。所有的派别都担心会发生一场新的内战——甚至安托尼乌斯也有这样的担心。这时他正忙于尽力巩固自己的地位,试图用一切手段把西方行省的长官列皮都斯、普兰库斯和波利欧争取到自己方面来,并且避免一场武装的决斗。只有屋大维和西塞罗对此是有准备的,而且他们甚至认为这场决斗是不可避免的。西塞罗放弃了只能得到虚荣的一切文字方面的活动,而把全部力量用于争夺统治权的斗争。关于这一点,费列罗①写道:"年老的演说家的英勇形象像一块漂石似地矗立在当时普遍动摇的气氛之上。"他深深地相信,他肩负的使命就是担任国家的领导者,就像他在《论共和国》这一著作中扼要阐述的那样。反对安托尼乌斯的第二篇《弹劾演说》刚刚发表。他还同西方的行省长官有频繁的书信往来,因为这些人手中掌握着左右大局的力量。12月20日,他发表了第三篇《弹劾演说》。在这篇演说里,他 56

---

① 古列尔摩·费列罗(Guglielmo Ferrero,1871—1942年),意大利政论家、历史学家;法西斯上台后移居国外,先到瑞士任日内瓦大学教授,1931年去美国。著有《罗马的伟大与衰微》(*Grandezza e decadenza di Roma*)、《古代文化的毁灭》(*La ruine de la civilisation antique*)、《意大利的民主》(*La Democrazia in Italia*)、《重建》(*Reconstruction*)、《权力》(*Pouvoir*)等书。

力图保持巨大的克制，为戴奇姆斯和屋大维拉信任票，并且促成了一项决议，即在元旦那天，在新的执政官希尔提乌斯和潘撒的主持下召开元老院的会议。安托尼乌斯对行省的分配在这次会议上当然要被否定。在这次会议上，西塞罗发表了他的第四篇《弹劾演说》。他在这篇演说里直接向安托尼乌斯挑战了。

因此西塞罗这时就无条件地站在屋大维的一边，并且公然用"恺撒"的名号称呼他。元旦到来了，元老院在武装人员的保卫下召开了会议。在一次长时期的辩论中，安托尼乌斯的友人们建议，在把安托尼乌斯宣布为国家的敌人之前，先把一位调停者派到他那里去。对此西塞罗在他的一篇著名的抨击安托尼乌斯的演说，即所谓第五篇《弹劾演说》中作了回答。他在这篇演说中把屋大维大大称赞了一番。他问道："是哪一位神把这位天神似的青年赠给了罗马人民？"——他并且亲自为这位前程远大的罗马青年所要达到的目的负起责任来。

> 我能够看到这个青年人的心里去。对他来说，没有什么比一个自由的国家更为珍贵了，他最想望的是你们的影响和你们这些有道德的人对他提出的宝贵意见。他所追求的是真正的荣誉……我用如下的话作为担保，即盖乌斯·恺撒将永远是像他今天这样的一位真正的公民，就好像我们最热切地希望和要求于他的那样。

元老院接受了有关派出谈判者的建设，但是也同意继续进行军事方面的准备，并且任命了一位执政官为军队的最高统帅。屋大维取得了许多荣誉。他被提升为元老。国家为站到他的一方面的两个马其顿军团支付饷银。他获准担任执政官，尽管离规定的年龄还有十年;此外还为他树立了一座金像。同时,和两位执政官一道,他被授予军队的最高统率权,当然还同时有行政长官的权限。他的地位现在得到了确认和巩固;但由于他必须同其他两位执政官分享军队的领导权,所以他还没有取得他所追求的那种决定性的影响。元月 7 日,他取得了拥有手持棍束的一批侍从(lictores)①的荣誉,作为他的统率权的象征。他的军队早先向他提供过这种待遇,但是他很聪明地加以拒绝,并等待到从元老院手中接受它。②

二

公元前 43 年的第一个月里事情发生得比较少。西塞罗的影响还没有大到足以使元老院把安托尼乌斯宣布为国家的敌人并以这一手段为依据而发动战争。尽管安托尼乌斯只要愿意,就可以不费什么气力打败戴奇姆斯,但是,在目前,他所想的却是如何扩大自己的军队并且保证自己对西方行省长官的影响。只要他高兴,他随时可以拿下木提那这个城市来。他向元老院的代表表示,他愿意以如下的条件交出山南高卢,这些条件就是:要把山北高卢和六个军团交给他,直到公元前 39 年年底;他的老兵要取得报酬;他的命令要得到认可;对他已从国库取走的钱,不再追究其下落。在接到这一答复之后,在西塞罗的推动下,元老院于 2 月 2 日宣布了战争状态。但安托尼乌斯一派的人们却得以使事情拖了下来;

58

---

① 每位执政官都有十二名持棍束(fasces)的侍从,但是越过城界,他有了军队统帅的身份时,棍束中就还要插上斧头。独裁官的侍从加一倍,行政长官则减少一半。

② 军队虽然可以推举长官为统帅(imperator),但不能使统帅有执政官的待遇。按惯例,只有元老院才有权授予这样的荣誉。

直到 3 月 19 日，另一位执政官潘撒才率领着他的军队行动起来。

在这些日子里，屋大维有一切理由感到忧虑。他的同僚希尔提乌斯是一位体弱多病的人。正当安托尼乌斯在公开的场合拿屋大维的年幼取笑的时候，他却又在暗中同屋大维通信，在信中要屋大维提防着西塞罗，并且试图要屋大维认识到，恺撒过去的任何对头都不可能成为他的朋友。关于这一点，屋大维确实还有另一些证据。保守派同安托尼乌斯的谈判表明，他们同屋大维的联合只是半心半意的。西塞罗的激烈的弹劾演说诚然证明他对安托尼乌斯是厌恶的，但是他也有许多看法可以举出来，表明他完全不是无条件地站在屋大维一面的。此外，来自海外的消息对罗马的局势也不无影响。布路图斯和卡西乌斯已取得了马其顿和叙利亚。布路图斯自己已经征募了一支庞大的、令人生畏的军队，而卡西乌斯在叙利亚也正要做同样的事情。保守派依靠着自己在东方的这些军队，可以很容易地收拾屋大维，甚至列皮都斯的态度也不清楚，而高卢的普兰库斯则是坚定地站在元老院方面的。屋大维从来不曾像在这一危急时刻那样显示出如此巨大的自我克制的力量。他每走一步都要经过深思熟虑，并且清楚地看到，他首先必须剪掉安托尼乌斯的羽翼，同时要安托尼乌斯对他的极为坚定的意志有所畏惧。因此他的行动就好像一位责任心很强的国家公务人员那样，他等候指令，并且利用他的长时期的空闲时间来改进他的文章和演说的风格。

但是在这之后，潘撒在 3 月间向北方推进，从而结束了等待的时期。闭守在木提那的戴奇姆斯通过信鸽告诉屋大维说，他的卫戍部队没有食物，而如果得不到任何援助，那他只好投降。战役的细节就不在这里叙述了。木提那离它西面的帕尔玛和它东面的波诺尼亚（波洛尼亚）大约同样远，这两座城市都在安托尼乌斯手里。

希尔提乌斯在波诺尼亚以东大约十一英里,而屋大维则在其右侧
九公里的地方。站在安托尼乌斯方面的行政长官文提狄乌斯·巴
苏斯率领着三个老兵的军团,而这正是安托尼乌斯等候其到来的
三个军团。但是安托尼乌斯在 3 月 19 日得到了潘撒北进的消息,
这使得他要对潘撒采取行动,因为他有被敌人包围的危险。所以
他就离开了波诺尼亚去木提那,同时他把两个军团留在了两个城
市之间的佛路姆·伽洛路姆(Forum Gallorum,今天的卡斯提
尔·佛兰科)的沼泽地带,以便在亚平宁山的山口阻止潘撒的进
军。然而潘撒仍然在 4 月 14 日到达波诺尼亚,同希尔提乌斯会合
在一起,并且在 4 月 15 日出人意料地来到了佛路姆·伽洛路姆。
战斗主要是在安托尼乌斯的老兵和玛尔斯军团之间展开的;老兵
在开头时占了上风。希尔提乌斯则从东方前来助一臂之力;当安
托尼乌斯的军队意识到自己受了包围,从而在混乱中撤退的时候,
希尔提乌斯就率领着二十个老兵的步兵中队向他们发动了进攻,
而这时屋大维则负保卫营地之责。安托尼乌斯不得不向着木提那
的方向撤退。这期间潘撒受了致命伤,但他仍和希尔提乌斯与屋
大维一样被军队宣布为统帅。一星期之后即 4 月 21 日,安托尼乌
斯再度挑起了战斗。戴奇姆斯从木提那赶来时,屋大维已经消灭
了安托尼乌斯的两个军团并且把其余的士兵赶回他们的营地。希
尔提乌斯跟踪追击,结果战死在壁垒上。受到决定性打击并且处
于极大危险之中的安托尼乌斯于是带着阿拉乌达军团和其余军团
的残余逃往高卢。22 日,潘撒因负伤死在波诺尼亚。戴奇姆斯
的处于半饥饿状态的卫戍部队太弱了,因此他们无法冒险进行
有效的追击。甚至屋大维的士兵也受到了如此严重的损失,以
致现在有文提狄乌斯·巴苏斯带着他的新的军团前来接应的安托
尼乌斯竟然没有受到干扰。他再次表现了恺撒过去的那种神速

(celeritas)：5 月中旬，他已经安全地越过了山到达了佛路姆·优利伊(Forum Julii，今天的佛列尤斯)。

两位执政官都死了。"他们都是好人，只此而已。"——这就是西塞罗对他们的评语。在元老院看来，佛路姆·伽洛路姆和木提那的胜利具有决定性的意义，这些胜利使得它们的立场明确起来了。安托尼乌斯终于被宣布为国家的敌人。戴奇姆斯被称颂为北方的战争英雄，而赛克斯图斯·庞培即大庞培的儿子①则被从马赛召回以负责舰队的领导职务并警卫意大利的沿岸地带。布路图斯和卡西乌斯在他们自己的行省都得到了认可。他们对帝国的亚得里亚海以东部分的统率权被延长了。元老院相信自己已经取得了胜利。它确信西方各行省的长官列皮都斯、普兰库斯和波利欧对它是忠诚的，并且指望借着他们的帮助——但是没有把屋大维算到里面——制服安托尼乌斯手中为数不多的士兵。共和国看来又回到了它的老样子上去了。

当戴奇姆斯沿着难行的道路越过山脉追踪安托尼乌斯的时候，在波诺尼亚等待着的屋大维立刻就清楚地看到，他会被推到一边去。按照他了解到的西塞罗的话，他应当受到"尊敬、颂扬和排斥"；并且，看来人们已经开始排斥他了。他得到命令，要他把潘撒的军团、他自己的第四军团和玛尔斯军团都交给戴奇姆斯·布路图斯。在对军队发表的感谢演说中，他并没有被提到，并且，为审查安托尼乌斯的命令而成立的委员会，他也不是成员。人们不许

---

①　赛克斯图斯·庞培(Sextus Pompeius)是大庞培和他第一个妻子穆奇娅所生的小儿子，生于公元前 66 年左右。大庞培死后，他逃往阿非利加，而在塔普苏斯(公元前 46 年)一役之后又去西班牙。他在孟达战败之后仍留在那里进行斗争。公元前 44 年夏天，元老院同意对他父亲被没收的财产给予补偿并同意他返回意大利。但他对此持观望态度，迟迟不肯立即返回。他后来(公元前 35 年)死在安托尼乌斯的副帅玛尔库斯·提提乌斯手中。

他庆祝任何胜利,甚至不许他举行任何小凯旋式(Ovatio)①。保守派散布对他不利的谣言,比如,说他在木提那作战时表现怯懦,对潘撒的死亡负有责任。更糟糕的是,元老院竟然想背着他同军队进行谈判。西塞罗曾经写文章论述过"年轻的恺撒心向德行的令人赞叹的天性",但这位老人也只有在他认为能够利用屋大维作为他自己和他自己的目标的工具时,他才把屋大维当成是自己的朋友。

面对这一情况,屋大维必然能以确定如下的事实,即他只是接近于完成他的目标的一半。木提那一役的收获是,安托尼乌斯这时对他表现了特别的尊重。山南高卢是在屋大维的手里;此外,他是在意大利本土的唯一统帅。他和罗马之间没有任何阻拦。当他为恺撒报了仇,并且能腾出手来重建帝国的时候,那么解散同共和国的不自然的联盟并同安托尼乌斯缔结和约的时期就到来了。屋大维决定把他的军团交给戴奇姆斯,但是拒绝参加对安托尼乌斯的追究。他的行动沉着冷静,并采取等待的态度。在他同元老院决裂以前,他还必须达到一个目标。他还必须担任执政官,成为国家的合法领袖,只有这时他才能同安托尼乌斯算账。为此之故,他同元老院又继续打了一两月的交道,并且把摇摆不定的西塞罗利用为中间人。 62

解决困难局势的钥匙掌握在西方有执政官头衔的长官和他们的军队的手里。他们是纳尔波年西斯的列皮都斯、高卢的普兰库斯和西班牙的波利欧。元老院深信这些军事统帅都是站在自己一

①　取得的胜利够不上举行凯旋式的可以举行小凯旋式,这时胜利者徒步或骑马进入罗马。小凯旋式的凯旋行列的规模比正式的凯旋也要小得多。

方面的。安托尼乌斯这方面则确信,对于列皮都斯,他总是可以争取过来的;至于其余两个人,则看来也有可能争取过来。因此他便继续停留在阿尔卑斯山以北的地方。后面我们将会看到,这三个人还要起重要的作用。他们三个人当中没有一个人有真正的领导才能。列皮都斯这个人"与其说他是人,毋宁说是个风标",此人是由于安托尼乌斯的照顾才当上了最高司祭的。人们把此人说成是一个爱虚荣、无操守而又自以为了不起的人物。普兰库斯是一个自私自利和善于算计的人,"总不免有一种不诚实的性格";他做的唯一切实的事情就是建立了里昂。波利欧是一位方正诚实的人,不过此人与其说他是个军人,不如说他是个 petit maitre①。屋大维深信,他们都是任凭安托尼乌斯摆布的人,并且这个意见将会得到证实。5 月 29 日,列皮都斯转到安托尼乌斯一面去。戴奇姆斯·布路图斯曾与之会合的普兰库斯先是装作抵抗的样子:他把整个夏天都用在越过阿尔卑斯山并且再返回这等行动上。然而无论安托尼乌斯还是屋大维对于最后的结果都没有什么怀疑。大部分的军队都是由恺撒派组成的;人们立刻会相信,和约一旦由最高统帅们缔结,他们将会迫使他们的长官同样也转到恺撒派一面去。

列皮都斯叛离的消息使得元老院把他宣布为国家的敌人,并且把保卫意大利的任务委托给屋大维。正当屋大维就列皮都斯问题同安托尼乌斯热心商谈的时候,他却一点也没有忘记罗马的局势。7 月中旬,他把他的军队的一名使者派到那里去。此人要处理有关饷银的各种问题并且为他的统帅要求取得执政官的身份。就是西塞罗也已经提出了这些问题,但是元老院以具体处理方面的困难为借口回避作出决定。由于两位执政官都死了,而一位行

---

① 法语:小名士。

政长官又不能担任他本身的职务以外的任何更高的职务,所以人们只能等待新的一年,就是说,那时领导权将再次回到元老院手里。军团的使者带回来的答复就是如此。对于他们要求的饷银,同样没有发给他们。

在屋大维看来,现在已是迅速行动的时候了。元老院已经表明是他的毫不隐讳的敌人,单是由于人们先前根本不予重视的具体处理方面的理由,他也不能容忍被放到一边去。于是他就像过去他的舅祖父恺撒那样,带着八个军团渡过了鲁比康河向罗马挺进①。所有的抵抗力量都在他面前被摧毁了。驻在罗马的三个军团立刻宣布同他站在一起。在他确信自己的母亲和姐姐安全无恙之后,他便进入了罗马,成了这里的主人。罗马立刻服从了他的意旨。罗马的市长官任命了两位有执政官身份的长官来主持选举事宜,并且,在8月19日,他和他的一个亲戚克温图斯·佩狄乌斯同时当选为执政官②。他用国家的收入支付了军队的饷银。屋大维的过继必须有法律上的依据,但迄今安托尼乌斯一直在阻挠这一法律的通过。现在这一法律也通过了。公元前44年3月的大赦被撤销,成立了一个特别法庭以便宣布刺杀优利乌斯·恺撒的凶手不再受法律的保护。西塞罗离开了罗马,永远不想再回来了③。他完全垮掉了。他在一封心情激动的信里对自己之能以远离罗马向屋大维表示感谢,并请屋大维宽恕他过去的所作所为,同样,将

64

---

① 恺撒渡过鲁比康河的细节,多见于后人的记述,而无同时的文献作为佐证,故其中可能有若干传说的成分。

② 据罗马传统,执政官不在罗马或死亡时,则由市长官(相当行政长官级)代行职权,主持工作。执政官例由百人团民会(comitia centuriata)选出,补选的执政官称补缺执政官(suffecti)。

③ 西塞罗称赞屋大维是从这个青年能促进共和国的复兴这一点着眼的。他们的暂时合作乃是为了各自的政治目的。

来也请求对他加以宽容。

这样,屋大维就在比庞培还年轻的时候担任了执政官,比法定的年龄早了总计二十四年①。他用十一个军团使自己成了罗马和整个意大利的主人。不仅恺撒派效忠于他,广大的中等阶层也都同情他,因为这些人认为只有他才能使他们摆脱安托尼乌斯的统治。就当时而论,他是安全的。但是他感到终有一天他不得不同布路图斯和卡西乌斯作战;这一天一旦到来,他希望安托尼乌斯完全站到自己这方面来。在这期间,他向安托尼乌斯提供了自己的权力的一个千真万确的证明,以致对方——如果他不是有意地闭上眼睛不看的话——不能不把他看成是一位同自己有同等权利的人。因此,安托尼乌斯应当帮助他为恺撒报仇。仍然存在于他们之间的争端必须交给诸神去解决②,而且,就像在困难时期常见的情况那样,还必须设法解决当前的那些要求。三个青年人——屋大维和阿格里帕正好十九岁,麦凯纳斯比他们只大几岁——干出了非凡的事业,不过其中仍以屋大维最为杰出。他以极大的耐心来处理一个极其复杂的局势,以最大的机智行动,不放过任何一个对自己有利的机会,同时又从来没有忘记自己所追求的目标是什么。他克制了自己的自尊心而为自己的敌人服务,直到他找到了他的天然的同盟者的时候。但是屋大维通过他的人格的力量使得那些最早决心追随他的人们必然成为他的工具。人们议论说,他机警而又沉着,而且人们忘记了他还是个青年人。尽管他克制和谨慎,他却表现了一种非凡的自信心。首先他获得了恺撒的声誉——而这对于当时的罗马来说,其意义有如在十九世纪拿破仑

① 庞培担任执政官时是三十六岁(公元前 70 年),而执政官按罗马传统不得在四十岁以下。现在屋大维是二十岁,比法定年龄实际上提前了二十年。
② 这是说二人应在诸神面前献牲,重归于好。

的铭文(légende)之于法国。按照罗马的习俗,现在他的名字叫盖乌斯·优利乌斯·恺撒·屋大维亚努斯(Gaius Julius Caesar Octavianus)。然而更加重要的是,无论对于军团还是对于人民来说,他正好就是恺撒。

恺撒·屋大维亚努斯

第一章 三头：菲利皮

（公元前 43 年—公元前 42 年）

我的命运在呼唤

并且使这个躯体的最小的血管

都像涅美亚的狮子①的肌腱一样坚实。

它频频向我示意。

——《哈姆雷特》

一

9 月，屋大维亚努斯去北方——正像罗马的人们所认为的那样——以便对付安托尼乌斯，并且审判运气不佳的戴奇姆斯。他等在山南高卢，而这时安托尼乌斯、列皮都斯以及普兰库斯和波利欧的军队也南下向他这里开过来。事实上，安托尼乌斯和屋大维亚努斯是要进行一次谈话。这次会见是通过大量的信函来往而作了准备的，会见的地点是在波诺尼亚与木提那之间波河的一个小岛上，时间则是在 10 月底或 11 月初。这次会谈进行了三天；然后把达成的协议用文字记录下来。屋大维亚努斯放弃了他的执政官

---

① 涅美亚（Nemea）是希腊伯罗奔尼撒的阿尔哥利斯北部一个谷地的名称。传说中的希腊英雄海拉克利斯在这里杀死了一头狮子。

职位,把它让给了依附于安托尼乌斯的文提狄乌斯·巴苏斯①。
巴苏斯过去是一个赶牲口的人。列皮都斯和普兰库斯则预定担任
公元前 42 年度的执政官。当年其余的时期以及随后的五年中间,
则由列皮都斯、安托尼乌斯和屋大维亚努斯组成三头(Triumvi-
ri)②以重建国家,在这期间,他们应当拥有不受任何限制的行政权
和立法权,因而实际上他们行使的是一种独裁权力,只是人们不这
样说罢了。布路图斯和卡西乌斯掌握着东方,所以他们三个人只
能分配这个世界国家的西部。安托尼乌斯取得两个高卢③,列皮
都斯取得纳尔波高卢④和西班牙,而阿非利加和海上诸岛则归屋
大维亚努斯——他的这部分肯定是最难指挥的,因为海上的统治
权是在赛克斯图斯·庞培的手里。士兵们是同意这一协定的,因
为它限制了一场内战爆发的可能性,而首先是这场内战的无法预
料的规模。此外,使他们感到十分满意的有两件事:一是答应给他
们弄到更多优质的意大利的土地供他们使用;二是他们得到通知:
屋大维亚努斯已经同克劳狄娅订婚。克劳狄娅是安托尼乌斯的妻
子富尔维娅和前夫所生的女儿⑤,是安托尼乌斯的继女。这样,恺

---

① 参见本书所附年表。按普布利乌斯·文提狄乌斯的巴苏斯之姓不见于当时
之正式文献。

② 在历史上,人们把这次的三头称为后三头,以区别于庞培、克拉苏斯和恺撒的
前三头。三头从拉丁语原文来说,只是一个三人的小组,它实际上是拉帮结伙的性质,
并不具有严格法律上的意义,因此要想达到他们的目的,至少表面上还要通过合法的
手续,只是这次的结伙,比前一次露骨得多,因为共和机构的作用早已成为空洞的形式
了。

③ 这里指山南高卢(Gallia Cisalpina)和所谓"长发高卢"(Gallia Comata),山南高
卢又叫"长袍高卢"(Gallia Togata)是罗马化程度最高的部分。

④ 纳尔波高卢(Gallia Narbonensis),又叫普洛文奇亚(Provincia),在高卢南部即
今法国罗讷河(Rhone,拉丁名 Rhodanus)流域一带。

⑤ 富尔维娅同安托尼乌斯结婚是她的第三次了,克劳狄娅当是富尔维娅同第一
个丈夫克洛狄乌斯所生。

撒派就全部联合起来了。

新结合起来的人们向罗马进军，并且向罗马人民郑重宣告了三头的建立①。阿庇安②忠实地传达了作为这一公告的基础的各项条件。向杀害优利乌斯·恺撒的凶手进行报复作为其中最重要的一款被确定下来③；而由于杀害恺撒的元凶布路图斯和卡西乌斯还在大海对岸，所以首先意大利必须完全置于三头的控制之下。下一个需要操心的是筹措款项的问题，因为军库和国库一样也都空了④，而且军队的饷银却是不能不支付的。这意味着要像苏拉那样进行剥夺。首先在北方提出一个应当剥夺和处死的人们的一个临时的小名单，而在这个名单上就出现了西塞罗的名字。接着又提出了一个三百名元老和两千名骑士的名单，他们都是富人，而现在需要的就是这些人的钱。他们都是危险的或者是不可信赖的人物，或者是三头中某一个人的私敌。莎士比亚曾记下了这一令人战栗的过程：

安托尼乌斯：在这里有名字的人们，肯定一个也不能让他 71

---

①　三头本身是没有法律依据的，因此他们进城后，首先由保民官在为此召开的人民大会上提出建议，授给他们为期五年的相当于执政官的权力。

②　阿庇安（Appianus），公元一世纪末生于亚历山大的希腊历史学家。在哈德里安统治时期，他取得了罗马公民权并定居在罗马，一直活到玛尔库斯·奥列利乌斯统治时期。他写了一部有二十四卷的《罗马史》，但只有部分保存下来（有商务印书馆出的中文译本）。我们不清楚他使用了怎样的史料。他的作品对了解罗马内战有很大的价值。

③　三个人的公告首先指出："……现在我们看到那些曾经阴谋陷害我们的人，那些曾经杀害恺撒的人的害人的恶念是不可能用仁慈平息的，因此我们宁愿先发制人，而不愿遭到他们的毒手。凡是看见了恺撒和我们所已经受到的祸害的人不要以为我们的行动是非正义的、残酷的或者过火的。"（阿庇安：《罗马史》，第16卷，第8章，中译本，下卷，第321页）

④　这里的军库似是过去恺撒用来应付军用的，而作为安置退役士兵用的军库（Aerarium militare）是公元6年才由奥古斯都正式设置的。

们活。

屋大维:你的兄弟也必须处死,列皮都斯。这一点你同不同意?

列皮都斯:我同意。

屋大维:把他记在上面,安托尼乌斯。

列皮都斯:但有一个条件,就是你的姊妹的儿子普布利乌斯也不能活,玛尔库斯·安托尼乌斯。

安托尼乌斯:他活不了:你瞧,这里一笔把他勾销了。

在这年的年底,四位启示录的骑士①驰过了国土。一些被宣布不受法律保护的人逃过了海投奔到布路图斯和卡西乌斯或者投奔到赛克斯图斯·庞培那里去。另一些人则被他们的忠诚的奴隶和被保护人所挽救。还有一些人则是由于温柔的妻子——例如屋大维娅——的说情才得以保全性命的。尽管如此,大流血的惨剧还是发生了,而另一位执政官佩狄乌斯②就是看到这种情况之后惊吓而死的。但是三头却达到了他们的目的。现在他们能够渡海出征了,因为留在他们后面的是一片残破的、死寂的国土。他们通过没收财产,已经有了足够的金钱把战争继续下去。

在第一批的牺牲者当中就有西塞罗。他只有少量的财产,但债务却有一大堆。安托尼乌斯没有忘记西塞罗弹劾他的那些演

---

① 《启示录》原为《新约》的最后一篇,基督教认为它记载着上帝通过自己的仆人告诉给世人的预言,特别是所谓世界末日来临时的情景,此处系借喻。

② 克温图斯·佩狄乌斯(Quintus Pedius)是恺撒的姊妹的儿子(一说孙子),也是骑士家庭出身。参加过高卢的出征,公元前48年任行政长官,公元前47年可能是近西班牙的长官并参加过孟达之役,因此在公元前45年举行过一次凯旋。他任执政官时通过了一项审判谋害恺撒的凶手的法律。参照本书边码第38页的有关注释。

说,所以他对此不想宽恕。普鲁塔克①描述了那年冬天的一个午后发生在离海岸不远的森林里的事件。当时这位老人把瘦瘦的脖颈伸给一个百人团长的刀剑②。普鲁塔克还报道了这样一个日子,在这一天里,西塞罗的首级按照安托尼乌斯的命令被钉到广场的演说台上,而"罗马人战栗了,因为他们以为他们在那里看到的并不是西塞罗的面容而是安托尼乌斯的灵魂的写照"③。后来李维说,他是按照罗马的方式死去的——这是他生平唯一的不幸,而他是像一个男子汉那样地敢于面对这种不幸的。不过这句话对他

---

① 普鲁塔克(Plutarch,公元 45/50—约 125 年),罗马统治时期的希腊哲学家和传记作家,凯洛涅亚人,曾在雅典学习,先后受柏拉图主义和斯多葛派的影响。他游历过地中海世界许多地方,也几次到过罗马。据说在哈德里安统治时期,他担任过阿凯亚(即希腊)的代理官(Procurator)。他在故乡开办了一所学校。他的著作很多,但最流行的是他的《希腊罗马名人平行传记》(*Vitae Paralielae*)。他的作品以劝善说教为目的,不是严格意义上的历史作品,但仍保存了丰富的有关资料,可供后人采择。

② "……(三头在进行清洗时)西塞罗正在图斯库路姆自己的庄园里,他的弟弟也同他在一起;听到清洗的消息,他们决定去阿斯图腊(Astura,这是拉提乌姆沿海一小镇,位于安提乌姆稍南。——引者)……从那里再去马其顿投奔布路图斯,因为传说他在那里已经有了一支兵力。……西塞罗到达阿斯图腊,并且在弄到一艘船之后立刻乘了上去,船沿着海岸到了奇尔凯乌姆(今天的蒙特·乞尔切罗)。水手想从这里立刻启航,但不知是害怕海洋还是对恺撒的全部信任没有完全绝望,西塞罗又上了岸,徒步去罗马……中途又改变主意回到阿斯图腊海岸……(经过几番犹像之后)他又叫自己的奴隶从海上把他带到卡皮泰(原文如此,引者按似应是盖塔),因为这里有他的产业……西塞罗上岸到达别墅后便卧床休息……

"这期间,谋杀者和他们的帮凶来了,他们是百人团长赫伦尼乌斯和军团司令官波皮利乌斯,后者曾因忤逆罪受过追究,西塞罗还为他辩护过。他们看见门关着,就破门而入,但是没有看见西塞罗……

"当赫伦尼乌斯沿着小路跑的时候,西塞罗看到了他,就命令奴隶放下抬床,习惯地用左手摸着下巴,坚定地望着所有那些全身泥污、胡子也没有剃的凶手,脸上是十分忧虑的表情,因此当赫伦尼乌斯杀死他的时候,他们中间的大多数人都捂着脸。他从抬床伸出脖颈就戮,这时他是六十四岁。赫伦尼乌斯割下他的头和双手,这是遵照安托尼乌斯的命令行事的,因为西塞罗便是用这双手写了弹劾演说的。"(普鲁塔克:《西塞罗传》,第 47—48 章)

③ 普鲁塔克:《西塞罗传》,第 49 章。

72 来说是不公平的;实际上历史学家必须指出的是,他这个人是如此伟大,以致还需要另一个西塞罗给以适当的赞扬。在动乱的年代,当罗马共和国处于分裂状态时,这位思想家和学者并没有像实干家那样引起人们的注意。因此西塞罗完全被优利乌斯·恺撒排挤到不引人注目的地方去,这是一点也不奇怪的。而且他的弱点又表现得如此明显,就是小孩子也可以看得出来。这就是他的天真的虚荣心,他之缺乏现实感,他对过去的事物所持的感伤态度,他的敏感性以及他对于人物和性格的不充分的判断,这一切之外还要加上无法克服的腼腆性格。演说家的大脑袋、细脖子、能言善辩的嘴,远不足以制服像优利乌斯·恺撒那样有鹰一般面孔的人。在生活中他所以失败并且落了个悲惨的结局,正因为他是西塞罗。当一位学者陷入困难的境地时,他大多不具备能应付当前要求的一个人的那种一往无前的决心。但是人们却不应当忘记,即使西塞罗,尽管他生性腼腆,时而仍表现了极大的勇气,并且他的观点最后往往变成了现实。他怀抱的理想和他的人道主义使他成为一个较为安定的世界的先知。这个使奥古斯丁①迈出了他的忏悔的第一步的人,这个被阿姆布洛西乌斯②视为典范的人,这个被希耶

---

① 奥古斯丁(Aurelius Augustinus,354—430年),古基督教教父、作家、思想家。373年他因读了西塞罗的著作而转向哲学的研究。384年他去米兰,在那里受阿姆布洛西乌斯主教很大影响并于387年改宗天主教。从395年起他任希波(今天的波尼)的主教。他的著作有很多是论辩性的,目的在于保卫正统的天主教信仰。他的最著名的著作是《忏悔录》(*Confessiones*,约400年,四卷)和《天城论》(*De Civitate Dei*,413—426年,二十二卷)。427年,他声称他写了九十三种作品(传下来的八十三种),这些作品对后世的基督教和一般西方文化都有巨大的影响。后人常常把他同奥古斯都混为一人,淹博如伯恩斯坦在他的通信中也有过这样的疏忽。

② 阿姆布洛西乌斯(Ambrosius,约340—397年),拉丁教会的教父,他原是高卢人,但是在罗马受教育。他在青年时代(370年)曾在上意大利担任执政官衔的长官。374年,他当选为米兰的主教。他对所谓异教反对甚力,曾迫使皇帝提奥多西乌斯因其在提撒罗尼卡的暴行而公开忏悔。他的《论牧师的义务》(*De officiis ministrorum*)主要是以西塞罗的《论义务》一书为依据的。

洛尼姆斯①称为 rex oratorum② 的人,这个使文艺复兴获得生命的人——这个人对后世一直保持其历久不衰的影响。当别的人在进一步扩大罗马世界国家的边界时,他却致力于传播罗马的思想。

三头对列入名单的人们没收财产和宣布不受法律保护的行动是屋大维亚努斯一生历史中最不光彩的一页。曾经在奥古斯都的统治之下的太平盛世生活过的老作家们因此认为自己有必要谈到一位"自相矛盾的"、放荡的、没有同情心的、自私自利的青年,这个青年是由于某种奇迹才回到德行上来的。问题是在于人的充满了矛盾的本性,它总是在寻求戏剧性的要素,另一方面却又不合理地把困难的事情简单化——这是严肃认真的历史研究所不能同意的一种做法。人们不能忽略这样一个事实:屋大维亚努斯是生活在光天化日之下,并且在一次内战之中,最荒谬的谣言也会有人相信的。当优利乌斯—克劳狄乌斯家族衰落之后而历史学家不再需要小心翼翼瞻前顾后的时候,许多过去的流言飞语便再度泛滥起来。但是人们可以心平气和地说,大多数有关屋大维亚努斯青年时代的丑闻,都是安托尼乌斯有意制造的恶意诽谤。在随后的几百年里,这些丑闻是由于政治上的原因而重新被接受的。但是。他曾惨无人道地进行了一系列恐怖的屠杀,对于这一点他是没有任何辩解的余地的。说他精神分裂以及说他的心肠发生了显著的变化,这乃是根本一文不值的解释。迫害的活动出自把好的和坏的事物罕见地混合到一处的一种性格,即使这种性格因年代的消磨而有所缓和,但从根本上说,它始终还是那同一个性格。

73

---

① 希耶洛尼姆斯(Hieronymus,约 340—420 年),拉丁教会的教父,通称圣吉洛姆(St. Jerome)。他曾受教于埃利乌斯·多那图斯,校订过拉丁文本的《福音书》。他的拉丁语深受西塞罗的影响,因为他对西塞罗、维吉尔、贺拉斯等作家的作品都有很深的研究。西塞罗是他最崇拜的异教作家。人们认为希耶洛尼姆斯写的拉丁语同纯正的古典拉丁语相比,几乎可以达到乱真的程度。

② 拉丁语:演说家之王。

屋大维亚努斯的性格方面的发展过程较之他的思想能力的发展要缓慢得多了。他是能够表现强烈的感情的,但是这种感情却始终保持在很小的范围之内。他爱他的母亲阿提娅,阿提娅在三头刚刚结成时就去世了。他也爱优利乌斯·恺撒,同时在思想上他对恺撒也保持了高度的尊重。他对阿格里帕和麦凯纳斯感到亲近,是出于少年伙伴的那种感情。后来他自己也有了家室。在他的最亲近的圈子里,有几个人得到了他的挚爱;但是对于所有其他的人,他首先就充满了不信任,而且,甚至当他克服了这种不信任感的时候,顶多也就是抱着一种有节制的善意而已。然而,对于心里所想望的目的,他是满怀热情地加以追求的。他为自己提出的第一项任务,就是重建由他的舅祖父已经开始建立的世界国家。第二项任务就是使自己成为这一事业的主要执行者。不言而喻,他在十九岁的时候还没有后来使他成为杰出的元首的那种广泛的能力和知识。但是,从一开始他就有从优利乌斯·恺撒那里继承过来的主导思想,一种强烈的秩序感、对事实作出正确的考虑和估计的能力和一种无限的自信心。他为自己规定了三项原则。第一项原则就是为优利乌斯·恺撒之死复仇,这完全是出于罗马的 pietas① 这种感情。第二项原则出于理智,它只是产生于想使混乱变成秩序的愿望。无论付出多大的代价,也必须使国家获得新生,即使只能通过强权才能办到也在所不惜。为了完成这项任务,他具备一个目标明确、气度深沉的青年的不屈不挠的精神和狂热分子的一往直前的信念。正如霍雷斯·沃尔波尔②有一次所曾说过

---

① 拉丁语:孝心。

② 霍雷斯·沃尔波尔(Horace Walpole,1717—1797 年),英国作家,著名政治家罗伯特·沃尔波尔爵士之子。剑桥大学毕业后从事政治活动,也发表文学艺术方面的作品。他写过小说《奥兰托城堡》(*The Castle of Oranto*,1765 年),有关乔治二世和乔治三世统治时期的回忆录,还留下了大量的信札。

的那样,屋大维亚努斯是这样想的:"没有任何一个伟大的国家曾为好人所挽救,因为好人不能长时期实现必须做到的一切。"

但是还有同样植根于理智的力量和情感的力量之中的一个第三项原则:屋大维亚努斯是十分迷信的①,这一点同优利乌斯·恺撒对待预感和预言的那种冷静的怀疑态度是截然相反的。他认为他是上天注定要他完成一项崇高使命的,并且,他认为为了这一特殊任务,他必须把个人的运气、友谊、幸福生活和一般被视为能以发挥作用的道德行为毫无保留地奉献出来。他也和拿破仑一样,是按照命运指给他的道路前进的。这一信念使得他在年轻的时候,便有相同于一个加尔文主义者②从感情中取得的那种信念,这就是,他走的每一步都是上帝预先给规定好了的。"Italiam non sponte sequor"(我不是按照个人的意志去追求意大利的权力的)——埃涅阿斯的这一呼唤给了他信心和使人安心的宽慰感。对于一个有如此果断性格的人来说,无论出于公的或私的理由,对手被消灭都是不可避免的。由于东方军队的存在,布路图斯和卡西乌斯的实力不容低估,并且元老院和共和派也毫不掩盖他们的敌视情绪。因此他们的利爪必须被剪除,他们占有的东西必须被剥夺。在三头给罗马人民的公告里就有这样的话:

> 既然为了你们,我们不得不把战争扩大到遥远的国土上去,看来把我们的敌人留在后面,无论对于你们还是对于我们,我们认为都是不安全的,因为他们会利用我们离开的机会伺机改变战争的命运。我们还认为,当前的困难不容许我们

---

① 请比较汉光武帝之相信符谶一事。

② 加尔文主义者是约翰·加尔文(John Calvin,1509—1564 年)的学说的信徒。加尔文为法国宗教改革家,瑞士是他的活动中心。

考虑个别的情况。我们必须把敌人从我们前进的道路上全部清除掉。①

这一措施是野蛮的,但又不是不明智的。如果共和派处于领导地位的话,他们肯定会采取完全相同的做法。屋大维亚努斯的处境十分危险。他处在敌人的包围之中,街上的每一个角落都有凶手伺伏着。同安托尼乌斯的协议是费了极大的气力才达成的。一旦协议破裂,他肯定是第一个牺牲者。在当前的情况下要求温和,这乃是堂吉诃德式的愚蠢行为,这意味着从孩童时期以来所抱的一切愿望与计划的破产。这样一来,千辛万苦的十八个月里所作的牺牲就全部付诸东流了。因此屋大维亚努斯只能根据实际情况的需要行事,即使根本无法辩解也在所不惜。但是人们还必须设法从当时的道德观点来说明这一点。在过去的一个世纪里,始终是血腥的恐怖行为占居统治地位。单是罗马就发生了九次内战,四次血腥的屠杀,并且,从格拉古兄弟时期直到优利乌斯·恺撒时期,还发生过多次政治谋杀事件。反对汉尼拔的生死斗争②曾经使罗马付出了空前的人员牺牲,这一斗争最后使罗马陷入一种残暴不仁的状态之中。西塞罗还能够谈论这样一种法律,一种建立在人类对他们的同胞的天生的爱之上的法律,但是,在罗马法学家看来,事情却是另外一种样子。甚至曾经预言过一个更加美好的世界的维吉尔也承认,在某种程度上体现了后来的奥古斯都的涅

---

① 参见阿庇安:《罗马史》,第 16 卷,第 9 章。

② 汉尼拔(Hannibal,公元前 247—前 183 年),是迦太基的统帅,从他公元前 219 年进攻萨贡图姆以来,便开始了对罗马人的战斗,此后曾多次重创罗马军队,一直打到意大利本土,到公元前 202 年他在扎玛之役失败,战争才告结束。这就是历史上通称的第二次布匿战争(又叫汉尼拔战争)。

埃阿斯在柴堆上火葬帕拉斯①的时候,也用上了枷锁的囚犯当作牺牲。对当时的罗马人来说,三头的所作所为并不比这时或不久之前发生的其他事件——诸如格拉古兄弟之被杀害、苏拉之宣布敌人不受法律保护、七千名撒姆尼特人被公开屠杀②以及斯巴达库斯的六千名剑奴沿着通向卡普亚的大道被钉在十字架上③——更加野蛮。

在三个负责人当中,只有屋大维亚努斯一般说来偶尔还发点善心。在开头,只有他一个人反对宣布敌人不受法律保护而加以镇压的办法。然而人们一旦下了决心,他也就和其他人一样不屈不挠地加以贯彻,因为他认为一件事要么根本不干,要么就必须干到底。然而,如上所述,三头之中只有他一个人有时还试图把这极其残暴的行为缓和一下。如果说他也有残暴的时候,那么这是出于政治上的原因,而绝不是出自个人的原因。

在后世人们的心目中,使他的荣誉受最大损害的是他批准了对西塞罗的杀害。但是人们又觉得,在他和西塞罗之间从来也不曾存在个人的友谊关系,他们的关系是建立在纯思想认识的基础上,这里面并没有感情的成分。但是在四十年之后,当他发现他的孙子阅读这位老哲学家的一部作品时,他却说西塞罗是一个好人,一个热爱自己祖国的人。如果把这种表示看成是对于过去不祥的谋杀事件的一种犯罪感,那会是毫无意义的。

——————————

① 据维吉尔的《埃涅阿斯》,帕拉斯(阿尔卡地亚人埃凡德尔之子)是埃涅阿斯的同盟者,为图尔努斯杀害(第9卷,第514行以次;第10卷,第441行以次)。

② 当指公元前330—前300年的一次战争中的事,索拉(罗马的一个军事移民地)居民杀死罗马移民者,罗马人为了报复,杀死了这里参加战斗的所有男子。

③ 斯巴达库斯(Spartacus)是色雷斯的剑奴,公元前73年和其他七十名剑奴一道从卡普亚的剑奴训练所逃跑后,发动了大规模的起义。起义人数最多时有九万人。但最后他的部队在公元前71年为克拉苏斯的罗马军队所击溃。

西塞罗对于屋大维亚努斯来说始终是同他敌对的力量的一位思想领袖。恺撒对西塞罗始终采取友好的态度,但是西塞罗对优利乌斯·恺撒的态度,却是忘恩负义的,这一点是大家都看到了的①。他把杀害恺撒的凶手吹捧为天神和英雄,并且带头鼓吹这样一种思想,那就是用一切办法把共和国从毫无希望的废墟中重新建立起来②。他的确想把屋大维亚努斯当作工具加以利用,但是他毫不隐瞒,一旦当他不需要屋大维亚努斯的时候,他就会把这个青年推到一边去。屋大维亚努斯对西塞罗也是如此,这难道是违反常情的吗?

二

公元前 42 年年初对三头来说是不利的。意大利本土是死一样的一片寂静,但是在意大利以外,反对三头的一支强大的力量已经集合起来了。庞培的儿子赛克斯图斯在孟达一役之后,保存下了自己的实力,并且控制了西方的海域;此外,他在过去的庞培派当中也找到了很大一批追随者。安托尼乌斯曾同他进行商谈,但是他看到自己并无力支付相当于老庞培的财产的等价物。元老院曾向他作过广泛的许诺,并且任命他为舰队的最高统帅;不过三头还是把他列入了镇压对象的名单。但西西里接纳了赛克斯图斯,这样赛克斯图斯对三头便进行了报复,而他也就把这个岛变成了

---

① 这一论断不对,西塞罗对恺撒的态度是随恺撒同共和国的关系的改变而有所不同的,是有原则的,不能用"忘恩负义"一词来加以指责。

② 西塞罗看不到罗马世界国家已不能用过去一个小小城邦的那老一套来治理,却还抱着"祖宗旧制"不放,这是他的悲剧。但他忠于共和的理想却是始终如一的,而他就用这个理想、这个原则作为同人相处的指针,这同在政治上朝三暮四的人有根本的区别。

逃脱出来的共和派的一个避难所。他就从这里威胁海外对罗马的
产品供应。他从海盗变成了一个独立的统治者。在东方，形势更
加具有威胁性。卡西乌斯统治了东方，他征募军队并且用黄金征
集后备军。他把多拉贝拉逼得自杀了①。他并且组建了相当大的
一支舰队，而他就利用这一舰队的一部分牵制埃及的克列欧帕特
拉；他把另一部分交给了斯塔提乌斯·穆尔库斯②和格涅乌斯·
多米提乌斯·阿埃诺巴尔布斯③用来监视亚得里亚海。布路图斯
离开了他的马其顿行省，在春天同卡西乌斯一道来到士麦拿，以便
拟订将来的行动计划。两个人都认为，赛克斯图斯·庞培将不会
使三头在意大利得到安宁，因此他们首先必须加强自己对东方的
影响。于是他们便洗劫了亚细亚诸城市，同帕尔提亚的欧洛德斯
缔结了一项表面的和约，并且在9月越过了海列斯彭特，以便占领
菲利皮（今天的菲利巴）以西的地区——这地区实际上是在他们的
涅阿波利斯舰队④的势力范围之内的。海洋和罗马最富庶的地区
是在他们的影响之下的。因此他们能指望把三头钳制到三头的军

---

①　西塞罗的女婿多拉贝拉在恺撒遇刺后成了执政官。他起初表示愿同共和派
合作，但后来却和安托尼乌斯结合在一起。他被任命为叙利亚的长官（为期五年）之
后，于公元前44年10月离开罗马，并于公元前43年1月到了亚细亚。他杀死了参加
谋杀恺撒并任行省长官的特列波尼乌斯。罗马接到这个消息后就宣布他为国家的敌
人。公元前43年夏天，卡西乌斯把他包围在拉欧狄凯亚。多拉贝拉自知无法抵抗就
自杀了。

②　此人似应是路奇乌斯·斯泰乌斯·穆尔库斯（Lucins Staius Muccus），他可能
是意大利中部的人，原来是恺撒派的将领，后来是叙利亚的长官。这之后他又投到了
共和派一面。

③　格涅乌斯·多米提乌斯·阿埃诺巴尔布斯（Gnaeus Domitius Ahenobarbus）
在内战时就是庞培派。公元前44年他随同布路图斯去马其顿。公元前43年他因参加
谋害恺撒的行动而被宣告为公敌。公元前42—前40年他任舰队长官。但此人后来又
投到安托尼乌斯方面。最后，在阿克提乌姆一役之前，他又依附了屋大维亚努斯。

④　古代叫涅阿波利斯（Neapolis）的城市有好几个，这里指的是马其顿的涅阿波
利斯，是位于菲利皮以南的沿海城市。

队因饥饿和叛乱而崩溃的时候。

安托尼乌斯的处境特别困难,因为他不得不在两面作战。他派遣盖乌斯·诺尔巴努斯①和戴奇狄乌斯·撒克撒②率领着八个军团渡过亚得里亚海,同时他这里也集合了十二个军团准备东征。海上运送军队的困难和不断来自海上的威胁使他迟迟不能动起来,以致到夏天才能出海。甚至屋大维亚努斯这时作战也十分困难。元旦那一天,元老院把恺撒宣布为神,这样屋大维亚努斯也就成了 divi filius(神之子)。他受托担任对赛克斯图斯·庞培作战的任务,但是这次在撒尔维狄耶努斯·茹福斯③的统率下对庞培的战役结果却失败了。此外,屋大维亚努斯的健康情况对他也是很大的一个拖累。他从来就不是健壮的,而现在,由于近两年的动乱,他的身体更是大不如前了。当安托尼乌斯要求他到布伦狄西乌姆去增援自己的时候,屋大维亚努斯不敢拒绝这个要求。如果布路图斯和卡西乌斯真的被消灭,这样安托尼乌斯就不会独占战胜敌人的荣誉了;如果布路图斯和卡西乌斯二人取得胜利,那么要想防止意大利的崩溃,他是根本无能为力的④。

---

① 盖乌斯·诺尔巴努斯·佛拉库斯(Gaius Norbanus Flaccus)是恺撒派,他的祖父是马里乌斯派的执政官(公元前83年度),曾受过被宣布为公敌的迫害。后来在奥古斯都时代,他又担任过执政官(只是荣誉头衔)。

② 路奇乌斯·戴奇狄乌斯·撒克撒(Lucius Decidius Saxa)可能是撒姆尼特人,他是被恺撒提升为元老的,在这之前他可能是一名百人团长或骑兵军官。公元前44年他任保民官。

③ 克温图斯·撒尔维狄耶努斯·茹福斯(Quintus Salvidienus Rufus)可能是出身卑微的罗马将领。恺撒死后他站在屋大维亚努斯一面。他是在列吉乌姆附近,被赛克斯图斯·庞培打败的(公元前42年)。

④ 在共和末期,意大利除了还有政治中心的意义外,在其他方面和诸行省已经没有什么区别,特别在经济上,意大利甚至还比不上某些行省。

　　诺尔巴努斯和戴奇狄乌斯平定了阿姆菲波利斯①，开过菲利皮②并占领了山口。在那里他们遇到了向前推进的共和派。三头的先锋部队在对方的压力下不得不向阿姆菲波利斯撤退；他们自己在菲利皮构筑了一处设防巩固的阵地，这样他们就可以完全控制北面的山丘和南面的沼泽地带了。安托尼乌斯由于担心阿姆菲波利斯的命运，就越过埃格纳提亚大道（Via Egnatia）赶到那里去，而这时由于生病不得已而留在杜尔拉奇乌姆③（杜腊佐）的屋大维亚努斯则去同他会合到一起。

　　在世界历史上有名的菲利皮一役，在军事上实际上并没有什么特别值得一谈的。双方的步兵兵力约略相等。实际上每一方面都有十九个军团。论军队的素质和训练水平，恺撒派虽然占了上风，但骑兵的优势则在共和派方面，因此双方的力量仍然是均衡的。布路图斯和卡西乌斯还有海军和富有的东方作为自己的后盾，因此他们的目标不是别的，而是在一个无法攻克的城堡里把敌人的力量耗光，至于安托尼乌斯这方面他只是想求得速战速决。在 10 月的第一天里，尽管又刮风又下雨，他却一再发起战斗，但是没有结果。继而他又决定切断敌人同涅阿波利斯的联系，就下令夜里在沼泽地带修筑一条小路。因此这一战役与其说是士兵的事

80

---

　　①　阿姆菲波利斯（Amphipolis）是希腊的一个山城，三面有斯特律蒙河环绕。这里原来是色雷斯的名为"九路"（Ennea Hodoi）的一个城市，位于许多大道的交会处。此地土地肥美，林木茂密，附近还有潘盖乌斯山的金银矿藏，公元 186 年以前，它一直是属于马其顿的。

　　②　菲利皮（Philippi）是菲利浦二世于公元前 356 年在色雷斯一处城镇的原址上建立的，位于潘盖乌斯山东北的平原上，作为开发这一地区矿藏的中心，后来保罗在欧洲所建立的第一个基督教公社也设立在这里。

　　③　杜尔拉奇乌姆（Dyrrachium）即公元前 48 年庞培击败恺撒之处，曾是庞培在亚得里亚海沿岸的主要基地。这里又是后来屋大维亚努斯安置被没收了财产的安托尼乌斯派的地方。

情,还不如说更多是工程人员的事情。过去优利乌斯·恺撒作战时就常常有这种情况。指挥敌军左翼的卡西乌斯试图适时地采取对策,这样战斗就逐渐变得不是按计划进行,而是决定于各种偶然因素了。布路图斯指挥的军队位于敌军的右翼,他们打退了屋大维亚努斯的军队并且攻入了他的营地。但是安托尼乌斯的凶猛的进攻却能够把卡西乌斯从他的阵地中赶了出去。卡西乌斯根本没想到布路图斯会取得胜利,同时又认为自己很难逃出敌人的掌握,就伏剑自戕了。他死亡的消息使布路图斯不得不放弃一度占领的土地。布路图斯在自己的阵地上坚持了十四天,但是却很难克服士兵们的不耐烦情绪,结果他只好公开作战。三头利用了对他们有利的时机,因为这时他们得知,穆尔库斯和阿埃诺巴尔布斯已经摧毁了前来支援敌军的舰船。10 月 23 日午后晚些时候战斗才开始。三头在短时间内就得以突破敌人的三道防线;当屋大维亚努斯攻占敌人营地的时候,安托尼乌斯则把逃兵一直追击到山里去。布路图斯率领着四个军团有条不紊地撤退;但是到第二天早上他才不能不认识到,他已经没有任何逃跑的可能,于是就吩咐自己的一名被释奴隶把他杀死了。

由于布路图斯的死亡,共和派的事业受到了一次严重的打击,因为他是共和派当中唯一具有道德上的威信的领袖。值得注意的是,他在历史上虽获得如此伟大的名望,但他本人却根本不是一位杰出的人物。在优利乌斯·恺撒的两个重要的对手当中,毫无疑问卡西乌斯是更强大有力的。这个人,正如我们在历史上常常看到的那样,是一个爱虚荣的雇佣兵,他懂得如何通过某种政治目的来掩盖他自己的利益。布路图斯却是另外一种人,当时的人对他

就有一些无法理解的地方。同布路图斯的母亲谢尔维利娅①要好
的优利乌斯·恺撒就曾常常照顾这位不可理解的人物：在优利乌
斯·恺撒看来，布路图斯显然是旧时代的既引人兴趣又值得注意
的一个遗存。和拿破仑一样，恺撒对于古老的贵族也是十分尊重
的。他的有关布路图斯的那句名言"Quicquid vult valde vult"（无
论他追求什么，他都是全心全意地去做的）确实意味着对于他的有
限度的精神力量的一种评述，但同时也是对于他那追求一个确定
的目标的能力的一种赞许。西塞罗曾尽力照顾过他，并曾试图讨
好于他，但看来西塞罗从根本上说并不特别欣赏他。布路图斯属
于严肃而又倨傲那一类型的人物，他面容严峻，语言和文风都是古
板的，并且，就性格而论，他是生硬的、拒人于千里之外的。他在亚
细亚各城市的所作所为表明他极为可能是野蛮残暴的，此外，他又
吝啬到令人难以置信的程度。只要事情一涉及到钱，涉及到增加
他的财富的问题，他就不再顾任何原则了。他竟无耻地向一个贫
穷的塞浦路斯的城市索取百分之四十八的利息。他并没有任何真
正的人生哲学。他是一个利己主义者和墨守成规的人，然而他在
当时人们眼里仍然有很高的声誉②，因为在他身上看来体现了早
已过了时的某种传统道德。他的行为好像表现了十诫的精神③，

①　贵族出身的谢尔维利娅是公元前 106 年度执政官克温图斯·谢尔维利乌
斯·凯皮欧（Q. Servilius Caepio）的孙女，又是小加图（Cato Uticensis）的异父姊。传说
布路图斯是恺撒和谢尔维利娅的私生子。从西塞罗的书信可以看出谢尔维利娅在政
治上是有相当影响的人物。

②　这使我们想起东汉末到东晋的那些沽名钓誉的伪君子，他们以名节自高，实
际上卑鄙不堪。他们的高调同他们的行为恰成反比。

③　十诫是本书作者的话，布路图斯当时是不可能知道什么是十诫的。按十诫出
自《旧约·出埃及记》，传说是上帝通过摩西传达的戒条。它们是：（一）不可奉别的神；
（二）不可作神像；（三）不可妄称上帝（耶和华）的名字；（四）应信守安息日；（五）应孝敬
父母；（六）不可杀人；（七）不可奸淫；（八）不可偷盗；（九）不可作假证陷害他人；（十）不
可贪恋别人所有的一切。

因为在他的面容上人们经常可以看出一种近于虔诚的、不可动摇的威严神气。历史曾十分突出地肯定了他在这方面的声望,以致他竟成了一位"高尚的罗马人",尽管他只不过是贵族的一般品德和缺点的代表者而已。

只受过半瓶子醋的教育的安托尼乌斯对于他本人并不具备的所有那些知识和能力深为叹服,并且乐于向这位已经死去的弑君者表示很大的敬意。据说屋大维亚努斯对待俘虏是粗暴的并且辱骂了布路图斯的尸体。这两种看法相互间毫无共通之处。然而有一点是肯定的:屋大维亚努斯对布路图斯没有任何同情,因为他既不喜欢布路图斯这个具体的人,也不喜欢这种类型的人。他憎恶这个曾受到优利乌斯·恺撒的奖掖,却又把恺撒杀死的人。屋大维亚努斯对布路图斯这一类的人持否定态度,正好像他的祖父辈的加图过去也否定过他一样①。在屋大维亚努斯看来,布路图斯的人格,借用西塞罗的比喻,好像是"海岸、天空和荒凉"②。

① 加图是布路图斯的舅父辈。
② 西塞罗讲话素以机智、诙谐著称,这里的比喻有"大而无当"、"望之俨然,实际空洞无物"等含义。

第二章　东方和西方

（公元前 42 年—公元前 37 年）

对这个国家我有古老的权利，

我的利益使我要求这些权利。

——《哈姆雷特》

一

菲利皮之战意味着共和派军队的灭亡，这支军队的军官这时不是成了亡命者，就是成了雇佣兵（Condottieri）。穆尔库斯把他们中间的一些人带到赛克斯图斯·庞培那里去。一些人投靠了阿埃诺巴尔布斯。阿埃诺巴尔布斯从这时起就带着七十艘船在亚得里亚海靠打劫过日子了。另一些人用刀剑自戕，还有一些人被处死。但许多人得到了赦免。首先是下级军官得到了赦免，其中包括阿普利亚的一名被释奴隶的儿子，这是一个名叫克温图斯·霍拉提乌斯·弗拉库斯的二十三岁的青年，他是离开了雅典的大学前来追随布路图斯的。

安托尼乌斯和屋大维亚努斯必须完成的第一项任务，就是缩编他们的庞大的军队，因为这支军队除了他们自己的四十七个军团之外，还有被俘虏来的敌军士兵。最迫切的事情是把饷银付给被遣散的士兵，并且把土地供给他们使用。此外还要筹款以便充实已经枯竭的国库,并且正确处理这时数目已极为庞大的债务。而这之后,人们还必须消灭最后剩下的一批反抗力量,这就是西方的赛克斯图斯·庞培和东方的共和派残余势力。罗马的威信必须无条件地恢复起来。这是一项刻不容缓的任务,因为在帕尔撒路斯一战之后,只有恺撒的犹豫不定才使得塔普苏斯和孟达之战成为可能①。最后一项任务就是最终解决三头本身之间存在的困难问题,因为列皮都斯已经证明他自己是一个完全不中用的人物。在他担任执政官期间,肆无忌惮的富尔维娅对他有决定性的影响,而现在,人们猜测,他是同赛克斯图斯·庞培相勾结的。无论如何,他是一个没有任何重要意义的人物。只是因为他麾下的军团增加了总的力量,他才享有一些声望。

遣散军队的行动是进行得很迅速的。人们在菲利皮那里设立了一个士兵移民地。在西方,这个地方成了大量移民的一个出发点。自愿继续服军役的十一个军团则被保留下来。其中六个军团归安托尼乌斯,此外屋大维亚努斯又把自己的五个军团当中的两个拨给了他,以补偿留在山南高卢的两个军团。然后就是重新分配行省的问题了。山南高卢失去了它作为行省的性质而变成了意大利的一部分。安托尼乌斯保有山北高卢,并且从列皮都斯手中取得了纳尔波高卢。屋大维亚努斯则保有阿非利加和西班牙,此外还有西西里和撒地尼亚,不过后两个地方还无法确定下来,因为它们还在赛克斯图斯·庞培手里。如果列皮都斯证明自己并不是像人们有理由认为的那样不可靠的话,那么人们后来还可加以改变。

---

① 这是恺撒击败庞培派的三次战斗:帕尔撒路斯之战发生在公元前48年8月9日,塔普苏斯之战发生在公元前46年8月6日,孟达之战发生在公元前45年3月17日。

总之这是一次极不公正的分配,因为安托尼乌斯不仅攫取了绝大多数的战利品,而且担任了对最近的未来来说是要轻松得多的任务。他又是菲利皮之战的事实上的英雄,士兵们也正是这样尊崇他的。在第二次的战斗中享有很大荣誉的屋大维亚努斯在战役进行期间成了一个病人,而这时竟虚弱到一天只能走很短的路程。而且,在罗马,人们又都在传播着他的死亡的消息。他的病看来主要是一种神经性的胃功能障碍(eine nervöse Magenverstim-mung),这种病他常犯,而且在紧张时期他的胃往往会痛得很厉害。这样一个疾病缠身的青年在军团士兵们看来怎么能够同安托尼乌斯这样一个战功卓著、正当壮年并且事业心很强的人竞争呢?是的,所有的王牌都在安托尼乌斯手里。他统率着胜利的军队的精锐部分,他在高卢还拥有两支大军:富菲乌斯·卡列努斯①麾下的十一个军团,文提狄乌斯·巴苏斯、阿西尼乌斯·波利欧和普兰库斯麾下的十三个军团——而且这些将领都是死心塌地跟着他走的。

以罗马的强大武装力量,要想在东方的小国统治者中间把秩序重建起来并不是一件困难的事情。安托尼乌斯需要在这唯一拥有财富的地区筹措款项。他负责监督文明古国的国库,这些国库早就引起了罗马的注意。此外,实际上帝国也只能向东方扩张了。安托尼乌斯从优利乌斯·恺撒手中接过了出征帕尔提亚的计划,并且这一宏伟的梦想始终活跃在他的头脑里。有一种观点认为安托尼乌斯为自己选定了东方,是因为他想追求奢侈的生活与财富,

---

① 富菲乌斯·卡列努斯(Fufius Calenus)是恺撒出征时的副帅之一,公元前59年任行政长官,公元前47年任7月以后的执政官。恺撒死后,他在元老院是西塞罗的反对者。后三头结成后,他负责意大利的军事。此时则是安托尼乌斯在高卢的代表。按德译文 Fufus 似应是 Fufius。此人生卒年均不详。

但这种观点同这个人的性格是格格不入的。他作出这样的选择干脆就是因为他认为这里有一种天然的手段,可以满足他的虚荣心,并且作为征服者他在这里可以为自己取得合理的报酬。屋大维亚努斯的情况完全不同。他得用只是很少量的兵力去对付实力强大的赛克斯图斯·庞培,而且谁也不相信安托尼乌斯身边的人事实上会听从他的命令,他需要把法律和秩序在贫困和混乱的意大利重新建立起来。他还必须用安托尼乌斯提供的少量金钱完成建立士兵移民地这一巨大任务,而为了完成这一任务,又非得在意大利本土有一块巨大的、真正上好的土地不可。因此这一任务必然会导致如下的后果:或者使老兵感到失望,或者使被强行剥夺的人们深为激愤。他在军团士兵中间已经不是十分受到爱戴,在这样的圈子里他得不到任何同情。要知道,这个集团的人们宁肯要安托尼乌斯的专横残暴和肆无忌惮,也不喜欢屋大维亚努斯的冷漠和孤僻的性格。因此,这个面色苍白、身体瘦弱的青年人就接受了比他强得多的人对之都会惊惶地望而却步的一项任务。

　　根据阿庇安的记载,屋大维亚努斯是出于健康上的原因才被分配到他所负责的地区的。但这种说法是站不住脚的,因为对于像屋大维亚努斯这样的一个病弱的人,处理东方事务较之对付不平静的西方要容易得多。既然屋大维亚努斯别无选择,他就只能接受人们交给他的任务了。当他乘坐的抬床沿着埃格纳提亚大道在崎岖不平的路面上摇动的时候,这在他看来必然像是一种慰藉。从一开始,他就有那些后来会表现为确定不移的统治原则的计划①。这种情况的一个证明就是:他很早就提出了担任保民官职

---

　　① 这显然是一种未必正确的目的论的说法。

务的要求。他十分清楚地认识到保民官这一职务本身拥有的权力。他还清楚地认识到,完成他那似乎没有希望的任务,即给意大利带来和平并且使它站到自己的一方面来,这较之在东方取得的表面上热闹的胜利要重要得多。同优利乌斯·恺撒相反,他确信帝国的重心是意大利本土①,而且只有意大利人民自己才能把一个新的世界国家建立起来。

Sit Romana potens Itala virtute propago
（但愿罗马的声威因意大利的勇武而光被四方）

因此当安托尼乌斯对这个按照他的意图作为敌手而终于被排除掉的傻瓜报以蔑视的微笑时,这个人本身却完全没有不满的表示。他有他自己的目标,而实现这一目标也正是打下了他未来权力的基础。

二

尽管行程缓慢并且由于屋大维亚努斯的病痛而经常不得不停下来,在公元前41年年初他还是进入了罗马。安托尼乌斯的弟弟路奇乌斯（顺便指出,这时他是执政官）这时刚刚因为他在高卢取得的一次不大的胜利而要民众为他庆祝。安托尼乌斯的妻子富尔维娅则把持了统治大权,因为列皮都斯对她就像一名奴隶似的百依百顺。屋大维亚努斯出示他同安托尼乌斯所达成的书面协议,

---

① 恺撒战胜庞培,一个原因是意大利本土和罗马在他手里,这是一种政治上的优势。恺撒本人也清楚这一点。恺撒有帝国的眼界,但这并不说明他不重视意大利本土。

不过这时他所关心的还不是政治问题,因为还有一个亟待解决的任务等待着他。意大利这时是一片混乱。安置士兵的事情已经进行了一年,但结果不能不承认是失败了。原来定居的公民从他们自己的家宅中被赶了出来;大街上到处是无家可归的人;许多惊惶不安的地主已经到了彻底毁灭的边缘。各城市和地区都有代表团派到罗马来,抗议他们本地的掠夺暴行。屋大维亚努斯自己带来的兵团也必须得到满足;此外,在意大利还有大群的老兵。他曾对这些老兵作过大量的许诺,而现在他们就等待着这些诺言的实现。他忧心忡忡地任命了一批代理人和土地丈量人,开始了分配土地这一困难任务。

这是会遇到极大困难的、艰巨的、他的第一个行政任务。但是,在这里,就和过去在复杂的外交形势下那样,他同样表现了自己的能力。在国家拥有土地的地方,这项任务是容易完成的,但是这样的地区并不大。不过他可以处理的还有很大一片的公社土地。他选定了意大利的十九个城市,这些城市必须把它们的三分之一的土地交出来供移民之用。此外,又进一步没收了顽抗的共和派的土地。地主的土地只要不是因任何政治问题而被没收的,将来均给予赔偿,尽管当时屋大维亚努斯并没有任何赔偿手段,因此当事人只好等待。这样就不可避免地要采取强制办法,而这时他的敌人也就有意地把这种事情张扬出去。许多生活困苦的普通老百姓不得不大吃苦头。在菲利皮一战中没有送命的贺拉斯①在回到家里时发现他父亲的一小块土地已经不见了,而从这时起他

---

① 贺拉斯(Quintus Horatius Flaccus 公元前 65—前 8 年),罗马诗人,维努西亚地方一个被释奴隶的儿子。他曾在罗马和雅典受教育,是个共和派,因而在菲利皮之战中是站在布路图斯方面作战的。后来在公元前 38 年,他的友人诗人维吉尔把他介绍给麦凯纳斯,他的境况才得到好转。参见本书译者序有关部分。

不得不作为低级的雇员干活糊口①。维吉尔②在曼图阿③的一小块土地也有被没收的危险,但这时通过他的保护人阿西尼乌斯·波利欧和科尔涅利乌斯·伽路斯④从中斡旋,才能够保存下来。维吉尔有先见之明,他把屋大维亚努斯吹捧为天神,指望用这种办法使屋大维亚努斯不叫他遭受灾难。在翁布里亚,另外两位诗人提布路斯⑤和普洛佩尔提乌斯⑥和他们全家也都被搞得倾家荡产⑦。屋大维亚努斯处于危险的境地。他必须做到既能指望士兵对他有不可动摇的忠诚和信任,同时还必须使公民承担起重建国家的义务。为了今后的事业而为他所需要的武器不能毁掉,但就是他只用刀剑便能取得的东西也必须完整地保存下来。

一般地说,他成功地把这两项任务调和起来了。士兵们并没有背离他,并且公民们的抱怨也没有严重到可以被路奇乌斯·安

---

①　他花钱买了一个工作,给财务官做秘书。他自己说,他是因为穷才不得不写诗的。

②　维吉尔(公元前 70—前 19 年),罗马诗人,他生在曼图阿附近,也受过很好的教育。他似乎没有参加恺撒和庞培之间的内战。他也是因为权贵的帮助才改善了自己的处境的。他最有名的作品是史诗《埃涅阿斯》,是秉承统治者的意图吹捧罗马国威的作品,所以他留遗嘱要把它烧掉,但因奥古斯都之命而保存下来。公元前 19 年,他去希腊,在那里得了病,同年死在意大利的布伦狄西乌姆。

③　曼图阿(Mantua),山南高卢的城市,临敏奇乌斯河。

④　盖乌斯·科尔涅利乌斯·伽路斯(Gaius Cornelius Gallus),罗马将领、诗人。屋大维亚努斯的友人和支持者。参见本书边码第 131 页有关注释。

⑤　阿尔比乌斯·提布路斯(Albius Tibullus),生于公元前一世纪中叶,出身骑士等级。贺拉斯是他的友人,著名将领美撒拉·科尔维努斯也同他有密切的关系。

⑥　赛克斯图斯·普洛佩尔提乌斯(Sextus Propertius),公元前 48 年左右生于一个富裕的家庭。他本来被送到罗马学法律,但在这里他转向了诗歌。他同名妓库恩提娅(本名霍斯提娅)的关系在他的诗歌创作中是一件大事。他在公元前 28 年因发表诗作而享名后,成了麦凯纳斯所眷顾的一个文人。他的诗主要是爱情诗。

⑦　这里说他们倾家荡产似乎严重了一些,比如提布路斯在拉提乌姆的佩都姆(在罗马以东)就还有一份小小的产业,而普洛佩尔提乌斯后来也还有钱来罗马学习并且过放浪的生活。

托尼乌斯和富尔维娅利用来反对他的程度。只要能够办到的事，
89　他总是好商量的，同时又不伤害他的自信心，而且他甚至开始赦免
被宣布不受法律保护的人们了。虽然他还不能为他所需要的全部
土地付钱，但他力图避免采取过分激烈的手段。他甚至连经济的
后果都考虑到了。集中在一处的大块土地被分散开来了。现在有
了一小块移民土地的大部分士兵，先前是在大片土地上干活的。
他自己在意大利（大部分是在康帕尼亚和北方）征募的军团就是由
这些士兵组成的，正好像文提狄乌斯·巴苏斯和戴奇姆斯·布路
图斯，希尔提乌斯和潘撒所征募的士兵那样。又有几十万人作为
小农定居在意大利的土地上，这总的说来无疑是一项巨大的成就。

　　他的成就使富尔维娅和路奇乌斯大为吃惊。他们亲眼看到屋
大维亚努斯如何在意大利获得了威望，而安托尼乌斯却远在外面。
两个人都有一些机会同他找麻烦。这样他们就成了受害较重的公
民的传声筒，说什么屋大维亚努斯牺牲安托尼乌斯的军团的利益
而优待他自己的军团，说什么分配土地本来应当是路奇乌斯的事
情，因为他是执政官，还说三头的权限并不存在任何明确的界限。
虽然说路奇乌斯的全部行动只是出于他的个人野心，但他把这一
点掩盖起来，表面上对屋大维亚努斯却表现出一种兄弟般的关心
的样子。但另一方面，满怀着一个被冷淡的妻子的嫉妒心的富尔
维娅则试图用强制的办法使丈夫回到自己的身边来。食品的缺乏
使罗马的处境十分困难，因为赛克斯图斯·庞培和阿埃诺巴尔布
斯的舰船严重地破坏了对罗马的粮食供应[①]。屋大维亚努斯感到

---

　　①　罗马共和国末期，罗马人口激增，其中包括大量不事生产却还要求面包和娱
乐（panem et circenses）的城市流氓无产者，因而罗马公民的粮食主要靠埃及从海上来
供应。海上的运输简直成了罗马的生命线。恺撒过去所以亲自去阿非利加也是出于
同样的考虑。有人说他之此行是多余的，显然是不了解北非对意大利的重要性。

自己也陷入困难的处境之中。他一方面必须对地主采取迎合的态度（首先他们得是元老阶级里的人），另一方面，正是由于这种迎合的态度，还要防备会在军队中发生的骚乱和兵变。此外，安托尼乌斯在西方的副帅们也对他抱敌对的态度，他们不许应当通过高卢被派往西班牙的军团从他们的辖区经过。这是屋大维亚努斯一生中所遇到的最困难的时刻之一。他试图使富尔维娅和路奇乌斯的头脑清醒过来，他强调自己对安托尼乌斯的忠诚并且愿意把每一有争论的问题提交元老院加以裁决。但他们两人表明自己是完全不能通融的，他们甚至开始建立一支军队。富尔维娅腰间系上了一把剑，像一位统帅那样地发号施令。

富尔维娅动起武力来了，这对屋大维亚努斯反而是有利的，因为这样他就可以把自己的军团引到这场斗争里来了。他们强行要求在伽比伊（位于罗马附近卡斯提利奥尼湖近旁）会见一次，但到期赴会的却只有屋大维亚努斯一人，路奇乌斯和富尔维娅都拒绝前来。他们依靠的是安托尼乌斯在意大利和高卢的副帅，即卡列努斯、文提狄乌斯·巴苏斯、普兰库斯和波利欧。但这是一个失策，因为他们并不了解安托尼乌斯的真正意图。屋大维亚努斯的行动是迅速的，因为一场冲突看来是不可避免的了。他把一个军团派往布伦狄西乌姆以阻止阿埃诺巴尔布斯从海上入侵，给列皮都斯留下两个军团用来维持罗马的秩序，召回了由撒尔维狄耶努斯·茹福斯率领的、本来预定去西班牙的军队，而把他的最可靠的军队交给他所信任的阿格里帕，也就是他的第一位统帅，以便消灭路奇乌斯。路奇乌斯则退守号称难攻不落的古老的山城佩路西亚（佩路吉亚），以等候他哥哥的副帅来给他解围。但这些人并不愿冒这个危险，因此也就没有来帮忙。在整个秋天和冬天，这座城市就按照类似的一个计划给包围起来，就好像过去恺撒包围阿列西亚(离开今天法国的沙提雍不远)那样①。公元前 40 年 2 月底,路奇乌斯终于不能不投降了。屋大维亚努斯赦免了安托尼乌斯的将领,路奇乌斯和富尔维娅也得到了自由。但他们直到死,再也没有起过什么作用。城市烧掉了(看来是由于一次不幸的事故),结果其余的共和派和逃跑的元老们就都死在里面了。对屋大维亚努斯来说,这是反对谋害优利乌斯·恺撒的人们的战役的最后阶段。这样,他就对保守派的已经失败的事业又给了致命的一击。他为什么要宽恕这些不接受教训的人呢?

佩路西亚的攻克对屋大维亚努斯来说,就意味着对意大利的胜利。在康帕尼亚发生了一起由提贝里乌斯·克劳狄乌斯·尼禄②领头的叛乱,但这次叛乱不费什么气力地被镇压下去了。尼禄和他的妻子利维娅逃到西西里去。普兰库斯的两个军团转到胜利者一面来。波利欧则向北方退去,但巴苏斯却仍然留在布伦狄西乌姆附近。高卢的卡列努斯死得正是时候,赶到那里去的屋大维亚努斯接管了卡列努斯的十一个军团,然后就把这些军团再加上六个高卢军团都交给了撒尔维狄耶努斯·茹福斯。只还有赛克斯图斯·庞培和安托尼乌斯是危险的根源,而如果他们联合起来,是可以称霸海上并骚扰意大利沿岸的,尽管屋大维亚努斯本人手中有了四十多个军团。因此他首先就去对付赛克斯图斯。

---

① 恺撒用工事包围阿列西亚的事情,见恺撒:《高卢战记》,第 7 卷,第 68 章以次。

② 提贝里乌斯·克劳狄乌斯·尼禄(Tiberius Claudius Nero)即未来第二位罗马皇帝提贝里乌斯的父亲。在亚历山大战争期间他统率过恺撒的舰队,公元前 41 年(一说公元前 42 年)任行政长官。在佩路西亚之战中他站在安托尼乌斯一面。公元前 38 年他同意跟利维娅离婚,使她嫁给了屋大维亚努斯。

这时屋大维亚努斯也有他个人的事情要处理。他过去订过两次婚。在少年时期,他曾同谢尔维利乌斯·伊扫里库斯①——此人同优利乌斯·恺撒一道进行过统治——的女儿订过婚,而在二十岁时又同安托尼乌斯的继女克劳狄娅订过婚。但他同这两个女孩子都没有正式结婚。现在他又通过麦凯纳斯的介绍同斯克里波尼娅结了婚,这个女人已经结婚多次②,她是斯克里波尼乌斯·利波③的姊妹,而斯克里波尼乌斯·利波的女儿又是赛克斯图斯的妻子。只有这一次是正式的结婚,不过这位年华老大并且不大引人的妇女从来不曾在历史上起过什么作用。人们所以知道她,因为她是屋大维亚努斯的女儿优利娅的母亲。

92

但手中掌握着解决困难的钥匙的安托尼乌斯,他的情况如何呢?在菲利皮一役之后,罗马人已经把他忘记了,他们只是偶然地得到关于他和他在首都的活动的零碎的消息。他面临着一项巨大的任务,而他决心全力解决这一任务。征服帕尔提亚之梦处于压倒一切的地位,这是当得上他的伟大老师的功名心的一个梦想,而且这种出征按照他的看法又是必要的,因为这可以使帝国取得经济上的均衡。在经过亚细亚行省时,他的一行人的作风十分豪华,就像一个国王那样。在叙利亚和巴勒斯坦他也被崇奉为神。他以贡品的方式征集到一笔巨款,但他立刻又把它花了出去,用来酬谢

---

①　普布利乌斯·谢尔维利乌斯·伊扫里库斯(Publius Servilius, Isauricus),公元前79年度执政官谢尔维利乌斯·瓦提亚(苏拉派)的儿子,公元前54年任行政长官。他在内战中站在恺撒一面并在公元前48年任执政官。后出任亚细亚长官。公元前43年他是站在安托尼乌斯一面的。公元前41年再度任执政官。

②　这之前,斯克里波尼娅同有执政官身份的人结过两次婚。屋大维亚努斯同她结婚之后就和赛克斯图斯有了亲属关系。

③　路奇乌斯·斯克里波尼乌斯·利波(Lucius Scribonius Libo)在公元前49年和公元前48年曾在亚得里亚海上统率庞培的部分舰队。公元前43年他被宣布为公敌后,就转而投靠赛克斯图斯·庞培,并在公元前40年代表庞培同安托尼乌斯进行谈判。

抵抗过共和派的人们,正有如他惩罚了支持过共和派的那些人。
在比提尼亚①,他同犹太的希罗德斯②会晤。希罗德斯的巨大才能
给了他深刻的印象,而且,虽然希罗德斯同卡西乌斯友好,但安托
尼乌斯还是使他担任了太守(tetraches)之职。还有罗马属下的一
位女王,即埃及的克列欧帕特拉:过去她是优利乌斯·恺撒的女
友。三头之一的安托尼乌斯要求她在公元前 41 年夏天较晚的时
候同他在奇利奇亚的首府塔尔索斯会晤。

关于安托尼乌斯其人,人们可以说在他的躯体里有两个灵魂。
当时的钱币使我们能够看出,他的面容虽然显示出一种力量,却是
既不匀称又不规则。这是了解他的性格的一把钥匙。当他面向敌
人的时候,他有罗马人的勇气,并且在困难的生活环境中他表现了
自己的力量。当东风吹起时③,他表明自己是一个男子汉,一名军
人。他有一种强有力的行政管理才能,而东方的重建在很大的程
度上是依靠他的力量,但是他的精神状态却不能保持均衡。当他
处于顺境时,他会变得懒散和自我满足起来。他的才能时而变成
残暴和极大的虚荣,而与之相联系的一切缺点也就在他的身上突
出地表现出来了。在谣诼纷纭的罗马,他的敌人对他的每一个行
动都要进行污蔑,并且把他在佩路西亚战争期间的无所作为归结
为酗酒和放荡,尽管当时为了国家的利益,他在不屈不挠地进行活
动。史书里到处都在讲他的坏话,因为普鲁塔克对他是抱敌视态
度的,而且狄奥看来是用了奥古斯都的回忆录作史料,因此对他的

① 小亚细亚西北部地名。
② 即通称伟大的希罗德斯者。在他父亲伊都美亚人安提帕特尔被杀后,他是犹
太的长官,但当帕尔提亚人立哈斯摩涅亚人安提戈努斯为国王时,他不得不逃往罗马
(公元前 40 年)。从公元前 47 年起,他就成了罗马公民。他被立为哈斯摩涅亚王国的
国王,但直到公元前 37 年罗马攻占了耶路撒冷之后,他才能返回。
③ 喻指在东方出了骚乱时。

态度也不是友好的。

克列欧帕特拉也成了许多污蔑诽谤的一个对象。除去汉尼拔之外，她是唯一能使罗马感到惊恐不安的人。人们告诉我们：她是个进行非法恋爱的女司祭、一个有道德的淫妇、堕落的爱人、追求男人、并且通晓东方的一切亵渎神灵的技艺的女人。这个看法是站不住脚的。她一半是希腊人，一半是马其顿人，身上没有一滴埃及的血液；而且她也不是东方人。恋爱游戏并不是她的生活的主要内容，而是一种政策。这个往往是表面上冷静和克制的女人，就把她的烈火般的个人野心用到这一政策上去。可能她是爱优利乌斯·恺撒的；除他之外，肯定没有另一个人能打动她的心。她不仅仅为埃及的王国战斗，而且一般地也为希腊文化战斗，并且认为由于她的出色的教养而成为希腊文化的最后的保护者。她用一个妖冶女人的全部魅力捆住了顽强的意志力量和男子汉的勇气。作为一个古老的、有高度教养的家族的最后一名后裔，她具有一种如此强烈的、磁石般的吸引力，以致人们竟认为她会施行魔法。她比大多数妇女更具有女人的气质，而且比大多数男子有更大的力量和决心。

她的到达是像一件艺术品那样准备和完成的。普鲁塔克，而首先是莎士比亚为后世记下了她的乘坐帆船的航行——帆船张起了花枝招展的、芳香的帆，上面乘坐着爱之侍女、仙女以及美惠三女神①，可谓花团锦簇、美不胜收。她二十九岁，而按照巴尔扎克的看法，这是女人的最危险的年龄。就一般的意义而论，人们不能说她是漂亮的。但是没有一个男子会再忘掉这个妖冶的面容，这

94

———————

① 美惠三女神(Gratiae)给人以美丽与欢乐的女神，她们是朱庇特和优律诺美所生，名叫优弗洛叙涅(Euphrosyne)、阿格莱娅(Aglaia)和塔利娅(Thalia)。

种迷人的声调。安托尼乌斯在她还是个十四岁的姑娘时就认识了她,那时他是作为年轻的骑兵军官随同伽比尼乌斯①来到埃及的。后来他必然也会在罗马看到她,因为她是优利乌斯·恺撒的情妇。不过现在一切情况都是新的,不是当时的光景了。

克列欧帕特拉快要到了,就像人们根据古老的传说,想象阿芙洛狄特②从大海的泡沫中产生出来那样。先前安托尼乌斯对妇女的接待是草率的,也没有过这样那样的考虑,但这个女人在他看来无论就形体还是就精神而论,都同他所熟悉的罗马美人和叙利亚舞女完全不同。他第一眼就给她迷上了,并且立刻就看出这个女人的精神有特别伟大之处。因而他毫不犹豫地陪她去亚历山大。

在这个冬天,当佩路西亚在围困中挨饿的时候,克列欧帕特拉干出了一件高尚而又果敢的事情。埃及是她的生身之地;她讲埃及语,爱这里的人民,崇奉他们的神灵,她自己也被一层灵光包围着,就好像是复活了的伊西女神③那样。她统治下的国土应当说是全部大地上最富饶也是最有文化的国土:为了这一目的,她需要罗马军团的帮助。对于安托尼乌斯来说,帕尔提亚是一个诱饵,看来征服帕尔提亚是罗马非做不可的事情了。而为了征服帕尔提

---

①　奥路斯·伽比尼乌斯(Aulus Gabinius)公元前67年任保民官时,曾授庞培以清剿海盗之全权。公元前65—前63年任庞培的副帅,公元前61年任行政长官,公元前58年任执政官。在内战中他站在恺撒一面。死于公元前47年。他在收到一笔重金的贿赂之后,使托勒密·奥列特斯复了位,这是公元前55年的事情,这时安托尼乌斯只有二十六七岁。克列欧帕特拉(七世)则是托勒密十二世奥列特斯的次女。

②　阿芙洛狄特(Aphrodite),希腊女神,司丰产、爱与美。另一种说法说她是最高之神宙斯和狄奥妮的女儿。她也就是罗马神话里的维纳斯(Venus)。差不多所有古代的名雕塑师都为她立过像。

③　伊西司(Isis)是埃及传说中掌管上天、人世和地下世界(同欧西里斯一道)的女神。对她的崇拜遍及于整个地中海世界。据说她能施行奇迹,保护人不得疾病,不受毒虫的侵害。

亚,他就迫切需要埃及的财富。因此,从一开始,克列欧帕特拉就 95
尽力想使自己成为安托尼乌斯不可缺少的人物。在公元前 41 年
到 40 年的冬天,她就试图用一切办法来笼络安托尼乌斯。她在同
她交往的人们当中是开朗的,她参加各种冒险活动,但此外她却从
来不忘记她的目的。只要一有可能,她就煽动安托尼乌斯的个人
野心,把自己的财富和爱情给他,但首先,这一点她完全能肯定,他
也得准备付出相应的代价。

意大利的消息来得迟缓,直到安托尼乌斯同克列欧帕特拉已
经分手到叙利亚去时,消息才传到他那里。原来各保护国已陷入
了难以想象的一片混乱之中,而敌人的军队又是由罗马叛逃过去
的人率领着的。他的第一项任务是继续募兵;当他得到了补充的
军队时,佩路西亚方面的消息也传到了他这里。他对路奇乌斯·
安托尼乌斯和富尔维娅并无任何同情,因为他们的荒唐行为使他
在恺撒派老兵当中的威望受到很大损害。屋大维亚努斯取得高卢
一事给他的震动更大,因为他需要那里的军团进行即将开始的战
役。他完全打算把屋大维亚努斯看成是一个诚实的同盟者,如果
对方对他也能是这样的话。当他来到雅典时,路奇乌斯和富尔维
娅不断向他诉苦,但他并不理会他们,而更多是倾听从赛克斯图
斯·庞培那里派来的使者的话。屋大维亚努斯是不是就要背叛
他?不过意大利北部的波利欧以及布伦狄西乌姆的文提狄乌斯正
在戒备着,因此他感到自己还有足够的力量在战场上同屋大维亚
努斯决一雌雄。当他出海启程去意大利时,有赛克斯图斯·庞培
和阿埃诺巴尔布斯(带着他的海盗舰队)伴送他。

到布伦狄西乌姆时人们不许他登陆,因为屋大维亚努斯一派
的人们根本不想同参加谋害优利乌斯·恺撒的凶手阿埃诺巴尔布
斯打交道。于是他就同这个城市断绝了一切关系并且占领了西彭 96

图姆(阿普利亚的玛利亚·德·西彭托)——这座城市位于地势稍高的北边沿岸地带。这时赛克斯图斯则把屋大维亚努斯为数不多的兵力赶出了撒地尼亚,进而威胁意大利南部地区。阿格里帕夺回了西彭图姆,屋大维亚努斯则在布伦狄西乌姆对付安托尼乌斯。富尔维娅的死亡使局势得到缓解①。阿埃诺巴尔布斯被委以比提尼亚的统治权,而对于赛克斯图斯,则要求他撤回西西里。由于屋大维亚努斯的态度不是不能和解的,所以在公元前 40 年十月初在麦凯纳斯和波利欧的帮助下,三头之间能以重新在布伦狄西乌姆缔结了和约。对世界帝国立刻再度进行了一次瓜分。屋大维亚努斯取得了阿非利加以外的整个西方,阿非利加则留给了列皮都斯;安托尼乌斯取得了从伊奥尼亚海到幼发拉底河的全部地区的统治权。被任命接替卡列努斯的撒尔维狄耶努斯·茹福斯②已经表明自己是一个叛徒并且受到安托尼乌斯的揭发。他立刻就自杀了③。屋大维亚努斯从来也不曾相信这个军团的忠诚,也就同意把它交给安托尼乌斯了。

安托尼乌斯同屋大维亚努斯的姊妹屋大维娅的结合加深了这一新结成的友谊。屋大维娅原是盖乌斯·玛尔凯路斯④的未亡人,是罗马当时为数不多的具有吸引力的人物。她既聪明又美丽,但是"那冷冷的目光和沉默的冷静"并不能长时期控制易于激动的安托尼乌斯。

当三头访问罗马的时候,人们准备为他们举行小凯旋式,被淹

---

① 前面说她已不起任何作用,看来这种说法并不完全与事实符合。

② 撒·茹福斯(Salvidienus Rufus)是屋大维亚努斯的副帅,参加过麦撒那附近对赛克斯图斯·庞培的海战和佩路西亚战争。

③ 一说是被处死的。

④ 玛尔凯路斯是公元前 50 年度执政官,曾坚持从高卢召回恺撒,但未成功。他死于公元前 40 年。

没在城内心怀不满的群众的叫喊声之中了。造成这种不满情绪的
原因是罗马的粮食供应不足。这一情况使得人们不得不作出抉
择——或者同赛克斯图斯·庞培达成协议,或者把他彻底制服。
人们决定首先寻求谈判的途径,并终于在公元前 39 年的春天在米
塞努姆(米塞诺角)达成协议①。米塞努姆是拜亚湾南端的一个城
市。根据协定,赛克斯图斯申明愿意把他的士兵撤出意大利,并保
证不再干扰粮食的供应。这之后,在舰船上和在罗马都举行了长
时间的庆祝活动。庆祝的最高潮是赛克斯图斯·庞培的女儿和屋
大维娅的儿子②的订婚。安托尼乌斯跟着去了北方,屋大维亚努
斯则去高卢以便安排阿格里帕为那里的长官。这个干练的军人终
于走上了显赫的仕途。公元前 40 年,他便已经是市长官(practor
urbanus),而现在他又被定为公元前 38 年度的当选执政官(con-
sul designatus)。

　　现在已经二十四岁的屋大维亚努斯这样就幸运地克服了又一
个对他的青年时代起威胁作用的困难。他同安托尼乌斯达成了一
项和议——哪怕只是在一个时期里,并且他可以利用这个喘息时
间,安安静静地把意大利的秩序恢复起来。幸运的太阳第一次把
一丝微弱的光线倾注到他身上。他还是常常生病,但是慢性的贫
血和胃病,这些使他的青年时代受到折磨的病却完全好了。而且
他现在不再是一个人了。他年轻时的伙伴不折不扣地成了他的同
事。阿格里帕的军事才能和麦凯纳斯的外交才能对每个想了解的

———————

　　① 伽特豪森(Gardthausen)在《奥古斯都及其时代》(*August und seine Zeit*)中认
为协议是在普提欧利缔结的。

　　② 屋大维娅的儿子玛尔库斯·克劳狄乌斯·玛尔凯路斯后来娶了屋大维亚努
斯的女儿优利娅。他只做到营造官并于公元前 23 年死在任上。维吉尔和普洛佩尔提
乌斯都有诗哀悼他的死亡。

人都是明摆着的。军队的大多数对他是忠诚的：在士兵心目中，他是穿着优利乌斯·恺撒的外袍的。甚至广大的公民群众现在也开始慢慢地把他看成是正义与公正的保护人了。在某种意义上，他体现了坚强、稳定与合于理性的行动。而这些特点无论安托尼乌斯还是列皮都斯都不具备。因此，看来不是保守派，而是屋大维亚努斯才能以带回过去的好日子。

历史学家把那个时候他这个人描写成一个无论谁都厌恶的、冷酷而又残暴的怪物，而且他的影响只是建立在野蛮的暴力之上。据说，他所以中止了他的恐怖统治，只是因为他沉湎到个人的放荡生活里去了。这种看法是没有任何根据的。屋大维亚努斯，即使后来作为奥古斯都，也始终是表里如一的。他很早就放弃了自己的青年生活而不得不担负起一项重大的任务。在他的性格里很少人们称为 blanditia（讨人喜欢的气质）的东西，但由于他逐渐变得比较容易接近，所以生活对他来说就不再意味着只是一场转瞬即逝的斗争，而应当是从长计议的事情了。一个放荡的怪物，这种形象无论怎么说也是荒谬的。他根本没有时间过什么放荡的生活，特别是他身上肩负着繁重的任务，而他的健康情况如此，身体又弱，因此他是必须小心对待的。早在他第一次来罗马时，人们对他就有了议论，不过对于这些议论之无聊，西塞罗早就作过论证。而如果不是有充分的根据在这方面为屋大维亚努斯做后盾的话，年老的演说家是绝不会拿自己的声誉当儿戏的。他肯定不是像当时一般人那样不讲道德，而且人们不应当忘记，在罗马，指责别人生活糜烂堕落是一种家常便饭，完全不需要有什么事实依据的。指责对手生活堕落而无须为此提出任何证明，这完全是司空见惯的事。就是西塞罗也和不久前还公然被他指责为人类公敌的人，如皮索①和瓦提尼乌斯②,保持友好的关系。

维吉尔的第四首牧歌——此诗在公元前 39 年已经写出——可以证明屋大维亚努斯日益受到民众爱戴的情况。这是有关布伦狄西乌姆协定的一首胜利之歌,它表达了和平的希望。会开创一个黄金时代的那个孩子不管是谁——是波利欧的儿子,是安托尼乌斯和屋大维娅的儿子,还是屋大维亚努斯和斯克里波尼娅的儿子——都无所谓。总之,一切都围绕着屋大维亚努斯这个中心旋转。具有清教徒人生观的维吉尔绝不会歌颂体现了坏的和恶的品质的一个人。在罗马,人们开始有了一个新的希望。在多次战斗当中,各种相互敌对的政治潮流逐步消失了,富裕的上层不再举行任何毫无节制的庆祝活动,因为他们中间的大多数不是死掉就是在经济上垮掉了。不过在多次战斗中间,那些极有价值的东西也都消灭了。神殿倒塌了,老百姓在挨饿,国家的宗教和它的最可敬的代表人物斯凯沃拉③和西塞罗失去了他们的信徒,而从希腊传来的一种新的信仰却又不能为此提供一种补偿。在长年的追求物质享受

99

---

① 路奇乌斯·卡尔普尔尼乌斯·皮索·凯索尼努斯(Lucius Calpurnius Piso Cuesoninus),公元前 58 年度执政官。他是恺撒的妻子卡尔普尔尼娅的父亲。西塞罗曾指责他在马其顿担任长官时(公元前 57—前 55 年)有勒索行为,公元前 50 年他任监察官,内战期间他未参与任何一方。

② 普布利乌斯·瓦提尼乌斯(Publius Vatinius),公元前 59 年他任保民官时通过了把伊利里库姆和山南高卢的统治权授予恺撒的法令,后来又随恺撒出征高卢。公元前 55 年他任行政长官。在内战中,他站在恺撒一面。公元前 47 年他任执政官。公元前 42 年后三头同意他举行一次凯旋式。公元前 56 年西塞罗曾发表演说对他进行攻击,但是到公元前 45 年,他们又和解了。

③ 斯凯沃拉(Scaevola)一家有几位著名的法学家,这里当指公元前 95 年度执政官克温图斯·穆奇乌斯·斯凯沃拉(Quintus Mucius Scaevola)。公元前 94 年他是亚细亚的长官,他在行省发布的命令成为其他许多行省长官(其中包括奇利奇亚的西塞罗)的楷模。公元前 89 年他任最高司祭并在秦纳统治时期留在罗马,但公元前 82 年为小马里乌斯下令处死。

的生活和不幸之后,人们又开始去探索他们自己的心灵,认识他们
自己的罪过并且建立起新的信仰、新的希望。人们变得比较严肃
了,他们倾听像撒路斯提乌斯①和李维②、贺拉斯和维吉尔,这样一
些看来是给黑暗的时代带来了光明的人物的声音。无论是宣扬最
严格的节制和俭朴生活的卢克莱修③,还是斯多葛派④或瓦罗⑤的
过了时的观点,人们都无法期待从他们那里得救。他们只能通过
倒退的办法返回到古罗马的刻苦干练的传统上去。"能够认识到
事物的原因的"(qui potuit rerum cognoscere causus)人是幸福的,
但"认识乡土诸神的"(deos qui novit agrestes)人却是更幸福的。

三

100   同赛克斯图斯·庞培发生的麻烦根本还没有得到解决。赛克

---

    ① 盖乌斯·撒路斯提乌斯·克里斯普斯(Gaius Sallustius Crispus,公元前 86—
前 34 年),政治家和历史学家。公元前 52 年任保民官时在克洛狄乌斯被杀后引起的骚
动中十分活跃。在内战中他站在恺撒的一面。公元前 46 年他担任行政长官。后来他
任新阿非利加的第一任长官时搜括了大量财富,经贿赂恺撒才免于追究。晚年他脱离
政治从事著述。他的历史专著传下来的有《卡提利那战记》(*Bellum Catilinae*,又名《卡
提利那的阴谋》)和《优古儿塔战争》(*Bellum Jugurthinum*)以及他的《历史》(五卷,记
公元前 78—前 66 年间事)的片段。
    ② 李维(Titus Livius,公元前 64/59—前 12/17 年)没有担任过公职的罗马历史
学家,他写了一部有一百四十二卷之多的《罗马史》,从罗马建城一直叙述到公元前 9 年
杜路苏斯之死。参见本书边码第 25 页有关注释。
    ③ 提图斯·卢克莱修·卡路斯(Titus Lucretius Carus,约公元前 99—前 54 年),
伊壁鸠鲁派哲学家和诗人。他的传世的叙事长诗《物性论》(*De Rerum Natura*)表现了
唯物主义的观点,受到基督教作家的攻击。
    ④ 斯多葛派是奇提乌姆人芝诺在雅典建立的学派。这一派主张禁欲,不为外物
所动。经过帕奈提乌斯的解释,它为许多罗马人所接受,其中包括斯奇比奥、斯凯沃拉
这样的著名人物。
    ⑤ 玛尔库斯·提伦提乌斯·瓦罗(Marcus Terentius Varro,公元前 116—前 27
年),罗马学者、政治家。据说他写了将近五百部作品,但只有三卷的《论农业》(*De Re
Rustica*,有中译本,商务印书馆出版)完整地保存下来。

斯图斯的抱怨是有道理的,因为在分配给他治理的行省伯罗奔尼撒①,安托尼乌斯阻碍他征税。更加使他不愉快的是,人们不承认他和三头具有同等的权利。因此他就再度劫掠起运粮船来,并且袭击意大利沿岸地带。作为统治着海上的一名海盗,他对屋大维亚努斯和国家的和平是一个经常的威胁。因此战争仍然是无法避免的。屋大维亚努斯向安托尼乌斯征求意见、请求帮助。安托尼乌斯也是从布伦狄西乌姆来的,但是他返回了希腊,因为这时他认定屋大维亚努斯已经耽搁了,所以就只是劝他的同僚遵守米塞努姆的协议。但是这个协定已经为赛克斯图斯·庞培多次破坏了。屋大维亚努斯没有别的办法,只好准备展开一场战争了。他从高卢调来了军队,并且在布伦狄西乌姆和普提欧利设置了两个海军据点。为了向公众证明自己的行动是有道理的,他全文公布了米塞努姆协定,并且,由于同赛克斯图斯·庞培的不巩固的联合垮掉了,所以他就在他的女儿优利娅诞生的那一天同斯克里波尼娅离婚了。

这次离婚是一个政治事件,却也有其个人的原因。这在屋大维亚努斯的生活中是某种新的事物,它必然被认为可以证明青春的活力在他身上的复活。他已经在恋爱了。然而这并不是像蒙森②所说的那样,是像恺撒对他的配偶的"一种真诚的好感",而是一种一直持续到他去世时为止的爱情。这个女人的名字叫利维娅,是利维乌斯·杜路苏斯的女儿。利维乌斯·杜路苏斯是坚决反对恺撒的人,在菲利皮之战以后就去世了。她出身于古老的贵

101

---

① 希腊南部的一个大的半岛,它和希腊中部是由科林斯地峡连接在一起的。

② 提奥多尔·蒙森(Theodor Mommsen,1817—1903 年),德国罗马法、罗马史专家。长期担任柏林大学古代史教授(1858—1903 年)。他在政治上先后属于国民自由党、帝国议会自由党以及自由主义党等。他的主要著作为《罗马史》(*Romische Geschichte*,五卷)。他是把恺撒加以理想化的代表人物。

族血统，美丽、贤惠，但是虚荣心很重，而且她只有十九岁。还在很小的时候，她就同另一个贵族提贝里乌斯·克劳狄乌斯·尼禄结了婚，并且还为此人——几乎也还是个孩子——生了一个儿子，这就是后来的皇帝提贝里乌斯。她的第二个名叫杜路苏斯的儿子是在她同屋大维亚努斯结婚前三天（即公元前38年1月17日）诞生的。在围攻期间，她和她的丈夫都在佩路西亚，后来他们才逃到西西里去投奔赛克斯图斯·庞培。他们又随赛克斯图斯到了斯巴达，但是当总的形势有所好转时，他们就从那里返回了意大利。可能屋大维亚努斯第一次见到利维娅是在公元前39年9月底他从高卢回来的时候。他立刻就对她产生了强烈的爱情，并为此刮掉了胡须，以便显得好看一些。双方的爱慕之心越来越强烈；利维娅的丈夫完全不加干预；她住到了屋大维亚努斯的家里去，并且通过司祭们的一项特殊许可同他结了婚。虽然这是一次爱情的结合，但还是产生了深远的政治后果：她使屋大维亚努斯同罗马的显贵（haute noblesse）和元老派残余建立了密切的联系。她巩固了——这是屋大维亚努斯一直努力追求的——温和的保守派和恺撒的军事民主派之间的联盟。通过这次结婚他个人得到一位妻子，这位妻子在后来的五十年中间始终是他的一位明智的参谋和可靠的助手。但是她同时又使他同克劳狄乌斯家族的脾气难以捉摸、性情乖僻并且接近于天才的精神不正常的人物①发生了接触，而罗马最有能力的一个家族②后来就成了这个人手中的悲惨的牺牲品。

对赛克斯图斯·庞培的战争开始时并不顺利；人们可以把这场战争比作寓言中狼和鲨鱼之间的战争，因为双方的力量只能在

---

① 指后来被过继的提贝里乌斯。
② 指优利乌斯家族。

不同的环境——一个在陆上，一个在海上——中才能得到施展。
此外，屋大维亚努斯并不具备他舅祖父的战略才能，并且对这一点
他也是认识到了的。他并不像阿格里帕那样能清楚地看到一次战
役的全过程，以便依据这种预见制订自己的作战计划——这乃是
军事才能的最高表现。他也不具备安托尼乌斯的统率特点和安托
尼乌斯在瞬间的困难中在战术方面的应变能力。他的才能首先是
在行政管理方面。幸运的是，在这方面赛克斯图斯并不能超过他。
赛克斯图斯表明自己只是一个不可救药的雇佣兵，他虽然能在个
别战斗中取胜，但是绝不能打赢一场战争。

　　公元前 38 年开始的这场长期的战争，无论在军事上还是政治
上都只具有次要的意义。对于屋大维亚努斯力图取得的无限权
力，赛克斯图斯恰好是一个阻碍，因此屋大维亚努斯无论如何也得
把他除掉。对于当时发生的事情我们没有任何确切的史料。总之，
赛克斯图斯的一名主管撒地尼亚的被释奴隶美那斯带领着三个军
团连同这个岛站到屋大维亚努斯这一方面来了。继而屋大维亚努
斯就任命美那斯和执政官衔的卡尔维西乌斯·撒比努斯①为他的
两位海军统帅，并且就在这同时组织了对西西里的进攻，而参加这
次进攻的他的陆军则驻在列吉乌姆②——此地今天已不复存在。
赛克斯图斯是保持着警惕的。屋大维亚努斯本来指望能在库麦③

---

　　①　盖乌斯·卡尔维西乌斯·撒比努斯（Gaius Calvisius Sabinus），内战中曾在恺
撒部下，公元前 45 年任阿非利加长官，公元前 39 年任执政官。

　　②　列吉乌姆（Rhegium），位于意大利半岛尖头的西南部，原系希腊移民地。同盟战
争（Bellum Sociale）后取得公民权。今天的列吉欧（Reggio）已不是希腊移民地的旧址。

　　③　库麦（Cumae）是意大利西部沿岸康帕尼亚境内最古老、也是最靠北的希腊移
民地。罗马受希腊文化的影响，这里是主要渠道之一。这里有阿波罗神一座著名的神
托所。库麦在公元前 90 年取得了充分的公民权。这里的西比拉预言书在罗马也十分
有名。

取得一次迅速的胜利,但是他行动过于迟缓,也过于谨慎,结果在那里受到赛克斯图斯的舰船的阻击。由于第二天发生了没有预见到的风暴,屋大维亚努斯的舰船竟损失了一半。赛克斯图斯于是穿上了海绿色的衣服,自称是涅普图努斯①的儿子。幸而这个海盗也完全和屋大维亚努斯一样,并不是一位出色的统帅,他并没有采取任何进一步的措施以充分利用这次胜利。

公元前38年就以这场灾难而告结束了。但是屋大维亚努斯却为公元前37年及时地做了必要的准备工作。他把阿格里帕从高卢召来,并把最高统率权交给了他。阿格里帕刚刚对日耳曼各民族取得了重大的胜利。他是继优利乌斯·恺撒之后,第一位在莱茵河彼岸竖起了罗马军徽②的统帅。阿格里帕的志操高尚,他并不想举行一次凯旋式,因为罗马的粮食不足,而且赛克斯图斯也没有被征服。他还必须学习海战的战术;但是他冷静地认识到,他首先必须修建一个方便的海港作为可靠的据点和今后的海上活动的准备场所。为此目的,他就把这期间已经消失在拜亚湾之内的、浅水的路克里努斯湖同比较深的阿维尔努斯湖连接起来,并且从那里开凿一条宽阔的运河直通大海。在这之后,屋大维亚努斯又把他的亲信麦凯纳斯派赴希腊,去请求安托尼乌斯的帮助。安托尼乌斯同意给予帮助。春天,安托尼乌斯在屋大维娅的陪伴下率领一支强大的舰队进入了塔连图姆③。屋大维娅做到打消了她的

---

① 涅普图努斯(Neptunus),据罗马神话,他是水、河流与泉水之神,后来人们才把他同希腊的波赛东(Poseidon)等同起来,当作海神加以崇祀。奉祀他的节日涅普图那利亚节(Neptunalia)是每年7月23日。

② 一种鹰标,作为军旗使用。

③ 塔连图姆(Tarentum)最早是斯巴达人在塔连图姆湾建立的城市(公元前706年)。公元前209年此城被罗马人从汉尼拔手中夺回后即一蹶不振,而为布伦狄西乌姆所取代。

兄弟的疑虑,因此人们断定,三头还可以再维持五年。安托尼乌斯应当为他的同僚提供一百二十艘舰船,为此他将从屋大维亚努斯那里取得两万名军团士兵以便进行帕尔提亚战争。屋大维娅和她的孩子就留在屋大维亚努斯这里,安托尼乌斯又回东方去了。

这样,安托尼乌斯事实上就把恢复西方秩序的任务交给了自己的同僚,而他自己则选定了东方。他的计划是支持在王位上总是坐不稳的那些藩属国王。但他的主要目标却是对付来自帕尔提亚的危险。这个危险的国土过去曾为斯奇提亚人所居住,并且曾是亚历山大帝国的一个太守领地,它很久以来就建立了自己的王朝①。罗马的叛徒拉比耶努斯已占领了叙利亚,在布伦狄西乌姆协定之后,他不得不抵抗被安托尼乌斯派来的文提狄乌斯。文提狄乌斯也是很有战功的——他在公元前 39 年包围并杀死了拉比耶努斯,并且在随后一年里使帕尔提亚国王欧洛德斯的儿子帕科洛斯遭到了同样的命运。但帕尔提亚只是受到了威胁,绝不是被征服。甚至安托尼乌斯也不能完全信任文提狄乌斯,而不得不亲自赶去帮助希罗德斯②以对付他的敌手安提戈努斯③。安托尼乌斯同屋大维亚努斯在塔连图姆会见之后,就返回了叙利亚以准备帕尔提亚战役中的决定性战斗。

他同屋大维娅在雅典幸福地共同生活了三个冬天。当他完全被克列欧帕特拉的肉体和精神所迷住的时候,生活在他身边的屋

104

---

① 公元前 247 年阿尔撒凯斯(Arsaces)开创了帕尔提亚的最早的王朝。

② 希罗德斯(Herodes),参见本书边码第 92 页有关注释。

③ 玛撒西亚斯·安提戈努斯(Mathathias Antigonus),犹太国王阿里斯托布路斯二世的幼子。公元前 56 年他和父亲从罗马逃走,但后来又被捉回。公元前 40 年他在帕尔提亚人的支持下,在耶路撒冷做了国王。希罗德斯逃往罗马。罗马人把帕尔提亚人赶跑后,安提戈努斯被俘并在安提奥库斯被处决(公元前 37 年),从而结束了哈斯摩涅亚王朝。

大维娅却是高雅善良的一个象征。她所受的教育并不比埃及女王差，但是她的性格要比克列欧帕特拉稳重得多。这时安托尼乌斯正在研究哲学。尽管如此，他还是无法不让人们看到他身上最本质的东西，首先是那种看来已经完全显露出来的妄自尊大的倾向，因为他竟然容许他的东方臣民把他崇奉为狄奥尼索斯神①。如果屋大维娅的孩子是个儿子而不是个女儿，那么一切的情况也许完全不一样了。但是到公元前37年的秋天，安托尼乌斯对这一结合终于感到厌倦了。到这时为止，安托尼乌斯对屋大维亚努斯总是远比屋大维亚努斯对他要有礼貌和可以信赖。但是现在安托尼乌斯把他对自己同僚的不满情绪也发泄到他姊妹身上去了。他对屋大维娅、对"她的腼腆的目光和安静的思考"感到厌倦了，并且在酒醉之后向四下里环视起来②。他自己也清楚，他分配给屋大维亚努斯的那些任务，本来是想用它们把这个年轻的三头之一给压得粉碎的，哪里知道这些任务对他反而起了促进作用。事实上，尽管这不是他的本意，他却把罗马和世界西部的统治大权交给了这个年轻人。过去根本不被他放到眼里的这个年轻人突然有了成为他的主人的危险。只有通过在东方取得的巨大胜利才能把力量的均势重新建立起来。只有在帕尔提亚才能取得这种巨大的胜利。他有二十四个军团并且从屋大维亚努斯那里还可以得到一些。但最重要的一点却是——他缺少钱。只有在几乎四年中间他不曾关心过的克列欧帕特拉在这方面能给他以帮助。取得她的帮助的愿望

---

① 狄奥尼索斯(Dionysus)是希腊的植物、酒与狂热之神。传说他是宙斯和赛美列(一说西奥妮)的儿子。东方许多国家都奉他为神，反对他的人会变为疯子。他被承认为奥林帕斯山上十二神之一。但后来他专以酒神而知名，公元前二世纪初，他以巴库斯(Bacchus)之名传入罗马，特别受到下层的欢迎。

② 意为要寻求新的刺激。

和对她这个具有魅力的人物的眷恋是同等强烈的。他的爱情确实既配得上她本人，又配得上她的金钱。于是他就向埃及女王提出了在安提奥奇亚①会面的要求——这样他便开始了他一生中悲惨的最后战斗。

---

① 在古代有几个名叫安提奥提亚（Antiochia）的城市，这里指的是其中最著名的一个，即罗马所属叙利亚行省的首府：它位于叙利亚北部，濒临奥隆特斯河左岸。

106

第三章　同安托尼乌斯的破裂：
阿克提乌姆

（公元前 37 年—公元前 30 年）

自从她显示光彩照人的美貌以来

两千年已经流逝了······

除了偶尔的一点回忆，

除了有时在炉边讲述的一个故事，

有关她的事情什么也没有留下。

而这位可怜的女王又没有几个朋友。

——詹姆斯·斯蒂芬斯①

一

在困难的七年中间，屋大维亚努斯逐步为自己造成了这样一种地位，而对于这一地位的取得，他首先得感谢一位大人物的名字和声望，而且，这一地位已深深地扎根于人民的同情之中了。对恺撒心怀崇敬的人们和试图保卫共和国的内容和形式的人们之间的同盟，是他从涉世开始以来便设想的一个目标，而这个同盟现在已

① 詹姆斯·斯蒂芬斯(1882—1950 年)，爱尔兰诗人、小说家，作品多取材于古老的神话与传说，很富于幻想和风趣。

经实现了。罗马渴望和平；同赛克斯图斯·庞培在米塞努姆达成的协议把三头强加到人民头上。但是这样的协议并不能持久，除非赛克斯图斯·庞培被消灭，因为他的野心和捣乱的意图必然一再使国内不可能得到任何安宁。因此，在屋大维亚努斯二十六岁这一年，他就面临了两项困难的任务。他首先必须消除赛克斯图斯·庞培在海上的统治地位，并使他永远没有任何可能再取得权力。这之后，有朝一日还必须同玛尔库斯·安托尼乌斯进行斗争以便取得对他的优势。帝国不能长时期由性情如此不同而目标又截然相反的两个人来统治。

107

反对赛克斯图斯·庞培的战役很快可以讲完，因为对屋大维亚努斯来说，这只是一项不愉快的义务，而要完成这一义务，并不需要任何伟大的战术。公元前37年这一年主要是进行准备工作：由阿格里帕修建的优利乌斯港用作屋大维亚努斯的一支小舰队的海军基地，此外还可以用于训练船上人员。战役开始于公元前36年7月1日，作为依据的作战计划看来是由阿格里帕提出来的，计划规定由几个人同时向西西里发动进攻：屋大维亚努斯从普提欧利出击，斯塔提利乌斯·陶路斯①从塔连图姆出击，列皮都斯则从阿非利加出击。他们总计有六十个军团和一支骑兵。赛克斯图斯·庞培并不能对付这样大的优势，尽管他进行了殊死的抵抗，并且固守在麦撒那②（麦西那）以便封锁海峡，同时他把保卫利律拜

---

①　提图斯·斯塔提利乌斯·陶路斯(Titus Statilius Taurus)可能是路卡尼亚人。他是屋大维亚努斯的亲信统帅，地位仅次于阿格里帕，但在这之前，他的经历于文献中并无记载。他是公元前37年的补缺执政官（第二次担任执政官是后来的公元前26年）。

②　麦撒那(Messana)，西西里东北端与意大利隔海峡相对的城市，最初为库麦的移民者所建，原名赞克列(Zancle)。第一次布匿战争开始时罗马人来到了麦撒那。麦撒那成了罗马的一个自由的"联盟城市"(civitas foederata)。它的地位使它成为一个重要的贸易中心。

乌姆①(卡波·狄·波科)和西方的任务交给了普利尼乌斯·茹福斯。大自然的优势是在他的一面的。第三天,出现了强烈的暴风,这场暴风把陶路斯赶回了塔连图姆,屋大维亚努斯和阿格里帕在索尔伦图姆②也损失了他们的一半队伍。只有列皮都斯登上了西西里岛并包围了利律拜乌姆。

尽管季节对一次海战是不利的,但屋大维亚努斯不敢再等下去。罗马已经处于极度动荡的状态。赛克斯图斯·庞培的威望提高了。因此不得不把麦凯纳斯派回罗马以安抚民众。屋大维亚努斯火速派人去修理破损的舰船,从各移民地征募了更多的老兵,并且准备在 8 月中旬左右再次出海。这次他选择一个叫维波(蒙铁·列欧尼)的地方作为据点,因为这个地方离西西里更近一些。这期间陶路斯也在距地峡东侧三十英里的斯库拉奇乌姆(斯奇拉切)驻守下来。美那斯这时已经回到赛克斯图斯·庞培这里来,于是庞培就以麦撒那为据点,对因此而形势紧张起来的、西西里北岸各登陆地点加以严密防守。

阿格里帕的计划是对赛克斯图斯加以牵制,直到屋大维亚努斯和陶路斯在东岸的陶洛美尼乌姆(塔欧尔米那)登陆并且同应当从南方进攻麦撒那的列皮都斯会师的时候。在起初一切都是顺利的。阿格里帕在米莱(美拉佐)③附近的海上取得一些小小的胜利,并且占领了沿岸的若干城镇。但是屋大维亚努斯的登陆却失败了。赛克斯图斯·庞培的骑兵从陆地上对他发动攻击,而庞培

---

① 利律拜乌姆(Lilybaeum),迦太基人公元前 396 年在西西里西部建立的城市。西西里成为罗马行省后,这里是财务官的驻地。今天这里是玛尔撒拉(Marsala)。

② 索尔伦图姆(Sorrentum),今天的索尔伦托,临那波里(那不勒斯)湾,在那波里东南偏南约十六英里,古时因葡萄酒而有名。

③ 米莱(Mylae)是西西里岛东北部的一个海港,在麦撒那以西十八英里。

的海军又在海上给他以打击。一时间屋大维亚努斯几乎陷入绝望的境地。他已经考虑到要一位友人用剑把他刺死了。他好不容易才在一个人的陪伴下返回意大利；在这里他遇到了他的战友美撒拉·科尔维努斯①。他把自己那被打得七零八落的军团留给了在西西里的科尔尼菲奇乌斯②来统率，因为他对列皮都斯已经完全不信任了，而关于阿格里帕，他也没有听到任何进一步的消息。

　　不利的局势很快就会好转了。阿格里帕得以在图恩达里斯（卡波·提恩达洛）攻占了一个有关键作用的据点，而科尔尼菲奇乌斯在越过埃特纳山的山坡做了一次冒险的进军之后就和他会师了。这样，不幸的事情便集中到赛克斯图斯·庞培身上了，因为敌人的军团从四面八方把他包围在麦撒那了。这时他没有别的办法，只好在海上一试自己的命运。9 月 3 日，在米莱展开了一场决定性的战斗。在这场战斗中，阿格里帕的战船以其经过深思熟虑的强接敌船的战术（Entertaktik）③对赛克斯图斯·庞培的轻型舰船占了上风。赛克斯图斯剩下的只有七十只船逃往麦撒那。他本人也逃到那里去，但是在麦撒那找不到任何可以避难的地方，就带着他那所余无几的舰船逃到东方，投奔玛尔库斯·安托尼乌斯去了。屋大维亚努斯总算逃脱了他年轻时遇到的一次极大的危险。　109

　　困难略小的一项任务是，解决在西西里的列皮都斯和他那大为加强的军队。看风使舵的列皮都斯想加害于三头之一、他的同

---

　　①　参见本书边码第 171 页有关注释。

　　②　科尔尼菲奇乌斯（Cornificius）早在公元前 43 年便指控过布路图斯对恺撒的谋杀。后来（公元前 35 年）他担任过执政官，又去阿非利加任长官。公元前 32 年，他还举行了一次凯旋式。

　　③　这种战术的特点是以很快的速度使自己的船同敌船的船舷相接，然后士兵登上敌船展开有如陆上那样的战斗。特别是本方在人数上占优势的时候，这种战术很有威胁作用。

僚屋大维亚努斯,因为由于命运的提示,屋大维亚努斯看来竟亲自为他提供了一个机会来报复他先前遭到的歧视。在麦撒那投降时,列皮都斯正好是统帅,因此他把该城的卫戍队伍编入了自己的军队。作为二十二个军团的统帅,他认为自己可以向屋大维亚努斯发号施令了。于是他就要求屋大维亚努斯把西西里并入他自己的阿非利加行省。他的要求并不是毫无道理的,问题在于他属于这样一种人,这种人在自己的计划中既没有明确的目标,又没有足够的勇气和坚定的性格以对抗一种蛮横的行动。但他自己的士兵却决定站到屋大维亚努斯的一面,因此他自己就不能不请求屋大维亚努斯的宽恕了。最后,他总算是保住了最高司祭的位置,带着他以三头之一的身份搜括来的财富退出了政治生活,做寓公去了。但军团却给屋大维亚努斯带来了较大的困难。确实发生了一两次阴险的哗变。他遣散了两万人,酬劳了仍旧留在军队里的士兵,建立了士兵移民地,并且给予军官们以特殊的嘉奖。对这次胜利有功的阿格里帕则得到了一顶饰以船头的金冠①,这顶金冠在每次凯旋行列中他都可以戴上。在罗马国家中迄今还不曾对谁授予过这样的荣誉。

二

110　　屋大维亚努斯在二十七岁时便已经有了在历史上除了亚历山大和优利乌斯·恺撒之外谁也不曾有过的一种权力。在他麾下有四十三个军团,一支庞大的骑兵队伍和六百只战船。他的统治遍

---

　　① 用船头来纪念海战的胜利是罗马历来的传统。比如罗马广场上的讲坛就是用公元前338年从安提乌姆俘获的船只的船头做装饰的。

及于罗马帝国的整个西部,这就是说,意大利、伊利里亚、阿非利加、两个高卢和西班牙。恺撒的老兵兴高采烈地向他欢呼,罗马各阶层的民众也都向他表示爱戴之情。首先中等阶级对赛克斯图斯·庞培的所作所为十分反感,他们一点也不再喜欢庞培派,而对于他们能以收回成千上万的奴隶这一点,他们是心怀感激的——原来这些奴隶都是在被包围的舰队上服役的。屋大维亚努斯由于同利维娅结了婚;他便进入了贵族的最核心的圈子。现在连最落后的贵族也把他看成是重建和平与秩序的唯一希望了。古老的共和国永远消失了,但是古老的罗马道德却继续活在这个青年人身上。他崇敬传统,而甚至当暂时担任最高司祭的人是那个臭名昭著的列皮都斯的时候,他也不肯通过由仲裁人公断的办法来取得最高司祭的职位①。有许多事情可以证明,他懂得尊重父祖的遗产,并且在他心目中,罗马和意大利是高于一切的。西方军队的绝对统治者绝不是一个迷信武力可以解决一切问题的人,而是这样一个人——尽管他是优利乌斯·恺撒的正式继承人,但是他却公开恢复了恺撒过去摒弃或忽略的若干事物。他在过去和现在之间搭起了一座桥梁;他把人民的所有阶层团结在自己的周围;他甚至把共和派,诸如斯塔提利乌斯·陶路斯和美撒拉·科尔维努斯也牢牢地拉到自己一面来。此外,看来诸神也都向他发出了善意的微笑。他曾幸运地克服了无数危险,征服了许多无法逆料的障碍。整个西部世界都和屋大维亚努斯本人一样,相信他的好运。

　　元老院和人民都争着向他表示敬意②,但是这个青年人对此

111

---

　　①　最高司祭是司祭团的领袖,负责有关全国性祭典的事务。最早,他是由国王(王政时期)指定或其他司祭公选的,后来他是由三十五个特里布斯中的十七个(这十七个则用抽签的办法选出)来选出的,这和选举每年度的高级官吏的方法不同。但列皮都斯死后,最高司祭照例只能由罗马皇帝担任了。

　　②　从塔西佗的《编年史》开头部分来看,后来罗马的人们对继位的提贝里乌斯也是如此。塔西佗对此有精彩的描述。这意味着旧日的共和精神已经彻底消亡了。

却表现得十分冷淡。在他战胜了赛克斯图斯·庞培之后,人们为他举行了小凯旋式,而不是通常的凯旋行列。人们不能不放弃举行凯旋式,因为这时战胜的是一个国内的敌人,而不是一次对外的征服。然而也和过去取得了巨大胜利之后那样,人们为他立像并修建凯旋门。他也和优利乌斯·恺撒一样,有权经常戴桂冠了。

很难说,按照法律(de jure)①他到底应当怎样做。不错,他是三头之一,但是要延长三头的这种联盟关系,这在法律上却是没有什么依据的。若干年以来,他拥有"统帅"(lmperator)的称号,然而这一称号与其说它有朝一日会具有国家法律的意义,毋宁说它只是一个世袭的头衔。根据他的优越的政治权威,他一般被承认为国家的保护者、全权代表和最高的军事统帅。他还拥有一项非常的特权(privilegium)——保民官的不可侵犯性。这项特权两年后也授给了利维娅和屋大维娅。当然,这一特权并不意味着等于一位保民官的不受任何限制的权力——这项权力他在六年之后才取得——但是除了人身不可侵犯的权利之外,它还给了他同保民官一道参加元老院的会议的权利。一种非常明确的想法使得他经常想取得保民官的职务,因为它不仅确保他个人必需的安全,而且还能为他提供一个坚强有力的支援以对付那唯一有可能同他进行严重对抗的集团。屋大维亚努斯在四年中间极为辛劳地忙于这样一项任务,这就是把意大利变成值得尊敬的人们的一个住所。这是非常难以办到的一件事,因为他手头缺钱。要知道,长时期以来,西西里已被搞得一贫如洗,而东方的丰富的收入则流入安托尼乌斯之手。虽然如此,他仍然能做到减少税收并且免除了不久前要求交纳的献金,这种献金是起初三头要人们交纳的。高级官吏

---

① 罗马的法律有时只是一种惯例。

重新取得了过去三头自己占有的某些权利；在没有继续进行没收土地的情况下，被遣散的士兵都得到了安置。由于修建新的神殿和修复被破坏的神殿，这样他就为罗马的失业者提供了工作。在全意大利展开了反对劫掠行为的斗争。罗马的暴力事件受到镇压，并且按照埃及的榜样组成了一支警察队伍。屋大维亚努斯虽然在国内进行了各种各样的改革，但是他也没有放松边防的事务。斯塔提利乌斯被派往阿非利加去恢复那里的秩序。美撒拉则被派到阿欧斯塔河谷①的撒拉喜人（salassi）②——萨伏依地区的一个阿尔卑斯山区部族——那里去使他们恢复理智。屋大维亚努斯本人则在克罗地亚③的山林地区开展对雅皮吉人④的战争。他在这里表现出来的个人勇敢精神为他赢得了巨大的荣誉。他围攻潘诺尼亚⑤的首府西斯奇亚⑥——这是位于库尔帕河与撒维河合流处的一座城市——并攻占了这座城市，第二年，他又同阿格里帕一道把战争扩大到达尔玛提亚⑦。公元前 33 年年底，他用了不多的人力和金钱，就把亚得里亚海的东部海岸全部收归罗马的统治

---

①　阿欧斯塔（Aosta）是意大利图林省的一个市镇，在罗马时期叫奥古斯塔·普莱托里亚（Augusta Praetoria），是撒拉喜人的首府。阿欧斯塔河谷（Val d'Aosta）则指意大利西北部多腊·巴尔提亚（Dora Baltea，波河支流）上游的流域。

②　撒拉喜人是凯尔特（或利古里亚）的部族，早在公元前 143 年他们同罗马人便有纠纷，这是一个剽悍好斗的民族。

③　今南斯拉夫的一部分。

④　雅皮吉人分布在意大利东南部，实际上包括美撒皮伊人、佩乌凯提伊人、卡拉布里人、撒连提尼人等。他们可能自伊利里亚移来，所以深受希腊的影响。

⑤　潘诺尼亚（Pannonia），在多瑙河以南直到撒维河流域的地区，大致相当今天匈牙利西部和南斯拉夫的一部分。

⑥　西斯奇亚（Siscia），即今天的西赛克（Sisek）。

⑦　达尔玛提亚（Dalmatia），在巴尔干半岛西北部，居民由伊利里亚人、色雷斯人和凯尔特人混合而成。从公元前二世纪开始罗马曾六次对达尔玛提亚发动战争，但只有这次它才最后为屋大维亚努斯所征服（后来又发生两次叛乱，但这是后话了）。

之下。

　　但是他的主要任务却使这一年具有空前重要的历史意义，这就是使意大利经历一次精神上的改造。他继承了恺撒的财产和头衔，但是他还没有确定要从恺撒的思想财富和恺撒的计划中吸取多少东西。我们只能估计这份精神遗产的范围。我们不知道恺撒的明智思想给未来做的计划是什么。但是人们可以假定，他也和亚历山大一样，目的在于建立一个世界国家，而罗马应当是这个国家的心脏和圣堂。然而这个罗马在政治上却不占居优势。它应当把有人居住的几乎全部土地包括进来并且形成一个文化统一体；凡是配得上取得公民权的人都应当能够取得公民权。罗马法在到处都能适用。正义和秩序应当通过一支常备军（它同时又是履行公民义务的一座预备学校）同一套组织得十分完美的行政管理制度一道加以维护。古老的罗马城邦在某种程度上可以作为过去的一种有特色的体制保存下来；但是优利乌斯·恺撒一般说来却否定了那不再有任何生命力的一切形式。他的目标不是罗马或意大利，而是一个新的帝国的文化，这一文化不仅建立在罗马传统中有价值的财富上，而且同样要回溯到希腊和东方的文化上去，它甚至把西方和北方的那些没有开化的国土吸引过来。这个大帝国的领袖必须是一个人，至于这个人的头衔是什么，那是无所谓的；作为军队的独一无二的统帅，并且作为行政机构的首脑，他必须是在广大范围内都可以看到的权力中心。可能优利乌斯·恺撒设想的是一个世袭的王国，因为这可能是和平地保证继承的一个最简便的办法；而只是出于实际的原因，他看来才给它罩上一层东方帝王的半神的光辉。不过他心目中设想的并不是一个奴隶国家，而只是自由人的一个共同体。他试图同样地奖励罗马的淳朴风习和求实精神，并且把这种精神同富于幻想的各民族的艺术和丰富多彩的

生活结合到一起。他的王国将具有罗马的和希腊化的特点,因此
观点如此不同的历史学家如蒙森和爱德华·迈耶尔①的看法是同
样有道理的。然而这却会是一个王国,而根本不是共和国。而我
们,我们这些了解世界帝国后来的历史并且知道共和国体制的脆
弱性和缺乏弹性的情况的人们,对于曾经在历史上出现的这位创
造了世界帝国的最果敢的人物的洞察力,是满怀崇敬心情的。

　　屋大维亚努斯毫不犹豫地放弃了某些这样的想法,因为它们
是无法实现的。例如有关国王的身份的设想就属于这一类。优利
乌斯·恺撒毫无疑问曾经为自己取得了这种身份,然而也只有他
的杰出的天才才能把这种东西强加到桀骜不驯的罗马头上。玛尔
库斯·安托尼乌斯也有类似的思想。然而屋大维亚努斯只有执行
与之相反的计划才能取得成果。但无论怎样,他用自己的语言重
述了他的舅祖父恺撒的另一些思想。比如他也力图做到只有唯一
的一支军队,而军事统率大权也要集中于一人之手。反之,他却不
反对古老的共和国形式,并且认为过快地进行革新不是明智的做
法。优利乌斯·恺撒是一个显赫的贵族,恺撒始终使屋大维亚努
斯对古老的家族和家系满怀敬佩之情,但屋大维亚努斯与之相反,
在这一方面他毋宁说只是一个公民。他最不同意的是恺撒的有关
一个统一的世界国家和它的所有各部分都有同等公民权的看法。

　　罗马仍应当是头,意大利仍应当是帝国的权力中心:政治家认
为应当是这样,就从罗马行省出身的人的感情来说,也希望是这
样。他需要罗马作为自己的活动据点。他今后还要做许多伟大的

———————————

　　①　爱德华·迈耶尔(Eduard Meyer,1855—1930 年),德国历史学家,布列斯劳、
柏林等大学教授,在政治上是个保守派。他的主要作品有《古代史》(*Geschichte des Al-
tertums*),《恺撒的君主制与庞培的元首制》(*Caesars Monarchie und Prinzipat des
Pompeius*)等等。

事情,但是他目前却要处理意大利的内部问题,这是他特别悬念的一项任务——而且,他的权威也还不是不可侵犯的。

115　　意大利需要一次事实上的和精神上的复活。长年的战争已经把国家搞得奄奄一息;信仰和希望都不复存在。屋大维亚努斯再次想使古老的宗教发挥它的作用,同时使农村地区的经济生活再度取得成果并充满希望。这件事办得正是时候,因为罗马已接近于丧失它的最有价值的特点,接近于放弃它那久经考验的严格与淳朴。在屋大维亚努斯的统治之下,罗马人的思想又被引导到家务的需要上去。贺拉斯由于麦凯纳斯的照顾①而能以过一种无忧无虑的生活,这样他也就不再写任何辛辣的讽刺诗,而他的第二部著作谈的就更多是罗马的光荣和未来的欢乐了;瓦罗写了一部论农业的手册,维吉尔则写了一部有关意大利农村生活的叙事诗《格奥尔吉卡》(*Georgica*)②。由于有了领导得法的士兵移民地,大地产分成了无数块小耕地,而独立的农民——国家的最强有力的支柱——的数量大大增加了。一般说来,农村居民的人数增加了,同样的农村生活有了新的尊严和新的威望。城市和农村之间不再有任何不可逾越的鸿沟,因为富裕的公民在农村都有一块土地,而在每块肥沃的土地附近又都有一个意大利的集市。人们赋予意大利土地的巨大意义无论对于农民还是对于城市居民都发生了影响。

　　农业的复兴对于整个生活方式,特别对于宗教也是有利的。屋大维亚努斯致力于不仅恢复农村地区的神殿,而且使古老的风俗习惯也复活了。他禁止各种东方的教仪,强迫希腊的和亚细亚

----

　　①　麦凯纳斯赠给贺拉斯撒比努姆的一处庄园,使他从此摆脱了经济上的困难,专心为当局写作。

　　②　此诗是应麦凯纳斯的要求而写的,发表于公元前 29 年,目的在于为屋大维亚努斯宣传古罗马的道德,是有关农业的说教诗篇。

的魔法僧在最短的时间内离开罗马。他力图把"努玛的宗
教"①——也就是传说中那位罗马国王的宗教——重新加以推行。 116
这一宗教与其说是以信仰,毋宁说是以感情为基础的。他所以这
样做,是因为世人对于哲学上的论争已经从根本上感到厌倦了。
这个宗教是由许多使人感到亲切的小的风习和秘仪集合而成的,
它用鲜花、果品和新鲜的药草把祭坛装饰起来,给凯列丝②和巴库
斯③的木雕神像戴上花环,还使家中的许多小神祇都受到崇奉。
但是在初春和月相发生变化时,还举行丰富多彩的和愉快的节日
活动,而在诞生、死亡以及开始成年时,则举行比较严肃的仪式。
此外,这个宗教在一年的过程中也起有重大的作用,因为同土地关
系密切的意大利人同时又是坚定的柏拉图主义者——对于柏拉图
主义者来说,每天使用的最简朴的物品都应当是神圣的。不管在
一个农户里还是在贵族的庄园里,总之都在进行着一种安排得井
井有条的、有生气的生活。这也是一种接近于大自然的生活,这种
生活是由各种义务与欢乐、由不同季节的性质——春天的清新与
纯洁;充满香气的炎热的夏天;秋天的柔和的充实感;冬天的魅力,
这时有冰雹打到木头窗板上,但室内却是既温暖而又舒适的——
所决定的。

　　在实现这一任务时,屋大维亚努斯有一些著名的合作者,而首

---

　　①　努玛·彭皮利乌斯(Numa Pompilius)是传说中的第二个罗马国王,据说罗马
的各种宗教制度都是他制订的,其中包括:成立司祭团、改革历法等等。他还组织了手
艺人的公会(collegia),分配了土地等等。他的统治时期,据传统说法是公元前 715 年
至公元前 673 年。
　　②　凯列丝(Ceres)通常被认为是相当于希腊的戴美特尔的罗马女神,司收获,她
的名字说明她同万物的生长有联系。在《十二铜表法》上已经出现了她的名字。
　　③　巴库斯(Bacchus)是罗马神话中的酒神,相当于希腊神话中的狄奥尼索斯,为
他举行的节日叫巴卡那利亚(Bacchanalia),在下层人民中间颇受欢迎。

先就是维吉尔。维吉尔充分享受了国家的宠遇,他所以如此真诚地赞美故乡的土地,正是因为他在相当长的时期里曾不得不体验的亡命的痛苦。他的叙事诗《格奥尔吉卡》是对意大利的一曲赞歌,但同时对于所有那些想献身土地经营的人们又是一部实用的手册。甚至在农村长大的贺拉斯,当他变得更多是说教家而不是
117 诗人的时候,也给人以类似的印象。他不仅赞扬农村的淳朴,而且告诫罗马人不要忘记对他们的诸神的义务。两个人都把屋大维亚努斯看成是一个更加体面、更加幸福的未来的开拓者。

三

这期间,玛尔库斯·安托尼乌斯在东方走他自己的道路。他的行动表明他几乎像是一个独立的、甚至是有敌对思想的统治者。他是在公元前 37 年出发,开始了经过长期考虑的出征帕尔提亚的计划的。这次出征所需要的钱,他只能从埃及取得。但由于克列欧帕特拉只有一支宫廷卫队,因此她无法给他任何军事上的支持。她对出征帕尔提亚并无兴趣,但是她坚持过去拟订的计划,并且有目的地设法重新取得埃及在托勒密王朝①初期所曾占有的重要地位。而要做到这一点,她需要得到玛尔库斯·安托尼乌斯的帮助,因而她也不得不支付要求于她的代价。公元前 35 年年初,他们在安提奥奇亚会面。由于安托尼乌斯现在同屋大维娅已经分居,于是他便毫无阻碍地给埃及的这个女人迷住了,成了她的一个热恋

---

① 托勒密王朝的创立者是托勒密一世索特尔(Ptolemy I Soter,约公元前 367 年—约前 283 年),亚历山大大帝的朋友。他曾随亚历山大出征波斯。公元前 323 年他任埃及太守。公元前 305 年他按照安提戈努斯的样子自己称王。晚年他写了一部有关亚历山大大帝的历史。

的情夫。安托尼乌斯承认她为他生的孪生子女亚历山大和克列欧帕特拉是自己的孩子，并且把塞浦路斯、叙利亚的一部分和埃及先前的另一些领土自愿地让给了她。他们过去确实并没有正式结过婚，但全世界都知道他同克列欧帕特拉的亲密关系。

安托尼乌斯并不打算采用和克拉苏斯十八年前已经失败了的计划相同的作战计划。他并不能支持任何一场长期的战争，因为意大利的局势过于复杂和危险了。反之，优利乌斯·恺撒的计划却在他的手里。优利乌斯曾计划首先攻打帕尔提亚的首府埃克巴塔那（哈玛丹），办法是先率军穿过阿尔明尼亚并且以这里作为自己的据点。先在幼发拉底河河畔的佐格玛（吉玛）集合了十个军团和一万名骑兵，然后从那里沿着河的右岸逆流而上。优利乌斯·恺撒的需要长时期的准备并且要有大量战斗力量的这个计划，如果操之过急并且没有足够的军队来执行它，那就非失败不可。

安托尼乌斯的第一个目标是美地亚①的首府弗腊斯帕。他在8月中旬到达那里，立刻就安下了营地。但由于他没有投入他的全部兵力，所以帕尔提亚人得以歼灭了他的一部分军队。由于玛尔库斯·安托尼乌斯的情报工作也做得不好，而且他的阿尔明尼亚联盟者又抛弃了他，此外还由于冬天里不可能再包围下去，因此他不得不心情沉重地撤回。但是他聪明地选择了穿过大不里士山区的一条难走的路，并且在二十七个紧张的日子——这期间他能以表现出他惯常的毅力和才干——之后，把他的军队带过了阿腊克色斯河（阿腊斯河）。在损失了两万多人之后，他才在年底带着残余的军队重新回到叙利亚。他向罗马报捷，那里当然不会相信

————————————————

① 美地亚（Media）是里海西南的一个多山的国家，帕尔提亚在它东面，阿尔明尼亚在它西面。

他。征讨帕尔提亚的第一个尝试就这样可耻地失败了。

在安托尼乌斯撤退时,克列欧帕特拉给他送来了食品和衣服。他于是到亚历山大去见克列欧帕特拉并且在那里度过了冬天其余的日子。公元前35年春天,屋大维娅知道了他失败的事情,这使她又回到了他的身边,但他却劝她通过最便捷的道路返回罗马。由于她谨守妻子的道德,所以她不顾屋大维亚努斯的反对而留在雅典,并且十分亲切地照料富尔维娅的孩子和她自己的两个女儿。

119 在这期间,这一对不再是十分年轻的恋人——安托尼乌斯已经四十六岁,而克列欧帕特拉比他小十岁——在亚历山大在双方充分同意的情况下安排了他们的事情。克列欧帕特拉对于出征帕尔提亚一役的失败根本不是不满意的,因为安托尼乌斯一次全面的胜利会大大提高他在罗马的威信,另一方面他们之间的关系便不会这样亲密了,这一点是可以肯定的。但她的意图却是要使自己成为安托尼乌斯的不可缺少的人物。在东方进行一次具有压倒优势的征服的梦想慢慢地破灭了。虽然在公元前35年夏天,安托尼乌斯曾计划对阿尔明尼亚进行一次出征,但是这时正在亡命中的赛克斯图斯·庞培得知这个计划,立刻就在亚细亚试图加以干扰。赛克斯图斯·庞培受到了安托尼乌斯的追击并且被打死了。但是安托尼乌斯在罗马的拥护赛克斯图斯·庞培的人们中间却失去了任何同情。直到公元前34年,他才能攻占阿尔明尼亚并随即把它宣布为罗马的行省。不过这次出征,总的说来,并没有给他带来什么荣誉,无论如何,亚历山大的克列欧帕特拉却能以使他成为东方的一位太守(Sairapes)。

安托尼乌斯现在的目标是什么呢?他实际上已经成了一个女人股掌之上的玩物,但是单单是一个情夫的地位并不能长时期地使他感到满足。克列欧帕特拉从她的少女时代起就懂得如何使她的愿望和情欲服从于一种极大的野心。并且她还知道，如果不把托勒密王朝的古老帝国重新建立起来，埃及必然会遭到灭亡的命运。而这件事只有依靠罗马军团的力量才能做到。因此，她就向正是这些罗马军团的统帅支付了代价，这些代价中不仅有她本人，而且还有一个拥有大量财富的、在东方太阳的光辉中熠熠发光的王位。安托尼乌斯曾长时期地抗拒这样一种诱惑。他清楚地知道要使罗马士兵成为执行这样一个计划的工具是何等困难，因为这些士兵感到他们自己完全是属于西方世界的，而且对他们来说，生活的唯一目的就是在意大利的国土上取得一块士兵移民地。但是看来命运已经把他同克列欧帕特拉紧紧地结合在一起了。帕尔提亚出征计划的失败使他失去了一位征服者的灵光。但是在这段时期里，屋大维亚努斯所获得的成就却要大得多，他把意大利的大部分争取到自己一方面来。在许多方面，他的做法是违反了三头同僚的利益的。他自己做主解除了列皮都斯的职务，而他从赛克斯图斯·庞培手中取得的行省，并没有分一部分给安托尼乌斯。他也没有按照约定把意大利的军队派出去支援安托尼乌斯。简言之，塔连图姆的联盟已经破裂了。这样一来，安托尼乌斯就失去了西方，而不得不只以东方为自己的据点了。除了这种政治上的纠纷之外，还要加上他对克列欧帕特拉的爱情，这是一个中年男子对这样一个女人的热恋，这个女人的灵巧机智和她的高超的理解能力就和她的肉体的魅力一样也在吸引着他。放荡生活的年代显然对于安托尼乌斯的精神与意志力量也不无影响。他变得懒散了；他喜欢沉醉在希望的梦想之中，并且失去了罗马人的毫不含混的现实感。

公元前 34 年秋天，在亚历山大出现了引人注目的事件。玛尔库斯·安托尼乌斯作为征服阿尔明尼亚的胜利者安排了豪华的庆

120

祝活动。对罗马来说,这显然是一种伤感情的做法。这时也正是克列欧帕特拉大出风头的时候。她坐在高高的一个黄金宝座上——这曾是罗马至高至善的朱庇特神(Jupiter Optimus Maximus)的宝座——让人们把列好队的全部战俘献给她。下面的一个仪式更加盛大隆重:作为伊西司神的化身,她就坐在安托尼乌斯的身旁,他们的三个孩子——托勒密、克列欧帕特拉和亚历山大——则坐在他们的脚下;此外还有恺撒里昂①。安托尼乌斯在对民众发表的一篇热情的演说中,对恺撒里昂表示敬意,因为恺撒里昂是优利乌斯·恺撒的合法的儿子,是众王之王,而他的母亲则是众王之后。然后又发布一项公告,即所谓"亚历山大馈赠令",根据这一馈赠令,亚历山大取得了阿尔明尼亚和幼发拉底河以东的全部土地;托勒密取得了叙利亚、奇利奇亚和对亚细亚行省的统治权;小克列欧帕特拉则取得了库列奈卡②和利比亚。三头之一的安托尼乌斯本人则保留他原来的朴素的名字玛尔库斯·安托尼乌斯,但这只是对罗马这样称呼;对东方世界来说,他是狄奥尼索斯—欧西里斯③、埃及的神圣女王的伴侣。实际上他已经把自己宣布为罗马的恺撒,而克列欧帕特拉则成了恺撒的夫人——以便使下述的一个古老的预言应验。原来那预言说,在罗马城倾覆之后,她将使这片国土重新从尘埃中升起,她将把东方和西方团结起来,并使黄金时代成为现实。

---

① 恺撒里昂(Caesarion)是克列欧帕特拉的长子,生于公元前 47 年;从公元前 44 年起他就是他母亲的共治者。他自称恺撒是他的父亲。

② 库列奈卡(Cyrenaica)位于阿非利加地中海沿岸地带阿比西尼亚以北,约相当今天的巴尔卡(Barca)。

③ 这是一个联合的神号。狄奥尼索斯见本书边码第 104 页注释;欧西里斯,埃及神名、伊西司女神的丈夫,被认为是埃及的保护神。希腊人把他同狄奥尼索斯(罗马的巴库斯)等同起来。

玛尔库斯·安托尼乌斯便这样地向屋大维亚努斯进行了报复,因为屋大维亚努斯曾一再对他进行过指责。屋大维亚努斯指责他没有获得有关的全权便擅自占有埃及①;指责他处死了赛克斯图斯·庞培而引起了罗马方面很大的反感;指责他对屋大维娅的所作所为有伤对方的尊严;还指责他把罗马的土地分配给外国人。首先,人们对他不满的是,他通过承认恺撒里昂而玷污了人们对优利乌斯·恺撒的怀念。虽然如此,仍然有许多元老站在玛尔库斯·安托尼乌斯一面,因为一般说来,在罗马社会中,人们对他有一种根深蒂固的偏爱。不过克列欧帕特拉却得不到任何同情。一个女人,而且是一个东方的女人②,竟僭越到敢于统率罗马的军队,统治罗马的国土,这种情况是伤害了罗马公民的自尊心的。此外,长久以来人们就害怕东方过于强大这样一种威胁,害怕大权从梯伯河转到尼罗河。当时诗人的充满激情的诗篇就生动地证实了这样的担心。屋大维亚努斯正是要煽动这种惊恐不安的情绪并且加以利用。而由于玛尔库斯·安托尼乌斯这时也正在修造一支舰队,因此两个人之间的最后一战看来已为时不远了。

公元前 33 年,当屋大维亚努斯第二次担任执政官的时候,事件接二连三地发生。他在各个边界取得的成功以及他在农村进行的改革使他的威望不断提高。因此在这一年里,他从元老院得到了一项十分光荣的委托,即选出一些家族升入贵族阶层和补充司祭职位——这一点证明甚至保守派现在也肯定他了。于是他赶忙结束了那些小规模的战争行动,并且把全部力量集中起来以便进行最后的决战。而这期间,安托尼乌斯在渡过了阿腊克色斯河并

122

---

① 按罗马传统,一切措施都必须由元老院批准才有法律效力。

② 如前所述,克列欧帕特拉并不是真正的东方人,而是马其顿人,这里的东方,只是泛指在罗马的东方。

匆忙地同美地亚国王缔结了和约之后，就把他的兵力集中在以弗
所①。克列欧帕特拉也带着大量的黄金宝物来到这里。安托尼乌
斯对屋大维亚努斯的严肃认真的意见回报以侮辱的言词。他甚至
胆敢把一个使团派到罗马去，要求元老院批准他在埃及的所作所
为。公元前 32 年度的执政官是安托尼乌斯一派的盖乌斯·索西
乌斯②和多米提乌斯·阿埃诺巴尔布斯。是他们截获了这些使节
的。于是他们通知元老院说，玛尔库斯认为三头的结合到公元前
33 年的最后一天便已结束并且不想再把它延期。

　　这时已不再只是某些决定是否合法的问题了，因为从埃及方
面传来了令人不安的消息。公元前 32 年年初，屋大维亚努斯就在
元老院对玛尔库斯·安托尼乌斯进行了尖锐的抨击。执政官索西
乌斯则慷慨陈词，对他作了回答。索西乌斯甚至要提出反对屋大
维亚努斯的一项提议，如果不是一位保民官对之加以否决的话。
两位执政官随即逃到安托尼乌斯那里去了，而屋大维亚努斯则听
任所有其他的人也这样做。而其结果则是：罗马元老院有三分之
一的人跑到东方去了。这一点证明在罗马一直还是有不少人对安
托尼乌斯表示同情的。因此屋大维亚努斯认为有必要使民众对克
列欧帕特拉的憎恨甚于对玛尔库斯·安托尼乌斯的憎恨。先前被
认为是安托尼乌斯的热烈拥护者的普兰库斯，在他从埃及返回之
后就转到屋大维亚努斯一面来，并且为他提供了丰富的材料以进
行原定的宣传。他报告说，克列欧帕特拉身边有罗马士兵组成的

123

---

① 以弗所（Ephesus），小亚细亚西岸的一个富有的伊奥尼亚城市，是地中海东部
的最大城市之一。它是在公元前 133 年阿塔路斯三世死后并入罗马的亚细亚行省的。
② 盖乌斯·索西乌斯（Gaius Sosius），公元前 38 年他是叙利亚和奇利奇亚的长
官；公元前 37 年他攻占了耶路撒冷并取得了一次凯旋的荣誉。后来他站在安托尼乌
斯一面参加了阿克提乌姆之战。

一支亲卫队，而玛尔库斯·安托尼乌斯出行时竟有阉人随侍在身边。安托尼乌斯穿埃及的衣服，带埃及的武器并且参加罗马人瞧不起的宗教仪式。5月间人们又得知，安托尼乌斯同屋大维娅离了婚并且同埃及女王正式结婚了。这个消息在罗马民众当中引起了强烈的愤慨。先前对玛尔库斯·安托尼乌斯的同情现在一下子就变成了断然的否定。自从屋大维亚努斯的代理人在群众中间大肆散布有关克列欧帕特拉的巫术的流言飞语以来，人们就更加害怕起这个"东方妖婆"来了。人们通过普兰库斯还得知，安托尼乌斯把一份遗嘱留在维斯塔贞女们①那里，但屋大维亚努斯却设法把这一文件弄到手并把它公布出来了——这是屋大维亚努斯唯一的一次干出了违反宗教惯例的事情。安托尼乌斯在他的遗嘱里肯定了恺撒里昂的合法性，他给克列欧帕特拉的孩子们留下了相当大的一笔遗产，并且事先作了如下的安排，即他死后将和克列欧帕特拉一道葬在亚历山大的王家陵墓里。这种做法只能表明，安托尼乌斯试图把帝国的首都迁到亚历山大来。人民群众的不满使元老院不能不采取有力的措施。玛尔库斯·安托尼乌斯的指挥权被元老院宣布取消，元老院还取消了安托尼乌斯的公元前31年度执政官的资格——尽管他是在当时不久前才当选为执政官的。晚秋时节，屋大维亚努斯在元老院全体在场的情况下，在倍罗娜神殿②前举行了一次隆重的仪式，以从军司祭（festialis）的身份宣布了战

124

① 维斯塔贞女（Vestales），看管圣火的女司祭，她们在罗马广场旧王宫附近有一处圆形建筑。她们共有六人，由最高司祭选定，任期三十年。在这之后，她们才允许结婚。贞女遵守极严格的戒律，但是受到高度的尊重。高级官吏不能随便干预她们的事情。

② 倍罗娜（Bellona）是古代罗马的战争女神，罗马人为她安排了一个小小的祭仪。她的神殿在玛尔斯广场上（建于公元前296年之后不久），元老院在城界（Pomerium）外开会时，多以这里为会址。

争。不过这次宣战只是针对克列欧帕特拉的,因为人们想利用人民对外国人的极大愤恨。此外还因为屋大维亚努斯早在公元前 36 年便已宣布结束了一切内战。因此最后一战就不是发生在屋大维亚努斯和玛尔库斯·安托尼乌斯之间,而是发生在罗马和埃及女王,也就是西方与东方之间了。

历史学家大都把屋大维亚努斯这时的处境说得十分危险,但实际上他当时已完全掌握了局势。从名义上来说,他仍然是三头之一,尽管他却不去提这一名号,这是一个聪明的做法,因为这一名号的法律地位是不确定的。人们正生活在一个变革的时代,这时要想在法律上作出明确的区分是没有意义的,因此军团的统帅,也就是作为国家的保护者和最高军事统帅,就想在共和国设置的职位中寻求自己行动的依据。初秋,他决定——看来是按照麦凯纳斯的意见——采取大胆的一步:他要求整个西方世界向他宣誓效忠,并且在对安托尼乌斯展开的斗争中承认他是统帅。这次宣誓应当是自愿的。但是人们却进行了广泛的准备工作以便在事先便保证这个计划万无一失。处于玛尔库斯·安托尼乌斯的保护下的城市波诺尼亚①算是例外;然而甚至安托尼乌斯安置的移民者也决定效忠于屋大维亚努斯了。半强迫性质的宣誓行动是符合罗马传统的,它有助于在公元前 31 年第三次担任执政官的屋大维亚努斯把元老院和人民争取到自己一方面来;而且这一行动对未来也具有极为重大的意义,因为它导致恺撒派和共和派的融合,也导致一种新的政治结构的出现,这就是,把不可分割的权力委托给一个人——但这又同东方的专制主义毫无共同之点。三头的结合垮

① 波诺尼亚(Bononia),山南高卢的一个重要的交通中心。公元前 196 年罗马人才从波伊人(Boii)手中取得这座城市。今名波洛尼亚(Bologna)。

掉了,屋大维亚努斯取得了 facultas imperandi,即进行统治的权力,这是一项就范围和时间而论都没有限制的统治权。这是罗马对安托尼乌斯的非罗马活动的一个答复。事态有了发展:军事篡权行动同古老的罗马共和精神形成了对立。这样就开始出现了 civilitas,即对舆论和共和传统所采取的灵活态度,这是屋大维亚努斯统治时期的一个突出的特征。

这也是那种所谓 auctoritas 即个人权威的体制的开始。这种个人权威就成了屋大维亚努斯后来的权力的真正秘密之所在,它是比任何法律上的或体制上的支持都更有力量的。在十二年中间,这个还年轻的人不仅争得了一个独一无二的地位,而且还扩充了优利乌斯·恺撒部分地传给他的荣誉。他把这一遗产理解为对人民所负的责任——noblesse oblige①;但是他又从中引申出一项无所畏惧的要求——noblesse ne se laisse pas intimider②。虽然他十分勇敢,但他又有惊人的耐心,绝不随便讲话。如果说安托尼乌斯把自己打扮成煊赫的希腊化君主,屋大维亚努斯却给了罗马人民一种新的东西:对国王的义务的一种严肃的观点,即他是他的人民的救星和父亲。把君主看成是其伟大首先通过他的有道德的行动表现出来的这样一个人,这正是荷马史诗中的阿加门农③、"他的人民的牧人",希腊的历史、柏拉图和雄辩家们的著作,还有希腊化诸王直到奥古斯都以及拜占廷诸王所持有的看法。

屋大维亚努斯的政治威望是不可动摇的。从军事的观点来

———————

① 法语:高位者必须有道德。
② 法语:高位者是不会被吓倒的。
③ 指古希腊行吟诗人荷马(Homeros)所写的史诗《伊利亚特》(*Ilias*)中迈锡尼的国王,他是特洛伊战争中希腊方面的统帅。战争的起因是因为特洛伊王子巴里斯拐跑了他的兄弟美涅拉欧斯的妻子海伦。

看,他的地位更加强大。安托尼乌斯在财政来源方面的确是比屋大维亚努斯更要充裕些,因为屋大维亚努斯的财政状况是拮据的,因而不得不经常使用不得人心的手段来征收新的租税;但是在其他每一方面,屋大维亚努斯都远远比他的对手优越。屋大维亚努斯首先拥有一支对他忠诚和组织得很好的军队;这支军队的最高统帅阿格里帕又是当时最优秀的军人。而安托尼乌斯身边却是从罗马逃出来的一批可疑分子,这些人的目标和愿望根本各不相干,并且随波逐流地受到克列欧帕特拉的那种使人头脑混乱的影响。他的侍从人员是由小国君主组成的,这些人对他只是半心半意的并且是害怕同罗马兵戎相见的。不错,希腊、马其顿、色雷斯、埃及、库列涅和爱琴海诸岛都支持他,然而屋大维亚努斯这一方面却拥有优秀得多的西方人力资源。屋大维亚努斯的舰队由大约五百艘战船组成,它们大部分是新的重型船只。他麾下有十九个罗马军团,人数总计超过六万人;这之外,还有来自亚细亚各地的大约八万名骑兵和步兵。屋大维亚努斯并不需要把他的全部兵力用来对付敌人,而只限于使用八万名步兵、一万二千名骑兵和大约四百艘战船,因为他并不过高估计敌人的力量。安托尼乌斯的计划目的则是在希腊构筑阵地,以等候屋大维亚努斯不得不在一个不利的时期发动的进攻,因为屋大维亚努斯肯定是不敢拖延决战的时期的。

127　　很多人不理解为什么安托尼乌斯把作战的主动权让给他的敌人,因为在公元前 32 年他本来是可以在一个对屋大维亚努斯十分不利的时刻进攻意大利的。但事实上玛尔库斯·安托尼乌斯并没有任何别的选择。他不敢把克列欧帕特拉带过亚得里亚海;另一方面,这个埃及女人也不容许他抛开她离去。而且,小亚细亚是他最重要的据点,他还必须保证他的军队能够有成效地保卫埃及。

甚至一个有优利乌斯·恺撒那样才能的人看来也无法做到在公元前 32 年把军队派到意大利去。

四

阿克提乌姆一役的主要经过一般是都知道的了,然而它的细节还有许多是不清楚的。阿克提乌姆一役也和阿伊戈斯波塔莫依①、帕尔撒路斯②、菲利皮③诸役一样,是一个具有决定性意义的历史事件,但是它在军事上并不曾引起人们特殊的兴趣。乘船从科尔伏去阿姆布拉奇亚湾(今天的阿尔塔湾)的旅行者可以在一片闪光的水面后边,看到有棕黄色的山丘和蓝色的埃托利亚山耸立在那里,但是对于历史事件的过程,他只能作出不完整的想象。使我们感到兴趣的并不是战斗的细节,而是两个对手的精神状态。

公元前 32 年的晚秋,玛尔库斯·安托尼乌斯的兵力布置在希腊西海岸的科尔奇腊(科尔伏)和伯罗奔尼撒西南角地方的美索涅(摩索尼)之间。 他的军队的较大部分则是驻在阿克提乌姆附近的冬营里——阿克提乌姆位于阿姆布拉奇亚湾入口处南边的那个半岛上。 他的舰队的主要部分就停泊在这里。 玛尔库斯·安托尼乌斯和克列欧帕特拉的大本营则设在科林斯湾的帕特莱(帕特拉斯)。 物资和战争必需品只能由埃及的船只运送过来。 因此在列乌卡斯(S. 玛乌腊)和美索涅必须有相当大的一支部队驻守以便

128

---

① 阿伊戈斯波塔莫依(Aigospotamoi,希腊语,意为"山羊河")是色雷斯的凯尔索涅索斯的一条小河和市镇的名字。公元前 405 年,吕珊德洛斯(Lysandros)麾下的斯巴达人在这里对雅典人取得了海战的胜利,从而结束了伯罗奔尼撒战争。

② 帕尔撒路斯(Pharsalus)是帕撒利亚(在希腊北部)南部的重要城市。公元前 48 年 8 月 9 日恺撒在这里对庞培取得了决定性的胜利。

③ 参见本书边码第 79 页和有关注释。

确保来自埃及的运输品。

如果人们想了解屋大维亚努斯的战略计划的话,那么这一事实是重要的。他把他的主力集中于布伦狄西乌姆和塔连图姆,并在公元前 31 年年初渡海去希腊。但安托尼乌斯并没有作任何努力对他加以阻击,这件事是这一战役少数重要的疑点之一。麦凯纳斯被留在罗马,但这时屋大维亚努斯却把可能会在意大利制造混乱的全部元老和骑士带在自己身边。为了确保屋大维亚努斯能以登陆,阿格里帕进攻埃及的运粮船队,攻占了美索涅并且杀死了那里的卫戍司令官玛乌列塔尼亚人波古德斯。这样,屋大维亚努斯便不受干扰地到达了埃佩洛斯,并且迅速地向南推进,想对在阿姆布拉奇亚湾的玛尔库斯·安托尼乌斯发动出其不意的进攻。安托尼乌斯被阿格里帕的胜利搞得惊慌失措,因此他赶忙在阿克提乌姆的半岛上占取了一个坚固的阵地——但同时又用他的舰船封锁了港湾。没有取得任何意外胜利的屋大维亚努斯在北方米奇利齐的山丘上设防固守,这个地方离后来建立尼科波利斯城(帕列欧普列维扎)的地点不远。他用土垒和壕沟把他的营地同离阿克提乌姆不远的、科玛路斯湾内的码头相连接。安托尼乌斯想迫使对方展开战斗,就横越过海峡把他的军队布置在屋大维亚努斯以南二英里的地方。同时他的骑兵试图在北面切断敌人的水的供应。在这一计划被证明是行不通的(因为无法确保一块五英里多长的地段)之后,安托尼乌斯便退回了阿克提乌姆。但这时他却被包围和切断了,因为阿格里帕已经做到破坏了他同海上的联系。列乌卡斯和帕特莱被攻占,来自埃及的粮食供应线被破坏了。

这一炎热的夏天越是持续下去,玛尔库斯·安托尼乌斯的处境也就越是变得无法忍受。屋大维亚努斯的军团和卫戍部队是驻在适于健康的地区,反之,安托尼乌斯的军团和卫戍部队却由于瘟疫和不足的口粮而越来越被削弱了。现在他不得不从希腊东部穿过埃托利亚的山路来运送食品了。更糟糕的是,开小差的士兵越来越多,而且对嫌疑分子的处决也不能起什么作用。阿门塔斯①率领着伽拉提亚②的两千名骑兵投到屋大维亚努斯的一面去了,病得要死的多米提乌斯·阿埃诺巴尔布斯和戴利乌斯③也学了他的样子,人们背后都说这个戴利乌斯是克列欧帕特拉的情夫。克列欧帕特拉对于这一战役也完全同对于帕尔提亚战役一样,是不感兴趣的,理由是:如果玛尔库斯·安托尼乌斯真的打败了屋大维亚努斯并且胜利地返回罗马的话,她将会失去自己对他的影响。虽然如此,如果像人们多次假定的那样,说她竟然试图背叛安托尼乌斯,这看来也是很少可能的。克列欧帕特拉建议由她来指挥舰队,并且用这种办法以期使战斗取得成果。如果这个办法失败,她和安托尼乌斯随时都可以逃到埃及去重新补充他们的军队,并保卫东方以对抗屋大维亚努斯。安托尼乌斯毫不迟疑地同意了她的意见,并在8月底完成了他的备战工作。但是投到屋大维亚努斯那面去的一个人却把屋大维亚努斯的敌人的意图告诉了他,这样屋大维亚努斯就能以及时地采取对策了。

　　他还希望能避免一次战斗并建议要玛尔库斯·安托尼乌斯的舰队不受干扰地通过海峡,以便此后能不经战斗而制服它。他认

————————

　　①　阿门塔斯(Amyntas)是布路图斯和卡西乌斯麾下的伽拉提亚骑兵部队的司令官。他曾参加公元前42年的菲利皮之战,但是因为转向三头方面而得到赦免。公元前40年伽拉提亚国王戴欧塔茹斯死后,安托尼乌斯允许他保有小亚细亚的大部分。

　　②　伽拉提亚(Galatia),小亚细亚中心部分的一个地区。公元前25年被定为罗马行省。

　　③　克温图斯·戴利乌斯(Quintus Dellius),曾奉安托尼乌斯之派召请过克列欧帕特拉(菲利皮一战之后)。这是一个随风转舵的人,过去背离过多拉贝拉和卡西乌斯。他后来写过一部历史记述这一时期的事情。

130　为,向埃及逃跑的安托尼乌斯的这种光景,将会引起大量开小差的现象。但阿格里帕确信,一场战斗是不可避免的;他也担心他的轻便的船只根本无法赶上玛尔库斯·安托尼乌斯的张起满帆的重型舰船。自从同赛克斯图斯·庞培决战以来,屋大维亚努斯就完全放弃了修造重型舰船的想法,而仅限于使用小型的、更便于操纵的舰船。8 月底一些天的天气十分恶劣,但是 9 月 2 日的早上却是晴朗的,能见度高,并且从海上刮起了常见的和风。因此屋大维亚努斯就在这一天出海了。阿格里帕担任最高统帅,他指挥左翼并且迎着安托尼乌斯前进。屋大维亚努斯则指挥右翼。在离运河河口一英里的地方,他下令摇船手停了下来。快到中午的时候,安托尼乌斯的舰队出现了,它同样也停了下来。在风向改变的时候,战斗开始了。这之后的细节如何我们就不清楚了;但无论如何,安托尼乌斯和阿格里帕展开了激烈的战斗,而且,看来阿格里帕的轻型船只对安托尼乌斯的重型舰船,正好像在英国的运河上德雷克①的舰队对西班牙的巨大的无敌舰队②的情况一样,也是致命的。从战斗一开始,安托尼乌斯的情况就不妙,而在受到包围之后,形势就更加危险了。他的兵力的核心部分事实上已开始大规模地开小差,他的许多人投降了,并且安托尼乌斯本人突然间也离开了他的旗舰,逃到克列欧帕特拉的一艘已经升起了帆的桡船上去。他们两个人是谁发出了逃跑的信号我们不知道,但总之是约定了一个信号以应付不可避免的失败场合。当玛尔库斯·安托尼乌斯的

---

　　① 弗兰西斯·德雷克爵士(Sir Francis Drake,1540—1596 年),在英国被称为海战的英雄,因为在 1588 年他曾以小击大,打败了西班牙的无敌舰队。德雷克又是英国第一个做环球航行的人(1577—1580 年)。

　　② 无敌舰队是西班牙国王菲利浦二世派出征讨英国的大舰队,舰队十分庞大,号称无敌。

舰队看到他们的统帅逃到埃及的一艘舰船上去的时候,他们就不打算进行任何抵抗了。一些舰船来到还有庇护作用的港湾,另一些舰船则投降或被歼灭了。屋大维亚努斯对于这次迅速取得的胜利大感意外:这一夜他是怀着等待的心情在海上度过的;他设法把被包围的人们从燃烧着的船身中救出来,直到早上才返回海湾。而甚至在这里,他发现敌人的抵抗也垮掉了。

　　安托尼乌斯遭到的失败是决定性的了。他自己的军队、罗马和整个西方世界都同他处于对立的地位。在阿克提乌姆一战之后,希腊城市,除了被阿格里帕攻占的科林斯以外,立刻就都投降了。屋大维亚努斯在雅典度过了冬天,并且在公元前30年1月应阿格里帕之请求渡海来到了布伦狄西乌姆,以便解决因遣散士兵而发生的种种困难。在他作出了用埃及的财富来赔偿被剥夺了土地的人们的保证之后,现在他势必试图取得这些财富并且同玛尔库斯·安托尼乌斯与埃及女王算账。克列欧帕特拉的旗舰的紫帆确实安全地把安托尼乌斯带到了东方,但是在这里他发现他的最后希望破灭了。他的驻在库列涅的军团拒绝服从他的命令而归附了屋大维亚努斯的副帅科尔涅利乌斯·伽路斯①。安托尼乌斯在亚历山大陷入了深深的忧郁;克列欧帕特拉的大胆的计划他根本听不进去。无论是攻占西班牙的银矿的想法,还是向着太阳远走东方去建立一个印度世界帝国的想法,都不能使他摆脱忧郁的情绪而振作起来。看来男子汉的一切品质在他身上都消失了。他派出一些谈判者到屋大维亚努斯那里去以商讨达成一项协议的条

---

　　①　盖乌斯·科尔涅利乌斯·伽路斯(Gaius Cornelius Gallus)生于公元前69年左右,他在攻占埃及这一行动上起过很大的作用,并且被任命为埃及的第一任的代理官。但此人后来由于恃功自傲,有个人野心而被屋大维亚努斯召回,终于在公元前26年自杀。他能写诗,但没有传下来。他的友人维吉尔有纪念他的诗篇。

件,但这些人却毫无结果地回来了。屋大维亚努斯不予回答,却派出了一支对付玛尔库斯·安托尼乌斯的骑兵队伍。安托尼乌斯还想作一次绝望的抵抗,但是当他的士兵纷纷逃散,并且他又得到有关克列欧帕特拉死去的讹传时,他就伏剑自杀了。他死时请求埋葬在王家的陵墓中克列欧帕特拉的身旁。他是死在克列欧帕特拉的怀抱之中的。他的死亡使屋大维亚努斯大大地松了一口气。

　　这出戏的最后一幕就以浪漫的悲惨事件而告结束了。屋大维亚努斯对于克列欧帕特拉的恳切请求只给了一个闪烁其词的、毫无实质性内容的回答。他想在她活着的时候制服她,以便充分享受自己的胜利。这同时也能充分有力地向罗马证明,东方不会再有任何威胁存在了。在罗马人的性格中是不存在骑士精神(Ritterlichkeit)的①。当克列欧帕特拉在亚历山大同屋大维亚努斯会见时,她想通过一种热情的态度来打动他,要他记起她过去同优利乌斯·恺撒的关系,但是他听她讲话时低着头,连看也不看她一眼。他像石块那样一动不动,连一句回答也没有。同情不幸的人这种感情是他从来没有过的。他要人把她护送回王宫并严加看守。当她知道她会遭到怎样的命运时,她是像一位女王似地接受了这一命运的。屋大维亚努斯下令处死两个孩子:十六岁的恺撒里昂和十四岁的安图路斯②——富尔维娅和安托尼乌斯的儿子。这是他最后一次的政治性的残酷行为,而所以说是政治性的行为,是因为这两个少年人对他的权力是一个危险。克列欧帕特拉知道,他对她是会宽大的。但她要人们把她放在装着绿色无花果的

———————

① 骑士精神这里指讨好女人、向女人献殷勤的作风。

② 安图路斯(Antyllus)是希腊人对安托尼乌斯和富尔维娅所生的长子玛尔库斯·安托尼乌斯的称呼。公元前37年他曾同屋大维亚努斯的女儿优利娅订婚。

篮子里,篮子里还有一条蝮蛇,蝮蛇意味着太阳神的使者①。当屋大维亚努斯接到报告她的情况的一封信而赶到她那里去时,发现她已经死了。她的尸体被盛装打扮起来并给戴上王冠,躺在她的两名宫女卡尔米昂和伊腊丝中间。屋大维亚努斯把她葬在安托尼乌斯身旁,并且同意给她的两名忠心的宫女举行盛大的葬礼。

五

安托尼乌斯的死亡被莎士比亚写成了他的一出戏的戏剧高潮——也就是当他摘下头盔以便说明他伏剑自杀"并非胆怯"的时候。实际上,当他登上克列欧帕特拉的桡船的时候,他已经准备自杀了。他坐在舰船的舵手身旁,把头垂在胸前——这时他是逃到一个外国女人那里去的人——这样一个形象象征着他的希望业已破灭,他的内心已经崩溃。在一个短时期中间,他在罗马是一个非法的人物:他的所有雕像被推倒,他的名字从光荣的编年大事记中被划掉。维吉尔在他的史诗《埃涅阿斯》里描述强盗卡库斯的形象②时甚至是以他为模特儿的。但是罗马并不能长时期对这样一个人持敌视态度,因为此人在许多方面毕竟还是一个引人注目的人物。奥古斯都把他的名字重新列入职官名录,而后来的三位皇帝竟因同他有血统关系而感到自豪。他的面容并不匀称,而他的性格却是同他的外表相称的。他有巨大的才能,但是他不能在内心里使这些才能协调起来。他的激烈的情绪一再破坏他的思想与

133

<hr/>

① 克列欧帕特拉自认为是太阳神列(Re)的女儿,因此这就意味着她被召回到自己的父亲那里去了。

② 卡库斯(Cacus),在罗马神话中最初可能是火神,后来成了害人的妖怪,因偷吃赫拉克利斯的一些从盖里昂那里取得的牲畜而被他杀死。

行动之间之和谐。对于他身上的每一种美德——他的美德是不少
的——他都有一项缺点加以抵消。一个屋大维亚努斯式的人物的
钢铁般的意志力和冷静的、坚不可摧的勇气在长时期当中必然对
他那种捉摸不定、忽冷忽热的性格表现出自己的优越性。屋大维
亚努斯是他的一位伟大的对手,因而在莎士比亚的戏剧①中,那预
言者理所当然地警告他说:

> 你的护身精灵——也就是支配着你的那个精灵是高尚、
> 勇敢、崇高的——远远地优于
> 恺撒的精灵;然而在他身旁
> 你却满怀恐惧,因为你被他震摄住了。②

134   他是这样一种人物的典型的例子:这种人虽然命中注定会跻
身显要,可是却又仅仅占了第二把交椅,而且,由于自己身上的缺
点,他的努力结果还是失败了。

但克列欧帕特拉的声誉并没有因为她在内心忐忑不安的罗马
手中③所遭受的侮辱而有所损害。"无与伦比的女人"——这就是
世人对她的评价。她和特洛伊的海伦④是这样的两个女人:她们
是代表女人征服了男人的心的那种力量的传奇人物,是那种力量

---

① 即《安东尼(安托尼乌斯)和克列欧帕特拉》(*Anthony and Cleopatra*)。

② 这几句话见于莎士比亚:《安东尼(安托尼乌斯)和克列欧帕特拉》一剧第二幕
第三场。

③ 这里是说罗马认识到克列欧帕特拉的力量和影响,因而一直在怕她。

④ 海伦(Helen),据希腊传说是美涅拉欧斯(斯巴达国王阿加门农之弟)的妻子,
因特洛伊王子巴里斯的引诱而同他私奔,结果引起了特洛伊战争。荷马史诗《伊利亚
特》即以这一战争为主题。

的象征。如果把她只说成是一个殉情者或一个人间的阿芙洛狄特①，这对她的杰出的精神是不公正的。她是埃及的一位聪明能干的统治者，那里的人在许多年中间一直怀念着她。七世纪科普特人②的一位主教谈到她的时候，把她说成是他们的民族的最杰出的代表人物，说她"本人是伟大的并且做出了伟大的事业"。她是一位对经济问题有深刻理解的妇女，她创造并领导了新的工业，并且组织了对玛尔库斯·安托尼乌斯的舰队和军队的供应工作。她写过一部有关美容的著作，还写过一部有关钱币、重量和度量的作品。在她的友人中间有像柏拉图主义者皮洛斯特拉托斯③和属于逍遥学派的尼古拉欧斯④那样的哲学家。她的勇气是不可动摇的，但这勇气又不使任何人感到畏惧。当玛尔库斯·安托尼乌斯命运不佳时，她并不感到绝望，而是把战斗坚持到最后。只有当别无任何办法的时候，她才选择了死亡的道路。她是大地上的凡人，却又好像是按照上天的节奏而活跃于人世的。

要驳斥对于克列欧帕特拉的错误评价是容易的，但是要描绘克列欧帕特拉的真正面目就困难了，因为有关她的资料大部分都散失了。如果我们知道优利乌斯·恺撒对她的看法的话，我们就能比较容易地解决这个问题了，因为大家都承认，他曾对克列欧帕特拉发生过很大的影响，并且恺撒是她同样地既倾心又深为理解

---

①　阿芙洛狄特(Aphrodite)，希腊神话中的爱、美与丰产女神，相当于罗马的维纳斯(Venus)。

②　科普特人是公元五世纪以来埃及信奉基督教的一个民族。

③　当时姓皮洛斯特拉托斯的哲学家很多，此处具体指何人未详。

④　当指大马士革人尼古拉欧斯(Nicolaus of Damascus)。此人是希罗大帝的友人，除哲学作品外，还写过戏剧和科学著作。他的最大作品是一部有一百四十四卷之多的通史，从最早时期一直叙述到公元前 4 年，但只有第 1—7 卷的摘录保存下来。逍遥学派指亚里士多德的学派。

135　的唯一男子。她的主要目标是明确的：她是亚历山大的继承人，并且试图借助罗马的力量把埃及王国重新建立起来。但她并不仅限于有恢复王朝的雄心壮志；在她身上还有一个"不朽的要求"。那就是她把自己看成是一种古老文化的保卫者，而如果没有她这样一个人，这个文化就注定要灭亡了。她的建立一个世界国家的理想多半是从优利乌斯·恺撒那里来的。这个世界国家是建立在一个人类共同体上面；在这个国家里，所有古老文化的成就和谐地相互配合在一起。她在罗马度过的那些年月使她发现了罗马精神的严酷与狭隘——她从来也不曾克服这样一种认识，尽管她同安托尼乌斯和他的友人有十分密切的联系。她反对罗马的心胸狭隘的庸俗作风——这种作风曾把如此多古老的和美好的事物碾碎在它的轮子下面——并且想把她所喜爱的无限丰富多彩的世界改造成一个有益的统一体。她没有看到意大利性格中的优点，她看到的只是这种性格的缺点。使她感到振奋的不仅是希腊化的文化，在这一文化之外还有更多的东西，那是只有优利乌斯·恺撒才理解的东西，是一种珍奇的、绝妙的东西，是在先前亚细亚和阿非利加各王国的存在时期产生出来的。

　　　　在金绿玉、绿柱玉和橄榄石
　　　　以及绿玉髓、红宝石，还有缠丝玛瑙的
　　　　枝条下面的不朽之火。

　　历史对克列欧帕特拉的信仰已经作出了它的宣判。她心目中的希腊化文化受到歪曲，并且她对于帝国的看法也是有不足之处的。希腊时代的真诚的美已经消失了，而它的精神的"宝石般的"火焰已经为一般祭坛上点起的火所取代了。受希腊文化影响的人们已经取得了对希腊人的胜利。现在人们毋宁是在意大利而不是在埃及,才发现了古希腊的淳朴和知足的精神。埃及的大学的学风是卖弄的,埃及的宫廷是浮华堕落的,埃及的各民族是受到奴役的。罗马并不能从亚历山大学到什么东西。直到半个世纪之后,东方才必然对世界作出巨大的贡献;但是它不是来自古老的王国,而是来自巴勒斯坦的光秃秃的丘陵①。亚历山大、优利乌斯·恺撒和克列欧帕特拉的古老的梦——把有人居住的世界结合成一个伟大国家的梦,这个梦只有从西方才能实现,因为在那里,人们生活在有秩序的自由天地之中。在屋大维亚努斯的冷静头脑里面,已经有了通过百折不挠的意志和不可动摇的权力而实现这一梦想的蓝图。

136

---

① 此处喻指基督教的兴起。

国家之第一公民

第一章　基石

139

（公元前 30 年—公元前 27 年）

> 就他的地位而论,他的意志并不属于他。
>
> 他本人要从属于他的出身。
>
> 他不能像普通人做的那样
>
> 为自己进行选择;因为他的选择
>
> 关系到全国的安全和幸福。
>
> ——《哈姆雷特》

一

当今天的历史学家回顾两千年前的阿克提乌姆一战时,他想把帷幕揭开并且使当时发生的事件能为历史所阐明和作出解释。我们在时间上离开那次战斗太远了,因此我们无法理解,为什么它意味着二百年的条理井然的统治与合法权力的先决条件。当时的人们并不是从和我们同样的高度来看待事物的,他们认为重大决定的后果如何还是个未知数。即使一个巨大的危险被排除了,同样具有威胁性的另一些危险依然存在。老普利尼①就谈到过"罗

---

① 老普利尼,即盖乌斯·普利尼·谢孔都斯(Gaius Plinius Secundus,公元 23—79 年),北意大利科莫姆人,出身富裕的家庭,曾在日耳曼各行省的军队中担任骑兵职务,

马和平的无比庄严",但这看来只是修辞学上的一句空话。全世界确实暂时大大地松了一口气,不过人类的真正宁静的时期却并没有到来。人们在惊惶不安和阴森恐怖的气氛中生活得太久了,他们亲眼目睹了太多的灾难,以致鼓不起勇气再敢抱有什么新的希望了。罗马向往的并不是自由,而是法治和古老的、经过长期考验的正统局面①。当诗人以欢乐的心情写出

140
Nunc est bibendum,nunc pede libero

pulsanda rellus——

(现在让我们饮酒,现在让我们自由自在地踏地而舞——)

的时候,罗马的一般公民却根本同这种欢欣鼓舞的心情毫无关系。这时由于外交形势的发展对自己有利,他暂时感到松了一口气,但是激愤的民主派和顽固的保守派之间的紧张关系却依然继续存在下去。罗马准备适应新的局势,但是它恋恋于古老的形式并且把它的全部希望寄托在正从东方返回自己的意大利家园的一个还不到三十四岁的青年人身上。所有的人一致同意的看法是:他的天赋的使命就是重建世界的秩序,因此人们必须赋予他必要的权力以完成这一任务②——将来的历史也一直会是这个样子的。

———————

从公元 60 年左右起开始了语法修辞方面的研究。在维斯帕西亚努斯当政时,他再度任官,在若干行省担任过代理官。他因试图观察维苏威火山喷火情况而罹难。他一生写过许多作品,涉及的部门也十分广泛(历史、修辞、投枪术等等),但全部失传,传世的只有三十七卷的《自然史》,这是他在读了两万卷书之后所作的摘录。这部百科全书式的作品对于罗马古代文化的研究是无可估价的。

①　这里指几百年来父祖相传的城邦共和体制。罗马人认为这才是合法的,是罗马人精神寄托之所在。

②　这可以同我国的天命说相比较。这种思想远在周朝就已表现得很完整。孔子虽然对天命有所怀疑,但因其不可测而仍不敢不对之采取敬畏的态度。

　　奥古斯都（Augustus）——屋大维亚努斯用他两年后才取得的这个名号进入了历史——利用公元前 30 年最后两个月的时间来处理近东和中东的事务。埃及被并入了罗马的版图，它的财宝被运到了罗马。在对一些藩属小王的关系方面也作了各种各样的改变，但是一般说来，奥古斯都维持了安托尼乌斯缔结的协定。帕尔提亚和阿尔明尼亚暂时并不使他担心。当新的一年的元旦他的第五任执政官任期开始时，他正在撒摩斯①。在缓慢的旅程中他于初夏到达了布伦狄西乌姆，后来他又在涅阿波利斯②休息了几天——而维吉尔就在这里向他朗诵了这期间完成的《格奥尔吉卡》。征服者和诗人之间的这次会晤肯定给奥古斯都留下了深刻的印象，要知道，除了维吉尔的美好的诗句之外，有什么能够更加强烈地激起他对意大利的热爱呢？总之，奥古斯都在这几个月里经历的是大多数人经过高度紧张和巨大成功之后自然会产生的那种精疲力尽的感觉。在十五年之久的时期内，他从来也没有过任何肉体上或精神上休整复原的机会。

　　对于奥古斯都面临的众多的和繁重的没有解决的任务，他现在的态度是怎样的呢？他的事实上的和道义上的掌权地位是巩固地树立起来了；然而他还要经受一次艰巨的性格上的考验。他享有重建世界的崇高荣誉，但这一荣誉也带来了极重的担子——然而奥古斯都已经十分疲倦了。同亚历山大相反，他认为内部的结合与建立对一个世界国家的统治并不比他的征服容易。而且在最近几个月里，他的健康状况也进一步恶化了，他来到意大利时成了

141

---

　　① 撒摩斯（Samos）是小亚细亚西部沿岸的一个大岛，同以弗所相对，以希拉神殿闻名（希拉相当罗马的朱诺，Juno）。

　　② 涅阿波利斯（Neapolis，希腊语意为"新城"）是康帕尼亚的希腊沿海城市。公元前 327 年罗马人占领了此城，它在公元前 39 年取得公民权，成了自治市。

个病人。他终其一生都不得不同自己的身体虚弱和容易生病的情况进行斗争。他的血液循环不好,他的颈部是敏感的;为了他的胃,他得吃专门调制的食品,并且他常受到肾脏病的威胁。他在世上不会活得很久这样一个想法可能会使他有这样一种感觉,即开始执行一项看来他也许不可能完成的伟大任务的做法是无益的,又是可笑的。他没有料到命运为了这项任务又给了他四十四年的时间,而亚历山大却只有十年的时间来完成他一生的事业①。对于通常人们理解的荣誉,他是毫不介意的。想到罗马为他准备的接待时,他只会感到厌恶。奥古斯都并不是爱虚荣的人;他并不喜欢每天用桂冠来装点自己,然而优利乌斯·恺撒却是很喜欢把它戴在头上的②。他也讨厌阿尔巴·隆伽的国王穿的红色高底靴,尽管他是喜欢穿高底靴的,因为这样他的形象显得高大一些③。

142　奥古斯都从心里厌恶他将会遇到的各种仪式、节日的喧闹和浮夸的捧场演说;他的抵抗力减弱了,他所要求的更多是到普通老百姓中间去休息一下,而不是站到高台上去要民众向他欢呼致敬。看来对于等待他解决的任务,他甚至想在短时期中间回避一下。这倒不是他怀疑自己的能力:他从来没有失去自信心。但目前他缺乏热情;他的全面的衰竭使他觉得他要走下去的路太远了,也太困难了。现在,在使世界恢复了和平之后,他也像苏拉那样回到个人

---

①　亚历山大大帝(亚历山大三世)于公元前 336 年继菲利浦二世之后即位,公元前 334 年他率领四万马其顿与希腊军队越过海列斯彭特开始出征,于公元前 324 年到达波斯,次年 6 月即染热病死去,年仅三十多一点。

②　据说恺撒经常戴桂冠是为了遮盖自己的秃头。

③　古代希腊罗马的悲剧演员都穿这种高底靴子(希腊语 Kothornos)以显得高大一些,这有如我国京剧和某些地方剧种中生净等行当的演员穿厚底靴。又按阿尔巴·隆伽(Alba Longa)为传说中埃涅阿斯之子阿斯卡尼乌斯在罗马东南阿尔巴努斯山上建立的城市。

的生活中间去①而让政局自行发展,这是否更好一些?狄奥②在他的著作中有一卷就编写进去很长的一次会谈,会谈中阿格里帕建议恢复共和国,反之,麦凯纳斯则主张施行元首制(Principat)。这种讨论可能从来也没有发生过,而只带有学院的性质。这些讨论所反映的只不过是演说学校中辩论练习,而由不同角色分担这种理论上的探讨而已③。但是狄奥还是把这些话引用到自己的历史作品里来,这一情况可以使人们推想到,当时奥古斯都内心里还是拿不定主意应当怎样办。甚至贺拉斯在他的第一部诗集的第十四诗篇中都坚决地请求这位把和平带给罗马人民的人不要使自己的任务半途而废。

松劲的情绪不久也就得到了克服:这或者是因为同维吉尔进行的令人振奋的谈话和奥古斯都的友人们的敦促,或者是因为作为一个军人,他不能随便离开他的岗位。总之,奥古斯都还是屈服于他不得不做的事情了。没有他本人,没有他的领导,罗马过去的混乱状态肯定会再度发生。因此还在他进入首都之前,他就已经清楚地知道他的目的是什么并且下了最后的决心。通过一次冷静的估计,他弄清楚了他行使权力的手段……军队在他手里——在遣散工作结束后还有二十七个军团,此外还有最高统率权,这在过去曾是苏拉、庞培和优利乌斯·恺撒的权力的基础。最高统率权使任何人对他都没有异议。他的军队是当时世界上④唯一真正的

143

---

① 苏拉退出政治舞台的原因说法很多,但总之绝不是由于把名利看淡了。

② 即狄奥·卡西乌斯,这里指他的《罗马史》。他的历史对史料多不加批判,所以错误很多,需要平行的史料加以核对。

③ 西方史书中这种对话、讨论和演说大多是作者本人所写或借用修辞学家的作品(如希罗多德的《历史》中有关政体的讨论),但亦有例外,例如塔西佗的史书中记述的某些演说,经后来发现的原始资料核对,基本上是忠实的。

④ 只能说在人们当时知道的西方世界的范围内。

军队,并且处于他的独一无二的最高领导之下。他的发号施令的权力并不是建立在没有什么法律依据的三头关系上,而是在普遍的同意之下正式授给他的并且为西方世界所认可。这种权力是无条件的和不受限制的:这样,他就取得了执政官的地位、最高统率权和一位保民官的权利。这三项职务足够他改组国家机构的了。然而比这些法律上的先决条件更加重要的是他的 auctoritas[①],也就是他在罗马世界赢得的个人的巨大影响。

在整理自己的思想时他认识到,他所追求的是实际的成就,而不是任何胜利。他只想战胜克列欧帕特拉和对罗马有威胁作用的东方;但是他必须绝对避免伤害罗马的任何居民阶层或活跃在意大利的任何一种利益。[②] 他的高瞻远瞩的事业心和他的钢铁意志在这方面当然对他会有所帮助。关于这一点,苏埃托尼乌斯[③]发现了这样的几句话:“但愿我的特权就是把国家建立得巩固而又安全,并且从这一行动中取得我所期望的成果。但这又只有在我可以被人们称为尽可能好的政府的创建者并且在我死去时可以指望我为国家奠立的基础将不会动摇的时候。”

目的是清楚了,但是要达到这个目的的道路还需要摸索。奥古斯都必须能预见到人民希望的是什么,并且回避人民所不喜欢的东西;应当小心谨慎地使大家的愿望适应和从属于他个人的意志。使他成为只是一个中等的军人的特点——他不愿为了当时的

———————————

① auctoritas 这个拉丁语词在这里是取其道义上的权威(authority)一义。此外,它还有核准、决定、全权等等意义。这种做法使奥古斯都成为个人崇拜的对象,成为不受任何约束的统治者。

② 保持安定,使人们都能休养生息,这是奥古斯都取得显著成就的决定性因素之一。

③ 苏埃托尼乌斯(Suetonius):《奥古斯都传》(《十二恺撒传》,第 2 卷,第 28 章)。见本书附录二。

一次胜利而采取大胆的行动——对于作为政治家的他这样一个人来说却是有益的。否则,对于罗马的敏感的国内政治生活,他不愿进行任何不必要的负荷试验并且用这种办法来危害四千四百万人的命运。他的改革都应当慢慢地成熟,完全是循序渐进地加以推行,使之自然而然地产生成果。戏剧性的突发事件和大规模的"打击"(coupa)是从一开始就被排除了的。但他所以谨慎从事还有另外一个理由。一直是他的楷模的优利乌斯·恺撒在罗马的政治生活和行省管理方面曾经经历过一个漫长的学习时期,而他本人在这方面却是一个新手。特别三头这个组织对治理国家的活动来说,并不意味任何锻炼。

他的第一个任务就是使政治机器重新运转起来。对于优利乌斯·恺撒所曾设想的王国,他是断然地加以否定。他也绝不愿像恺撒那样着手实现激进的改革计划。他宁可尽量地支持已经显示动向并且对他本人的意图持有完全反对态度的保守反动势力,但是他同优利乌斯·恺撒在如下一点上意见却是完全一致的,即权威必须结合在唯一的一个人身上;当然,这要有充分的法律根据并且为全体公民所认可。人们能采用什么方法来处理继承人的问题,他暂时可以不去管它,因为这个问题太难办了。当前的要求是繁重的,需要他付出全力。罗马不希望任何自治,但是它希望有一个保持历史传统的好的政府,希望保存古老的共和国的形式。为此奥古斯都需要合作者。

当他把传统的高级官吏职位在形式上保存下来,并且他本人也为自己取得了一切权利——但对某些职务不负实际责任——的时候,任务就解决了。

这里正是理解奥古斯都的体制的一个关键所在。为了回避专制主义的外表,人们必须把古老的血统贵族引入政治生活,此外,还要委托他们执行公务并且不能再使他们心怀不满地躲在后面。对于这一任务的完成,利维娅的高贵出身、她的策略和她那天生的聪明智慧,对奥古斯都来说都具有无可估量的价值。罗马一切阶级的人们都对古老的贵族满怀敬畏的感情,甚至在提出了尖锐批评的地方。人们必然要扩充这种贵族的力量,并且像优利乌斯·恺撒所曾计划的那样,为他们输送新的血液,却又注意到把源远流长的家族作为核心。奥古斯都确信,他是会把贵族争取到自己方面来的。元首制的历史证明了他的成功,因为罗马最有声望的家族——卡尔普尔尼乌斯家族(Calpurnii)、科尔涅利乌斯家族(Cornelii)、瓦列里乌斯家族(Valerii)、埃米利乌斯家族(Aemilii)和法比乌斯家族(Fabii)①——的代表人物都成了他的合作者。

意大利必须始终是国家的重心。奥古斯都是意大利人,在意大利受教育,而且在感情上肯定是同意大利有密切联系的;他的理智也把他引到这个方向上来。意大利是直到几十年前才统一并归属于罗马的。因此意大利的爱国主义还只是处于形成过程之中。他和恺撒一样,也是个世界主义者②。罗马是永久之都,拉丁的要素在国家的文化中应当起决定作用。奥古斯都想造成一种新的populus Romanus(罗马人民),这种罗马人民以意大利人民为基础,但是他们即使在一个世界国家中也不失去他们自己的特点,因此对未来的体制来说,他们将成为主要的成分。

向世界四面八方扩展的帝国被奥古斯都看成是一个巨大的保护国,是他把和平、安全、法律、自信心和某种自由给予这个国家的,但是这个国家必须把罗马置于前列。在这个世界国家的个别

---

① 这里所列举的是罗马共和国最显赫的五个家族。
② 这里的世界主义者指建立世界范围的国家的想法,不同于现在宣传的世界主义。

部分,不可能出现任何能以同拉丁人的自豪相抗衡的地方民族主义。对于这一广大地区来说,罗马是恩人和保护者,这一地区可以在经济上并且在较小的范围内也在政治上为罗马服务。就这一点来说,阿克顿勋爵①的话是适用的:"不同民族在一个国家组织中联合起来,犹如不同的人在一个团体中共同生活,同样也是文明生活的一个必要的前提。不发达的民族通过同较进步的民族共同生活,在精神上将能得到提高。垂死的和走下坡路的民族通过同较年轻的民族的接触可以得到新生。在专制制度或者一种残害自己的民主制度②的道德败坏的影响下失去了组织和管理能力的民族,在一个比较坚强的和不曾腐化的民族的领导之下会恢复活力并重新崛起。但只有当这些民族在一个政府下统一起来的时候,才能达到这种革新。这样一个国家锻冶厂可以做到把一部分人类的力量、能力和智慧移植到另一部分人类身上去。"同优利乌斯·恺撒相比,奥古斯都把更大的希望寄托于意大利,而对于其余的国土却不那么寄予愿望。罗马始终应是世界国家的施予的部分。

　　对于边境上的问题,奥古斯都虽然大体上是清楚的,但是它的个别问题应如何解决,他就不知道了。罗马不想再进行任何征服了。军队不想在战场上取得更多的胜利,而只应成为一支常备的自卫部队,其任务就是在个别行省维持秩序。当他放眼扫视各个地方的地平线时,他看到从埃及到大西洋的阿非利加边界都有了一定的保证。高卢和西班牙不会引起任何担心,因为那里的困难只是内政

147

---

　　①　似指约翰·埃麦里克·爱德华·达尔柏格·阿克顿(John Emerich Edward Dal-berg-Acton,1834—1902年),英国历史学家,曾任剑桥大学近代史教授(1895—1902年)。

　　②　资产阶级政治家笔下的"民主制度"(democracy)一词大多指的是"暴民统治",不可与今天对这一词的理解相混。这犹如他们理解的 materialism,往往不是我们所说的唯物主义,而是沉湎于物欲,追求物质享受的作风。

性质的困难。而且,帝国的天然边界是由地中海决定下来的。但是历史却使它在北方和东方继续扩大。这一事实值得重视。人们甚至不得不考虑收缩罗马的边界,这样就更便于保卫,便于建立相互之间的联系。奥古斯都认为把阿尔明尼亚划到罗马世界国家的领土之外也许是聪明的办法,因为阿尔明尼亚本来就不是属于这个国家的。但是他却十分坚决地想把多瑙河作为罗马的东北边界,而只有这样才可以确保通向博斯波鲁斯的陆路,而博斯波鲁斯正是保卫罗马帝国的一个关键的战略据点。那么对莱茵河又怎么办呢?这个问题一时还没有办法解决。也许是出于保卫国土的考虑,人们认为有必要向东攻入德意志,并开辟通向多瑙河的一条较短的道路。

二

奥古斯都是在 8 月 13 日正式进入罗马的。元老院已经把大量的荣誉加到胜利者的头上。在这年的元旦,他的全部行政活动便已得到批准。在布伦狄西乌姆和罗马都建立了凯旋门,门上刻写着这样的铭文:Res publica conservata,意思就是“他保存了共和国”。奥古斯都的生日、阿克提乌姆之战的那一天和他进入亚历山大的日子都永久被宣布为神圣的节日。举行了三次凯旋式以纪念达尔玛提亚、阿克提乌姆和埃及三次战役的胜利。奥古斯都的名字和诸神的名字一道被写进了颂歌,并且在罗马历史上第三次关闭了雅努斯神殿①。

_____

① 雅努斯(Janus)是罗马的城门守护神,他的著名的神殿就在罗马广场的北侧,它有东西两个门,由于士兵出征时先要穿行此门,所以雅努斯又是开始之神。神殿的门战时打开,和平时期才关闭。按:在罗马历史上,王政时期国王努玛关闭过一次;第二次是在公元前 235 年,这是第三次,后来尼禄和维斯帕西亚努斯又各关闭过一次。

奥古斯都不得不再次容忍人们把他无法避免的荣誉加到自己身上。他缺乏罗马人的那种喜欢观看表演和爱好热闹的节日的兴头。他甚至不喜欢公民游行行列的那种虚张声势的排场。但是庆祝胜利的活动是无法回避的。而且这些活动比之十七年前为优利乌斯·恺撒举行的庆祝活动,其规模又大多了。城市的各区,即所谓特里布斯①,作为献礼给了他两千磅黄金,但是他坚决地谢绝了。反之,他自己却从埃及的财库中甚至给了民众大量的赠款。此外,他还蠲免了所有拖欠的租税,并且代民众偿还了全部债务。第一天用来庆祝在达尔玛提亚和潘诺尼亚的胜利;第二天庆祝阿克提乌姆一战的胜利并展示玛尔库斯·安托尼乌斯的舰船的船头;第三天则用来庆祝在埃及的胜利。人们把安托尼乌斯和克列欧帕特拉之间所生的孩子带在游行行列里,还把已死的女王的像放在抬床上在街道上通过。然后就是以空前的规模举行的表演和展示野兽;把一座神殿奉献给已被宣布为神的优利乌斯·恺撒,以及为元老院的新建筑,即优利乌斯会堂(Curia Julia)举行揭幕式。

对于奥古斯都的脆弱的健康来说,各种仪节是一个沉重的负担。实际上在秋天和大部分的冬天他都是生病的。但是这种不得已的休息对他却是一种幸福,因为这使他能够有机会仔细地深入考虑以后应当采取哪些步骤。无论在帕拉提乌姆山上他自己的家

149

他的形象是一座门或双头神(见于罗马初期的铜币上),他的祭日在1月9日,在祈祷时他的名字一直被放在首位,他的名字用来给第一个月份命名,直到今天,欧洲许多语言中的1月(如英语的January)都是从它的名字演变而来的。

① 特里布斯(tribus)原是人种的区分,后来成了地区的区分。罗马最初有四个特里布斯(tribus urbanae),到公元前235年增加到三十五个,此后即不再增加。每一公民必须在一个特里布斯里登记。这一体制在帝国时期仍然保持着,不过这时属于各特里布斯的越来越多的却是行省居民了。

里（这里先前是霍尔田西乌斯①的邸宅），还是在埃斯克维利埃山上麦凯纳斯的邸宅里，都进行过长时间的商谈。阿格里帕现在成了他在帕拉提乌姆山上的邻居；人们也给了阿格里帕大量的荣誉，把他放在国内第二个最重要的位置上。此外，由于同屋大维娅的女儿玛尔凯拉②结了婚，阿格里帕就成了统治家族的一员。对他更合适的是作战事务，而不是研究一种新的体制；一般说来，他更多是一个行动家，而不是一个思辨家；不过他是聪明的，他对于办事神速而又充满幻想的麦凯纳斯是一个有效的补充。在漫长的冬天的晚上，就是这三个人在制订重建帝国的第一批计划。

两个基本原则是：实际的权力，即使它有合法的外衣，也应当掌握在奥古斯都手里。这就是说，他的每一项命令事实上必须由还保存着的共和国这一组织所承认和通过。奥古斯都的地位只有较小的部分是出于合法的权力授予，较大的部分是他个人擅自攫取的。因此在这里也必须作一个改变，并且在绝对合法的基础上进行一次新的批准。到这时为止，他的职权恰好能为这种做法铲平道路；现在要做的就是着手进行营建这件事本身罢了。他的新的掌权地位可以说是特殊的，并且超越了历史在这方面所能提供的任何先例，然而这种地位又必须按照古老的传统得自元老院和人民。奥古斯都本人很清楚，罗马国内的政局最后应当变成什么样子，但是他并不打算突然地和出人意料地把它强加给民众。他想从现在还保存在手中的权力开始，使事情按照他的意

---

① 霍拉提乌斯·霍尔田西乌斯（Horatius Hortensius），生于公元前 114 年，是罗马著名政治家和演说家。他过去是苏拉派，为当时法界的领袖人物。公元前 69 年他任执政官。他还以豪奢的生活而知名，他的邸宅在罗马也是有名的。他死于公元前 50 年，他的演说没有一篇保存下来。

② 玛尔凯拉（Marcella）是屋大维娅和盖乌斯·克劳狄乌斯·玛尔凯路斯（Gaius Claudius Marcellus，公元前 50 年度执政官）所生。

旨慢慢地发展。他是一位国务活动家,而绝不是一位政治理论家。

　　既然国家的首脑必须有一个名义,那么下面的一项任务就是给他想出一个头衔了。他毫不犹豫地拒绝了优利乌斯·恺撒决定采用的 imperator(统帅)的称号。他把这一头衔当作别名来使用,就像他的舅祖父所曾做过的那样。他也像其他将领那样,把它附加到自己的名字上,因为其他将领在胜利的战斗后也允许他们的士兵以这一名义向他们自己欢呼致敬。而且,在日常生活中,"统帅"这个称号听起来过于有杀气腾腾和独断专行的味道。然而有一个词确切地表述了奥古斯都所追求的地位并且还具有一定的传统意义,这个词就是元首(princeps)。西塞罗曾把这个词用于伯里克利斯①,此人在所有罗马作家的心目中乃是一位理想的国务活动家的化身。西塞罗还把这一词用于他十分尊重的庞培。当奥古斯都给自己加上"因传统而变得神圣的"头衔时,这样,一个已经存在的情况就更加明确地被确定为一个职务了。元首这个词还会给人以这样的印象,即它所涉及的是这样一个人,一个肩负着治国的主要重担的人,人们最好是把它理解为"国家的第一公民和仆人"。这样看来,princeps 就不是 princeps senatus(首席元老)的略称,不是他同样取得并且终其一生都保有的一种身份,然而这个头衔却能使这一古老的共和体制的某些光彩返照到保有这一头衔的人物身上。而且"元首"的头衔使许多人感到亲切,它在任何地方也不会引起异议。

　　当奥古斯都考虑到头衔问题时,他的做法比优利乌斯·恺撒

---

　　①　伯里克利斯(Perikles,约公元前 495—前 429 年),雅典政治家,民主派领袖伯里克利斯时代的雅典是古代文明的高峰。

要聪明,恺撒没有看到,单是一个名义就有多大的力量①。

151   奥古斯都的下一步就是确定他的统治地位应当披上怎样一件合适的外衣。不言而喻,他必须拥有以国家法律作为装饰的实际权力。对于罗马人偏爱古老的体制以及他们喜欢计较不重要的法律细节这一点,他了解得太清楚了,因此他就在尽可能长的时期内不打算触动它们,并且使他在国内的实际统治同它们协调一致起来。他更加需要的是一个实际的、而不是一个理论上的掌权地位。罗马的根本大法(Verfassung)这种东西是根本不存在的,因为罗马的政治生活始终处于不断的变动之中,而且,甚至在按照共和国的一切规定来重建它的时候,对于"共和"这个概念,他也不能取得任何一致的看法。因此他必须设法把他个人的威望同罗马还与之有关联但又不会妨碍他的行动自由的那些制度结合在一起。他根本不是法学家,而只是一个讲求实际的国务活动家;他的意见以事实为依据,而不拘泥于死板的条文。

首先他必须设法使自己在任何情况下都能把共和国的最重要的官职保持在自己手里。这就是执政官的职位,而这可以按古老的办法通过每年的选举加以保证。有了这个职务,人们就认为他已经取得了罗马国家公认的领袖的尊贵身份。然而单单有执政官的职务是不够的。他的威望的分量在于他是军队的最高统帅。人们怎样才能给这种发号施令的权力以法律上的依据呢?只有通过这样的办法,即人们把 imperium proconsulare(同执政官的统率权)授给他,这样他就同时既是执政官,又是同执政官了。尽管人们的这种处理方法背离了通常的共和国实践,然而这种做法在历

———————————

① 中国从古以来就看到了"正名"的力量,孔子早就强调正名的必要性。提出"必也正名乎",认为"名不正则言不顺,言不顺则事不成"。

史上还是有一个类似先例的,这就是在公元前 52 年,在保守派中间享有威信的庞培就曾被授予这两项职务。人们不能不承认爱德华·迈耶尔的话是正确的,因为他指出,与其认为奥古斯都是优利乌斯·恺撒的继承人,毋宁说他是庞培的继承人。

152

　　但是一位同执政官的职权范围并不能及于罗马。然而奥古斯都却绝对需要这样一个地位:这个地位使他同人民保持密切的联系,并且掩盖了如下的严酷的现实,即他的最高权力在于他对军队的最高统率权。保民官这样一个受到尊重的职务,是像奥古斯都这样一个贵族无法担任的,尽管人们已经给了他许多应当属于保民官的特权。但是他还必须设法为自己弄到这个他还没有得到的职位——因此也就是对某一项职务的不承担义务的权力。公元前48 年优利乌斯·恺撒在元老院也曾坐在保民官的位子上;而正是保民官的权力对奥古斯都来说,具有无可估量的价值,因为他虽然力求取得国家的统治大权,但是他却完全不愿给人以独裁的印象。如果他是保民官,那他就取得了人身不可侵犯的权利、召开元老院的会议并领导会上的辩论的权利、在人民大会进行选举时担任主持人的权利、提名个别候选人的权利、对高级官吏的行政工作提出异议的权利、对司法行政工作加以干预和监督的权利,以及最后,必要时在城内或城外一英里的范围内帮助每一公民的权利。但是他必须保护自己使不受首席保民官和他的同僚的任何可能的侵犯。后来的评论者塔西佗认为保民官的权力正是奥古斯都用以掩盖自己的巨大影响的秘密所在。元首制既不是独裁,又不是王政或一种延长任期的执政官职务,而是扩大了职权的保民官职务。它把一方面的元首和另一方面人民对格拉古兄弟和优利乌斯·恺撒的尊重结合在一起,并且使他在世人眼里看起来像是一般公民利益的保护者。虽然他实际的权力是建立在军队上,但是保民官的地位

153

使他直接同人民发生关系,此外还提高了他的道义上的威望。奥古斯都的《行述》证明,奥古斯都本人对这个职务有多高的估价。

但是在奥古斯都能以致力解决一个最困难的问题即元老院的问题之前,他还需要增加一项权力。他必须取得一位监察官的权利,否则他将不可能把元老院和贵族紧紧地控制在自己手里,而这一点正是必需的改革所要求的。作为保民官,他有可能对政治生活进行广泛的改革;但是要组织一次人口调查——包括财产的估计和人口的计算,而且这事从公元前 70 年以来就被忽略了——以及要审核元老院和整个阶级体制,他就需要一项专门为此(ad hoc)树立的权威了。

公元前 28 年,开始了他担任执政官的第六个年头。在这一任执政官期间,他的同僚阿格里帕就在他身边。在这之前不久,他又取得了监察权(potestas censoria)。他立刻利用这一权力,进行了一次人口调查,并且清洗了没有工作能力的元老院①。同时他还用平民阶级中最优秀的分子补充了贵族的名额,并且为人民举行了隆重的被除献牲式②——这一祭仪在罗马已经四十二年之久没有举行过了。

有了用这样办法加以清洗并且在人数上也压缩了的元老院和一批精选的贵族,现在他可以着手解决第一项重大的任务了。这就是在他和元老院之间分配世界国家的官职。他可以不去管人民大会,尽管人民大会在理论上是最高的立法机构,在民主制度下经历过一个短短的兴旺时期并且在特殊的场合下证明自己总还是有用的;不过它们终究是一种没有活力的组织,既没有威望,也不能

154

---

① 元老名额减到八百人左右。

② 向诸神献牲以被除罪恶的古老的宗教仪节。史料未指出具体节日的名称。

进行独立的活动。元老院的情况则不同。元老院是共和国的心脏和灵魂,在人民中间享有从过去时代一直保留下来的威信和尊严。而由于现在对它的成员按照杰出人物原来的标准再次进行了挑选,奥古斯都从此就能够同元老院共同进行统治了。他的意图乃是恢复共和国的一切体制,只要它们是行之有效的。没有元老院的共和国是毫无意义的,而没有贵族的元老院也是毫无意义的。奥古斯都的理想是一个以一批精选的贵族为基干的元老院,一个按古罗马的体制建立起来的元老院,而不是像优利乌斯·恺撒所计划的那样的元老院——那种元老院乃是由罗马国家各地的代表组成的一个集合体。他想把这样一个团体所能胜任的一切义务和权利都交给它。不过他自己却想保留作出最后决定的权力和对于事务处理的决定性影响。元老院应当像现代的立宪王国那样进行统治,并且在为它规定的界限之内充分开展活动。对奥古斯都来说,军队依旧是起决定作用的权力源泉。但是他并不愿在不是绝对必要的时候在人民面前使用这一权力。

三

　　罗马体制的恢复和改造的基础就这样地准备起来了,然而在这里还必须创造出一种不可缺少的人民的气氛。公元前 28 年,奥古斯都还在第六任执政官的任期内,他就认真地同阿格里帕分享了所有的荣誉和义务。继而他在一天里只通过一道法令,就把所有的 acta,也就是三头过去特别公布的全部法令予以取消,以便使过去的专制统治从人们的记忆中消失。他增加了用于自由分配的粮食的数量,并且给贫苦的元老以现金的馈赠,以便使他们能以执行公务。他的目的在于取得人民的信任,使他们对他的人道精神

155

和他的人格的不可侵犯性确信无疑。首先他想公开表示自己对罗马本城的爱，以便缓和所有那些说什么政府机构可能从罗马迁走的谣传。他还拟订了建立新的城市的计划，重建被毁的和倾圮的神殿以及修建新的圣堂的计划。在这方面所需的金钱，大部分由他个人提供，而对于土地的每一非法的剥夺，他都加以禁止。他建议他的友人也像他本人所做的那样，向人民表明自己是做好事的人。卡尔腊腊①大理石矿的发现使得人们能够用大理石把旧的砖造和胶泥的建筑物装点起来。

人们开始修建了许多著名的公共建筑物：维斯塔神殿②、卡皮托利乌姆山上的朱庇特神殿③、帕拉提乌姆山上的阿波罗神殿④（西比拉预言书⑤就保存在这里）。后来又为复仇者玛尔斯⑥修造了一座神殿，神殿是在菲利皮一役之后奉献的。拥有优利乌斯家

---

① 卡尔腊腊(Carrara)是意大利玛撒-埃-卡尔腊腊省的一个城镇。
② 维斯塔(Vesta)是罗马神话中的灶神，相当希腊神话中的希斯提娅(Hestia)，她的圆形神殿在罗马广场东侧旧王宫(Regia)附近。据传来自特洛伊的圣火就保存在这里，主持这一神殿的是维斯塔贞女(Vestales)若干人，由最高司祭选任。按这类建筑物是重建或修复性质。
③ 卡皮托利乌姆山(Capitolium)为罗马七山之一，例为公共集会和宗教事物的中心，罗马朱庇特、朱诺、米涅尔瓦的大神殿是这一地区最著名的建筑物，曾多次被烧掉和重建。
④ 帕拉提乌姆山(Palatium)为罗马七山之一，传统认为它是最早有人居住的地区。共和时期它是贵族区，帝国时期是皇宫区。英语 Palace(皇宫)即系由此词变化而来。阿波罗是希腊的音乐、医药、预言……之神，为希腊最高之神宙斯和列托之子，早在公元前五世纪罗马便有他的神殿。
⑤ 西比拉(Sibylla)是传统的女预言者，她的预言书(libri sibyllini)据瓦罗的说法在十个地方都有。预言书是诗体的，只有在发生异变时，经元老院批准，才能由专门的司祭团去查看预言书(libri consulere 或 inspicere)。
⑥ 玛尔斯(Mars)是罗马神话中的战神，相当希腊神话中的阿列斯(Ares)。在旧罗马历中，正月就是以他的名字命名的。为他举行的节日有好几个，大抵有为战争作准备的意味。他的神殿也在卡皮托利乌姆山。这里的复仇者玛尔斯(Mars Ultor)则有为恺撒复仇的意思。

族巨大陵墓的玛尔斯广场①重新加以铺装;阿格里帕则把优利乌斯·恺撒在特拉维尔琴开始营造的大理石建筑撒埃普塔·优利亚（Saepta Julia）②的工程完成了。最后还修建了第一座万神殿③,第一座圆形剧场④和撒图尔努斯大神殿⑤。所有这些建筑物的营造当然会使公民们确信,一个真正的罗马人、一个考虑到罗马这座城市的永恒性的人正在这里进行工作。虽然奥古斯都是这样地为永恒性而进行建设,但是对于他向人民提供的体制的暂时的性质却不抱任何虚假的希望。它只意味着一种尝试,一种生命十分有限的手段,而且,有朝一日,它必须彻底加以改变。奥古斯都有意不加强调的它的基本原则应当继续保持下去。但是许多个别的规定则必须逐步改变或完全消失。这样,在他进行一次大规模的实验时,罗马应当是他的伙伴,一个以充分信任的态度加以培育的伙伴,因为他对于自己所处的优势地位是深信不疑的。所有阶级的人民都渴望过一种宁静的、有条不紊的生活并且对战争深感厌倦。这一情况对奥古斯都是有利的。在他征服了世界并争得了和平之后,现在人们都希望他能确保这一和平局面。对他来说,另一个有

---

　　① 玛尔斯广场（Campus Martius）是沿梯伯河一直扩展到品奇乌斯山、克维里那利斯山和卡皮托利乌姆山山下的平原。广场在罗马城界之外,最初用于牧场,后用为百人团民会集会场所和军队集合之地。再后则开始出现市场、神殿、陵墓乃至私人的别墅。

　　② 玛尔斯广场上的人民投票厅。

　　③ 万神殿是阿格里帕修建的（公元前 27—前 25 年）,神殿圆形,象征天空（犹如我国的天坛也是圆形的）。

　　④ 圆形剧场（amphitheatrum）大体和今天的体育场类似,古罗马时它也用于剑奴和野兽的表演。最早的永久性的这一座是公元前 29 年由斯塔提利乌斯·陶路斯修建的。

　　⑤ 撒图尔努斯（Saturnus）在罗马神话中是播种之神（satus 意为播种了的）,他的节日（Saturnalia）在秋播之后的 12 月,是农历中最大的节日。他的神殿位于卡皮托利乌姆山的山坡上,后来被用作罗马的国库（Aerarium Saturni）。

利之点是他的财富:他的家族的财产和埃及的财富使他能够减轻国家的负担,消除国家的债务,下令着手大规模的国家营造活动,从而排除了失业现象。通过这种办法,古老的罗马的自豪感和罗马公民的荣誉得到了有力的推动,却又不致把新的税收加到普通民众身上。没有人在官职和地位方面可以同奥古斯都竞争,因为没有一个人甚至在权力和影响方面和他差不多。也没有任何一个政治派别有可能同他抗衡。那些严厉、古板的共和派已经消失了,人们对共和国的爱,与其说是一种教义,毋宁说是他充分理解的一种模糊的感情。

优利乌斯·恺撒的精神遗产本来极可能对奥古斯都是一种危险,但是奥古斯都的著名先行者的高瞻远瞩的计划在罗马从来不曾得到理解,而且,甚至这种思想的狂热信徒也不能把它同任何明确的概念联系到一起。奥古斯都从一开始就否定了优利乌斯·恺撒所曾计划的许多东西,或者为它们找到一种完全不同的解释。因此在保守派看来,奥古斯都的专制统治同优利乌斯·恺撒的目标是断然相反的。然而甚至恺撒派本身也表示满意,因为他们的英雄的杀身大仇已经得到了对等的报复,并且他们从来也不曾理解这位当权人物内心深处的东西。只是偶尔会有一位执拗的思想家意识到,世界失去的是对于人类共同生活的新形式的绝妙的幻想。优利乌斯·恺撒的思想只继续存在于秘密的、远离现实的梦里……

第二章　保存共和

（公元前 27 年—公元前 23 年）

> 法律就其最广泛的意义而论，只不过
> 是实际关系的当然反映。
>
> ——孟德斯鸠:《法的精神》

> 有如用铅锤和拉簧秤称量事物，我们
> 在品行中也发现有直的，有斜的:偏
> 离表明一种方向。
>
> ——《哈姆雷特》

一

现在一切都已准备妥当，放弃一切权力和职位——这是一个
新时代的先决条件——的时刻到来了。公元前 27 年 1 月 13 日，
奥古斯都在新组成的元老院上作了一次 gran rifiuto①。他坐在高
级官吏的座椅上，面色还因不久前刚刚痊愈的一场病而显得苍白;
他还是个青年人，但是他的三十六年的生涯有一半是用之于不间

---

① 意大利语:大规模的放弃权力。

断的操劳的,现在他却愿意把一切官职和尊荣重新归还给罗马人民了。他是执政官,拥有十分光荣的元首头衔和一位保民官的权力。他朗诵自己的演说,因为他很少讲话并且在重要的场合下从不随便讲话,即使我们不是像狄奥所说的那样,相信奥古斯都具有演说的才能,但是他讲的事情还是给人们以深刻的印象。"我将不再领导你们……请从我手中取回自由和共和国,请接受军队和被征服的行省并且按你们自己的意愿自己来治理吧。"元老院吓得不知怎样是好,却又感到得意。他们没有想到奥古斯都会发表这样的演说,因而他们极为激动,因为他们害怕再回到那个不幸的时代去——当时军队相互作战,统帅彼此敌视,全国的行政系统陷入一片混乱。相当数量的元老事先被引为心腹,打了招呼,因此他们就把元老院的讨论引上了元首希望的那样的轨道。他们心怀感激地赞扬奥古斯都放弃权力的举动,但是他们不同意他的这种做法并把他交回到他们手中的权力重新授予了奥古斯都——不过他们的这次授予却采用了另一种本质上是更加广泛的形式。

为了表示他们的感谢,他们再次把一切极大的荣誉大量加到奥古斯都的身上。因此元老院在 1 月 18 日发布命令,奥古斯都家中所有的门柱都要加上特殊的月桂的装饰,而且他家正门的阳台上则饰以橡树叶——过去这是只有在战斗中救了同伴性命的士兵才能得到这样的荣誉标记。此外还决定:赛克斯提利斯月(Sextilis)从现在起应当因他的称号而改为奥古斯都月(Augustus);在元老院会堂的入口处,为了对他表示敬意而放置一只金盾,上面刻着这样的字样:"勇敢和宽厚,正义和虔敬。"更加重要的是,按照同执政官普兰库斯这个天生的叛徒①的建议,屋大维亚努斯应当永

---

① 路奇乌斯·穆那奇乌斯·普兰库斯(Lucius Munatius Plancus),早年从恺撒出征高卢,公元前 43 年他违反了对西塞罗所作的保证,转到安托尼乌斯一面。阿克提乌姆一役之前,他又脱离了安托尼乌斯投到屋大维亚努斯一面。

远取得"奥古斯都"的称号,这个称号不仅是一种官衔,而且是一种荣誉的头衔,就好像过去苏拉被尊崇为"幸福的"(Felix),而庞培被尊崇为"伟大的"(Magnus)那样。这个名号没有遭到任何反对——看来这可能是出于麦凯纳斯这位幕后的"不出头露面的谋士"的设想;这个名号选得很妙,具有启发的象征力量。它的意义很像后世的"上天福佑的",上天的选民,而用狄奥的话来说,则它意味着这样一个人——他位于众人之上,然而他仍然是一个人,而绝不是东方的神。"奥古斯都"这个名号是元首和古老的宗教习俗之间的一个衔接环节。它预示了一个新的 inauguratio,即一个新的时代的开始。一位救主在罗马出现了,他保护了处于极大困难之中的国家免遭毁灭。共和国复活了,或者不如说保存下来了,因为它从来也不曾停止存在过。西塞罗的梦想实现了。实际上,元首并没有交卸他的职权。他之交卸职权只不过是一种姿态,只是聪明的一着棋,而这必然使得人民和元老院相信,重新组建国家的重任是在他们手里的。关于建设的方法,人们在小范围内已经取得一致的意见,元老院高兴地同意把新的任务委托给当时最有权力,也是最善于治理国家的这个人。他必须担任共和国的最高职务,这不仅仅是为了维护古老的传统,而且是为了对罗马和意大利的这一职务表示应有的尊敬。作为每年都重新当选、同时又拥有保民官权力的执政官,奥古斯都将要对罗马国内的政治生活发生决定性的影响,而著名的元老则可以以同僚执政官的身份参加国家的治理。此外,他必须继续拥有对军队的最高指挥权,因此也就是拥有同执政官的大权(Imperium),而且,他还以长官的身份拥有驻军的各行省。

160

　　如果边界的安全得到保证的话,那就不可能有任何更好的秩序了。当然,他并不可能亲自治理所有的行省,而是必须委派同行政长官的副帅做他的代理人——类似的情况在庞培时期已经有过了。元老院通过同执政官和同行政长官治理十个富裕的和秩序良好的行省,只是在伊利里亚和阿非利加会发生困难。奥古斯都亲自负责治理西方、北方和东方的边界地区——西班牙和路西塔尼亚①、两个高卢(包括日耳曼边界地区)、叙利亚和奇利奇亚②,还有他作为个人领地统治了三年的埃及③,最后则是离后面这几个地方不远的塞浦路斯。

这些新的措施绝不是革新的措施,而是从共和国成立以来便有许多先例可寻的。高级官吏和元首有同等的权力;同执政官的大权是由奥古斯都和元老院分享的。不过,如果说元首的意志起有决定性的作用,则原因是在于他的荣誉地位,并首先是在于他的个人品德。他清楚地认识到,一次变革总是意味着要发生最大规模的反应,意味着回到被人们忽略的形式上去,还意味着人们要回过头来对长期被压制的目标和愿望重新作一次估价。《行述》是他对自己的行动的一种辩解:"我拒绝担任同我们祖先的体制相抵触的任何一项职务……我虽然比别的什么人有较高的威望,但是我根据法律取得的权力并不大于任何一位高级官吏。"

从新体制的其他细节当中也可以看出同样的被掩饰起来的高招。元老院的尊严提高了,它的影响加深了。它成了国家的第一

---

① 路西塔尼亚(Lusitania)约略相当于今天的葡萄牙。

② 奇利奇亚(Cilicia)在小亚细亚东南沿海地带,同塞浦路斯隔海相对。公元前二世纪这里是对罗马进行骚扰的海盗的根据地。公元前 67 年才最后被庞培征服。西塞罗曾任这里的长官(公元前 52—前 51 年)。

③ 在保证粮食供应这一意义上,埃及对罗马有特殊的重要性。

个立法机构并且被委以管理财务的职权①。按照共和国的规定，人民提出他们的要求而元老院则把这些要求变为正式的决定。这一古老的转换作用虽然保持下来了，但是人民大会与其说是一个能发挥作用的现实团体，毋宁说是一种虚有其表的东西，尽管奥古斯都即使在今后也尽量至少保持同人民合作这样一种假象。高级官吏仍然和先前一样地由人民大会选出，人民大会在某些情况下还有权特别批准法律。但是，它们却失去了决定战争或和平这样一项重要的特权。有一些根据可以认为，奥古斯都也和当时的恺撒一样，玩弄这样一种思想，好像他把一些更大的权力给予了人民大会并且把人民大会打扮成好像是意大利全体公民的代表者。不过这个计划是行不通的，因为在一般情况下，参加这样的人民大会的人只有那些没有什么代表性的罗马城市平民。

人民大会失去的权力却转给了元老院，元老院现在成了一个起决定性作用的机构。元老院拥有由法律加以规定的广泛权利，并且在许多事情上有执行的权力。首先它在国内是最后一级的机构，而由于是它把它的权力委托给元首，当然它也可以重新把它收回来。元首奥古斯都可以根据自己的决定加强自己的地位，但这只是因为他个人有重大影响，而不是因为他在法律上有权这样做。元老院更多像是现代的一个立宪君主，因为他只君临，却不统治。它体现了两个原则：它为古老的、传统的贵族政治开辟了道路，并且它使得包括海外地区在内的整个帝国都看到了罗马这个权力中

---

① 国库（aerarium）通常由财务官负责，财务官（quaestor）下设秘书（scribae）、执事（viatores）等各有专司。国库设在卡皮托利乌姆山上的撒图尔努斯神殿内，国家的重要文件也保存在这里。元老院对之只是一般加以监督而已。恺撒用两个营造官来代替财务官。奥古斯都则是要元老院直接负责国库的管理，为此指派了两名长官（prae-fecti）司其事（公元前 28 年），后来当事人又升格为两名行政长官（公元前 23 年）。

心。从形式上来看,元老院拥有较苏拉时期以来更大的权力,但实际上,它只拥有一种虽说广泛,然而是经过仔细权衡的行政权力。虽然元首拥有执政官、同执政官和保民官的权威,但他所领导的绝不是空中楼阁,而是抓得住、感觉得到的东西。

毫无疑问,奥古斯都想把处理内政方面的艰巨任务交给元老院,因为国家的高级职位和重要的军事职位都留给了它的成员,此外,他通过更多新的职位而丰富了元老的经历。国家的官吏很多出身于元老阶级。在奥古斯都去世时发布的命令中,他要求凡能适合担任国家公职的人都把它们担负起来,但是 ceteris pari-bus①,尽管其余的人有同样的权利,旧的贵族还是占有优先的地位。更重要的是:他成立了一个类似内阁或政府委员会的机构,它是由元老院成员组成的,目的在于协助他处理事务,甚至在应当由他独自裁决的事务上面。后来这个内阁的成员的人数增加了,成员的任期延长了;它由执政官一人、行政长官一人、营造官一人、保民官一人、监察官一人组成,参加这个内阁的还有用抽签办法选出的十五名元老。内阁的任期为六个月。这个委员会为元老院的会议做准备工作,而由于它可以说是元老院这一机构的缩影,因而它对元老院的动向一直是了解的。此外,看来它在奥古斯都处理政务问题方面还直接起咨询作用。

这就是重建的第一阶段——这一尝试要进行十年,然后再加以改变和扩大。奥古斯都十分巧妙地致力于使共和国与其说在内容方面不如说在形式上同一个新的帝国的要求协调起来。在对这一尝试作出判断时必须注意它的实际效果,而不是它是否同古老的法律与实践一致。首先,人们必须避免两个错误。第一,认为

---

① 拉丁语:在其他条件相同的情况下。

奥古斯都早在创立元首制时便已经计划好了这一体制此后的行动
步骤。公元前 27 年的调整实际上可以被认为是一次实验，它应当
按照当时的要求作一些改变，因为奥古斯都也和劳雷①一样，他确
信，"时机不成熟的东西也不会受到时代的认可"。狄奥在这方面
特别有错误的看法，因为他以为元首制的发展一直延续到他的时
代，他并且也像后来的历史学家所做的那样，责怪奥古斯都，说他
从一开始就对元首制权力的扩大有一个制订得明确的计划。新的
调整的很大的优点在于能以转移政治的重心，当然，这是要适应整
个行政管理的要求。第二个错误是，人们指责奥古斯都，说他为了
进行欺骗而提出了一种政治哲学，同时他又在暗中破坏这一哲学。
不过他的目的是十分实际的，而像后来的希腊历史学家所做的那
样，想把他们当时的政治思想强加到他的身上，这是错误的；或者，
像罗马法学家所认为的那样，说他想按照严格的法律原则重新建
立古老的共和国，这也是不对的。

　　他真的这样做了吗？尽管人们在解答这一问题时，不必要地
费了很多心思，但这实际上是毫无意义的，因为问题是怎样一个共
和国？是一个简朴的古老的城邦吗？谁也不会为它惋惜的。要把
这样的城邦恢复起来，人们是一点兴趣也没有了。人们也许想把
罗马人民压缩成仍然像当时少量的居民；也许想按照一个公民的
官职来评价他的地位；也许认为可能回复到马里乌斯以前征募军
队的办法以及复活不文明的风习和一种放荡的道德上面去？任何
一个居民阶层的任何一个罗马人也不会同意这样一种倒退的变
革。如果我们想探讨当时的恢复公民自由的问题，我们必须特别

164

---

　　①　瓦尔特·劳雷(Walter Raleigh，1552—1618 年)，英国伊丽莎白女王的宠臣、
殖民者、历史学家和诗人。他曾把斯宾塞引荐给女王。詹姆士一世即位后他被囚在伦
敦塔；1616 年被释后曾远征去亚那等地，但失败了。1618 年他被判处死刑。

165　小心行事。罗马的 libertas① 和希腊的 eleutheria② 二者的含义并不相同。libertas 并不是一种没有任何限制的自由,也并不意味着一个极小的政治单位的自给自足,而是意味着对于一个更大的整体的从属地位。人们也许把它说成是"消除任性(Willkür)但是不排除意志(Willen)……在这里,代替在实际上服从已知的法律的情况下那种没有被理解的自由,人们看到的乃是自觉地适应法律和权利,并且不会发生为从来不被承认的法律所奴役的情况"。"元首制"和"自由"(libertas)绝不是矛盾的,而是相互依存的。

　　因此共和国的一切制度,凡有生命力者,奥古斯都均予以保存,让它们为各种行政任务效劳。人们不能把元首制强行限制在一个确定的法律形式之内,因为它是紧急需要的一种产物;它又是一种尝试,这种尝试想把许多发展的可能性包括进来,并且有足够的适应能力,足以使古老的罗马传统同实际的要求相互融合为一体。这里涉及的绝不是任何一般所理解的君主制——然而人们却又可以把它说成是一种有限制的君主制,在这种制度下,人们必须把重点放到"有限制的"这一词上面。元首虽然同其他人分享他的义务,却并不同他们分享他的权力。这样看来,蒙森所用的 Dyarchie③ 一词就根本未能揭示出元首制的底蕴了。欧尔特腊玛里使用了 Tri-archie④ 这个词,这样他就同西塞罗的看法一致了,因为西塞罗就曾强调把国王的和贵族的权力同人民的权力结合在一起。然而更简单的办法是:既不把这种政治结构看成是君主制,也不把它看成是共和制,而是把它看成是一种新的统治形式,至于它最后会变成

---

① libertas 拉丁语意为"自由",特指公民的、政治上的自由。
② eleutheria 希腊语意为自由。
③ 德语:二头政治。
④ 德语:三头政治。

什么样子,那就只有天知道了。在开头,力量是平均的,然而只有 166
时间才能表明,重心到底是在元首的一方,还是元老院的一方。

从法律上来看,元老院和人民拥有同共和国时期同样的统治
权力。从理论上来说,这二者的权力是最大的,是它们把权力授予
元首的,而且这一权力任何时候都可以从他手中收回。因此就还
规定了一个十年的任期,这是苏拉之前的法律就已经作了规定的。
同执政官的大权(imperium proconsulare),也就是他的政治权力
的基础,乃是回复到古老的共和国时期执政官的没有限制的职权
上去。按照古老的传统,元首是一位拥有非常权力的高级官吏,人
们是按照共和国的榜样和共和国的方式把这些权力授给他的。

不过法律的观点既不是唯一的,也不是最重要的观点,因为奥
古斯都事实上所占居的地位不可能受任何法律的限制——不管当
时的法律如何,任何时期的大人物所取得的都是这样一种地位。
元老院所能作出的选择只能是:要么同意奥古斯都的这一权力,要
么回到无政府的混乱状态中去。还要看到一个重要的事实:经常
驻守在帝国各地的军团,作为军人的职责,必须向有元首身份的奥
古斯都宣誓效忠,并且承认他为最高的军事统帅。既然军事领导
方面的改变看来是不可想象的,因此,不言而喻,人们只能把这种
最高统率权定为一种终身享有权力。奥古斯都决心在任何时候都
不放开统治的缰绳,罗马同样也愿意承认这一情况,这样便进一步
加强了奥古斯都的影响。尽管奥古斯都决心维护古老的体制,但
这些东西最后必然是日益退到不重要的地位上去。奥古斯都把过 167
去的力量用于改造未来,但是这种力量的部分已经耗尽了。元首
的职权是同共和国的惯例相适应的,但是把这些职权都集中在一个
人手里,这却完全是一件新鲜事情。不过这个人此外还是一位天才
的国务活动家。确实他表现出他在真诚地努力按照法律行事。但

是要把新的生命充实到这空壳中去毕竟是不可能的,人们不可能把小小一个城邦的统治方式应用到一个庞大的帝国上面去。

　　新的原则都被记载在一项法令上并且由人民和元老院顺利地通过了。也许保守的法学家如安提斯提乌斯·拉贝欧①内心里并不同意,但是他们和传统主义者一样也都默不作声。他们的政治信仰只受感情的制约并且是建立在前途毫无希望的祖先(血统)自豪感之上的。用拉美奈②的话来说,就是"共和派自己使共和国变成了一个不可能存在的东西"。

二

　　大多数的立法者在采取新的行政措施时会感到自己必须注意时间和地点的变化。不过奥古斯都却是真诚地确信:他的计划是完美无缺的,而罗马也会给予有效的合作。他甚至如此绝对地相信自己的好运气,以致在他重修了佛拉米尼亚大道③之后,就向北开始了他的多次旅行中的第一次,这种旅行使得他——且不说那个坐不住的哈德里安——被指责为一位最好出游的罗马皇帝。而

---

　　① 玛尔库斯·安提斯提乌斯·拉贝欧(Marcus Antistius Labeo),罗马元老,死于公元10年左右,一位学识渊博并有创见的法学家,在当时和后世均享有盛誉。

　　② 费里西戴·罗贝尔·德·拉美奈(Félicité Robert de Lamennais,1782—1854年),法国司祭、宗教理论家、评论家。曾因宗教见解的不同而被教皇格列高里十六世开除出教会,此后进行政治活动,1848年二月革命后任国民议会议员;拿破仑第三政变后退出政界。他的重要著作有《人民之书》(*Livre du peuple*)、《现代的奴役。一种哲学的提要》(*Esclavage moderne*, *esquisse d'une Philosophie*),《罗马事件》(*Affaires de Rome*)等。

　　③ 佛拉米尼亚大道(Via Flaminia)是从罗马通向意大利北部的大道,公元前220年由当时任监察官的盖乌斯·佛拉米尼乌斯修建。它从罗马到亚得里亚海沿岸的阿里米努姆有三百多公里。

且,元首制在实际行动中必然能找到自己的依据。奥古斯都明确
地认识到,元首制是完美无缺地建立起来的。首先,由优利乌斯·
恺撒奠定了基础的帝国统治大权现在必须全力加以行使,而要这
样做,没有精确的地理知识是不可能的。他首先去最需要他的地
方,也就是西方。

　　公元前 27 年秋天,他动身前往高卢。陪他同去的是他的继子
提贝里乌斯,这是一个十五岁的男孩子,是利维娅第一次结婚时所
生①,此外随在他身边的还有他的外甥玛尔凯路斯;玛尔凯路斯比
提贝里乌斯大一岁,是奥古斯都的姐姐屋大维娅(安托尼乌斯的未
亡人)同第一个丈夫生的儿子。他想对优利乌斯·恺撒所征服、并
由阿格里帕和美撒拉②为罗马所确保的那些行省重新加以调整。
当时他对行省进行了一次新的划分——在南方设置了纳尔波年西
斯行省,在西南设置了阿克维塔尼亚行省,在中心部分设置了路格
杜年西斯行省并在北方设置了倍尔吉卡行省。在罗马,人们——
如果我们可以相信诗人的话——对征服不列塔尼亚的一次新的尝
试是会表示欢迎的③;但是甚至当奥古斯都威胁要这样做时,我们
知道,他更关心的是国内的建设,而不是一次征讨。因此公元前
27 年的最后几个月,他是在纳尔波年西斯度过的,他关心这里城
市的扩建和美化,在整个高卢设立学校,教授罗马法和拉丁语,此
外还为了税收的目的而进行了一次人口普查。

　　公元前 26 年年初,他感到自己不得不改变计划,因为在帝国

---

　　① 利维娅同提贝里乌斯·克劳狄乌斯·尼禄所生。奥古斯都把利维娅强夺过
来时,这个孩子还是一个幼童,而他的弟弟杜路苏斯尚在母腹中(一说刚刚降生)。

　　② 参见本书边码第 171 页有关注释。

　　③ 优利乌斯·恺撒在公元前 55 年和公元前 54 年曾两次进攻不列塔尼亚,但此
后罗马方面便没有具体行动,直到公元 43 年,皇帝克劳狄乌斯才率军重新入侵此地。

各个部分发生了特殊的困难。尽管玛尔库斯·克拉苏斯①取得了胜利,但是马其顿各部族再次造成了威胁,阿欧斯塔谷地的撒拉喜人②闹起来了,甚至西班牙北部也乱得使人不安。西班牙是西方最老的行省,作为矿石和矿物的最重要的供应地,它首先要求奥古斯都的干预。他不得不率领着他的各由三个军团组成并且驻守在远西班牙和近西班牙的两支军队打败并且最终征服了北方和西方的阿斯图列斯人③和坎塔布里人④。这一战役的详细情况并不清楚。对坎塔布里人的战争是他亲自指挥的。他不得不困难地在战斗中打开通向海岸的道路,并且不得不求助于有消耗作用的游击战争,因为在堂堂正正的野战中取得的胜利并不能取得充分的成效。因这一情况而产生的危险和紧张损害了他的本来已经很差的健康到这种程度,以致在公元前 25 年,他把作战的任务交给了他手下的军官,自己则返回了塔尔腊科⑤。伊伯里亚的山区部族只是慢慢地才被征服的,而到公元前 19 年,阿格里帕才通过一次战役把他们完全征服。但是城市的建设、整个部族的迁居以及把他们接纳到在其他地区作战的军团中去,这些工作较之奥古斯都用武力取得的胜利要重要得多。这时老兵的新移民地证明它们乃是重要的瞭望塔和战略据点,而军用道路对于不安全的因素则是行

① 玛尔库斯·克拉苏斯(Marcus Crassus),前三头之一的那个克拉苏斯的孙子。最初追随赛克斯图斯·庞培和安托尼乌斯,后转而依附于奥古斯都。公元前 30 年任执政官,后出任马其顿长官,杀死了巴斯塔尔那伊人的一个国王。

② 河北高卢的一个好战的部族,首府是奥古斯塔·普莱托里亚(今天的阿欧斯塔)。

③ 阿斯图列斯人(astures),居住在伊伯利安半岛西北部的阿斯图里亚。他们富有金矿和马匹。首府是阿斯图里卡·奥古斯塔(今天的阿斯托尔加)。

④ 坎塔布里人(cantabri),居住在西班牙北部沿岸地区的坎塔布里亚。

⑤ 塔尔腊科(Tarraco),西班牙东北部沿海城市,为西班牙·塔尔腊科年西斯的首府,今天的塔尔腊哥那(Tarragona)。

之有效的预防设施。从东方也传来了令人不安的消息。奥古斯都到帝国西部出巡的主要的理由之一乃是为了检查财政事务并加以必要的调整，因为这对帝国的未来是具有决定性意义的。为了完成这一任务，他在高卢花费了很多时间。战役的目的就是确保西班牙的矿山，而对撒拉喜人的征讨同样也是想确保阿尔卑斯山谷地的黄金生产和加强边界的保卫工作。不过埃及依然是他的新的经济体系的主要支柱，因此在那里发生的一切骚乱和失败都会招致巨大的灾难。他对待埃及就好像对待他家的一处产业那样，因此他把他的老战友科尔涅利乌斯·伽路斯①派到埃及去担任他的代理官。伽路斯是波利欧和维吉尔的友人，他本人也是一位相当重要的诗人；公元前 25 年，他促使奥古斯都对撒拜伊人发动了一次进攻。撒拜伊人居住在阿拉伯这一奇异的国土，当时此地有黄金国之称，撒拜伊人就拥有无尽藏的宝石、黄金和香料。奥古斯都以为他能够轻而易举地把他的国库充实起来，而罗马诗人的幻想则在这次出征中找到了丰富的营养。但是这次出征进行得如此不彻底，结果竟可耻地失败了。人们选择了埃及北部的一个港口阿尔西诺耶作为出发点，以代替位于今天的阿叙恩（Assyun）附近的倍列尼凯。这样，通过了一次六个月的艰难行军，他们才达到了撒拜伊人的首府②。但由于缺水，军团很快就不得不从那里撤退，经过千辛万苦之后才渡过了红海。这乃是奥古斯都所进行的最后一次劫掠性的、剥夺性的出征③。

　　在埃及本土，情况就更加糟糕了。科尔涅利乌斯·伽路斯看

170

---

①　参见本书边码第 88 页和第 131 页的有关注释。

②　撒巴伊人（sabaei）的首府是撒巴（Saba）。

③　罗马人最初接触阿拉伯人是在公元前 66 年，但直到公元 106 年阿拉伯才被图拉真并入罗马版图并改组为行省。

来被他的新的职位冲昏了头脑，以致竟陶醉于他个人的权力。他在镇压了底比斯的一次叛乱之后，继续向南推进，并宣布埃塞俄比亚的一部分为保护区。他也许是希望在那里找到尼罗河的传说中的河源。有关这位代理官的妄自尊大的作风和他在整个地区到处树立附有口气狂傲的铭文的雕像的做法的值得注意的谣言从埃及传入了罗马。人们对他进行了公开的指控。奥古斯都召回了他，同时禁止他再到帝国的任何地区去。这一事件后来如何发展，我们不得其详了。元老院看来总是有点迫不及待地使自己迎合元首的意旨，于是它就通过流放和没收财产的做法把伽路斯逼得自杀了。奥古斯都听到他的老伙伴伽路斯——伽路斯也是维吉尔的密友——的悲惨结局时心情十分沉重。他流下了痛苦的眼泪并且自己坦白承认，当他个人的朋友以某种方式使他感到不满的时候，他对他们处置得过分了。

公元前 25 年年底，元首返回了意大利。他的不妙的健康情况再次给他带来了麻烦，而国家机器看来完全还不能像他所希望的那样运转——无论在边远的行省还是在罗马本城都是如此。在公元前 27 年和他同时担任执政官的阿格里帕负起了内政的责任。但是阿格里帕还有别的许多事情要做：帝国的陆军和海军必须重新加以组织，要修建公共建筑物和立像。因此一年之后奥古斯都又任命美撒拉·科尔维努斯①为市长官（praefectus urbis）。虽然

① 玛尔库斯·瓦列里乌斯·美撒拉·科尔维努斯（Marcus Valerius Messala Corvinus，公元前 64 年—公元 8 年），贵族家庭出身的演说家、政治家。他曾在雅典学习（公元前 45 年）。恺撒被刺后，他站在阴谋者的一面，后来又先后追随安托尼乌斯和屋大维亚努斯。他参加了反对赛克斯图斯·庞培的战斗（公元前 36 年）、伊利里亚战争（公元前 35—前 34 年）并且征服了高卢的撒拉喜人（公元前 34—前 33 年）。公元前 31 年他任执政官时曾参加了阿克提乌姆之战。后来在担任高卢的长官时又因平定阿克维塔尼人而取得凯旋的荣誉（公元前 27 年）。

这一职务从古以来就有,但美撒拉这个既自信而又学究气的共和派却把它看成是一件大胆的革新的措施①,以致到任后六天就再次引退了。奥古斯都从这件事认识到,要进行任何改革始终都要何等地慎而又慎。

最使他感到不安的还是这样一个问题,即如果他早死的话,元首制应当如何保持下去,特别是他的微弱的抗病能力使得他对未来特别感到操心。如果是君主制度的话,那么有一个继位者那是不成问题的。他的希望只能是慢慢地培养一个接班人,并且使罗马习惯于这位未来的元首。在他突然死亡时,阿格里帕当然可以接替他的位置,但如果他有幸能活较长一段时期,他当然更愿意从他的家庭成员中找一个继承人。他有两个年轻的亲属可以在这个问题上加以考虑:一个是他的外甥玛尔凯路斯,一个是他的继子提贝里乌斯。奥古斯都和斯克里波尼娅之间所生的女儿优利娅现在十四岁,她在公元前25年同刚刚从一次战役中回来的玛尔凯路斯结了婚。阿格里帕主持了结婚仪式。公元前24年,在奥古斯都返回罗马之后,宣布了想指定玛尔凯路斯为继承人的建议。元老院批准玛尔凯路斯取得行政长官的座席,并且在到达法定年龄之前十年就准许他成为执政官的候选人。这就意味着玛尔凯路斯在今后的年代里已经是高级营造官,而且提贝里乌斯也成了财务官②。公元前43年年轻的屋大维亚努斯也取得过同样的荣誉③。

172

公元前23年一开始就不顺利。元首的生命由于一次阴谋而

---

①　史料对这一点记载得不明确,好像美撒拉·科尔维努斯本人认为这一职位不合法,从而发表了一些不得体的议论或做了一些不合适的事情。

②　按共和国传统,担任各级官吏都有固定年龄的限制,如财务官是三十岁,执政官是四十岁等等,年龄提前也就等于提前晋升。

③　这一年他提前担任了执政官。

受到威胁,不过人们及时发现了这一阴谋,并且有两位知名的元老牵连在这次阴谋之中。其中一人是穆列纳①,他是撒拉喜人的征服者,又是麦凯纳斯的妻子的兄弟。用这种办法显示其暗藏的野心并且必须用铁腕加以制裁的这类人,肯定不仅仅是他们两个人。有关帝国的行政体制和财政管理的计划当时还没有详细制订出来。阿格里帕这时和元首一道住在帕拉提乌姆山上;他本来有自己的邸宅,但是这所邸宅在一次灾难性的大火中被烧掉了。因此他只好放弃这所邸宅。这样他就同奥古斯都经常保持密切的联系。年轻的玛尔凯路斯是不容易领导的。要这样一个年轻人事事都能有所克制是困难的,特别是他同优利娅结了婚,并且又比别人早得多地取得了崇高荣誉和高级职位。而且奥古斯都病得厉害——他得的看来是伤寒,当时人们以这种病用冷敷和冷水浴加以治疗。因此现在继承问题变得迫不及待了,因为奥古斯都看到自己的死期已经不远了。

他把最高级的官吏们召到病床旁,向他们倾诉自己最后的愿望和想法。他向同他一道担任执政官的卡尔普尔尼乌斯·皮索(一位老式的共和派)详细地说明了国内的军事和财政情况——他和阿格里帕在这方面已经付出了大量的心血。他把自己的带印章的指环赠给了阿格里帕,这样就向元老院和人民表明,阿格里帕看来是最适合接替他的职位的人了。关于玛尔凯路斯,他根本没有提及。因为人们不能把治理国家的大权交给一个既无经验又几乎不能说是成熟的小伙子。罗马全城这时紧张得都屏住了气。不过奥古斯都仍然是严格遵守法律规定的。他只是提出了一项建议,

① 奥路斯·提伦提乌斯·瓦罗·穆列纳(Aulus Terentius Varro Murena)在公元前23年与奥古斯都都是执政官,他的姊妹嫁给了麦凯纳斯。参加阴谋的另一人是法尼乌斯·凯皮欧(Fannius Caeplo),两人后来都被处决。

而最后决定权还是留给了元老院。这种事先的安排后来证明并不是必要的,因为一位希腊医生、被释奴隶安托尼乌斯·穆撒通过冷水疗法竟能以使元首到夏天恢复了健康。

不过这期间的危机却又有其有利的一面,那就是它及时地使奥古斯都看到他的建设计划的若干不利之点。每年出任执政官,这件事不仅意味着一项个人的负担,不仅意味着一些不愉快的事情(因为他还要同别的人分担责任),而且意味着不公正地限制元老们的活动。行省的治理也需要大力加以整顿。阿格里帕正是适于处理这一事务的人选,因此,为了这一目的,必须授予他不受限制的权限。继承问题暂时可以放下了,因为奥古斯都确信,罗马会逐步习惯玛尔凯路斯的,而在紧急时刻,则有阿格里帕来掌握大局。在首都本地就有足够的事情要做;而对奥古斯都来说,他应当更加明确地突出自己的掌权地位。只有在经过特别紧张的努力和克服了重重困难之后才能贯彻行政改革。但首先他必须考虑如何使共和派依附于自己。因此奥古斯都准备对法律作一次彻底的修订。首先和主要的是:他在 7 月 1 日甚至放弃了执政官的职位并且设法使路奇乌斯·赛克斯图斯·克维里那利斯来接替他。克维里那利斯和皮索一样,也是个老共和派,并曾站在布路图斯一面作战。当时作为官方意见的喉舌的贺拉斯说明了这一任命具有怎样的政治意义。他为这位新执政官写了一首热情奔放的颂诗。

174

三

7 月,奥古斯都出席了元老院的会议,发表了一篇演说,保证自己绝对信守法律。为了证明这一点,他自动宣读了他过去病危时立下的遗嘱,遗嘱中他把选定继承人的问题交给了人民来处理。

但是元老院放弃了这一权力,并且宣布说它并不需要这样的证明。在罗马,恰好在这之前,有过一段临时短缺粮食的时期,因此人们较之先前更加需要对政务有一个坚强的、目标明确的领导。于是人们坚持元首的职权应当更明确地加以规定和扩大。后来为人民大会所批准的一项元老院决定(senatus consultum)给予元首的职位以最后的法律形式。

奥古斯都首先要考虑的是统治权(imperium)的问题。在他交卸了执政官的职务之后,他手中只还有同执政官的号令权,不过这一权力对罗马以及对属于元老院的行省是不适用的。但人们解决了这一困难。办法是把 majus imperium,即扩大了的统治权(号令权)授给了他,这一权力无论对罗马本城还是对所有的行省都是有效的。这样他就取得了他所追求的遍及全国的广泛权力——他可以征募士兵,任命军官,甚至士兵的效忠宣誓也要以他的名义来接受。他可以给予嘉奖,决定土地的分配和老兵的移居;他有权决定宣战与媾和,而在他认为适当和必要时,还可以把所有行省的政权接管过来。公元前 67 年到公元前 62 年间庞培的地位和今天奥古斯都的地位十分相似,只不过庞培在期限方面是有限制的而已。

同样重要的情况是:奥古斯都被授予了终身的保民官的称号,但他的这一职务每年都得重新批准,并且所有他的文件都应当注明给予新的任命的年月日。保民官的头衔立刻出现在有他的头像的钱币上,这显然是为了强调他赋予这一官职的意义。这一职位是他和罗马人民之间的联系环节。由于放弃执政官的职位,这就使得他在元老院的座席方面失去了一些特权,因此人们又特别强调把这些特权也授给了他。

同执政官的不受限制的统治权和保民官的职务给予他的权力,乃是扩大元首权的前提。他本来可以要求更多的东西,但是他却满足于已经取得的东西，因为现在他的权力已经无所不包了。他是军队的最高统帅并且治理海外的行省；他可以按照自己的意旨去影响元老院和人民大会的决议，他对高级官吏的选择也有决定性的影响。此外，他还享有保民官的人身不可侵犯的权利，并且掌握最高一级的立法权力。虽然在公元前 13 年列皮都斯去世之前他不是正式的最高司祭，但他毕竟还是一切宗教事务的负责人。司祭团的成员也是由他任命的。他主持把人们接受入骑士等级的事宜。警察机构、公用事业和粮食的供应也完全掌握在他手里。由于他能够用他的私人财产来补充国库——他的家族在罗马拥有最大的兑换所（银行）和商行——所以，不言而喻，他对财政事务也进行监督。奥古斯都使自己确保了所有这多种多样的许多职权，却又不曾使共和派感到不快。他所以取得这样的成果，正是由于他的杰出的人格。

176

在实行元首制的头四年，只是使一种意味深长、错综复杂而又顺利推行的行政体制的有节制的开端确定下来，然而人们还远不足以把它认成是世界所曾有过的、最好的统治制度。从公元前 27 年起，人们可以看到一种迅速的飞跃。权力的重心日益明显地从元老院转到元首身上去——这种权力的增长首先清楚地表现在两件意味深长的新事物上面。元首的突出的权威已不像庞培当时那样只是为了应付急需和有时间上的限制。人们清楚地认识到，再想限制奥古斯都的权力是绝不可能的了。当然，这里谈不上三百年之后拜占廷的专制制度，但尽管还有共和国的外表，元首制现在却已经远远地离开了共和国的原则。在领导国家这件事上，罗马高级官吏的基本思想同希腊化王国的基本思想被结合到一起，而只有这种结合才使人们能对一个由许多民族组成的帝国进行具有

177　　强大威力的和富有成果的统治。奥古斯都绝不曾预见到这样一种
发展,但总的说来,现在却创造出了一个经过如此周密考虑的体
制,以致它不但能适应当时的条件,而且在将来也必然能以保持下
去。一位著名的学者指责他,说他"追求不可能实现的事情,想使
站不住的东西永垂后世"。但是他的事业只是一种尝试,它的后果
如何只应由历史作出判断。而且,说这种制度是"站不住的东西",
这种指责也是不公正的,因为这种制度毕竟持续了几百年,而且它
的格局一直保存到我们今天。

　　公元前 23 年的革命性的革新没有得到任何认真的探讨。有
关帝国初期情况的文献资料并不可靠,因为它们往往出自具有完
全不同的思想的人们之手,而这些人自以为还同古老的传统有联
系。更重要的是碑铭的和考古学的资料,这些资料说明了人民的
满意心情以及人民对奥古斯都的那种几乎是宗教性质的崇敬心
情。塔西佗使伽尔巴①(在尼禄之后进行过短时期统治的皇帝)说
出了能以表现出罗马和意大利当时心情的话:"你们要统治的人们
既经受不了奴役,又经受不了无限的自由。"贵族这期间也安静下
来了,在实行元首制的四年里,他们的财富增加了好多倍,他们的
产业再度充盈起来了,他们依靠国家的供养,过着安乐宁静的生
活。奥古斯都十分小心地并且怀着协调内政方面的矛盾这样一个
聪明的意图,致力于偕同各个派别的最有影响的人物分享最高的
职位。如果说阿格里帕和斯塔提利乌斯·陶路斯②出身不大高贵

---

　　①　谢尔维乌斯·苏尔皮奇乌斯·伽尔巴(Servius Sulpicius Galba,公元前 3 年—
69 年)是在尼禄死后由近卫军拥立为皇帝的(公元前 68 年),但是他到罗马后由于一系
列政策上的错误(不必要的杀戮、吝啬、接班人选择不当等等)而失去人心,结果第二年
便被奥托派的人杀死。塔西佗说他"如果不曾统治过的话,谁都会承认他是有能力进
行统治的"。

　　②　参见本书边码第 107 页有关注释。

的话,那么他同时还可以举出出身最古老的贵族家族的人物,如姓 178
瓦列里乌斯、姓科尔涅利乌斯、姓卡尔普尔尼乌斯的人们和其他
人。此外,奥古斯都还确保中等阶级对他的信任,因为他们是和平
与经济安全的保证,并且他充分吸收骑士等级参加国务活动。按
地位而论低于元老的骑士,是由财东和大地主组成的。奥古斯都
本人就属于这一等级。

　　罗马社会中同传统有联系的部分——他们的力量是不容忽视
的——之所以重视奥古斯都,是因为他对古老的形式和风习抱着
虔敬和偏爱的态度。但是遭受饥饿之苦和梯伯河泛滥之灾的无产
者则把他看成是能给他们以面包并且为他们组织公开表演的人
物。正是这一集团的人们要求有一个坚强有力的政府,因为每当
一个政府出了毛病时,他们永远是第一批受害者。

　　对于行省来说,自从被那些贪得无厌的同执政官们剥削压榨
的苦难日子结束以来,奥古斯都就是一位无私的和亲切的保护者。
各行省对于元老院和人民①的既无情又无能的统治是领教得太多
了,因此它们无论如何也不希望再看到这种统治。甚至青年人都
在自己面前看到了一个更加美好的、充满希望的未来,因为现在即
使普通阶级出身的年轻人也有了从政的机会,并且从这些职位都
能取得适当的报酬。一个世界范围的帝国——这样一个概念就能
相当地触发年轻人的幻想。生活在这一时期的斯特拉波用如下的
话概括了他同时代人的看法:"自从奥古斯都在国内取得了绝对权
力的那一天开始,罗马和它的同盟者就享受到一个和平与超过预
想的富裕的时期。"即使后来偶尔也发生过反对某一元首的叛乱,
但是元首制本身却从来没有遭受过任何侵犯。 179

―――――――――――

　　①　元老院和罗马人民(S. P. Q. R.)就是罗马国家当局的代词。

四

在奥古斯都调整了法权方面的职权问题之后,他就能以全力解决最关心的一项任务了。这就是对帝国的行政体制大力进行改革。他既不是法律的维护者,也不是哲学家;他的能力与其说在理论方面,不如说在实践方面。在考虑一种行政体制时,他并不太关心逻辑上是否绝对合理,他更关心的乃是这一体制对人类的共同生活所产生的效果如何——他的工作应当说是一种现实活动,而不是一种抽象学说。虽然如此,他却知道,甚至一个教条,也和一项税收或一次出征那样,能以有同样的现实价值。他还知道,人们对舆论是不能过于忽视的。在法律事务方面,阿泰乌斯·卡皮托①是他的顾问。他身边还有聪明而又正直的麦凯纳斯,这个人正在以锐敏的眼睛注视着罗马人内心的动向。

但阿格里帕依然是奥古斯都的主要助手——所有奥古斯都的整顿工作都要由他负责进行。继承问题一直还没有得到最后的安排,但是在罗马,人们却已日渐习惯于这样的想法,即玛尔凯路斯就是未来的继承人了。后来的历史学家们认真地记录下了当时罗马的议论——这种议论详细地探讨了当时突然上升到掌权地位的青年人同年纪比他大得多并且又不得不肩负着繁重的公务担子的阿格里帕之间的关系问题。无论怎样,可能在这两个人之间是会有某种相互嫉妒的情绪存在的吧;也可能没有虚荣心的阿格里帕

----

① 盖乌斯·阿泰乌斯·卡皮托(Gaius Ateius Capito),罗马法学家,出身卑微,从欧菲利乌斯习法,后来(公元 5 年)还担任过执政官。在法学观点上,他的主要对手是和他同时代的安提斯提乌斯·拉贝欧。卡皮托持保守观点,拉贝欧则时有独立的新见解。

有时也会为更年轻的玛尔凯路斯所激怒的吧。但是没有任何材料 180
可以说明,公元前23年秋天他的东方之行乃是流放的一种形式,
以便回避同玛尔凯路斯之间的紧张关系。这种解释无论在阿格里
帕的性格中还是在奥古斯都的性格中都不能得到证明。阿格里帕
被派往东方,是为了从帝国的最使元首感到不安的那一地区取得
重要的情报。他是以奥古斯都的代表的身份出行的,并被授以一
切权力手段。他首先去叙利亚,这是世界国家的行省中最有影响
的一个。也可能奥古斯都利用阿格里帕不在罗马的机会,使玛尔
凯路斯同罗马人民相互接近。玛尔凯路斯毕竟是他的外甥和女
婿;这对夫妇生下的孩子当然就是直接属于他的血统的后裔了。

　　然而这个希望结果落空了,因为还没有到年底,玛尔凯路斯就
因为染上了不久前奥古斯都得的那种伤寒病而死去了。尽管安托
尼乌斯·穆撒这次也使用了冷水疗法,但玛尔凯路斯还是因为这
场病——或者因为这种疗法——而死掉了。关于这个二十岁的青
年,我们几乎是一无所知。但是奥古斯都的深切的哀悼,屋大维娅
的无法抑制的悲痛(她从此就完全过退隐的生活了)以及民众的普
遍的哀悼,使我们能以猜想到这会是一个大有作为的青年。他出
身血统贵族:他的父亲①无论就血统还是就品格而论,在国内都是
第一流的,他的母亲被尊崇得像一位神灵。玛尔凯路斯的悼词是
由维吉尔执笔的,这是一部未完成的作品②中最出色的片段之一:

　　　　他居心虔敬,有老式的忠诚,
　　　　他掌握武器的拳头是不可战胜的:

----

　　①　即盖乌斯·克劳狄乌斯·玛尔凯路斯,参见本书边码第48页有关注释。
　　②　维吉尔的长篇史诗《埃涅阿斯》并未写完,因为是奉命为统治者捧场的作品,
所以作者在遗嘱中提出要把它烧掉,但奥古斯都下令把它保留下来了。

181   在战争中敢于同他对抗的每个人

    都要失败,无论他徒步

    冲向敌人,还是用踢马刺刺痛

    他的口喷白沫的战马。

    可怜的孩子!啊,你会克服坎坷的命运,

    你将会是一个玛尔凯路斯!——

    把满捧的百合花给我,

    这样我可以散播它紫色的花朵;

    我要把这些无补于实际的最后心意

    献给我的孙儿的在天之灵。

        ——《埃涅阿斯》,第 6 卷,第 878—886 行

第三章　创造性的建设

（公元前 23 年—公元前 2 年）

通过第一位执政官的面具已经亮出了
你那太狭窄的、皇帝的前额。
　　　　　　　——维克多·雨果:《秋叶》

探讨奥古斯都从公元前 23 年开始的生涯和事业的历史学家有两件事不应忽略。他必须既要忠实地描述事件的过程,又要不时地在中间停一下,以便得到一个清楚的概观并且能试图从某些措施和事件看出其深刻的含义,因为不管多么微小的变化,对于一个人的整个身体都可能产生它们的影响,对国家也可以这样说。在这一章里,我将回顾一下奥古斯都元首制二十年来的建设情况,因为这一段正是他的事业的顶峰时期。

一

奥古斯都迫不及待地致力于使世界帝国的一切阶层和阶级的生活都能过得去并且有保障。他确实是经历了千辛万苦才夺得了权力的,但是要有效地使用这一权力来建设一个新的行政体系和法律体系,那却更加困难了。他的计划的内容如此丰富,只有一个强有力的政权,一个不会发生任何动摇的政权,才能贯彻这个计

183 划。古老的共和国的自由所遭受的损失必须由一个重新确认的权威所进行的目标明确的工作加以弥补。为什么贤明的、父亲般的关怀不能同专制政体携手并进呢?①

　　奥古斯都首先面向被搞得贫困不堪的西西里。西西里一度曾是罗马的粮仓,但后来由于同埃及、撒地尼亚和阿非利加的粮食贸易,这个岛日益被排挤到不重要的地位上去。耕地变成了牧场,大片的土地转入不住在西西里的罗马地主之手。奥古斯都的目的乃是使拥有牧场和耕地的小农户重新活跃起来。只要可能的话,他就利用公家的土地,此外他又购买了若干,设置了七个移民地——一部分由老兵组成,一部分由意大利的农民组成。这样不仅西西里的经济上的均衡得以恢复,而且在这个岛上造成了一个罗马的核心。而在过去,这个岛在思想上是从来不曾拥护过罗马的。

　　公元前22年奥古斯都不得不迅速返回罗马,因为梯伯河的泛滥和饥馑把老百姓吓到这种程度,以致暴民们竟威胁说,如果奥古斯都不立刻把独裁大权接受下来,他们就要把元老院的会堂放火烧掉了。奥古斯都拒绝了这一无理要求,因为他认为在这种情况下并不需要一项正式的独裁大权。但是,通过提供他自己的大量应急物资而在几天之内便确保并掌握了粮食供应。同样地,他反对设置常设的执政官和监察官职位,因为他早就以其他方式取得了他们所有的权力。而由于他必须把罗马掌握在手中,所以他从东方召回了阿格里帕,要他负责帝国首都的行政工作。公元前21年,阿格里帕出色地完成了这一困难的任务。他在整个罗马全面

184 恢复了秩序并首先禁绝了以不健康的方式在罗马流行开来的埃及

① 我国古代早就有要官吏"爱民如子"以及老百姓把地方官吏称为"父母官"的说法。

宗教仪式。奥古斯都促成了他的友人阿格里帕和他的女儿优利娅（玛尔凯路斯的未亡人）之间的婚事，这件事可以证明，奥古斯都把他的友人阿格里帕看成是具有同等权力的一位合作者。建议应当是由麦凯纳斯提出来的，他认为对于权力越来越大的阿格里帕，只能使这个人要么成为元首的女婿，要么要人把他杀掉了事。优利娅和阿格里帕就年龄而论根本不合适，因为阿格里帕也许比优利娅的父亲的年龄还要大一些。要知道，优利娅刚刚十八岁。而且阿格里帕还必须同玛尔凯拉——屋大维娅的女儿，他们之间已经有了孩子——离婚。在一个已经年长并且在国务活动中有了显赫地位的军人和一个活泼、美丽、年轻妇女之间的婚姻，是有破坏奥古斯都的家庭生活的危险的按罗马惯例的结合的第一次。

在罗马再度恢复了平静之后，阿格里帕在高卢和西班牙度过了两年。他改善了道路网并且注意到——他过去一直是这样做的——用建筑的和园林的手段去美化城市。涅玛乌索斯（今天的尼姆）的第一座出色的建筑物就是在他的主持下建成的。在西班牙，他最后征服了坎塔布里人，这是他自从公元前 31 年以来的第一次军事行动。但是阿格里帕拒绝了任何凯旋的荣誉，因为按照他作为军人的看法，一切军事上的荣誉都应当归于元首，而不应当归于个别将领。

这期间，奥古斯都已经离开了西西里到撒摩斯去，他在撒摩斯度过了公元前 21 年到公元前 20 年的冬天。他把希腊从马其顿分离出来并且设置了阿凯亚行省，可是对这一行省他却任其自流，不认真加以治理。反之，他却比较重视趋于衰落的城市斯巴达，对科林斯也表现了较大的兴趣，因为它过去曾是优利乌斯家族的一个移民地①。

185

① 优利乌斯·恺撒于公元前 44 年在科林斯设立了移民地。

对于在历次内战中总是站在失败者一面的雅典,他就任凭它慢慢地衰败下去,特别是因为奥古斯都也和参加罗马政府的其他有权威的成员一样,对希腊的兴趣是不大的。奥古斯都在亚细亚感到自己受到大得多的信任;在这里,亚细亚的希腊主义按照古老的传统称颂他为绝对的统治者。奥古斯都一行人等穿过小亚细亚,进而又去叙利亚;在这里,新的征服者看到自己面临着重大的任务:他消除了各个城市的贫困,确定了贡赋的公平数额,奖励道路的修筑,为大规模的公用事业作了准备,给有功者以相应的酬报,对不尽职的和不公正的官吏给以惩罚。

即使受罗马保护的边远地区也需要他的关注,首先是阿尔明尼亚,因为东方边界的安全就有系于阿尔明尼亚。保护国是一个自古遗留下来的制度,在罗马已经存在了两个世纪;它使得意大利负有责任和最后决定权,但是不负责照料对这些行省的直接治理。

阿尔明尼亚的局势是相当复杂的。从地理上说,它所处的地区是在帕尔提亚的影响之下,因为它通过美地亚同伊朗高原相联接,而它的居民也表现出明显的伊朗的特征。当罗马完全合并了这一地区时,它就能够对帕尔提亚打进一个楔子并使对方边界的保卫遇到极大的困难。但人们一般担心的并不是国土,人们害怕的是帕尔提亚的影响的迅速增长。阿尔明尼亚还可以很容易地被利用为进攻世界帝国的一个据点。当犹太、卡帕多奇亚①、孔玛盖尼②继续保持它们的古老体制时,阿尔明尼亚却经常是一个骚乱

---

① 卡帕多奇亚(Cappadocia),在小亚细亚东部,是以畜牧业为主的国家,受希腊文化影响较小,它是公元 17 年才并入罗马的。

② 孔玛盖尼(Commagene),在叙利亚北部,从陶路斯山一直展伸到幼发拉底河。亚历山大帝国解体后,它就成了塞琉古王国的一部分。公元前 38 年它因支持帕尔提亚人,它的国王安提奥库斯一世被黜。它也是到公元 17 年并入罗马的。

的所在。它的国王是阿尔塔克色斯;帕尔提亚的统治者是普拉特斯——普拉特斯的儿子则留在罗马做人质。阿尔塔克色斯这个极其无能的君主被杀害了;但是奥古斯都并没有把阿尔明尼亚变为罗马行省,而是使死者的兄弟提格拉尼斯继承了王位。他放回了普拉特斯的儿子,条件是把克拉苏斯和安托尼乌斯①过去被夺去的军团的鹰标(相当军旗)归还。他使帕尔提亚的王位继承人提里达特斯继续掌权。在这期间,提贝里乌斯在叙利亚接受鹰标,领回了几乎已经忘掉自己的意大利故乡的俘虏。当这些消息传到罗马时,罗马方面群情激愤,因为公元前53年的卡尔莱②一战引起了所有人们的痛苦回忆,而帕尔提亚国就像噩梦似地压在罗马人的心头。原来在卡尔莱一战里,克拉苏斯遭到了帕尔提亚人的毁灭性的打击,他本人也战死在那里。当时没有一位著名的诗人不拿这件事当作写作的题材:帕尔提亚是整整一代人最喜爱的文学题材之一。现在终于同帕尔提亚缔结了和约。阿尔明尼亚已经进入了罗马的势力范围,这样,罗马现在就可以腾出手来处理北方和西方的事务了。

奥古斯都这次可以取得一项外交上的成果了,这是他终生引为自豪的一项成果——但罗马人民的看法却有所不同,要知道,罗马人民是宁愿庆祝一次战争的胜利的。虽然如此,这次的处理并不是最后的,而只不过是一次喘息罢了。但无论如何,奥古斯都暂时可以放松一下了。他在撒摩斯度过了一个宁静的冬天,并且在

----

①　安托尼乌斯战败是在公元前36年。

②　卡尔莱(Carrhae)是美索不达米亚北部的一座古城,早在公元前两千年便见于文献记载。前三头之一的克拉苏斯羡慕庞培和恺撒在军事上取得的荣誉,因而他在取得了叙利亚的统率权后(五年期限),也想到东方试一试自己的命运,结果在那里送了性命。

这里接见了许多国家——甚至包括遥远的印度——的使节。公元前 19 年年初,他又去希腊,在这里他参加了埃列乌西斯秘仪①的
活动——对于像他这样一个性格的人来说,这是一项罕见的大胆行为。维吉尔是同他一道来到雅典的,然后又陪他去布伦狄西乌姆并且死在这里(9 月 22 日)(译者按:一说为 9 月 20 日),终年五十一岁。

187

虽然奥古斯都和维吉尔两个人很少共同之处,但奥古斯都还是把维吉尔之死看成是他个人的一项沉重的损失。维吉尔是一位说话和行动都显得笨拙的、瘦瘦的诗人——我们在哈德路门图姆②的镶嵌画上可以看到他的目光阴郁的眼睛和忧愁的面容——他根本没有我们从第一门(Prima Porta)上的奥古斯都雕像上所看到的、从那里发射出来的光彩与华美。但是奥古斯都却有一种才能,能以在他甚至并不充分理解的方面,认识到一个人的价值和意义。尽管维吉尔的内心世界对奥古斯都来说根本还是一个秘密,但他仍然感到在那里有宝贵的东西,而这些宝贵的东西对于被他引上了发展道路的新的社会秩序是有价值的、是重要的。出色的跌宕有致的文风、充满激情的警句、往往是喷泉般涌现的机智、对一个更加美好的世界的痛苦的 desiderium③——在拉丁诗人中可称是独一无二的人物的维吉尔所表现出来的所有这些特点,是

---

① 埃列乌西斯(Eleusis)是阿提卡沿海的古城,在雅典以西约二十公里。这里的秘仪是同戴美特尔和佩尔赛丰妮的崇祀有关的。秘仪在佩西斯特拉托斯所的大厅中举行,有关咒语、圣物、仪式的细节我们都不得其详了。最初它可能同农业生活有关,后来似乎更加强调它的宗教的伦理的方面。

② 北非沿岸的腓尼基城市哈德路门图姆(Hädrumentum)在迦太基南一百公里,早在第三次布匿战争时便依附于罗马,成为免税的自由市(civitas libera et immunis)(公元前 146 年)。帝国时期,这里是皇帝的代理官的驻地。

③ 拉丁语:渴望。

不能指望作风实际、思想现实的世界的主人的理解的。然而奥古斯都对于诗歌艺术的这一娇嫩的花朵还是抱欢迎态度，因为它对于拉丁语的今后的发展是具有非常重要的意义的。在诗歌艺术中，维吉尔既是一位出色的鼓手，又是一位了不起的笛师。他既歌颂胜利的振奋心情和威力之可怕，又吟唱农民每天的普通劳动和农村生活的优雅的魅力。奥古斯都特别欣赏维吉尔的一部史诗作品，这部作品他写了十一年，他在这部作品中给了罗马一个新的世系。奥古斯都十分关心此诗的写作情况。公元前 25 年他在西班牙时还从那里打听这件事。这是有关他本人的家族的一部古谭（Saga），它认为这一家族的起源可以回溯到埃涅阿斯①的卷发的儿子。但它又是罗马的一部宏伟的历史——tantae molis erat Romanam condere gentem（它表明了罗马人民的艰苦的成长过程）。诗人本人是最完美的罗马人之一，他既爱北方的原始的自然之美，又爱文明的城市；他的青年时代是在曼图阿②度过的，但后来他只在罗马和涅阿波利斯居住。然而不仅整个意大利，而且这一巨大的世界帝国都是他的故乡。奥古斯都有远见地禁止执行诗人最后的遗嘱，即烧掉自己的手稿，这样他就为后世挽救了一份无可估价的精神财富，为罗马人保留了崇高信仰和一种高尚、真诚的爱国思想的一份宣言书。维吉尔是罗马伟大使命的预言者，是能够表

188

————————

① 埃涅阿斯（Aeneas），据神话传说是特洛伊的一位英雄，安启色斯和阿芙洛狄特的儿子。特洛伊陷落后埃涅阿斯辗转流浪，最后来到拉提乌姆（Latium）。他在这里打败图尔努斯同原许给图尔努斯的拉维尼娅（国王拉提努斯的女儿）结了婚，共同建立了拉维尼乌姆城（Lavinium）。他们的儿子优路斯（Iulus）建立了阿尔巴·隆加（Alba Longa），即罗马城的前身。这样埃涅阿斯就成了优利乌斯家族的始祖，这个家族因此可以同阿芙洛狄特联系起来，阿芙洛狄特即罗马的维纳斯。这部史诗把罗马同希腊神话和特洛伊联系起来，从而提高了优利乌斯家族的身价。

② 曼图阿（Mantua），河北高卢的城市，在敏奇乌斯河（Mincius）河畔。

达罗马人的最优秀品质的人,他在他的诗歌中向他同时代的人
提出了一个崇高的目标,即帝国的思想。同时他又是一切时代
的人类的代言人,他们的痛苦和他们的慰安的表达者;因此他就
不仅仅是被忘却的罗马的诗人,而是这一永久之都的精神的诗
人,而建立在一个人的希望与梦想之上的这座城市是永远不会
垮掉的。

二

奥古斯都于 10 月 19 日,再次进入罗马。当阿格里帕不在罗
马的时候,罗马因执政官的选举而发生了相当棘手的困难。由元
老院和高级官吏组成的一个庞大的代表团到康帕尼亚去迎接他,
他们很高兴能够向居民中一切阶级都同样信任的这个人倾诉自己
的忧虑和担心。他拒绝了任何接待仪式,在夜阑人静的时刻悄悄
地进了罗马城。在这之后的两年——这是他拼命工作的一段时
期——里,他一直留在罗马;正如过去他去外地完全不仅仅是视察
工作的性质,而是去执行大量的行政任务,现在他留在罗马的这些
日子也是工作繁重而劳累的。在他的领导下,元首制取得了顺利
的发展;公元前 17 年,当规定的十年的全权到期时,人们又一致同
意把这项全权延长五年。但是人们又向前走了一步。同这时从西
班牙返回的阿格里帕的共同统治得到了正式的批准。对于各行
省,阿格里帕也取得了同元首一样的、为期五年的号令权;此外阿
格里帕也被授予了保民官的权力。这样,现在就是两个人——他
们被赋予同样的权利——共同治理帝国了。只是奥古斯都因其个
人的威望,在两个人中间仍然占居优势而已。古老的共和国的同
僚制度就用这种办法恢复了,所不同的只是由两位元首当权,代替

每年选出的两位执政官而已。

不过事先还要考虑到这样一件事：一旦奥古斯都去世，阿格里帕应当立刻接替他的位置，因为统治的缰绳是全部集中在他一个人手里的。优利娅给阿格里帕生了两个儿子：盖乌斯生于公元前20年，路奇乌斯生于公元前17年；奥古斯都按照罗马的习惯过继了这两个孩子，他们继阿格里帕之后，也被选定为奥古斯都的继承人。这样就在合法的原则上创造出了具有共和色彩的一种继承方式。

如果我们相信狄奥的介绍的话，奥古斯都还取得了为期五年的监察官的权利。公元前22年，人们曾任命一些特殊的监察官，但是他们表明并不能胜任他们的工作。十分可能，元首按照常常使用的办法这次也接过了监察官的职权，只是实际上没有担任这一职务罢了。奥古斯都这时也注意到了社会问题。通过了优利乌斯风纪法（后面还要谈到），并且以保民官的权力为依据而加以推行。为了准备这一改革，奥古斯都援引了十年前采取的一项措施：他设法对元老院加以革新。这是一项极为不得人心的措施，因为十分明显，没有一个元老愿意承认他不适于担任这一职务，并且只能自己辞职了。奥古斯都首先试图通过由元老院成员组成的一个委员会来达到他的这个目的，但最后他看到还是不能不使用激烈的手段，即使他会因此而招来怨恨也在所不惜。照他的看法，只有元老院的成员在三百人以下，它才能进行工作；然而尽管经过一切努力，他还是未能把元老的人数压缩到六百人以下。无论怎样他也未能做到使人们不把他的行动看成像是一个专制君主，因为除了他那以执政官的职位和他的不久前扩大的全权为依据的监察官的权力之外，他并没有任何合法的头衔来做这件事。

在不知疲倦的活动的这两年中间,奥古斯都处理了政治生活、城市行政、改组军队方面每一部门的工作,处理了公用事业和复杂的财政机构;在这之外,从世界的各个角落都不断送来请示,要求他的裁决。因此他便进行了一项重大的革新,即他把某些任务转交给新选出的一些委员会——这些委员会都经过元老院的批准并且是由他亲自控制的。这时还成立了他个人的秘书处——苏埃托尼乌斯报道说,奥古斯都曾试图争取贺拉斯做他的私人秘书,但没有成功。全部官吏必须重新加以组织,并且对于整个帝国应当有一个统计方面的概貌,这样才能对居民实行公正的税收。没有任何事情会微不足道到不会引起奥古斯都的特殊注意。从保存下来的报道中我们知道,通过一连串的敕令、文告和委任书,行省行政方面的每一细节都由他亲自确定下来了。他的秘书处的工作能力逐渐提高了。在政治问题上,它可以取得先前成立的行政管理委员会的帮助,但是,毫无疑问,在大多数情况下,新发起的事情都是由奥古斯都本人促成的,而且主要的工作都是掌握在他手里的。战勋卓著的军人和天才的建筑家阿格里帕在重大的政治任务方面并没有作出什么贡献,而麦凯纳斯——对于舆论中难以概括和无法估计的方面,他是一位无可争辩的和不可企及的专门家——在内政问题方面依然还只是一位顾问而不是合作者。

公元前 17 年,奥古斯都得到了一个短时期的休息。准备工作基本上已告完成,而现在则是使新世界的曙光发射出来的时候了。广大的国土上到处都洋溢着新的希望,任何地方人们也不用再担心过去的不幸时代卷土重来了。罗马在迎接它的第二个青春。在一些给人以深刻印象的全国性节日里,人民的幻想必然会以帝国的伟大作为题材。一次大规模的展览——对于世界的新生的信仰；主宰世界国家的寡头政体原则；埃特路里亚的有关千年的教义①；意大利的关于世界的四个时代的传说②；西比拉的预告了阿波罗的统治的预言；维吉尔的牧歌中有关黄金时代的预言；毕达哥拉斯的有关灵魂转生和有关每在四百四十年后躯体和灵魂重新回到世界上来的学说——所有这一切都会以显而易见的和谐把那杰出的风貌展示出来。人们想通过把未来同过去结合起来的办法，把还在阴暗的远方的日子预先加以神化。维吉尔在他的《埃涅阿斯》里，像先知那样地预感到了这样一个节日：

192

> August Caesar, divi genus, aurea condet
>
> saecula qui rursus Latio regnata per arva
>
> Saturno quondam

> 神的后裔奥古斯都·恺撒来到
>
> 撒图尔努斯统治过的国土，
>
> 再次在帕拉提乌姆确立起
>
> 黄金时代……
>
> ——维吉尔：《埃涅阿斯》，第 6 卷，第 792—794 行

---

①　埃特路里亚人认为世界各民族都有自己计算历史年代的单位，而他们自己则是以千年为单位的。

②　意大利的有关四个时代的传说最初似来自希腊，赫西奥德便提出过金、银、青铜、铁四个时代的说法，而诗人认为铁的时代就是他自己生活的时代。意大利的这方面的传说，见之于奥维狄乌斯的《变形记》（第 1 卷，第 89 行以次）而略有变通。据他的说法，金的时代人们都有道德，不用法律，也不用劳作；银的时代，人们必须流汗才能维持生活；青铜时代是使用青铜武器的暴力时代；铁的时代也是诗人自己的时代，人们由于贪图黄金而无恶不作。他指的正是罗马帝国当时的情况。

就是 Ludi Saeculares（百年节）——自从共和国建立以来每百年举行一次的节日——也有一种类似的意义。然而应当在公元前 49 年举行的第五次节日活动由于内战而未能举行。这一古老的宗教仪节也可以被用来服务于一个新的目标，它创造了一个最好的机会隆重地把过去和现在、宗教和政治、教会和国家结合起来。

2 月，元老院决定举行这一节日，并且委托由十五人组成的司祭团来主持这件事。这个十五人司祭团又指定奥古斯都和阿格里帕为他们的代表。元首的法律顾问阿泰乌斯·卡皮托同意埃特路里亚的假设，认为百年节的间隔是一百一十年，并且在一部西比拉预言书里为这一看法找到了依据。这一神谕还对仪式的细节作了规定，而对于这些规定，奥古斯都又加以修订和扩大。这一古老节日所崇奉的主要的神是迪斯①和普洛赛尔皮娜②，但是现在人们选择的却是阳光和天界之神阿波罗和狄安娜③了。罗马从来没有见过更加盛大和隆重的表演了。信使赶忙被派到意大利各地，请民众到首都来访问。5 月 26 日到 28 日用来分配焦油和硫磺④。罗马人还领到了小麦、大麦和豆子用来准备敬神的供果。在 5 月的最后一个夜晚，节日正式开始了。这是一个满月的夜晚。夜深两点，大群人集合在玛尔斯广场——以前这里是一片沼泽，现在这里有许多壮丽的纪念建筑物把奥古斯都的住宅环绕起来。元首献上九只羔羊和九只山羊，同时进行一次奇特的、古色古香的祈祷，祷文是向着主宰人类和国家命运的诸神的。接着点燃了火把和圣

---

① 迪斯（Dis），即普路同（Pluton），冥界之王。

② 普洛赛尔皮娜（Proserpina），凯列丝和朱庇特的女儿，是迪斯的妻子和冥界的王后。

③ 狄安娜（Diana）是朱庇特和拉托娜的女儿，阿波罗的姊妹，最初是月神，后来是猎神。

④ 制作火把、焰火之用。

火,这样就使银白色的月光沉浸在一片红色的光辉里。一百一千名已婚妇女最后准备一次圣餐献给朱诺①和狄安娜。

第二天即 6 月 1 日,节日活动继续在罗马进行。首都的白色大理石的新神殿在太阳的照耀下闪闪发光。奥古斯都和阿格里帕向朱庇特各献公牛一头。同时在玛尔斯广场上举行比赛并且由罗马的母亲们举行第二次圣餐。午夜则在同一地点还举行第二次献牲式,不过这次不用动物作供物。这次的供物是糕点,人们把糕点献给伊利图娅女神②,这样,女神可以把众多的子孙赐予妇女们。6 月 2 日,奥古斯都和阿格里帕在卡皮托利乌姆山的朱庇特神殿奉献一头母牛,奉献时有一百一十名妇女在场,她们都是从最高贵的家族中选出来的。就在当天夜里,在玛尔斯广场上举行了一次给人以深刻印象的仪式,这一仪式起源于洪荒的古代:奥古斯都为他们的孩子向地母祈福,祈祷时他向她献上一只怀胎的母猪作为供物。

6 月 3 日是最隆重的日子,因为这一天人们是向阳光与希望之神阿波罗和狄安娜祭献。罗马人崇奉这些神有如中世纪人们崇奉的首先不再是"父亲和儿子"的庄重严肃,而是母神的那种善良的人道精神。在帕拉提乌姆山上,奥古斯都和阿格里帕在阿波罗神殿中奉献动物作供品;然后是二十七个男孩子和二十七个女孩子用古老祷文的语言来表演的节日赞歌。如果维吉尔还在世的话,他肯定会是这一宗教节日的主要诗人,而不是贺拉斯——贺拉斯是在不得已的情况下才接受了这一任务的。无论如何,这次节日的赞歌不能列入他的最优秀的作品之内。在他的赞歌中有美妙

194

---

① 朱诺(Juno)是撒图尔努斯和列娅的长女,朱庇特的姊妹和妻子,玛尔斯、武尔卡努斯诸神的母亲,为婚姻与生育的保护神。

② 伊利图娅(Ilithyia)是分娩女神。

的和充满激情的东西,不过他的不寻常的诗句仍然具有一种特殊的意义,因为它们对于节日的个别部分还是合适的。夜间的献祭和古老的传说在诗篇中交织在一起,正有如人类对于大地母神的丰盛的依赖同对于古老的卡皮托利乌姆诸神和新的帝国诸神的祈祷交织在一起。当纯净的童声在轮唱中交替出现时,当他们称颂命运、大地和诸神并且心情十分严肃地把他们自己的追求和希望——同美地亚、斯奇提亚和印度的友谊——表达出来的时候,当
195 他们为罗马唱赞歌("bellante prior, jacentem lenis in hostem"——"战争中占优势而善待被打倒的敌人")时,这样倾听的群众必然感到自己亲眼看到了古老的虔敬的复活而一个幸福的新世界即将到来了。

三

百年节(Ludi Saeculares)成了二十年国内和平的一个开端。在一个新的特设委员会的协助下,高级官吏能以顺利地处理罗马和意大利的事务。这样奥古斯都与阿格里帕也就能腾出手来处理边界问题,并整顿行省的内部事务了。

元首选择了高卢作为他个人的特殊活动场所,因为它的东部边界一再遭到骚扰。同阿尔卑斯山山区居民的小规模的战争经常不断,从莱茵河对岸则存在着日耳曼部族——苏甘布里人①、乌西佩特斯人②和腾克特里人③——入侵的威胁。那里的长官玛尔库

---

① 苏甘布里人(Sugambri)也叫西甘布里人(Sigambri),居住在济加河(今天的济格河)与莱茵河之间,乌比伊人之北。

② 乌西佩特斯人(Usipetes)居住在莱茵河下游右岸。

③ 腾克特里人(Tencteri)也居住在莱茵河下游,在乌西佩特斯人以南。

斯·洛利乌斯①受到了优利乌斯·恺撒的这些宿敌的包围——他们在互有胜负的战斗中竟然夺走了第五军团的鹰标(军旗)。不过日耳曼各部族看来对罗马的统治不会造成任何更大的危险,因为他们又退回到莱茵河的对岸。奥古斯都这次去高卢时,随侍的有他那现在已经二十五岁的继子提贝里乌斯——提贝里乌斯在这一年取得了行政长官的职位。更年轻的继子、二十一岁的杜路苏斯这时则正在代理着他的哥哥的职务。斯塔提利乌斯·陶路斯这时被任命为市长官。对奥古斯都来说,对高卢的征讨绝不会像人们错误地认为的那样,成为把战争转移到不列塔尼亚去,或者从根本上改变边界关系的一个借口,因为他并不担心那里会有任何危险。他的目的毋宁说是想使高卢彻底罗马化。高卢是奥古斯都喜欢的一个行省,他的家族曾在那里的城市取得极为辉煌的胜利,而直到今天尼姆城门上的铭文还能使我们记起奥古斯都同这块土地的密切关系。已经完全恢复了平静并且十分繁荣的纳尔波年西斯不再属于元首,而是属于元老院了,因此奥古斯都的活动只限于给尼姆(Nîmes)、阿维尼昂(Avignon)和埃克斯(Aix)等城市奠立了基石——这里只举出最著名的地方,因为它们都是大家最熟悉的。但高卢有三个地区(路格杜年西斯、阿克维塔尼亚和倍尔吉卡)要求他的特殊照顾。

　　首先要整顿这里的极为恶劣的弊端。一个过去为优利乌斯·恺撒所俘获而后来又被他释放的高卢人名叫李奇尼乌斯的,现在

196

————————

　　① 玛尔库斯·洛利乌斯(Marcus Lollius)是奥古斯都的亲信之一,他曾于公元前25年在加拉提亚任第一副帅,公元前21年他任执政官,后来出任马其顿行省的长官(公元前19—前18年),这之后才来到高卢。他也是非贵族出身而能跻身于执政官高位的 novus homo(新人)。贺拉斯就称赞过他对奥古斯都的忠诚。但是他同提贝里乌斯的关系很不好,终于为此而失宠;此后他又被控接受帕尔提亚国王的贿赂,不久即死去(公元2年)。

担任恺撒在路格杜努姆（里昂）的代理官，但是此人利用自己的高位以最无耻的方式压迫和勒索居民。他被免除了这一职务并且回到罗马去了。但是没有任何材料可以说明他得到了应有的惩处。可能他拿他的不义之财为公用事业作了大量的捐献，因此没有受到追究。

公元前 27 年通过土地调查而为重新整顿税收和财政事务作了准备。这正是奥古斯都目前进行的工作。在一个还保持着氏族制度并且没有任何市政管理体制的地区要施行罗马的税收制度，这必然会遇到极大的困难。有一种对财产和个人征收的税，此外，在取得或出让财产时也要交纳少量的税。里昂是造币和税务的中心，这个地方有十足的罗马特征，以致它很快地成了帝国在政治的重要性方面仅次于罗马的一座城市。

高卢在经济上迅速地繁荣起来并且在不只一个方面发展成为可以同意大利相抗衡的地区。它拥有大量的土地并且由于它的道路与河流而交通运输极为便利。在优利乌斯·恺撒的时代，在它的山区以及沿着它的丘陵带的地区都有不少移民地分布在那里。奥古斯都则把城市设置在河谷地区，因为现在居民应当从事和平的营生，而不需要从事军事手工业和保卫国土了。著名的古老的要塞比布拉克特①和盖尔哥维亚②被废弃了，它们的居民被分别迁移到平原的新城市来——奥古斯托都努姆（今天的安吞）和奥古斯托涅美图姆（克列尔蒙）。当奥古斯都不得不涉及古老的风俗习惯

① 比布拉克特（Bibracte）是埃杜伊人（参见本书边码第 333 页有关注释）的首府，是勃伏莱山上的一座要塞（高 822 米）。公元前 52 年，这里曾是全高卢的统帅维尔琴盖托里克斯（Vertingetorix）的驻地。这里曾有一个很大的金属作坊。

② 盖尔哥维亚（Gergovia）今天叫盖尔哥维（Gergovie），在克列尔蒙-费尔朗（Clermont-Ferrand）之南，这座山城也是维尔琴盖托里克斯反抗恺撒一个重要据点。看来此事在罗马人的心目中记忆犹新，这一点正是要求他们搬迁的主要原因。

时,他一再表现出一位国务活动家的手腕来。在重新划分行省时,他并不去触动那些古老的氏族权利,并且既不禁止继续施行惯常的地方行政管理制度,又不禁止传统的宗教仪式。那些土著居民本身的生活是多么有生气,多么有特色,这可以从下述情况表示出来,即他们的这些城市保存下来的是高卢的名称,而不是罗马的名称。比如,保存下来的名字是朗斯(Rheims)、巴黎(Paris)、亚眠(Amiens)和朗格勒(Langres),而不是杜洛科尔托路姆(Durocortorum)、卢特提亚(Lutetia)、撒玛洛布里瓦(Samarobriva)和安多玛图努姆(Andomatunum)。奥古斯都对高卢和高卢的风格始终怀有一种特殊的偏爱。因此他在罗马化方面所作的努力,也仅限于督促城市建设,改善道路系统、普及拉丁语的知识并且通过成立一种上诉法庭——他本人是这个法庭的最高一级——而促成他个人与人民的一种更加密切的联系。他在高卢的活动对未来来说,也证明是有成果的。甚至在奥古斯都的继承者们当政时期在经济方面的失策,也未能损害高卢的繁荣——这一点便最雄辩地证明第一位元首在这里的工作是卓有成效的。

198

　　不过边境的问题还是必须解决的。赛本纳山那一面对罗马来说就是一个新世界了。对高卢北方地区的征讨迟早会导致对不列塔尼亚的征服。日耳曼人有可能突然再度从东方侵入,或者从云雾中突然又出现一个米特里达特斯①。而且由莱茵河与阿尔卑斯山形成的一道漫长的、直角形的边界是难以守卫的。事实上,在公元前 16 年,那里就开始了敌对行动,使罗马不得不进行长达十年之久的保卫边界的战争。这期间阿格里帕去了东方,以便为罗马

————————————

　　①　米特里达特斯(Mithridates)指本都国王米特里达特斯六世·优帕托尔·狄奥尼索斯(约公元前 132 年—前 63 年)。他曾对罗马进行过三次所谓米特里达特斯战争,最后才败在庞培手里。他是罗马在东方所遇到的最危险的敌人。

帝国建立他最后的一次丰功伟绩。他在妻子和两个儿子的陪伴下首先去雅典——这时他得了十分厉害的关节炎——他比奥古斯都更加关切地处理了雅典的事务,然后他从雅典通过色雷斯去叙利亚。他首先要做的,是为老兵设置新的移民地。他在叙利亚会见了犹太的希罗德斯,并且依从希罗德斯的愿望访问了耶路撒冷并且在这里向犹太的神奉献了牺牲。阿格里帕在犹太受到了很大的崇敬,甚至罗马的一座犹太教堂都以他的名字来命名。在他的一行人极其煊赫地遍历了亚细亚各城市之后,他于公元前 14 年去北方并征服了那里的一个篡位者,此人曾占夺了奇美里亚的博斯波鲁斯(这个王国在今黑海与亚述海之间)的重要的王位。由于这一地区——它是制止帕尔提亚的扩张的一个关键地带——直到黑海具有极为重要的战略意义,所以元老院想为阿格里帕举行一次凯旋仪式。但为了不损害元首的荣誉,这一次他还是拒绝了。冬天,他留在列斯波斯,然后在公元前 13 年年初返回意大利。这样保卫北方边界的任务就委托给奥古斯都的两个继子提贝里乌斯和杜路苏斯了。

199

从阿尔卑斯山直到达尔玛提亚还是一直不断地在爆发骚乱。发动骚乱的大多是格劳本登、提罗尔和南巴伐利亚的那些强大部族。这两个年轻的、急于建立功业的军事统帅十分热心地执行了他们的新的军事任务。公元前 15 年春天,他们决定施行一项天才的战略计划。杜路苏斯从南方推进,渡过了埃契河,提贝里乌斯则从西方进攻敌人的侧面。杜路苏斯在特里恩特(特伦特)的一次战斗中打败了发动叛乱的莱提伊人①和文戴利奇人②,接着又追击过

---

① 莱提伊人(Raeti)居住在阿尔卑斯山区的莱提亚行省(包括今天的提罗尔以及瑞士的和巴伐利亚的部分)。莱提伊人部分是凯尔特人,部分是伊利里亚人。

② 文戴利奇人(Vindelici)是以奥古斯塔·文戴利科路姆(Augusta Vindelico-corum)(今奥格斯堡)为首府的居民,为凯尔特人,他们的地区在海尔维提亚、诺里库姆、阿尔卑斯山和多瑙河之间。

了布伦纳山口①。而就在这时,提贝里乌斯在波登湖②也取得了一次重大的胜利。这之后,兄弟重新会合并且征服了巴伐利亚直到多瑙河的地方。由于合并了诺里库姆(今天的巴伐利亚和奥地利)并且建立了莱提亚行省(今天的阿尔卑斯山山前地带、士瓦本、瑞士)——越过新的奥古斯塔大道③,沿着埃契河可以达到这里——帝国便又取得了一块可观的领地。年轻的统帅取得的成就使罗马感到欢欣鼓舞。应奥古斯都的请求,贺拉斯在他的第 4 卷的诗歌中,称颂了古老的罗马的 Virtus(勇敢)的新生。公元前 13 年,提贝里乌斯开始担任了他的第一任执政官,而杜路苏斯则成了高卢的副帅。

奥古斯都在这一年放心地返回了罗马,尽管战争根本还没有结束。在潘诺尼亚(奥地利)又爆发了新的骚动,不过由于阿格里帕即将到达,骚动归于平静了。但这以后在公元前 12 年,骚动再次爆发。因此提贝里乌斯便把三年的时光用到了这里。虽然如此,日耳曼的边界仍然是更重要一些。当杜路苏斯正要在里昂把一座祭坛——同时还有高卢最大的圣堂——献给奥古斯都的时候,布拉邦的苏甘布里人已经渡过了莱茵河。他急速地把他们赶回河对岸去,并且在元首的同意之下,为一次战役作了准备。这一战役把罗马的边界推进到易北河并且做到永远地消除了日耳曼人的危险。在科隆附近,他下令在河上修造了一座桥,包围了乌西佩特斯人并迎击苏甘布里人。他的船都停泊在莱茵河上。一道新开

200

---

　　① 布伦纳山口是阿尔卑斯山最低的一条山路,在提罗尔(属奥地利)因斯布路克以南约 40 公里。

　　② 波登湖(Bodensee)在今德国、奥地利与瑞士交界处,莱茵河即流经此湖。

　　③ 当指克劳狄亚·奥古斯塔大道,它同波斯图米亚大道相交,在特里登图姆沿阿提西斯河(即埃契河)向北折入莱提亚。

凿的、通向沮伊德湖①的运河保证了这些船对他的军队的供应。公元前12年他到达威悉河；一年之后，他占领了今天的威斯特法伦（威斯特伐里亚），并叫人们在这里修筑了一些堡垒。公元前10年，他去征讨卡提人②；公元前9年，即他担任执政官的第一年，他进军穿过凯路斯奇人③和玛尔科曼尼人④的地区，直到易北河；在这里他构筑了一道胜利的城墙作为罗马边界的标记。但是他的任务并不仅仅是一项作战任务，而且还要把社会秩序建立起来。这一点所以能够做到，是因为他在这新征服的地区也建立了一连串的罗马据点，这样，莱茵河直到斯特拉斯堡地方就由一批新的卫戍部队保卫起来——这是一项十分有远见的、明智的措施。他的行军本身确实没有什么全面的计划。如果要把日耳曼尼亚变成第二个高卢，征服与罗马化必须一步一步地十分慎重地进行。但是要做到这一点，他一生的时间是不够的。当杜路苏斯在一次大胆，但是有成果的行动之后想返回罗马的时候，他在萨勒河与莱茵河之间的地区坠了马，跌断了大腿。提贝里乌斯奉奥古斯都之命立刻赶到杜路苏斯那里去，他在二十四小时中间走了几乎二百英里，但到达之后发现杜路苏斯已经死了。他步行伴随死者来到了罗马。罗马方面为死者举行了盛大的葬礼之后，就把他的骨灰埋葬在恺撒家族的陵墓里了。

杜路苏斯的死亡甚至比玛尔凯路斯的死亡使罗马遭到更沉重

---

① 沮伊德湖(Zuidersee)实际上是北海进入荷兰的一个海湾。现在这个海湾已被大坝截断，拦海造田。

② 卡提人(Chatti)是居住在今天的黑森地区的一个日耳曼部族。

③ 凯路斯奇人(Cherusci)是居住在维苏尔吉斯河(威悉河)与阿尔比斯河(拉巴河)之间的一个日耳曼部族。

④ 玛尔科曼尼人(Marcomanni)是居住在美因河与多瑙河之间的属于苏埃维人的一个部族。

的打击,对帝国也是一个更加严重的损失。他的全部仪表是多么 201
漂亮,多么匀称！他的外形和他的内心的文雅与庄重又是何等相
称！无论在军中还是在同他交往的人们中间,他总是高度崇敬的
对象,特别是他从来没有他的兄弟的克劳狄乌斯家族特有的那种
目空一切的傲气。他同安托尼娅——安托尼娅是屋大维娅和玛尔
库斯·安托尼乌斯所生的小女儿——的婚约被罗马人民称颂为最
完满的男子的和女人的美德的理想的结合。作为军人,他和提贝
里乌斯同样能干,但作为一个人,他却更加亲切和高尚。罗马相信
他是元首地位的最有希望的继承人。

　　公元前 13 年,当元首返回罗马时,人民轻松地喘了一口气。
他们热情地、满怀感激地为他准备了一次小凯旋仪式。但是奥古
斯都仍然同平时一样,在夜里悄悄地进入了罗马。第二天,他来到
了卡皮托利乌姆上山的朱庇特神殿,把他的侍从扛着的棍束上的
月桂放在朱庇特神像的脚下。元老院发布命令,决定在玛尔斯广
场上修造一座祭坛,祭坛奉献给由奥古斯都所保证的和平(Pax
Augustea)。对罗马来说,元首奥古斯都乃是和平与安全的保卫
者,而每当公众的生活遇到什么困难的时候,人们就总是向他呼
吁。当他还留在高卢的时候,贺拉斯就想用感人的词句敦促他回
来:"你的国土恳求你回来……要知道,如果你在这里的话,农民就
能驾着他的一头牛和和平平地耕地,而凯列丝神①就会给他更加
丰盛的收获。我们的船夫将不受海盗的威胁,人民的荣誉也不会
受到损害。任何家庭也不会因离婚而受到亵渎②,因为对于罪行,

————————

　　①　古意大利收获之神。
　　②　离婚的风气在共和末期已经开始盛行起来,这是违反罗马以父权和夫权为主
的传统的,但另一方面,这种风气又体现了妇女一定程度的解放。

202　你很快就给以惩罚……当奥古斯都走近的时候,有谁还会害怕帕尔提亚人、斯奇提亚人、日耳曼人或西班牙人呢? 和平温柔地降临在故土的小丘之上;我们能以怀着感激的心情结起摇动着的葡萄蔓①;能以在晚上回到我们的家中高兴地饮自己的酒并把你歌颂为我们的神灵。"普通人开始以古罗马的、而不是东方的方式向奥古斯都宣誓,但是奥古斯都对他们却不以一位不可企及的神灵自居,而是表现为一位知心的、善良的保护人。这样,他的权力为他赢得了人民的崇敬,但是他的远见、他的父亲一般的关怀却为他赢得了人民的爱戴。

元首的长途旅行现在结束了。他已经亲自慎重地处理了东方和西方的问题,现在他能够在意大利休息了。他的全权又延长了五年,而在公元前 8 年再次被延长了十年。阿格里帕的同元首相等的号令权和保民官的权力也被宣布给予同样的延长。这期间奥古斯都对元老院进行了一次新的清洗,并且在公元前 8 年进行了一次人口调查。由于列皮都斯的去世,奥古斯都终于在公元前 13 年成了最高司祭。在六年中间,边界的鼓声始终不断。这期间他在罗马对行政管理体制和宗教习俗进行了改革。公元前 9 年,隆重地奉献了和平祭坛(Ara Pacis)。当时这一最精美的艺术品,其饰带上的雕刻大部分是保存下来了——这对于《行述》乃是一个很有价值的补充,它光辉地证明了奥古斯都的不可企及的治国安邦的本领。在这个饰带的雕刻上,在童年时期动人的温柔气氛中,那些天真而又文雅的孩子表现得何等出色! 而且,下述的画面又具有何等深刻的象征意义:奥古斯都在这一艺术作品中并不占居一个特殊的位置,而只是夹杂在其他人们中间站着! 这个和平祭坛

---

①　指把葡萄蔓结到架子上。

203

之所以使我们后世的人们感动，并不是通过帝国的威力和伟大，而毋宁是通过把奥古斯都同元首制结合起来的那种个人的人道的表现。这一浮雕没有任何东方表现手法中的那种帝王的浮夸标记——在东方，总是把统治者表现为高居臣民之上的人物——不过由于他的家族的许多成员也都出现在这一艺术作品上，所以王朝的思想还是显而易见的。还有一件著名的艺术作品也是属于那一时代的，这是一座纪念碑，上面刻着被击败的阿尔卑斯山山区四十六个部族的名称。这座纪念碑是由元老院立在摩纳哥上方山与海之间的拉·杜尔比岩（Fels von La Turbie）上的。

这些年，奥古斯都除了杜路苏斯的死亡之外，还不得不经受另一些打击。公元前 12 年春天，阿格里帕在经过若干年疾病缠身的日子之后，在他的康帕尼亚的别墅里去世了。奥古斯都亲自为他致悼辞。他的骨灰也被安放在优利乌斯家族的陵墓里。阿格里帕确实当得起这样一个荣誉：他是帝国的最有才能的缔造者之一，也是奥古斯都的最忠诚、最能干的合作者。他们的友谊从来不曾受任何误解的干扰。元首借重于他的地方太多了。如果没有阿格里帕的帮助，奥古斯都决不可能取得对赛克斯图斯·庞培和玛尔库斯·安托尼乌斯的战争的胜利。而在阿克提乌姆一战之后，阿格里帕又是他在罗马和各行省恢复秩序的最得力的助手。奥古斯都长时期为他的亡友感到悲痛，这有什么可以奇怪的呢！

阿格里帕的开始于十八岁、结束于五十一岁的发迹和一生经历，是历史上的奇迹之一。具有杰出军事才能的阿格里帕曾以指挥官的身份同样追随过优利乌斯·恺撒和斯奇比奥[①]。但特殊的

————————

① 斯奇比奥在阿非利加曾站在共和派加图一方面对优利乌斯·恺撒作战（公元前 46 年）。

才能使他又成为一位极其能干的行政官吏；尽管他缺少创造性的
才能，但是他懂得如何把每一项计划变成事实。他是从卑微的出
身自己奋斗出来的；在一个时期里，他的一家像一颗彗星那样放出
耀眼的光芒，直到尼禄时期它才在恐怖和血泊中垮掉①。阿格里
帕是独立不倚的，他是罗马人懂得尊重的一切价值和美德的象征；
他拥有古老的庄重和虔诚，他是一个有知识和文化的人，对艺术和
建筑有高度鉴赏能力。而且，他还有作家和画家的才能。他写过
一部自传，可惜没有传下来，而作为一位热心的地理学家，他还开
始制作了一幅世界地图，这幅地图是由奥古斯都加以完成的。不
过他最致力的却始终是使元首的统治同罗马居民的中间阶层——
他本人就出身于这一阶层——保持密切的接触。由于他是忠于国
家首脑的模范，所以他虽然带领着一支军队，却坚定不渝地服从于
民政的统治。虽然他拥有巨大的财富和权力，但他始终保持一种
堪称楷模的俭朴作风。人们从他的睿智、开朗的面容也可以得出
这样的结论。

公元前 8 年秋天，麦凯纳斯又去世了。麦凯纳斯一辈子身体
都不太好，而在晚年，他简直成了一个病人。他得的是十分严重的
失眠症。麦凯纳斯其人始终是一个无法解释的谜。他那布满皱纹
的面容几乎无法使人从中作出什么有关他的性格的推论。他的性
格看来是柔弱的享乐主义和国务活动家的那种极为机敏而又有远
见的智慧的一种稀有的混合。他的事业心绝不是一般的事业心。
要知道，尽管他是国内最有影响的三个人物之一，但是他从来不曾
追求一个职位或者有意识地设法摆脱自己的骑士等级的地位。在

---

① 按阿格里帕和优利娅生了三男二女。三男：盖乌斯·恺撒、路奇乌斯·恺撒
和遗腹子阿格里帕·波司图木斯，二女：阿格里皮娜（嫁给日耳曼尼库斯）和优利娅（嫁
给路奇乌斯·埃米利乌斯·保路斯）。

关键时刻,他的贤明的意见对奥古斯都十分重要,因为正是在这样 205
的时刻,需要指出错误和失策来。 他可能比别人更加深刻地认识
到元首制能够拿来作为基础的妥协的必要性,如果这样做能以适
合于罗马人的口味的话。然而十分明显,他身上同时又有某种旧
式的和怪诞的东西。他具有一位唯美主义者的一切弱点和一位
petit maitre(小名士)的一切矫揉造作的习气。他本来可能成为一
位大作家——但是他的散文粗糙得和他的满布皱纹的面容一样。
塞内加①说他的散文"像喝醉了酒一样"。奥古斯都则笑"他的诗
句有如芳香四溢的卷发"。后世只能看到他的作品的片段,从这些
片段来看,甚至当他遇到艰难困苦的时候,他仍然歌颂生活。可能
奥古斯都并不是像他对阿格里帕那样,一直喜欢麦凯纳斯。是的,
据说在晚年他们之间甚至疏远了,而如果人们能相信罗马的谣传
的话,那么这种疏远要回溯到元首同麦凯纳斯的漂亮的和比他年
轻得多的妻子特伦提娅之间的关系上去。而由于麦凯纳斯也和阿
格里帕一样,把奥古斯都宣布为继承人,那么他们后来想必又和解
了。无论如何,麦凯纳斯为元首制立下了无可估价的功勋,而这些
是任何其他人无法做到的。由于他为奥古斯都争取到了先前完全
是共和派的科学界与艺术界的人士,从而有助于使他取得不朽的
声名。麦凯纳斯在埃斯克维利埃山上的住宅乃是罗马精神生活的
中心。维吉尔、贺拉斯和普洛佩尔提乌斯②就是他家的知名的客
人。细心研究舆论、研究舆论的有意的和无意的影响并且直接向

---

① 路奇乌斯·安奈乌斯·塞内加(Lucius Annaeus Seneca,约公元前55年—约
公元40年),通称老塞内加或修辞学家塞内加,他写过一部罗马的历史,但是没有传下
来。他比较喜欢西塞罗的优雅的文体。

② 赛克斯图斯·普洛佩尔提乌斯(Sextus Propertius,公元前48年—?),罗马爱
情诗人,公元前28年他因一部诗集而成为麦凯纳斯的座上客。他的诗以机智和富于
想象而著名。

元首就如何引导舆论的问题提供意见——这正是麦凯纳斯的本职工作。

206　在麦凯纳斯死后几个星期,受他的保护的贺拉斯也去世了,这一点是贺拉斯在他的一首诗里早就预言过了的。贺拉斯死时已经五十七岁了,这时他刚刚完成了他的论诗的艺术的作品《诗艺》。贺拉斯是一位头发早白、矮胖体型的人,他从来没有真正健康过。他对麦凯纳斯是满怀感激的,也许甚至对麦凯纳斯这位罕见的装腔作势的人物还有一定的喜爱心情;但是贺拉斯和奥古斯都之间却存在着真正的友谊。贺拉斯是一位宫廷诗人,但他绝不是一位廷臣①。贺拉斯并不害怕轻声地嘲笑奥古斯都的父亲般的关怀和他之相信可以通过法律的力量把人民教育得有道德。此外,他从来也不曾丧失自己对于某种文学上的共和主义的偏爱,而且他自己也公开地表述过这种共和主义的精神。他是真正从内心里独立不倚的诗人。奥古斯都和贺拉斯有许多共通的东西:两个人都满怀一种绝不会蜕化为玩世不恭的态度的现实感;两个人都喜爱古老的建筑并厌恶附庸风雅的作风、厌恶奢侈和无教养。奥古斯都想使诗人担任他的私人秘书,他就像一个人给自己的朋友写信那样,毫无顾忌地、坦率地写信给诗人:

> 我把你看成是我家中的一位受到优待的客人……任何时候我对你都表示欢迎……我对你的感情何等真挚,这一点你可以从外面别的人,也可以从谢普提利乌斯打听到。不久前我曾同他本人谈起过你……你不肯接受我的建议,是因为你自己不屑于承认这样一个情况,即我这方面既然已经是身居

---

① 廷臣大多是阿谀奉承的佞幸小人。

高位,所以想把你也拉上来。

奥古斯都的崇高目的激发起了贺拉斯的细致入微的批判精神,这
种精神把客观的政治过程变成了诗人的一个幻象。他的诗歌描绘
出了有关帝国的伟大的一幅激情的画图,他甚至能够用诗的形式
表现农村生活的柔和的魅力和田园风光的朴素之美。他对世界帝
国的缔造者的称赞与歌颂甚至后世的人听了也会感动。贺拉斯的
作品和维吉尔的诗篇在罗马很快地就排挤掉了一个名叫李维乌
斯·安德罗尼库斯的人①的枯燥无味的描述,并且在有教养的中
等阶级——他们体现了罗马的优点——当中,加深了对于奥古斯
都的目标的尊重和理解。当奥古斯都遇到对阿波罗神、即人们心
爱的新人道主义之神的崇拜问题时,首先是贺拉斯同他站到一起。
而他对奥古斯都的最高称赞则是:他把奥古斯都说成是阿波罗的
一名仆人。他主要是在 Carmen saeculare② 中,也是向这位阿波
罗神、光照与和平的保护神呼吁,并且当人们在帕拉提乌姆山上举
行斐布斯③神殿的落成典礼时,贺拉斯并不是像普洛佩尔提乌斯那
样详述奥古斯都时期这一宏伟工程在建筑方面的伟大,而是请求这
位神灵赐予奥古斯都为罗马及其人民所追求的所有那些礼物。

四

阿格里帕之死使优利娅变成了寡妇。继承人的问题再次变得

---

① 李维乌斯·安德罗尼库斯(约公元前284—约公元前204年),早期拉丁诗人,
他可能是作为一名奴隶被带到罗马来的,因此有人认为他是一个希腊人。他在罗马被解
放后就成了一名教师,后来又成了演员和剧作家。他的作品只有片段保存下来。

② 《百年节之歌》。

③ 斐布斯(phoebus)为阿波罗神的一个头衔,意为太阳神。

复杂起来,并且要求奥古斯都给以重视。奥古斯都立刻想到了阿格里帕的儿子们;但首先他还得找一个人来接替死者的职务,同时还要照料优利娅。这样,提贝里乌斯就不得不同自己的妻子维普撒尼娅——阿格里帕与前妻所生的女儿——离婚并且同优利娅结婚。提贝里乌斯同维普撒尼娅之间已经有了一个儿子,他们两人之间的感情本来是很好的。但提贝里乌斯对优利娅却是半点敬意也没有。优利娅的轻浮的生活作风吓坏了他,而她的爱好同提贝里乌斯的爱好也根本不同。提贝里乌斯怀着极大的痛苦听从了元首的命令。优利娅伴随着他去达尔玛提亚并在那里为他生了一个208 孩子。不过这个孩子很快又死掉了。当提贝里乌斯在杜路苏斯死后去北方以便征服苏甘布里人并保卫边界以对付日耳曼人的威胁时,优利娅留在罗马,过着随心所欲的日子。

公元前 7 年,提贝里乌斯也回来了。他庆祝了他在北方取得的胜利并开始担任他的第二任执政官。然后他再度去北方两年,以便最后保证边界不受日耳曼人的侵犯。直到那时为止,他的仕途一直处于迅速上升的状态,即使同他的继父的关系也是十分和睦的。奥古斯都想使提贝里乌斯接管阿格里帕的职务和地位,并在他自己如果早死的时候被指定为元首,而盖乌斯和路奇乌斯则应取代玛尔凯路斯的地位,以便用这种办法能取得同优利乌斯·恺撒的后裔的身份相适应的最高职务。公元前 6 年,提贝里乌斯被授以为期五年的保民官职务。但这个高傲而虚荣心又重的人为此要付出大大地克制自己的代价以便参与负起国务的重责和担子,但最后还是不得不让别的人占先。阿格里帕的两个儿子盖乌斯和路奇乌斯这时分别是十四岁和十一岁。他们没有受过任何有益的教育。作为元首之位的有希望的继承人,他们受到来自四面八方的大量的阿谀奉承;此外,他们从他们的母亲那里也没有得到任何明智的教育,而他们的父亲阿格里帕大多数时间又都在意大利境外从事战争。奥古斯都凡是有权做的,都亲自为他们做了。他安排他们的学习并且为他们物色好的教师。不过他并没有亲自过问这件事的时间。因此这两个孩子就被宠坏了,他们变得任性而又骄傲。就是提贝里乌斯也把他们看成是灾难,特别元老院加到他们这两个少年人身上的大量荣誉只能使他们日益狂妄自大。人们把盖乌斯选为执政官,但是奥古斯都不允许他接受这一职务,因此这两个人的任期就被推迟了五年,成了当选执政官(consul designatus)①。公元前 5 年,当奥古斯都开始担任他的第十二任执政官的时候,盖乌斯达到了成人的年龄。从现在起,元首将要亲自带领他参加政治生活了。盖乌斯可以立刻参加元老院的会议,而罗马骑士则拥戴他为首席青年(princeps juventutis)。他是以军队中未来军官的领袖和元首的继承人的身份取得这一头衔的。三年之后,在奥古斯都担任第十三任、也就是最后一任执政官的时候,路奇乌斯也取得了同样的地位和特权。

　　在这种情况下,提贝里乌斯感到自己的地位难以维持下去。当东方由于阿尔明尼亚人的一次新的叛乱而动荡不安的时候,奥古斯都想把他派到那里去恢复秩序。尽管提贝里乌斯的母亲迫切地请求他接受这一建设,但他却拒绝了。他退隐到罗得斯岛去并且在今后的整整七年中间专心致力于天文学的研究②。这是在他的功勋卓著的一生中多么值得注意的一个插曲啊!在后来的年代中,提贝里乌斯是用这样的理由来解释他的行动的:如果他继续留

———————————

　　①　指当选而尚未就职的执政官。
　　②　原译文是天文学的(astronomisch),实际上应当是星相学的(astrologisch)。从塔西佗的作品,我们知道提贝里乌斯一直很迷信这种"学问"并且亲自试验过占星术士的本领。

在罗马,他的丰富的军事经历只会使两位年轻的"王子"处于默默无闻的地位,而且,同两个虚荣心特重、又渴望取得荣誉的年轻人和睦相处,那是极为困难的。他说,即使阿格里帕在公元前 25 年也退出了公开活动的舞台,以避免给人以任何要同玛尔凯路斯相抗衡的印象。但比这些理由更加沉重地压在提贝里乌斯身上的,可能是他的不幸的婚姻,因为优利娅那时已经开始了她的不道德的生活,这种生活在三年后给她带来了致命的后果。

提贝里乌斯的性格是难以判断的。一个提贝里乌斯是奥古斯都的最有才干的统帅之一。另一个提贝里乌斯是奥古斯都的继承人,一个心情厌烦的和玩世不恭的人物——在这两个提贝里乌斯之间有一道不可逾越的深渊。这时他是四十岁,正是他无论就体力还是就精神能力而论都是最旺盛的时候。在军阶上,他几乎达到了最高的地位。如果说军队不喜欢他,但是却尊重他。在处理每一个别事件时,他是有责任心和仔细认真的。作为一个真正的贵族,他根本不把群众对他的爱戴或敌人的和解表示放在心上。在他青年时期和成年初期,共和国的彻底性和严厉性是他心目中追求的理想,而在他一生当中,尽管他偶尔也举行酒宴,但是他却懂得如何保持一种适度的和有节制的生活作风。他是博学多闻的。他精通希腊语,甚至能够用希腊语写诗。他一般地还喜欢研究历史。但是他缺乏罗马人称之为 blanditia 的那种文雅风度。在待人接物方面,他是冷淡的,并且往往是不友好的。这不仅仅是因为从根本上来说他是怕见人的,而且是因为他具有某种傲慢的思想。克劳狄乌斯家族生来都有这种傲慢性的毛病,而且他们中间的一些人在老年时这种傲慢性的毛病竟蜕化而成为一种精神病。

提贝里乌斯之离开罗马使奥古斯都的任务增加了一倍,因为自从奥古斯都失掉了被疾病夺去生命的阿格里帕和麦凯纳斯以来，他就没有任何具有真正同等价值的助手，而且，除了路奇乌斯·多米提乌斯·阿埃诺巴尔布斯①（优利乌斯·恺撒的宿敌的孙子），也许还有克维里尼乌斯②之外，还没有任何特别有才能的统帅。这时对元首制来说是一个暗淡的时期。甚至元首本人当时都不得不担起本分以外的许多责任。但尽管他疲倦而又多病，尽管他日益强烈地感到正在迫近的老年的迹象，但是他并不爱惜自己，并不减轻自己的负担。公元前 2 年，他的人民向他表示了一种 ⟨211⟩ 特殊的感谢。元老院赠给他"祖国之父"的头衔，他认为这是他曾取得的一切荣誉当中最高的荣誉了。这项建议是由老共和派美撒拉·科尔维努斯提出来的，建议后面还附有这样的祝福之辞："但愿幸福和上天的恩惠降临到你和你的一家身上，恺撒·奥古斯都。这个愿望包括为我们国家的长期富裕和我们城市的幸福繁荣所作的祈求。元老院和罗马人民尊崇你为你的国土的父亲。"奥古斯都含着泪水回答说："到会的元老们，我的最大胆的愿望已经实现了。除了我把你们一致作出的表彰保持到我的生命的最后一日以外，我还能从不朽的诸神那里恳求什么呢？"根据古老的共和国传统，这样帝国就变成了一个大家庭，而奥古斯都则对这个大家庭行使父亲的权力——patria potestas。从这时起，就形成了这样一个惯

---

① 路奇乌斯·多米提乌斯·阿埃诺巴尔布斯(Lucius Domitius Ahenobarbus)是玛尔库斯·安托尼乌斯和屋大维娅所生的女儿安托尼娅的丈夫。公元前 22 年任营造官，公元前 16 年任执政官，公元前 12 年任阿非利加行省长官，公元前 7—前 2 年任伊利里库姆副帅。他曾在易北河对岸为奥古斯都修造了一座祭坛。

② 普布利乌斯·苏尔皮奇乌斯·克维里尼乌斯(Publius Sulpicius Quirinius)是拉努维乌姆地方出身的一个"新人"，公元前 12 年度执政官。后来他曾平定过小亚细亚中部一个以打劫为生的部族霍玛那登西人。当盖乌斯·恺撒在东方时，克维里尼乌斯是他的助手。后来(公元 6 年)又出任叙利亚的长官。他死于公元 21 年。

例：在宴会上每当客人为了奥古斯都的健康而举杯饮酒时，总要讲这样一些尊崇他的话："恺撒，你的国土的父亲，为了你，人类的最优秀者。"

<h1 style="text-align:center">五</h1>

当人们环顾当时的世界时，会发现杰出的人物是缺少的。奥古斯都是个举世无双的人物。在庞大的世界帝国里，没有任何一个地方会有一个什么人能对他构成危险。甚至从罗马边界的那一边的国土，他也无须害怕会在权力和威望方面有任何损失。只是在日耳曼尼亚的森林里，有一个人成长起来，此人表明自己比他当时大多数人都要坚强和伟大。即使在藩属王侯当中，也没有任何人——只有一个人是例外——超出一般人的水平。这个例外就是
212　犹太的希罗德斯。希罗德斯的领土和人民同罗马比任何其他一个藩属国家都有更多的交道。也和阿尔明尼亚一样，巴勒斯坦对于保卫东方边界使不受帕尔提亚的侵犯具有重大的战略意义。已经流散于世界各地的犹太人在罗马人的心目中是一个谜。希罗德斯尤其引起罗马人的幻想。在他身上燃起了一个天才的火花，使得他看来完全与众不同。

自从格拉古兄弟①时期，在罗马便有一处犹太的移民区。移民区的人数比起罗马居民的总数有如今天犹太人在全体美国人中间所占的比重。罗马对他们是宽大的，绝不把同他们的信仰不协调的义务和工作强加给他们。他们从优利乌斯·恺撒手中取得了

_____

① 指罗马改革家提贝里乌斯·显普洛尼乌斯·格拉古（Tib. Sempronius Gracchus，公元前 162—前 133 年）和盖乌斯·显普洛尼乌斯·格拉古（Gaius Sempronius Gracchus，公元前 153—前 121 年）。

某些特权,而奥古斯都以及阿格里帕对他们的宗教也是尊重的。
但他们在暗中对政治生活却有很大的影响,因为他们经营银行业
务并且对帝国的财政事务也有举足轻重的影响。然而罗马人对犹
太的宗教只有一个混乱的概念:关于耶路撒冷的神殿,人们传说在
那里供着一只银驴子当作神来崇拜,并且在一只古老的柜子里有
一些十分神秘的精灵。犹太人大多住在梯伯河对岸的罗马郊区。
人们容忍并尊重他们,可是并不喜欢他们。

　　这个罕见的民族的故土的统治者是希罗德斯,他是生在伊都
美亚①的一个改宗者。他之拥有"伟大的"这一名号并不是没有道
理的,因为他是一个极为勇敢而又果断的人。在内战中,他无一例
外地总是站在失败者一面的,而每次又总是从他们中间以胜利者
的友人的身份出现。他过去拥护卡西乌斯而反对玛尔库斯·安托
尼乌斯,后来又拥护安托尼乌斯反对屋大维亚努斯,并且每次叛变
之后又总是取得了权力。通过一次非法行动,他弄到了犹太的并
不重要的一小块土地,最后竟把它变成了一个相当大的王国。他
信奉犹太教,然而他绝不是一个真正的犹太人,并且一再嘲弄这一
宗教的那些最神圣的诫条。他的目的是把犹太教和希腊主义结合
起来,而他背后则有罗马的强有力的支持。奥古斯都赞赏并且支
持他的这种努力,因为奥古斯都需要一个人来收拾耶路撒冷的那
些不安分的居民并且还可以筑起一道防御帕尔提亚的城墙。

　　希罗德斯想同时讨好两个主人的试图失败了。他确实做到把
犹太变成了一个最重要的藩属王国——但他却招致了所有正统的
犹太人,首先是他们的贵族的长久的憎恨。他的希腊化的政策并

213

---

　　① 伊都美亚(Idumea)即以东(Edom),在古代指巴勒斯坦死海西南直到阿卡巴
湾的低洼地区。它的原始居民是霍里特人,据说是"穴居人"的意思。

没有深入下去。希罗德斯向卡皮托利乌姆山上的朱庇特神殿奉献牺牲,把撒玛里亚城①改名为塞巴斯特,并修建了大港口恺撒列亚②,这两个举动都是为了向奥古斯都表示敬意。此外,他还把高级司祭的职位改变为由家族包办的体制,把在希腊受过教育的犹太人(例如大马士革的尼古拉乌斯③)召到自己的宫廷,甚至按照罗马的方式在耶路撒冷举行演出和比赛,以元首的名义使他的臣民宣誓并且每日亲自奉献牺牲向元首表示敬意。公元前 18 年左右,他去罗马进行了一次国事访问。就在这同时,他宣布自己是一个坚定的犹太人;在元首面前,他是小亚细亚犹太人事务的代表者,并且开始了重建耶路撒冷的神殿的工作。但是在公元前 8 年,他失去了奥古斯都对他的宠信;奥古斯都不高兴地宣称,他宁肯自己是一个犹太人,也不愿做希罗德斯的儿子。希罗德斯的计划的失败更加激起了他的一切野蛮与残忍的本能直到他死的时候。他完全是有意识地破坏犹太的法律,让人杀死自己的儿子,屠杀法利赛人④并且日益沉陷到一种嗜血的精神状态中去。可能他已经疯狂了。这样最后导致消灭这一藩属王国的道路便被准备好了。而

214

---

① 撒玛里亚(Samaria)在迦利利和犹太之间,这个城据《列王纪上》(第 16 章,第 24 节)说,是以色列王暗利(Omri)从一个叫设麦(Shemer)的人手中买了撒玛里亚山,并在上面建造了撒玛里亚城的。

② 恺撒列亚(Caesarea)是在巴勒斯坦沿海的原腓尼基一个城镇的原址上建立的。公元前 30 年奥古斯都把原城(原名"斯特拉托之塔")给了希罗德斯,希罗德斯把它改建为港口,改名恺撒列亚。从公元 6 年起,这里是罗马的犹太长官的驻地。

③ 大马士革的尼科拉乌斯(Nicolaus of Damascus),公元前一世纪后半叶的希腊作家。他曾随希罗德斯两次去罗马。他写过剧本以及哲学和科学著作,但均未传下来。他还写过一部奥古斯都传,但只有片段保存下来(至公元前 44 年)。他的最大作品是一百四十四卷的通史,但只有前七卷的摘录保存下来(关于古代东方的)。其他摘录见于约瑟普斯的作品。

④ 法利赛人(pharisec),犹太教中一个政治宗教派别,代表中等阶层的利益。同他们相对立的是代表贵族利益的撒都该人。

最终的目的则是把犹太变为罗马的一个行省。同犹太人的清算以耶路撒冷的摧毁而告结束。

公元前 7 年，叙利亚的长官克维里尼乌斯——他刚刚成功地对陶路斯山区的匪群进行了一次讨伐——决定在这块被蹂躏得不成样子的小小国土上进行一次人口调查，以便确定所有十五年间的税收。所有的犹太人必须回到他们出生的故土去。因此一个叫约瑟的人——伽利利这一美丽国土上拿撒勒地方的一个木匠，就只好在冬天到大卫的城市伯利恒去，因为他是大卫的后人。和他同行的有玛利亚，玛利亚于 12 月 25 日在马厩里——星光就透过它的草屋顶照到里面——生下了一个儿子，名叫耶稣①。

----

① 基督耶稣的生平事迹只见于《圣经》，因此他始终是一个宗教人物。作为基督教初起时的重要人物，他可能有一个对应的历史人物，但这也只能是推测。从罗马史的角度来看，我们还无法有依据地确定他的任何事迹。作者在这里把他的事作为历史加以叙述是不对的，这只能说明作者本人是一个基督教徒。

祖 国 之 父

第一章　完成的元首制

> 一个其力量不能使人民权利受到限
> 制的政府，在紧急时刻是否有足够的力
> 量保证国家的生存，这在长时期中间是
> 一个严重的问题。
>
> ——亚伯拉罕·林肯，1864 年 11 月 10 日

现在元首制无论就形式方面还是就内容方面来说都已完成
了。今后就是把奥古斯都特别致力的那些个别部分加以深化这样
一个富有吸引力的任务了。因此我们不得不提前论述一些问题，
并且首先对奥古斯都晚年所做的事情给予公正的评价。奥古斯都
把间架撑得很大，以便使机体能得以成长并保证排除无用之物。
元首制的任务的某些部分直到世界帝国的崩溃始终保持不变，但
另一些部分则经历了频繁的变化。有一些措施和制度不得不加以
改进，但总算保存下来了。但另一些措施和制度奥古斯都认为是
不可行的，因此它们在奥古斯都死后也就从不曾有过任何改进。

一

元首制是建立在深深植根于罗马历史之中的两个原则之上

的。这两个原则就是人民的主权和权力之能以转入一位高级官吏之手。而在危急时刻,这位高级官吏的合法地位是得到普遍认可的。如果人民认为这种危急时期会持续下去,那么这种权力的委218 托也就会持续一些时期,然而从来没有过一个人终身享有这一权力的情况。在他们死去的时候,统治的权力必须交还给人民,并且由人民重新授予这一权力。把权力由一个人传给另一个人是不允许的。在奥古斯都看来,元首制乃是一切现存体制与措施按照传统权限与历史制约性而和谐地相互作用的结果。在接受他的职务时,他并不是没有看到,在这些制度当中,有一些已经过时了。

不过,比合法的原则更加重要的,还是中央领导的问题。在元首制初期,狄奥在他的作品中使麦凯纳斯讲出了很有特色的一段话,"有如一只巨大的商船,这只商船的乘务人员由各个国家的君主所组成,但是没有一个船长,我们的城市从许多代以来在狂风骤雨中任凭巨浪的冲击,却没有一位领导者"。当伽尔巴在公元69年指定一个继承人时,他也讲过一句话,这句话的原则上的正确性是得到普遍承认的:"如果没有统一领导的庞大的世界帝国能够保持它的均衡并且确保它的生存,那么我将高兴地把共和重新建立起来。但是如果人们考虑一下事实,那么据我这样一位老人的经验①,我能够赠给罗马人民的一份最好的礼物就是一位优秀的继承人,一位在年轻时便十分出色的恺撒。"

为了使共和体制能够适应帝国的要求,奥古斯都力图得到一位元首的任命权。但元首是从元老院和人民手中取得他的委任统治权的,而且这权力任何时候都可以被收回。这一职位在任何场

---

① 伽尔巴生于公元前3年,近卫军在尼禄死后(68年)拥戴他做皇帝时他已七十一岁。

合下都要保证本身的统治同舆论的一致。奥古斯都并不是没有看
到这些危险。当一个受时间限制的、临时的职位成为一个持久的
职位时，那就绝不是没有可能滑到一种君主制上面去；再向前走一
步——第一公民和人民的领袖就成了一个独裁者。元首制的优点
和缺点并不依赖于它的法律根据，而不如说依赖于对于这一职位
的看法，依赖于元首本人的人格。奥古斯都对元首制作一种解释，
他的继承者又可能对之作另一种解释。比如，卡利古拉就自以为
有如一位神，或者有如多米提安那样，把自己看成是拥有专制权力
的君主。元首制带有君主制的特点，这是这一职位的性质所决定
的。但是人们对于奥古斯都执行这一职务的方式，其印象是如此
强烈，以至于在诸如尼禄、多米提安和康莫都斯这样一些人物之
后，伟大的佛拉维亚努斯和安托尼亚努斯仍然可以把元首制的古
老的光彩和纯净恢复起来。

　　由于元首制的界限难以确定和富有弹性，继承人的问题变得
越来越重要了。奥古斯都并不能找到任何可以在法律上最后确定
下来的规定，但是他能够定下他自己的继承人，从而对于他身后的
时期起了示范作用。公开的选举是不可能的；另一方面，罗马也不
会像优利乌斯·恺撒所计划的那样，同意建立一个世袭的王国。
奥古斯都因此打算选择一位高级的助手。这个助手将拥有同执政
官的大权和保民官的各种权限，但是这个人也要精通治国安邦的
办法并且理所当然地必然接替他的职务。尽管奥古斯都选定了阿
格里帕并且在阿格里帕死后又选定了提贝里乌斯，但是从根本上
说——而这是可以理解的——他所考虑的是同他自己有血统关系
的一个继承者，而优利乌斯家族的传统要在这个继承者身上保存
下去。这一打算并不是没有道理的，因为甚至在共和时期，儿子也
常常接替父亲的职务。在古罗马，门第，而首先是优利乌斯家族和

219

220

奥古斯都的威信是备受尊重的。这些前提对于一位新的元首来说,必然会是有价值的支持和帮助。而且,能最后决定一切的军队对他的家族有一种十分特殊的偏爱。因此奥古斯都首先确定玛尔凯路斯,后来又确定盖乌斯和路奇乌斯为自己的继承人,而只有在后来才重新决定他的继子提贝里乌斯为继承人,因为这时同他有血统关系的男子一个也没有了。

但是这一制度具有继承性的外貌,因此它也还有许多缺点。这乃是奥古斯都为数不多的失策之一,因为它根本不能防止出现一个卡利古拉或尼禄,一个多米提安或康莫都斯。当实际的继承者并不是国内最有实力的人物时,另一个比他强大有力的人物往往会试图夺取权力——一位元首往往不能指望一个阿格里帕的大公无私,或者有如在维斯帕西亚努斯时期,指望一个木奇亚努斯①的大公无私。在奥古斯都去世时,并没有发生任何困难,因为提贝里乌斯实际上已是拥有全部统治权的最能干的人物了;但是后来却出现了精神不正常的卡利古拉,随后又来了一个克劳狄乌斯和一个混世魔王式的人物尼禄。当伽尔巴指定披索·李奇尼亚努斯为继承人的时候,他放宽了这一制度,但是到佛拉维乌斯时期,家族的统治又复活了。不过在多米提安死去的时候,人们又可以把元首的职位给予国内最优秀的人物了②。于是罗马又有了这样一

---

① 盖乌斯·李奇尼乌斯·木奇亚努斯(Gaius Licinius Mucianus),以支持维斯帕西亚努斯而知名的罗马元老。他曾在科尔布罗麾下服役,担任过吕奇亚—潘菲利亚的长官,后来在公元65年又任补缺执政官。公元66年以后任叙利亚长官,并在宣布维斯帕西亚努斯为皇帝一事起有重要作用(公元69年)。公元70年和73年,他再任补缺执政官并始终是维斯帕西亚努斯的主要顾问。他的地理学方面的作品是老普利尼的主要依据。

② 多米提安被杀死后,涅尔瓦被近卫军长官拥立为皇帝。涅尔瓦在维斯帕西亚努斯和多米提安当政时期都担任过执政官,声誉也好,但因即位时年老无子,所以在公元97年指定上日耳曼长官图拉真为继子,第二天他本人就去世了,终年六十八岁。

些伟大的恺撒,如图拉真、哈德里亚努斯、安托尼乌斯·皮乌斯和
玛尔库斯·奥列利乌斯。奥列利乌斯还在他活着的时候,就选定
了他最亲密的助手为继承人,因此在他去世的时候,已经预先作了
相应的安排①。这之后人们又回到了王朝的体制上来,这种体制
有时表现为一个很不错的体制,直到公元四世纪人们制订了两位
奥古斯都的制度的时候,这就是说,这时人们设立了两位具有完全
平等权力的恺撒。

221

二

罗马是帝国的头脑和心脏,是保护意大利的一座堡垒,文明世
界的未来有赖于罗马的繁荣。罗马的公民是统治阶级,元首是受
托从他们手中取得了统治权的,治理巨大帝国的大批官吏也是从
他们中间选出来的。然而这些公民是何许人呢? 首先当然是意大
利的自由居民。但是公民权必须扩大到意大利的边境以外去,甚
至世界帝国边远地区的居民也被授予了这种公民权。元首就有授
予公民权的权力。优利乌斯·恺撒早就广泛地利用了这一权力。
这导致了大规模的移民活动,而优利乌斯·恺撒个人对这一活动
是特别关心的。他一向有这样的一个梦想,即把帝国变成一个大
的罗马,所有的自由人都应当成为罗马的公民。给予公民权的规
模广泛到什么程度,从公民人数的增长可以看出来。在公元前 70
年,罗马公民有四十五万人。42 年后,奥古斯都的第一次人口调
查的结果是四百零六万三千人,而直到他的最后一次调查,也只是
增加到四百九十三万七千人,因此比起人口的自然增长来公民人

---

① 奥列利乌斯选定他的长子康莫都斯为继承人,是一个严重的失策。

数增加的并不多。

意大利本土的居民享有特权,这一点是完全符合于奥古斯都的保守情绪的,因为他一直反对优利乌斯·恺撒的建立一个统一的世界帝国的梦想。而且,还有一些重大的政治理由使他不能这样做。意大利还根本不是一个统一的整体。当奥古斯都接过了国家事务的领导权的时候,意大利隶属于罗马已经有二十年了,因此
222 首先必须提高意大利的爱国感情和意大利的自尊心。早在西塞罗时期,罗马人就都是高傲地看不起意大利其余地方的居民。因此人们必须设法尽量消除这一烙印,而只有当人们使首都的新体制同样地成为整个意大利的特权的时候才能做到这一点。财政方面的理由也同样起作用,因为公民权就意味着豁免某些税收。同样,人们也还要考虑军事方面的观点,因为希望取得公民权这一点,可以激使海外地区的居民去服兵役。但是这中间最重要的一点是:罗马化的计划就是在广泛的基础上把首都罗马的精神贯彻到各行省去,因此,凡是能够使行省城市对它们的特权的自豪感有所挫伤的一切,奥古斯都都决心予以避免。虽然他把里昂的很多居民都宣布为罗马公民,但是他仍然不愿使这里的公民权显得一文不值。他的有关罗马公民权的规定同公元前五世纪的希腊的排他性的做法仍然完全不同。这一规定完全同对一个小的城市公社的法律上的从属地位相适应,它补充了对帝国的义务的范围并且把对狭义的家乡的义务也包括进来。全世界必须经过一段时间,才能使自己同这样一种想法相适应。

奥古斯都的保守态度是针对着一定的时期和一定的目标的。毫无疑问,事实上它已经存在了。因此,奥古斯都在亲自见到提贝里乌斯保护下的一个希腊人并且确认了这个人的价值之前,他是拒绝把公民权给予这个人的。他还拒绝了利维娅为一个高卢人提

出的授予公民权的请求,却豁免了这个人应纳的税,因为他认为与
其叫罗马的威望受到损害,还不如叫国库受到损失。他在遗嘱中
就一再告诫自己的继承人不要把过多的人变为罗马公民,因为对
于被征服的各民族来说,罗马应占有一个特殊的地位。但是他深
信,总会有这样一天到来,那时这种排他性已经达到了自己的目
的,而麦凯纳斯的意见——使罗马帝国的全体自由人成为罗马公
民——将会成为决定全部政治活动的指针。他的继承人克劳狄乌
斯对这个问题的处理已经是随便得多了。在他的统治时期①,罗
马公民的人数增加到几乎六百万人,而在安托尼努斯的统治时
期②,又有了双重的公民权,这就是说,一个人可以是世界帝国的
公民,同时又是某一特定地点的公民。演说家埃利乌斯·阿里斯
提德斯③宣称,"帝国是由各个城市组成的一个城市",而"罗马本
身对世界来说,意味着每一个地区里的城市"。玛尔库斯·奥列利
乌斯则以神秘哲学的方式表达了这一思想:"人是这样一座崇高的
城市的公民,在这座城市里,其他城市只是处于有如房屋的地位。"
而在五十年后,卡腊卡拉④则通过一道敕令把公民权给予帝国的
全体自由民。最后,在五世纪的黑暗日子里,一个名叫西多尼乌
斯·阿波利纳里斯的高卢人用简洁的语言形容了这一豪放的行
动:"罗马是一个除了蛮族和奴隶之外,不存在任何外国人的城
市。"

---

① 公元 41—54 年。

② 公元 138—161 年。

③ 埃利乌斯·阿里斯提德斯(Aelius Aristides),希腊作家,修辞学家,公元 117
年生于小亚细亚的美西亚(Mysia)。他在当时便很有名,有演说与修辞学的论文传世。
他在演说《致罗马》中对罗马帝国作了全面的歌颂。

④ 他的统治时期是公元 211—217 年。

如果我们看一看罗马的社会结构，我们必然能清楚地意识到，在这里存在着一种按照阶级（nach klassen），但不是按照种姓（nach kasten）①的划分方式。任何一个有钱的人都可以上升到高位。只存在官吏贵族而不存在血统贵族；无论谁，只要在国内担任高级职务，他就可以把贵族的称号传给自己的后人。因此甚至骑士也可以轻易地上升到元老阶级，而中间阶级仍然主要来自第三阶级即平民。

但是这种社会制度的基础，却是古代最坏的一种弊端，即奴隶制度。在多次战争期间，大量的奴隶涌入罗马城内和郊区。这些男女大多是属于具有高度文明的民族，他们受过手工艺和精神文明方面多种多样的教育。几乎所有做秘书工作的都是奴隶。同样地，管抄录②和计算的、木匠、金属工匠、珠宝匠、织布匠、白铁匠、厨师、面包匠和理发匠也都是奴隶。甚至大庄园的管家和农村里的工匠、画匠、艺人、建造房屋的工匠和医生也都由奴隶担任。虽然他们的经济价值使他们不致受到他们主人的专横残暴的待遇，但是他们的主人仍然能够鞭打他们，在他们身上打上烙印，并且在法庭上审讯他们时允许对他们进行拷问。他们只能挣得极为有限的个人财产。因此他们过的始终是受到残酷迫害的生活。生病的奴隶通常被送到梯伯河上一座小岛上的埃斯库拉皮欧斯神③的神殿去，至于是否能治好那就要看他们的运气如何了。在共和国

---

① 种姓（Kaste）不仅是世袭的，而且是绝对不能逾越的。在印度，其他种姓的人永远不能成为婆罗门种姓的一员。

② 罗马市场上流通的"书籍"，即纸草卷的书，都是专门由奴隶抄录的，能抄录精美书籍的奴隶可以售很高的价钱。西塞罗的挚友阿提库斯的书店便以其精抄本驰名于世。

③ 埃斯库拉皮欧斯（Aesculapius）是由希腊传入罗马的医神。这座神殿据说是公元前 239 年罗马人因一次瘟疫而按照西比拉预言书的劝告兴建的。

末期,奴隶稍稍受到了一些人道的对待,这在相当大的程度上是受到斯多葛派①学说的影响,即人类应具有博爱的精神。这在当时是一个传播迅速的学说。在这一点上,奥古斯都首先作出了表率:他下令不得再对奴隶施行毫无道理的暴行,并且当一个不得人心的主人死去时,也不得再对他的奴隶施行任何大规模的惩罚。

因此,当释放奴隶的问题出现的时候,它引起了奥古斯都的特别关注。由于对外的征伐结束了,从外面大量流入的奴隶这个来源几乎枯竭,但是奴隶的数目并不因此而有所减少,因为奴隶的孩子在罗马又不断长大成人;此外,还可以直接从奴隶市场买到奴隶。但是买来的这些奴隶同用战争手段取得的奴隶相比,完全是另一种类型。他们在大多数情况下往往来自同一个没有任何文化传统的蛮族。因此,即使奥古斯都有这个打算,他也不能完全阻止奴隶人口的增长。但他还是给自己提出了一项任务,即仔细规定奴隶参加城市自由政治生活的条件,这样罗马就不致成为各种劣等民族混合杂居的集中点。释放奴隶一事本身太普遍,也太简单了。要说这些被释奴隶都能成为有用的公民,那是没有任何保证的。因此奥古斯都在公元前 17 年的一项法令中限制未经正式手续而只是用简化办法释放的奴隶的法律地位,但是把他们的孩子宣布为自由人;不过他却和先前一样地限制他们取得财产和继承财产的权利。公元前 2 年,奥古斯都规定了一位主人根据其个人的意愿可以给予自由的奴隶的人数,四年后,他又从奴隶主手中取

225

---

① 斯多葛派(Stoicism)是奇提乌姆人芝诺于公元前 300 年左右在雅典创立的学派,因在有柱廊,和有绘画装饰的长方形大厅(Stoa Poikile)中讲学而得名。罗马帝国盛行这一派的晚期学说。从共和国末期起,许多罗马的知名人物都受这一学说的影响。

消了他们在生前释放奴隶的不受任何限制的权利。这样一来,这些奴隶要在他们的主人死的时候才能得到自由。在道德方面受到怀疑的奴隶要受到严格的限制,因此对这些人来说,除去个人自由之外,并没有剩下很多的东西。人们就想用这种办法把从奴隶身份摆脱出来的意大利居民的数目限制在一定的范围之内。但是这样被缩小了数字的人们却受到了奥古斯都的眷顾。他要被释奴隶担任舰队以及政府中的高级职位并且委托他们主持消防事务。他还起用骑士等级中特别有功劳的人物,例如他的侍从医生安托尼乌斯·穆撒①。他还任命一个叫李奇努斯的人——任命的结果确实不妙——担任皇帝在高卢的代理官。此外,他的私人秘书也大多数由被释奴隶担任。

那么罗马的数字越来越小的真正自由的居民情况又如何呢?有抵抗能力的公民阶级同贵族一道在战斗中取得胜利并且形成罗马武装力量的中坚的日子已经过去了。他们不是在征战中死在战场上便是已经定居在帝国的边远地区;他们中间也有某些人确实垮掉了,并且没落成为城市的贱民。古老的法律规定由强制劳动代替自由劳动,并且同样压制人们的工作效率;这一经济法律在这里也起了作用。在手工业当中,被释奴隶和奴隶一道到处争夺工作的机会并阻塞了罗马手工业者的生路。权贵和富豪则保护他们先前的奴隶和被释奴隶,并且甚至一位普通公民都有他自己的意义的时代都早已一去不复返了。这样的人现在对于国家来说只不过是动荡不安的根源而已。

奥古斯都认识到了这一问题的重要意义,而由于他决不愿意使本国普通公民遭受不安定的命运,于是他就试图创造对于自由

---

① 穆撒曾用大胆的医术救过奥古斯都的命。

劳动的一个较大的需求。

　　罗马曾一直感到它有义务处理贫困的问题。因此甚至奥古斯都也把领取免费口粮的人数增加到二十万人，这样，比起优利乌斯·恺撒的时代来，享受这一布施的人就多出了五万人。除了补助性质的正规赠与之外，他还规定了特殊发给的食品和现金：为了这一目的，他在他的统治的前二十七年里，花费了大约八百万马克①。后来他又试图用双重的办法，不仅把权利而且把义务给予罗马平民。他把城市分成地区（regiones）和地段（vici），并且规定地段为地方选出的行政机构。不过他这一措施实际上并不曾取得任何特殊显著的成果；但无论如何他通过这种做法证明，他是想要民众自己直接参加公家的事务的。后来他又致力于通过促使成立同业公会（collegia），而为旧日的令人讨厌的政治团体找到了一种代替物。这种同业公会在公元前64年曾受到元老院的压制，乃至除少数例外都被取消的程度。但现在它们却得到了新的生命，并且要求人们对它们的发展给予认真的注视。由于奥古斯都，作为保民官权力的持有者，感到自己有责任特别保护贫苦的人们，因此他试图改进同业公会的目标并监督它们的活动，因为罗马公民的任何活动都同国家机构有关系，而使国家机构日趋完善则是他的职责所在。这种团体带有福利机构的性质并且不同于现代的工会。在以奴隶劳动为基础的一种经济中，即使举行罢工，那肯定也不会有任何结果的。

　　随着人民大会的衰落，国家对穷人不再重现，也不再感兴趣了。奥古斯都很想把居民当中的一切阶级有机地结合在国家生活里，因此他并不反对把人民大会在一定的限度内重新恢复起来。

227

---

　　①　此系德译者折合的三十年代的德国马克。

库里亚民会①成了只是一个可笑的政治组织。同样,没有任何人要求把库里亚民会恢复起来,但是,看来也不可能按照旧日的成分重新召开特里布斯民会②了。优利乌斯·恺撒毫无疑问是考虑过

228 这件事的,对此我们可以举出一个证明,即撒埃普塔·优利亚③曾被考虑当作集会的地点。然而时间和距离却造成了多种多样的困难。只有属于特里布斯的公民才能按照现行的规定进行表决,而这就意味着,只有城市居民中没有什么价值的一部分选票才有效力。然而为了使人民大会重新成为投票通过法案的机构,奥古斯都计划建立这样一种制度,根据这一制度,意大利各地区的城市元老院的投票结果,应当放在选举瓮中送到罗马来。但这一打算在一开始实施时就失败了:一次是因为技术上的困难;另一次则是因为,正在这个时候,罗马经历了一次严重的反动保守时期,因此一切革新都遭到了反对。如果人们创立一种代表制度的话,毫无疑问他们是会克服至少部分的困难的,但是值得注意的是,代议制思想对当时的世界完全是陌生的。一个人受托代表所有的人去思想与活动,这同当时的政治哲学思想相去甚远。代议制的概念究竟

---

① 库里亚民会(comitia curiata)是民会中最古老的一种。是按罗马人民最初的单位库里亚组成的,是罗马贵族集会的唯一形式。在王政时期,库里亚民会选举国王,批准法律。百人团民会和特里布斯民会的出现使库里亚民会只具有形式上的意义了。在共和时期,库里亚民会在形式上授权给在百人团民会上选出的高级官吏。库里亚的成员实际上并不出席这样的大会,三十个库里亚只由三十名侍从(lictores)和三名占卜师作代表。

② 特里布斯民会(Comitia tributa)是最民主的一个民会,最初只有平民按照特里布斯集会,后来则成为一个不分等级、有平民和贵族参加的大会。三十五个特里布斯内部先是按人投票,然后再计算赞成或反对的特里布斯总数。十八个特里布斯一致投票便形成多数。公元前287年之后,特里布斯民会成了主要的立法机构,此外它还有审判权,受理有关罚款和刑事方面的案件。一部分低级官吏也由这一民会选出。主持这一民会的是执政官、行政长官或高级营造官。

③ 参见本书边码第155页有关注释。

是在什么时候出现的，这还是有待学者们解决的问题。基督教教会确实对这种想法很有兴趣，但在这之前，它是通过部族的风俗和北方各民族的习惯产生出来的。如果没有这一概念及其实际应用，现代意义下的那种立宪政府总之是不可想象的。

奥古斯都所曾力求建立的那个人民大会越来越显得没有什么意义，并且不久就完全被人们忘记了。这种人民大会实际上只是批准正式的任命，但又只是为了满足形式上的需要。提贝里乌斯在他当政的头一年就把人民大会的权限交给了元老院。奥古斯都最初还把人民大会当作一种立法机构加以利用，但是当他年纪更老一些的时候，就对它失去了任何兴趣。在他当政的前二十年当中，有二十一项法令为人民大会所通过，而在最后二十年当中，就只有四项法令是它通过的了。确实，这种人民大会又可怜地、名存实亡地维持了三百年，而人民不过是在维持古老的共和风习的外衣之下被郑重地召集来批准元首的某一法令而已——然而在这一场合下，通常从雅尼库路姆山①上向下飘动的红旗早已失去它本来的意义。无论怎样，奥古斯都还是未敢下决心把共和实践这最后的残余完全取消。要知道，如果把这方面的任何权力基础都从人民手中夺走的话，人民在任何时候都能通过这种群众示威活动表达自己的意志。元首职位真正接近人民的基础在于元首的保民官的权力。而人民大会的实际继承者则是军队：由于这样一种转变，国家就回复到它的体制的根源上去了。

位于平民之上的是中等阶级，这一阶级实质上是由骑士等级

---

① 雅尼库路姆山（Janiculum），罗马七山之一，是罗马梯伯河右岸的一条南北向的山丘，长约三英里半。在共和国时期便已有桥把这里同罗马连接在一起。红旗在大会期间一直悬起，表示大会在行使自己的权力，大会结束，红旗才降下来。这里是说，大会早已变为纯粹的形式了。

的人们所构成的。中等阶级是驳杂的、多种多样的。其中许多人并没有戴过骑士的金指环①。这个圈子是由许多古老的名门,但也由因银行活动和商业活动而能以出名和爬得很高的那些人组成的。在这个圈子里,诗人、哲学家和学者特别能发挥作用——这样精选的一批人能够提供同贵族发生关系的许多接触点。

奥古斯都为了处理同这一等级的关系而付出了极大的努力。他首先要从这一等级中选拔军队和官吏的后继人选,却又不把他们——像盖乌斯·格拉古或优利乌斯·恺撒所做过的那样——利用为政治方面的权力的要素或利用为可靠的财政来源。要成为中等阶级的一员,这个人必须是自由人并且品行端正。他必须拥有某些财产并且要取得元首的特殊批准。许多人都热衷于钻到中等阶级这个圈子里面来,并且,由于这种身份并不需要住在罗马或意大利,因此它在这个庞大的罗马世界帝国里便促进了统一与融合的过程。

奥古斯都特别强调骑士等级的军事性质,而他本人每年7月都要骑着马对他们进行检阅。诚然,一个军团的副帅必须是一名元老,但担任军团司令官的却是骑士,甚至每一个百人团长在退役时也取得骑士的称号。普通士兵可以上升为近卫军的指挥官,成为恺撒所属行省——比如诺里库姆、莱提亚或玛乌列塔尼亚——的代理官,或者主持罗马城的粮食供应和指挥城市的警察部队。是的,他甚至可以担任埃及总督②这样高的职位。当骑士包收国家租税的权利被取消时,作为补偿,他们却能够担任有关国内财政

① 按照惯例,最初只有元老和高级官吏才能戴金指环,后来骑士也可以戴了,但其余的人一般只能戴铁指环。戴金指环的权利在古罗马叫 jus annuli aurei。

② 在罗马帝国,埃及的最高长官是皇帝的代理官,这里的埃及总督是借用英国统治埃及时所设的总督职位。作者写作此书时埃及尚未独立。

事务方面的一切重要职位。只要是涉及元首个人利益的地方,人们就从骑士等级中间选拔相应的官吏。因此这个阶级就不仅成了迅速繁荣起来的罗马商业的第一批受益者,而且还为这一世界帝国提供了大部分官吏。奥古斯都聪明而又谨慎地处理了特别优待骑士等级的问题,因为这里是他的最强有力的支柱,并且,他无须非进行一场斗争不可,像对付具有根深蒂固的阶级狂妄性的贵族那样。中等阶级不断有新鲜的力量从下面输入,因此对元老院来说,也不会缺乏适当的后备人选。这个阶级还为这样的青年人开拓了一条特别充满希望的、光辉的生活道路——他们的父辈的特点是具有强烈的活力和机智的、接近于实际情况的判断力,而在自己一生中取得成就的人们中间,是可以看到这样的人的。中等阶级还具有比居民中间其他任何一个阶级都要强的,那样一种深厚的罗马的美德,而世界帝国所以能维持下去,应当说正是由于他们的这些美德。

231

从元首制的历史我们可以看到骑士如何迅速地上升到有权力、有威望的地位,被释奴隶最后如何被排除在恺撒的内阁之外以及一切行政统治的线索如何都集中到骑士的手里。人们可以概括地说,在帝国最强大的时候,它是由中等阶级从上面进行统治的。

位于社会各等级的顶端的是元老贵族,不过他们同过去优利乌斯·恺撒对之进行过斗争的那些有很大势力的权贵,完全不是一回事了。著名的古老家族业已消亡净尽,过去以自由与共和的名义维持自己特权的寡头统治集团已经按照大自然的永恒法则逐步地被排除掉了。奥古斯都设法使这些古老贵族的后人得到金钱上的支持,以便使他们能以过上同他们的地位相适应的生活。他们代表罗马的一段古老的历史,而这段历史是不应当被人们忘记的。但这时他却由于从较低的等级中任命了一批元老而创造了一种新的贵族:在他的生涯开始时,他已经有权这样做了。他的继承人仍然致力于这种做法。他们从意大利的公民中,并且也从经过考验的军官中任命了许多自己一派的人为贵族。维斯帕西亚努斯是第一个在进行这种任命时也求助于世界帝国的行省的。在经他选拔出来的人们当中,就有图拉真和阿古利科拉①。元首本人就是属于这一新的贵族的一名普通成员,因为奥古斯都是反对建立一个王族的种姓的②。他的威望来自他所担任的职务,而不是来自他的等级。元老们是同他合作的人,不是他的仆从,正像狄奥所说的那样,是和他同等级的人。

三

元首制就是以这种社会秩序为基础的。奥古斯都对待元老院的态度与其说是革新它,不如说是使它保持原状。他扩大了那个狭小的圈子,按照古老共和国的惯例,使合适的人参加进来,即使这些人并不属于贵族等级。元老院自从它不再能适应日益繁重的国家事务以来,确实已经失去了它旧日的影响。奥古斯都注意维护元老院旧日的尊严和崇高的威望,因为元老院乃是同过去相联系的一座桥梁,它体现了国家的持续不断的历史,并且拥有有经验的人物。原来的国家任务的分配更多是决定于偶然的因素,而不是通过有计划的调节。然而元老院还是管理着相当数量的一批行

---

① 此人就是塔西佗为之作传的那个阿古利科拉。格涅乌斯·优利乌斯·阿古利科拉(Gnaeus Julius Agricola),在公元59—60年曾在不列塔尼亚服役,公元68年任行政长官,公元70年他站在维斯帕西亚努斯一面并被任命为第三十军团统帅,公元73年被晋升为贵族。公元77—84年他是不列塔尼亚长官,公元84年返回时取得凯旋的荣誉,后因惧怕多米提安的猜疑而退隐,直到公元93年去世。塔西佗是他的女婿。

② 参见本书边码第223页有关注释。

省,而且它的成员还担任着一些最高的职务。国家的财政事务是由他们来掌握的;它接管了先前由人民大会所行使的权力,它在判决方面有很大的影响,并且被委以较之过去共和时期更加重要的任务。奥古斯都不放过任何一个机会突出元老院的地位,表明它是自己的第一个、也是最受重视的合作者。当然,他有权决定元老院的成分和协商的办法,而且他要求元老院尽可能自由地发表意见和作出决定。他利用这一机构的实际合作来实现他的重大企图。他甚至通过元老院同教育界保持密切联系。只要是他的健康情况允许,他就亲自参加元老院的会议,并且在他想对一项决定施加影响的时候,他本人总是最后一个发言的。

不过元首和元老院的合作从根本说来绝不是令人满意的,因此在几百年当中,这种合作经历了各种各样的形式。在卡里古拉、尼禄和多米提安的统治时期,代表国家政权的二者之间的关系显然是不妙的,而在明智的人物,诸如维斯帕西亚努斯、哈德里亚努斯和安托尼努斯等人的统治时期,二者之间的关系就比较好。当然,这种关系还不能说是亲密无间的。个别的元老同元首可能是推心置腹的关系,但是就元老院本身来说则绝不是这样。有两个理由可以令人信服地说明这种不稳定的关系。元老院独立活动的力量,正如同古老贵族的生命力一样,早已经不存在了。元老们不再有过去曾经使入侵的高卢人感到不安和战栗的那种帝王般的威严;他们乐得避开从他们身上取走的责任,而且,他们的行动往往是相当幼稚的和爱争吵的。为了确保元老院的成员能全体出席,奥古斯都早在公元前 29 年就意识到他必须声明,不经他的特别批准,元老们不得离开意大利。公元前 17 年,后来又在公元前 11 年,他提高了对于不参加会议的元年的罚金。过去由优利乌斯·恺撒规定的公开议事日程的做法被禁止了,这样人民就明显地不关心元老院讨论的问题了。但是即使元老院意识到自己的责任并且想有所作为,元首的凌驾一切权力之上的地位也总是妨碍它行使最高权力。从理论上说,元老院在外交问题上是有参加作出决定的权力的,并且奥古斯都在多数情况下都是要元老院提出意见的。但是军队却掌握在元首的手里,元首在这里也起有决定作用。在判决方面,元老院的权限虽然扩大了,但是,如果说奥古斯都在每一个别情况下都可以取消它的判决并亲自作出自己的判决的话,那么这种扩大又有什么用处呢?确实,元老院仍然始终还是实际的立法机构;但是在困难和危险的时候,人们所能选择的却是简单得多的、由权威人物作出决定的办法。在哈德里亚努斯以前,从来没有任何一个统治者正式为自己要求过立法的权利,但是从奥古斯都时起,每一位元首都通过行政指令和个人的法规进行活动。每一个能行使权力的人在紧急时刻必须能够以迅速的、非正式作出的法令作为依据。此外,奥古斯都由于元老院不能有效地进行工作而往往不得不召开一种内阁会议。这种会议也许可以同英国的枢密院(Privy Council)相比。这种会议在后来恺撒①的时期,就不再由元老院的代表组成,而是由当时恺撒个人的朋友组成了。这一会议所做的决定同元老院的决定具有同等的效力。奥古斯都的命令一开头是这样的话:"由于我和我的顾问们认为……是正确的……。"

然而,即使元老院比较有能力处理事务,并且也比较有威望,它也几乎不能同元首的多方面的职权和任务相抗衡。元老院日益下降为一个表面上虽受到尊重,但骨子里注定要成为一个无所作为的工具。具有代表性意义的是:奥古斯都在他的第一个库列涅

---

① 此处恺撒作普通名词使用,即罗马皇帝。

敕令①中还说"元老院和我"，而在他的最后一个敕令中已经变为
"我和元老院"了。

　　共和国的高级官吏执政官、保民官、行政长官、营造官和财务 235
官仍旧执行他们向来的职责。在官职的升迁方面，奥古斯都所作
的原则上的变动就在于，每一有雄心壮志取得高位和尊荣的人首
先必须服军役，并且在担任财务官之前，必须先担任负责城市管理
的低级官吏（定员二十人）。选举高级官吏名义上也是由人民大会
进行的，但是奥古斯都有建议权，因此他可以使他所喜爱的每一名
候选人都获得成功。虽然如此，在表面上他却坚持地认为，只有通
过明文规定的传统办法才能取得最高的荣誉。为所有的职位都能
物色到适当的人选并不总是一件轻而易举的事情——正是因为元
老院内部的衰败，并且往往也是由于元老院成员的贫困——而在
这样的情况下，奥古斯都就不得不多次采取强制的方法。一个克
劳狄乌斯的繁忙多劳就更加贬损了高级官吏的意义，因为，正如塔
西佗所说，他"把法律方面和行政方面的一切职权都抓到自己手
里"。由于元首的号令权也涉及罗马城本身，所以高级官吏也就变
得越来越依赖他，完全不去考虑这一情况，即新的行政体制使他们
遭到若干物质上的损失。这样，营造官的某些任务就转到一些特
别委员会的手里去，而这些委员会则按照元首本人的指示并且在
他的直接监督下开展工作。在这方面，可以举罗马的粮食和水的
供应、街道的维修等事务为例——这些任务交给有工作热情的委

----

　　① 库列涅（Cyrene）是北非的一个港口城市，最早为希腊多里斯人的移民城市，
公元前74年被罗马改组为行省。在帝国时期，这里和克里特合并为一个行省。所谓
库列涅敕令共有五个，前四个的公布时期在公元前7—前6年，涉及的只是行省本身，
第五个公布于公元前4年，涉及整个帝国。敕令证明奥古斯都对元老院所属行省也享
有统治大权。

员会去做是特别合适的。

只有热衷名利之徒特别垂涎的一项职务他没有触动：这就是执政官的职位。然而为了能经常拥有一定数量的执政官，他不得不施行补缺执政官的办法——这就是说，他们只执行几个月的任务——以增加执政官的数目，否则他就不能为所有应当予以考虑的职位安排适当的人选。用这种办法，一年里有时可以安排四到五位执政官。从公元 2 年起，这种做法就变成了固定的制度。而且执政官的职位是最受尊重的，因为元首本人也常常担任执政官。比如执政官这个职位，奥古斯都担任过十三次，提贝里乌斯五次，卡利古拉四次，克劳狄乌斯和尼禄各五次，而维斯帕西亚努斯和他的儿子们甚至担任过二十一次执政官。

虽然卡利古拉和尼禄使这一职位遭到了很大的贬损，但是比较贤明的恺撒即皇帝仍然使它成为一个十分尊荣显要的职位。不过尽管人们极力想使这一世代相传的古老事物从内部恢复活力，到四世纪，它还是只成为一个空虚的、毫无意义的职位罢了。包括执政官职位在内的共和国的官职及其各自的特殊权利已长时期成了恺撒的官僚机构的牺牲品。

罗马的行政管理本身就是一项困难的任务，对此奥古斯都曾花费了很多的心血与劳力。他在这方面所取得的成就特别值得提出来加以表扬。关于这一点，《剑桥古代史》里是这样讲的："在奥古斯都时代的罗马，正如同在今天的伦敦一样，人们需要一些非政治性的团体，以便能够适应实际的日常需要……他并没建立任何独立于元老院之外进行工作的市议会，却把地方上所有的行政部门委托给有经验的人手来管理；而这时的罗马可称得上是一座空前绝后的繁荣的和平城市。"奥古斯都下令修建极为宏伟的公共建筑物和十分壮丽的神殿。浴场、图书馆和广场在奥古斯都的推动下也兴建起来了。他还注意到要保持一支十分精干的警察队伍和有高度警惕性的消防队。他下令拆除条件不好的居住区,并且亲自选定新的移居地点。他保卫城市不受梯伯河的洪水和饥馑的侵害。但他做的事,首先是使罗马居民的内心充满对于帝国首都的理所当然的自豪感,并且把他自己的有关拉丁文明的使命的思想的力量给予他们——这种文明的中心就是罗马,而它的不会枯竭的源泉则是古老而光荣的传统。罗马乃是这样一个城市:"没有另外任何一个城市能同它差足比肩。"

　　优利乌斯·恺撒曾经同欧皮乌斯①和巴尔布斯②一道奠立了他自己的内阁的基石。但是奥古斯都才把它扩大成为一套完备的行政体系,这一体系的全体官吏就像一座建筑物中的水泥那样地把世界帝国的各个部分坚固地黏合在一起。奥古斯都亲自奠立了基础:他决定哪些职位由骑士和被释奴隶来担任,并且把他最亲密的家族成员和知心朋友安置在中心地位,以便掌握同该职位有关的一切事务。这种做法引起旧贵族的很大愤恨情绪,因为,官吏候补者这一新的阶层的出现,使贵族感到自己受到了排挤和压制。但直到克劳狄乌斯时期,这一新的机构才真正完成。它是由下列一些人组成的——秘书长(ab epistulis)一人,财务秘书(arationibus)一人,负责处理所有送来的呈文的文牍秘书(a libellis)一人,

———————

　　① 盖乌斯·欧皮乌斯(Gaius Oppius)是优利乌斯·恺撒的事务的代理人,骑士出身,后来站在屋大维亚努斯的一面。他写过不少传记,还写过文章证明恺撒里昂不是恺撒和克利欧帕特拉的儿子。有人认为《亚历山大战记》、《阿非利加战记》、《西班牙战记》也出自此人之手。

　　② 路奇乌斯·科尔涅利乌斯·巴尔布斯(L. Cornel'jus Balbus)也是恺撒的代理人。他原是加地斯(在西班牙)人,是从庞培一面转而支持恺撒的。帕尔撒路斯一战之后,他成了恺撒的亲信。恺撒死后他支持屋大维亚努斯,并于公元前 40 年成了第一位非意大利出生的执政官。

处理法律事务的法务秘书（a cognitionibus）一人。他们都是精明强干的、受过专门训练的被释奴隶，他们所处理的是在历史上独具一格的一种例行的行政管理事务。在哈德里亚努斯统治时期，被释奴隶的地位一再为骑士所取代。而且这种官僚行政体制一直维持到帝国垮台的时候。同不领薪金的共和国高级官员相反，这一机构的人员领取薪金，并且"像古老的 Cursus honorum（仕途）"那样按照一定的顺序升迁。尽管这些人全都处于庞大的行政体制的最高层，但他们并不是今天我们所理解的国务部长。毋宁说他们只是元首个人的仆从并且只对元首一人负责——这有如希腊化王国的情况，或有如古罗马显贵家族里的情况，在这里，每一家族就是一个缩小了的完整的行政体系。麦洛温王朝诸王①后来也是按照处理家务的办法来治理他们的国土的。

在罗马的历史上，这是第一次把当时的高级行政职位交到受过特殊训练的、职业官吏的手中。在奥古斯都实行的并且保存下来的革新措施当中，没有一项像这一措施这样具有如此深远的意义。要知道，如果没有这一措施，罗马和世界帝国就会陷入一片混乱之中。这一套官僚体制经历了许多变化：在哈德里亚努斯当政时期，它同军队有密切的联系，并且几乎具有一种军事的性质。在狄奥克列提亚努斯当政时期，它由于严酷残暴而像是大山一样地压在人民头上。奥古斯都当作行政官吏使用的被释奴隶很可能并不总是正直的人物，但无论如何比起后来的那些臭名昭著的头目来，他们是更能干和更有气派的。虽然如此，奥古斯都的官僚体制也具有一切官僚体制那些同样的缺点。这些官吏更加关心的不过

---

① 麦洛温诸王（die Merowingischen Könige）是法兰克诸王中的一个王朝，因其创立者麦洛温而得名，这一王朝的统治时期是从公元 448 年到 751 年。

是如何使这部行政机器顺利运转，而不是关心对于他们应当服务的目标即人民的幸福是否有利。不管怎样，罗马帝国就用这种办法在几百年中间维持了一个正规的、有效的和所费无几的行政机构。因此吉本①下面的这一段话就绝不能说是夸张的了："如果人们要在世界史上确定人类最幸福并且在最好的条件下生活的这样的一段时期，那么他们会毫不犹豫地指出，那是从多米提安之死到康莫都斯接过统治大权的这一段时期②。永恒的罗马帝国处于一个统治权力之下，而这种权力的界限是作了明确规定的，并且是以受智慧与德行的引导的。"

239

四

这就是奥古斯都为帝国的政府所创造的框架——然而更重要的却是这一机构的实际的处理事务的能力。首先我们看一看财政事务。共和国过去在本质上拥有两个收入来源：在意大利征收的税金和土地的租金，这是属于国家的，还有释放奴隶时征收的税金；此外还有从行省以对地产和动产所征收的直接税、地租、关税和从地下资源取得的份额等形式取得的收入。直接税本身是违反罗马人的性格的。然而却有一个小小的神，它允许征收间接税，这个神就叫"国税之神"。共和国的收入并不多——西塞罗主张，只

---

①　爱德华·吉本(Edward Gibbon，1737—1794年)，英国历史学家，曾在牛津大学学习，后又去洛桑受卡尔文派的教育。他毕生致力于罗马史的研究，从1776年到1788年写出了《罗马帝国衰亡史》(*The History of the Decline and Fall of the Roman Empire*)六卷。他是从启蒙主义的立场来观察罗马历史的，而把基督教的兴起说成是罗马帝国没落的原因。

②　公元96年到180年，经历涅尔瓦、图拉真、哈德良、安托尼努斯·皮乌斯、玛尔库斯·奥列利乌斯五帝。

由亚细亚本身提供他的行政开支——并且征收事宜也办理得十分马虎,因为负责的官吏变动频繁,这就使得任何财政措施都不可能贯彻始终。另一方面,在和平时期开支不多,因为这时既没有要履行的社会义务,也没有要由国家支付的债款,而且大多数的官员都是在没有报酬的情况下工作的。在行政管理这一最重要的部门里,奥古斯都也进行了一项根本性的变革。开始建立某种家长式的统治,官吏领取薪金的制度,修建公共建筑物以及延长军役的期限和筹措士兵的饷银——这一切都增加了政府行政方面的开支。因此,大刀阔斧地进行财政改革就是不可避免的了。于是在各行省,租税制度进行了一次彻底的改革,从这时起,所有的税都直接由元首的代理人征收。对全体居民所进行的细致的登记,使人们不可能有任何机会逃税。对意大利本身,奥古斯都决定采取一项非同寻常的措施。边界的战争,提高士兵的退役金和饷银,已把军事金库弄得空空如也,结果元首不得不首先从他个人的财产中提供补助。到公元 6 年,开支已经增加到如此地步,以致必须寻求另一个出路。因此奥古斯都就设置了一个新的、特殊的军事金库。他从自己的财产中拨出一笔巨款放入这个金库。但同时他又制订了两项新的税收:一项是遗产税,一项是拍卖税。上层阶级对这一措施极为恼火,他们起来反抗这种不得人心的直接税。但当局威胁说,如果他们拒绝支付这种税,那么就要重新恢复从公元前 167 年起便不再征收的财产税,这才使得人们终于不得不屈服了。除去军库(aerarium militare)之外,还有一般的 aerarium Saturni①即国库。国库在形式上隶属于元老院,实际上是由元首任命的长

①　国库所以叫做 aerarium Saturni,是因为它设在卡皮托利乌姆山上的撒图尔努斯神殿里面。国库还兼用为档案库。从共和国时期起,国库的管理经历种种改变。最初由市财务官来管理,恺撒则指定两位营造官负责国库,帝国时期改由 praefecti(长官)二人,后又改由 praetores(行政长官)二人负责。

官(praefecti)来管理。从意大利和各行省取得的一切收入,只要军事金库不需要的话,全都缴入这个国库。此外还有一个私人金库,即所谓 patrimonium Caesarum,它负责管理元首继承来的和通过遗赠而取得的财产。元首对国家所作的一切捐赠也都由这个金库支付。他在自己家里设置一个特殊的办事机构,叫 fiscus,参加这个机构的奴隶和被释奴隶就根据一份精确的账目,登记恺撒所属行省的收入和支出。但是这个办事机构却没有任何私人性质,因此,就像人们常说的那样,它同公家的国库并不是各自为政的。从埃及取得的收入也并不归入他个人的金库:这些钱有如所有其他税收一样,毋宁说是由国库收纳的。直到很久之后,fiscus才成了一个真正特殊的金库。奥古斯都为他的继承人留下了一笔极为可观的私人财产,可是比起他从政的初期,他死时的财产反而减少了。

241

元首制的政权通过各种改革确实能以保持收支之间的平衡,但是它能做到的也仅限于此了。税额并不高,并且在奥古斯都统治时期,一切开支都大力加以压缩。财政事务是否健全,这完完全全要看元首本人如何。提贝里乌斯是节约的,尼禄则是挥霍的,佛拉维乌斯诸帝则又是吝啬的了。从图拉真当政时期开始,在国家的收入和它所承担的义务之间,经常发生不协调的现象,以致玛尔库斯·奥列乌斯竟不得不出售恺撒即皇帝的珠宝,以便把卖得的钱用于战争。在公元三世纪,发生了一次十分严重的财政危机,以致不得不实施一次货币贬值。在这之后,罗马的财政就一发不可收拾地走了下坡路,直到最后导致全国的破产。奥古斯都的政策的后果在这里也有赖于他是否能保持自己所创立的传统。但他是忠于他过去拟订的计划的,他致力于使那些被认为是正确的措施趋于完善,并且注意到使每一个付出的狄纳里乌斯①都能充分发挥它的作用。

奥古斯都曾告诫他的后人无论如何也不可再扩大罗马的国界。从他开始自己的事业时起,他就确信在领土方面贤明地有所节制是正确的做法,因此他的全部努力就着眼于使帝国的现有边界处于能以保卫的状况。就这一点来说,南方和西方一点也不使他感到担心,因为那里有沙漠和大西洋作为边界;但是在东方,对付帕尔提亚人的边界则是不安定的,而在北方,作为边界河流的多瑙河与莱茵河则有理由使人担忧。尽管奥古斯都诚心诚意地考虑和平,可他却又不得不把许多宝贵的时间耗费在对外战争上,并且比优利乌斯·恺撒还更多地开拓了罗马帝国的疆土。当奥古斯都去世时,埃及、加拉提亚、美西亚、潘诺尼亚、莱提亚、诺里库姆和日耳曼的一大部分都收归罗马的统治之下了。

从海洋方面却没有任何危险。因此除了要清除地中海的海盗以及有时还要像杜路苏斯所做的那样,利用舰队来支持陆地上的战争之外,在海上已经没有任何要做的事情了。奥古斯都使部分曾在阿克提乌姆战斗过的舰队保留了自己的武装,并且把舰队的基地设置在意大利的西方和东方,这两个基地就是那不勒斯湾里的米塞努姆和波河河口附近的拉温那。当时拉温那还位于同大海相连接的一个分散的礁湖地区。但在今天,它却在陆上,离开海岸已经有四英里远了。海军人员大部分是由奴隶组成的,不过克劳狄乌斯当政时期也有来自行省的自由人在海军里服役。海军的军官不是元首的被释奴隶就是骑士等级出身的、过去的军团士兵。战船不再有什么用处了。而就在这时,战船已被轻便的单层快艇

---

① 狄纳里乌斯(denarius),罗马银币,等于四谢斯特尔提乌斯。

所取代了。

陆军的用途主要在于保卫边疆,在平静无事的地区则执行警察的任务。奥古斯都从本质上说并不是一个军人,他感到自己并不能像优利乌斯·恺撒那样以 commilito(战友)的身份同士兵们和睦相处。虽然如此,甚至对于战略上的危险时刻。他也具有政治家的那种自信的本能,并且懂得首先要起用能干的统帅。奥古斯都的军队从来不是十分庞大的,而在阿克提乌姆一役之后,他把军队压缩成二十七个军团。他的平均兵力有三十万人,而在帝国的头三个世纪中间,看来也绝不会超过四十五万人。征兵只是为了对外作战,而在三头结束之后直到谢普提米乌斯·谢维路斯当政时期①,在意大利本土一般不存在任何经常处于战备状态的军团。奥古斯都按照优利乌斯·恺撒的样子,特别致力于奖励个别人的实干作风和整个军队的团结互助的精神,致力于使士兵的生活更加具有吸引力,因为服役的期限是漫长的。服役的期限起初是十六年,后来竟延长到二十年。除了必须征兵的紧急时期之外,士兵是在自愿报名参加的基础上征募的。他们不仅来自意大利,也来自世界帝国的所有地区。在提贝里乌斯当政时期,军队中的非意大利的人员就已占了多数。辅助部队甚至清一色地来自意大利以外的各个地区。后来的退役金和公民权是促使人们参加军队的主要动力。士兵在退役时可以取得罗马公民权。

除了常备军之外,还有所谓"近卫军"(praetoriani)。近卫军是一支新的队伍,它的任务在于保证恺撒的人身安全,并负责维护意大利本土的法律和秩序。它实际上是一支亲卫队,并且只在元首本人或他的家族的一位成员的领导下进行活动。近卫军由骑士

———————————

① 谢维路斯当政的时期在公元 193—211 年。

243

等级出身的两位长官来领导。这支队伍是因奥古斯都的特别倡议而组建的,而且,虽然早在共和国时期,便已经有了类似的组织,但这一新的组织却给未来埋伏下了若干危险的因素。在开始时,这些队伍并不负保卫首都的责任,保卫首都另有一支特殊的城市警察部队。奥古斯都总是注意到经常只有三分之一的近卫军部队留在罗马本城,而到提贝里乌斯当政时期,全部九个近卫军中队就在东北门附近的地区设营了。

奥古斯都并不愿使服军役和做文官的人们存在任何显著的区别。因此他坚持,每一未来的政治家都应当在军队中服役一个时期。在共和国早期,人们有理由要求"头和手要结合起来",并且每一个男性公民都要学会制造武器的手艺。但是在今天,这个要求没有意义了,因为要统率一个军团的行政长官或财务官都只是非专业的军人了。而且,罗马居民的上层阶级的军事热情不久就相当程度地减退了,因为驻守在边界的军队使人民根本不相信保卫国土之事会是必需的。居住在边界以内的人民不仅不能当兵,而且不善于作战,他们在敌人一旦突破外部防线而攻进来时,根本无力自卫。而且,尽管士兵有体面的生活条件,但军队里的秩序和纪律还有待改进;在军官中间,贪污腐化的现象也多起来了。这样,世界帝国的力量就从内部削弱了,并且,从长远的观点来看,整个帝国就有了衰落和垮台的危险。

军队的骨干力量仍然在于它的下级军官即百人团长,他们都是意大利农村居民出身。不过这时罗马军队还是强大的,看来它这样下去还可以维持几百年。

在一个巨大的地区十分有计划地设置了里昂的卫戍部队,以控制整个高卢并维持那里的秩序。凡是罗马军团常到的地方,他们就推行拉丁语和罗马的精神文明。他们在另一个意义上促进了

帝国的统一,因为这些军队往往正是由同他们必须加以控制或对 245
之斗争的那一民族一样的民族所组成,因此他们正好在罗马人和
蛮族的深沟之间搭起一座桥梁。著名的城市有一部分就是由军队
的驻地产生出来的。在士兵早饭的时候,东方的太阳照到他们身
上,他们在中欧的荒瘠的地区或者在北方无法穿行的森林中挨冻;
但是甚至在沙漠里,他们也设法使生活过得去并且在到处设立移
民地。一代代的人们来而复去,但是在世世代代滚滚向前的时光
之流中,罗马的士兵一直在帝国最遥远的边界担任着警备的任务
并且保卫着文明的大门,其持续时间之久足以使罗马遗产中有生
命力的东西能为后世保留下来。

法学在这份遗产中是最重要的一部分。罗马人民早从遥远的
共和国初期便在法学方面表现出了创造的才能。由罗马人民所创
造的、人类共同生活的法权基础,因后来帝国的那些大法学家们的
作品而受到了很大的重视,并且对于中世纪、甚至对于近代都具有
示范作用。对共和国时期全部法学作一概述,这并不属于本书的
论述范围。这种法学是经过艰难而缓慢的过程积累起来的,最后
它发展成一种纷乱而又烦琐庞杂的东西。一般的法庭负责刑事和
民事诉讼并由一位行政长官来主持①。在行政长官审理完个别案
件之后,他必须依照先前确定的程序提出自己的处理办法,并且,
只要有必要的话,在新型的案件中他还可以安排新的审理程序。
这一点首先适用于涉及外国人的案件——正是在这里,人们可以
看到国际私法的源流。在苏拉的时代以前,刑事案件如何处理,这 246
一点人们还是不清楚的。然而我们知道,苏拉设立了一系列的刑

---

① 研究罗马法的专家把 praetor 大多译为“大法官”,但这只是古罗马的行政长
官的部分职权,不能概括这一词的全部含义。

事法庭,它们当时曾对某种罪行作出判决。这一制度保持了很长一个时期。

奥古斯都所作的重大变革在于把法律的权力转到元老院和元首本人手中。元老院在先前便已负责审理各种各样的案件,但这时它有了一种高等法院的性质,并且它甚至是第一个上诉法院。它所审理的首先是涉及反对国家的罪行这样一些案件,或是涉及"大逆罪"的广泛范围的案件。当元老院一旦作出自己的判决的时候,在理论上是不存在上诉问题的。但实际上元首却在任何时候都有权加以干预,有权对原来的判决加以否决。他甚至能够亲自把某一案件提交元老院,主持法庭的审问,并且他也能出席正式的法庭,以便以证人的身份发表自己的意见。但他原来的权力却在于他有权直接对每一刑事案件作出宣判。他所以有权这样做,是因为他拥有特殊的全权;这种必要性来自对行省案件的重新审理和上诉。在考察罗马法学的时候,有两件事人们不应忽略。没有一个公民有什么法律手段能够用来反对国家。不过有一个可以上诉的广泛的体制,而上诉的最高一级就是元首本人。然而并不存在任何一位法官或任何一个法庭可以代理一个个别的人反对国家的权利。因此元首通常只是在他个人的事务方面作出判决。不过他的判决和法庭的判决的不同之处在于,这个判决不仅是理论上的,而且在判决之后立刻予以执行。"向恺撒上诉"是罗马法的一项杰作,罗马对此表现了特殊的灵活性。

法律事务方面的权力和影响,正有如对军队的最高统率权,加强了元首的统治权力。然而即使在这方面,奥古斯都也是进行得缓慢而又谨慎的。他根本不是一位法学家,并且他不像克劳狄乌斯那样不分青红皂白地干预审判事务。但他又不像优利乌斯·恺撒那样能够看得很远:在优利乌斯·恺撒当政时期,罗马法典的编纂工作已经开始，后来由哈德里亚努斯继续下去，直到优斯提尼亚努斯当政时期①才告完成。他的改革毋宁说是在诉讼程序本身方面。他虽然设立了自己的法庭，但是他增加了法官的人数并且使没有什么财产的人也能担任法官的职务。当诉讼的双方有一方同法官有亲属关系时，法官就不得作出判决，这样一来，就在相当的程度上防止了行贿和偏袒情况的发生。为了保证能迅速了结大量需要处理的案件，开庭的日期增加了，对审理的时限也作了规定。奥古斯都亲自处理的只是他实际上办得到的那样多的案件，因此他一直愿意把他的权利转让给元老院和一般法庭。当他以证人的身份亲自出面的时候，他在幕后的协商中态度是谦逊的。如果每当有谁希望他在诉讼中给予帮助的时候，则按照罗马贵族的古老的传统习俗，他总是为这个人服务的。此外，他还用如下的办法提高法官的地位，即他设立一个由有经验的法学家组成的委员会做他的私人顾问。过去优利乌斯·恺撒一再提出的、把整个帝国统一起来的要求，在政治生活中被奥古斯都否定了，但是他却试图在法学领域中实现这一想法。他甚至允许希腊人和罗马人都能担任法官，从而为后来之取得帝国公民权开辟了道路。判决的独立性——这一点是现代每一个以宪法为基础的政府的基本条件——在创建一个世界帝国的混乱时代是不可能实现的。但是奥古斯都本人，作为一位法官，在执行最高权力时却力图表现最大的节制，并且尽可能地按照法律所作的规定行事。

共和制度下罗马的经济政策是由自由放任（laissez faire）的个

---

① 优斯提尼亚努斯（Flavius Petrus Sabbatius Justinianus）是东罗马帝国的皇帝，他在位的时期是公元527—565年。

人主义原则所决定的。在还不存在任何经济学的那个时候，人们更多是按照感觉，而不是按照确定的原则来行动的。看来优利乌斯·恺撒确实曾执行过一个考虑了很久的计划，他用国家的手段支持商业，以便使商业在整个帝国统一地普及开来。在这里，奥古斯都认真地学习优利乌斯·恺撒的做法：他组成了一个商业网，而以罗马为中心；他十分深刻地认识到这个商业网对于帝国的内部融合过程的意义。不过他在如下一点上确实同他的伟大先行者有不同的看法，这就是，他更多是为意大利，而不是为帝国的其余的地方尽力。各种经济条件都十分适合于保证意大利在商业中占居统治地位，同时却又无须设立关税的限制。还在共和国时期，人们就曾试图用禁止在行省种植葡萄和橄榄的办法来保护意大利的农业，但是人们不久便再次放弃了这一尝试。罗马世界帝国从一开始就是、并且始终是一个自由贸易的国家。

经济繁荣的原因是多种多样的。首先就是由奥古斯都所确保的海上与陆上的自由保护了商业和交通。这之外还有中等阶级、银行家、商人和工业家的崛起，这些人现在在国内已经有了决定性的影响。通过侵略与兼并，旧的市场之外又有了新的市场；拉丁语普及了；有了统一的金银货币；兴建了新的港口，旧的港口也得到了改善；各行省的城市建设正在阔步前进，随之对人手的需求也增加了。但罗马首先是通过一个宏伟的道路体系同世界最边远的地区联系在一起的。橄榄油和葡萄酒所以能大量地向西方和北方各行省出口，这一点是要感谢奥古斯都的。反之，意大利在东方却成了买主，因为像埃及这样的国家不仅能提供粮食，而且还能提供东方的奢侈品，诸如香料、丝绸、宝石、珍奇的食物和特殊的手工艺品。各行省是用黄金来纳税的，这说明比较贫困的西方和北方为什么那样热衷于寻求金矿。但为了

支付东方的商品,黄金又向东方回流,因为意大利的商品在那里
没有任何销路。当高卢本身变成一个生产的国土并且开始出口
商品的时候,高卢同意大利的商业结算就变得不利于意大利
了——这是这样一个过程,这个过程为后来发生的、世界帝国在
经济上的动摇作了准备。世界帝国内部的这种贸易往来是促使
个别地区相互融合起来的最强有力的一股力量。奥古斯都为开辟
新的市场和扩大道路网所作的努力无论怎样强调也不能算是过分
的。也和优利乌斯·恺撒一样,奥古斯都对地理学特别感兴趣,并
且出于业余的热爱而热衷于搞地图工作。他把这种爱好也传给了
罗马人民。其结果则是:年轻的帝国热心于调查和发现,这样又大
力地促进了快速交通线的建设。向着多瑙河的方向通往黑海,从
黑海越过安那托利亚又通向叙利亚和埃及的大道特别重要。每一
行省内部都有一个适合于本地地理情况的道路网。奥古斯都亲自
照管的首先是意大利的公路,他的副帅们在边远的行省也学他的
榜样。有关从喀尔巴阡山到陶路斯山以及从比利牛斯山到黎巴嫩
的道路的记述使我们知道了这一情况。街道的管理由一个特设的
委员会来负责;此外,每一条个别的大街还专门有一名管理员
(Curator)来负责。公元前 20 年,在广场上竖立了一个黄金的里
程碑——这个里程碑意味着世界上的一切道路都汇合到这里①。
帝国还建立了一套邮政系统,它通过信使来传递政府的消息。不
过传送的东西里不能有关于私人的消息。邮政对于位于大道上的
地区首先是一个沉重的负担,并且一直是如此,直到涅尔瓦当政时
期——至少就意大利而论是这样——邮政始终是需要国库支付大

①　后来意大利的谚语"条条大路通罗马"便是从这里产生的。这一谚语后来传
入几乎所有的欧洲语言。

笔的款项的。谢普提米乌斯·谢维路斯后来则把这一制度扩充于整个世界帝国。

对于帝国的心脏罗马，奥古斯都不仅希望它进行法律和行政方面的一次改革，而且也期待它在道德和宗教方面得到新生。共和国过去一直有一个国教，国教有一系列得到承认的神并且有一套在国家的监督下举行的仪式。人们并不干预个别公民的宗教信仰事务，但是国家本身却代表一个确定的宗教，即人民所承认的宗教。人们对其他的神也采取宽容的态度，因为罗马不愿意伤害任何外来的神。但是要在罗马的城墙之内为任何外来的神修建神殿，共和国当局却持保留态度，它在布匿战争之后就取缔了狄奥尼索斯的秘仪，认为这是一个公开的危险①。

251　　奥古斯都认为重新振兴国教并且把奥林帕斯山上诸神的崇拜恢复起来是他的一项主要任务。既然现在同过去能这样有意义地结合起来，则古代的高尚的道德同时也就能加以恢复了。到当时为止，宗教更多是在于保持表面的形式，而不是建立在个别人出自内心的信仰之上——大概在最好的情况下也只能用 eusebeia② 这个希腊的词加以说明。但是拥有最高司祭头衔的元首却想把新的生命注入这一古老形式之中。在宗教的措施——顺便指出，Ludi Saeculares③ 就是这一类的措施——方面，特别值得指出的是，奥古斯都使元老院开会时先举行一次类似礼拜的仪式，即献香式。他把最高司祭的住所让出来给维司塔贞女居住，并且注意到要提高她们的威信和增加她们应享有的特权。他安排人们准备新版的

---

① 狄奥尼索斯由于是希腊神话中的酒神，故而他的祭仪带有狂欢的性质，往往容易出乱子。参见本书边码第 104 页注释。

② 希腊语：虔诚。

③ 拉丁语：百年节。

罗马的圣书，即西比拉预言书①，这些圣书的一个抄本在帕拉提努斯山上一座新的阿波罗神殿里保存了四百年之久，直到有朝一日它被斯提利科②烧掉。

在精神文明的这一建设工作中，贺拉斯是奥古斯都的最热心的助手。从施行对元首的个人崇拜这件事上，我们也可以证实他的影响。在罗马本城，这种崇拜是进行得很有限度的，但是在帝国的其他地区，人们竟把这种崇拜当成是一种国教的基础，而在一些地方，它甚至发展成为一种秘仪。贺拉斯还协助复活精神文明，协助努力提高一般的道德水平。奥古斯都可能并不认为人们通过表面的规定就能够使心灵净化，并不认为通过禁令就能够根绝罪恶，但是，作为一位讲求实际的政治家，他认识到即使表面的规定也有它们的意义，因为它们毕竟迫使人们保持一定的仪态，而这种仪态则会变成一种习惯并最终对一个人的品格发生影响。

奥古斯都及时地认识到，人民的道德水平越来越下降了。和平与安全造成了一种使人担心的奢华风习，并且把生活水平提高到个别人的收入绝对无法应付的程度。婚姻方面的丑闻把它的名声败坏了，出生的人数下降，另一方面，侵吞遗产、独身和不要孩子的风气以非常可怕的方式蔓延开来。奥古斯都于是仿照优利乌斯·恺撒的办法，作出了详细的规定，从而大大地限制了用于宴会和节日活动的开支。优利乌斯·恺撒的各项法令的目的，在于对

①　西比拉（Sibylla）是传说中女预言者的名字。许多地方都声称西比拉住在他们那里。传说西比拉曾把三卷预言书卖给国王塔尔克维尼乌斯·普里斯库斯，预言书由一个司祭团保存，而只有在发生非常事件时，才能根据元老院的命令加以查阅。公元前83年这三卷被毁，然后又收集了新的预言书。实际上，罗马到处都有人制造自己的西比拉预言书。西比拉的预言和戴尔波伊的阿波罗的预言一样也是诗体的。

②　佛拉维乌斯·斯提利科（Flavius Stilicho，约359—408年），罗马皇帝提奥多西乌斯一世（378—395年在位）的将领，汪达尔人。408年被霍诺里乌斯处死。

婚姻给予高度的评价。这些法令禁止某一类妇女结婚,增加离婚的困难,给予已婚妇女以更大的权力来支配她们自己的财产,对勾引妇女和破坏他人婚姻的行为给予严厉的惩罚,向独身的男子征税并且给予孩子多的家庭以众多的特权。

这样一种立法首先在中等阶级中间就不能指望受到欢迎。但奥古斯都并不因此而改变方针;他的继承人又把他的改革继续进行下去达三百年之久。尽管人们对它们提出了各种异议,它们毕竟还是符合于古罗马的传统和思想方式的。然而在这种情况下,仍然同一贯的情况那样:人们有绕开它们的办法。人们懂得如何逃脱法网,道德败坏的现象还是越来越严重。法律必须有一定的灵活性,以便适应当时的需要。如果法律过于严厉,人们就会绕开它们,违法的事件依然会像传染病似的蔓延开来。如果法律过宽,那它们同样不会有实效。它们固然不应当落在时代后面,但它们同样不能过远地走在它们的时代的前面;它们必须同社会结构的变化保持一致的步伐。奥古斯都所进行的实验已经超越了当时的罗马,因此一再遭到失败。

> Quid leges sine moribus
>
> vanae proficunt?
>
> (如果你不遵守法律的话,
>
> 那些空头的东西又有什么用?)

独身生活还是相当流行的①。贺拉斯和维吉尔都是终生未

---

① 这里的独身生活当时实际上意味着一种放纵的、不负责的性生活。

娶;主持通过了帕皮乌斯·波佩乌斯法(Lex Papia Poppaea)①的两位执政官竟然都是单身汉,这真是一个莫大的讽刺! 塔西佗在他的著作中指出,在奥古斯都死后六年,这些法律在实践中已证明是一种失策,而提尔图利亚努斯②则把它们说成是根本无用的法律。

不过所有这些努力并不是白费的。人们当然不能通过法案提高道德水平,但是这样的法律依然能够对舆论发生影响,并在一定的程度上遏制了道德的堕落。

如果人们只注意到奥古斯都的限制性的和惩罚性的措施,却没有同时看到,在他的心目中远为重要的乃是给他的人民以对未来的一个新的信念的话,那么,对于奥古斯都所要达到的道德上的最终目标的理解就是不公平的了。就这方面来看,应当说他还是取得了很大成果的。

五

在元首制初期,意大利地区看来是帝国中最幸福的一部分,因为它的农业高度发达,财产和生活也是有保障的。活跃的商业增

254

---

① 这一法律是在公元 9 年通过的,它是对于公元前 18 年优利乌斯婚俗法(Lex Julia de maritandis ordinibus)的一个补充。这一法律禁止元老(但允许自由人)同被释女奴和女优结婚,同时对不结婚的人给予制裁。

② 克温图斯·谢普提米乌斯·佛洛伦斯·提尔图利亚努斯(Quintus Septimius Florens Tertullianus,约 160—220 年以后),是早期基督教神学家,生于迦太基,受过自然科学、修辞学和法学方面的教育,曾在罗马、后来又在迦太基(195 年左右起)任律师。200 年以后不久,他由大教会转向蒙塔努斯派(一种激进的禁欲的末世论派别)。他用拉丁文写作,文字艰深难懂,他的希腊文著作没有保存下来。他在神学、伦理学、政治等方面都有很大影响。他认为宗教乃是神和人之间的一种法律关系。他的作品中传世的有三十一种。

加了古老城市的财富,并且它的军事移民地逐步变成了城市。意大利的强大主要是以城市生活为基础的,奥古斯都就曾十分认真地促进了城市生活的发展:庞贝城①的那些壁画表明,公民们对市政管理的兴趣是何等之大。在奥古斯都的关怀下,还有一个古老的传统组织得到了恢复,这就是青年同盟。这一组织培养了从事运动和武器制造手工业的青年们并且定期举行比赛——这就是当时有名的特洛伊竞赛。甚至后来的恺撒们也特别关心意大利人——甚至那些不是出生在意大利的人们——的福利。当公元33年发生一次严重的农业危机时,提贝里乌斯就从自己的财产中拨出一笔巨款以消除这一危机。克劳狄乌斯公布一项法令,用来制裁不亲自经营土地的地主,制裁把耕地变为牧场的投机行为。维斯帕西亚努斯在募兵有损于农业时就反对募兵。多米提安和图拉真自己拿出了大量的钱帮助平原地区的农民。哈德里亚努斯则亲自参加农业地区的市政管理工作。意大利的衰落开始于公元三世纪;这正好证明了奥古斯都如下意见的正确性,即只有当帝国的心脏意大利注定要垮台的时候,帝国才会丧失它的权力和尊严。

调整海外诸行省的行政事务是奥古斯都必须解决的最重要的、也是最困难的一项任务,但是在这方面,久经考验的罗马传统帮了他的忙。既然在先前,人们便从来不曾喜欢过罗马的那种迂腐单调和死硬刻板,因此奥古斯都也就不再多追求表面上的一致,而更注重于造成一种统一的思想立场。他所面临的是多种多样的

---

① 庞贝(Pompeii)是康帕尼亚南部,位于卡尔努斯河河口的一座港口城市,距维苏威火山约八公里。它的历史可以回溯到公元前八世纪的希腊移民时期。在苏拉时期这里建立了一个老兵的移民地。庞贝因其发达的商业和农业一度极为繁盛,但公元62年因地震受重灾,继而在公元79年又因维苏威火山爆发而覆灭。直到1748年它才重新被发现,并且从十九世纪中叶起通过系统的发掘,成为考古学方面的重要遗迹。

法律、体制、宗教、语言、生活习惯、经济措施和文化传统，因为这个
庞大的世界帝国，既包括阿非利加的游牧部族、西班牙和高卢的凯
尔特诸部族，也包括过去曾属于亚历山大大帝的帝国的东方各地
的居民。正有如英国今天在亚洲和非洲的做法①，奥古斯都当时
也试图把各行省纳入罗马帝国的整体。对于各种宗教和祭仪他都
持尊重的态度，而他取缔的只是野蛮的东西，比如德鲁伊德②的宗
教，因为他认为这一宗教暗中追求危险的政治意图。奥古斯都本
人对一切宗教都保持很大的距离③，而在他访问埃及时，他拒绝去
看圣牛阿皮斯④，并且不许他的孙辈盖乌斯进入耶路撒冷的神殿。
但是他允许这些民族保持他们自己的宗教习惯。而且，他是十分
宽大的，甚至对于一直保存到哈德里亚努斯时代的、为了祭献腓尼
基诸神而以人为牺牲的习俗，他都不曾提出任何反对的意见。

　　奥古斯都要求于各行省的只不过是：它们之间能和睦相处，缴
纳分配给它们的租税，为军队提供必要数量的士兵。他没有种族
歧视的思想，也决不会因人们的肤色不同而有不同的对待。地方
的习俗和行政体制都不予触动。在阿非利加，他甚至容许土著的
部族由他们自己选出的头目来治理。他的政策绝没有任何平均主
义的迹象，但是当问题涉及世界帝国的公民的精神面貌和思想意
识的时候，他还是达到了自己的目的。他能以解决我们当前最难
以解决的一个政治问题，"这就是不同的政治制度能以共存，并且
能过它们各自的生活"。首先他要做的是设法保持一个有能力的、

---

　　①　此书写于第二次世界大战之前的三十年代，当时英国的许多海外殖民地尚未
取得独立。
　　②　德鲁伊德(druids)是不列颠、爱尔兰、高卢等地凯尔特人中间的巫师。
　　③　对罗马宗教以外的宗教是采取所谓"敬鬼神而远之"的实际态度。
　　④　阿皮斯(Apis)，供奉在古埃及孟斐斯(Memphis)的普塔神(Ptah)神殿里。

稳定的和高瞻远瞩的政府以确保和平,使世界帝国的全体居民对罗马怀有感激和尊重的心情,并且使他本人成为各行省同帝国的心脏即意大利之间紧密结合的一个象征。高卢人可以在罗马或里昂看到为奥古斯都修建的大祭坛;亚细亚人在为奥古斯都修建的圣堂(在以弗所)里奉献鲜花和乳香;埃及人也崇奉这位新神,就好像这位神原来就是他们的万神殿里的一位似的——所有这些人都把他看成是一位超凡入圣的人、一位保护神。

我们先前已经提到过,行省是分成属于元老院的行省和属于元首本人的行省两类的;我们还知道,一个行省可以按照当时的需要从元老院的统治之下转到元首的手里,当然,也可以有相反的情况。在战争时期,元首一直有权在这个问题上作出决定,如果他认为有必要这样做的话。奥古斯都在这方面做了许多改进。他致力于认真选拔政府官吏;鼓励人们进行揭发,直到揭发最高级的官吏;并且通过他本人任命的特殊的代理官,对财政事务进行严格的监督。共和体制下的许多丑闻现在不可能发生了。甚至在由元老院治理的行省里也设置了代理官,这样,整个帝国的财政事务便得到了统一的调整。由于元首定期地过问每一个别行省的事务,并且行省的长官必须特别致力于取得元首的赞许,作为进一步升迁的前提,因此他们便力求准确和有效地执行他的指令。税收一般说来并不高:正如提贝里乌斯所说,牧人是从羊身上剪羊毛,但不是剥它们的皮。埃及则是一个特殊情况。塔西佗也说,为什么对埃及要施行另外一套办法,这始终是一个谜。这是一个十分神秘的和封闭的国土。无论元老还是骑士,不经元首的特殊许可,是不能进入这块土地的。埃及是罗马的主要粮仓,可以提供四个月的口粮,就好像它后来把粮食也供应给君士坦丁堡一样。此外,奥古斯都在埃及被视为已被崇奉为神的托勒密诸王的继承人,因此他本人在埃及人的心目中已经是一位有帝王之尊的人物了。保有帝王之尊一事对他来说所以必然显得越来越必要和有用，是因为当地的经济体制和社会划分都是同它有关联的。这里的经济社会结构在世界帝国的其余地区是看不到的。如果在帝国的其他地区人们知道这种结构的话，它可能很容易引起人们的嫉妒和不满。因此奥古斯都给埃及人任命了由他亲自选定并且是他特别信任的一位总督，并且对那里的大部分的制度他都是不予触动的。

在行省的治理方面，奥古斯都始终不渝地追求的一个目标，就是在保持本地固有传统的条件下实施彻底的罗马化。但是另一方面，罗马的生活也受到边远地区的很大影响。元老和骑士等级中的许多成员根本不是真正的罗马人，后来甚至成了恺撒的人都不是意大利本土出生的人了。罗马化是进行得认真和彻底的，这一工作首先是通过商业、意大利人向海外的移民以及通过同驻在当地的军队的经常不断的接触来进行的。塞内加在他的著作里说得对："罗马不管征服什么地方，它都在那里设立移民地。"奥古斯都的成就大部分要归功于如下情况，即他促进了城市的建设并且拟订了城市管理制度。把城邦尽可能紧密地团结在一起，这是符合他的有关帝国的最有特色的想法的。civitas 即"全体公民"（Burgerschaft）在西方往往意味着某一个部族的移民地，但是在东方它大多是指一个真正的城市了。所有这些行政单位（城市、公社）同罗马中央政权的关系是多种多样的——有一些单位享有特权，但所有这些单位都拥有某种自治机构，而如果没有这种自治机构，治理帝国这样一项巨大的工作任务肯定无法进行。

许多这样的城市具有十分活跃的城市生活，而在繁荣的承平时期，城市居民争相担负起公家的任务和开支。小一些的公社则集合到一起，以便用这样的办法使自己能对整个帝国的政策施加影响。在西方,这样的一组城市和部族称为 concilia①,它们组成类似地方议会的一种机构;在东方,发挥同样作用的则是希腊化时期的古老的 koina②。这两种组织都是起源于宗教的,不过这种宗教的源流很快地便受到了世俗潮流的冲击。在东方已经存在的人民代表机构得到了奥古斯都的同意,因为奥古斯都可以利用它们实现自己的计划。在西方,这样的政治团体则是在他的亲自推动下才建立起来的。人们不能按照我们今天对这一词的理解称它们为民主的,因为各地的元老院和委员会只不过是当地豪富统治集团手中的工具,但是它们在某些方面还是反映了行省本身的生活。哥尔德文·史密斯③对之作了这样的说明:"一个罗马行省更多像是一个太守治区(satrapie),而不大像是一个国家。"

在世界帝国的边界和最边远的行省以及罗马的藩属国家的外面,则是人们不清楚的一片土地,在那里住着罕见的异邦人。这些边远地区的人们时而成群结队地向罗马的城墙冲击。后来在罗马文明和它的敌人之间修筑了一道作为分界的土垒(limes),但这却是很久以后的事情了,因为在大多数的边界之外是可以作为缓冲地带的一片无人地区。罗马的目光在任何地方都没有受到限制。在东方,它高瞻远瞩,一直望到印度和中国;在南方,越过无路可通的沙漠,它看到了一个魔法和骇人听闻的事物的国土;在北方,它

① concilia(单数 concilium)在拉丁语相当于我们所理解的议会。这个词源自动词 conciliare,就是集合、集会的意思。今天英语中通常译为议会、会议、理事会等等的 council 一词就是从这个 concilium 变化而来的。

② 古希腊语 to koinon 意味着一个政治单位,它源自 koinos(公众的)一词。ta koina 就是我们所理解的"国家事务"、"公众之事",而古希腊人所说的 koina proselthein 就是"从政"的意思。

③ 哥尔德文·史密斯(Goldwin Smith,1823—1910 年),英国历史学家、评论家,牛津大学出身,后来就在母校任现代史教授。十九世纪六十年代去美洲,先后在美国和加拿大各大学任教。他有关英国和美国史的著作颇多。

望到了在大雪和浓雾覆盖下无边无际的森林；而在西方，在海拉克利斯之柱①的外面，太阳就在深不可测的大洋中海斯佩罗斯的女儿们②的仙境附近沉落下去。

六

现在简要地再来总结一下：世界帝国的基础是元首的超越一切的权力，这个权力是人民授予的，在理论上可以收回，但是在实践中却是不能改变的，而且只有他所指定的继承人才能同他分享这一权力。分开来说，这个权力是由行政权、立法权和审判权三部分组成的。它们的基础则是元首对军队的最高统率权和他本人的杰出的人格，而这种人格的可以看到的外部表现则是对他的守护神③的崇拜。他把元老院和高级长官们引为自己的合作者，但是他个人却保留了在一切问题上的最后决定权。甚至各行省最后也得受元首的总的监督。法律的实施掌握在主要是中等阶级出身的一批领取薪金的官员手中。确实，并不存在任何成文的法律，但是人们却试图使法律的原则适应于当时的需要。

因此，这一切都是从一个人的头脑中产生出来的。奥古斯都 260 立足于古老的传统之上，利用了各种现存的制度，但是他却变革它们，改造它们。不过他在进行这项工作时是小心谨慎的并且表现了很大的耐性，以便减少甚至是保守分子的反抗。他的目的并不

① 即直布罗陀海峡的对峙的两个地岬：欧洲方面的卡尔佩（Calpe）和非洲方面的阿比拉（Abyla）。

② 海斯佩罗斯的女儿们（Hesperides），据希腊神话，她们是象征长庚星的海斯佩罗斯的女儿，是在极西地带守卫金苹果的。

③ 据罗马人的传统观念，小的神灵到处都有。门有门神，窗口有窗口神，十字路口有路口神，每个人也都有一个守护神（genius）。

是世界帝国的一种形式上的统一,而是一种思想上的统一。他设法建立一个防御体系,这一体系后来能以维持数百年之久,直到最后北方的蛮族和东方的波斯人冲破了罗马的边界。如果说帝国也是一个"伪造的共和国"的话,那么与其说它像是一个太守治区或一个王国,毋宁说它像是一个国家联盟(联邦)。全体官员和对罗马的普遍尊敬,是从内部把卫护的城墙如此牢固地黏合在一起的灰浆,以致使得它经受得住一次又一次的冲击,直到地震才使它不得不垮掉。

我们不应当错误地从一个现代的立宪主义者的经验基础去观察奥古斯都的工作,因为在古代并不存在抽象推理的要素,而这一要素对我们今天来说,却是一种不言而喻的思想前提。奥古斯都的国家组织是一个大人物的天才尝试——他想在保存传统和重视实际要求的条件下,强有力地坚决贯彻必须做到的一切。

看来目光敏锐的奥古斯都也并不是没有看到当时体制的不足之处。建立任何一个国家都是部分地有赖于偶然的因素,并且必须能迅速地抓住出现的机会。元首本人负担的责任和任务要求他是一个具有非凡才能的人物。谢普提米乌斯·谢维路斯的最后解决办法是 Laboremus(让我们干),而维斯帕西亚努斯临死之前的最后一句话则是:"一位恺撒必须站着死去。"

261　　　单是工作的规模就必然会使甚至最聪明和最有责任心的统治者感到气馁了。如果元首是一个草包,官吏们仍然可以暂时为他代行一切,但是元首本人却不能由另一个人加以替换①。当已经变得毫无意义的元老院不复存在的时候,在元首和人民之间便不

---

① 对照我国历史上的情况来看,立皇帝也是一件带有根本性质的大事。皇帝可以是一个小孩子或白痴,只要他符合封建社会的继承原则,多么有道德,有才干的人也替换不了他。

存在任何中介。当各种弊端发展到无法忍受的程度时,人民却没有任何可能来表达自己的意见或提出合理的批评,而对于正是这些人民的不满情绪,这批官吏是一个很不合适的防护机构。这种情况不可避免地会导致崩溃。甚至一位有责任心的统治者,由于工作的担子过重,也必然无法看到本国人民内部的崩溃,无法看到日益严重的经济动荡。如果权力一旦落入一个野蛮的侵略者之手,那么垮台的日子就不再是遥远的了。除了所有这些情况之外,我们还要指出,奥古斯都的声誉,他的"威望",并不能千秋万代地无止无休地继承下去。

奥列利亚努斯①推行的、从内部重建国家的做法把罗马的最后崩溃推迟了一个世纪,因为他是按照奥古斯都的精神进行改革的。在三百年中间,每一位聪明的恺撒都把奥古斯都的名字加到自己的名字上去,以便使自己的统治先给人们以人民政权的印象,这就好像现代的英国政府还引证奥立佛·克伦威尔②的做法或法国政府还引证里希留③的做法一样。

---

　　①　路奇乌斯·多米提乌斯·奥列利亚努斯(Lucius Domitius Aurellanus,214—275年),是出身卑微的一位罗马皇帝,270年继位。他是从一名普通士兵成为军事统帅的。克劳狄乌斯·哥提库斯死后,他在西尔米乌姆被多瑙河军团拥戴为恺撒。275年他在拜占庭附近战死。元老院称他为"罗马帝国的复兴者"。

　　②　奥立佛·克伦威尔(Oliver Cromwell,1599—1658年),英国护国主(1653—1658年在任)。自耕农出身,1640年被选入长期国会成为清教徒的领袖。1642年内战发生后,他的"铁军"打败了王党并于1649年指令处死英王查理士一世。1653年任具有独裁权力的护国主,但他后来拒绝接受国王的称号。在他当政时期,英国展开了广泛的商业与军事活动。

　　③　阿尔芒-让·杜·普列西斯·德·黎世留(Armand-Jean du Plessis do Riche-lieu,1585—1642年),法国政治家、枢机主教。1616年任路易十三的国务秘书,1624年任宰相。他对内摧毁了胡格诺派的政治势力,压抑贵族的专横,确立以国王为中心的中央集权。对外则削弱哈布斯堡家族的势力。在他的主持下,对财政、军事、法律进行了广泛的改革。他奖励工商业,大力开拓殖民地,保护文化事业并建立了法国科学院。他自己也有若干著作传世。

我们越是深入地研究元首制，就越是会强烈地感到这一体制的创建者的伟大精神和远见。他的任务较之拿破仑重建法国的任务更加伟大和开阔，它可以列入人类天才所曾取得的最伟大的政治成就之中。

第二章　奥古斯都一家

经验的代价是什么?

人们是用一支歌换它吗?

或者用在巷子里跳个舞的本领? 不!

人们只有付出代价才买到经验,

而这首先是他所占有的东西:房屋、

妻子和孩子。

——威廉·布莱克①

一

奥古斯都绝不是一位幸福的家长。这原因也许是在于一项公职所要求的那些特点,这些特点是以一种坚强不屈的性格为前提的,而这种性格在家庭的狭小的圈子里又是难以得到满足的。在制作年代属于提贝里乌斯当政初期的、著名的巴黎宝石上,优利乌斯—克劳狄乌斯一家被表现为一个幸福的家族集团,被神化的奥

---

① 威廉·布莱克(William Blake,1757—1827 年),英国诗人,他没有受过正规的教育,最初从版画家学习版画,并且成了他的正式职业。他的诗作从一开始便有象征主义的倾向。他的作品可以举出《天真之歌》(*Songs of Innocence*)、《经验之歌》(*Songs of Experience*)、《弥尔顿》(*Milton*)、《耶路撒冷》(*Jerusalem*)。

古斯都的形象高踞于这一集团之上。但实际的情况并不是这样，因为就在他一生的雄心壮志得到满足并且他被称颂为"祖国之父"（Pater Patriae）的那一年，世人亲眼看到他对自己的家庭的态度是冷淡的，而在罗马，人们则对奥古斯都的独生女儿优利娅的声名狼藉的行为深感震惊。

他一家的大部分的妇女都有优利娅的名字。首先是马里乌斯的妻子①，也就是优利乌斯·恺撒曾亲自为之致悼词的那位。然后是恺撒的姊妹即奥古斯都的外祖母的那位优利娅②。最后还有恺撒的女儿优利娅——就是曾嫁给庞培并且在年轻时死去的那位③。不过这一结合的前兆是不利的，因为庞培比他的妻子大了约二十岁。奥古斯都的女儿优利娅诞生时，他同斯克里波尼娅④已经分居了，因为他忍受不了她的那种生活方式。优利乌斯家族的比较年长的妇女都是像屋大维娅那样的温柔、真诚的妻子，但是最年轻的这位优利娅看来却不可避免地继承了她母亲斯克里波尼娅的那种轻薄和任性的性格。这时她不过是三十七岁，可是已经有无数的丑闻传到了外面。

令人感到惊奇的是，那些一般总是到古代世界中去细心搜寻适当题材的、善于编造故事的作家们，从来不曾用奥古斯都的这个

---

① 马里乌斯的妻子优利娅是优利乌斯·恺撒的姑母，优利乌斯·恺撒当时为她致悼词，有向苏拉派示威的味道。

② 奥古斯都的外祖母可能是优利乌斯·恺撒的姐姐，但于史无证，姑且存疑。

③ 这个优利娅是优利乌斯·恺撒的妻子科尔涅利娅所生。公元前 59 年与庞培结婚，公元前 54 年因产后得病而死。她生前是恺撒与庞培之间的一个缓冲的纽带，她的死亡导致了二人之间关系的疏远。

④ 斯克里波尼娅（Scribonia）在同奥古斯都结婚之前，已经同两个执政官级的人结过婚。奥古斯都娶她，是为了同她的亲属赛克斯图斯·庞培搭上关系。他们只生了优利娅一个女儿，公元前 39 年他们就离了婚，奥古斯都则娶了利维娅，斯克里波尼娅享有高龄，她在奥古斯都死时仍然在世。

女儿作自己作品的主人公,尽管她的生平和命运可以说是一场真正的悲剧。对妇女来说,当时的罗马是一个难以居住的和不稳定的地方——特别对于像优利娅这样的妇女更是如此。一方面,她的生活受到严格的限制;另一方面,这种生活又是放肆得不成体统。就同在所有贵族政体下的情况那样,妇女在罗马也起有重大作用。在希腊的英雄时代①,她们曾拥有巨大的权力。城邦的民主派使她们退居于不重要的地位上去,但是在罗马的贵族社会,她们再次获得了影响。在共和国的家长制的统治下,一个妇女完全处于她的丈夫的监督和领导之下,然而即使在《十二铜表法》②里,妇女也有她们的权利,而遗产则是在儿子和女儿之间平分的。久而久之,那早已过了时的、古老并且隆重的结婚仪式就为一种个人的契约所取代了。这样,丈夫的监督就变成了一种形式,而妇女也有权独立地处理她们的财产了。离婚变得容易了,离婚的事件也多起来了。一位贵妇人(grande dame)可以同时既是责任心强的妻子和母亲,又能在社会生活中起一定的作用。我们想一下格拉古兄弟的母亲科尔涅利娅③,她掌握着一个著名的家族;再想一下

---

①　英雄时代(Heldenzeit)是玛克斯・翁特(Max Wundt)以民族心理学的方法所提出的一个精神发展的阶段,它在宗教对象(图腾、咒物、灵魂等)的崇拜之后,而以英雄和神的崇拜为主。在这一时代里,英雄和神有不可分的联系,人们不仅要求维持活命,而且要求享乐并把艺术看成是有独立价值的东西。希腊的英雄时代可能在多里斯人入侵之后,因为在迈锡尼与荷马时代,所谓英雄只不过指一般的贵族,并无后来的含义。英雄时代的人们才把荷马史诗和其他史诗作者笔下的人物崇拜为英雄。英雄的家系都同神有关系,并且能表现出超人的本领。希腊人最崇拜的英雄除海拉克利斯之外,还可以举出佩尔谢乌斯、提谢乌斯、阿奇利斯等等。

②　公元前451年一个十人团(Decemviri)应平民的请求制定的罗马法律,有十个表。大概在公元前450年,第二个十人团又增加了两个表。十二个表刻在铜牌上,安置在罗马广场。《十二铜表法》看来是把通行的习惯法编入了成文法典。

③　科尔涅利娅是斯奇比奥・阿非利加努斯的第二个女儿,她和提贝里乌斯・显普洛尼乌斯・格拉古生了六男六女。丈夫死后(公元前154年),她致力于活下来的二子一女的教育。她在当时罗马的政治、文化中都是一位重要人物。罗马传统把她视为母亲的典范。

264 她的孙辈的显普洛尼娅,这是一位被卷入了卡提利那的阴谋的妇女①。对权力的渴望使得这些妇女当中的一些人变成了使人讨厌、装腔作势的悍妇,比如安托尼乌斯的妻子富尔维娅就是这样的人②。贪权还使克洛狄娅③堕落到不顾廉耻的地步。还有许多妇女在不损害自己的尊严的情况下对社会生活产生了重大的影响。老加图④就说过:"我们统治世界,但是我们的妻子统治我们。"

贵族内部相互间的婚配都是出于财政上的或政治上的考虑,而不管当事人双方是否相爱⑤。不过甚至这样的婚姻有时也是幸福美满的。我们有许多证据,证明古罗马夫妇之间极为相亲相爱,比如阿皮亚大道上的一个出色的墓志铭就可以说是为许多罗马妇女写的:

> 旅人啊,我要向你讲的话并不多,
>
> 请止步把它读完:
>
> 这是一位美丽妇女的质朴的墓碑。
>
> 双亲给她起了克劳狄娅的名字。
>
> 她真心地爱自己的丈夫。
>
> 她有两个儿子。一个她留在了

---

① 撒路斯提乌斯(G. Sallustius Crispus)有一部专著记述卡提利那的阴谋(Bellum Catilinae),已由本书译者译出,将由商务印书馆出版。关于这一阴谋的一般叙述,参阅拙译《古代罗马史》(三联书店 1957 年版,第 580—590 页)。

② 参见本书边码第 70 页有关注释。

③ 克洛狄娅是曾化妆为女人混入优利乌斯·恺撒家中那个普布利乌斯·克洛狄乌斯的姊妹,克温图斯·梅特路斯·凯列尔的妻子。她是当时贵族中最放荡的女人。西塞罗在为凯利乌斯所作的辩护中,对她作过极为生动的描述。

④ 即玛尔库斯·波尔奇乌斯·加图(M. Porcius Cato,公元前 234—前 149 年)。

⑤ 有时甚至不顾原来亲属的关系。比如,恺撒的女儿曾嫁给庞培,后来恺撒又建议娶庞培的女儿(未成)。

　　大地之上。另一个她

　　埋在了草地之下。她的语言

　　流畅优美，她的步态高尚文雅。

　　我的话完了，现在请您上路吧。

　　像屋大维娅那样的妇女是在极为困难的条件下尽了自己的义务的，但是她并不抱怨。不过由于外部的原因而结成的婚姻并不总是像奥古斯都和利维娅之间的婚姻那样幸福。不言而喻，妻子对她们的丈夫必须忠诚，但是人们对于男子并不作同样的要求，他完全能够以另外的方式去寻欢作乐，却并不因此而受到指责。在罗马人看来，性生活是一种理所当然的事情，完全不存在什么浪漫气息或骑士精神。中世纪骑士的那种温柔的求爱行为是罗马人完全不了解的。罗马人把希腊人写到戏剧中去的爱情事件看成是一种不幸，一种可悲的精神病。在最好的情况下，它也只是宁静的家庭享乐的一部分或者表现为一种贪婪的肉欲。总之，人们在生活中根本不十分重视它。在《伊利亚特》①中，唯一的爱情悲剧是安泰娅和贝列洛彭的故事②，但这个故事在全篇史诗总计一万五千行诗句中只占六行的篇幅。在罗马文学中几乎没有什么对年轻人的天真无邪的爱情的描写。诗人笔下的妇女，诸如库恩提娅③、德

265

――――――――――

　　①　《伊利亚特》为古希腊盲诗人荷马的两大史诗之一，主题是记述希腊人为报复海伦的被拐走而发动的围攻特洛伊的战争。

　　②　据希腊神话，贝列洛彭是一个十分漂亮和勇敢的男子，他从科林斯逃到提伦斯的国王普洛伊托斯这里来，普洛伊托斯的妻子安泰娅勾引他未成，反而向国王诬告说她被贝列洛彭勾引。普洛伊托斯于是把他派到吕奇亚国王约巴提斯（普洛伊托斯的岳父）那里去，要约巴提斯杀死他。约巴提斯用各种办法陷害他，都被他所克服，后来约巴提斯知道了真相，反而把女儿嫁给了他。但他遭到了宙斯的嫉妒，使他从飞马上跌了下来，从此他变得又跛又瞎，并且受到诅咒，一直流浪至死。

　　③　库恩提娅（Cynthia）是罗马诗人普洛佩尔提乌斯爱过的一个妓女，她的原名叫荷斯提娅（Hostia）。诗人同她的恋爱以及后来的破裂和她的死亡都反映在他的诗篇里。

利娅①或皮尔腊②者流,则她们不是女奴隶就是妓女。

如果一个妇女的婚姻是幸福美满的,那么她就可以在她的丈夫和孩子身上得到满足。如果情况不是这样,那她就只能是同人通奸或者也许会去追求一些野心勃勃的计划。看来优利娅从她父亲那里继承了某种反应灵敏的思想,却从她母亲斯克里波尼娅那里继承了轻浮的性格。在佛罗伦萨的乌菲齐画廊③里面就有一幅画把她和阿格里帕刻在一块宝石上。毫无疑问,她的深色的头发虽然过早地变成了灰白色,但她是漂亮的,而对于年已半老的妇女显示出来的标记,她当然是不甘心的。她年轻时在帕拉提乌姆山上自己家中过的日子绝不是快活的,因为她的继母利维娅是一位老式妇女,利维娅的教育原则特别严格,而奥古斯都的国事负担又太重,以致不能有很多时间照管自己女儿的事情。无论阿格里帕,无论那位枯燥无味的法学家如阿泰乌斯·卡皮托④,还是麦凯纳斯都无法在长时期内把这个年轻的、性格欢快的女孩子管住。在儿童时代,她同父亲的关系看起来是好的,她甚至可以自诩能在父亲面前撒娇。人们曾十分慎重地不让她同青年男子接近,并且由于她自己并不曾严肃地对待自己,所以她很早就因为自己地位高而养成一种毫无道理的傲慢态度。

---

① 德利娅(Delia)是出现在罗马诗人提布路斯的诗篇中的人物,据阿普列乌斯的说法,她的原名叫普拉尼娅(Plania),是一个出身平民阶级的妇女。诗人的一些诗篇就是为她而写的,但她对诗人并不忠诚,致使诗人想同她田园偕老之梦归于泡影。德利娅是否是一个妓女,从诗中看不清楚。

② 皮尔腊(Pyrrha)是罗马诗人贺拉斯笔下的人物。皮尔腊看来也是一个水性杨花的妇女,因为诗人问过她,她现在又把自己的黄头发扎结起来,又是为了怎样的一位苗条的、身上有香味的青年男子。

③ 乌菲齐画廊(Uffizi)是意大利佛罗伦萨的最著名的画廊,初建于十五世纪。它通过维奇奥桥同皮提宫的画廊相连接。

④ 参见本书边码第179页注释。

　　她在十四岁的时候就同自己的表兄玛尔凯路斯结了婚,并且他们的结合可能是美满的,如果不是因为玛尔凯路斯的早死使他离开优利娅的身边的话。这样,她在十六岁就成了寡妇并且很快又嫁给了已经是中年人的阿格里帕。她给阿格里帕生了五个孩子:盖乌斯、路奇乌斯、优利娅、阿格里皮娜和阿格里帕·波司图姆斯。最小的一个孩子还是一个遗腹子。由于她陪伴着丈夫走过许多地方,看来她同阿格里帕的结合还是美满的。在这样的一次出行中,她差一点溺死在斯卡曼德尔河(今天的门德勒斯河)①里,后来人们在亚细亚各城市里把她崇奉为神,从而加强了她对荣誉的贪求。但就是这一结合也证实了关于老年人与青年人的结合的古老的民间格言②。而且,当阿格里帕经常不在罗马的时候,优利娅有很多时间用来看书,考虑自己的豪华服饰,并且结交年轻的男朋友。虽然奥古斯都反对她的生活作风,但是很少能注意到她,即使经常监督她的利维娅对她也没有办法。

　　阿格里帕一死,优利娅又自由了。这时她二十八岁,又同提贝里乌斯结了婚。提贝里乌斯比她大三岁,他既不能忘记他那被残酷地拆散的幸福婚姻,又无法喜爱或者哪怕是尊敬那性格轻浮、又有野心的优利娅。尽管如此,看来在开头时,她曾努力争取自己丈夫的好感,因为她曾陪伴他去出征达尔玛提亚并且在那里为他生了一个儿子(不过这孩子很早就死了)。两人之间很深的隔阂长时期不能沟通。优利娅在罗马只生活在年轻人中间。社会上有关她的轻薄行为的传闻很多,人们甚至说,在节日的宴会之后,她同吵

267

---

　　① 斯卡曼德尔河(Scamander)是小亚细亚西北部特洛阿斯地区的河流。荷马的史诗曾提到过这条河。

　　② 大概作者这里指的是有关老夫少妻的那些英国格言;如"老夫少妻犹如把陈旧的草铺盖到新房子上"。

闹的、喝醉了酒的青年人曾出现在街道上,并且她常常参加非常可疑的男子的活动。提贝里乌斯对于这些放荡行为虽然知道,但是却默不作声地忍受着。使他在这时退居罗得斯岛去过孤单生活的原因中,这肯定是一个。

利维娅终于觉得有义务向奥古斯都报告有关优利娅的生活作风的一切,因为整个罗马都在对此事议论纷纷了。她报告的一切极大地伤害了奥古斯都的自豪感和自尊心。正当他致力于提高人民的道德水平时,他自己的孩子却在罗马浪荡子弟的圈子里带头干坏事。奥古斯都感到在这件事上有自己无法推卸的责任。不过他把这事交给元老院去裁决,要求对她依法论处。首先作为优利娅的情夫而被指名的就是玛尔库斯·安托尼乌斯和富尔维娅所生的一个儿子,还有一个名叫格拉古的青年人。前者自杀了,后者则被逐出罗马。优利娅本人也被逐出罗马,而不得不到离康帕尼亚海岸不远的一个潘达塔里亚岛(今天的万多提那岛)上去过流放的日子。

如果是生活在较为有利的条件之下,这个性格欢快而又任性的妇女的命运说不定会幸福些。她具有注定能使她大有作为的一切优点:她美丽、聪明,而就其本质而论又是招人喜爱的,因而广大罗马人民对她寄予极大的同情。在她被放逐之后,无论她的父亲还是她的丈夫都没有在什么时候再见过她。在流放生活中,人们不使她在生活上有半点乐趣,而尽管在后来的年代,她获准生活在意大利的大陆上,但有关她的命令却从来没有取消过。她是在奥古斯都去世后几个星期死去的。但是她的骨灰却不准葬入优利乌斯家族的陵墓。她一生的悲剧并没有随着潘达塔里亚岛而结束。她的那个嫁给了路奇乌斯·埃米利乌斯·保路斯①的女儿优利娅

---

① 保路斯(L. Aemilius Paullus),在公元 1 年曾任执政官(当然只是一种名义),后来据说因参加反对奥古斯都的阴谋而被处死。

走了同自己的母亲一模一样的道路。公元 9 年,小优利娅被人发现有通奸行为,并且被流放到阿普利亚沿岸的特里美路斯岛(今天的特列米提岛)上去。她就在那里靠着利维娅的接济,过着忧伤的日子,而直到她在二十年后死去时,才摆脱了悲惨的处境。她的彻底的垮台也摧残了诗人奥维狄乌斯①的翅膀,奥维狄乌斯显然是被牵连到她的事件之内,并且不得不到黑海的光秃秃的海岸去赎自己那确实的或仅仅是想当然的罪过的。奥古斯都在罗马的威望由于自己女儿的悲惨命运而受到了很大的损害。但是很有那么颇有实力的一批人,继续为被放逐的人进行辩护,从而大大地伤害了奥古斯都的自豪感。关于奥古斯都,苏埃托尼乌斯写道:"对于亲人的死较之对于他们的不端的品行有大得多的承受力,远为想得开。"②

二

在奥古斯都放逐了自己的女儿并且在感情上受到伤害的提贝里乌斯到罗得斯岛上去过与世隔绝的生活之后,奥古斯都就把自己全部的爱倾注到两个外孙身上,因为他们是把优利乌斯家族一直维持下去的保证。将会继承一笔巨大遗产的这两个孩子的青年时代是经常孕育着很大危险的,因为这两个青年过早地取得了荣

---

①　普布利乌斯·奥维狄乌斯·纳索(Publius Ovidius Naso,公元前 43 年—公元 17 年),罗马诗人,骑士等级出身,在罗马由于受到美撒拉·科尔维努斯的提携而同当代其他著名诗人如普洛佩尔提乌斯和提布路斯相知。他的流放有各种各样的说法,迄无定论。但可以肯定的是他写的《爱术》(*Ars Amatoria*)曾激怒了奥古斯都,罗马的公共图书馆都不准入藏此书。奥维狄乌斯被流放到托米斯(Tomis)之后备受艰辛,曾多次请求赦免而未成,最后死于该地。

②　见本书附录二《圣奥古斯都传》,第 65 章。

誉,他们被包围在伪善者和吹牛拍马的人们中间,因而他们就养成了一种狂妄自大的毛病。公元前 1 年,盖乌斯奉派带着一项特殊的任务去东方各行省。同他一起去东方作为协助的有玛尔库斯·洛利乌斯①,此人在莱茵河战线上领导罗马军团时并没有取得什么成就。当奥古斯都为自己的外孙送行时,说他希望自己的外孙"要有庞培那样的诚实②,亚历山大那样的勇敢和同他本人迄今为止的好运相同的运气"。这次提贝里乌斯同盖乌斯会晤了,不过二人的谈话看来进行得并不甚顺利。洛利乌斯曾嗾使盖乌斯起来反对自己的继父,于是这次外孙便把一份对提贝里乌斯极为不利的报告送到奥古斯都那里去。结果提贝里乌斯要求返回罗马的申请遭到了严厉的拒绝。

这期间在帕尔提亚又爆发了新的骚动,因为曾经把军旗(鹰徽)归还给罗马的国王普拉特斯被杀死了。他的儿子普拉塔凯斯继位后在阿尔明尼亚策划了一次暴动。盖乌斯的第一个任务就是消除边界上的麻烦。双方在幼发拉底河上的一个小岛上会见并缔结了使盖乌斯极为不满意的停战协定。洛利乌斯由于他同帕尔提亚国王的关系而失宠,并被克维里尼乌斯③所取代。克维里尼乌斯是当时最出色的军人之一,并且是提贝里乌斯的朋友。正是由于他的缘故,盖乌斯才同意他的继父提贝里乌斯返回罗马,因为奥古斯都是按照盖乌斯的看法而作出决定的。利维娅也为此事说情。罗马的那些聪明的政治家也同样希望这位能干的罗马统帅留在意大利,而由于北方的风声渐紧,这一要求也便更觉迫切了。因

---

① 参见本书边码第 195 页有关注释。

② 由此可见庞培的人品和声望是有定评的,奥古斯都并不因为庞培与恺撒为敌而否定他,这同奥古斯都后来对西塞罗的评价是一致的。

③ 参见本书边码第 210 页有关注释。

此公元 2 年,提贝里乌斯返回首都,但是并未再参与政务。

奥古斯都寄托在他的外孙身上的重大期望是无法实现的了。公元 2 年 8 月,兄弟二人中的弟弟路奇乌斯在去西班牙的途中死在马赛了。盖乌斯受托在阿尔明尼亚执行一项新的任务,从那里他准备再去阿拉伯,但是他在阿尔明尼亚受了重伤。在患病和感到沮丧的情况下,他不得不放弃去阿拉伯的计划并返回了意大利。公元 4 年 2 月,盖乌斯也死了。这两人之死乃是元首一家遭到的最后的损失。这些损失看来对他所以是特别沉重的打击,是因为他从内心越来越喜爱他的两个外孙。在这之前两年,他曾写信给盖乌斯说:"我眼里的光,当你远离我的时候,我无限地想念你,特别是在这样一个日子里。不管你在什么地方,我都祝愿你在我六十四岁生日那天是健康和幸福的。你会看到,现在我已经度过了我一生中最有决定意义的一年,即第六十三年①。我曾祈求诸神,他们会使我能够把我一生的余年在一个繁荣的罗马度过。但是你得把行政事务继续领导下去,并且把我的工作成功地领导到底。"

在奥古斯都的两个外孙死后,他的继承人只有一个他过继为继子的提贝里乌斯了。在这同时,提贝里乌斯又把日耳曼尼库斯②过继为继子。提贝里乌斯又取得了十年的保民官的权力。这样他便既是元首的助手,又是元首未来的很有希望的继承人,并且——由于奥古斯都的体力衰退了——成了世界帝国的真正的统治者。这样一来,克劳狄乌斯一家就成了统治的家族。首先是提贝里乌斯,然后是提贝里乌斯第一次结婚时所生的儿子杜路苏斯,

---

① 六十三岁在星命学中是不吉利的一年,犹如我国旧日迷信的说法中的关坎。在中国民间,人们通常认为七十三岁是老人难闯的一年。

② 提贝里乌斯的弟弟杜路苏斯的儿子。利维娅同奥古斯都结婚时,杜路苏斯尚在腹中(或降生不久)。

此外还有十九岁的青年日耳曼尼库斯和后来的皇帝克劳狄乌斯，克劳狄乌斯这时只是一个十四岁的吵吵闹闹的孩子。后面这两个人都是老杜路苏斯的儿子。优利乌斯家族的人现在只还有优利娅和阿格里帕所生的孩子：优利娅、阿格里皮娜（后来嫁给了日耳曼尼库斯）①和阿格里帕·波司图姆斯了。屋大维娅的孩子们则形成了一个旁支。阿格里帕·波司图姆斯看来在发育中有生理上的毛病，说不定他天生是一个白痴。他有巨大的体力，但是说起他的其他的能力来，情况可就不妙了。对于他的家里人，首先是对于他的外祖母的憎恨是有一点不正常的。可能利维娅对他的态度是有道理的，不过也不排除这样的情况：如果对待他和缓一些，可能对他会有一些用处。他是一个热心的钓鱼者，而钓鱼者很少有十分坏的人。他的过继的资格被取消，他被流放到离科西嘉不远的一个岛上去，他在那里的生活受到严密的监视。奥古斯都在去世前不久进行的一次旅行中，曾想去看望一下过着流放生活的人，在他自己的男性血亲当中，活下来的只有他一个人了。

三

利维娅在奥古斯都去世之后又活了十五年，她活到了八十六岁的高龄；他们两人在一起生活了五十二年。当她去世时，她被称为"国母"；而如果有谁在她背后讲什么坏话，那对罗马本身也会是一种侮辱。即使在各行省，她也被尊崇为"祖国之母"和"大地之生母"，而在东方许多地区，则她被崇奉为神。尽管如此，却又总是有

---

① 他们夫妇同提贝里乌斯的关系在塔西佗的《编年史》（有拙译本，商务印书馆版）中有详细的记述。

那么一些集团就像她的外孙那样地憎恨她，并且总是不能忘记那个被流放的优利娅。他们大概把她看成是童话中的那位凶狠的继母了。后来，当优利乌斯—克劳狄乌斯家族蜕化成为骗子、甚至作恶多端的人物时，曾掀起过不信任这一家族的老祖宗的高潮。人们指责她为了自己的儿子而谋杀了不少人：玛尔凯路斯、盖乌斯和路奇乌斯的死，阿格里帕·波司图姆斯的死，甚至奥古斯都本人的死，都要由她负责。不仅是世俗的闲谈，就是严肃的历史学家也都指责她，而如果这些指责都有事实根据的话，那么利维娅就会成为有史以来最大的女罪犯之一了。但是这样的看法没有一点是可以得到证实的。所有这些编造看来同样是起源于有关"恶毒的继母"的不怀好意的流言飞语，就好像后来关于美撒利娜①和法乌斯提娜②（她们都是皇帝的妻子）的那些故事一样。提贝里乌斯本来是可以立刻要人用暴力手段把阿格里帕·波司图姆斯除掉的。利维娅根本不可能把盖乌斯和路奇乌斯除掉，因为两个人都是死在外地的。玛尔凯路斯是得了一种传染病而死去的，而对她的丈夫奥古斯都，她是直到他去世时都是深深地爱着他的。

　　现在我们没有利维娅年轻美貌时期的任何雕像，也就是奥古斯都对之求婚时期的利维娅的雕像。保存在乌菲齐画廊里的半身像已经是成年时期的面容了。这个半身像的面容是高贵的，表情

---

　　①　美撒利娜（Messalina）有两个，都是罗马皇帝的妻子。瓦列里娅·美撒利娜（Valeria Messalina）是克劳狄乌斯的妻子，斯塔提利娅·美撒利娜（Statilia Messalina）是尼禄的第三个妻子。这里似指前者，她在历史上因其淫荡无耻而声名狼藉。

　　②　法乌斯提娜（Faustina）有两个，也都是罗马皇帝的妻子。安娜·加列里娅·法乌斯提娜（Anna Galeria Faustina）是安托尼努斯·皮乌斯的妻子，后来取得奥古斯塔（Augusta）的尊号；另一个同名的小法乌斯提娜是玛尔库斯·奥列利乌斯的妻子，又是未来的皇帝康莫都斯的母亲。她曾陪伴自己的丈夫去进行公元 170—174 年的日耳曼战争，因而取得了"营地之母"的称号。

也是严肃庄重的。哥本哈根的那个头像已经是一个中年妇女：她的面颊松弛，眼睛也陷了下去；有许多带子装饰起来的卷发把她的面孔围了起来，那面容同样反映了高雅和睿智。根据人们在庞贝发现的一座雕像——人们认为这就是利维娅的像——只要还保存着的色彩使人能作出一定结论的话，则可以认为，她的头发和眼睛都是棕色的。她的鼻子的轮廓很美，口形表现出严肃与智慧。她是一位真正的罗马贵族，有他们的美德和缺点，而也许正因为是如此，她才同自己的丈夫有精神上的联系。她不喜欢抛头露面，却认真履行家庭的义务——诸如纺毛线给奥古斯都做衣服——这样她便体现了罗马妇女的理想，成为纯朴和有教养的人物的模范，而这种模范即使在当时的罗马看来都已经过时了。没有人能对她的品行提出指责，尽管她同奥古斯都结合的情况是不符合罗马的传统的。然而说同提贝里乌斯一点儿也不像的杜路苏斯是奥古斯都的儿子，这也不是没有可能的。当利维娅过去有一次在罗马街道上遇到一群赤身露体的男人时，她通过如下宽大的解释挽救了这些人的性命，即对于品行端正的妇女来说，裸体的男子不过是雕像。当奥古斯都本人受到某种攻击时，他是宽厚的和有耐性的，但是如果问题涉及对利维娅的诽谤，那么他却是非常敏感的。尽管利维娅多次陪伴丈夫出游，但是她却避免公开谈论她的旅行经历，因为一个妇女所过的日子应当像是“暗中延伸下去的人生小路”。无论维吉尔还是贺拉斯或是普洛佩尔提乌斯都根本没有提到过她，而我们却应当认为，这是符合她本人的愿望的。

她并不是没有慈善心肠和同情的冲动的。甚至塔西佗也不能不承认，她经常设法使提贝里乌斯的严厉性格缓和下来，并且她宫中的居室曾为许多处于困境的人们提供了避难场所。当她向奥古斯都提供建议时，她总是劝他应当宽厚。有许多事例可以说明她

具有妇女的温情。病人可以得到她的照顾,而许多失去双亲的男
孩女孩都由她出资加以教育。贫苦的新娘可以从利维娅那里得到
嫁妆,人口众多的家族的家长将会享受她的赠赐并且她的奴隶也
得到体面的埋葬。

此外,这位妇女还有一种稀有的、善于体谅他人的本领,而她
便凭借这一本领为公务负担过重的"世界主人"提供一个十分安静
和舒适的家庭。她自己有一次承认,她使她对奥古斯都的巨大影
响通过如下的理由而得到说明,即"她高兴地满足他的愿望,不干
预他的事务并且对他当时所爱的人总是装作一无所知的样子"。
当年轻人最初的热烈的爱情被克服时,这种经过深思熟虑的顺从
只会加强她的丈夫对她的忠诚。在奥古斯都向她征求意见之前,
她从不提出任何意见,但他却常常想知道她的看法。在这样的情
况下,他总是先记下想同她商量的事情——这一点就证明,他对于
她的洞察力和判断力的估价是何等之高。保存下来的有奥古斯都
写给利维娅的一封信①,这封信谈的是关于难办的孙子即后来的
皇帝克劳狄乌斯的教育问题的。这封信清楚地表明奥古斯都何等
致力于同他的妻子一道来决定家中的问题。奥古斯都除了高度评
价妻子的思想能力之外,还有另一种情况,即奥古斯都这位行省银
行家的孙子从来未能克服在贵族面前的某种崇敬心情,并且他常
常无可奈何地认识到,他是多么欣赏古老的传统和高贵的身世。
看来在这位在帕拉提乌姆山上纺羊毛的、卓越的妇女面前,奥古斯
都仍然怀有同某种畏惧相结合的崇敬心情。当元老院讨论过去优
利乌斯·恺撒提出的法案时,奥古斯都竟作出了不智之举。他竟

―――――――――――

①　这种书信有许多属于后世修辞学习作的性质,不尽可靠。

然建议元老们向他们的妻子提出警告并给她们作出严格的规定。

275 但是元老们却有点开心地要他先向他们说明,他本人对利维娅是

如何提出警告的,并且给她作了怎样的规定。

四

奥古斯都毕生致力的国家建设方针我们已经谈过了。现在我

们想转向那些更加困难和不易处理的课题,探讨一下他是如何试

图创立思想上的和精神上的原则,以便在罗马人民中间贯彻自己

的计划的。如果我们不研究奥古斯都的创造精神,那么关于他的

品格就没有很多可谈的,因为他的道德品质同他的精神力量是绝

对一致的。他的品格为目标明确地完成自己的任务提供了保证。

他的事业就是他自己,此外并没有任何不曾实现的渴求和愿望,也

没有任何被充分利用的才能和力量。在国务活动面前,他的私生

活退居于十分次要的地位。他始终是一个全心全意从事政治活动

的人,无论他的同时代人还是后世的人总是能够追踪他走过的每

一步的,因为他是没有自己的私生活的。奥古斯都是同所有其他

罗马人一样的一个罗马人,只是更加伟大,更加杰出而已。就和奥

林匹亚的宙斯①那样,他的形象受人们的尊敬和崇拜,但是这个形

象后面并没有任何见不得人的东西。

一个世纪之后,那些描述罗马社会生活和政治生活的人们是

满怀着赞叹的心情来记述奥古斯都的,但是几乎没有什么东西可

以引起人们对他个人的明显兴趣。总的说来,他们描绘的是关于

———————

① 奥林匹亚是希腊伯罗奔尼撒西部埃利斯的原野,是希腊神话中最高天神宙斯
的圣地。每四年在这里举行一次赛会。

他的一个令人看了愉快,然而并不鲜明生动的画面。他在他们眼中是一座大理石雕像,但是它没有血肉和生命。

　　他是这样一个人:他必须完成一项使命并且像一位圣徒或先 276
知那样全心全意地去实现这一任务,但是他并无半点神秘的气氛。
在少年时代他就为自己确定了两个目标:为优利乌斯·恺撒报仇
和使自己成为国家的第一公民。尽管遇到了极大的困难和阻力,
他还是以冷静的决心达到了他希望的目标。现在要做的只是,利
用他获得的权力建设一个条理井然的世界帝国。在稍后的年代
里,他致力于使他所创造的行政体系趋于完善。如果说在他生活
的开始阶段,他的勤奋与决心帮助他克服了阻力的话,那么后来在
完成他的事业时,就是事业心和自豪感在引导着他了。任务的繁
重要求他不知疲倦地工作并且不容许他有任何休息和放松。如果
说他担负的义务不断增多的话,他的私生活怎么可能成为重点呢。
从来没有一位政治家必须如此不间断地和集中精力地工作过;从
来也没有谁像他那样,几乎每天都不得不作出越来越重大的决定。
流传到我们今天的图像就清楚地说明了他在精神上和身体上的这
种紧张情况。这些图像都显示了他的前额、口部和下巴的高贵形
象,显示了他那沉静地凝视的目光。不列颠博物馆的屋大维像是
刚刚走向世界的一个十六岁的少年;第一门(Prima Porta)上面的
奥古斯都像则是建立了元首制并且夺回了被帕尔提亚劫去的军旗
(鹰徽)的男子;安科那(Ancona)的头像①是他五十岁刚出头时候
的,那时他作为罗马国教的最高司祭和世界的主人而正处于他的
权力的巅峰;而温泉博物馆②的那座雕像则是快到老年时的了,因

---

　　① 安科那是意大利东岸的一个港口城市。这里的头像似指图拉真在这里修建
的拱门上的一部分。
　　② 温泉博物馆(Thermae)在罗马。

为他的额头已经有了皱纹,双肩略向前倾,而眼睑也显示出疲倦的神色。

277　如果说他的品格上的主要特征也在他的事业本身表现出来的话,那他是有热情的,不过这热情常常是以一种自然的力量从他的身上迸发出来,却又总是被用来服务于他的伟大目标。玛尔库斯·安托尼乌斯在他年轻时对他提出的指责实在是没有道理的,不过在他的男女关系方面,他的行为确实是不太对头的。对罗马人来说,性的自由是理所当然的和可以原谅的,就和吃饭时多喝了一杯酒一样。西塞罗同名声很坏的女伶交往还自以为得意。法学家霍尔田西乌斯写过淫猥的诗歌——在这种事情上,奥古斯都也被人们背后议论过——但并没有人因此对他有所轻视。只有狄奥对奥古斯都提出了严正的指责,说他同麦凯纳斯的妻子有奸情。但就是在那个时候,奥古斯都正在大力整顿古罗马的道德风尚,所以狄奥的说法就显得不怎么确实了。不过在他更加成熟的年代里,他的生活作风无论怎么说也是无可非议的。他在青年时代常常表现出来的那种残酷性,到他的成熟期就没有了。当他有理由做某一件事时,他是一丝不苟的;在他的仆从玩忽职守时,他是坚持不让的;对女儿和外孙女他也不持和解态度。但正是在这种情况下,仍然是政治上的理由决定了他的行动。在长期的严肃认真的自我教育中,他做到了不放过可能不利于他达到最后目标的任何事物。

如果我们设法把他同他的伟大事业分开来的话,那么奥古斯都就是一个待人亲切的人、一个平易近人的人,一个诚实正直的人,他可以通过自己的方式使一个普通的罗马公民对他发生好感。他在帕拉提乌姆山上有一所朴素的邸宅,它既没有镶嵌的、也没有大理石的装饰，前面只有一排不显眼的阿尔巴努斯山①的石头的柱子作为装饰。无论夏天还是冬天，他都睡在那里的同一间房屋里，而只有在他的健康情况需要的时候，他才住到麦凯纳斯在埃斯克维利埃山②的更加豪华的邸宅里去，因为那里的庭园必然是修建得极为漂亮。他有几座别墅，但是远不像大贵族那样多。一座离罗马九英里，在佛拉米尼亚大道上；另一座在阿尔巴努斯山的山坡上；还有两座分别在普莱涅斯特（普列涅斯特）③和提布尔（提沃利）④。所有这些别墅的设备都是比较朴素的，但是庭园的气派却十分阔大。即使在农村这里，他的工作也不中断，这种工作占去了他的大部分时间；而只有当他乘船沿康帕尼亚海岸航行并在卡普里岛⑤上的一座朴素的别墅里过夜时，他才算真正得到了休息。

　　奥古斯都所由出身的公民们的那种实事求是的精神为他走向成功的道路扫清了不少障碍。这里较之旧式贵族的那种自觉的淳朴性是一种更大的力量源泉，因为它是同作为帝国支柱的中等阶级的思想中的那种能够体谅他人的能力结合在一起的。奥古斯都也和任何一位能直截了当地和击中要害地提出和回答问题的某个农村地主那样，具有同样的乡土幽默感。他绝不做任何会使人嘲笑的事，因为他总是准备嘲笑自己并且不叫自己受到过分的称赞。他也不害怕自己承认错误，并且像克伦威尔那样欢迎坦率和真诚

---

　　①　阿尔巴努斯山（Mons Albanus）是拉提乌姆的山，在罗马西南约二十公里，这里有一座朱庇特·拉提亚里斯神殿。拉丁节（Feriae Latinae）在这里举行。今天叫卡沃山。

　　②　埃斯克维利埃山（Esquiliae）是罗马七山中最高最大的一座，在罗马的东北部。

　　③　普莱涅斯特在罗马东南偏东二十三公里。

　　④　提布尔距罗马二十五公里，临阿尼奥河。

　　⑤　卡普里岛就是后来提贝里乌斯曾在其豪华的别墅里住过十年的岛。奥古斯都是在公元前29年从涅阿波利斯（那不勒斯）人手中取得此岛。再后这里就成了一个流放地。

的意见。奥古斯都是一位堂堂正正的对手,即使是他提出的责难也由于某种具有本色的友谊而显得不那么难于接受。从骨子里就是一个贵族的提贝里乌斯常常因为奥古斯都本人可以毫不介意地接受下来的一种坦率而感到自己在感情上受到伤害,但是奥古斯都却用这样的话安慰他:"不要孩子气,也不必因为别人讲我的坏话而感到烦恼。只要我们能做到不使他们直接伤害我们,我们就应当满意了。"他的自豪感是根深蒂固的,但是他并没有虚荣心,首先是没有那种浅薄可笑的虚荣心。不过他从来不能容忍对他的职位有所贬损。他严厉禁绝诽谤的文字和过分的谀词——过分的谀词会造成比诽谤更大的伤害。然而有一个限度是任何人不能逾越的,如果他不想遇到奥古斯都的令人生畏的眼睛射出的目光的话。

他的个人爱好同有教养的罗马地主的爱好相似。由于他从清晨到深夜都在工作,他没有任何时间去放纵自己。一般说来,豪华的生活对他没有任何吸引力。他穿的是家里自制的旧式衣服,他宁肯吃简单的饭食,喝普通的酒。他喜欢同家人团聚在饭桌旁,喜欢主要是同家里年轻的晚辈们谈天。只是在偶然的情况下他才安排宴会,宴会上客人都能得到礼物,并且有舞女和歌手助兴。他用赌博来散心,但是看来他从不下高额的赌注。他通常在日出后一两小时起床——当然,不安静的夜晚往往使他不得不在早上也要睡觉——然后就一直工作到中午。中午随便吃一点东西,再和衣睡上一会儿。在晚饭之前他作一次散步或体操,然后又工作,直到上床的时候。只有在很少的情况下他才招待客人,或者给自己安排一个休息日,到海边去或者去钓鱼。

奥古斯都看来并没有任何特别的业余爱好。在年轻的时候,他钻研过文学,并且自己写过一个悲剧;在他一生后来的一个阶段里,他偶尔写写警句诗①,开始撰写自己的回忆录并且着手收集自己的书信和演说。贺拉斯称赞缪斯女神②是伟大的恺撒·奥古斯都的安慰者。实际上他是很少有时间从事文艺的。他知道他自己的知识有欠缺,知道他自己绝不是一位有才干的作家,因此他就避免把时间精力用于这一方面。但是他喜欢读书并且读了大量的书,首先是希腊的文学作品,而对于写下来的和口头的作品,他是一个认真的评论者,不过他非常讨厌那种充满幻想的和浮夸的作品。反之,他喜欢地理学和带有研究任务的旅行,就像提尔图利亚努斯在谈到哈德里亚努斯时所说的那样,他是"一切珍奇事物的探索者"。

　　担负了如此繁重复杂的任务的一个人,他的生活是不可能局限在一个狭窄的天地之内的。但是,尽管有无数人在他的宫廷里出出进进,他基本上过的是一种退隐的、孤独的生活。没有人分担他的责任,因此也就没有任何人能得到他完全的信任——甚至利维娅也是如此。阿格里帕曾是同他关系最亲密的助手,但阿格里帕首先是一个军人。性格不稳定的麦凯纳斯必然往往使他感到厌烦。他喜欢并且尊重维吉尔,然而他很少有机会去看维吉尔。但是像李维那样的柔弱、顺从的性格必然使像奥古斯都这样一个直率、精干的人感到不耐烦。贺拉斯和奥古斯都的格调最为相似;但是贺拉斯扮演的却不是一个廷臣的角色。在高级官吏当中,没有

---

　　① 警句诗(epigramma)原来是"墓铭"的意思。在希腊,这种诗最早的可以回溯到公元前八世纪。最早使用这一短小精悍的诗体的是西摩尼德斯。这种诗体传入罗马后极为流行,而较著名的则为公元一世纪的诗人玛尔提亚利斯。

　　② 据希腊神话,她们是宙斯和姆涅摩叙涅(记忆)的女儿,是文艺的保护神,到罗马时代,她们才各有分工:卡利欧佩,司英雄史诗;克利欧,司历史;特尔普西科列,司抒情诗;优特尔佩,司笛与音乐;埃腊托,司赞美诗;美尔波美涅,司悲剧;塔利娅,司喜剧;波律希姆尼娅,司哑剧;乌腊尼娅,司天文。

人受到他特殊的优遇。任何他的部属都不能自诩能对他发生影响。

　　他的生活方式使他只能同他自己家族的一个成员保持密切的联系。我们现在能看到的、他给他的继子的书信片段,时而就带有一种为对方操心、对之关怀的印记:"再见吧,你这个讨人喜欢的人!希望你在你的战斗中为我、也为缪斯女神取得成果……","当我遇到要操心的事并因而需要我开动脑筋的时候,我就怀念我亲爱的提贝里乌斯……","当我听说你因运气不好而心烦意乱或是心情紧张时,我就和你一道感到很大的痛苦。我请你自己保重,因为关于你生病的消息使你母亲和我失去了生活的一切乐趣并且危害了帝国。使我不能释怀的是,你卧病在床,而我却是健康的。"但是,我们以为,提贝里乌斯对奥古斯都的爱是不大能接受的。克劳狄乌斯家族和优利乌斯家族正好是属于不同的类型,而在他们之间则存在着维普撒尼娅①、盖乌斯和路奇乌斯的影子。在奥古斯都身上有一种没有被利用的巨大的爱的力量,这种力量有时只是对利维娅和小孩子们表现出来。他具有结成友谊的真正能力,苏埃托尼乌斯在谈到他时写道:"尽管他不是很快地同别人结成友谊,但是一旦表示了友情,他却是始终如一的。"不过奥古斯都同大多数人之间的友谊只是表面的,他从来不曾找到个朋友。义务和地位迫使他处于一种庄严的孤独之中。国家在他心目中较之妻子和同伴,较之利维娅和阿格里帕更为重要。

---

　　① 维普撒尼娅(Vipsania)是阿格里帕和他第一个妻子彭波尼娅之间所生的独生女儿。彭波尼娅则是西塞罗的著名的挚友、富豪、骑士等级出身的阿提库斯的女儿。

第三章 罗马的灵魂

Non tu corpus erat sine pectore

（没有心，你就不是躯体。）

——贺拉斯

一

福楼拜①写道："Notre ignoronce de l'histoire nous fait cal-
omnier notre temps."②这句话对任何时候都不像对元首制初期
那样真切。而 A. D. 诺克写道："如果认为罗马世界帝国的一般公
民是残酷和淫乱的，并且他的时光是在无节制的饮宴、冶游和拷打
奴隶中间度过的，而另一方面，他对于别人的痛苦和不幸是无动于
衷的，那就大错特错了。"这种看法源于那些俚俗说部和讽刺作品
的无耻作家；可惜的是，这些人的凭空捏造和毫无根据的奇想往往
被当成了事实。当时的一般罗马人都是回避并非他们所属的那个
社会阶级的放荡恶习的。他们也绝不是只为了追求戏剧效果而用
特别刺目的色调加以描绘的艺术家或为了消逝的过去而悲悼的、

---

① 古斯塔夫·福楼拜（Gustave Flaubert，1821—1880 年），法国小说家，莫泊桑
的老师，代表作有《包法利夫人》、《情感教育》等等。

② 法语："我们对历史的无知使得我们诽谤我们自己的时代。"

多愁善感的哀歌作家。讽刺作家和传奇作家始终是人类的可疑的引路人。世界大战后①一位没有原则的作家为英国所描绘的那幅图像,使我们把英国青年都认成是苍白颓废、神经失常和软弱无力的,而实际上,正是在那个时候,英国的青年以令人敬佩的力量和毅力设法克服了生活中的种种困难。在奥古斯都时代的罗马,确实存在某种奢华之风,但这只是上层一小撮人的事情,并且绝不是像后来那样的规模。个别富豪的那种极度讲究的、豪奢的生活是人民所反对的,而当罪恶从隐蔽状态中显示出来时,人民对之是采取否定态度的。人民所重视的总之是淳朴和秩序;即使贵族中有一些腐化堕落的成员,但大多数人过的则是安分守己的、可敬的生活。城市和农村中等阶级的思想,也和任何一个时代一样,是健康的。我们今天从小普利尼②的描述中所看到的那种幸福的家庭生活并不是例外,而是一般的情况。罗马人的持家之道绝不是奢侈浪费的。他们在饮食方面是有节制的,衣着也是朴素的,他们力图做到彬彬有礼,并且习惯于在露天进行比赛与活动。关于罗马贵族与公民,我们知道的不少,但是关于普通老百姓,我们却几乎什么也不知道。阿克顿勋爵③就劝告历史学家在厨房里吃饭,但是要到当时罗马普通老百姓的厨房里去却是困难的。关于这种厨房,无论如何赫拉克利特④说过这样的话:"这里也有神灵"——因

---

① 这里指第一次世界大战。

② 小普利尼(Gaius Plinius Caecilius Secundus,61/2—112/3 年),罗马作家,曾从克温提利亚努斯学修辞学,公元 100 年任执政官,公元 110 年左右出任比提尼亚一本都长官。有演说一篇和书信十卷传世。

③ 约翰·埃美里契·爱德华·达尔柏格·阿克顿(John Emerich Edward Dalberg Acton,1834—1902 年),英国历史学家,剑桥大学近代史教授,主编过《剑桥近代史》。

④ 赫拉克利特(Herakleitos),公元前六世纪希腊哲学家。以提出"万物流转"之说而知名。他认为万物为一体,而以火为根源,盖取其变动。支配流转中的世界者则为 Logos,即理法也。

此我们必须尽力为这个曾受到许多不公正对待的社会阶级讲公道话。普通老百姓受到不公正的评价,对这一点,罗马人本身并没有责任,他们当中许多有教养的人鄙视他们自己所由出身的阶级。比如说,塔西佗也不能免于装腔作势的毛病,尽管他自己并不是贵族出身。小杜路苏斯的祖先是骑士等级出身,塔西佗竟把这看成是他的一个污点。他还指责谢雅努斯①,说谢雅努斯是从行省的一个什么地方出身的②。他对剑奴一点也不同情,就因为他们出身微贱。甚至思想境界很高的人物,如卢克莱修③与西塞罗,对穷人也没有丝毫同情或怜悯之心,因为在他们心目中,穷人几乎不能算是真正的人。

下等阶层的生活是艰苦的和困难的,尽管奥古斯都设法对债务法作了比较符合人道精神的处理,而国家又保护个别人使之免于饥饿。搬运夫、送信人、手艺人和小业主必然会受到奴隶和到处都受到优待的被释奴隶的竞争。只有少数人有富裕体面的家庭,大部分的人就住在城市最肮脏和最不像样子的市区中的破旧的阁楼和不适于健康的住宅区里,过着非人的苦难日子。因此,他们就不得不把一天的大部分时间消磨在街道上。由于他们在政治上没有任何意义,因此任何政治家都不关心他们都在想些什么,以及他们的感受如何。他们靠国家发给他们的粮食为生,也吃得到一点

284

---

① 路奇乌斯·埃利乌斯·谢雅努斯(Lucius Aelius Sejanus)出身沃尔西尼(Volsinii)的骑士等级,并非行省出身,公元 14 年起任提贝里乌斯的近卫军长官。26 年提贝里乌斯退居卡普里岛后,他实际上成了罗马的统治者。31 年因阴谋篡权而被提贝里乌斯(在玛克罗的协助下)处死。

② 塔西佗本身就可能出身纳尔波高卢,他的岳父阿古利可拉也出身行省,他对高卢行省很有感情,因此不可能把行省出身当作指责的借口。

③ 卢克莱修(Titus Lucretius Carus 约公元前 99 年—约公元前 54 年),罗马诗人和伊壁鸠鲁派哲学家。有《物性论》(*De Rerum Natura*)六卷传世,商务印书馆有中译本。

橄榄油、干酪、廉价的蔬菜和最下等的葡萄酒。他们的盘子里是从来没有肉的。但是他们却可以使用浴场并且可以免费参观公开的比赛。在他们的生活中并不存在家神①,他们死去的时候,也不能得到任何体面的埋葬。他们自己得不到事先的照顾,所以在死后,他们的尸体就给埋到公共的墓地算了。

关于道德上败坏并且被惯坏了的罗马无产者,我们的想法是完全错误的。保证免费的面包用的粮食是一种不可缺少的照顾措施。这个措施是有限度的,但是却不能取消——尽管这一措施引起了这样的后果,即把农村的贫困者这些不受欢迎的人吸引到了罗马。不过这一措施也只能使他们免于直接挨饿而已。公开的比赛和表演并不被认为是一种慈善行为,而只是为了使无法排遣时光的下层人民能有所消遣,或者迫使他们也去思考问题②而已。

285　　罗马贵族的文学作品没有给我们留下任何有关罗马贫民的直接报道。这种情况使我们不得不设法去发掘其他资料。因此下述情况就是重要的了:奥古斯都并不鄙视人民之中的这一部分,并且力图通过限制奴隶的人数、通过调整解放奴隶的办法以及通过重建同业公会等手段来照顾和保护他们的权利。此外,他还通过捐赠现金的办法以加强劳动居民的优秀的核心部分。对于因平民只考虑 panem et circensis(面包和表演)而使国家遭到的危险,奥古斯都绝不低估,但是他坚信人民中间蕴藏着各种优秀的品质。即使厨房倒塌了,但神灵还是住在它里面。罗马的平民完全不等于没有什么价值的贱民,像我们从拉丁文学能够推论到的那样。他们和大多数罗马人一样是粗线条的,并且由于圆形剧场的残酷表

---

①　据罗马人的宗教信仰,家神包括门神、灶神、窗户神……等等名目繁多的神,但如没有一个具体的家,这些神也就无由存在了。

②　罗马当时并不大提倡的戏剧有许多是涉及当时社会的现实问题的。

演而变得冷酷、变得对别人的痛苦无动于衷。不过平民也还是能够有同情心的。在庞培主持的比赛中对大象的残酷对待，人民看了之后都感到战栗了。人们还反对罗马人对待克列欧帕特拉的姊妹阿尔西诺耶的做法。原来在公元前 46 年优利乌斯·恺撒的凯旋行列里，阿尔西诺耶是用铁链给锁起来的。用心观赏普劳图斯①和特伦提乌斯②的戏剧；向罗斯奇乌斯③这样的演员欢呼，理解《埃涅阿斯》这部史诗的伟大并且自己也多次表现出锐敏的机智和亲切的善意的这样一个阶级是不可能堕落的。在罗马的下等阶层中还可以找到勇敢和深厚的宗教感情的例子，因为基督教的最早的一批信徒便是从这些人中间产生出来的。

造成奥古斯都的政治目标的思想基础的那一批人，是由居民中上层和中层阶级出身的人物组成的。几十年来的不安定的生活使人民产生了回到古老的善良的时代去的愿望，并且加深了对于过去的爱。一个帝国的幻象加强了人们对于远方国土和外国艺术的兴趣和爱好。当人们首次也准备深入探索其他民族的精神财富，倾心于新的宗教并且追求远大的目的时，亚历山大的影响在文

286

---

① 提图斯·玛奇乌斯·普劳图斯（Titus Maccius Plautus，约公元前 250 年—约前 184 年），罗马喜剧作家，据说生在翁布里亚的撒尔西那。由于在剧场工作，后来有了一些积蓄后便从事剧本的写作，但大多数是就希腊的新喜剧加以改编而成。他的剧本传世的有二十一种。

② 普布利乌斯·特伦提乌斯·阿菲尔（Publius Terentius Afer，约公元前 190 年—前 159 年），阿非利加出身的罗马喜剧作家。他原来是一个奴隶，因美貌和才能而取得主人的欢心。在被解放后，他曾同罗马一些著名的贵族相友善。他写了六个戏（全部保存下来），也是就希腊的原作改编的。

③ 克温图斯·罗斯奇乌斯·加路斯（Quintus Roscius Gallus），罗马最著名的演员之一，擅长喜剧，也能演悲剧。苏拉曾因他的艺术而使他成为一名罗马骑士。据说他是斜视的，所以演出时多戴面具（演寄生虫时是例外）。西塞罗也十分欣赏他的演技并曾在一次民事诉讼中为他辩护。罗斯奇乌斯设立了一所戏剧学校，并且有关于演技和演说的论著。

学里不久便失去了它的吸引力,而罗马则开始培育它自己的艺术形式——不过不是模仿的而是创造性的。但是只有一个最高阶层才受到教育和具有知识,而广大群众则没有任何必需的思想上的预备知识。并不存在任何统一的学制,只是在使用拉丁语的行省才有一种通行的教育制度。富人的孩子都上私人开设的学校——它们大多是由有学问的被释奴隶开办的。孩子们首先在那里学习古老的拉丁文字,然后是维吉尔的作品。不过真正的教育却是在富人自己的家里进行的。年轻人在家里受到体育锻炼并且系统地接受个人的教导。后来,他们大多是随同一位著名的法学家去研习法学和修辞学。优利乌斯·恺撒似乎有过这样的打算,这就是把对青年的教育安放在一个切实的基础之上,召请外国教师来罗马讲学,并且把罗马公民权给予他们。奥古斯都则只满足于在罗马建立两座巨大的公共图书馆,为他的家族成员创办一座学校,并且甚至在粮食困难的时候,也准许教师留在罗马,但这时其他外国人却不得不离开罗马。直到维斯帕西亚努斯才奠立了罗马的大学制度,哈德里亚努斯则对之加以充实并由国家给以财政上的支持。

287　　罗马人民既不是由神学家组成,并且从构成的意义上来说,也不是由哲学家和科学家组成,然而他们中间却产生了许多发明家和建筑师。这些人表明,他们对纯粹思辨的、理论的思想并不怎么理解。像老加图、瓦罗、老普利尼这样一些人物,他们乐于并详细地记述了大自然的奇迹,但是他们并不像希腊人那样感到需要对这些东西加以系统化和科学的整理。在罗马人看来,研究纯科学是浪费时间,所以他们最欢迎的是应用科学。实用的博物学在罗马人看来比生物学更加重要;罗马人是出色的工程师,却是糟糕的

数学家;虽然罗马人不大研究天文学,但是却制订出一套实用的历
法。古代罗马的一切严肃认真的地理著作都出自外国人之手,然
而做长途旅行的却是罗马人。他们是军人和征服者,但是他们没
有给我们留下哪怕是一部重要的军事科学著作。一切研究和知识
的目的是要能够在实际上加以应用——就这一点来说,他们同希
腊人完全不同。我们今天的思想财富的源流都在希腊人那里。毕
达哥拉斯①教给人们,物理学是建立在几何学之上的,而数字则是
理解宇宙的钥匙。医学的基本原则要溯源于希波克拉特斯②,而
流体静力学的基本原理则是要回溯到阿基米得③那里去。安那克
撒哥拉斯④和撒摩斯人阿里斯塔尔科斯⑤则是现代的地球绕日转
动学说的先驱。公元前 125 年,希帕尔科斯⑥就算出了月亮的周
期并且没有很大的误差。埃拉托斯赛尼斯⑦测量了地球的周长。

---

①　毕达哥拉斯(Pythagoras),活动于公元前 530 年左右的希腊思想家,生于撒摩斯。四十岁左右移居意大利南部的克罗同,在这里成立了被称为毕达哥拉斯派的教团。他的活动涉及宗教与学术两个方面,在数学、音乐理论等方面对后世影响甚大。

②　希波克拉特斯(Hippokrates,约公元前 460—前 375 年)是被尊崇为"医学之父"的希腊医学家,科斯岛人。他建立了以临床的观察和实践为依据的科学的医学,从人体是一完整有机体的观点提出治疗的方法。

③　阿基米得(Archimedes,约公元前 287—前 212 年),希腊数学家、天文学家、物理学家,西西里岛的西拉库塞人。传说他死在第二次布匿战争时期,他是被攻陷西拉库塞的罗马士兵杀死的。

④　安那克撒哥拉斯(Anaxagoras,约公元前 500—前 428 年),希腊哲学家,生于小亚细亚的克拉佐美那伊。他认为万物最初呈混沌状态,后来通过作为原理的奴斯(nous)即理性的整顿才变成今天的样子。

⑤　阿里斯塔尔科斯(Aristarchus,约公元前 310—前 230 年),希腊数学家、天文学家。他唯一现存的作品是《论日月的大小和距离》。

⑥　希帕尔科斯(Hipparchus,公元前二世纪时人),希腊数学家和天文学家,比提尼亚的尼凯亚人,在亚历山大和罗得斯岛工作,他改进了瞄准器并确定了大约八百五十颗星的位置,还发现了一颗新星。

⑦　埃拉托斯赛尼斯(Eratosthenes,约公元前 274—前 192 年),希腊学者,库列涅人,应托勒密三世之请任亚历山大图书馆馆长。他在数学、地理学、文学方面都有成就。

恩培多克列斯①和德谟克里特②则分别是进化论和原子论的先导。希腊人具有纯粹的研究精神,因此毕达哥拉斯学派的人们说:"一个新的图解就意味着向前迈进了一步,但是我们不愿意从中搞出任何零头碎脑的东西。"反之,罗马人却要求每一项科学成就都能直接应用。只有卢克莱修与其他人不同,他起了一个中间环节的作用,把希腊的纯思辨的思想同我们今天联系起来。

288

罗马人对人的行为和对各民族的领导感兴趣;因此他们在法制和法学方面有很大的成就。法庭实践的前提是要有使别人信服和说服别人的本领。因此在罗马,修辞学就被视为最重要的一项本领和最高的一门学问。人们在学校里就研习演说术和朗诵的方法。一部书的内容为了让更多的人知道,除了朗诵之外,没有任何别的办法。如果我们认识到,原来拉丁语的诗歌更多是诉诸听觉而不是诉诸视觉的,并且人们是缓慢地朗诵它,以便使它的每一个别音节都能发挥其作用的话,我们才能够说真正享受到拉丁诗歌的味道③。罗马人对演说术是熟悉的,因为他习惯于用语言把自己的思想表达出来。当奥古斯丁④有一次发现圣阿姆布洛西乌斯⑤只

①　恩培多克列斯(Empedocles,生于公元前五世纪初,活了大约六十岁),希腊哲学家,阿克拉加斯人。他虽出身贵族,却成了故乡民主派的领袖。亚里士多德认为他是修辞学的创始人,他擅长演说,又有诗人与医师之名。

②　德谟克里特(Democritus,约公元前 460 年—?),希腊哲学家,他和留奇波斯共同创造了原子论。他还有伦理方面的作品。

③　诗歌最早诉诸听觉,这是符合历史发展规律的。希腊拉丁古诗一般不押韵(这一点和我国的《诗经》略有不同),全凭节奏的变化来抓住听众。它的节奏的作用可以参阅拙作《论诗之不可译。——兼论译诗问题》(载商务印书馆版《翻译论集》)中所举维吉尔史诗《埃涅阿斯》开篇一句的例子。

④　奥古斯丁(Aurelius Augustinus,354—430 年),基督教初期最著名的教父,参见本书边码第 72 页有关注释。

⑤　阿姆布洛西乌斯(Ambrosius,333/34 或 339/40—397 年),米兰的教父,曾在罗马学习拉丁古典作品和罗马法。他宣教的语言很美,有说服力。他把礼拜仪式时唱的赞美歌引入西方教会。他为降临节写的赞歌 Veni redemptor gentium(马丁·路德译)至今还在使用。

是默默地诵读，连嘴唇也不动一下时，他是极为惊讶的。

对于具有这种思想方法的人来说，哲学并不是意味着形而上学①，而只是目标明确地掌握生活的道理，是一门既建立在理性上又建立在感情上的学问。一个被搞得混乱不堪的世界要求秩序，而人们被搅乱的头脑则要求领导和指引。自从演说家无法再过西塞罗那样的伟大生涯②以来，他就不得不把目光转向内心。罗马人在思想方面没有什么创造性的东西，但是他们对外国的思想财富有所理解，如果能使之适应于罗马生活方式的话。如果有谁不满足于单是对生活的过程进行观察的话，他就进行深入的研究，以便能以取得更深刻地理解身边事物的意义的钥匙，并且使他能以在生活中突然出现的、痛苦的经历和挫折面前保护自己。哲学同生活方法具有同等的意义，并因此对罗马人有巨大的吸引力，因为哲学使他感到自由，感到易于在生活中进行斗争，感到对命运有了抵抗的能力。对于不健全的和受到压抑的心灵来说，哲学又是一个避难所，它用甚至死亡都无法摧毁的一种武器支持在生活中处于困境的人们。尽管哲学对于民族的神灵大多不曾触及，但它对宗教却是一种补充，甚至是一种补偿。

当时的不同哲学学派都能够进入罗马。但其中斯多葛派的影响最大，因为它最适合于罗马人的性格。这一派的哲学通过接受一个伟大的自然秩序——这不外乎是世界理性——的办法，给了心灵又一个活动场所，并且使实际生活也按照这一自然秩序进行。斯多葛派造就了玛尔库斯·奥列利乌斯这样的圣徒和塞内加这样

289

---

①　即按古希腊人的次序排在物理学之后、确定事物本质的那门学问，不是我们今天通常所理解的形而上学。

②　其实西塞罗的演说在实力人物棍棒和拳头面前，同样也发挥不了什么作用。他的反安托尼乌斯的演说最后只能送掉自己的性命，但他保卫共和的勇气是可敬的。

的虔诚的、肯定现世生活的人。伊壁鸠鲁的学说不同于斯多葛派学说之处,只在于它的形而上学的内容。这是因为斯多葛派承认在人身上本来就存在着一种世界精神,而伊壁鸠鲁派却否认人和神之间有任何关系。斯多葛派所说的"阿帕塞亚"(Apatheia)——一种绝对的安静——和伊壁鸠鲁派所说的"阿塔拉克西亚"(Ataraxia)——一种内心的宁静和不动心状态——这二者之间从根本上来说并没有什么区别①。犬儒学派②则要人们放弃功名心、财产、权力和地位,总之,即放弃成为一个人的负担的一切。但所有的哲学理论在如下一点上却是一致的,即它们加强了人们的抵抗能力并把他们从恐惧的枷锁中解放出来,不管是害怕生活、害怕死亡还是害怕彼岸的世界。它们加强了人类的自尊感,不仅指给他们通向美好生活的道路,而且为他们树立起一个目标。拿玛尔库斯·奥列利乌斯来说,它们就教给他怎样在山顶上生活。而且,它们还用一种军人的精神来充实伦理意识。德行不再像亚里士多德教给人们的那样,是一种消极的道德态度,而毋宁说只是灵魂对肉体所进行的一场不间断的斗争③。德行有如从毁灭之城向上帝之城的一次巡礼。

这样,哲学就成了罗马人民当中比较小的一个阶级的道德准绳,然而它对于普通人来说,却绝不是一部福音书。它的有神论过于抽象,过于散漫而且包含着一个错误的悲观主义的内核,因此玛

---

① 其实佛教的禅定和瑜伽的入静的功夫乃至气功的意守都是一回事,就是摒除思虑使大脑进入休息状态。

② 犬儒学派(Kynikoi,Cynics),西诺佩人狄奥根尼斯(绰号"狗")所创立的一种学派。他们不仅反对社会传统,也反对婚姻和宗教。这一学派的人过着清苦的生活,到处流浪,宣扬他们的学说。

③ 中国理学所讲的天理人欲之间的斗争大体上也是这个意思。人的正当的本能被视为一种罪恶。

尔库斯·奥列利乌斯在论及人生的时候竟然能够写出这样的话
来:"所有这一切的目的是什么? 是烟和灰和一个回忆——或者连
这个也不是。"共和国的倾覆和连年的战争使人们的精神变得有点
迟钝了,这同中世纪的麻木不无相似之处,而且这种精神状态由于
瘟疫的流行和不注意卫生的要求而更加严重起来。这就好像罗马
本身老了,并且它的精神力量也松弛下来了。人民乐于接受元首
制,因此元首制开头进行得比较容易。但后来人民的这种无精打
采的顺从态度表明它往往成为一种障碍,因为易于反抗的心情始
终表明是一个政治机体里的强大生命力。如果奴隶的墓碑上常见
的铭文——"过去我什么都不是,将来我也什么都不是。现在我也
不需要是个什么"——有朝一日对世界帝国的首都也适用的话,罗
马在未来就没有什么希望了。当奥古斯都想使罗马人民的精神重
新振作起来并且给帝国本身注入一个灵魂的时候,他给自己提出
的仍然是一项多么繁重的任务啊!

二

那么他自己想的是什么呢? 要对这一点作出判断那是困难　291
的。确实他曾以某种方式想到了作为一个更高的权力统治着世界
的神。他也和优利乌斯·恺撒一样,并不是不迷信的,只是他不允
许迷信左右他的行动而已。他以一种浪漫的、自我鼓劲儿的方式
相信自己的好运。也如同大多数的大人物一样,他是一位宿命论
者。波西多尼乌斯①在奥古斯都的少年时代曾向他介绍过一种适
度的斯多葛主义,并且奥古斯都本人在西塞罗的《霍尔田西乌斯》

———————————

① 参见本书边码第15页有关注释。

的启发下也写过一部《哲学指南》。可惜西塞罗的这部《霍尔田西乌斯》没有保留下来，但是我们却看到了它对圣奥古斯丁（请注意，不是奥古斯都——译者）的巨大影响，而如果我们能看到这一作品，我们将会从中知道许多同奥古斯都的信仰有关的东西。因此我们只能作如下的推论：这种信仰缺乏思辨的彻底性和某种虔诚的热情。奥古斯都是带着一种宁静的信心进入他的生涯的，而只有这样一个人才有这种信心——他以整个世界为家，他没有认识绝对真理的野心并且把未来的宗教当作某种理所当然的东西加以接受——因此这个人首先是一个实用主义者和现实主义者。对于奥古斯都，这样的话是能以适用的："既然事物是现在这个样子并且将来也不会改变，那么为什么我们要欺骗自己呢？"尽管如此，奥古斯都对下面一点还是有深刻的感受的，这就是：人类不能在没有宗教的情况下生活，甚至国家本身也必须有一个宗教。当他环顾当时的罗马世界时，他在公开的冷淡和怀疑态度的下面发现一种深深的渴望，那种已能预感到一种宗教复兴的精神状态。

　　奥古斯都所面临的是三重的任务。首先他必须使国内的每一阶级和每一集团各就其位，因为他制造了一幅巨大的、错综复杂的织物，一个不同于死机器的活的机体。关于群众，质量这一点是不能忘记的，因为帝国的体制必然把它贬损到东方的一个古老的奴隶制王国的地位。因此共和国的特点不仅应予保留，而且更要在其传统的意义上使它重新活跃起来。当它的个别有价值的事物应当为国家保留下来的时候，一个内在的个别化的过程就是必不可少的了。这样，政治机体每一分支的生命和力量就必须保持血液畅通的状态。

　　第二个巨大任务是使古老的罗马宗教重新占居它应有的地

位,因为这是一切公民道德的根本,又是同过去相联系的一个环节。人们不应当把帝国看成是一个人为制造的新事物,而应当把它看成是共和国的自然而然的扩大——共和国是绝不曾被剥夺了它的古老的信仰和它的值得尊敬的传统的。并且作为传统,则有必要在宗教事物方面确立某种统一,因为在帝国各个地区,人们崇拜各种不同的神灵,并且还存在着各种各样的宗教,这些宗教同罗马的认真的精神和严格的作风始终根本不能协调起来。对于用武力赢得了和平与幸福的一个人所表示的巨大尊敬与感谢,乃是把世界帝国的全体居民团结起来的国家感情的基础。通过一个人而对罗马进行颂扬,这种做法巩固了同帝国首都的联系并且使人们不致陷到不现实的、非政治的神秘主义里面去。为了像奥古斯都所计划的那样贯彻思想建设工作,他就必须像圣经中的家长那样,设法把旧的和新的事物结合起来。

一般说来,官僚政治是扼杀思想的,但是没有官僚政治,这个世界就无从治理。奥古斯都是认识到这种危险的,因此他试图用一切办法来对付它并试图保持强大帝国的个别部分的特点。我们是从他的努力中认识到这一点的——他曾致力于使每一居民阶级都担负起他们的特殊职责,甚至在这样做会发生巨大困难的时候:在同元老院和高级官吏分配权力的时候,在按照功劳安排官员的时候,在激励青年的时候,在争取骑士等级的时候,在成立同业公会的时候和在试图把某种自治给予城市的时候,都是这种情况。他是多么认真地致力于在意大利各个地区也照顾人民的风俗习惯,在遥远的各个行省保持往往是十分怪诞的祭仪,又是多么坚持反对取消不会直接危害世界帝国的那些古老的统治方式。他特别关心公民权的处理问题,因为他希望用这种办法使人民认真参加政治生活。优利乌斯·恺撒把公民权变成一种全国性的东西,他想使意大利和其余的行省处于同等的地位,因为他梦想通过把罗马、希腊和东方的最高成就融合到一起而创造一种统一的文化。奥古斯都并不同意这种平等的理想,而是力求使意大利文化处于一种优越的地位。意大利文化对各行省有启发作用,但是不应盛气凌人。他认为罗马公民权是一种特权,要通过努力和功勋才能取得它,它应当在最广泛的基础上造成一种新的贵族。

三

294　　在其余两个任务方面,那就涉及不大好掌握的事物了。西方已经战胜了东方,罗马诸神已经遮蔽了埃及的那些阴暗可疑的神,但那些异教的小神在国家生活中仍然还是悄悄地起作用的一股力量。罗马的宗教与其说是一种信仰的对象,不如说是一种仪节和仪式之类的东西。意大利有三位大神:朱庇特、朱诺和密涅尔瓦①高踞其余诸神之上。当奥林匹亚的宝座从东方来到西方的时候,人们很快地便把希腊的三位神宙斯、希拉和雅典娜②同罗马的天上三神星等同起来了。人们并不是心胸狭隘的,他们好客地接纳

---

①　朱庇特(Juppiter)是古意大利的最高天神,他的各种头衔说明他同各种天象都有关系(如 Jupiter Lucetius 为光神,J. Fulgur 为闪电之神,J. Tonans 为雷神等等)。在卡皮托利乌姆山上的他的神殿中,还供奉着朱诺(Juno)与密涅尔瓦(Minerva)二神。三者合称卡皮托利乌姆三神(Capitoline mad)。朱诺是朱庇特的妻子,是妇女与生育之神。密涅尔瓦传说是朱庇特的女儿,是从他的头部生出来的。她是艺术、工艺、学术的保护神,后来又成了战神。

②　宙斯(Zeus)在希腊神话中的地位相当于朱庇特在罗马神话中的地位,作用也差不多。希拉(Hera)是宙斯的姊妹和妻子,也是妇女、婚姻与生育之神。雅典娜(Athena)是战神,又是智慧、艺术、工艺女神。据一种说法,雅典娜也是从宙斯的头部生出来的。

了希腊的男女诸神。在罗马,国家和宗教的关系始终是密切的,对诸神的崇拜被视为全体人民的不言自明的一项义务,乃至人们为此设置了一个特殊的世俗司祭职务。服从国家和遵循诸神的法律是同样的意思。因此人们把对于伟大崇高的神的奉祀交给了国家,他们自己则转向不重要的小神的一个狭窄的圈子。国家向上天缴纳了必需的贡物,这样一般公民就可以安安稳稳地睡大觉了。强大的奥林匹亚诸神君临在无法接近的远方。——奥古斯都对诸神的奉祀增加了新的内容。他恢复了古老的神殿并下令修建新的神殿。他注意到要准确地、严肃地执行规定的仪节,扩大了对某些神——例如阿波罗和维纳斯·盖妮特里克斯①——的奉祀,并且恢复了古老的教仪、节日和比赛。诗人帮助他提高奥林匹亚诸神在人民中间的威信。较小的神,所有那些注视着日常生活的小的和最小的保护神则在每一个意大利家庭的僻静之处受到奉祀。在罗马和意大利的普通人民当中还存在着真正的宗教感情,普通人有一种自己依赖于一种更高的、优越的权力的神秘感觉,对于看不见的事物,他怀有一种敬畏的心情,而且这种敬畏心情不满足于空洞的形式,而是植根于内心深处的爱慕。而这首先就是"努玛的宗教"②,这种宗教在首都的一些家庭中,特别是后来在农民当中都可以看到的。每一处森林与小河、每一个牧场和地层的褶皱都有一个 numen(神或精灵),不过这种神或精灵大多并没有拟人化。对于生活中的每一事件,每一个节日也都有一个小小的保护神。

295

———————————

① 维纳斯·盖妮特里克斯(Venus Genetrix)特指专司化育的维纳斯神。由于优利乌斯·恺撒把自己的祖先同维纳斯(即希腊的阿芙洛狄塔)联系起来,所以他为这个神建造了一座神殿,并规定了为她举行的赛会(公元前46年)。

② 努玛·彭皮利乌斯(Numa Pompilius)是罗马王政时期的第二位国王。参见本书边码第115页有关注释。

撒图尔那利亚节①保护播种；康苏阿利亚节②保护收获；雅努斯③
保护家门口；维斯塔④保护家中的炉灶；仓神⑤保护储藏室和粮仓，
而友好的守护神⑥则保护整个的不动产。有一些神变得越来越有
名，例如赫丘利斯⑦和西尔瓦努斯⑧就是远在意大利境外也受到崇
祀。在哲学家看来，这样的神灵崇拜必然是一种愚昧的迷信，但是
它却同每日的生活过程如此密切地交织在一起，以致它可以给予
普通人民以较之纯粹的理性主义更为强有力的支持。在奥林匹
亚诸神的声誉衰落之后很久，在农家中仍然保持这样的信仰。
基督教的最难对付的敌人并不是希腊罗马诸神，而是信奉异教
的农村居民的那些小家神。它们较之那些举国奉祀的大神给了
奥古斯都更多的麻烦，并且它们对基督教的信仰也不是没有影
响的。

奥古斯都力图保持和净化这种家庭的祭仪。因此他就把守卫
十字路口的 Lares compitales（十字路口神）给予罗马贫民，并且把
对这种神的崇祀同对他本人的守护神的崇祀结合起来。虽然奥古

---

① 撒图尔那利亚节（Saturnalia）是为古罗马农业之神撒图尔努斯举行的节日，它
使人回忆起在撒图尔努斯统治下的"黄金时代"，此节每年自 12 月 17 日起举行数日，节
日中人们可以尽情欢乐，奴隶也可以享有自由。

② 康苏阿利亚节（Consualia）是为古罗马康苏斯神（守护收获后谷物之神）举行
的节日，每年 8 月 21 日和 12 月 15 日举行。

③ 雅努斯（Janus），参见本书边码第 148 页有关注释。

④ 维斯塔（Vesta），据罗马神话是撒图尔努斯和欧普斯女神所生的女儿，罗马的
灶神（相当于希腊神话中的赫斯提娅）。

⑤ 仓神（Penates），或称家神，是那些同灶神一道守护每一家庭的小神。

⑥ 守护神（Lares）是家神的一种。

⑦ 赫丘利斯（Hercules），据罗马神话是朱庇特神和阿尔克美娜之间所生的儿子，
他实际上就是希腊神话中的赫拉克利斯（Heracles）。公元前 312 年它正式为罗马所承
认。商人和将领都把他视为自己的保护神。

⑧ 西尔瓦努斯（Silvanus）是罗马旷野、森林之神，通常被认为相当于希腊的那些
山林小神撒图里（Satyri）和西列尼（Sileni）。

斯都从来没有忘记自己的政治目标,但是他还是认真加深人们的宗教感情。过去的遗产被蒙上一层神圣的圆光,并且,甚至那些最浅薄无聊的诗人都证明自己是可尊敬的传统的虔敬的守护者。普洛佩尔提乌斯这位拉丁文学中的罗赛蒂①,在他的《哀歌》第 3 卷里便记述了他如何同库恩提娅告别,以便能够致力于描绘"宗教的仪节和神圣的节日",而奥维狄乌斯在他的《岁时记》(*Fasti*)里,甚至迫使自己说出这样的话来,即他并不是向我们解释谈情说爱的方法,而是在解释宗教习俗。

那个时代的著作界,首先是大诗人们,在奥古斯都力图改造罗马的灵魂的斗争中,极有成效地帮了他的忙。当奥古斯都还是个孩子的时候,有一位诗人去世了,但这位诗人对他的同时代人没有发生任何影响。这位诗人就是卢克莱修。卢克莱修自豪地披上了诗人的外衣,并且远远地超越于他当时的扰攘乱世和人们的卑劣情欲之上。在他看来,世界的幸福应求之于道理透彻的哲学,求之于个人的澄心静虑,求之于这样一种清醒的认识,即死亡意味着事实上不折不扣的结束。人们不能期望从诸神那里得到任何帮助,因为他们住在无限遥远的地方。

> 在那里没有一小片云在移动,没有一息风在吹动,
> 也没有一个小小的白色的雪星落下来,
> 在那里,没有在远方轰鸣的雷声,
> 没有人类轻轻的一声叹息

---

① 丹特·加布里尔·罗赛蒂(Dante Gabriel Rosseti,1828—1882 年),英国诗人与画家,是一位意大利流亡者的儿子。他除了作画之外,还翻译过意大利、法国诗人的作品。他的具有代表性的诗集是《叙事谣曲与十四行诗》(*Ballads and Sonnets*)。作者这里是强调两个人都写爱情诗这一点。

能够破坏那神圣的、永恒的宁静。

———据丁尼生意译的《物性论》转译

一位卢克莱修的沉着冷静的、和谐的自我满足并无助于收拾一个四分五裂的乱世。因此奥古斯都就在自己身边集合了一批作家,这些作家所做的宣传在人民中间获得了比较强烈的反响。李维埋头于古老的历史文献,使罗马的光辉历史重新在人民面前复活了。李维用他的著作把听众①引到奥古斯都所创建的帝国最遥远的边界去,并且引起普通罗马公民在过去的光辉和荣誉以及他们也曾分享的珍贵遗产面前所感到的敬畏心情。

应当感谢诗人的是:萌发了新的希望,幻想在远方浮现,它不仅能因过去的事情,而且也能因未来的事情激发起来。贺拉斯通过他那令人难忘的诗篇,给了罗马人民一部世俗的赞美诗集,向人们指出了一种符合理性、按照意志安排的、愉快的劳动生活。他甚至使没有艺术天赋的人也能理解诗歌,并且教给他们按照哲学的原则行事,尽管对他们大多数人来说,自觉的、合理的思想同他们是不大相干的。他的诗歌真实地反映了奥古斯都的那个时代。凝重高远、自我探索和风趣,这都是符合于罗马的精神状态的。罗马的过去为它之能以永远存在下去提供了保证——

dum Capitolium

scandet cum tacita virgine pontifex.

(只要司祭率领着默默无言的处女

———

① 作者所以用 Zuhörer(听众)一词是为了着重指出古人的作品为争取时间和扩大影响,更多采用了在公共场所直接向人们朗诵的办法。

登上卡皮托利乌姆）

　　维吉尔的作品散发着宗教的热情，这种热情突破了实际生活经验和诗人的才能的狭小的框框。不仅是普通公民，就是所有不同阶层和地位的人，都从这一源泉吸取养分。要判断维吉尔对他同时代人的影响究竟有多大，那是困难的。人们在他的诗篇里确实可以感到一种由哀愁和无法满足的渴望所形成的弦外之音，但罗马较之我们今天却更加强烈地感受到诗篇反映出来的、因有了希望而高兴的自豪感。维吉尔并没有表达任何亲切的、发自内心的欢乐情绪，但是他却表达了对于崇高的事物、超验的事物、对于一种宏伟气象——这种气象是同罗马的本质相适应的，并且从日常生活的狭小天地上升到明亮的高空——的喜悦心情。他教给罗马人正确诵习和理解罗马的伟大历史，掌握国家的精神并找到引向新的生活方式的道路。维吉尔是但丁去地狱和炼狱的引路人，但不是去天堂的引路人①。但是他加强了他的同时代人对于黄金时代的重新到来的渴望。在这个黄金时代里，罗马将完成自己的使命，"各民族都寻求罗马的光辉，而国王们则致力于增添罗马的光彩"，这时永久之都的城墙将会像柏拉图的理想国②的情况那样倒塌下去，因为人与人之间不再存在任何斗争。尽管维吉尔的宏伟的幻想只是对有限的一部分人讲的，但是他在人民中间却享有极高的威信。

　　凡是同古老的传统保持严谨与密切联系的人，都对国家的宗

298

----

　　① 意大利诗人但丁（Dante Alighieri，1265—1321年）的《神曲》（*Divina Comme-dia*）分《地狱篇》、《炼狱篇》和《天堂篇》三部分。所谓引路人是但丁的设想。
　　② 希腊哲学家柏拉图（Platon，约公元前429—前347年）在他的《理想国》里阐述了自己的政治观点。

教和努玛的祭仪(努玛被诗人用诗歌加以渲染)感到满足。但这对
多数人来说却毫无意义。大海彼岸、遥远国土和各行省的外国民
族都在寻求一个能够更强烈地触动内心和感情的宗教。特别是在
几次布匿战争之后,许多外国人涌进了罗马的街道,并且带来了自
己的异国宗教。只要他们不违反道德和礼仪,他们就能享有一切
自由。这些外国的宗教习俗迎合了人类思想的下意识里对于净化
和不朽的渴望。甚至正统的罗马人也不反对它们的传入,并且把
它们同罗马的宗教习俗融合起来。罗马是宽大的和有容忍精神
的,它始终乐于承认,通向生活的极其神秘的目标的,不是仅仅有
一条道路。原始的罗马宗教就这样地得到了扩大和补充,但是它
没有受到排挤。自从著名的神谕①日益不被人们重视以来,对于
一种超自然的神秘主义的需求加强了。因此希腊人和东方各地的
居民便把他们各自的宗教带到罗马来,而只有正统的传统保卫者
才对它们表示反对。在元首制初期,在街上常常可以听到举行外
国教仪时引人注意的喧闹声,外国的司祭们"以窥伺的目光和悄悄
的步子"阻塞了道路。但不仅仅是在表面之下②,罗马成了把自己
的特征带给这座城市的各种罕见的外国宗教的集合点。有一些宗
教多少世代以来便已在这里落户了,例如对于"伟大的母亲"库贝
列③的崇拜——库贝列的名字是同罗马的建城一事紧密地联系在
一起的——就享有崇高的威信,并且奥古斯都在帕拉提乌姆山上
还为这个神修建了一座宏伟壮丽的神殿。为库贝列举行的祭典当

299

---

　　① 各地的神托所有特定的司祭用降神的方式口述神(大多是阿波罗)的指示(多
是诗句),经记录整理之后,即是所谓神谕(Orakel)。

　　② 原译文如此。从上下文来看,似应是"在表面上"。

　　③ 库贝列在罗马和希腊都有"伟大的母亲"(Magna Mater,Megale Meter)之称。
这个神可能源自小亚细亚的普里吉亚。她是山岳、丰产、健康和预言的女神。对她的
崇拜正式传入罗马是在公元前204年。

时还没有蜕化，人们还不知道用宰杀的公牛——人们相信用这种办法会得到新生——当作供物的仪节。狄奥尼索斯崇拜的性质是可疑的。它一度受到禁止并被赶出罗马，它从来不曾享受过不受限制的权利。欧尔佩乌斯教徒①和毕达哥拉斯的信徒由于它们的哲学上的目标设想高深，所以信徒不多。这两种教派宣传的都是一种解脱。庸医和骗子霸占了欧尔佩乌斯的学说，而毕达哥拉斯派则对普通人民出身的人提出了过高的、以理性为依据的要求。伊西司崇拜②传入罗马更加迅速，它是通过同东方各行省的贸易而传入罗马的，它在所有的居民阶层中间都有为数众多的信奉者。它满足了人们的神秘需求，也有一定的深度，它使它的仪节适应于当时的社会关系和环境。对埃及的一切事物所持的否定态度在元首制初年确实把伊西司崇拜排挤到不重要的地位上去，但是由于它那给人以深刻印象的仪节而在长时期都不曾失去它的魅力，尽管这一宗教最核心的内核是禁欲的并且绝不是狂欢性质的。伊西司同其他女神——如凯列丝③、维纳斯和狄安娜④，再如密涅尔瓦和普洛赛尔皮娜⑤，甚至朱诺——都有许多相似的特点。

　　苏拉的士兵把米特拉斯的崇祀⑥从东方带回了罗马，这是一

300

————————

　　① 欧尔佩乌斯教(Orphism)，传说是由一位音乐家兼歌唱家欧尔佩乌斯创立的神秘教派。它的活动从公元前六世纪便已开始，在整个古代一直不断。

　　② 伊西司(lsis)原是古埃及牛头人身的母亲女神，欧西里斯(Osiris)的姊妹和妻子。

　　③ 凯列丝(Ceres)，据罗马神话，她是撒图尔努斯和列亚的女儿，朱庇特的姊妹。她是田野、农业、谷物的女神，同希腊的戴美特尔(Demeter)相当。

　　④ 狄安娜(Diana)，在罗马神话中她是朱庇特和拉托娜的女儿，阿波罗的姊妹。起初是月亮女神，后来又是丰产、植物生长、狩猎女神。通常人们认为她就是希腊神话中的阿尔特米丝。

　　⑤ 普洛赛尔皮娜(Proserpina)，据罗马神话，她是凯列丝的女儿，冥界之王普路同的妻子。

　　⑥ 米特拉斯(Mithras)是印度—伊朗的光与真理之神。

种纯正而活动能力强的宗教。它起源于波斯高原,很快就在异教世界中发展成为一支强大的势力。这是一种士兵的宗教:按照它的教义,生活就好像是光明与黑暗之间的一场永远不会完结的斗争,而人与人之间地位上的差别都应当取消。此外还有犹太人:犹太人严格履行他们的宗教义务,他们的明确的一神论在罗马的一些集团中不是没有反响的。他们的安息日①的习俗是十分罕见的,他们从不举行任何公开的游行或宗教节日,在这一点上他们同其他教派的信徒是不同的。别的教派的信徒举行的极为嘈杂的集会简直可以闹翻了天,恬静的市民往往怀着恐惧的心情看到自己友人和亲属的熟悉面孔出现在行列中深色皮肤的外国人身旁。

这多种多样的宗教形式和仪节对罗马人将发生怎样的影响呢?当铙钹响起来,火把点燃起来的时候,罗马的没有教养的贫苦民众对于那光怪陆离的、狂热的壮观场面是十分入迷的。某一个神所施行的所谓奇迹在游乐场所和酒馆饭店里也为人们提供了无穷无尽的谈话资料:在什么地方,水手们忽然从海洋中汲出了可以饮用的水;在什么地方,一个盲人能看到了东西或者一个跛子学会了走路。从卢奇亚诺斯②的讽刺性的时事报道和普利尼的直率的描述中,我们认识了罗马人民的那种根深蒂固的虔敬心情。在有教养的阶层中间,存在着对于国家宗教不能提供给他们的某种新事物的一种强烈愿望,对于想日益密切地同不可见的事物相结合

---

① 安息日(Sabbat)原语源自古希伯来语。据《创世记》,上帝创造世界后在第七天休息,以后这一天就成了犹太人一周的第七天,第四诫要人们在这一天放开一切工作,后来这就成了今天的一周的周末。

② 卢奇亚诺斯(Lukianos 约120—180年以后),生于叙利亚的希腊语讽刺作家,曾在伊奥尼亚受希腊教育,研究过修辞学,走过许多地方。四十岁时定居雅典,从事哲学研究约二十年,直到康莫都斯时,他才去埃及任职。他的著作保存下来的大约八十种。

的渴望。

> 既然宇宙就在我们自身之中，
> 而我们又是我们的神的缩影，
> 我们怎么能不认识世界呢？
> 要知道，人确实是从天上来的。
>
> ——玛尼利乌斯①

　　神秘主义的宗教可以揭开这样一些事物的帷幕：这些事物是人们无法理解的，而奥林匹亚诸神对它们又是严守秘密的。也许它们还能泄露一点人们死后的情况，并且挽救灵魂免遭最后的毁灭。祖先的古老的时代已经过去了。那时一个人能够享受他舒适的生活，并且把所有其余的事情交给知心的家神。战争和叛乱扩大了帝国的边界，但人们越是向远方望去，也就越是感到惊恐和不安。现在个别人横下心来把自己交给命运摆布，并且抓住每一根有可能保证得救的稻草。灵魂，也就是在人的早晚要毁灭的躯体里的这神圣的火花，对于它的主人来说，成了一份宝贵的财产。在不幸和失败的时候，人们就去探求那要通过净化和改过自新加以弥补的罪责。从罪恶中得到解脱、不朽的保证和末日的审判，有关神秘的事物的知识——这一切都使得人们去寻求得救的新的途径！正如过去一再发生的情况那样，内心的崩溃使得人们起来反抗一种完全合于理性的人生观。

　　许多这样的外国宗教包含着智慧与美，它们表明自己同这样

---

　　①　玛尔库斯·玛尼利乌斯（Marcus Manilius），公元一世纪前半叶的拉丁语作家。写过一部有五卷的关于天文学与占星术的教育诗。

302 一种仪节有关——那些为了护理自己的身体而访问埃斯库拉皮欧斯神殿①的人们是要执行这种仪节的。伊西司帮助人们"到达宁静的港口和仁慈的祭坛"。女神不仅使人们在精神上得到解脱,并且使得生活中所有的外部事物取得成功。但是这样的宗教没有一个能有发展的前途,甚或能征服世界,因为,纵然比起对于一位神的神秘主义的迷信的崇拜来,它们是要高明些,但它们的信徒终归只限于一个比较小的有教养者的范围之内。此外,极为神秘的仪节是要耗费大量金钱的。为了崇祀伟大的母神而在公牛的血里沐浴,其耗费之大可以同欧尔佩乌斯或狄奥尼索斯的仪节的花费相比,或者同参加新毕达哥拉斯派②教团的仪节的花费相比。它们本身的弱点在于它们缺乏淳朴性,在于它们不能对灵魂进行根本的改造。它们的有力之处在于它们的社会性,因为它们是一种共济的团体,如果有谁在他的家庭生活中遇到困难,或者由于别的什么原因感到自己在这个世界上是孤独的,他能够在这种秘密团体里找到内心的安慰。压在当时许多人头上的孤独与不安之感通过基督教而为内心的觉醒准备了条件。基督教的信仰带来了救世主基督和永生的前景,它是柏拉图有关世间生活——这是永生的开始——的神圣性的学说的继续。它规定了一定的仪式,却又有思想内容。它把人从罪恶中解救出来,使他认识真理,把他武装起来去进行生活中的斗争,并且它是以世界所有各族人民为对象的。坦尼·佛兰克③在他的有关罗马史的专著中写道:"除了一些已经

————————————

① 埃斯库拉皮欧斯(Aesculapius)是罗马因公元前 293 年的一次瘟疫,按照西比拉预言书的指示,从希腊引入的医神。他的神殿就在梯伯河的一个岛上。参阅本书边码第 326 页注。

② 公元一世纪由禁欲主义者阿波罗尼库斯创立的学派,带有浓厚的神秘色彩。

③ 坦尼·佛兰克(Tenny Frank,1876—1938 年),美国罗马史学家,曾在芝加哥大学授拉丁语,1919 年起在约翰斯·霍普金斯大学任罗马史教授,他有《罗马帝国主义》、《罗马经济史》、《古代罗马经济研究》(六卷)等著作。

确定的基本原则之外,这一宗教是适应于不同民族的需要与习俗
的。在安那托利亚①遭受饥馑的地区,它的牧师许诺将来会有一 303
个天国,那里有一年四季都长着果子的树木。对于埃及的那些服
苦役的奴隶和仆从,修道院成了他们那些人的避难所。人们号召
贝尔贝里人的王国②的山区居民起来进行一次反对压迫他们的富
有地主的神圣的十字军出征。对于有教养的罗马人,如米努奇乌
斯·费利克斯③和拉克坦提乌斯④,则允许他们研习他们的西塞罗
和维吉尔的著作,而对于希腊人,则允许他们研习他们的荷马与柏
拉图。"但基督教首先是把贫穷者和被压迫者集合起来。当凯尔苏
斯⑤同奥里盖尼斯⑥就新宗教的问题进行辩论时,他抨击的首先就
是,新宗教的信徒都是属于社会下层的人们。"让我们听一下,他
们是对谁讲话的:谁若是犯了罪或者不明智,别人就骂他是一个愚
人,或者谁如果是不幸的,他在天国就受到欢迎。"对于并非罗马公
民的人们,罗马的国教能给他们什么呢?或者,对于没有任何家神
的人们,努玛的宗教又能给他们什么呢?对于身体和灵魂都有病
的人,米特拉斯能帮得上什么忙吗?伊西司和库贝列的秘仪不是
使劳苦的和受压迫的民众什么也没有得到吗?

_____

① 在小亚细亚。

② 北非土著居民,居住在埃及以西直到大西洋的沿岸地带(以撒哈拉沙漠为
界)。

③ 米努奇乌斯·费利克斯(Minucius Felix),公元二或三世纪时人,罗马阿非利
加行省出身,写过一部为基督教辩护的作品《屋大维》(对话者之一的名字)。

④ 拉克坦提乌斯〔Lactantius,250(?)—317(?)〕,罗马阿非利加行省人,后来成为
基督教徒。狄奥克列提亚努斯曾任命他为修辞学教授,有"基督教的西塞罗"之称。他
的作品有《论神业》(*De Oificio Dei*),《神学提要》(*Divinae lnsti tu Institutiones*)等。

⑤ 凯尔苏斯(Celsus),反基督教的作家,希腊的柏拉图主义者。

⑥ 奥里盖尼斯(Origenes,约185—254年),古基督教神学家,生于亚历山大城,
受教于克利门斯。《驳凯尔苏斯》(*Kata Kelsu ,Contra Celsum*)就是他同凯尔苏斯辩论
的作品,有希腊原文保存下来。但后来(六世纪)他被西方教会视为异端而遭到排斥。

四

奥古斯都一点儿也不喜欢外国的东西,然而他却设法使这些
外国的仪节按一定的规定行事。但他又深切地感到,罗马的宗教
需要补充和扩大。看来他个人的守护神和罗马的尊严是一个合适
的基础。那些希腊的城邦都崩溃了,因为它们并不是一个统一信
仰的中心,也不是联系过去与未来的中间环节。为了从内部把世
界帝国联系到一起,必须打一条把一切都包括进来的、无形的神秘
链条。永久之都的精神要想对遥远的和不开化的地区发生影响,
那是太抽象了。崇拜的对象必须是十分具体的、看得见摸得着的
东西。而只有元首本人才能起这样的作用。因此,世界帝国的新
教会必须从一开头便打出"罗马和奥古斯都"的旗号。但奥古斯都
并不愿因为创立这种宗教而使自己受到颂扬:他根本不想处于超
越一切之上的地位。对他个人的言过其实的赞美只能使他——附
带说一下,对维斯帕西亚努斯也是一样——感到可笑。然而关于
维斯帕西亚努斯,人们记述说,还在他弥留之际他就喊着说:"天
哪! 我真担心我会变成一个神!"

恺撒崇拜的前史,可以回溯到遥远的过去。东方的国王一直
是被当作神灵来崇拜的。甚至希腊人也完全抹杀了人和神之间的
区别。像赫拉克利斯那样的一位英雄和像亚历山大那样的一个人
都可以有无论是一位神或一个人做父亲。而当一个凡人成为人民
的救星时,人们当然会把神的荣誉送给他。在共和制度下的罗马
根本没有这样的传统,但即使在这里,长时期中间人们也是日益把
人和神等同起来。Deus 这个词是用来表示一群小的和最小的神,
同我们今天一神论的用词"上帝"并不是同样的意思。古代的国家

同时就是教会,国家的救星就是神。随着帝国的成长壮大,许多外国的罗马将领都被接受入诸神的行列,比如希腊的解放者佛拉米尼乌斯①在公元前二世纪就被卡尔奇斯人②崇祀为神了。罗得斯和士麦拿③都修建了崇奉罗马的祭坛。甚至西塞罗在奇利奇亚任长官时,都有被崇奉为神的危险。当共和国走向其最后的垮台时,罗马人们便日益强烈地转向希腊的英雄崇拜和人神同形同性论。这样,优利乌斯·恺撒的雕像就和诸神的像一道被抬着走过街上,并且被安置在一个神殿里。人们把他奉祀为 Deus Invictus④ 并且为他设置了新的司祭职位。恺撒在他死后是作为第一个罗马人正式被宣布为神的。他本人鼓励这种神化他个人的做法到什么程度,或者,在多大程度上要追溯到玛尔库斯·安托尼乌斯身上去,这些我们已不再能加以确定了。

因此,当奥古斯都在他的生涯初期取得了 Divi Julii Filius(圣优利乌斯之子)的头衔时,他是按照一个确定的榜样进行活动的。没有人能对这一点提出反对意见,因为,如上所述,优利乌斯·恺撒是为了国家的缘故才被崇奉为神的。并且,按照人民群众的看法,凡是大的国家或帝国的创造者,他们死后总是要在天上占一席地位的。这样拉提努斯⑤就成了朱庇特·拉提亚里斯(Jupiter

305

---

① 提图斯·克温克图斯·佛拉米尼乌斯(Titus Quinctus Flaminius,约公元前230—前174年),古罗马政治家,公元前198年度执政官。公元前197年第二次马其顿战争时在库诺斯凯法莱击败菲利浦斯五世,第二年他在伊斯特米亚赛会上宣布希腊的自由独立,重建希腊的秩序,因此他死后被希腊人尊为解放者。

② 卡尔奇斯(Chalcis),希腊埃乌波亚岛上的最重要城市。

③ 士麦拿(Smyrna),小亚细亚沿海城市,今天的伊兹米尔。

④ 拉丁语:不可战胜的神。

⑤ 拉提努斯(Latinus),赫西奥德最早提到他是拉丁人的国王,奥德修斯和奇尔凯的儿子。后来又有一种说法,说他娶了埃涅阿斯的女儿罗美,罗美为他生了罗木斯(列木斯)和罗木路斯。后来老加图又说埃涅阿斯娶了拉提努斯的女儿拉维尼娅而杀死了同她原来订婚的图尔努斯。后一说法为维吉尔和李维所接受。

Latiaris)，而罗木路斯就成了克维里努斯（Quirinus）①。但在这一神化过程中，divus 和 deus 两个词绝不是等同的。二者之间的巨大区别就在于：是死后的一位伟大人物，还是像托勒密诸王②那样，在生前就成了神。奥古斯都总之是拒绝在活着的时候被崇奉为神的。他只愿分享国家的神圣性。因此他不允许在元老院会堂的范围内为他修建一座祭坛，下令取消更多的把他表现为神的银像，并且禁止人们在罗马或意大利把他当作特殊崇拜的对象。如果说诗人们拿他同阿波罗或麦尔库里乌斯③相比，普洛佩尔提乌斯把他崇奉为 deus（神），并且贺拉斯描述说奥古斯都怎样又在诸神的行列中饮了使人长生不老的仙酒，则那是诗人的自由，没有什么更多的意义。他只允许人们崇敬他的 Genius（守护神）、Lar（家神）或 Numen（护身精灵），这种神每个人身上都有，无论普通人还是元首都把它说成是属于自己的。不过罗马却应当崇祀他在诸神的协助之下为国家完成的伟大使命，而为了崇祀由更高的权力指派给他的这一任务，人们应当在街角的小圣龛里放置可以比喻或象征他那有神助的功业的东西。

　　海岸对面的情况就完全不同了。甚至在意大利本土，当奥古斯都还在世的时候，特别在南方的希腊居民中间，就广泛地实行了崇祀恺撒的习俗。在各行省，这种崇祀有了人们料想不到的一些形式——只要奥古斯都的名字同罗马联系在一起的话。这种崇拜的开始可以回溯到公元前 29 年，当时亚细亚的罗马人就修建了奉

---

　　①　克维里努斯原来是古意大利的神，罗木路斯死后又成了他的名号，所以 turba populus Quirini 即指罗马人民（populus Romanus），urbs Quirini 即指罗马城。
　　②　托勒密诸王指由托勒密一世索特尔（公元前 305 年即位）开创的埃及王朝。
　　③　麦尔库里乌斯（Mercurius）是罗马神话中的商神，相当希腊神话中的海尔姆斯（Hermes）。

祀罗马和优利乌斯·恺撒的神殿,而在希腊,人们也把祭坛奉献给罗马和奥古斯都。继而人们忽然又在某些地区,比如在塞浦路斯和本都,把罗马排除在崇祀的对象之外。在埃及,人们是把元首作为托勒密诸王的继承人而加以崇拜的。而且,很快地奥古斯都在整个希腊和亚细亚、叙利亚、巴勒斯坦和阿非利加都取得了东方神王的地位。人们把他崇拜为救主和美好时代的宣告者,甚至把他崇奉为“神、神之子”。甚至在西方,这种崇拜也逐渐蔓延开来,不过在这里,行政当局必须起促进作用。人们在西班牙、高卢和日耳曼边界到处都修建神殿和祭坛。杜路苏斯在里昂修筑的大祭坛肯定地证明了高卢对奥古斯都的忠诚。人们把执行仪节的事务委托给了一些专门的世俗司祭(Augustales);这样,在某些地区的居民和强大的世界帝国之间就形成了一种密切的联系。

　　只是以对于人和事物的冷静的、合乎理性的判断为基础而产生的这一崇拜,表明它是奥古斯都的政策的卓有成效的行动之一。 307 在意大利,人们对于这种崇拜是有意识地加以限制,并且使它同传统和古老的道德协调起来,而在遥远的行省,则人们以异国的方式把它提高并豪华地加以扩充。但是它意味着帝国各个部分同罗马之间的一个强有力的环节。亚细亚、叙利亚和腓尼基等地负责恺撒的崇祀的高级司祭取得的古老的头衔,有如异教的精灵那样又继续存在了很长一个时期。甚至在新的世界教会的教堂里,它们仍然以另一种方式出现。世界渴望一位救世主,希望他能给人类带来幸福与和平。一个统一的宗教、一个统一的奥古斯都崇拜加强了政治上的团结,而且当一位优秀的大人物、一位真正为人类做好事的人被接受进万神殿的时候,诸神的威信只能更加提高。

　　但国家的这种崇拜绝不是一种空洞的拜神行为,像现代的人们常常认为的那样。奥古斯都不会持有黑格尔如下的观点,“即国家本身意味着目的和终结",而抽象国家的利益必须永远放在个别事物的利益之上。反之,奥古斯都认为国家的依据只在于个别人的安乐与幸福。他追求这样一种爱国主义,它是由感情、幻想和实事求是的理性的多种源流汇合而成的。罗马公民完全可以接受这样一种爱国主义,他并不惜对这样一个人实行个人崇拜,因为这个人使人民摆脱乱世并且对古老的形式和传统都表现了应有的尊敬。但是处于罗马的统治之下却又能保持自己的信仰的外国民族也乐于崇拜伟大的保护者,并且使一位新的神进入他们的天国,同时他们自己的古老的神却没有一位受到排挤。"罗马和奥古斯都"并不意味着把过去的一切传统和有价值的事物全都吃掉的莫洛赫①,而是保护它们不受伤害的一位保护神。

奥古斯都唤醒了罗马的正在熄灭的心灵,使它去迎接新的生活并且创造了一个对后来的许多世纪都保持着吸引力的理想。但是奥古斯都和他那个时代的诗人却不能长时期地阻止人们不再次堕落到鄙俗的物质享受和内心的矛盾中去。人们对崇高的目的已经感到厌倦了,他们非常容易重新陷入卑微琐屑的事物中去。还在元首活着的时候,一个奥维狄乌斯就取代了像维吉尔那样的诗人的地位,这并不是道德堕落的原因,而是它的一个标志,因为这位诗人描写的只不过是他见到的东西。尽管如此,奥古斯都却做到把罗马变成希望的一个光辉象征,并且使世界帝国的每一个公民都对罗马的使命的永恒性深信不疑。确实将来总会有这样一个时期到来,那时对于"一个正在瓦解的城市的喧闹和悲哀的窃窃私语"罗马应当更早地成为一个强有力的声音。但就在那些黑暗的

---

① 莫洛赫(Moloch)是腓尼基神话中牛身的火神,人们要用儿童作牺牲向他祭献。

日子里,当蛮族在敲击城门的时候,奥古斯都的传统也还在活着,并且甚至最边远行省的居民都为罗马遭到的不幸而悲叹,把这看成是世界的毁灭。同罗马一道崩溃的不仅仅是一个国家,而且还有一个教会:这个教会是同它的创建者的杰出人格最密切地联系在一起的。

第四章　奥古斯都的和平

以后会有这样一个时期出现,那时世界上的大洋将要放松它的枷锁①,一片极其广大的土地会展现出来,于是大海要在新的地区面前后退,而图勒②也不再是最遥远的国土。

——塞内加:《美狄娅》

一

在阿克提乌姆一战之前的半个世纪里,在古代世界里旅行是十分困难而又危险的。在罗马乡间的道路上伺伏着强盗和逃跑的奴隶,一个旅行者很容易失踪而永无下落,并且在一座阴暗的奴隶土牢里备受折磨。行省的道路都荒废了,而且只是在大城市附近才有警察机构。拦路贼对商人的货物随意征税,商人自己往往不得不支付大宗的款项,只为求得一命。商船也经常受到袭击,首先是受到奇利奇亚③海盗的袭击。

---

① 古人认为大洋(Oceanus)环流在大地之外,把大地包在中心。
② 图勒(Thule)是古人传说中最北方的国土,但直到今天也不知道它到底具体指的是什么地方。
③ 在小亚细亚东南沿海地带。

元首使这方面发生了变化。意大利本土的强盗受到了强有力的镇压，横行海上的海盗也被肃清了。罗马军团在各行省，直到蛮族居住的最边远的角落都建立了秩序并且设立了一种警察组织。意大利的乡间道路得到了改善，甚至在海外的地区也修筑了一个设想周密的道路网。十字路口的里程碑和指示柱可以帮助旅行者找到正确的道路。在有教养人们的家中都有地图，它们使得年轻的罗马妇女至少在思想中能够知道她们的在遥远边疆的什么地方战斗的情人是在哪个方位。在玛尔斯广场①上的维普撒尼亚柱廊中便挂着由阿格里帕制作的一幅大的世界地图，每一个罗马公民都可以参观它并对之加以研究。研究人员和地理学家享受国家的照顾和帮助。人们放弃了过去有关世界图像的错误看法，放弃了环绕一切的大洋的概念；现在人们认为，在南方某地有阿非利加和亚细亚之间的一个接合处。一种邮政机构便利了帝国各个部分之间的公务联系。旅店也和道路一道改善了。每五到十英里便有一处驿站。为了避免不公正的拘捕，人们比先前更加频繁地对奴隶的土牢加以认真的检查。人们还特别关心港湾的建设，并且通过建立一种正规的航运业以确保罗马的粮食供应。欧斯提亚②和普提欧利（波佐利）③拥有由航业经纪人、水手和商人构成的一个巨大的组织。

陆地上的旅行是在照顾得很好的道路上进行的，人们乘坐的大多是马车、箱式马车或者人力的抬床，而在较差的道路上（道路上凹凸不平的地方会造成很大的不便），人们一般是骑马或步行。

310

---

① 参见本书边码第 155 页有关注释。
② 欧斯提亚(Ostia)，位于梯伯河河口，距罗马约二十六公里。
③ 普提欧利(Puteoli)，临涅阿波利斯湾，这里有多米提亚那大道同阿皮亚大道相连，因此它同罗马的交通也很方便。

船舶往往大得惊人——大到一千吨——而许多船只在西班牙和阿拉伯有自己的港口。在那个时候——在蒸汽动力发明之前——看来在陆上旅行比较快，而在文明国家也比后来的任何时期都更加安全。尼禄死亡的消息在三十六小时之后就传到了伽尔巴那里①，尽管信使所要走过的道路有三百五十英里之远。一般的旅行者可以一天走二十英里。海上顺风时每小时肯定可以走五海里。但是也有一些资料记载着比这要快得多的航速。人们从亚历山大到普提欧利走九天，从伽地斯（卡地兹）②到欧斯提亚走七天。但这只是夏天的情况，因为在冬天，地中海上实际上是无法航行的，船舶只能沿着海岸十分吃力地从一个海港挣扎到另一个海港。然而人们仍然能够毫不夸张地说，那时的海上交通比之十九世纪开始之前欧洲任何一种交通都不慢，而且奥古斯都时代地中海上的航行，就其舒适和安全而论，也并不比我们今天相差很多。埃皮克特图斯③写道："恺撒为我们争得了一个持久的和平。不再有任何战争和任何战斗了，任何强盗和海盗都没有了，一天里的任何时候我们都能安全地旅行并且从东到西毫无危险地航行。"

公元前 20 年，在罗马广场的北端立了一个黄金路标，在它的镀金青铜板上刻上了帝国主要城市的名字以及它们同罗马的距离。各条大道从罗马那里就像从轮辐从中轴射出那样，直通意大利的海岸或边界。从卡佩那门④有一条大道直通南方——这就是阿皮亚大道（Via Appia），这条大道在当时便已有三百年的历史

---

① 伽尔巴当时在西班牙。

② 伽地斯（Gades），西班牙南岸城市。

③ 埃皮克特图斯（Epictetus，约 55—约 135 年），斯多葛派哲学家，普里吉亚的希耶腊波利斯人。原来是奴隶，被解放后曾在罗马讲授哲学，后被逐出罗马而终老于尼科波利斯。

④ 罗马向南的一座城门。

了。这条大道的开头处带有美丽街道的性质,因为在它的两侧有各种别墅和农庄,然后它才消失在阿尔巴努斯山里并且穿过彭提努斯沼泽地,但是直到图拉真的时代,最后这一段才得到加固和改筑。大道是以卡普阿(圣玛利亚)①为终点的,但是有一条叉道通向大港口普提欧利和维苏威火山所俯临的那一段海岸。后来它又从卡普阿继续修到倍涅文图海②(倍涅文托),在这里它同拉丁那大道(Via Latina)会合,然后通过康帕尼亚的葡萄山再向前通到塔伦图姆(塔兰托)和卡拉布里亚的丘陵起伏的草地。它插向布伦狄西乌姆(布林狄西)的那一段道路,道路的情况很不好——这是我们从贺拉斯的作品得知的——直到图拉真时期才加以修复③。

通向北方的大道,即佛拉米尼亚大道(Via Flaminia)是从罗马的佛拉米尼亚门(Porta Flaminia)④开始的,它通过埃特路里亚的肥沃的产粮地区并越过亚平宁山通向阿里米努姆(里米尼)。公元前 27 年,奥古斯都曾在阿里米努姆修建一座凯旋门以纪念大道的翻修。在阿里米努姆,大道又分叉了:一股道沿亚得里亚海海岸通向阿克维莱亚(阿克维列亚),这乃是去东北的入口;另一股道,即埃米利亚大道(Via Aemilia),则沿着亚平宁山的山脚下行进,穿过宽阔的波河河谷,然后通向高卢,并且穿过阿尔卑斯山的山口继续通向北方。撒拉里亚大道(Via Salaria)从罗马向东北,越过翁布里亚的丘陵地带通向亚得里亚海,而奥列利亚大道(Via Aure-lia)则是沿着海岸通向高卢的大道,中间经过比萨和热那亚。这些

312

---

① 撒拉森人于 840 年摧毁卡普阿时只留下了一座圣玛利亚教堂,所以旧城就用它命名(Santa Maria di Capua Vetere)。

② 撒姆尼乌姆的城市,公元前 89 年以来成为自治市。

③ 这一段后来称为图拉真大道(Via Traiana)。

④ 罗马北部中间的城门。

就是国家的大道,主要的交通路线。这之外还有大量小一些的道路,人们就可以通过这些道路到达半岛上不太远和不太偏僻的地区。

意大利从来没有出现过像元首制初期那样的一幅令人高兴的情景。今天亚平宁山的那些荒凉的地区,当时却是有农舍和茅屋的。海岸上是接连不断的美丽的别墅,在今天业已荒废的康帕尼亚大平原上,一年当中有九个月人们牧放着庞大的白色羊群。

二

奥古斯都的和平像夏天温暖的午后①那样地笼罩在各个地区之上:对于这些地区,我们愿意试着作一个简单的概述。我们假定自己是当时的一个有教养的罗马人,他有时间和金钱可以在世界各地旅行。经过元首的批准,他甚至可以访问作为禁区的埃及,并且他的兑换人②给他一种类似支票的证件,而他便能在最边远的地区用它从兑换人的代理人手中取得现金。他有一个精确的旅行计划。首先他就去东方。

在7月的第三周里,刮着西北风的布林狄西是一个繁忙的港口,因为这时正是卡拉布里亚的羊毛装船外运的时候。在去东方的道路上,旅行者首先就会注意到尼科波利斯(普列维撒)③的白色神殿,这座城市是为了纪念阿克提乌姆之战——战斗是在阿姆布拉奇亚湾最北面的凸出部分进行的——而建立的。自从奥古斯都在那里建立了一个移民地以来,这一地区就大面积地繁荣起来,

---

① 这里是作为地中海国家的意大利的气候,不能用我们的经验来看。
② 犹如现在经营银行业务的商人。
③ 在阿姆布拉奇亚湾入口处。

而贫困的埃托利亚居民也就涌入了这一新的城市。此外,这里的
景色并不是令人振奋的。札昆索斯(臧特)还被茂密的森林包围
着,但是凯法列尼亚(凯法洛尼亚)的那些城市却消失了,而早已倾
圮的吕西玛凯亚的周边则成了一片废墟。反之,科林斯湾南岸的
帕特莱(帕特拉斯)却是一个欣欣向荣的罗马移民地,这是奥古斯
都为两个罗马军团建立的地方,它对古老的阿凯亚各城市的居民
有很大的吸引力。它拥有一个高度发达的麻纺工业,并且是一个
重要的商业据点。但是在所有的希腊城市当中最繁荣的是科林
斯,这是优利乌斯·恺撒曾经加以重建的城市。地峡①那一面的
城市看起来就惨了:美伽拉(玛尔伽拉)已经没落了。雅典早已不
再是爱琴海上的女王。从来就不肥沃的阿提卡平原的土地这期间
已经失去了一切动力;先前的耕地到处为牧场排挤掉。虽然卡尔
腊腊的新的大理石矿的发现使得意大利对希腊大理石的需求大为
减少,但叙美托斯的蜂蜜和本特利康的大理石毕竟还有买卖可做。
主要的出口物则是罗马上流家庭当作装饰用的青铜。雅典成了一
座博物院城市,人们因其过去的光辉历史才访问这座城市,而对所
有那些想在哲学方面求得深造——罗马在这方面就提供不了这样
的机会——的人们来说,雅典这座大学城还是有它的重要性的。
希腊的声誉早已衰落了,希腊的市民作为商人、教师和医生分散到
罗马世界帝国各地。当他们在许多职业和手工工艺方面赢得声望
和财富时,他们的小小祖国却变得贫困和默默无闻,已不起任何作
用了。

　　高高地俯临一平如镜的大海的亚历山大,那光景又是何等不
同啊! 在它的大街上熙熙攘攘地走着所有不同种族和讲着各种语

314

————————————

　　①　科林斯地峡。

言的人们——埃及人、希腊人、安那托利亚人①、波斯人、撒拜伊人②和许多犹太人。据说这座城市当时大约有五十万居民。经常有许多船只停舶在它那巨大的港口里。纵横交错的运河网既把尼罗河的各个河口连接起来,又通过比特尔湖把亚历山大同苏伊士湾的阿尔西诺耶(它的遗址在美狄维特—埃特—法尤姆附近),从而也就同东方连接起来。它的船可以航行到最遥远的海域。它的宽阔的街道两旁有柱廊,高雅的巨大建筑把城市装点起来——这里有博物院、科学馆和巨大的图书馆,图书馆被称为"世界的奇观"之一。为奥古斯都修建的一座十分壮丽的神殿——他在埃及到处都受到崇拜——高高地俯临港湾。然而供有动物神——这里的人们为奉祀这种神而制订了一套特殊的异国情调的仪节——的埃及神龛使罗马的旅行者有一种奇妙的感觉。看到亚历山大的这些容易激动、反应灵敏的居民,克制的罗马人必然会受到很大的触动! 在这里,人们理所当然地要谈到那些最遥远的国土,因为全世界几乎没有一个城市不同亚历山大有贸易关系。但有关艺术与科学的谈话也同样是不言而喻的。大量的粮食定期地从亚历山大运往罗马。此外还有斑岩和蛇纹石、特殊种类的砖、红色和灰色的花岗石、由一种称为莎草的灌木制造的纸草纸③、明矾和颜料以及手工制品,诸如细麻布、金属制品、首饰和最精美的玻璃装饰品。但首先这座城市是来自阿拉伯、印度、甚至中国的产品的集合地,然后再把这些货物从这里用船运往西方。调味品、药材、橡胶和香料、珍奇的宝石、象牙、玳瑁和精美的丝织品堆满了香飘十里的货栈。

---

① 即小亚细亚人。

② 即阿拉伯人。

③ 纸草纸有不同规格,呈纸张状,运至罗马后,再按需要黏合成卷(加轴),这就是书的主要形式。劣质的纸草纸甚至可用于包装和其他方面。

当罗马的旅行者在埃及的首都得到了充分的享受之后,他就向南,到尼罗河河谷地带去。埃及在北面有神圣的尼罗河的三角洲来保卫,而在东西两面则有沙漠作为屏障。在南方,尼罗河的第一道急流以南是埃塞俄比亚王国,这只不过是居住在沙漠里的若干部族的一个松散的联合体。尽管东西两方面并不受任何威胁,但罗马还是到处设置卫戍部队以确保不发生讨厌的突然袭击并保证埃及对罗马的粮食供应的安全。埃及的重大问题也和今天一样,是水的供应问题。奥古斯都把业已存在的运河体系加以扩充;增加了堤坝的数量;通过出售王室的领地,农民的土地增加了,因此农民取得了新的生活勇气。在土房子里居住的埃及农民(fellache)有了较大的安全,向他们征收的租税也比较合理了。

埃及本身对罗马的旅客来说是具有极大吸引力的。它又是对付神秘的东方和被包围在传说之中的南方的最前线。在亚历山大和埃及其他城市的街道上,人们可以遇到许多到这个陌生的地区来旅游的人,甚至可以遇到这样一些人:他们曾到达埃塞俄比亚以南的地区并且带回了有关被雪覆盖着的山和尼罗河发源处的荒诞不经的报道。

科普托斯(库夫特)也是在尼罗河畔,但比底比斯略居下游的城市。从这里有一条戒备森严的道路通向东方,商队的人们顺着这条路走六七天就可以到达红海的港口米欧斯·霍尔莫斯(科塞尔)。东方的所有那些不是通过阿尔西诺耶和通过运河或通过从培特拉到叙利亚的大道运来的货物,就是从这条商路运过来的。斯特拉波①报道说,在托勒密诸王的时代,每年不止一次有二十只

---

①　斯特拉波(Strabo,公元前 64/63 年—21 年以后),希腊历史学家和地理学家,本都人,信奉斯多葛派哲学并且是罗马帝国的热情拥护者。他的《地理学》(十七卷)几乎全部保留下来。

船通过巴布—埃尔—曼德布海峡;而在奥古斯都时代,它就增加到六倍以上。橡胶、阿拉伯的调味品和来自印度和远东的货物首先要通过米欧斯·霍尔莫斯。在世纪转换期前后,一个名叫希帕洛斯的船长有了一个重大的发现,即季节风的周期性。他们在夏天出发,在第二年的 2 月返回亚历山大,这样船只就不再需要沿着海岸缓缓行驶,而是可以张了满帆一直驶向印度河的河口了。罗马的钱币在印度是通用的。罗马和希腊的宗教也在那里得到传播,在米索尔甚至为奥古斯都修造了一座神殿。而另一方面,印度商人也经常访问亚历山大。在一个世纪期间,意大利和帝国的进口货物大多是来自印度的。一切奢侈品都来自那里,而作为交换,则罗马提供给他们葡萄酒和廉价的大量生产的物品。但是商人绝不满足于在马拉巴尔的海岸登陆,他们绕过了科莫林海角而访问锡兰,深入马来亚的腹地并且忽然看到了中国的边界——尽管中国的货物大多是从陆路运往黑海,或是通过底格里斯河河谷来运送的。为了寻求象牙与黄金,埃及人也向南进发,直到桑给巴尔和莫桑比克,但阿拉伯的撒拜伊人却比他们更早地在那里碰运气了。在世界历史上起过一定作用的城市,没有一个能像亚历山大那样,可以提供这样多故事和传说的材料,就是中世纪的威尼斯也无法同它相比。

从埃及到叙利亚的一条沿着海岸的道路是当时最出色一条道路,对此它应当说是当之无愧的。埃及和亚述的大军就曾行进在这条道路上,而从这里,犹太人则满怀恐惧地在巴勒斯坦的光秃秃的山脉后面等待着敌人的进攻。对许多统帅来说,正是这一地区成了决定他们命运的地方。甚至玛尔库斯·安托尼乌斯在这里也有过失败的经历①。这条道路这时也享有奥古斯都的和平,它见

---

① 指安托尼乌斯在东方的失败,事在公元前 36 年。

到的商人比士兵还多。商人们是结成长长的商队从埃及沿着海岸
到伽札的。伽札是这条道路上的一个重要的交叉点。从这个交叉
点,人们可以或是通过伊都美亚地区,越过培特拉到达沙漠,再东
北行直抵耶路撒冷,或是横越大道穿过阿斯卡隆平原。在这里道
路再次分叉。一股道,也就西面的一股道沿着海岸经由恺撒列亚 318
(恺撒里伊)、提路斯(苏尔)、西东(塞伊达)和贝里图斯(贝鲁特)直
到塞琉凯亚(凯普色)——塞琉凯亚是安条奇亚的一个港口。反
之,东面的一股道则是越过伊弗莱姆的丘陵地带通向埃斯德莱隆
平原,并且从那里经由欧隆特斯河(阿西河)河谷通向大马士革,最
后直到埃美撒(霍姆斯)和安条奇亚。

　　叙利亚在过去曾产生过许多出色的水手,但现在它的港口只
不过是通向内地大城市的转口地点而已。建立在许多小丘之上的
耶路撒冷之所以出名,是由于那里值得注意的居民和他们的宗教。
但其他城市却是著名的商埠,例如从塞琉凯亚可以乘船到达安条
奇亚,而亚历山大在经济方面比它还要差一点。这座城市是给花
园包围起来的,它给人的印象是:它完全是由宫殿构成的城市;它
的街道在晚上有人工的照明,有如我们现代的城市那样。它的家
家户户甚至有引水的管道。因黎巴嫩的融雪而受惠的大马士革
是一座为橘林所环绕的花园城市,它又是手工业制品和工业制
品的一个集合地。巨大的商队从那里去幼发拉底河,他们在美
丽的城市帕尔米拉(它的废墟在塔德莫尔附近)休息。在罗马流
传着许多关于这座城市的财富的传说。

　　人们越是向东走,人们也就越少感到罗马和平的福佑。这里
有大量好斗的小王侯,因此叙利亚的地图同十八世纪的德国地图
不无相似之处。沙漠里的贝督因人绝不是非常讨人喜欢的邻人,
即使在他们放弃了游牧生活并定居下来的时候。在幼发拉底河的

对面则是帕尔提亚的很不保险的边界。在奥古斯都时期,这一地区的每一支卫戍部队至少有四个军团,这些军队也可以当作野战军来使用。此外,在沿幼发拉底河设置的每一座瞭望塔里,都还驻守着辅助部队。尽管叙利亚的西边是大海、北边有山,东边和南边有沙漠作为屏障,但它从不曾像埃及那样是一个内部和平有保证的国土。旅行者在它的繁荣后面感到了不安的因素,在奢华和无忧无虑的生活背后感到一种捉摸不定的和不保险的气氛。

　　然而它是一个富庶、繁荣的国土。如果有谁在晚夏的时候从埃及来到这里,他就可以充分享受叙利亚的纯净而芳香的空气,这同埃及的水流少而骄阳似火形成鲜明的对照。当然,这里的气候也是炎热的,然而却总是有清爽宜人的和风。只要人们一走出沙漠,就可以遇到财富和丰足。贝里图斯的葡萄山和亚麻田是出名的。这是阿格里帕建立的一座城市,它完全保存了它的罗马特点;沙隆是一座花园城,提路斯和西东因其紫色颜料而驰名;所有的河谷看来都极其肥沃,甚至在犹太的丘陵地带也有许多富饶的地段。大城市里的手工业和工业都是繁荣的;港口里船舶云集,大队的商人走在数不清的道路上。他们一部分是穿行沙漠的骆驼商队,这在罗马人看来,这些商人表现为一幅斑驳陆离的珍奇画面。今天的叙利亚同奥古斯都时代的叙利亚已很少相似之处了。当时这里可能有一千万居民并且是帝国最重要的战略地点之一,这还根本不去考虑它的重大的经济意义。现在已十分贫瘠和成为不毛之地的大片地区一度曾是富饶的良田,因为当时有充分的水,而且地力也远不曾被耗尽。不仅在黎巴嫩,就是在其他地区,人们也可以发现大片的森林;河里的水是丰富的,人们可以指望充足的雨量。今天使得这个地方完全无法通行的沙漠地段当时原是水网交错的地区。近年的发掘表明,在帕尔米拉东北的、现在已完全无人居住的一个地区,那里曾经修建有二十四座神殿,而大片的牧场使得人们可以在这里饲养名马。

尽管如此,对奥古斯都来说,叙利亚却是一个困难的问题,因为犹太就像是一座火山,它一再出其不意地爆发,而使人措手不及。就是帕尔提亚也有理由使人经常感到忧虑。那里各个城市的巨大财富要求人们得注意对之加以保卫,因为当地的居民并不是十分好战的;最后还必须由罗马来关心它们的保卫问题。关于叙利亚人,当时人们议论说,他们——就和今天的犹太人一样——首先是出色的商人和商号的外勤人员:就是在罗马世界帝国最边远的北方和西方地区,我们也可以发现叙利亚商人的足迹。在安条奇亚或大马士革度过一个冬天的罗马人还可以从另一方面认识这个民族。在叙利亚这里,人们可以熟练地讲三种语言:拉丁语、希腊语和阿拉美亚语[1],但是出了贝里图斯,罗马文化在那里便只有有限的影响了。希腊文化和闪族文化[2]紧密地联系在一起,从而使它的精神生活呈现一种特殊的印记。比较轻快的诗歌在叙利亚也易于流行,而叙利亚的演员和乐师甚至到西方去。"花环"诗人美列阿格罗斯[3]、犬儒学派哲学家美尼波斯[4]、演说家提奥

---

[1] 阿拉美亚人是古叙利亚北部和美索不达米亚草原地区的居民。阿拉美亚语属闪族语言,接近希伯来语、腓尼基语,同阿拉伯语也有相似之处。阿拉美亚语用腓尼基字母。

[2] 闪族包括阿卡德人、腓尼基人、布匿人、阿拉美亚人、希伯来人、阿拉伯人等等。

[3] 美列阿格罗斯(Meleagros,约公元前 140 年—前 70 年),希腊诗人和犬儒学派哲学家。他曾写过以爱与酒为题材的警句诗,被收入《花环诗集》。他模仿美尼波斯的讽刺诗已佚。

[4] 美尼波斯(Menippos)活动于公元前三世纪后半。最初是奴隶,被解放后成为底比斯的富有的公民。他写了十三卷的讽刺诗文(已佚)。罗马作家瓦罗、塞内加、佩特洛尼乌斯和希腊作家卢奇亚诺斯都以他的作品为范本。

多路斯①（连提贝里乌斯在罗得斯岛都听过他的课）、维吉尔的老师皮洛德木斯②都是伽达拉这个小城市出生的人。现在这座小城因地震已荡然无存了。还在当时一百年前，西东人安提帕托尔③便因他的警句诗而知名了。波西多尼乌斯④也是叙利亚人，他在罗马是一位十分受人欢迎的斯多葛派哲学家。斯多葛派哲学的奠基人芝诺⑤也是一个闪族人。叙利亚民族的特色乃是对于精神食粮的渴求，这种渴求一直又保持了数百年之久而始终不衰，并且对帝国的思想方法，对它在科学和哲学、宗教和法学、诗歌和散文方面的倾向发生了决定性的影响。最早的小说作家扬布利库斯⑥和海利欧多路斯⑦，还有历史学家尼古拉欧斯⑧、新柏拉图

---

① 提奥多路斯（Theodorus）活动于公元前一世纪中叶，修辞学家。他的有关语法修辞的作品已失传，但他在这方面的理论仍可见于塞内加、克温提利亚努斯和奥古斯丁的作品中。

② 皮洛德木斯（Philodemus，约公元前 110 年—约前 40 年），诗人，公元前 75 年来罗马，因同皮索家族结交而得到提携，不久就在罗马取得名声。公元前 44—前 43 年对玛尔库斯·安托尼乌斯的政策持反对立场。他的爱情短诗文字优美，但格调不高。贺拉斯和奥维狄乌斯都受过他的影响。

③ 安提帕托尔（Antipator，活动于公元前 130 年）是腓尼基沿海城市西东地方人，希腊警句诗作家，他传世的诗有几十首，但是没有很大特色。他的作品对克温图斯·路塔提乌斯·卡图路斯有影响。

④ 波西多尼乌斯（Posidonius，约公元前 135—前 51 年），中期斯多葛派哲学代表人物，公元前 97 年起在罗得斯讲学，西塞罗和庞培都听过他的课。他对历史、地理、天文也都有研究。他的多达五十二卷的历史是接续波利比乌斯的世界史的。

⑤ 芝诺（Zeno，公元前 335—前 263 年）生于塞浦路斯的奇提乌姆。

⑥ 扬布利库斯（Iamblichus）活动于公元前二世纪后半，写过一部叫《巴比洛奈卡》的小说，记述一对青年男女的恋爱故事，不过结构松散，写作技巧也不高明。波提乌斯为此书作了摘要。

⑦ 海利欧多路斯（Heliodorus），公元三世纪时人，生于叙利亚的埃美撒，写过一部小说《埃塞俄皮卡》，讲的是一个恋爱故事，写得有层次，能抓住读者，十六世纪以后曾译为多种现代语。

⑧ 尼古拉欧斯（Nicolaus）活动于公元前一世纪后半叶。

学派哲学家波尔皮里欧斯①和扬布利库斯②、法学家乌尔皮亚努斯③和帕皮尼亚努斯④，还有许多正统的和异教的教父都是叙利亚血统的人。

　　当春天海上交通重新活跃起来的时候，乘船从叙利亚去罗马的旅行者能够选择的道路是很多的。一般地说，人们是在亚历山大上船或者利用陶路斯山的山口⑤，经由陆路到达黑海的某个港口，然后从那里由水路到恺撒利亚，这里是埃格纳提亚大道（Via Egnatia）的最东头。如果谁有充裕的时间，那么他还可以沿着亚细亚的海岸航行到拜占廷。一般说来，通过安纳托利亚高原的道路尽管比较安全，对罗马人并没有什么吸引力，因为高原是单调的，尘土也多。反之，沿海岸的航行却能使旅行者接触到古典文学与历史的国土，并且还可以经过许多被人们认为是文化摇篮的岛屿。

---

　　① 波尔皮里欧斯（Porphyrios，约232—约301年），以普洛提努斯著作的注释者而知名。他也为柏拉图和亚里士多德的作品写过注释和解说。他认为，为取得修养的最高境界（Ekstasis），宗教与魔法也是需要的。他有十五卷的反对基督教的作品，后来为教会当局所焚毁。

　　② 扬布利库斯（Iamblichus，约283—330年），叙利亚的卡尔奇斯人，他又是数学家。他是波尔皮里欧斯的学生，但后来他把新柏拉图派哲学变成具有浓厚东方特点的启示宗教。

　　③ 多米提乌斯·乌尔皮亚努斯（Domitius Ulpianus，公元三世纪初人），223年在罗马任近卫军长官，但被近卫军士兵杀死。他长于总结和评介他以前法学家的作品和观点，所以在优斯提尼亚努斯的《法学汇编》的编订方面起了很大的作用。

　　④ 埃米利乌斯·帕皮尼亚努斯（Aemilius Papinianus），在罗马担任高级官吏。203年任近卫军长官，后因拒绝为皇子卡腊卡拉之杀害其弟盖塔一事辩护而被即位后之卡腊卡拉处死。他的著作有《问题汇编》（Questiones）三十七卷，《解答汇编》（Responsa）十九卷。

　　⑤ 陶路斯山（Taurus），小亚细亚高原南部的山脉。在卡帕多奇亚和奇利奇亚之间有著名的通路陶路斯山口（Pylae Tauri）。

　　小亚细亚当时本来只是由一个有人居住的沿岸地带和一般说来不大肥沃的内地构成的。但是在这里，主要的气氛是宁静与秩序。以弗所①看来是主要的行政中心，它几乎和佩尔伽门②同样重要。这些城市获准保持它们原有的法律和行政管理制度，并且，由于它们在内战中都受到很大的伤害，所以它们十分欢迎帝国保证的安全，并且是罗马与奥古斯都的真诚的崇拜者。

　　罗得斯早已不再是爱琴海东部的中心了，它已被以弗所、库吉科斯、佩尔伽门和米利都，也被更加处于内地的一些城市所超过。图阿泰拉（阿齐撒尔）③、撒尔迪斯（撒尔特）④和劳狄凯阿（埃斯奇—希塞尔）⑤作为海上贸易的货物集散地也同样成了重要的地点。先前"王家大道"曾沿着迈安德罗斯河通向波斯，但现在叙利亚代替它的地位并且成了通向东方的大门。流入爱琴海或是黑海的那些河流的河谷都得到耕种，并且有人居住。这里是丘陵地带，

---

① 以弗所是小亚细亚西岸富裕的伊奥尼亚城市。这里不但有良港，而且有通向东方的道路。传说为阿尔哥斯人与雅典人所建，公元前六世纪属吕地亚，后依次为波斯与亚历山大所征服，公元前 133 年，它被并入罗马行省。以弗所是当时东方最大的城市之一，是罗马长官的驻地。哲学家赫拉克利图就是这里的人。公元 263 年，此地受到哥特人的洗劫。

② 佩尔伽门（Pergamum）是小亚细亚西北部的要塞城市。公元前 283 年开始了阿塔洛斯家族在这里的统治，这时它是一个独立的王国。优美尼斯二世的统治时期（公元前 197—前 159 年）是它在科学和艺术方面最发达的时期。公元前 133 年，阿塔洛斯三世遗嘱把王国给予罗马，条件是保证这个国家的自由。公元前 129 年，这里成了罗马亚细亚行省的首都。这里采用的是希腊的行政制度，它有许多雄伟的建筑，它的图书馆规模甚大，在公元前一世纪时拥有藏书二十万卷（rolls），仅次于亚历山大图书馆。它的剧场建筑也十分有名。它生产的纺织品、羊皮纸、农产品、畜产品和银矿使它取得了巨大的财富。著名医生伽列努斯就是这里的人。这里所谓保持原有的制度就是希腊的制度。

③ 图阿泰拉（Thyateira），吕地亚北部城市，在玛格涅西亚东北。

④ 撒尔迪斯（Sardis, Sardes），吕地亚首都，在特莫路斯山北坡，临帕克托路斯河。

⑤ 劳狄凯阿（Laodicea），叙利亚沿海城市，与塞浦路斯相对。

它生产最细的羊毛,只有直接临海的地段才是平原。走过肥沃的潘皮利亚平原时,旅行者经过皮西迪亚就到了内地,并且会在那里遇到一种半野蛮的山区居民。他们同禀性温和的吕地亚人很少共通之处。过去曾是东方与西方之间桥梁的这个半岛虽然在战略上已经毫无意义,但是它却又逐渐有了新的生机。同塞浦路斯的情况一样,在这里采掘出了几乎所有已知的矿石和矿物,还有大量罕见的工艺用石(按原译文 Kunststein,意为"人造石",似与此处所要表示的意思不合)。人们从这里把葡萄酒、橄榄油和干果,还有珍贵的建筑用木材和纺织品经海路运往意大利。科斯①的丝和米利都②的羊毛同劳狄凯阿的地毯,毛毯和染色的织品一样有名。所有的港口都是一片繁忙景象,因为几百年以来,这块地方第一次享受到一个公正的、关心和平的政府的德政。

另外还有一些东西也会引起旅行者的注意。亚细亚到处都有古伊奥尼亚的、希腊的、希腊化的文化中心,这些中心广泛地决定了当地的风貌与生活。拉丁语虽然是官方的交际用语,但是在这里对于罗马的道德和罗马的思想较之在叙利亚接受得要勉强得多。人们确实对奥古斯都的神殿备极尊敬,但是这些神殿就其宏伟壮丽而论比以弗所地方古老的阿尔特米斯圣堂要差得远。这里只有两个罗马移民地:特洛阿斯的亚历山大③和普洛彭提斯的帕里乌姆④。这两个城市都没有拉丁公民权,并且人们在这里只是

323

---

①　科斯(Cos),斯波拉德斯群岛(Sporades)之一,在卡里亚沿岸海上,罗得斯岛西北。医圣希波克拉特和画家阿佩列斯的故乡。

②　米利都(Miletus),卡里亚沿岸的伊奥尼亚城市,是重要的工商业中心。泰利斯(Thales)是这里的人。

③　特洛阿斯(Troas),美西亚西北部,在爱琴海与海列斯彭特和伊达山之间。亚历山大和埃及的亚历山大同名,但并非一地。

④　帕里乌姆(Parium),美西亚的城市,临海列斯彭特海峡。

小心翼翼地试行罗马化。甚至想把伊利昂（或特洛伊）宣布为罗马的摇篮的努力也失败了。在爱琴海沿岸上的这些有光荣传统的城市里，希腊的传统较之在希腊本土更加根深蒂固地保持着；一个罗马人在这里比在叙利亚或埃及更加感到自己像是一个外国人。

当旅行者在他返回意大利之前从拜占廷继续北行经过马其顿的农村大道时，他会发现他忽然置身于另一个世界里。葡萄树和橄榄树让位给苍翠的松树；他看不到南方的商人，却遇到了渔夫。黑海的灰色的海水则使他对阳光照射下的清澈的爱琴海充满了憧憬。在北岸的博斯波鲁斯则展现出一个小小的王国，它的黑色的土地生产丰富的庄稼，它把粮食供应给它附近的亚细亚城市。这里是罗马帝国的最前哨，因为在它西面是斯奇提亚，东面和北面则有撒尔玛提亚人的威胁。撒尔玛提亚人是中亚细亚那些大游牧民民族的后裔。人们在这里听到的是那些引人注意的、拗口的名字，诸如：雅皮格尔（Iapyger）、罗克索拉尼尔（Roxolaner）、阿拉年（Alane）和阿奥尔塞尔（Aorser）等等，但一代之后人们对这类名字就会十分熟悉了，对于当时的旅行者来说，到了这里就有来到世界尽头之感。

三

324 　　要去阿非利加旅行，人们就在涅阿波利斯湾上船。普提欧利是意大利当时的一个活跃的港口，又以工业城市而知名，因为埃尔巴①的铁矿石在这里熔炼，而这里还生产阿尔列提乌姆②的很有艺

---

　　① 埃尔巴（Elba）是在科西嘉和埃特路里亚间的一个岛，因其铁矿石而闻名。从大约公元前 1000 年起埃特路里亚人便移居该岛。公元 300 年起，罗马人占有该岛。
　　② 阿尔列提乌姆（Arretium），埃特路里亚东部的城市，今天叫阿列佐（Arezzo）。

术味道的红釉陶器。最近的一个旅行目标是迦太基。罗马共和国出于一种不可名状的恐惧心情①没有重建这座有名的城市,但后来优利乌斯·恺撒和奥古斯都才关心恢复这座城市的事情。这样,阿非利加的主要城市迦太基就迅速地恢复起来了。它的玻璃厂和染坊是远近驰名的,但是作为向外输出阿非利加农产品的港口,它就更加有名了。阿非利加的土地十分肥沃,(据说它生产的小麦比埃及和西西里多四倍)这种情况十分引人注目,以致贺拉斯在谈到阿非利加时总是使用"丰饶的国土"这个词;科路美拉②说它"富产粮食",而老普利尼则说这个地方是"凯列丝特别选定的家园"。在这里,人们用完全是新的办法经营农业,在平台式的山丘上当时种的是棕榈和橘树,山上还有橄榄林、菜园和小麦地。

虽然那里有罗马士兵的各种移民地,还住有旧日布匿居民的残余,但居民中占多数的却是贝尔贝里人。各个城市都是温顺的和容易领导的,它们也都乐于崇拜罗马与奥古斯都。但这并不妨碍他们继续信仰他们过去的神和朝拜巴尔③和塔尼特④的神殿——这种神殿在所有的城市里都有。只有几个军团配置在阿非利加的沿岸地带以保持安宁和秩序。古代的阿非利加行省即今天的突尼斯当时只是罗马的幅员广大的势力范围的一小部分,从这

---

①　迦太基统帅汉尼拔在第二次布匿战争中曾多次重创罗马军,罗马朝野为之震动,故后来有"汉尼拔来到门前"(Hannibal ante(或 ad)portas)的谚语,即"大敌当前"之意。

②　路奇乌斯·优尼乌斯·摩德拉图斯·科路美拉(L. Junius Moderatus Columella),公元一世纪时人,生于西班牙的伽地斯,有《论农业》(De Re rustica)一书传世。

③　巴尔(希伯来语 ba'al 意为主人),腓尼基的主要的神之一,在闪族人中间有种种称号。人们把它当作太阳神或天空之主,或丰收之神来崇拜。他的像通常放在公牛上面(公牛表示生殖力),手里拿着葡萄和石榴束。

④　塔尼特(Tanit)是腓尼基的一位女神,她同巴尔都是腓尼基的最高层的神。她的象征是日轮和一弯新月。

325　里向西延伸到大西洋沿岸还有一千英里之远。奥古斯都占有大约相当于今天的阿尔及利亚的努米地亚,并把它给了当地的国王优巴①作为对玛乌列塔尼亚(摩洛哥)和更西面的地区的补偿。优巴是一位有才干的统治者,他把他的首都约尔·恺撒列亚②(特涅兹)变成了一个科学和手工业的中心。他奖励山区的饲羊业,营造乌木林和柑橘林,把野兽送往罗马供表演之用,并且为繁荣的紫色颜料的贸易奠立了基础。在奥古斯都的统治下,旧的行省成了包括东面的库列纳伊卡的沿岸地带和西面的努米地亚高原在内的阿非利加的核心。再向那面,就是国王优巴的保卫得很好的王国了。虽然人们在撒哈拉的边缘地区设置了军事据点,但在南方并不存在固定的边界。一个纵横交错的道路网把迦太基同肥沃的河谷地带连接起来。沿着海岸的一条道路则把它同埃及连接起来。

　　罗马所要致力的,首先就是使努米地亚和玛乌列塔尼亚的游牧民族定居下来。人们把沼泽地和林地给他们用来定居,而这样做的结果看来是好的,因为不久大片的牧场就变为耕地和田园了。出现了一些小的城市,这些小城市不久就扩大了,并且由于用阿非利加的黄色大理石修建了神殿、浴场和圆形剧场,它们的市容也逐渐美化了。罗马同摩洛哥的山区居民以及同撒哈拉沙漠中的部族虽然确实不断有小冲突,但总的说来,这里还是平静无事和称心如

---

①　优巴(Juba),这里当指过去反对过恺撒的那个老优巴的儿子优巴二世。他在意大利受教育,并取得了罗马公民权,同奥古斯都的关系是好的。他的第一个妻子是安托尼乌斯和克列欧帕特拉的女儿。他很有文化素养,爱好学问,所以他的王国受希腊、罗马文化的影响很深。他是在公元前25年任玛乌列塔尼亚国王的,他死在公元23年左右。

②　约尔·恺撒列亚(Iol Caesarea),阿非利加海岸的港口,距阿尔及尔约一百公里,原名约尔,优巴二世改成这个名称,成为希腊文化的一个中心。

意的。居民们甚至放眼到边界以外的地区去，他们在摩洛哥的西海岸建立了居民点。优巴的舰队驶过了赫邱利斯之柱①，他们发现了卡纳里斯群岛，并且从那里带回了猎狗和有关"极乐岛"的一大批传说。贝尔贝里人受过罗马人和布匿人的影响，再加上他们本来就是敏悟的，因此他们对精神生活日益感兴趣了。这样，阿非利加不久就成了有教养的罗马人所向往的地方。它自然要产生许多对罗马有影响的人物，诸如作家佛隆托②和阿普列乌斯③，法学家西尔瓦努斯·优利亚努斯④，神学家提尔图利亚努⑤和奥古斯丁等等。

西班牙在许多方面同阿非利加十分相似，因为只有在比利牛斯山，才开始有作为北方的特点的、潮湿的密林。在古代，构成南方的边界的并不是直布罗陀的道路，而是摩洛哥的高原，并且只要里夫山区⑥的居民还过着游牧生活，巴伊提卡（安达路西亚）⑦的财富就不能得到利用。因此奥古斯都十分重视在摩洛哥的西部和北

———————————

①　即直布罗陀海峡。

②　玛尔库斯·科尔涅利乌斯·佛隆托（M. Cornelius Fronto，约 100—约 166 年），罗马作家、演说家，生在努米地亚的奇尔塔。他做过皇帝玛尔库斯·奥列利乌斯和路奇乌斯·维路斯的教师。公元 143 年他任执政官。他在当时是文坛中心人物，但没有作品保存下来。十九世纪发现的他的作品表明他的文字并不出色，但他还批评过西塞罗的文体。

③　路奇乌斯·阿普列乌斯（L. Apuleius），公元 125 年左右生于努米地亚的玛达乌路斯。他在迦太基和雅典受过教育。卒年不详。他的最著名的作品是《变形记》（*Metamorphoses*）（又称《金驴》），共十一卷。

④　玛尔库斯·狄狄乌斯·撒尔维乌斯·优利亚努斯（M. Didius Salvius Jullanus，约 100—约 170 年，原译文西尔瓦努斯，似误），公元 148 年度执政官，后任南日耳曼、近西班牙和阿非利加长官。他的主要业绩是九十卷的《法学汇编》（*Digest*）。

⑤　参见本书边码第 253 页有关注释。

⑥　里夫山在摩洛哥。

⑦　西班牙南部行省。

部设立移民地,并且尽可能由一位西班牙的长官来管理。西班牙南部的农民从阿非利加输入公羊;一般说来,两地之间存在着活跃的贸易关系,许多渡船不断在利克索斯(拉腊契)、卡地斯、琴吉斯(坦格尔)和贝罗之间来来往往。因此,当人们确实想对罗马世界帝国西部作一概观的时候,他们必须从阿非利加到西班牙来旅行。

西班牙是罗马在西方最老的行省,这里的人们讲的是一种古风的拉丁语。在这块土地能以被征服之前,这种语言就通行了很长一个时期。这种情况一方面在于土地的自然状况,另一方面则在于居民的性格。西班牙的海岸是分成多种多样的,它的内地则是一片高原,高原的西北部和南部则有高山作为屏障。狭窄的长长的河谷地带给交通带来了很大的不便——除非两岸是平坦的。旅行者要一再穿行深深的峡谷和攀登陡峭的山坡。那里的地形是复杂的,那些有人居住的地区都是相互间没有联系并且是突然出现的。那里有很多通航的距离长的河流——东部的伊贝路斯河(埃布罗河)、苏克罗河(胡卡尔河);南部的巴伊提斯河(瓜达尔奇维尔河)和阿那斯河(瓜狄亚那河),而流入大西洋的则有塔古斯河(塔霍河)和杜里斯河(杜罗河)。河流的两岸如此狭窄,以致人们无法在上面修路或居住。这里的土地本身分为半热带地区、贫瘠的中央高原、自古以来便有人居住的地中海沿岸地区和北部与西北部的难以居住的山区。居民和土地是适应的。看来是以贝尔贝里人为祖先的伊伯里人是土著居民,他们同凯尔特人混合起来以后却没有失去他们自己的特点。只要这些伊伯里人生活在高原上和山区里,他们就是牧人和猎人。住在西部沿岸地带的伊伯里人则是富于冒险精神的水手,但他们却从来没有像高卢人那样完全罗马化。这一部分的西班牙人今天叫巴斯克人,他们始终保持了自己古老的独立性,而四世纪的普路登提乌斯①则称他们为野蛮的巴斯克异教民族。土著居民又分为许多小的部族——普利尼说只在塔尔拉科年西斯就有三十四个——并且他们从来也不能团结起来一致对敌;然而征服者要想成为他们的主人,那就非得在顽强而又困难的小战争中把他们歼灭不可。直到奥古斯都和阿格里帕时期,西班牙才算最后被征服了。海岸地带住着多种多样的民族,他们有罗马的移民、意大利的工人和各地海员的残余,而在别的地区则是凯尔特—伊伯里人占居优势。

　　奥古斯都首先从政治上重新划分这一地区。在共和国时期,西班牙分为远西班牙和近西班牙两部分。奥古斯都把巴伊提卡(安达路西亚)从远西班牙分了出来,把它作为一个独立的行省,直接归元老院领导。他把路西塔尼亚(葡萄牙)也划成一个新的行省,并且把西北部的伽利奇亚和阿斯图里亚地区合并于它。此地其余的地方则被他合并于塔尔拉科年西斯这一巨大的行省。在完成了这一任务之后,他就着手道路的修筑。人们从高卢去西班牙有三条路可走。在西面的一条是经由隆色沃去彭培路那(潘普洛那);一条是越过比利牛斯山的主要山脊去恺撒奥古斯塔(撒腊哥撒);还有一条在东方,即所谓多米提亚大道(Via Domitia)②。他下令改建所有这三条道路,并且使它们都通到南部和西部沿岸地带,这是在技术上十分困难的一项任务,因为有很高的山口和宽阔的河流需要克服。奥古斯都在高原上完成了沿海岸环行的一条大

328

---

　　①　克利门斯·奥列利乌斯·普路登提乌斯(Clemens Aurelius Prudentius,348—405 年以后),西班牙出身的信奉基督教的拉丁诗人,他善于写各种格律的拉丁诗歌,并且对于古典拉丁诗歌也有很深的造诣。

　　②　多米提亚大道的名称源自纳尔波年西斯的征服者玛尔库斯·多米提乌斯·阿埃诺巴尔布斯(Marcus Domitius Ahenobarbus),但是从罗马通向西班牙的这条道路却是早已就有了的,罗马人只是几次加以整修而已。

道,这样西班牙就有了一个道路网,不过这个道路网同高卢的大不相同。高卢的道路网是所有的道路从一个中心放射出来。在西班牙,道路都是沿着土地的周边而呈环形。

奥古斯都还留心于建设新的城市和改建旧的城市,他在内地设置了一些战略据点,人们就从这些据点监视新修的道路并且进一步扩大罗马的实力地位。这种扩张的要求的最具有特征的例子是西北方面的阿斯图里卡·奥古斯图阿(阿尔托尔伽)、埃布罗河上的撒腊哥撒、瓜狄亚那河上的埃麦里塔(美里达)、瓜达尔奇维尔河平坦的谷地上的意大利卡和像高高的平台那样俯临蓝色的地中海的塔尔拉科(塔尔拉戈那)。路西塔尼亚长官的驻节之地美里达较之塞戈维亚的水道和阿尔坎塔腊的桥梁更能充分地证明罗马人的果敢精神。

围攻过阿斯图里人的两个罗马军团在公元前 25 年被普布利乌斯·卡里西乌斯①移居到瓜狄亚那河河畔的一座新建的城市去。这座城市作为军事据点不仅应当具有战略意义,而且还有一座首都的性质——它完全是按照罗马的样子建设的,过的也是罗马的生活。奥托和维斯帕西亚努斯要人们在瓜狄亚那河上架设一批桥梁,这样就方便了到这座城市来的人们,但是他们不曾关心它的进一步的扩建。这样,美里达就长时期保存了奥古斯都在创建这座城市时赋予它的面貌。人们可以通过一座一公里长的六十孔桥来到这里,这座桥成了从伊斯帕利斯(塞维利亚)通过来的一条大道的终点。城市有一道防洪的壁垒环绕起来,它有三条水道和四英里外的一个蓄水池。此外还有一个马戏场和一座圆形剧场。

---

① 卡里西乌斯(P. Carisius)是奥古斯都派。当时他是远西班牙的副帅,以残暴著称。

美里达是一座十分壮观的城市：它是由阿格里帕建立的，是西班牙
第二条大道的起点。这条大道向北，经过撒拉曼卡和撒莫腊（属卡
斯提利亚），最后越过阿尔拉贡河通向大海。阿拉伯的征服者到八
世纪还对美里达的壮观景色赞叹不已，因为它还洋溢着奥古斯都
时期的一种庄严伟大的气氛。那就好像世界各地的人都集合来建
立这座城市似的。

在罗马人看来，西班牙是他们最宝贵的财富。这个地方的富
裕生活成了童话与传说的对象。比如，人们传说巴伊提卡地方的
马槽都是纯银的。虽然这里的人们几乎不知道手工业和工业，但
是这之外它却拥有人们所向往的一切。河谷和沿岸地带生产葡萄
酒和橄榄油、小麦和亚麻、各种果品和供意大利人编篮子用的茅
草，而在各港口，人们则广泛地进行咸鱼和调味品的贸易。西班牙
的蜂蜜也是有名的。但是这里的主要财富却是它的矿产。矿山的
开采很快就成了统治家族的一项专利，比如，利维娅就拥有大量能
获得丰厚利润的矿山。对帝国的任何地方都不能指望它提供像西
班牙那样多的财富。腓尼基和迦太基的冒险家是最早调查这个地
方的人，并且挖掘了矿坑。在一个时期里，在罗马世界帝国的银矿
里工作的差不多有四万人。大部分矿坑是在西班牙西北部山区和
南方的山脉里。西班牙的银和铅在贸易中比起一般的银和铅来质
量要好得多，可以说是最好的。这里还有采自冲积层的金、锌、铁
和铜、水银和朱砂。当时世界上唯一已知的云母矿也是在这里发
现的。西班牙对于当时的罗马，其重要性有如十六世纪秘鲁之于
西班牙——它几乎是一个取之不尽的、能给人以无限财富的黄金
国。提炼和加工矿石的方法在古代便已达到一个高水平。人们今
天还能在里奥-琴托原野上找到罗马的矿坑——当时罗马没有炸
药，却能凿穿坚硬的石英石——和矿渣的残余。矿渣里铜的含量

330

少到足以引起现代冶金学家极大的惊异。

当罗马的旅行者离开富饶的海岸地带并走向内地时,他往往
会遇到一眼望不到头的骡队,它们驮着沉重的矿石走在山路上。
有时他还会出其不意地看到熔矿炉的熊熊的闪光和孤寂的牧区中
人们就食的情况。这样,在罗马的影响下,西班牙的生活就更加富
裕了,尽管在当地,思想上的罗马化只能说是进行得缓慢的。在大
城市里,人们确实是诚心诚意地执行崇拜罗马和奥古斯都的规定
仪节,并且在塔尔腊科的可以同里昂比美的大祭坛上奉献牺牲。
然而,他们虽然以罗马的方式奉献牺牲,但是伊伯里亚和凯尔特的
神却一点也没有失去它们的重要性。比如说,在一般情况下,西班
牙人是拒绝把自己打扮成罗马人的样子的。也许正因为如此,他
们才是更好的士兵。西班牙高原的居民很快就成了军团的骨干力
量,并且组成了最精锐的辅助部队。但是人们不能否认那发明了
摩尔人的和诺曼人的弓的这一民族也是具有艺术才能的。南方受
外国的影响比其余的地方要快得多,所以巴伊提卡和纳尔波年西
斯很快就比甚至罗马本城有远为强烈的罗马特点。例如,在卡地
斯就有五百名居民属于骑士等级,而意大利本土也只有一个城市
到达这样的数字。

西班牙在任何时候都不曾达到像当时那样程度的繁荣。西班
牙上层人物的生活较之意大利贵族的生活,其花样是同样地多。
养马业极为繁荣,日用品和奢侈品价格便宜。花园生产丰富的果
实,它们的花朵使人赏心悦目。山区里的野兽很多。但是这一地
区的罗马化也还是在缓慢地进行,而且是不停地进行。公元前 27
年人们在这里的碑铭上还看得到这样一些很不习惯的名字,如玛
吉罗(Magilo)和波德奇乌斯(Bodecius),但是二百年后,它们已经
给安托尼乌斯(Antonius)和佛拉维乌斯(Flavius)所取代了。

帝国的许多最大的作家是西班牙人，诸如路卡努斯①、两个塞内加②、玛尔提亚利斯③、克温提利亚努斯④、彭波尼乌斯·美拉⑤、科路美拉⑥，还有著名的恺撒图拉真和哈德里亚努斯⑦。

332

早在元首制的开始时期，奥古斯都就特别重视高卢，他在那里重新作了划分，进行了人口调查并且关心对于东方边界的保卫。在致力于这些措施时，他实际上是继续执行了一项古老的传统，因

---

① 玛尔库斯·安奈乌斯·路卡努斯（Marcus Annaeus Lucanus，39—65 年），拉丁诗人，生于科尔多巴，父亲是富有的罗马骑士。他从小就生活在罗马，并且在罗马和雅典受到完美的教育。他曾被尼禄引为近侍的文人，后因参加皮索的阴谋而被迫自杀。他作有关于恺撒与庞培之间内战的史诗十卷，公元 63 年完成前三卷，全诗最后并未写完。

② 指同名的路奇乌斯·安奈乌斯·塞内加（Lucius Annaeus Seneca）父子，父亲通称老塞内加或修辞学者塞内加（约公元前 55 年—约 40 年），科尔多巴人，写过有关罗马史的作品，但未保存下来；残缺地保存下来的有《论辩》（Controversiae）五卷、《说服术》（Suasoriae）一卷等等；儿子通称哲学家塞内加（约公元前 4/1 年—公元 65 年），此人曾任尼禄的教师，尼禄即位后，任他为顾问，一时权势煊赫成为左右国家大局的人物。但他未能制止尼禄的残暴而采取同流合污的做法，并且违背自己的哲学信念（斯多葛派）而搜括了大量财富。公元 65 年因被卷入皮索一案，尼禄命令他自杀。他的侄子路卡努斯和他一同牺牲。

③ 玛尔库斯·瓦列里乌斯·玛尔提亚利斯（M. Valerius Martialis，约 40—约 104 年），以警句诗著名的拉丁诗人，西班牙比尔比利斯人，公元 64 年迁居罗马，曾得到过小塞内加的帮助。他有警句诗等十四卷传世。

④ 玛尔库斯·法比乌斯·克温提利亚努斯（M. Fabius Quitilianus，约 35—约 100 年），罗马著名修辞学家和教师，生于西班牙的卡拉古里斯（今天的卡拉欧腊）。他曾被维斯帕西亚努斯任命为修辞学教师，小普利尼就是他的学生，他还在法庭上为人们进行辩护，保留下来的他的主要著作是十二卷的《演说教程》（Institutio Oratoria）。

⑤ 彭波尼乌斯·美拉（Pomponius Mela）是一部三卷的地理学著作《寰宇志》（De Chorographia）的作者。此书除对大地作了综述之外，还记述了北非、北欧、印度、东亚等地。书中有科学的记述，但也夹杂了不少奇闻轶事。

⑥ 参见本书边码第 324 页有关注释。

⑦ 玛尔库斯·乌尔皮乌斯·图拉真（Marcus Ulpius Traianus，53—117 年，公元 98 年即位），生于西班牙的意大利卡；普布利乌斯·埃利乌斯·哈德里亚努斯（Publius Aelius Hadrianus 76—138 年，公元 117 年即位）也生于意大利卡。意大利卡是巴伊提卡的一个地方。

为过去优利乌斯·恺撒曾十分出色地在一场持续了七年的斗争中,把罗马贵族从地中海带到北海,并且从莱茵河带到大西洋。高卢对世界帝国来说乃是战略上的一个关键地点。它缴纳的税金和埃及一样多,而且它还向军队提供最好的骑兵和优良的马匹。高卢是有时间又有金钱的罗马人最喜欢游历的一个行省。最适当的办法是从西班牙的东北部出发,越过多米提亚大道、涅玛乌苏斯(尼姆)和阿列拉特(阿尔列斯)到那里去。但是人们也可以利用海路,从欧斯提亚去玛西利亚(马赛)。许多旅行者害怕里昂湾,因此他们就选择了沿里维耶拉①的宽阔的沿岸道路。人们喜欢的也正是这条道路,因为它一直保养得好,而且路上人们往来频繁。此外,人们还可以在这里欣赏西阿尔卑斯山山谷的宏伟景色,这一部分对"罗马的和平"是有一份功劳的。在这里人们还可以看到摩纳哥上方那个高耸的纪念碑,它是为了纪念奥古斯都对这一地区的征服而修建的。

高卢南部或纳尔波年西斯在高卢其余部分被征服之前便已因优利乌斯·恺撒的战功而属于罗马了。这一地区包括今天的普罗旺斯地区(属法国)、朗格多克地区(属法国)、多菲内地区(属法国)、萨瓦省的一部分(属法国)和瑞士的一角。这一地区同高卢其他地区不同,它主要带有城市的性质并且有许多壮丽的城市。这些城市先前曾是土著部族的生活中心。它的港湾都是重要的贸易场所,五湖四海的商人都聚集到这里。这里的土地都是精耕细作的,主要生产葡萄酒和橄榄,这些产品一直销售到爱尔兰。

---

① 里维耶拉(Riviera)在意大利语就是"海岸"之意。这一沿岸地带从尼斯延伸到斯佩齐亚,把沿海阿尔卑斯山和亚平宁山同地中海分离开来。此地以土地肥沃,风景秀丽著称。

纳尔波年西斯的居民是由许多民族和种族混合而成的,他们富有、文化水平高并且爱好和平,不过好战的人如阿古利科拉①和安托尼努斯·皮乌斯②这位恺撒也是这里的人。后来当人们对高卢的力量和实力发生怀疑时,人们便把这一情况归之于南方风土的温和。

　　最早由凯尔特人居住的三个北方行省,情况就大不相同了。那里的贫瘠的土地再加上恶劣的气候,使得居民的生活变得比较艰苦、困难。这里的人的身材比四肢瘦削的罗马人的身材要高大,而且大多数是金发蓝眼的。他们穿带袖子的衣服和长裤,因为他们骑马的时候多。他们不是按地区而是按部族划分的。尽管如此,他们仍然使这一地区有一种持久的特点,因为今天法国大多数的城市和乡村都是他们建立的。不过他们并未能形成任何统一的国家,而只是由一组不同的共同体组合而成的。但这些共同体相互间却一直在无益的争端之中消耗自己的力量。罗马的强大的统治力量对他们是必需的,因为这能迫使他们保持统一,而没有统一,任何幸福繁荣都是不可能的。他们的性格与气质同罗马人大不相同,然而他们却是帝国的真正崇拜者和支持者。他们甚至发明出一个世系表,用来说明他们同意大利的密切的依属关系。埃

─────────

　　①　格涅乌斯·优利乌斯·阿古利科拉(Gnaeus Julius Agricola,40—93年),生于普罗旺斯的佛路姆·优利伊(佛列优斯),在马赛受教育。公元59年起他开始在不列颠服役。公元70年他站在维斯帕西亚努斯一面,后者任命他为第三十军团的统帅。公元77—84年他任不列塔尼亚长官。公元84年被召回后取得凯旋的荣誉,但因担心多米提安的猜忌而退隐直到死亡。他的女婿塔西佗曾为他写了一篇《阿古利科拉传》,有中译本。

　　②　提图斯·埃利乌斯·哈德里亚努斯·安托尼努斯·皮乌斯(T. Aelius Hadrianus Antoninus Pius,86—161年),生于拉提乌姆的拉努维乌姆,但是他的父亲提图斯·奥列利乌姆·富尔武斯(公元89年度执政官)则是高卢的尼姆人。

杜伊人①和阿尔维尔尼人②甚至说他们是特洛伊人的后裔③。

334
　　　　"Arvernique ausi Latio se fingere fratres Sanguine a Iliaco populi——"

　　　　（"连阿尔维尔尼人竟也如此厚颜无耻，冒充特洛伊的血统，自称是拉提乌姆人的兄弟——"）

　　尽管罗马在凯尔特人的高卢奖励城市的建设，但这一地区由于有大片的低洼地、缓缓流动的小河和许多小村庄与分散的农户而依然保存了它的农村的性质。任何地方都看不到城市与乡村之间的明显区分。居民坚持他们的旧的习俗，他们好不容易才十分勉强地放弃了古老的民族服装和自己的语言。今天已不复存在的阿列西亚④继续受到人们的最大的崇敬；掌管春天、山脉、森林的那些古老的女神，那些母神（Matres）一直活跃在人民中间，并且终于同人们在地中海地区崇祀的那些神合流了。这里的居民大多是由手艺人、牧人和农民组成，而首先又以从事牲畜饲养者为多，因

---

　　①　据李维《罗马史》（V，34），埃杜伊人（Aedui）在公元前六世纪曾参加进攻意大利，他们居住在勃艮第地区，于公元前121年同罗马结成同盟，后来又给了恺撒很大的帮助。他们的首领是最早成为元老的人。他们的首府是奥古斯托都努姆（今天的安顿）。

　　②　阿尔维尔尼人（Arverni），阿克维塔尼亚的部族，居住在今天的奥维尔尼（Auvergne）。他们也参加过公元前六世纪对意大利的进攻。公元前121年罗马曾击败他们的国王比图伊图斯。公元前52年，他们的国王维尔琴格托里克斯领导了反对恺撒的高卢大起义。他们的首府是奥古斯都涅美图姆，即今天的克列尔蒙—费尔朗（Clemont-Ferrand）。

　　③　罗马人自称是特洛伊人的后裔。维吉尔的《埃涅阿斯》即记述此事。

　　④　阿列西亚（Alesia）之受到崇敬，首先是因为公元前52年维尔琴格托里克斯在这里抗击过恺撒的围攻。这里原是曼都比伊人（Mandubii）的一座要塞城市，相当于今天狄戎（Dijon）以西的阿利兹—斯特·莱纳（Alise—Ste Reine）。

为在这里,牧场的收益比耕地要高。赛旺以北就再也看不到无花果和橄榄了,并且由于葡萄的枝干不茁壮,所以人们就不喝葡萄酒而喝啤酒。

这里要进行交往联系是方便的,因为有既长且深的河流,诸如罗讷河、索恩河、摩塞尔河与塞纳河、罗亚尔河与加龙河。因此人们在高卢人中间可以看到很多出色的船夫,这些人首先是熟悉小河与浅滩的水性并且特别善于在河上搞货物运输。早在罗马征服之前,这里就必然有了分布广泛的道路,否则无论汉尼拔还是优利乌斯·恺撒就无法带领着自己的军队从一个地方转移到另一个地方了。奥古斯都曾有计划地扩建道路网,他指令从里昂向外修筑五条大道。其中的一条是沿着罗讷河到马赛,然后从那里沿着海岸分东西两个方向行进。另一条是向西南方向行进,经过阿克维塔尼亚而到达布尔狄加拉港(波尔多)。第三条沿塞纳河直到多佛尔海峡。第四条直通莱茵河畔的罗马的军营。最后,第五条则通过贝桑松、汝拉和阿尔卑斯山而通向意大利。

里昂是罗马对这一地区的统治的关键地点,也是这一地区的首府。它是南北之间真正的联系环节。而当后来——公元 64 年——罗马被一场大火焚毁时①,高卢的商业据点里昂可以毫无困难地为罗马提供巨额款项以重建这座永久之都。当时已经有了一些也可以通行车辆的、比较宽阔的道路越过大小圣伯尔纳山口,并越过日内瓦山而通向里昂。高卢的矿藏并没有什么意义,但由于它的大量的农业与工业产品,它仍然占有突出的地位。纳尔波年西斯的亚热带产品前面已经说过了。其余地区的财富首先就是

---

① 发生在尼禄当政时期,有人说罗马是尼禄授意人们把它烧掉的,因为他想彻底重建这座城市。

低洼地带的羊群，平原地区庞大的牛群以及广大森林地区的猪群。高卢的羊毛是出色的，火腿、干酪、咸肉和香肠的出口也十分可观；先前罗马所不知道的新的奢侈品，诸如胡萝卜，也是从北方来的。老普利尼报道说，在他的时代，人们甚至把鹅群从贝尔吉乌姆①远道赶到意大利去。不过主要的财富还是来自工业产品，因为高卢拥有特别出色的能工巧匠和手工业者，他们的产品是在家庭作坊的小范围内制造出来的。最重要的贸易品是纺织品、玻璃制品和陶器。虽然起初高卢还要输入阿尔列提乌姆②的陶器产品，但是没有经过多久，高卢的陶工就不仅能够仿制，而且能够改进这种产品，从而能够为他们的产品争取到外地的市场了。玻璃品制造业也是这种情况——看来这部分是因为高卢的大片森林为熔炉的燃烧提供了大量廉价的木材。

要进入十分神秘的、尚不为人所知的土地，高卢也是一个门口，因为在它的东面是日耳曼尼亚、北面是不列塔尼亚。在奥古斯都时期，不列塔尼亚还不在帝国的范围之内，尽管它的统治者同罗马保持友好的关系，并且同高卢以及同北方的岛国也都保持日益繁忙的商业往来。奢侈品可以用各种金属来交换，或者也用谷物、皮革和奴隶，并且——用斯特拉波的话来说——用"特别好的狗"来交换。通过朗斯和苏瓦松到布罗尼③去的旅行者会看到海峡对

---

① 贝尔吉乌姆（Belgium），贝尔吉卡高卢的一部分，相当于今天的比利时。

② 阿尔列提乌姆（Arretium），埃特路里亚东部城市，至少从公元前三世纪起便处于罗马统治之下，它在公元前89年取得了罗马公民权。此地以青铜工业和制陶业而著名。

③ 朗斯（Rheims），即古罗马的杜洛科尔托路姆（Durocortorum）。苏瓦松（Soissons）即古罗马的诺维欧杜努姆（Noviodunum）。布罗尼（Boulogne）是英法海峡中的一个法国港口，在古罗马时的名称是波诺尼亚·盖索里亚库姆（Bononia Gessoriacum），它在中世纪的名称是波洛尼亚（Bolonia）。

面神奇的白色峭壁闪闪发光,好像是进入最遥远的神秘之境的一座大门;而在高卢,人们都在传述着有关渡船的神奇的故事,据说死者的灵魂就是经过灰色的大海而被带到他们的最后的安息之所的。人们在布罗尼的港湾可以遇到一些船夫,他们乘坐那些只能在沿岸行驶的小船到东海①,并且绕过挪威海边的峡谷前进:在他们看来,大洋是一个白沫翻腾、乳汁一般的旋涡,从这里——就像他们十分幻奇地报道的那样——会有长着胡子和巨大象牙的大海怪跳出来。

帝国还有另一个地方是旅行者可以去观光的。这就是多瑙河、亚得里亚海和爱琴海之间的地区。经由佛拉米尼亚大道离开罗马的人可以到达阿克维莱亚②,这里是通向东北地区的大门。道路在这里相交——这些道路是沿着阿尔卑斯山的东部行进的,它们沟通了莱提亚、诺里库姆和潘诺尼亚之间的交通。这个地方对于在多瑙河边界作战的军队来说是重要的,并且对于今天的提罗尔、巴伐利亚、奥地利、塞尔维亚、保加利亚、罗马尼亚和德兰西尔瓦尼亚来说,这里又是一个商业中心。所谓"琥珀大道"也是以这里为终点的。东海的琥珀就经由数以百计的、没有被征服的部族居住的地区被运到南方,以便在阿克维莱亚加工成项链和各种小的装饰品。商业的交往是紧跟在胜利的罗马贵族的脚步之后而来的,它把急需的北方的货物,诸如斯堪的纳维亚和俄国南部的毛货、皮革和咸鱼等等带到意大利来。沿着萨瓦河③去多瑙河并不

337

---

①　即波罗的海。

②　阿克维莱亚(Aquilaia)在意大利东北部,是公元前 181 年罗马人建立的拉丁移民地用来对付凯尔特人的。这里是罗马人进入巴尔干和中欧的必经之地,又是一个商业与贸易的中心。

③　在南斯拉夫境内。

困难,多瑙河的南岸是在罗马人手里。河对面则是一片荒凉的地区,而除了日耳曼尼亚之外,那里是最难办的和问题最多的罗马边界地区,因而罗马不得不对之进行严密的监视。诺里库姆①盛产纺织品;美西亚②的耕地是肥美的;潘诺尼亚③不仅输出金属,而且从它的茂密的森林中为罗马的剧场提供狗熊。尽管如此,不仅给多瑙河流域而且给意大利北部带来料想不到的繁荣与幸福的日子还远着呢。

四

338   因此,奥古斯都的帝国主要是由环绕地中海的广大沿岸地带和直到大西洋的西部地区所构成的。它所征服的其余的地区与其说它们本身是要塞,毋宁说它们是要塞的围墙。在这一部分土地的外面则是一片昏暗,谁也说不清那里有什么。有时那里甚至是一片漆黑,还没有任何一个探索者到那里去过。关于这些荒凉的土地和居住在这里的传说中的居民,那些试图揭开它的神秘帷幕的探险家时而讲述各种各样幻奇的和童话般的故事。一百五十年后,地理学家玛里努斯④有关横贯埃塞俄比亚沙漠的旅行以及有关一位罗马将领穿过撒哈拉沙漠直到人们从来不知道的奇异的热带王国的报道也是这样。

---

①　罗马行省,基本上是今天的奥地利。

②　罗马行省,相当于今天的南斯拉夫的塞尔维亚和保加利亚的西北部分。

③　匈牙利西部和南斯拉夫的一部分。

④　玛里努斯希腊地理学家,推罗人,大约生活于公元一世纪末,有人认为他是从罗马到推罗定居的。他的作品只见于后人的转述之中。

　　罗马当时是满怀着不安的心情注视着北方的,因为斯堪的
纳维亚发生的一次饥馑使得东海沿岸的一些从来无人知道的部
族发生了骚动,而中亚细亚发生的一些还不清楚的事件——当
地居民的叛乱或土地的荒芜——把许多人群驱向罗马的边界。
即使这股人潮冲向罗马的壁垒,这也只不过是当时的问题之一
而已。

　　先前对于罗马以及对于古希腊来说,斯奇提亚人笼统地意味
着所有居住在东北地区的人们;但现在人们已学会了作比较仔细
的划分,比如说,他们就提到了那些危险的金发蓝眼的罗克索拉尼
人①;提到了刚提人②——他们的骑兵在伊朗是出名的,他们在一
座山的山顶上把一只熊当作神灵来崇祀;还提到修建高大的石塔
的达奇人③以及受妇女统治的撒尔玛提人④——他们在猩红的箭
筒里装着绘有花纹的箭并且骑着奔驰神速的小马。帕尔提亚对
罗马已经是多年的威胁了。但在这之后,这些北方人又成了一
批新的敌人。这些人不断向前推进,并且已经进犯罗马边界的
哨所了。

　　就是在西北方,人们也预感到一种日益迫近的不祥气氛。陶
努斯山⑤以东的地区从来不是罗马人的领土。奥古斯都并不知道

339

────────────────

　　①　罗克索拉尼人(Roxolani),撒尔玛提亚的一个游牧部落,最初居住在今天德涅
伯河与顿河之间,亚速海沿岸地带。

　　②　刚提人(Ganti),撒尔玛提亚的一个游牧部族。

　　③　达奇人(Daci)是居住在达奇亚(约相当于今天的罗马尼亚)的一个农业部族
(源于色雷斯)。

　　④　撒尔玛提人(Sarmatae),古时东欧低地的部族,居住在波罗的海与伏尔加河之
间。

　　⑤　陶努斯山(Taunus)大体位于莱茵河、拉恩河、美因河和维特尔河之间,是普鲁
士和黑塞(Hesse)的山区和高原地带。

这个地方,他以为这里只是一大片茂密的森林——即无限地延伸到太阳升起的地方的所谓赫尔库尼亚森林(Hercynia silva)①。但是罗马感到这里是令人担心和劳神的地方,因此人们必须比先前任何时候都更要有力地保卫高卢。还在奥古斯都晚年时,他就体验到了北方人的第一次冲击,这种冲击后来终于导致帝国的覆亡。

---

① 一般指多瑙河与莱茵河之间的日耳曼山区,有时也包括它东面的山区。有时它也用来指某一具体的山脉,例如陶努斯山、哈尔茨山等等。

第五章　北方的乌云

（公元 6—12 年）

Communi fit vitio natural ut invisis,
latitantibus atque incognitis rebus
confidamus vehementiusque
exterreamur.

——Caesar

所有的人都犯的一个错误就是，我们
相信看不到的、隐蔽的和不认识的事
物，并因它们而陷入巨大的恐惧之中。

——恺　撒

"所有的灾难都来自北方。"

——诺珊伯兰①的谚语

保卫边界的问题是一个如此困难的问题，就是奥古斯都也未
能找到一个满意的解决办法。优利乌斯·恺撒在这方面有过什么

---

① 诺珊伯兰（Northumberland）是英格兰东北角的一个郡。

计划和打算我们并不十分清楚。但是,毫无疑问,他曾打算征服帕尔提亚,并且把罗马在东方的边界推过美索不达米亚平原。如果不是过早的死亡使他失去生命,并且如果他还比较年轻的话,他是很有可能把日耳曼尼亚变成第二个高卢的——当然,这就意味着一次新的侵略,而不仅仅是一次单纯的边界调整了。作为一位伟大的军人,优利乌斯·恺撒总是情不自禁地想表现一下他作战的本领,并且使他作为政治家的任务让位给战略的任务。

341 在阿克提乌姆一战之后,奥古斯都就在原则上决定不再扩大罗马帝国的疆土,因为单是政权的建设就向他提出了数不清的要求,他根本没有精力去应付更多的作战计划。因此,他的努力方向首先在于使帝国的边界处于容易保卫的状态。如果为了达到这一目的而必须扩充疆土的话,那也就必须这样做,即使这是先前不曾计划过的。这样,他所面临的任务,正有如后来英国在印度西北边界所要解决的任务,就是要设置一系列的设防据点或小的缓冲国家,以便保证他所统治的国家的安全。从一开始,奥古斯都便把多瑙河看成是一个天然的边界,并且他的这一观点很可能是受到优利乌斯·恺撒的认可的。这样,他就不仅要控制这条河流本身,同时他还要确保从阿克维莱亚到拜占廷的一条在战略上重要的、横贯大陆的道路畅通无阻。然而人们比较难于理解的是,是什么原因使得他要移动西方的边界,因为保卫易北河并不比保卫莱茵河更容易些。最有说服力的解释是,他想把边界线本身缩短。尽管一个直角形的山脉把波希米亚包围起来,但易北河与多瑙河仍是对付北方的一道可靠的屏障。

这样一种调整的计划本身是用意周到的,然而无论奥古斯都还是他的继承人不久便清楚地看到,用这种办法是不可能最终解决边界问题的。早在公元 6 年以前,罗马的统治地位就在越过多

瑙河很远的地方确立起来了,而达奇亚,就是今天的德兰西瓦尼
亚,自从布列比斯塔斯①被推翻以来一直是一个驯顺的邻人。可
能奥古斯都在当时便已计划了征讨达奇亚的事情,但这件事是后
来才由图拉真完成的。是的,还可能奥古斯都已经把一只眼睛转
向波希米亚了。通过这样的领土扩张,罗马将会把整个多瑙河流
域掌握在自己手里。但是,要在东北方寻找一个合适的边界却仍
然是困难的,因为这里并没有高山或大海作为天然的屏障。当人
们已经把罗马的军旗带到了易北河的时候,为什么他们不应当把
它再向前推进到维斯瓦河②呢？ 不过,即使维斯瓦河仍然不能形
成一道天然的屏障,因为人们能够舒舒服服地渡过这条河向北方
推进。但后来人们却做到了如下一点,即:那想征服日耳曼尼亚的
平原并且把罗马文化推行到那里去的未能成功的企图,最终导致
了帝国的崩溃。不管怎样,奥古斯都显然对地理方面的细节了解
得不够,他认为日耳曼尼亚的平原只是一片巨大的沼泽和森林地
带,并也低估了缓慢地、然而是经常地从亚细亚草原那方面蔓延过
来的灾难。

342

一

　　公元前 9 年,杜路苏斯已经到达了易北河。从公元前 13 年到
公元前 9 年,先是阿格里帕、后来是提贝里乌斯对撒维河和德拉维

---

　　①　布列比斯塔斯(Burebistas)是公元前 66—前 44 年间建立了一个领土广阔但
为期不久的王国的达奇亚国王。他在国内进行过宗教改革并且禁止种植葡萄。他曾
打败多瑙河对岸的敌人并且把凯尔特人的部族赶到潘诺尼亚去。他还劫掠过黑海沿
岸的希腊城市,并且一直推进到色雷斯的阿罗波尼亚。公元前 44 年,恺撒曾准备讨伐
他,但就在这时,他死在国内的阴谋者手中。他死后,王国就分裂了。
　　②　维斯瓦河,又译维斯杜拉河是今天波兰的主要河流。

河一带的潘诺尼亚部族进行了多次的征讨,征服了在西斯奇亚(今天的吉赛克)和西尔米乌姆(今天的米特洛维察)之间一条现在已经消失的河流的流域,并且在这一地区,把多瑙河变成了罗马的边界。杜路苏斯在他进行最后一次征讨时,在曼因河河谷对玛尔科曼尼人发动了进攻。玛尔科曼尼人的一位领袖玛尔波德(玛洛波都斯)因为担心他的土地会受到罗马人的围攻,就率领着他的整个部族去东方,并且在波希米亚的山区定居下来了。他在那里很快便取得了权力和威信,并且以最好的办法建立了一个王国,但这个王国对于罗马在多瑙河一带的利益可能会是极其危险的。尽管他迄今同罗马保持了比较良好的关系,但罗马方面这时还必须同他进行斗争,因为他们不能坐视第二个皮尔路斯①成长壮大起来。因此在公元前 2 年,路奇乌斯·多米提乌斯·阿埃诺巴尔布斯就率领着一支军队从多瑙河向易北河进发。与此同时,另有一支军队沿着波希米亚和达奇亚之间的边界进发,这样就切断了玛尔波德同东方的联系。这一战役的细节如何我们已经不清楚了。总之罗马在公元 6 年年初还是彻底打垮了玛尔波德并征服了波希米亚的土地。

当提贝里乌斯在公元 4 年从罗得斯返回的时候,他又很快地又被召到莱茵河那边去,以便支援阿埃诺巴尔布斯对凯路斯奇人的斗争。他一直推进到威悉河,征服了西北部的所有日耳曼部族,并且把他的冬营迁入利培地区②。第二年他渡过了威悉河,包围了兰哥巴狄人,并且同他的这时越过日特兰溯易北河上行的舰队

① 皮尔路斯(Pyrrhus,公元前 319—前 272 年),埃佩路斯的国王,古代著名将领。公元前 280 年,他应塔连图姆人的邀请帮助他们对抗罗马并且在赫拉克莱亚和阿斯库路姆两次打败罗马人。到公元前 275 年罗马人才在倍涅文图姆打败他。

② 利培(Lippe)在威悉河西。

再度取得了联系。为了征服波希米亚,现在一切都准备好了。提
贝里乌斯本人想从卡尔纳图姆①沿多瑙河北上,而森提乌斯·撒
图尔尼努斯②则从莱茵河方面,也就是从西向东推进,并且要同他
在曼因河河谷会师。为了这一关系重大的事业,罗马配备了相当
大的一支军事力量,这支军队包括莱茵河地区的三个军团,莱提亚
的两个军团,伊利里亚的五个军团以及美西亚的三个军团。军力
有大约六万人。

　　在两位罗马统帅会见之前不久,从南方传来了坏消息。潘诺
尼亚人发动了叛乱,而且整个伊利里亚也都闹起来了。提贝里乌
斯这时的行动表明他是一位明智的统帅。他设法把这个消息通知
给撒图尔尼努斯,因而使他还来得及返回莱茵河地区,因为人们并
不知道叛乱之火要烧到多么远的地方去。玛尔波德接受了一项和
平建议,同时他被承认为国王和罗马的朋友。人们迄今只把玛尔
科曼尼人的这位领袖看成是一个勇敢的战士,但由于他接受了这
一建议,他便表明自己还是一位明智的、有远见的政治家。

　　看来南方的叛乱是由于征发物资和食品以及为进行波希米亚
战争而招募士兵这两件事引起的,但是达尔玛提亚人和潘诺尼亚
人显然错误地估计了罗马在它的要求后面所能拿出来的实力。他
们是在不久之前才被征服的,因此他们还未能感受到帝国的强大
压力。骚乱是在南方爆发的,在那里的萨拉热窝地方一个名叫巴
托——一个不吉利的名字③——的人发出了骚乱的信号,杀死了

344

---

　　① 卡尔纳图姆(Carnatum)是多瑙河上罗马人设营的地点,它是从意大利去多瑙
河流域的一个重要的枢纽。后来上潘诺尼亚的首府就是围绕着这座军营发展起来的。
在哈德里亚努斯时期,它成了自治市。

　　② 盖乌斯·森提乌斯·撒图尔尼努斯(Gaius Sentius Saturninus),公元前 19 年
度执政官,公元前 14 年(?)任阿非利加长官,公元前 9 年至公元前 6 年(?)任叙利亚副
帅。这时他在日耳曼尼亚是提贝里乌斯的副帅。

　　③ 可能因为它和 battuo(打击刺杀)之音类似而不吉利。

罗马商人并且打败了人数不很多的卫戍部队。骚乱很快就波及于潘诺尼亚地方撒维河下流一带；在这里又出现了第二个领导叛乱的人，他的名字也叫巴托。罗马的重要据点西尔米乌姆受到包围，处境十分危急。在东方，色雷斯人和整个巴尔干地区也有发动叛乱的危险。在西方，越过优利安·阿尔卑斯山①进入意大利的道路对叛乱者是开放着的，而如果他们愿意的话，在一天里来到阿克维莱亚并不困难。局势所以特别危急，因为久经战阵的叛乱者当中有一部分曾参加过罗马的辅助部队，因此他们是习惯于战斗的纪律和规定的。

虽然如此，提贝里乌斯却保持了冷静和优势。他在同玛尔波德缔结了协定之后，便在初秋从多瑙河向南进发，并且预先把伊利里亚的长官美撒利努斯②——美撒拉·科尔维努斯的一个儿子——派了出去。蛮族的众所周知的一个弱点就是根本不能有计划地和团结一致地行动，这个弱点对两个巴托都产生了不幸的后果。达尔玛提亚人由于在这期间包围撒罗那而耽搁了很多时间，现在又不停地向着阿波罗尼亚挺进。据守在西尔米乌姆的比较机警的潘诺尼亚人行动又不够迅速，结果被美西亚行省的新长官凯奇那·谢维路斯③所打败。这期间，美撒利努斯则向西斯奇亚④发

---

① 优利安·阿尔卑斯山(Julian Alps)是东阿尔卑斯山的一部分，在卡尔尼克·阿尔卑斯山以东和东南，它分布在维尼提亚(Venetia)、卡林提亚(Carinthia)、卡尔尼奥拉(Carniola)和戈尔茨—格拉狄斯卡(Görz—Gradiska)等地。这部分的山的通道(峡谷)对于意大利是生死攸关的，后来的西哥特的入侵者拉达盖伊斯、阿提拉等人都是从这里侵入意大利的。

② 瓦列里乌斯·美撒拉·美撒利努斯(Valerius Messalla Messallinus)，曾任公元前3年度执政官，公元6年他是伊利里亚(伊利里库姆)的副帅。

③ 奥路斯·凯奇那·谢维路斯(Aulus Caecina Severus)，公元前1年补缺执政官，是一个非贵族出身的"新人"(novus homo)。公元6年任美西亚副帅。

④ 西斯奇亚(Siscia)在上潘诺尼亚，科拉皮斯河同撒维河会合处。

动了进攻,同时另有五个军团守卫通向意大利的道路。人们在恰当的时刻封锁了通向祖国的道路。提贝里乌斯决定了西方和北方的命运,并且成了西斯奇亚和西尔米乌姆的主人,但是撒维河以南的全部地区则还在敌人手里。西斯奇亚没有受到任何威胁,但西尔米乌姆却由于占领了北方山区的潘诺尼亚人的领袖巴托而经常有遭到进攻的危险。这时确实有色雷斯人的国王莱美塔尔凯斯前来援助被包围的城市,但是没有任何成果,因为凯奇那·谢维路斯突然间不得不撤回自己的行省以便打退达奇人的一次进攻,而色雷斯人也是好不容易才能以在强大的敌人面前保住了这座城市。

提贝里乌斯自己清楚,并不是一次大的战斗就能解决问题的,而他只能用饥饿和消耗来摧毁敌人的反抗。大张旗鼓地开始的波希米亚之役,其结果却是很惨的,以致到公元 7 年,罗马军队在这一地区的处境竟然是危急的了。但是罗马方面并不是没有看到这一危险,尽管人们已经习惯于轻易取得的胜利,并且把多瑙河以南的土地看成是确定无疑的获得物。不过这期间事情发展到这种地步,即不仅是达尔玛提亚人和潘诺尼亚人发动了叛乱,就是达奇人也动了起来,人们对色雷斯人同样地也不再放心了,并且在每一瞬间,缓慢燃烧的火焰在日耳曼尼亚都可以变成熊熊的大火。罗马突然意识到,这个大帝国并没有足够的兵力来保卫自己。那里迫切需要西方的军团,可是西方的军团不能派出来。因此,只能依靠老兵,征募志愿兵并且把被释奴隶编入军团。情况由于一次饥馑而更加恶化了。而且罗马的财政也紧张到如此程度,以致奥古斯都竟不得不下令征收新的租税,取消官方的节日宴会并且大大地限制了公开表演。

尽管罗马方面在公元 7 年对提贝里乌斯进行了种种的指控,但是他丝毫没有放弃自己的目标明确的战术和优势。首先人们责

346

备他,说他不必要地拖延战争,而目的在于后来能够享受一个胜利者和解放者的凯旋荣誉。但是他并不因任何指责而感到不安,他把军队分散开来去占领战略上的重要据点,肃清受敌人威胁的地区并且不允许达尔玛提亚的叛乱者接近自己。在他为一次决定性的胜利作好一切准备之前,他始终回避展开一次决战。尽管如此,如果较发达的侦察工作和较有训练的军队使得两个巴托能以及时地在罗马人修筑营地时对他们展开出其不意的袭击的话,那么在多瑙河与撒维河之间沼泽地上的战斗对提贝里乌斯来说就会几乎是一场灾难了。色雷斯的骑兵部队尽管作了英勇的抵抗,但还是垮掉了,许多辅助部队也被歼灭了。但军团却守住了阵地,并且打跑了敌人。凯奇那和西尔瓦努斯①终于能够在西斯奇亚同提贝里乌斯会师了。因此,这时就有了可供今后进行活动的一支庞大的罗马军队。杜路苏斯的还年轻的儿子,在这一年里担任财务官的日耳曼尼库斯也非常及时地得到了增援的部队。此外,奥古斯都还在亲自注视着阿里米努姆方面发生的事件。他对这一地区是熟悉的,因为他本人在四十年前曾征服过西斯奇亚。提贝里乌斯的军队现在有了十个军团,色雷斯骑兵的八十个辅助中队以及我们不知道数目的一批志愿兵和老兵。他掌握了撒维河河谷,并且能够使他的军队分散到远处去,即使他本人留在西斯奇亚的话。西尔瓦努斯固守在西尔米乌姆,而凯奇那则警觉地监视着美西亚的边界。

长期的战役即将结束。公元 8 年,潘诺尼亚人的首领巴托对

---

① 玛尔库斯·普劳提乌斯·西尔瓦努斯(Marcus Plautius Silvanus),曾任公元前 2 年度执政官(本年奥古斯都任第十三任执政官),后又任亚细亚长官和伽拉提亚副帅。他的母亲是利维娅的朋友,他的女儿乌尔古拉妮拉则是未来的皇帝克劳狄乌斯的妻子。

自己的事业失去了信心，并毫无顾忌地投到罗马人这一面来了。
但是那个达尔玛提亚人巴托却能以把他俘虏过来杀掉，并且立刻
在潘诺尼亚人中间组织了一次新的发动。但是他也还是被打败，
并且撤退到南方达尔玛提亚的山区去。第二年终于发生了决定性
的转折。提贝里乌斯能以短时期地返回罗马以便同奥古斯都商讨
今后在北方如何行动的问题。而这时日耳曼尼库斯则攻占了达尔
玛提亚的三个重要据点，随后提贝里乌斯就返回了作战地区，这时
巴托已经被俘并被押解到了拉温那。对蛮族进行的为期三年的战
争这样便结束了。

奥古斯都并不能隐瞒这样一个情况，即这时世界帝国已陷入
巨大的危险之中。此外，还要看到，通过达尔玛提亚和潘诺尼亚的
叛乱，人们可以提出论据，证明对伊利里亚和其他行省所进行的是
一种彻底错误的统治，是一种同他自己的意图背道而驰的统治。
巴托当然要对提贝里乌斯说："你们罗马人自己是有责任的，因为
你们不是把牧人和狗派来看管你们的羊，而是派来了狼。"不过现
在伊利里亚确实已被并入了帝国，这样就为进一步发展多瑙河地
区诸行省而取得了一个可靠的据点。三百年之后从这一地区竟产
生了伟大的恺撒和最优秀的军团。为罗马保有这一地区的荣誉本
质上是属于提贝里乌斯这位具有战略天才的人物的。他的战术是
正确的，他小心行事以避免落入敌人的圈套，他顶住了罗马方面要
他加速战争进程的压力，并且使用了唯一可行的办法来摧毁敌人
的力量，这就是：饥饿、耗竭和目标明确地投入他的优势的兵力。
在他自己的军队里，他坚持以人道主义的态度来处理纪律和制度
的问题，他注意要使士兵得到好的营养，并且使伤病员得到必要的
关心和照料。

348

总的说来,叛乱意味着最后放弃进一步向北扩张的任何意图。多瑙河过去是,这时仍是罗马的边界河流。

二

幸运地避开了危险,这就使罗马得到了喘一口气的机会。现在人民和元老院真诚地把胜利者的一切荣誉标志给予了提贝里乌斯。人们把统帅(imperator)的头衔授给他,并且在法定的年龄之前授予年轻的日耳曼尼库斯以执政官的职位。这是初秋的事情。正当普通人民还在谈论伊利里亚战争的细节,并且奥古斯都的秘书们计算战争费用的时候,从日耳曼尼亚传来了令人吃惊的消息,这些消息把首都的喜悦和兴奋变成了羞辱和恐惧:罗马军团遭到了一次沉重的失败,这是第二次的卡尔莱①!

罗马一直是满怀忧虑地望着北方。在优利乌斯·恺撒征服高卢之前,人们对高卢也是害怕的,因为那里是一个人们不了解的、神秘莫测的地方。而这时每一瞬间都可能从北方的荒原有一股新的汹涌洪流涌向南方,而这股洪流是无法抵挡的。高卢是一块十分平静并且为罗马人所放心的土地;反之,日耳曼尼亚这时却是一块未知的土地(Terra incognita)。在马赛出生的希腊人皮赛阿斯②曾去过不列塔尼亚并且带来了图勒和条顿人的名字。波利比欧斯曾报道过居住在多瑙河流域边缘地带的一个日耳曼民族,而波西多尼乌斯则第一个对日耳曼人、凯尔特人和斯奇提亚人作了

① 卡尔莱(Carrhae)是美索不达米亚的一座古城。公元前53年帕尔提亚人大败玛尔库斯·李奇尼乌斯·克拉苏斯于此。克拉苏斯本人也死在这里。
② 皮赛阿斯(Pytheas)活动于公元前300年左右,是希腊的航海家。普利尼和斯特拉波都报道过他。

区分。对奥古斯都的时代来说，日耳曼尼亚是一块几乎谁也不了解的土地，而尽管公元后第一个世纪的作家，如彭波尼乌斯·美拉①、老普利尼乃至塔西佗知道个别日耳曼部族的存在和特征，然而总的说来，他们对于日耳曼尼亚的土地和人民都知道得很少。有一些离开本土的日耳曼人住在莱茵河以西的地方，但是对于莱茵河以东的一片土地，人们只是从杜路苏斯的士兵和大胆的商人——他们比较深入地进入它的内地——那里偶尔知道一些情况。因此，日耳曼尼亚的核心地带对罗马人来说就成了地图上的一个空白点。人们认为从北到南的一大片森林和沼泽地区至少可以限定为九天左右的路程，但是从西到东却是完全没有限度的了。那里除了一年四季的雨、雾和几乎无法通行的道路以外，还能有什么别的东西呢？这里没有任何肥沃的平原，也没有任何开阔而温和的谷地！罗马人听说过陶努斯山②、哈尔茨山③和条托布尔格森林（Saltus Teutoburgiensis）④的林区居民，听说过法兰克人和图林吉人⑤的祖先；人们也谈论过居住在东海⑥以南的广大沙漠地区并且在野蛮的程度上仅次于大海彼岸为冰雪所覆盖的地区上更加野蛮的居民的那些未开化的部族。因此神秘莫测的日耳曼尼亚就

350

---

①　美拉（Pomponius Mela）活动于公元一世纪中叶，用拉丁语写过一部有关当时有人居住的世界的地理作品（De Chorographia），共三卷。

②　陶努斯山（Taunus），参见本书边码 339 页有关注释。

③　哈尔茨山（Harz 或 Harzgebirge）是德国的山脉，大体上位于汉诺威、不伦瑞克和普鲁士地区。它在古代叫赫尔库尼乌斯山（Hercynius mons）或赫尔库尼亚森林（Silva Hercynia）。这里不仅矿产丰富而且风景优美，在德国文学中也十分有名。它的最高峰是布罗肯峰。山脉全长约一百公里。

④　条托布尔格森林（Teutoburgerwald）是德国的山脉，从汉诺威的奥斯那布吕克（Osnabrück）附近向东南延伸，穿过威斯特伐里亚和利佩。公元 9 年阿尔米尼乌斯率领下的日耳曼人在这里（确定的地点不详）全歼伐鲁斯麾下的罗马军队。

⑤　德国中部图林根人的祖先。

⑥　即波罗的海。

像是梦魇似地压在永久之都身上。

这幅图画的某些特征并不正确。即使在中世纪的时候，人们也还相信在陶努斯山和哈尔茨山里活动的那些精灵和异教的神灵。习惯于在开阔的土地上远眺的罗马人害怕这些又大又深的森林，因为在这里面，人们整天也看不到太阳，而松鼠在里面不用落地就可以走无数的路程。罗马人甚至不认识日耳曼尼亚的这些树木。在日耳曼尼亚的西部确实是有橡树、桦树和榆树的，但是如果人们一直向北走，据说那森林越来越密，直到最后人们消失在无法通行的、阴暗的松林里。

居民同他们的环境是完全适应的。他们不是住在固定的城市里，而是住在分散的小居民点里，人们在今天的斯堪的纳维亚还可以看到这种情况。在几乎挨近居住地区的、湿润的森林边缘地带，人们牧放猪群，而在这些森林的深处，人们可以捉到鹿、狍子、熊和野牛。反之，猎人们却在这里定居下来，这样就形成了一支军队的核心力量，而后来的贵族和骑士就是从这中间产生出来的。这里没有任何神殿而只有圣林——正像不来梅的亚当①所描写的那样——和圣树即节日的五月树②，但是也有为被判刑的人和战俘准备的作绞架用的树。这些树都是献给日耳曼人所崇奉的主要的神沃坦（Wotan）的。这些林区居民的信仰符合于他们的森林的那种阴暗神秘的气氛，树梢发出的奇妙音响以及雷鸣和大风的怒号。

351 在易北河与奥得河之间，人们为沃坦修建了一座特殊的圣所；人们还把人当作牺牲奉献到那里去。塔西佗报道说，凡是进入这座圣所的人脖子上都要挂着一条锁链，以表示自己对神的顺从。在第

---

① 不来梅的亚当（Adam of Bremen），德国教会史家，死于 1076 年左右。

② 五月树（Maibaum）多指庆祝五朔节时当作装饰用的小白桦树。

二座圣所——在吕根岛①上——里,人们崇奉的是大地女神涅尔图斯(Nerthus),人们每年一次在节日的游行行列里把它带到大陆上来;而且只有司祭才能挨近它。此外还有另外一些神:雷神托尔(Thor)——这是普通人崇奉的神、战神蒂尔(Tyr)、保护收获的丰收女神佛列娅(Freia)和北方的年轻的阿波罗神巴尔杜尔(Baldur)。但原来的神却是森林本身,因为诸神在古老的林木当中,是用梣木和榆木造出了第一对男女的。日耳曼人想象在奥林帕斯山山下,朝着落日的方向有一块发光的土地,他们把这个地方称之为阿斯伽德(Asgard),从这里有一道长虹也就是一座放光的桥一直通向大地。勇敢的人和善良的人在他们死后,灵魂可以被接纳到这里来。在日耳曼人的这些信仰当中有许多残酷阴森的东西,但是也有许多深刻的和美丽的东西。几个世纪之后,埃达(Edda)②里记述的这种崇拜达到了最繁荣的地步。

在日耳曼人看来,森林里还有魔法和奇迹,那里住着可以在人们的梦中显现的超人的精灵。沃坦的女儿们叫做瓦尔库列(Walküren)的,夜间便骑着马在云中巡行,遇到死在战场上的人,就把他们带到瓦尔哈尔(Walhall)③去。农民在黄昏时分走进自己的房屋,并且听到野天鹅在空中的鸣声,就认为他已经感觉到了不可见的精灵。那是一个阴森的预感和预言的国土,传到罗马的有关那里的故事,使得人们把北方人看成是一种掌握命运的人。 352

————————

①　吕根岛(Rügen)是普鲁士的波美兰尼亚以北、波罗的海海上的一个岛,这里风景优美,是一个旅游胜地。位于岛中部的卑尔根(Bergen)最有名。

②　埃达是古冰岛叙事诗的集子。又,斯诺里·斯图尔卢逊(Snorri Sturluson,1178—1241年)编的一部有关北欧神话和古代的作诗法的作品也叫埃达。此处似指后者。

③　据北欧的神话,瓦尔哈尔(又拼作 Valhalla)是战死者的天堂。

由于塔西佗的著作①,人们认为大家可以在那里听到日出时的声音,而落日的余晖可以如此长久的留在天空,直到金星再次升上明亮的高空②和群星闪烁的时候。Illic usque tantum natura——那里到处只有大自然。在这样一个神秘与奇迹的国土上,罗马军团不仅要同人,而且还要同超自然的力量进行斗争。

当潘诺尼亚发生叛乱时,在日耳曼尼亚的边界这里却始终是平静得令人疑惧不安。那里的罗马统帅是普布利乌斯·瓦鲁斯③,这时他是叙利亚的长官。瓦鲁斯与其说是一个军人,毋宁说是一个宠臣;不过罗马历史学家对他遭到的失败却是叙述得不公平的。他在叙利亚度过的两年里,极尽搜括之能事,以致他成了一个腰缠累累的富人。显然他是由于如下的情况才取得了这样一个美缺的,这就是他同奥古斯都的一个外甥孙女结了婚。她就是屋大维娅的一个孙女克劳狄娅·普尔克拉。他并不喜欢治理这块未开化的土地;此外,他又从提贝里乌斯轻易取得的胜利中得出了错误的结论,认为他可以像治理罗马任何其他行省一样地治理日耳曼尼亚。因此他就照搬在叙利亚的办法提高税收,不明智地对待土著的部族,完全不理睬部下的军官对他提出的警告——要知道,这些军官对当地是了解得比他清楚的。他手下有五个军团和由步兵与骑兵组成的一支庞大的辅助部队。他亲自率领三个军团,其余两个军团则被他交给了自己的外甥路奇乌斯·阿斯普列那斯,但此人却是一位有经验的统帅。

---

① 即《日耳曼尼亚志》,有商务印书馆出版的中译本。
② 金星早晨已经出现,所以这里说它再次升入高空。
③ 瓦鲁斯(Varus),贵族出身,曾任公元前 13 年执政官,在来叙利亚之前曾任阿非利加的长官。

　　看来瓦鲁斯并没有意识到日耳曼各部族，而首先是凯路斯奇 　353
人的不满情绪。莱茵河以东的地区只是由相互隔得很远的少数罗
马哨所和利佩河河畔阿利索地方一个四周有壕沟围绕的卫戍地点
守卫着。公元 9 年 9 月，瓦鲁斯据守在设在威悉河西岸凯路斯奇
人居住区的夏营里，这个营地离开今天的布罗姆贝尔格不远。他
计划到冬天就回到他的本营——在莱茵河畔的克珊顿地方——卡
斯特拉·维提拉(老营)那里去。凯路斯奇人的领袖西吉美路斯有
一个名叫阿尔米尼乌斯的儿子，阿尔米尼乌斯曾在罗马军队中服
役并且取得了罗马公民权。阿尔米尼乌斯很想把自己的国土从罗
马的桎梏下解放出来，不过他的父亲——也取得了公民权——不
仅不同意他的想法，并且甚至提醒瓦鲁斯要提防阿尔米尼乌斯。
但是阿尔米尼乌斯已经把相邻各部族争取过来参加他的阴谋。阿
尔米尼乌斯在罗马统帅那里享有比他父亲更高的威望。阿尔米尼
乌斯在瓦鲁斯去卡斯特拉·维提拉之前的告别宴会上向瓦鲁斯报
告了有关卡乌奇人和布路克特里人的叛乱的事情，这些人在瓦鲁
斯西去的途中是必须全力加以制服的。如果瓦鲁斯想按照这个办
法做，他就必须选择一条通过险阻地带的半圆形的道路。而正是
在这里，阿尔米尼乌斯设置了一处伏击的地点。尽管一些对瓦鲁
斯特别忠诚的日耳曼人向他提醒这样一个情况，但他还是轻率地
相信了阿尔米尼乌斯伪造的情报。而且，他甚至把他的军团的某
些队伍交给了阿尔米尼乌斯，以保护物资和粮食。

　　第二天早晨，瓦鲁斯顶着猛烈的秋风出发了，随行的有他的妻
子和孩子，车辆和无数的行李包裹。阿尔米尼乌斯和他的同谋者 　354
陪伴他走了很长一段路，直到森林的最深处。然后他们便同他分
手，据他们说，在这里分手是为了把附近的部族召来镇压叛乱。瓦
鲁斯很快地就发现自己处于一个几乎无路可走的地带。在这里，

他的部队只能用斧头砍伐茂密的树丛以便向前推进,但车辆却几乎无法前行。部队的前方和后方,瓦鲁斯的左右两侧,突然间那些大树像是被一只无形的手所推倒,原来这些树都是事先按照日耳曼的方式砍伐过的。从密林中向罗马人射出了无数的箭——直到这时,瓦鲁斯才认识到阿尔米尼乌斯是自己的敌人。

从一开始瓦鲁斯就陷于极大的危险之中。他并没有在事先派出侦察人员,也没有像过去恺撒对涅尔维伊人作战时那样,预先考虑到必要的增援。他立刻掉头向回走,烧掉自己的车辆,并且向着阿利索要塞的方向冲击,以便尽快到达开阔的地带。但是在第二天,他再次被逼进了森林;瓦鲁斯的军团的长长的队伍冒着无情地下着的瓢泼大雨,困苦地在灌木丛和密密的灌木丛中踉跄而行,同时又始终受着敌人的狙击兵射出的冷箭的袭击。第三天事情就结束了。悲剧发生的地点看来是在今天的条托布尔格森林中奥斯那布吕克和德特莫尔特之间。一个罗马骑兵中队想一直打到莱茵河去,但是没有成功。军团的士兵只有不多的人保全了性命。一部分人战死了,但大多数人是被打败并被处以磔刑或者是被砍掉了脑袋,然后作为牺牲献给日耳曼的诸神了。瓦鲁斯和他的许多军官都自杀了。他重复了六十三年前撒比努斯和奥伦库莱乌斯·科塔在高卢人发动叛乱时所遭受的命运①。不同的只是在日耳曼尼亚的森林中发生的灾难,其规模要大得多。在这里缺少的是一个像优利乌斯·恺撒那样的人物,因为他有本领把灾难变成好事。阿尔米尼乌斯随后又歼灭了归他指挥的军团队伍的士兵,并且占领了莱茵河以东的所有罗马据点。只有阿利索是个例外,因为有一位能干的将领路奇乌斯·凯狄奇乌斯守卫在那里。罗马人的这

----

① 事见恺撒:《高卢战记》,第 5 卷,第 26 章以次。此事发生在公元前 54 年。

位勇敢的将领在他击退日耳曼人的第一次进攻之后,就乘着黑夜把他的士兵以及所有的妇女儿童安全地率领到了克珊顿。看来很快地侵略者就要攻入高卢了,但是路奇乌斯·阿斯普列那斯率领着两个军团赶忙从美因兹沿河顺流而下,并且确保了莱茵河。

条托布尔格尔森林的失败不仅挫伤了罗马的自豪感,而且给了整个边界防御体系一次沉重的打击。这倒并不是怯懦所造成的后果,因为军团的士兵都是光荣地战死的。但是罗马错误地估计了日耳曼人的气质,而建立了对这一自豪的民族来说是过于严酷的和军事化的统治。瓦鲁斯对此并不能负主要责任,这一责任要由奥古斯都和提贝里乌斯来负。阿尔米尼乌斯是一个部族的头目,但他不是一个民族的领袖,因为日耳曼各部族之间的团结比起高卢居民之间的团结来要松弛得多。

由于塔西佗力图提高日耳曼尼库斯的声誉,因此他就超过实际情况地拔高了凯路斯奇人的首领阿尔米尼乌斯的形象。阿尔米尼乌斯在游击战争中确实表现了惊人的才能,不过同优利乌斯·恺撒的重大对手维尔琴盖托里克斯①相比却是略逊一筹。他后来的命运叙述得很仓促。在奥古斯都去世后,年轻的日耳曼尼库斯接过了军队的统率权。日耳曼尼库斯越过了莱茵河,对卡乌奇人和凯路斯奇人展开了战斗,而从南方前来帮助他的则有凯奇那·谢维路斯。虽然他取得了一系列较小的胜利,但他并未能彻底征服这一地区并使阿尔米尼乌斯遭到决定性的失败。然而在罗马人心目中,他是报复了瓦鲁斯所遭到的侮辱的。为了证明对过去的耻辱已进行了报复,他隆重地掩埋了还钉在圣林的树木上的、罗马

356

———————————

①　维尔琴盖托里克斯(Vercingetorix)是公元前 52 年高卢大起义的领袖,他曾对恺撒发动游击战争,但最后在阿列西亚被击败。

人的头骨。阿尔米尼乌斯同日耳曼尼库斯的斗争比起他对付瓦鲁斯的办法来要光明正大得多；但是，最后，他——就和几乎所有的部族首领一样——在公元19年自己想做凯路斯奇人的国王的时候，却成了他的本族人的嫉妒的牺牲品。玛尔波德也遭到了同样的命运。当阿尔米尼乌斯把瓦鲁斯的首级送到他那里去时，他却拒绝同阿尔米尼乌斯结成任何联盟。突然间他发现自己被卷入反对凯路斯奇人的首领的一场斗争中去。尽管他进行了顽强的抵抗，但他的王国还是很快就开始垮掉了。罗马人并没有来帮助他，因为那里的人们对他的垮台是高兴的。他是在十八年的悲惨的亡命生活之后最后死在拉温那的。

罗马方面感到的巨大震惊使得提贝里乌斯急忙赶到了莱茵河。虽然他还不清楚日耳曼人骚乱的规模，但是他担心阿尔米尼乌斯可能越过莱茵河并进入高卢。也和世界历史上常常发生的情况那样，这次对一座要塞的围攻没料到竟然也扭转了战争的命运。提贝里乌斯发现局势并不像他所担心的那样毫无希望，因为阿利索挡住了敌人，使他们不能进入高卢。他并不想收复失去的任何土地，而只是满足于加强莱茵河一带的工事。垮掉的三个军团并没有得到补充，被俘获去的军旗（鹰标）也没有收回，因此阿尔米尼乌斯就还能以长时期地夸耀说，罗马的军旗就竖在日耳曼尼亚的圣林里面。另一方面，罗马却征募了志愿兵和老兵并把他们送到莱茵河这边来，以便同阿斯普列那斯的兵力会合到一起；终于从西班牙和伊利里亚方面也来了一些军团。这样，保卫边界的总共就有八个军团之多了——这也证明罗马对此事感到何等严重的焦虑不安。公元11年，提贝里乌斯在莱茵河以东设置了一座夏营，但无论在这一年还是在下一年，他都没有采取任何报复措施。公元

12 年的晚秋,他返回了罗马以便安排在事后庆祝潘诺尼亚的胜利,并且把军队的统率权交给了日耳曼尼库斯。

　　由于瓦鲁斯的失败,进一步扩张边界的任何期望最后被放弃了。奥古斯都认识到,要扩张领土就需要大批的军队,而这就意味着罗马对之无力承受的一副重担。人们常常被提醒可以使用辅助部队,但这种部队并不是绝对可靠的。还必须筹措款项,但这会使整个财政制度垮掉。此外还会有这样一种危险,即在反对罗马的斗争中,迄今独立的部族会结合成一个国家。于是奥古斯都在提贝里乌斯也同意的情况下,就回到了他原来的边界政策和在空间上严加限制的做法上去了。不过,在日耳曼尼亚的巨大失策使他感到十分懊丧。他长时期不剪头发和胡须以示哀悼,并且每年到这个灾难的日子他都要斋戒一番。他常常不由自主地讲出这样悲痛的话来:"瓦鲁斯,瓦鲁斯,把我的军团还给我!"有关罗马是不可战胜的这样一个信念受到了一次沉重的打击。

　　罗马在它的历史过程中曾不得不经受另外几次失败,因此日耳曼人的胜利所造成的深刻印象必然有它的特殊原因。人们也许能作这样的解释,即人们突然面临他们所不理解的一个事件,因此对于这样一个事件,人们是既害怕它,又过高估计了它的意义。帕尔提亚是一个可怕的敌人,但人们确切地了解这一敌人,并且在做了充分的准备之后能够给它以歼灭性的打击。但是北方的危险是不可理解的,是被包在神秘的气氛之中的,对之罗马无法作出明确的估计。在日耳曼尼库斯后来进行一次战役中,瓦鲁斯的幽灵在沼泽上对罗马的统帅凯奇那①显现——这可以作为一个例证,说明在日耳曼尼亚作战的罗马军队的精神状态。

358

----

　　①　参见本书边码第 345 页有关注释。按,凯奇那是在公元 15 年随日耳曼尼库斯出征日耳曼尼亚的。

第六章 结 束

（公元 13—14 年）

> 我十分孤单，我是个老人；
> 我只是忧郁地注视着太阳离开，
> 它把它那巨大的、红色的痛苦之果，
> 今日有如过去，今日有如每日，
> 沉入静静的大海。
>
> ——勃朗宁①:《埃斯库罗斯的独白》

一

当公元 13 年年初提贝里乌斯终于能以庆祝他对潘诺尼亚人和日耳曼人的胜利的时候，奥古斯都已经是七十五岁的老人了。可能是由于奥古斯都自己调摄得好，生活又有节制，所以他活的年纪比亚历山大和优利乌斯·恺撒都要大得多。不过年纪给他带来的痛苦仍然不轻。长期的风湿病使他的四肢都变形了；他的血液循环的状况不佳，因此他总是感到寒冷，此外，他还容易疲劳。瓦鲁斯的悲惨遭遇也使他受到很深的震动。他的体力和思维能力的

---

① 罗伯特·勃朗宁（Robert Browning，1812—1889 年），英国诗人，他在戏剧独白方面有突出的成就。

衰退对他周边的人们来说并不是一个秘密了。元首已经到达垂暮之年了。

　　在奥古斯都的晚年，看来他因寂寞而感到极大的痛苦。女儿和外孙女都过着流放的生活，而唯一活着的外孙又是半个白痴。奥古斯都没有一个亲人可以做他的继承人。他始终以老年人特有的那种悲伤忧郁的心情把这样一件事挂在心头，即他没有一个有血统关系的继承人，因此他把希望日益寄托在他的继子提贝里乌斯身上。他写给提贝里乌斯的信都是充满了感情的，在这些信里他焦虑不安地表示，他不知道由提贝里乌斯继承一事是否也能顺利进行。还有没有别的什么人可以提出继承的要求？ 比如说，路奇乌斯·阿尔伦提乌斯①、阿西尼乌斯·伽路斯②和玛尔库斯·列皮都斯③，尽管这些人论起能力来，根本不能同提贝里乌斯相比。他也常常把自己的目光转向过去他从政的初期，从而产生了这样一个愿望，即把他的一生加以总结作为留给后人的一份遗嘱。计划并不是新的，但是直到老年这一计划才能付诸实施。这一文件在他去世后应当公之于众；每一个人都应当知道他奥古斯都过去为罗马以及为帝国做了什么事情，而对于将来，他所期望的又是什么。

360

---

　　①　路奇乌斯·阿尔伦提乌斯(Lucius Arruntius)，公元 6 年度的执政官，以拥有巨大财富而出名。奥古斯都认为他有治理帝国的才能。此人后来因提贝里乌斯的迫害而自杀(公元 37 年)。

　　②　阿西尼乌斯·伽路斯(Asinius Gallus)，著名演说家与诗人盖乌斯·阿西尼乌斯·波利欧(G. Asinius Pollio)之子。公元前 8 年任执政官和亚细亚长官。因他是提贝里乌斯的妻子维普撒尼娅的前夫而遭到提贝里乌斯的忌恨，最后死于狱中(公元 33 年)。

　　③　玛尔库斯·埃米利乌斯·列皮都斯(Marcus Aemilius Lepidus)是公元 6 年度的执政官，他曾在提贝里乌斯的麾下在潘诺尼亚作战，后来又担任近西班牙和亚细亚的长官。奥古斯都曾称赞他也有治理帝国的才能，但不屑为此(参见拙译塔西佗：《编年史》，第 1 卷，第 13 章)。

现在他必须注意不要过劳,并且,由于他不能再定期地亲自参加元老院的会议,所以他就在提贝里乌斯和元老院的一个特殊委员会的协助下,在帕拉提乌姆山上他自己的邸宅里处理他的主要工作。他仍然特别关心财政事务;他仍然能表现出他那突出的才能,比如说,他认为征收的税要得到民众的欢迎。公元13年,他的特殊全权又延长了十年,与此同时提贝里乌斯的保民官的权力也延长了。此外,元老院还制订了一项法律,这一法律在军队的最高指挥权和对世界帝国的治理方面,授予提贝里乌斯以同他的继父相同的权力。元老院还授权他们两个人进行一次新的人口调查。在调查终了——在公元14年5月——之后,还要在玛尔斯广场上举行一次被除献牲式。在举行这一仪式时,生病的老人不得不把向诸神宣读誓言这一任务交给了提贝里乌斯。在祭祀期间发生了一件罕见的事情:一只鹰在奥古斯都头上盘旋,然后落到阿格里帕的墓石上——这好像预示给元首,不久他也必将追随他死去的友人和伟大统帅于地下。突然间一次迅雷把立在卡皮托利乌姆山上朱庇特神殿中的奥古斯都雕像上的 Caesar(恺撒)一词的第一个字母打掉。去掉第一个字母的 Caesar 即 Aesar 在埃特路里亚语里是“神”的意思,而 C 在罗马的数目中是一百,这样,按照占卜师的预言,奥古斯都将要在百日之内变成神,这时还发生了一次日食:黑暗的天空里出现了流星,这些也是元首即将死亡的预示。罗马对于怪事和罕见的现象是十分敏感的。甚至反对迷信的奥古斯都也认为这些现象是预示他的大去之期不远了。他已经把他的遗嘱存放在维斯塔贞女那里,而随着他的政治遗嘱的这最后一笔,他的一生同时也就结束了。

他曾经多年承受老年和病痛的重担,因而对生活早已厌倦了。他曾经有过许多愿望,追求过很多东西,并且一直在不知疲倦地工

作着。现在他已经走到了生命的尽头。撰写自己的政治遗嘱使他
得到暂时的满足,这之后,他在忧郁的气氛中一天天地衰弱下去。
在这里,人们可以用英国诗人弥尔顿在《力士参孙》(*Samson Ago-
nistes*)①中的诗句来形容他:

> 我痛苦地感到力量在消逝,
>
> 任何希望都毫无意义;我感到在最后的生命线上
>
> 我的核心本质已经不起作用了。

正如在他漫长的一生中一贯的情况那样,现在投身于工作仍
是他最好的安慰;但是在回首往事时,他更多是注意自己的错误而
不是自己的成就。当他完成了给自己提出的最后任务,即进行了
人口调查的时候,他的情绪好像有所好转。解脱的时刻临近了,他
的精神为一次新的远途的飞升作了准备。对死者的怀念,这对他
来说并没有任何可以感到压抑的地方;但在先前,他曾想再去看一
下意大利南部得天独厚的国土,因为帝国的那一部分一直是他特
别喜爱的。

最后的这次放松是意味深长地结束了一个健全的、做了大量
工作的一生。为了处理各种事务,提贝里乌斯不得不去伊利里亚。
元首则决定在提贝里乌斯去布伦狄西乌姆的途中把他伴送到倍涅
文图姆。奥古斯都同利维娅和大批侍从一道离开罗马,越过阿皮
亚大道,到达安提乌姆湾沿岸的一个小城市阿斯图腊(今天的托尔
列·达斯图腊);在这里还有一条同名的河流穿过森林流入大海。

──────────

① 《力士参孙》是弥尔顿在 1671 年和《复乐园》一道发表的诗作。参孙是《圣
经·旧约·士师记》里的人物。

西塞罗过去曾在这里买下一座小小的别墅,从别墅可以远眺前面的平原地带。语言大师住在这里,是想在这里为他去世的女儿修建一处圣所。在阿斯图腊,奥古斯都和他的随从人员登上了已经准备好的恺撒专用的船只。但是由于风向的关系,必须在夜间才能启航。这样一来,他受了凉,以致在生病而身体又虚弱的情况下只好推迟了游览美丽的康帕尼亚海岸的计划。五十八年前,他就在南方的这里同自己的母亲会面,以便作出对千百年的世界历史都会起作用的决定。在普提欧利,他遇到可使他十分高兴的一件事情。当他的船进入港湾时,从亚历山大来的一只运粮船的船员们前来欢迎他。船员们都穿着白色的衣服,手持神香和花环,唱歌赞颂他是赐予他们粮食和生命的人。奥古斯都深为这种致敬的方式所感动,以致他赠给他的随从每人四十个金币,用来购买亚历山大的商品。

363

当他的健康情况略有好转的时候,他就在他那位于卡普里岛上的别墅里住了几天。这个美妙的岛就像是童话中的仙境似地从水中升起。当老人觉得自己已从长年的繁重工作的负担下解脱出来时,他感到一种几乎像是孩子般的轻快。他设宴招待自己的朋友,并且颁发了慷慨的赏赐。当他的客人们穿上了奇幻的服装时,这使他特别感到高兴。准备在涅阿波利斯参加一次希腊运动会的一批年轻的运动员成了他的座上客,他们都得到了水果和甜食。他自己甚至用希腊语写诗,而当他问提贝里乌斯的一名占星术士,诗的作者可能是何许人时,这曾使那个占星术士手足无措。他拿卡普里岛开玩笑,给它起了个"阿普腊戈波利斯"(Apragopolis)的名字,意思就是"懒汉之城"。他情绪好,并且精神也变得年轻了,而当他不为病痛所折磨的时候,心里就特别高兴。

卡普里岛给了他安静和康复的机会。但是当他去涅阿波利斯的时候,他发现他对自己的精力作了过分乐观的估计。他又病了。
为了不使民众感到失望——民众举行了运动会向他表示敬意——
他挣扎着没有躺倒,并且不顾恶劣的气候,聚精会神地观看了全部
比赛。然后他就继续他的旅行前往倍涅文图姆,在那里同提贝里
乌斯告别。在显然是体力不支的情况下,他立刻从那里返回。但
是刚到离涅阿波利斯只有十八英里的诺拉,他感到自己的病情不
妙,以致必须停止继续前进了。他被安置在他的一处别墅的一间
房屋里,也就是过去他父亲去世的那同一间房屋。当时他本人只
有五岁。他的随从人员知道他的大限即将到来,因此就派了一名
使者到提贝里乌斯那里去,以便尽快把他召回来。提贝里乌斯来
得迅速,因而还来得及看到他的继父弥留时的光景,并且接受继父
的最后嘱告。

　　这时正是 8 月,也就是用他的名字命名的一个好运的月份。
过去有一年的 8 月 19 日,他第一次担任了执政官①。他去世的日
子也是在这一天。他临终时的神志是清醒的,没有感到任何痛苦,
但是他的体力很快地消失了。现在他一生的事业结束了。他的面
容显示出宁静的尊严。老人心爱的诗人荷马的一句话对临终的老
人起了安慰的作用:"当黑夜即将降临的时候,我们愿意接受它。"
他的朋友围立在他的床边;他开玩笑地问他们,他是否在人生的喜
剧中很好地扮演了自己的角色。正有如优利乌斯·恺撒在渡过鲁
比康河之前引用了梅南德罗斯②的诗句,奥古斯都在他临终前不

364

---

　　① 公元前 43 年。
　　② 梅南德罗斯(Menandros,公元前 342—前 292 年),希腊喜剧作家,所谓"新喜
剧"的代表人物。他一生写了一百多部戏,但传下来的大多是片段,他的戏剧反映了现
实生活,人物、情节、语言都能做到生动有趣。罗马戏剧作家普劳图斯和提伦提乌斯的
作品很多都是以他的作品为基础加以改编的。

久轻声吟诵了一句希腊的诗：

> 由于我完成了委托给我的任务，
>
> 我要离去了。我的一生结束了。

随后人们要他单独同利维娅待在一起。刹那间他的思想变得混乱起来，因为他叫嚷起来，并且喃喃地提到了会把他抬走的那些年轻人。但他很快地又清醒了，他要人把一面镜子拿给他，并且给他梳理头发。然后他又打听杜路苏斯的一个生病的孩子的事情。而当他感到大限即将来临的时候，他想吻吻利维娅并且低声说："别了，利维娅，想着我们的共同生活吧！"他是死在妻子的怀抱里的。在他心目中，妻子就是爱的化身。

二

365　　由于白天太热，人们只好利用夜晚把奥古斯都的遗体送到罗马去。在每个小城市里，当局都隆重地接待了奥古斯都的遗体，并且在整个白天都把它安置在棺木里，停放在法庭的地方。这样，死去的元首就从诺拉被运到涅阿波利斯，从涅阿波利斯到库麦，从库麦到佛尔米埃（盖塔），从那里穿过彭提努斯沼泽地和拉提乌姆平原到阿尔巴努斯山区的波维莱（今天的奥斯特里亚·戴拉·佛拉托契）。当收获葡萄的农民晚上回到他们的村庄时，他们发现送葬的行列走在长长的罗马大道上。

波维莱离首都十二英里，那里有优利乌斯家族的墓地，这个值得自豪的家族的祖先可以上溯到爱之女神本人那里去①。正式的葬礼在这里开始。经常自诩受到奥古斯都的特别眷顾的骑士等级，现在在执政官的同意下负起了照料遗体的责任——当时骑士的领袖是一个不同凡响的名叫克劳狄乌斯的青年②，此人就是后来作了恺撒的那位。从诺拉到这里走了几乎十四天。当人们在阿皮亚大道上走过行程的最后一段时，那正是 9 月初。送葬的行列是从卡佩那门（Porta Capena）③进入罗马的，然后沿着凯利乌斯山和帕拉提乌姆山之间狭长的谷地最后到达奥古斯都的官邸。遗体就停放在官邸的前厅。

第二天，提贝里乌斯召集了元老院的会议，讨论葬礼的问题。高级官吏从他们的外袍（toga）上去掉了紫色的标志④。提贝里乌斯和他的儿子杜路苏斯换上了黑色的孝服。整个罗马沉浸在一片哀伤和悲痛之中；如何才能对这位伟大的死者表示崇敬，人们提出了许多建议，诸如在历法上把奥古斯都从诞生到去世的这一段，规定为奥古斯都时代等等。元首甚至在生前便就葬礼问题作过详细的指示，葬礼的规格应当同阿格里帕的差不多。他最后的遗嘱由维斯塔贞女交给了杜路苏斯，遗嘱按照古老的习俗由奥古斯都的一名被释奴隶加以宣读。遗嘱把大量的遗产给了利维娅和提贝里

366

————————

① 优利乌斯家族的祖先优路斯（Julus），传说是罗马的母城阿尔巴·隆加（Alba Longa）的创建者。优路斯的父亲埃涅阿斯传说又是安奇赛斯和阿芙洛狄特（希腊神话中爱之女神）的儿子。

② 提贝里乌斯·克劳狄乌斯·尼禄·日耳曼尼库斯（Tiberius Claudius Nero Germanicus，公元前 10—公元 54 年，公元 41—54 年在位），他是提贝里乌斯的弟弟杜路苏斯和小安托尼娅（安托尼乌斯的女儿）的儿子。

③ 卡佩那门在罗马南部，属第一区，在阿温提努斯山和凯利乌斯山之间，阿皮亚大道就通过这座门通向卡普亚。

④ 罗马人穿的毛织外袍通常是羊毛的本色即白色，外袍是罗马上等人的常礼服。高级官吏的外袍则有紫色的边作为标志。

乌斯,对罗马人民也作了丰厚的馈赠。杜路苏斯还宣布了对遗嘱的一系列的补充,例如有关军队和国家财政的补充,还有对继承人所作的忠告,最后则是称为 Res Gestae(《行述》)的作品,它概括地介绍了他一生的活动。民众怀着严肃敬畏的心情听取了世界的主人的最后遗言。

然后葬礼开始了。装入棺材的遗体被盖在一块用黄金与象牙制作的平板之下,平板上覆盖着绣着金线的紫色外罩,这上面则安放着伟大死者的穿着凯旋服装的蜡像。在送葬的行列里有奥古斯都的黄金像,有他的祖先和亲属的像,还有著名的罗马人物的像。但是这中间只是没有优利乌斯·恺撒的像,因为他早就作为最伟大的罗马人而被崇祀为神灵了。送葬的行列从帕拉提乌姆山登上圣路(Via Sacra)①,然后再下行来到罗马的心脏地带罗马广场,经过维斯塔神殿(各位维斯塔贞女就住在这里)和卡斯托尔与波路克斯神殿②(这是提贝里乌斯为了纪念杜路苏斯而重建的,在它的前庭还有孪生兄弟用来饮马的一口井),再经过雅努斯神殿,最后来到了罗马历史上十分有纪念意义的讲坛(Rostra)。也和在葬礼上常见的情况那样,杜路苏斯称颂了死者的美德。在圣优利乌斯神殿,提贝里乌斯发表了第二篇演说,演说中他首先谈到了奥古斯都为国家和帝国的经济所建立的功勋,谈到了他的宽厚大度,他对于光明正大的、勇敢的拥护者的尊重和他的杰出的领导才能。提贝里乌斯不讲任何言过其实的话,也毫不装腔作势,他只限于冷静

---

① 圣路又是罗马皇帝后来举行凯旋式时向广场进发的必由之路。

② 关于希腊神话中的孪生兄弟卡斯托尔与波路克斯有种种的说法。对他们的崇祀早在公元前六世纪便传入了罗马,传说他们在罗马对敌作战的紧要关头曾帮助过罗马人(如列吉路斯湖之战、皮德那之战、维罗那之战等等),因此早在公元前486年,罗马人便在广场上修建了他们的神殿(aedes Castoris)。

地、朴实地叙述事实。他的语言同《行述》的文风相似。如果奥古斯都听到这一悼词,他一定会对这种实事求是的、郑重的肯定和崇敬深感满意。

　　然后送葬的行列在 9 月的烈日下又动了起来。这时一眼望不到头的民众都密密麻麻地集合在大道两旁和屋顶上。这次送葬的行列是经过朱庇特神殿下,穿过凯旋门而走向玛尔斯广场①,从这里可以隔着闪闪发光的梯伯河看到高耸的恺撒陵墓的大圆顶。整个罗马的人们好像都聚集在这里了:元老和他们的妻子、骑士等级和近卫军士兵。遗体被安放在一个柴堆上,公民们为了对伟大的死者表示最后的敬意,他们把他们所有表示战勋的标记也都放到柴堆上。就在一刹那,百人团长们燃起了火把;当熊熊的火焰升起的时候,放出来的一只鹰展开了它的翅膀,这是为了按照古代东方的习俗表明,死者的灵魂已经上天了。

　　人群只是慢慢地走散的。利维娅在这里陷入了深深的悲痛之中有五日之久,到第六天她才在身份最高贵的骑士的伴随之下,赤着脚并且不系腰带,把骨灰收集起来带往陵墓。屋大维娅、玛尔凯路斯和阿格里帕的骨灰也都埋葬在这里。

　　9 月 17 日,元老院隆重地把死者奥古斯都崇祀为神,接着担任过行政长官的努美里乌斯·阿提库斯在发誓后作证说,他亲眼看到奥古斯都飞升到天上去。这结果是:在罗马以及在帝国其他地方都有许多奉祀奥古斯都的神殿修建起来,指定了专门的司祭负责祭仪,并且制订了新的节日。人们在玛尔斯神殿安放了一块上面铸有他的遗像的镀金的牌子。诺拉地方他去世的那所房屋被宣布为圣地。

368

---

　　① 参见本书边码第 155 页有关注释。

皇家驿站的信使把奥古斯都去世的消息迅速地传送到巨大帝国最边远的地区。军队听到这个消息时并无特别的反应：虽然他们曾宣誓效忠于奥古斯都，但是十多年来他们实际上是以提贝里乌斯为最高统帅的。反之，罗亚尔河与幼发拉底河之间把奥古斯都奉为救主的各族人民却感到了很大的震动，因为他们认为现在他们的生活基础已经动摇了。但很快地他们就感到了一种安慰，因为他们认为奥古斯都成了神，而神是不会死的，从此他们就加倍用心和虔诚地向他奉献牺牲……

在人口调查期间，一个冬夜在犹太的伯利恒诞生的孩子这时已成了一名少年，并且和拿撒勒的约瑟一样也成了一名木匠。一天，他随同他的双亲到耶路撒冷去参加一个盛大的节日，并且由于他在神殿中能巧妙地解释古犹太经典而引起了很大的轰动。人们一般就称他为拿撒勒人耶稣，也称他为玛利亚的儿子。有时他放下自己的本业到远地去漫游，因为——虽然他对所有的人也都是友好的——他喜欢大自然的纯洁并且乐于单身一人去寻求寂静。当世界的主人的死讯传到伽利利的山区而这里的人们也担心奥古斯都的和平与一个走上了轨道的国家生活会因此而结束的时候，看来他并不感到多么惊惶失措，因为在他看来——在另一类王国里——只能有一种永恒的和平。一些年之后，他成了一个比罗马更加强大的王国的宣告者，同时宣布了一种学说，这种学说表明，世界并不能因为一个成了神的人而得救，而只有一位人形的上帝才能拯救它[①]。

369

[①]　科学地研究基督教的起源不在本书的范围之内，对于作者作为基督教徒对基督教的论述，读者略而不顾可也。

三

人们可以把奥古斯都的一生比作十分危险并且又十分困难地攀上了山上的一片广大的高原。在十五年中间，他随时可能从他登上的悬崖峭壁滑下来；这之后，在成就了丰功伟绩的四十五年中间，他从一个很高的地位上展望世界上发生的一切事情。在他年轻的时候，他面临着一项既困难又诱惑人的任务：争取国内的最高权力。到成年的时候，他又必须向人们证明，他是十分善于使用这一权力的。他的性格方面的特点直到他年纪很大的时候也并无改变。帮助他战胜自己对手的同样那些特点和才能，又使得他能以重新安排世界。这些特点和才能就是：钢铁般的自我克制力，不可动摇的忍耐精神和对于人物和情况的准确判断。当年轻人离开阿波罗尼亚的时候，他的事业看来几乎没有什么希望了。然而这一事业最后却取得了完全没有料到的成果。他一生的许多年就是不停地工作，身体处于极度紧张的状态，又经历了各种各样的波折。他的深沉和毅力，他的远见和他的勇气使人敬佩，但是并不总是引起别人的同情。就像童话里所说的长子那样，他的眼睛一刻也不离开他应当分到的产业。他在自己的一生中不断遭到危险，但在他的明智的事业中他并无任何冒险的举动。他敢于承担任何风险——然而在事先他却对之作充分的估计。在世界历史的伟大人物中，像奥古斯都那样没有任何浪漫特征的人物恐怕再也找不出第二个人了。

甚至在阿克提乌姆一战之后，他依然和先前一样，只是从那时起，他的目标转到一个新的方向上去。历史上如下的情况是屡见不鲜的：一个人在他达到了他认为是最后的目标之后，却突然陷入

370

疑神疑鬼和手足无措的境地，不晓得如何保持他已经取得的东西。但奥古斯都的情况却不同。一个冷静而自信的青年成长为一位天才人物。过去他是离群索居并且远远地避开世界上的繁忙活动的，但现在他却变成了一个喜欢同人们接近的人。个人的功名心变成了一种想做好事的需要，变成了对于委托给他的这个极为广大的帝国的无私关怀。pietas[①] 和 gravitas[②] 被补充以 civilitas、clementia、providentia（亲切、仁慈、远见）。这些特点加到一起就形成了他在人民中间的崇高威望。先见之明和仁慈一向是他的特点，但是在斗争的年代里，这些特点却潜伏在他的行为的表面之下而没有得到利用。当这些特点显露出来的时候，它们就开出了鲜艳的花朵，结出了果实。

他的性格是符合他的思想的；他坦率、朴实、刚毅，他把亚里士多德最称道的美德都集中到自己身上。作为真正统治者的特征的那种务实的明智精神，也就是希腊人所说的 φρόνησις（phrone-sis）[③]，在他身上比在一般人身上表现得更加突出。这种精神表现在他所创造的政体上，从而很值得我们认真加以研究，因为没有任何其他一个特点能使奥古斯都如此明确地超越于他同时代人之上。

371

优利乌斯·恺撒使奥古斯都的思想有了目标和方向。在个别问题上，没有任何这方面的材料保存下来可供我们使用，因为伟大的征服者恺撒很少有时间执笔写作。尽管他是一位伟大的统帅，但是他身上还有空想家的某些东西，他认为使人们保持一定形式的生活并不比在战争中打败他们更加困难。他的锐敏的洞察力清

---

① 拉丁语：虔敬、义务感、责任心、爱国心等意。

② 拉丁语：庄重、威严、伟大、深沉、优秀等意。

③ 这个词本书德文译者译为 praktische klugheit，英语似应是 prudence、thought-fulness。

楚地了解国家的需要,但是他低估了执行它们的困难,并且没有考虑到多数人的顽强抵抗,因为这些人被割断了同自古以来已经习惯了的生活方式的联系并且被迫接受一种新的社会生活。

奥古斯都和他的著名的先行者都确信,人们不能用古老的共和国的方式来统治一个扩展到海外去的帝国。但是在其他许多方面,他和优利乌斯·恺撒的看法并不一致。如果不是过早的死亡使优利乌斯·恺撒未能实现这一计划的话,他肯定会通过在帝国东部和北部进行新的征服来确保边界。但是绝不曾过高估计自己的军事才能的奥古斯都则避开不必要的战争,并试图同边界上的国家进行和平的联合。优利乌斯·恺撒追求的是一个世袭的王国,而东方的和希腊化时期神圣不可侵犯的王权则应当成为这一王国的模式,但奥古斯都却清楚地看到,这样做的时期还没有成熟,人们必须考虑到人民对共和国的那些根深蒂固的感情。优利乌斯·恺撒轻率地准备把过了时的共和国的形式抛掉,奥古斯都却试图尽可能长久地保持古老的传统,并且试图在罗马的光荣的过去和当前之间搭起一座桥梁。优利乌斯·恺撒的理想是把普遍、平等的公民权给予整个帝国,这个理想当然有一天能够变成现实,而这也正是奥古斯都所希望的。但是在目前,他认为首先却是要加强意大利的优先地位和自信心,因为没有罗马的权威,罗马的公民权就毫无意义了。谁敢提出指责,说他的做法不是经过深思熟虑的呢?

372

奥古斯都是一位建筑师——不过他并不是在沙子上建筑。他所追求的是那些宏伟的、几乎使人感到惊奇的计划,但是他清楚地意识到,这些计划如果没有稳固可靠的基础是行不通的。他绝不追求一相情愿的梦想,并且绝不脱离现实的土地。优利乌斯·恺撒是一个理想主义者,奥古斯都赞赏他的梦想,但是作为一位现实的政治家,奥古斯都却对这些梦想持分析态度,把可以做到的同空想区别开来。在希腊以及在东方,幻想家是很多的,但是奥古斯都的锐敏的、具有逻辑性的理解力使得他当时的世界既不像东方那样做得过火,又不像希腊哲学家那样冥思苦想而毫无成果。而且,在各种各样人身上,诸如在马基雅维利①或加尔文②身上表现出来的那种危险的狂热性,也如同任何过火的政治思想那样,同奥古斯都是毫不相干的。他甚至不愿搞那种没有实际内容的平均主义。他对那种理解得不正确的民主主义持否定态度,因为这种民主主义想使无知的民众的看法和意见在国内受到尊重和发挥作用。他也无意于为一种极为残暴的独裁的权力观点辩护。他毋宁同意亚里士多德为国家的目的所下的定义,即保证它的公民的生活和幸福。而且,他比这更进了一步:他为公民的每一个别阶层都规定了同它本身相适应的任务。

373

这一想法确实并不是新鲜的,它可以回溯到曾对年轻的屋大维发生过影响的那些古代希腊哲学家身上去。但是在奥古斯都去世后又过了几百年,民主的原则才重新受到尊重。而且我们必须十分慎重地对待民主的概念。在我们的时代,民主的概念有一种古人所不知道的含义。在奥古斯都看来,它意味着很多东西,以致他把元老院也看成是古老的民主实践的工具,而把它吸收来同他一道作出决策。他肯定会同意伯里克利斯③所下的定义:"我们的

---

① 马基雅维利(Nicolo Bernado Machiavelli,1469—1527 年),意大利政治家,有《君主论》、《罗马史论》等作品。他认为为了政治上的目的可以不择手段,不顾道德。

② 加尔文(Jean Calvin,1509—1564 年),以日内瓦为活动基地的法国宗教改革家。他为了进行宗教改革而使用政治权力,对反对派进行无情的镇压。

③ 伯里克利斯(Pericles,约公元前 495—前 425 年)是雅典民主派的领袖。这段话见于修昔底德的《历史》,第 2 卷,第 37 章(与原文略有出入)。

政府和体制当得起民主的名称,因为它们不是由少数人而是由多数人来决定的。我们的法律给每个人以平等的权利,在每一方面舆论都欢迎并尊敬出类拔萃的人物,不论他们出身哪一个部族,而只看他们的能力如何。"共和国等于一种寡头政体,世界帝国则提出了许多新的任务,又提供了许多新的位置,这样,这些新的任务和位置使得普通公民也能够参加国家的建设和治理。

顽固的反动力量较之迫不及待的激进心情促使奥古斯都做了更多的事情,因为罗马对变革已经厌倦了,这里的人们渴望安定和秩序。甚至政治上自作聪明的人物的批评也没有给他的工作造成损害。没有人理会这些人的破坏性的批评,因为罗马害怕再回到全国性的混乱状态中去。当人们要求有所信仰、有所寄托的时候,诡辩是绝不会有市场的。像卡利克列斯①和特拉叙玛科斯②那样的人就是在哲学学派中也是少见的,他们的看法早在三百年前就被柏拉图驳倒了。此外,奥古斯都也没有任何思想方面的野心。他绝不是墨守某一思想体系的教条主义者,他小心谨慎地摸索前进的道路,甚至不害怕承认错误。就和传道者所罗门③一样,他在工作中找到最大的满足,但是他又看到,也有许多工作是没有成果的。对于他和他的一生,可以用斯多葛派的一个原则加以概括:"我们的行动必须有似于战场上的士兵,即使在短暂的时期内也不

374

---

① 卡利克列斯(Callicles)是柏拉图的《戈尔吉亚斯》(戈尔吉亚斯确有其人,系诡辩学家和修辞学家)中的人物。

② 特拉叙玛科斯(Thrasymachus),卡尔凯东人,希腊诡辩学家和修辞学家。他作为柏拉图的《理想国》中的人物,就正义问题展开辩论。他在希腊的演说术和文体的发展中起有重要作用。

③ 所罗门(Solomon)是公元前十世纪的以色列国王,以具有"神的智慧"而知名,他又是耶路撒冷神殿的建造者,参见《旧约·列王纪》,第3章。

能不忠于职守。"

罗马世界帝国这一宏伟建筑物的裂痕在奥古斯都的继承人的统治时期表现得越来越明显了。它加给他们的行政负担重于他们的承受能力。要想保证帝国在任何时候都不会遭受危险,不会遇到不幸,那是不可能的。国家绝不会容忍一个蠢货或一个疯子作为自己的统治者。然而更加不幸的却是,政府和人民之间缺乏有机的联系,而个别人的政治才能不得施展并枯萎下去。在一个小小的城邦里虽然可以实施自治,但是这种体制对于一个更大的国家来说,却是不合适的了。

奥古斯都的行政体制带有人类的一种明智思想的特点。它涉及一个巨大的范围,每一个别部分又能不费力地同整体相配合,而这一整体则又具有惊人的灵活性和适应性。存在着的漏洞当然是不可避免的。奥古斯都是在一个既无视权利又没有法律的时代开始了自己的统治的,这个时代不能仅仅用武力来结束。镇压和惩罚措施只是外部的辅助手段,它们绝不能使一个社会机体的内部结构保持完整,它们迟早必然仍以既无权利又无法律的状态而告终。文明始终意味着建设和慎重地使社会生活适应于一种经过周密考虑的正义状况。只有通过建立稳定的秩序才能避免混乱。

新的行政任务的多样性要求一定的宽大精神,要求避免一种僵死的官僚主义。奥古斯都远不像我们现代人那样是一种政治幻象的奴隶。我们最喜欢抓住某一行政体制,某一经济信条或者某一国际机构,想依靠它完满地解决最困难的问题。但奥古斯都却清楚地看到,政府机构的规模必须同任务的大小相适应。

许多人在奥古斯都的作品中看不到作为伯里克利斯时代的雅典的特色的那种优美典雅的风格和淳朴的不讲自明的道理。但是世界帝国的巨大规模有时也会引起令人不快和沉重迟钝的单调感和某种形式上的空洞,难道这是不可理解的吗?柏拉图在《普洛塔戈拉斯》里曾记述说,有一群青年人在黎明时分聚会在雅典一处人家的柱廊下谈论哲学,而年老的普洛狄科斯则披着一张羊皮躺在床上用深沉的声调给他们以提示和指导。这样的情景有一种新鲜与淳朴的味道,但它是绝不可能在今天的一所大学的讲堂里看到的。

　　创建一个帝国这件事本身还绝不是一项功绩,因为一个国家疆土的扩充并不总是意味着文化上和思想上的进步。在一个比较容易治理的小国里,人们过得往往比在一个大帝国里要舒服。小国的力量诚然有限,但是为此承担的风险也少一些。

　　奥古斯都只能在帝国和混乱状态之间进行选择。他必须从内部把世界统一起来,否则就会使世界陷入混乱。他从一开始所追求的就是建立这样一个国家——它应当建立在理性之上,并且应当绝对在内部保持平衡,这样它才可以保持几百年,而即使它崩溃了,人们仍能在它的基址上重新建设。雅典的国家存在了只有大约五十年,而亚历山大大帝的奇迹般的帝国持续的时期更要短些。迅速解体的帝国的命运究竟是怎样的呢?扩张到很大范围的西班牙世界帝国只维持了一百年多一点;拿破仑的国家一共只有十年;不列颠帝国到今天还不到二百年,而且它今天现有的形式已经过时了①。自从人类有了正式的历史以来,巨大的帝国存续的时间比许多王国、神权国家和甚至共和国都要短。只有奥古斯都的世界帝国一直存续到可尊敬的高龄。在基督教的初期一切时代中规模最大的世界历史性动乱中,奥古斯都的帝国也强大到经受得住

376

―――――――――

　　① 作者此书写于三十年代,当时作者所在的加拿大尚未取得独立。

一切冲击。它甚至对基督教教会的形成发生了决定性的影响。

奥古斯都的巨大功绩就在于,他保卫了世界使之免遭崩溃。如果没有这个人的话,罗马会逐步重新失去它已经征服的地区。这些地区很可能回复到野蛮状态,也可能分裂为各自为政的领地。东方和北方的野蛮部族也许会提前几百年攻入意大利,罗马也许会成为无止无休的内战的可怜的战利品,希腊和巴勒斯坦的伟大遗产将会化为一片瓦砾,而我们今天的文化也将被剥夺它的思想基础。奥古斯都是一个新的、合于理性的生活的创造者,有被消灭的危险的两个罗马理想的捍卫者和保护者。这两个理想就是:人民的坚强性格和目标明确的政府。正是由于他的缘故,后来的一位恺撒才能以写出这样的话:"让你心中的上帝引导你到成年并为国家服务,引导你成为罗马人和统治者:他应当是这样一个人,当他的一生结束的时候,他忠诚地执行了并心甘情愿地坚持了自己的职责。"在奥古斯都的天才精神的感召下,诗人克劳狄亚努斯①写下了关于罗马的诗句,而这些诗句也被其他民族当作政治信条接受下来:

> 只有罗马关心所有
>
> 她曾征服的人们;现在对她来说,
>
> 他们是公民,而不是敌人。胜利者是他们的
>
> 母亲,而不是主人。她的名字兄弟般地
>
> 团结了人类并且紧紧地
>
> 把爱的纽带套在最遥远的女儿国土上,

---

① 克劳狄亚努斯(Claudianus),四世纪末和五世纪初的罗马诗人。

把它们团结成一个国家；所有民族的成员
都感谢它那洋溢着和平的恩惠，
即罗马的子弟在任何地方都不是孤单的，
他们在外地，
不，不管在什么地方，都和在家里一样。

附 录 一

圣奥古斯都行述

（Res Gestae Divi Augusti）

（1）①余年十九，自行出资募军②，时有徒众一伙③荼毒共和，余之军队乃使共和重获自由。为此元老院于盖乌斯·潘撒与奥路斯·希尔提乌斯任执政官之年④明令褒奖，擢余为元老，并授余申明己见之同执政官之特权以及统治大权⑤。元老院更明令余以同行政长官身份偕同执政官保卫共和使不受侵害⑥。此外，同年因两执政官均捐躯战阵，人民乃选余为执政官与三头之一以处理国事。

（2）弑先父者，余依法处之以罪有应得之流放，后彼等以兵戎

---

① 　此非原文分段，系后来整理此文件者为引用方便而作的分段。

② 　私人出资募军是违反罗马惯例的。按罗马惯例，只有执政官在有外敌入侵时由元老院授权征兵。

③ 　当指安托尼乌斯一派。这里不提他的名字看来是不屑于提或有意回避。原文 factio 一词用于贬意。

④ 　公元前 43 年。这一年奥古斯都二十岁。

⑤ 　有同执政官特权者在元老院被征询意见时可第一批发言。统治大权（imperium），特指其中军事统率权方面。

⑥ 　主要在紧急时期、非常时期。相当于元老院之决定："责成执政官注意不使共和国遭受任何损失"（Videant consules ne quid respublica detrimenti capiat）。

作乱共和,余乃以两战战败之①。

（3）余对内对外,海上陆上,多方作战于天下。当余取胜时,凡请求赦免之公民余均宽宥之。凡赦免而无害之外族,余宁挽救之而不加屠戮。余麾下之罗马民兵宣誓效忠于余者为数五十万。其中服役期满者三十万略多,余或设移民地以安置之,或遣返还乡,于此等人,余均分予土地或现金以为服役之酬报。余所俘之船只计六百艘②,小于三层桨之船尚不计在内。

（4）余曾举行小凯旋式两次,凯旋式三次③,由士兵拥戴为统帅者二十一次。元老院明令为余举行多次凯旋,余均予以制止④。每战之后余依例还愿,随后即将装点余之棍束之月桂花环⑤存放于卡皮托利乌姆神殿⑥。元老院为余及余麾下之副帅于陆上或海上获得之胜利曾明令向不朽之诸神感恩五十五次。元老院明令感恩之日数凡八百九十。余之凯旋式中,有国王或王子九人为余之战车引路。余执笔书此时,已任执政官十三次,掌保民官之权为第三十七年⑦。

---

① 即菲利皮的两次战斗,在公元前 42 年。

② 在米莱和纳乌洛库斯俘自赛克斯图斯·庞培的分别为三十艘和二百八十三艘,在阿克提乌姆俘自安托尼乌斯的为三百艘。

③ 小凯旋式中统帅徒步入城,凯旋式乘战车入城,故有（c）urulis triumphos 之称。小凯旋式分别在公元前 40 年和公元前 36 年举行,前者庆祝同安托尼乌斯在布伦狄西乌姆的和议,后者庆祝赛克斯图斯·庞培的胜利。凯旋式在公元前 29 年 8 月连续三天举行三次,庆祝达尔玛提亚、阿克提乌姆和亚历山大三次战争的胜利。

④ 按原文（Cum autem plu）ris triumphos mihi se（natus decrevisset，tis su）perse-di（autem，蒙森拟补为 deinde）。《罗马文明》本译为 I declined them on four occasions（余四次予以制止）。

⑤ 按罗马惯例,执政官有十二人一列的侍从官（lictores）走在前面（最初六人,独裁官倍之）,起令人回避的作用。他们扛着棍束（fasces）作为执政官的权力标记。棍束上套花环是表示庆祝。

⑥ 即罗马卡皮托利乌姆山的罗马最高之神朱庇特神殿。

⑦ 公元 14 年。

（5）玛尔库斯·玛尔凯路斯与路奇乌斯·阿尔伦提乌斯任执政官之年①，人民与罗马元老院当余不在时或当余之面授余之独裁权力，余均不接受。余于粮荒极为严重之际并未推卸粮食供应之责，余出资并极力设法购粮，遂于数日之内，使全体人民免于逼临之恐惧与危险②，当时授余之逐年与终身执政官之职，余未予接受。

（6）玛尔库斯·维尼奇乌斯与克温图斯·卢克列提乌斯任执政官之年，后则普布利乌斯·连图路斯与格涅乌斯·连图路斯任执政官之年以及第三次于帕乌路斯·法比乌斯·玛克西姆斯与克温图斯·图倍罗任执政官之年③，元老院与罗马人民一致同意选余为唯一具有至高无上权力之法律与风俗之监护人，然余拒绝此一权力④，盖此权力有违祖宗体制之故。凡当时元老院委余处理之事，余均以保民官之权力执行之⑤。余本人曾五次主动请于元老院并获准得一同僚分掌此权⑥。

（7）余十年连任整顿国务之三头之一。迄余书此时为止，余已

---

① 公元前 22 年。

② 据狄奥·卡西乌斯（第 54 卷，第 1 章），当时是既要求他任独裁官，同时兼任粮食监督。粮荒是因梯伯河泛滥和疫病流行有碍农务而引起的。

③ 公元前 19、18 和 11 年。

④ 苏埃托尼乌斯的《奥古斯都传》（第 27 章）和狄奥·卡西乌斯（第 54 卷，第 10 章）都说他担任了这一职务（praefectus moribus）。喜普利认为可能两位史家记载的是元老院的命令，而这里是奥古斯都对这一命令的态度。

⑤ 保民官之权力（tribunicia potestas）是奥古斯都一切权力的合法基础。从公元前 36 年奥古斯都取得保民官的"神圣不可侵犯权"到公元前 23 年他取得保民官的权力，他完成了取得终生享有此权力的过程。

⑥ 同阿格里帕两次（公元前 18 年起五年，公元前 13 年起二年）；同提贝里乌斯一次在阿格里帕去世的公元前 12 年（五年），一次在公元前 6 年（也是五年，但事实上提贝里乌斯因受排斥，而隐居罗得斯岛）；公元 4 年提贝里乌斯成了正式继承人后，成为这一权力的当然享有者，所以到公元 13 年，两人的这一权力同时又加以延长。

连任首席元老四十年。余之其他职务为：最高司祭、占卜官、负责祭典之十五人团之成员、负责圣筵之七人团之成员、阿尔瓦尔司祭团成员、提提乌斯司祭团成员以及外事司祭①。

（8）余第五次任执政官之年②，遵人民与元老院之命，增加贵族人数。余三次审订元老院名单③。余第六次任执政官之年，与同僚玛尔库斯·阿格里帕进行人口调查一次。余举行中止已四十一年之久之被除献牲式④。献牲时，在卷罗马公民四百零六万三千人。嗣后，于盖乌斯·肯索里努斯与盖乌斯·阿西尼乌斯任执政官之年⑤，余单独以执政官之大权第二次进行人口调查⑥。献牺牲时，罗马公民在卷者四百二十三万三千人。赛克斯图斯·庞培与赛克斯图斯·阿普列乌斯任执政官之年⑦，余依据执政官大权并以余之子提贝里乌斯·尼禄为同僚，进行第三次人口调查。此次调查在卷者四百九十三万七千人。余因发起通过新立法，使当时已废弃之祖宗体制得以恢复，且余本人于多方面为后人树立足资仿效之先例。

---

　　①　奥古斯都任最高司祭于公元前 12 年（一说公元前 13 年），任占卜官于公元前 41—前 40 年间，参加十五人团于公元前 37—前 34 年间，参加七人团于公元前 15 年以前，任外事司祭于公元前 32 年，参加阿尔瓦尔司祭团当在公元前 21 年以前，后三种宗教职务是久已废止后由奥古斯都恢复者。阿尔瓦尔司祭团成员十二人，是农业性质的。提提乌斯司祭团未详，学术界尚有不同意见，有人把它同撒比尼人的国王提图斯·提提乌斯联系到一起。

　　②　公元前 29 年。

　　③　三次分别在公元前 29 年、公元前 19 年和公元前 11 年。

　　④　被除献牲式（lustrum）在人口调查结束后举行。"中止已四十一年"《罗马文明》本译为四十二年。

　　⑤　公元前 8 年。

　　⑥　原文 lustum，即人口调查之代词。

　　⑦　公元 14 年，这年 8 月后奥古斯都去世。

(9)元老院规定,每隔四年由执政官与司祭为余之健康发愿①。余一生间为还愿而举行赛会多次②,主其事者或为四大司祭团③或为执政官。此外,全体公民一致,以个人或自治市身份,不断于各神殿为余之健康献牲祈福。

(10)据元老院之命令,余名被载入撒利伊司祭团④之颂歌,并以法律规定,余本人永久神圣不可侵犯,以及余终身保有保民官之权⑤。人民提出由余任先父曾担任之最高司祭,但鉴于余之一在世之同僚正任此职,故余拒绝取而代之。数年之后,即普布利乌斯·苏尔皮奇乌斯与盖乌斯·瓦尔吉乌斯任执政官之年⑥,内乱时期任该职之人去世,余乃接受此职。于时众多之人自意大利各处蜂拥而至,参加投票选余为最高司祭,此事于罗马乃属空前。

(11)克温图斯·卢克列提乌斯与玛尔库斯·维尼奇乌斯任执政官之年⑦之某日,余自叙利亚返回罗马,元老院乃明令于卡佩那门⑧荣誉与德行神殿附近为保佑还乡之命运女神修筑祭坛一座,并规定每逢此日周年,均由司祭与维斯塔贞女向祭坛奉献牺牲,此日并按余之名命名为奥古斯塔利亚节。

(12)与此同时,因元老院之命令,部分行政长官与保民官以及

----

① 奥古斯都身体素弱,故人们常为他的健康许愿。通常是向阿克提乌姆的阿波罗神许愿。

② 这类赛会之第一次在公元前 28 年举行。

③ 据狄奥(第 53 卷,第 4 章)依次主持赛会的是司祭团、占卜师团、负责圣筵之七人团(septemvirl epulonum)和负责祭典之十五人团(quindecimviri sacris faciundis)。

④ 崇祀玛尔斯神的一个古老的贵族司祭团。

⑤ 公元前 36 年奥古斯都打败列皮都斯后,得到了保民官之神圣不可侵犯权,但他终身取得保民官之权则是公元前 23 年的事,他的元首地位就是从这一年算起的。

⑥ 公元前 12 年。

⑦ 公元前 19 年。

⑧ 罗马南部的城门。位于阿文提努斯山和凯利乌斯山之间,阿皮亚大道通过此门通向卡普阿。

执政官克温图斯·卢克列提乌斯与国内知名人士奉派往康帕尼亚以迎余归来，而当时除余本人外，从无人享有此等荣誉。提贝里乌斯·尼禄与普布利乌斯·克温提利乌斯任执政官之年①，余妥善处理西班牙与高卢之事务后返回罗马②。元老院为纪念此事明令于玛尔斯广场修筑奥古斯都和平祭坛一座③，并规定高级官吏、司祭与维斯塔贞女每年此日均须向此祭坛祭献。

（13）吾等祖先规定，每当全罗马因海上陆上之胜利而取得和平时，则关闭雅努斯·克维里努斯神神殿④，而据记载，自建城迄余之出生，此神殿只关闭二次。而余任元首期间，元老院三次下令关闭此神殿。

（14）命运之神使余之二子盖乌斯与路奇乌斯·恺撒⑤于年轻时丧生。元老院与罗马人民于余之二子每人十五岁时⑥即任命彼等为当选执政官，并规定二人于五年后就任此职。元老院并规定自彼等被引入广场时起⑦，彼等即应就国事发表意见。此外，全体罗马骑士赠二人中之每一人以首席青年⑧名号，以及银盾与银枪。

（15）余遵照先父之遗嘱，赠罗马平民每人三百谢斯特尔提乌

---

① 公元前13年。
② 公元前16年至公元前13年奥古斯都在西班牙与高卢。
③ 祭坛于公元前9年1月30日正式建成奉献，祭坛位于奥古斯都返回罗马时行经之佛拉米尼亚大道上。
④ 雅努斯·克维里努斯系古罗马门神、始终之神、出入之神，有双头，一老一少，面向过去与当前，神殿的拱门在国王努玛时和公元前235年第一次布匿战争结束后各关闭过一次。在奥古斯都时期，公元前31年阿克提乌姆一战结束后，公元前25年他镇平坎塔布里亚之后两次关闭神殿拱门，第三次关闭时期不详，此事不见于记载。
⑤ 此二人为奥古斯都之女优利娅与阿格里帕所生之子，后由奥古斯都过继为继子。
⑥ 十五岁时著成人之外袍（toga virilis）后即为成年人（盖乌斯于公元前6年，路奇乌斯于公元前2年），奥古斯都在这两年任执政官，就是为了把二人引入公共（政治）生活。但二人中盖乌斯未及任执政官，路奇乌斯公元1年任执政官，但次年即死去。
⑦ 即参加政治生活。
⑧ princeps juventutis，这在当时几乎成了"王子"的同义语。

斯,而余第五次任执政官时①,自战利品中以余本人之名义,赠予每人四百谢斯特尔提乌斯。此外,余第十次任执政官时②,复以余本人之祖产作再次之馈赠,每人仍为四百谢斯特尔提乌斯。余第十一次任执政官时③,十二次自行出资购粮发放,而余取得保民官权力之第十二年,余第三次赠予每人四百谢斯特尔提乌斯。受惠于余之赠赐者从未少于二十五万人。余取得保民官权力之第十八年,即余第十二次任执政官时④,余赠予三十二万城市平民每人六十狄那里乌斯⑤。余第五次任执政官时,余以战利品赠移民地之士兵每人一千谢斯特尔提乌斯。移民地之约十二万人于余凯旋时得此赠赐。余第十三次任执政官时⑥,余赠予当时接受国家发放之粮食之平民每人六十狄那里乌斯⑦,人数略多于二十万。

(16)余第四次任执政官之年⑧,余出资自各自治市购入土地,以之分配于士兵,嗣后于玛尔库斯·克拉苏斯与占卜官格涅乌斯·连图路斯任执政官之年⑨亦复如此。余为意大利之土地支付之款项约六亿谢斯特尔提乌斯⑩,为各行省之土地支付之款项约两亿六千万谢斯特尔提乌斯⑪。迄余之时,于意大利或行省建立移民地之众人中而采取此等做法者,余为第一人且为唯一之人。

---

① 公元前 29 年。
② 公元前 24 年。
③ 公元前 23 年。
④ 公元前 5 年。
⑤ 一狄那里乌斯(银币)等于四谢斯特尔提乌斯。
⑥ 公元前 2 年。
⑦ 此次赠款系因路奇乌斯成年后被引入政治生活,以示庆祝。六十狄那里乌斯的购买力相当今日(20 世纪八十年代)的一百美元左右。
⑧ 公元前 30 年。
⑨ 公元前 14 年。
⑩ 合今天的二亿四千万美元。
⑪ 合今天的一亿零四十万美元。其余可类推。

尔后,于提贝里乌斯·尼禄与格涅乌斯·皮索任执政官之年①,同样于盖乌斯·安提斯提乌斯与戴奇姆斯·莱利乌斯任执政官之年②,盖乌斯·卡尔维西乌斯与路奇乌斯·帕西耶努斯任执政官之年③,于路奇乌斯·连图路斯与玛尔库斯·美撒拉任执政官之年,以及于路奇乌斯·卡尼尼乌斯与克温图斯·法布里奇乌斯任执政官之年,余将服役期满之士兵遣返回乡时,均赠以现金之退伍金。为此,余欣然支付四亿谢斯特尔提乌斯。

(17)余四次以个人财产资助国库,为此向掌管国库者支付一亿五千万谢斯特尔提乌斯④。玛尔库斯·列皮都斯与路奇乌斯·阿尔伦提乌斯任执政官之年⑤,余自祖产中向军库拨付一亿七千万谢斯特尔提乌斯。此库系据余之建议而设置者,俾服役二十年或二十年以上之士兵可从中领取退伍金⑥。

(18)自格涅乌斯与普布利乌斯·连图路斯担任执政官之年⑦起,每当税收拖欠难收,余即以个人资财与个人祖产为十万或更多之人提供领取粮食与现金之凭证⑧。

---

① 公元前 7 年。

② 公元前 6 年。

③ 公元前 4 年,以下顺序为公元前 3 年,公元前 2 年。

④ 此种资助可考者有二。狄奥·卡西乌斯提到公元前 28 年的一次,公元前 15 年的钱币铭文记载了他资助国家修路事。直到公元前 28 年为止,国库由财务官管理,公元前 28—前 23 年,由两位卸任的行政长官管理,此后即由两位行政长官管理直到克劳狄乌斯统治时期。

⑤ 公元 6 年。

⑥ 军库(aerarlum militare)除奥古斯都提供的资助以外,还由 5% 的遗产税和 1% 的售物税加以补充。从公元前 13 年起,近卫军服役期限由十二年延长到十六年,军团士兵由十六年延长到二十年。

⑦ 公元前 18 年。

⑧ 此语施米特编订本为…(mul)to fru(mentarias et n)umma(ria)st(esseras ex aere);蒙森编订本为 inlato frumento vel ad nummarios tributus ex agro。《罗马文明》本译为:每当行省的税收收不上来时,有时差十万人或更多人的贡赋,这时我就用我自己的粮食储备和我自己的祖产替他们完纳钱粮。

(19)余修筑之建筑物计有：元老院会堂以及与之相连接之卡尔奇斯会堂①，帕拉提乌姆山上之阿波罗神殿及其带柱门廊②，圣优利乌斯神殿③，卢佩尔库斯神窟④，佛拉米尼乌斯竞技场之带柱门廊——余同意此门廊以屋大维之名命名，因此人早先曾于同地修一柱廊，大竞技场之大看台，卡皮托利乌姆山上战利品之神朱庇特之神殿与雷神朱庇特之神殿⑤，克维里努斯神殿⑥，阿文提努斯山上米涅尔瓦、天后朱诺、自由之神朱庇特诸神之神殿⑦，圣道最高处之守护神神殿⑧，维利亚高地上之家神神殿⑨，帕拉提乌姆山上之青年神殿⑩与伟大母神神殿⑪。

(20)余出重资重修卡皮托利乌姆神殿⑫与庞培剧场⑬而未将余名留于其上。水道之输水渠道因年久而有若干损坏之处余均修

---

① 按，原文 chalcidicum 来自 Chalcis，此处似省略一 Curiam（原形 Curia）之类字样。但喜译与《罗马文明》本均作专名译为 Chalcidicum。

② 阿波罗神殿在公元前 36 年后不久兴建，公元前 28 年正式告成。

③ 在广场东端，即恺撒遗体火化处。公元前 29 年 8 月 19 日正式告成。

④ 原为帕拉提乌姆山西南之石窟，传说母狼曾在此养育罗马始祖（双生子）。卢佩尔库斯为古意大利之牧神，相当希腊神话中的潘。

⑤ 战利品之神朱庇特（Iovis Feretri），朱庇特神的名号之一，战胜之统帅应把战利品中最好的部分（spolia opima）献给此神，公元前 31 年因阿提库斯之建议修复，它在至高至善之神朱庇特大神殿附近。雷神朱庇特之神殿是公元前 29 年 9 月 1 日正式奉献的，位于卡皮托利乌姆高地入口处，以纪念他在坎塔布里亚作战时（公元前 26—前 25 年）免遭雷击一事。

⑥ 克维里努斯为雅努斯神名号，在克维里那利斯山上，公元前 16 年正式奉献。

⑦ 这三座神殿是旧殿重修。

⑧ 原文 in summa sacra via，可能也在维利亚高地一带。

⑨ 守护神与家神神殿都在后来提图斯拱门附近，今已不存。

⑩ 面对大竞技场，公元前 16 年毁于火。

⑪ 公元前 191 年正式建成，公元 3 年毁于火。

⑫ 至高至善之朱庇特神神殿据传统是塔尔克维尼乌斯·苏培尔布斯所建，公元前 83 年毁于火，后苏拉重建，至公元前 69 年由卡图路斯完成。

⑬ 第一座石造之大剧场建于公元前 55 年，后一直为罗马最有名之剧场。

复之,此外余更将一新水源引入玛尔奇亚水道,而使其水量倍增①。先父肇始并将近完工之优利乌斯广场②以及卡斯托尔神殿与撒图尔努斯神殿之间之会堂由余完成之。后此会堂毁于火,余乃重新扩建之,将吾子之名留于其上,并下令若余此生不及见该建筑物之峻工,则余之继承人当完成之③。余第六次任执政官时④,遵照元年院之命令,于城中重建神殿八十二座,而当时需加修缮者,余均虑及之。余第七次任执政官时⑤,于自城至阿里米努姆之佛拉米尼亚大道以及除穆尔维乌斯与米努奇乌斯二桥⑥以外之诸桥,并皆修整之。

(21)余于个人之土地上,以来自战利品之资财修筑复仇者玛尔斯神神殿⑦与奥古斯都广场。余于大部购自私人之土地上于阿波罗神殿近旁修筑剧场一座,并将余婿玛尔库斯·玛尔凯路斯之名留于其上⑧。余以自战利品得来之资财,奉献供物于卡皮托利乌姆神殿、圣优利乌斯神殿、阿波罗神殿、维斯塔神殿与复仇者玛尔斯神殿,总计约一亿谢斯特尔提乌斯⑨。余第五次任执政官时,

---

①　修复情况参见佛隆提努斯的 De aquis 第 125 章。

②　在塔普苏斯之战(公元前 46 年)胜利后与优利乌斯会堂一道奉献。

③　此会堂不久毁于火,公元前 12 年开始重建。

④　公元前 28 年。

⑤　公元前 27 年。

⑥　穆尔维乌斯桥在罗马以北,佛拉米尼亚大道经过此桥,今天叫莫列桥。米努奇乌斯桥具体地点未详。

⑦　此神殿是在菲利皮之战以前发愿修建的,直到公元前 2 年才峻工奉献。神殿与广场之残迹于今尚存。

⑧　剧场在玛尔斯广场上,公元前 11 年 5 月 4 日正式奉献。按,玛尔凯路斯死于公元前 23 年。剧场的围墙残址于今尚存。

⑨　苏埃托尼乌斯之《奥古斯都传》(第 30 章)说他向卡皮托利乌姆山上之朱庇特神殿一次就奉献黄金一万六千磅(折合六千四百万谢斯特尔提乌斯)和价值五千万谢斯特尔提乌斯的宝石珍珠。同他的行述相比,那数目显然是大大夸大了。

将意大利各自治市与移民地为庆祝余之凯旋而奉献之金冠用黄金①三万五千磅归还原主，此后，每当余被推戴为统帅时，虽然各自治市与移民地出于善意仍有献金之议，余均谢绝之。

（22）余以本身名义举办角斗比赛三次，以吾子或吾孙名义举办五次，参加此项比赛者约万人②。余两次以自身之名义自世界各地约请运动员为人民举行表演，第三次则以吾孙③之名义。余四次以本人名义，二十三次以其他高级官吏名义举办比赛④。盖乌斯·富尔尼乌斯与玛尔库斯·西拉努斯任执政官之年，余以十五人团司祭长身份并偕同同僚玛尔库斯·阿格里帕，代表该司祭团举行百年节赛会⑤。余第十三次任执政官时首次举行玛尔斯赛会⑥，此后执政官即遵照元老院之决定同余一道⑦每年举办此赛会。余二十六次以余本人名义或以吾子或吾孙之名义于竞技场、广场或圆形剧场举办猎捕阿非利加野兽之表演，表演中猎杀之野兽约三千五百头⑧。

（23）余于梯伯河对岸，即今恺撒圣林所在处掘地为池长一千八百尺宽一千二百尺，用以为民众举办海战表演⑨。参加表演者

---

① 过去各城市有向胜利之统帅奉献金冠的习俗，后来可能简化为黄金或现款，仅保留 coronarium aurum 的名义。这次是为了庆祝公元前 29 年的胜利。

② 八次角斗比赛可考者有七次：公元前 29 年（奉献优利乌斯神殿）、公元前 28 年、公元前 16 年、公元前 12 年（为盖乌斯与路奇乌斯举办）、公元前 7 年、公元前 2 年（奉献复仇者玛尔斯神殿）、公元 6 年（为大杜路苏斯举办）。

③ 具体指谁未详。

④ 高级官吏视事时多举办比赛。

⑤ 此系第五次百年节赛会，举行于公元前 17 年 6 月 1—3 日。

⑥ 公元前 2 年。为奉献复仇者玛尔斯神殿而首次举行，原文 Ludi Martiales。

⑦ 据韦尔茨加。

⑧ 罗马人嗜杀于此可见一斑。

⑨ 阿文提努斯山较低处过梯伯河即为奥古斯都表演海战处（Naumachia Augusti）。奥古斯都用三十三公里的引水道（Aqua Alsietiua）为水池供水。表演是公元前 2 年奉献复仇者玛尔斯神殿时的事情。据狄奥·卡西乌斯（第 55 卷，第 10 章），双方分别扮雅典人与波斯人，最后雅典人胜。

三层桨或两层桨之尖头船三十艘，尚有大量小船。船上参战者约三千人，划桨手尚不计在内。

（24）余取得胜利后①，将余之对手于战争中掠自亚细亚行省诸城市之神殿以供其个人享用之一切装饰品，俱归还各该城市之神殿②。罗马城内余本人之银像——立者、骑者或乘坐战车者——约八十座，此等银像余均予以撤除，并以由此而得之现金，以余个人之名义并以为余立像者之名义向阿波罗神殿奉献金质供物③。

（25）余肃清海盗使海上归于平静④。余于该战争中将约三万名奴隶交还其原主惩处，此等奴隶曾自其主人处逃走并以武力反对共和国。全意大利自愿向余宣誓效忠并要求余负领导战争之责，而余乃于阿克提乌姆一战中取得胜利⑤。两西班牙、高卢、阿非利加、西西里与撒地尼亚诸行省亦宣誓效忠⑥。彼时元老七百余名立于余之军旗之下⑦，而迄余书此时，其中八十三人于当时前后曾任执政官，约百七十人曾任司祭。

（26）罗马人民一切行省之边界余皆扩展之，边界之外则为尚

---

① 指公元前 31 年在阿克提乌姆打败安托尼乌斯事。

② 安托尼乌斯曾将亚细亚行省撒摩斯、以弗所、佩尔加摩斯、罗伊提乌姆等地神殿中的雕像和饰物抢来送给克列欧帕特拉。参见狄奥·卡西乌斯，第 51 卷，第 17 章。

③ 熔化银像的事参见苏埃托尼乌斯：《奥古斯都传》第 52 章和狄奥·卡西乌斯，第 53 卷，第 52 章。

④ 指对赛克斯图斯·庞培的海上战争。公元前 36 年 9 月结束。

⑤ 公元前 31 年奥古斯都在阿克提乌姆一战中打败安托尼乌斯和克列欧帕特拉。

⑥ 实际上这已是罗马全部领土的一半。

⑦ 当时元老院全部元老有大约一千人。

未服从罗马统治之种族①。余使高卢与西班牙行省重获和平,并使自伽地斯迄易北河口沿大洋之日耳曼尼亚地区亦重获和平②。余使最邻近亚得里亚海直至图斯库斯海之地区之阿尔卑斯山区取得和平,而不使任何部族无端卷入战争③。余之舰队自莱茵河口东行,直抵金布里人之国土,而于当时之前,曾无一人由陆上或海上到达彼处,且金布里人、卡里德斯人④与谢姆诺尼斯人以及同一地区之其他日耳曼部族均遣使谋求余与罗马人民之友谊⑤。余所统率与主持之两军几于同时开入埃塞俄比亚与号称"幸福之乡"之阿拉伯,两族甚为庞大之军队受歼于战场,多数城镇遭攻占⑥。大军于埃塞俄比亚直抵美洛埃城附近之纳巴塔城⑦。大军于阿拉伯则深入撒巴伊人地区之玛里巴城⑧。

---

① 原文 Omnium próv(inciarum populi Romani),quibus finitimae fuerunt gentés quae n(onparerent imperio nos)tro,fines auxi。录之以供参考。《罗马文明》本的译文是:"在这些行省的边界住着服从我国统治的各民族。"

② 公元前 27—前 25 年,奥古斯都之征讨高卢与坎塔布里亚;卡尔里那斯之讨伐莫里尼人,美撒拉之讨伐阿克维塔尼人(公元前 27 年)以及提贝里乌斯和杜路苏斯在日耳曼所进行之多次讨伐,都是这一类。

③ 在摩纳哥附近的托尔比亚保存有一铭刻的若干碎片,上面记着征服阿尔卑斯山地区各部族之事。老普利尼《自然史》(iii,20,136)中保存了它的铭文:"元老院与罗马人民向恺撒……奥古斯都……因为在他的领导和主持下,从高处到低处之海阿尔卑斯山地区一切部族均为罗马人民所征服,"下面是四十六个部族的名称。

④ 原文 Charydes。

⑤ 有关公元 5 年出征易北河之事,参见维雷乌斯,第 2 卷,第 106 章。金布里人住在什列斯维格与日德兰沿岸地带,卡里德斯人住在附近,谢姆诺尼斯人住在易北河与威悉河之间。

⑥ 埃利乌斯·伽路斯征讨阿拉伯是公元前 25—前 24 年间事。除幸福之乡阿拉伯(Arabia Felix,今也门)以外,尚有阿拉伯·培特莱阿(Arabla petraea,意为多石地区之阿拉伯)与阿拉伯沙漠区(Arabia deserta)两部分。

⑦ 女王坎达凯乘罗马驻埃及卫戍部队出征阿拉伯而攻占上埃及若干城市。公元前 24—前 22 年盖乌斯·佩特洛尼乌斯重新占领这些地方,进而攻入埃塞俄比亚。

⑧ 在阿拉伯南部。

(27)余使罗马人民统治下增加埃及一地①。至于大阿尔明尼亚,虽然余于其国王阿尔塔克色斯遭暗算后,本可将此地划为罗马之一行省,然余宁愿依祖宗先例,令当时余之继子提贝里乌斯·尼禄将王国赠与国王提格拉尼斯之孙、国王阿尔塔瓦斯德斯之子提格拉尼斯。嗣后,此地民众发动叛乱,吾子盖乌斯镇平之,余复将此地交美地亚人国王阿尔塔巴佐斯之子、国王阿里欧巴尔扎尼斯治理,而此人死后,余复将之交其子阿尔塔瓦斯德斯治理。后者被谋杀后,余乃遣阿尔明尼亚人王室成员提格拉尼斯去该王国②。当时大部分为诸王占有之亚得里亚海以东诸行省以及库列涅,余均收复之③,前此,余已收复对奴隶作战时失守之西西里与撒地尼亚④。

(28)余设置士兵移民地于阿非利加、西西里、马其顿、两西班牙、阿凯亚、亚细亚、叙利亚、高卢·纳尔波年西斯、皮西地亚诸地。此外,余复于意大利主持设置移民地二十八处,而余在世时此等移民地已成长为繁盛之名城⑤。

(29)余于西班牙、高卢与达尔玛提亚人处战胜后,收回其他将

---

① 此事发生在阿克提马姆一战之后克列欧帕特拉去世时(公元前30年)。在此之前,埃及为罗马之保护国,但有独立的名义。从公元前57年,托勒密·奥列特斯复位以来,那里就驻有罗马军队。埃及划为行省后,直属罗马皇帝。

② 有关阿尔明尼亚王位继承之复杂问题,蒙森有关《行述》之专著第109—117页有论述。

③ 据公元前40年布伦狄西乌姆条约,安托尼乌斯取得了马其顿、阿凯亚、亚细亚、比提尼亚、奇利奇亚、赛浦路斯、叙利亚、克里特、库列奈卡。他把后面五个地方赠给了外国国王。这是激起内战的一个原因,战争以阿克提乌姆一战而告结束。

④ 实指对赛克斯图斯·庞培之战(公元前36年结束),在庞培一面作战的以逃跑的奴隶为主。

⑤ 参阅上引蒙森有《行述》之专著第119—222页。《赫尔美斯》,第18号,第161页以次。

领于战场上失去之军旗(鹰徽)多枚①。余迫使帕尔提亚人交还夺自罗马三军团之战利品与军旗②,并迫使彼等恳请取得罗马人民之友谊。此等军旗余均贮存于复仇者玛尔斯神神殿之内殿③。

(30)余任元首之前,罗马人民之军队从未曾进入潘诺尼亚诸部族居住之地区,然余之继子兼副帅提贝里乌斯·尼禄征服此等部族之后,余即将彼等收归罗马人民统治之下,并将伊利里库姆之边界推进至多瑙河岸。达奇亚人之军队有渡河南下者,余指令我军击败并歼灭之,此后,我军复渡河迫使达奇亚诸部族听从罗马人民之命令④。

(31)印度诸王常遣使来我处⑤,前此从无任何罗马将领经历此事。巴斯塔尔纳伊人与斯奇提亚人⑥、居住于塔纳伊斯河⑦两岸之撒尔玛提人之国王、此外尚有阿尔巴尼人⑧之国王以及伊伯里

---

① 公元前48年伽比尼乌斯,公元前44年瓦提尼乌斯在内战中均将军旗失于达尔玛提亚人。公元前23年奥古斯都收回这些军旗(鹰徽)。在西班牙对庞培之子作战时失去之军旗,可能在公元25年坎塔布里亚战役中收回。高卢的情况未详。

② 克拉苏斯于卡尔莱(公元前53年)以及安托尼乌斯两次(公元前40年和公元前36年)把军旗丢给帕尔提亚人。军旗是公元前20年由帕尔提亚国王普拉特斯归还的。

③ 在这一神殿正式建成(公元2年)前,军旗暂时贮存在卡皮托利乌姆神殿中。

④ 达奇亚人在共和国后期多次进攻罗马领土。优利乌斯·恺撒曾准备讨伐他们。公元前35年奥古斯都占领了撒维河上的赛盖斯塔作为对付侵略的前哨据点。达奇亚人是站在安托尼乌斯一面参加内战的。这里指的可能是公元前10年的一次入侵。参见狄奥·卡西乌斯,第54卷,第36章。

⑤ 这样的使团见于史料的有两次:一次是公元前26—前25年间奥古斯都在西班牙时,一次是公元前20年,使团在撒摩斯拜会了他。

⑥ 巴斯塔尔纳伊人是当时居住在多瑙河口的条顿族。斯奇提亚人住在今前苏联欧洲部分南部。

⑦ 今天的顿河。

⑧ 住在里海边上。

人①与美地亚人之国王均遣使谋求与我国人民结成友谊。

(32)投奔于余请求庇护之国王计有:帕尔提亚人之国王提里达特斯②、稍后则为国王普拉特斯之子普拉特斯③;美地亚人之国王阿尔塔瓦斯德斯④;阿狄亚贝尼人⑤之国王阿尔塔克色斯;不列同人⑥之国王杜姆诺贝劳努斯和提姆科米乌斯⑦;苏伽姆布里人⑧之国王玛伊洛以及玛尔科曼尼人与苏埃比人之国王塞吉美路斯⑨。帕尔提亚人之国王欧洛德斯之子普拉特斯遣送其全部子孙至意大利余处,此非因彼为余战败,盖欲以子孙为人质而寻求吾等之友谊故⑩。余任元首期间,多数先前从未同罗马人民建立任何使节往来与友谊关系之其他部族于罗马人民之诚意均有所体会。

(33)帕尔提亚人与美地亚人两国人民派遣其要人为使节自余处迎得彼等所要求之国王⑪。帕尔提亚人迎得者为国王欧洛德斯之孙、国王普拉特斯之子沃诺尼斯;美地亚人迎得者为国王阿

---

① 住在今天的格鲁吉亚。
② 在公元前 26 年。
③ 在公元前 20 年。
④ 在公元前 31—前 30 年。
⑤ 这个名字在这里第一次出现,是亚述北部的部族。
⑥ 即不列颠人。
⑦ 据《罗马文明》英译本补,但英译文为 Tincommius,而我所据本此词开头为 Tim...。
⑧ 居住在莱茵河以东之日耳曼部族,他们在公元前 8 年最后被打败并被遣送到莱茵河西岸去。
⑨ 据《罗马文明》英译本补。
⑩ 事情发生在公元前 10 年。实际的情况是普拉特斯想用这个办法排除有合法继承权的儿子以便使他同一名意大利女奴(奥古斯都所赠)非法所生之子普拉塔凯斯继承王位。
⑪ 由于普拉塔斯凯斯的逃跑而空下了帕尔提亚王位,帕尔提亚人要求普拉特斯的合法继承人、其子沃诺尼斯(时在罗马作人质)回国即位。事情发生在公元前 5 年(?)。

里欧巴尔扎尼斯之孙、国王阿尔塔瓦斯德斯之子阿里欧巴尔扎尼斯。

（34）余第六与第七次任执政官期间①，经全国人民同意，余取得绝对统治大权后，乃平息内战之火，而余随即将共和国自余之统治下转元老院与罗马人民治理②。元老院因余之功业，乃明令授余以奥古斯都称号③，余之邸宅之门柱公开覆以月桂，门之上系一公民冠④，此外，于优利乌斯会堂置一金盾，其上之铭文说明，元老院因余之英勇、仁慈、公正⑤与虔敬而以此授予。自此之后，余之威信超过一切人⑥，但于任何高级职位之上，余之权力并无超越其他同僚之处。

（35）余第十三次任执政官时，元老院、骑士等级以及全体罗马人民授予祖国之父称号⑦，并决定将此称号铭刻于余之邸宅之门

---

① 公元前 28 年与公元前 27 年。

② 在这两年和以后若干年，他逐步放弃自己的特殊权力而只担任一般的官职，但由于他掌握着保民官的权力（tribunicia potestas）和统治大权（imperium），所以他的权力仍然是绝对的。共和只是形式上恢复了而已。奥古斯都这时明确不再有三头时期的过火行动。

③ 穆纳提乌斯·普兰库斯提出并经元老院通过的（公元前 27 年 1 月 16 日）。

④ 在钱币上可以看到公民冠或月桂。按惯例，公民冠授予救了罗马人性命的人。奥古斯都所以得此冠，因为他结束内战，挽救了多数罗马人之生命。

⑤ 英勇（virtus，后引申为美德）、仁慈（clementia，这是恺撒特别重视的）、公正（iustitia）、虔敬（pietas）都是古罗马人最重视的德行，也是他取得极高威信的基础。他前面所提到的功业都可以这四者加以概括。

⑥ 这句话是《行述》的点睛之笔，他的所有表功文句就是为了证明这一句话。这表明他的至高无上的地位来自他的崇高道德，不是来自权力。他深知只有这样办法取得的地位才是真正不朽的。按此句中威信一词喜普利本原文为 dignitate，而伽热（J. Gage）本为 auctoritate（《罗马文明》本译为 authority），希腊译文为 Ἀξιώματι，digitate 虽亦可译为 Ἀξιώματι，但此词本身更偏重地位的显赫，显非奥古斯都之本意，故而我认为应取 auctoritate。参见本书《译者序·元首的威信》。

⑦ 正式授予是在公元前 2 年 2 月 5 日。在这之前人们已经用这个称号（pater 或 parens patriae）称呼他了。

厅、于元老院会堂以及奥古斯都广场上四马战车之底座。此战车系元老院明令为余设立者。余草此件时年七十六岁①。

---

①　奥古斯都在公元 14 年 9 月 23 日是七十六岁。《安启拉铭文集》第 8 章提到第三次人口调查是在他去世前一百日完成的。这样看来，这一文件是他在公元 14 年 5 月 11 日到他动身去康帕尼亚这段时间里写的。奥古斯都在这一年的 8 月 19 日死在诺拉。

附 录 二

圣奥古斯都传

苏埃托尼乌斯

（1）有许多迹象表明，屋大维家族往昔是维利特莱地方的一个显赫的家族。要知道，不仅这座城市最繁华的地区有一条街早就以屋大维为名，而且那里还有一座祭坛，这座祭坛就是屋大维家族里的一个人奉献的。这个人是一次对邻城作战时的领袖，并且，当敌人突然袭击的消息传到他这里来时，他正好向玛尔斯神①奉献牺牲，于是他就赶忙从火上把牺牲的半生不熟的内脏掏出来献了上去②。他就这样出发去战斗并得胜而归。而且，还有人民的一项法令记录在案，规定今后向玛尔斯神奉献的牺牲也要照此办理。牺牲的其余部分则要交给屋大维家族。

（2）国王塔尔克维尼乌斯·普里斯库斯③准允这一家族加入元老院中的小氏族④，后来它又被谢尔维乌斯·图利乌斯⑤列入贵

---

① 罗马神话中的战神。
② 通常牺牲是在火上烤熟再把牺牲的内脏掏出来奉献，并用来进行占卜。
③ 罗马王政时期的第五个国王。
④ 即平民氏族，以区别于贵族氏族。
⑤ 王政时期的第六个国王。

族之中；但久而久之，它又回到平民等级中间来，而又过了很久，它才又被圣优利乌斯列入贵族等级。这个家族中第一个被人民选出来担任长官的是财务官盖乌斯·茹福斯。他生了格涅乌斯和盖乌斯，屋大维家族从此分成社会地位很不同的两支。原来格涅乌斯和他的全部后人依次担任了最高的官职①，但盖乌斯及其子孙，不知是出于偶然还是通过自己的选择，直到奥古斯都的父亲一直留在骑士等级里。奥古斯都的曾祖父在第二次布匿战争期间，曾在西西里服军役，在埃米利乌斯·帕普斯的麾下任军团司令官。他的祖父只满足于在一个自治市里担任公职，但是有丰厚的收入并过着宁静的晚年。人们记载下来的事情就是上面那些。奥古斯都本人的记述②只是说，他出身古老而富有的骑士家族，他自己的父亲是这个家族里第一个成为元老的人。玛尔库斯·安托尼乌斯曾用奥古斯都的曾祖父来取笑他，说他的曾祖父是来自图里伊③的乡间的一个被释奴隶，一个做绳子的人，而他的祖父则是经营银钱业的人。关于奥古斯都父系祖先的情况，我所知道的一切就是这些了。

（3）他的父亲盖乌斯·屋大维从一开始就是一个既富有又有名望的人；有些人说他也经营过银钱业，甚至曾被人雇用来在选举时分发贿赂以及在玛尔斯原野④上进行种种活动。但对这一点我只能表示怀疑。实际上，由于他生在富裕之家，他很容易地取得了高位并干得十分出色⑤。在自己的行政长官任期期满后，他取得

---

① 当指执政官、行政长官和监察官之职。
② 指他的回忆录，参见本传记第 85 章。
③ 最早由希腊人在意大利南部建立的城市。
④ 沿梯伯河到山脚下的一片空地，百人团民会开会以及征兵都在这里进行。通常说 Campus 指的就是这里。
⑤ 罗马官吏为取得民众对自己的好感时常要自己拿出钱来举办各种游艺活动，特别是在营造官任上。恺撒曾为此而负债累累。

了马其顿;在他去这一行省的途中,他为元老院执行了一项特殊任务,清除了盘踞在图里伊乡间的、由逃跑的奴隶、斯巴达库斯和卡提利那的军队的逃兵组成的一个队伍。在治理行省时,他表现得既公正又有胆量。除了在一次大规模的战斗中,打败了贝喜人①和其他色雷斯人以外,他对待我们的联盟者的做法也很得体,以致玛尔库斯·西塞罗在给他那这时以同执政官的身份②在亚细亚任长官但是名声不甚好的弟弟克温图斯写的信——这些信还在——里,就极力告诫他要像相邻行省的屋大维那样取得我们的联盟者的好感。

(4)在从马其顿返回时,还没来得及提出竞选执政官,他就突然去世了。他身后有三个孩子:同安卡里娅生了大屋大维娅;同阿提娅生了小屋大维娅和奥古斯都。阿提娅是玛尔库斯·阿提乌斯·巴尔布斯同优利娅即盖乌斯·恺撒的姊妹所生的女儿。巴尔布斯的父亲是阿里奇亚③的土著,他家里有许多人参加过元老院④;他的母系则同伟大的庞培⑤有密切的关系。巴尔布斯在担任了行政长官之后,他是按照优利乌斯法组成的二十人团⑥的成员之一,这个组织的任务就是把康帕尼亚的土地分给民众。但是安托尼乌斯也想贬低奥古斯都的母系祖先,于是就挖苦他,说他的外曾祖父是阿非利加人,起初在阿里奇亚开一家香料店,后来则是一

---

① 贝喜人(Bessi)为色雷斯人之一支,居住在斯特律蒙河以西洛多帕山地区。

② 应当是以同行政长官的身份。

③ 拉提乌姆的一个小城市,在维利特莱西北,今天叫里奇亚。

④ 原文的意思是家里有许多参加过元老院的祖先的蜡制面具(imagines)陈列在后人住宅的中庭(atrium)地方。

⑤ 伟大的(Magnus)是庞培的绰号,后来就成了他的名字的一部分,罗马名人的绰号多表示此人的特殊功勋、经历和特点。

⑥ 参见苏埃托尼乌斯:《圣优利乌斯传》,第20章。指他通过这一团体把土地分给有三个或更多子女的两万公民一事。

家面包店。帕尔玛的卡西乌斯也嘲笑奥古斯都既是面包匠又是兑换人的孙子,他在他的一封信里说:"你母亲吃的饭取自阿里奇亚的一家最简陋的面包店;而这是来自涅茹路姆的兑换人用肮脏的铜臭味①的手捏成面包的形状的。"

(5)在玛尔库斯·图利乌斯·西塞罗和盖乌斯·安托尼乌斯担任执政官的那一年②,奥古斯都在10月1日之前的第九天③,正当日出之前,降生在帕拉提乌姆区的牛头④。就在牛头这里,在他死后不久,修建了一座现时还有的神庙。原来在元老院的议事录里记载着说,当一个贵族家族出身的青年人盖乌斯·莱托里乌斯以自己年轻和自己的地位为理由而要求从轻处理他的通奸罪行时,他还着重向元老们提出,圣奥古斯都出生时第一次接触到的那个地方就是属于他的,而且,似乎他还是这个地方的看守人,因此,他请求为了他那可以被称为自己特有的神灵而得到宽恕。因此元老院发布命令,他家中的这一部分应当被视为圣地。

(6)直到今天人们还可以看到在他的祖父的在维利特莱附近的别墅里有一间像是食品室的小房间被说成是皇帝的保育室,并且邻里中间也大都认为那里也是他诞生的地方。除非有必要并且经过被除式,谁也不敢走进这间房屋,因为长期以来人们有这样一种信念,认为那些不经过一定的仪式而走进这房间的人们,都会吓得发抖。而且,人们近来看到,这一情况是确实存在的。原来当一

---

①　有的注家认为作者把这里的原文 collybo(collybus)理解为"兑换",而卡西乌斯原来指的则可能是一种圆形的饼。

②　公元前63年。

③　据罗马历法,每月的第一日叫 Calendae;这里具体指9月23日。

④　原文 ad Capita Babula,此处系意译。

位新的房屋主人，不知是出于偶然还是有意试探这件事，到那间房屋去睡觉时，结果夜里睡不了几个小时，就连同全部铺盖突然被一种神秘的力量抛了出来，半死地躺在门前。

(7)他在婴儿时代就给起了个图里努斯(Thurinus)的别号以纪念他的祖先的故家①，不然就是因为他的父亲屋大维在自己的儿子出生前不久在图里伊附近战胜了那些逃跑的奴隶。他之有图里努斯的别号这一点，我可以根据非常可靠的证据加以肯定，因为我曾有过一个小的青铜半身像，是他孩子时的，像上有用铁的字母镶嵌而成的他的名字，但这名字由于年代久远而几乎无法辨认了。我把这个像送给了皇帝②，皇帝把它作为爱物放到他的寝室的守护神像中间。而且，在玛尔库斯·安托尼乌斯的信里，奥古斯都也常常被称为图里努斯，算是对他的一种侮辱。对此，奥古斯都只是回答说，他感到惊讶的是，他过去的名字竟公然被用来当作对他的一种侮辱。后来，按照他的舅祖父的意思，他起了盖乌斯·恺撒的名字；随后，由于穆那提乌斯·普兰库斯的提议，他又得了奥古斯都的称号。原来当某些人提出意见，认为他应当作为罗马城的第二个建立者而称为罗慕路斯时，普兰库斯却提出建议，他不如采用奥古斯都的称号，理由是：这不仅是一个新的头衔，而且是一个更可尊敬的头衔，因为就是那些神圣的地方以及那些通过占卜仪式而奉献了任何事物的地方也都被称为 augusta③。要知道，所以称为 augusta，这是由于这些地方的神圣性有了增长(auctus)或由于鸟类的活动或啄食情况(avium gestus gustusve)，正如恩尼乌斯通过他如下的诗句也指出的："在通过占卜而建立了神圣的、显赫

---

① 参见本文第 2 章。
② 指哈德里安，公元 117—138 年在位。
③ 意为"神圣的""崇高的"等等。

的罗马之后。"①

　　(8)他在四岁上失去了自己的父亲。十二岁时,他在他的外祖母优利娅的葬礼上,对集会的民众发表了悼念的演说。又过了四年,他穿上了成年人的外袍②之后,在恺撒举行阿非利加的凯旋式时分得了战利品,尽管他本人由于年幼根本没有参加这次战争。当他的舅祖父③随即赴西班牙去同庞培的儿子们作战时,尽管奥古斯都在一场大病之后体力还几乎没有得到恢复,他却穿过受到敌人困扰的道路同只是很少的几个同伴跟随前往,并且在经过难船事件之后仍旧如此,从而受到了恺撒的很大赏识,恺撒除了很快赏识他在途中表现出来的毅力之外,还十分钦佩他的性格。

　　当恺撒在收复了西班牙行省之后,准备对达奇人、而后再对帕尔提亚人发动进攻的时候,事先被派往阿波罗尼亚的奥古斯都把余暇都用到学习上。当他得到他的舅祖父被刺并且曾指定他为继承人的消息时,他一时拿不定主意是否向离他最近的那些军团发出呼吁。但是他放弃了这个想法,因为这样做太仓促,还不是时候。不过他确实回到了罗马并且开始宣布了自己的继承人身份,尽管对这一点,他的母亲表示怀疑,而他的继父——担任过执政官的菲利浦斯——极力反对。随后他就征募军队,从此就先是同玛尔库斯·安托尼乌斯和玛尔库斯·列皮都斯,后来又只同安托尼乌斯一道统治了国家将近十二年,最后他自己又单独统治了国家四十四年。

　　(9)上面就算是对他的一生作了一个概括的叙述,下面我再分

---

　　①　恩尼乌斯:《编年记事》,第502行。
　　②　少年人穿上 toga virilis,这意味着已长大成人并开始参加社会活动。少年朋友对他要表示庆祝。这同我国古时行冠礼的意义差不多。
　　③　原文 avuhculus 指叔、伯、舅父,这里按辈分似应指 avunculus magnus。

别叙述他的生平的不同时期,不过不是按照年代顺序,而是按照类别,这样可以使我的记述更加清楚,更容易理解。

他进行的内战有五次,而用地名来表示,它们是木提那、菲利皮、佩路西亚、西西里和阿克提乌姆。其中第一和第五次是对付玛尔库斯·安托尼乌斯的;第二次是对付布路图斯和卡西乌斯的;第三次是对付三头之一的兄弟路奇乌斯·安托尼乌斯的;第四次是对付格涅乌斯的儿子赛克斯图斯·庞培的。

(10)发动所有这些次战争的最初的原因是这样:由于他认为他最为义不容辞的一件事就是为他的舅祖父之死报仇,并且要使恺撒的法令继续有效。因此在他从阿波罗尼亚返回之后,决定立刻动用武力向布路图斯和卡西乌斯发动出其不意的进攻。当对方预见到这种危险而跑掉时,他便使用了法律手段,并且当他们不在罗马时追究他们的谋杀罪行。而且,由于被任命通过比赛来庆祝恺撒的胜利的那些人不敢这样做,于是他就自己出面举办。为了能够以更大的权威来执行他的其他计划,他宣布竞选因正好这时死亡而出缺的一个保民官的职位。他虽是一个贵族,但还不是一位元老①。但当他的计划受到当时担任执政官并且他要特别借重的玛尔库斯·安托尼乌斯的反对,而且如果他不答应付出一大笔贿赂,安托尼乌斯对他甚至连一般的公道也没有时,他便站到贵族一面②去,因为他知道贵族是不喜欢安托尼乌斯的,特别是由于安托尼乌斯正在木提那围攻戴奇姆斯·布路图斯,并且试图用武力把他赶出恺撒授予他并经元老院批准的行省。因此,根据某些人的意见,他便雇人暗杀安托尼乌斯,但当阴谋败露而害怕对方的报

---

① 从苏拉的时期开始,只有元老才能够竞选保民官的职位。
② 即元老院。

复时,他便把所能有的钱用来招募老兵,以便保护自己和保卫国家。他以同行政长官的身份受命统率他征募的军队,并且奉命同已经担任执政官的希尔提乌斯①和潘撒②会师以便援助戴奇姆斯·布路图斯,这样他就在三个月当中通过两次战斗完成了委托给他的战斗任务。据安托尼乌斯的记述,在前一次战斗中,他逃掉了,直到第二天才重新露面,可是外衣和乘骑都没有了;但是在下一次战斗中,所有的人一致认为,他不仅尽到了一个领袖的责任,而且还尽到了一名战士的责任,并且,在战斗进行得最激烈的时候,他的军团的旗手受了重伤,于是他自己就把鹰徽③扛了一个时候。

(11)由于希尔提乌斯是在这一战争中阵亡的,并且,在这之后不久,潘撒也因伤而死,于是就有谣言传出来,说两个人都是他害死的,目的在于赶跑了安托尼乌斯之后罗马没有执政官,这样他就可以独自控制胜利的军队了。潘撒死时的情况特别引起人们的很大怀疑,以致医生格律科竟因为被指控在潘撒的伤口上放毒药而被监禁起来。关于此事,阿克维利乌斯·尼格尔还说,另一位执政官希尔提乌斯是在战斗的混乱中被奥古斯都本人杀死的。

(12)但是,当他得知安托尼乌斯在逃跑之后投到玛尔库斯·列皮都斯那里去并得到庇护,而且其余的将领和军队正在同他们取得谅解的时候,他就毫不犹豫地放弃了贵族的立场,而以某一位贵族的言行作为他这次转变立场的借口,硬说有些人把他说成是

---

① 奥路斯·希尔提乌斯(Aulus Hirtius)从公元前54年便随恺撒在高卢作战。恺撒的《高卢战记》的第8卷便是由他续成的。

② 盖乌斯·维比乌斯·潘撒(Gaius Vibius Pansa)在公元前51年任保民官时便站在恺撒一面。公元前45年他是山南高卢的长官。

③ 罗马军团以鹰徽为军旗。

一个孩子,还有一些人扬言应当给他荣誉但是把他架空起来,这样就不致非得对他本人或对他的老兵给以适当的补偿不可了。为了更明显地表明他后悔同贵族一派的联合,他罚了努尔西亚的民众很大一笔钱,因为他们曾动用公款为他们本城在木提那作战阵亡的公民立碑,上面还刻着"他们为自由而死"的字样。当他们付不出这笔钱时,他便把他们赶出了自己的城市。

(13)在同安托尼乌斯和列皮都斯结成联盟之后,他也是通过两次战斗结束了菲利皮之战,尽管他当时因病而身体虚弱,并且在第一次的战斗中曾被逐出自己的营地,因为逃到安托尼乌斯的队伍那里去才幸免于难的。他并不曾适可而止地利用自己的胜利,而是把布路图斯的首级送往罗马抛在恺撒的雕像下面,然后又把怒气发泄到最显要的战俘身上去,甚至对他们发出侮辱的言词。比如,对卑躬屈膝地请求他给以埋葬的一个人,据说他的回答是:"鸟儿很快会解决问题的。"当另外两个人,父亲和儿子请求饶命的时候,据说他命令他们抽签或是猜拳①以决定应当饶谁的命,然后又不得不看着两个人一同死去,因为父亲为了儿子而自愿被处死,接着儿子也就自杀了。由于这一情况,其余的人,其中包括玛尔库斯·法沃尼乌斯·加图的著名仿效者戴着镣铐被拖出来时就恭而敬之地把安托尼乌斯称颂为统帅②,而对奥古斯都则当面给以最恶毒的辱骂。

在胜利后分配行政职务时,安托尼乌斯负责恢复东方的秩序,而奥古斯都则率领老兵返回意大利,并且把自治市的土地分配给

---

① 猜拳(mora)的玩法和我国的略有不同,他们是互猜对方伸出的手指,猜中者为胜。

② 通常只是士兵拥戴胜利的将领为统帅,后来则是士兵拥戴自己的统帅为皇帝。

他们,不过他既不能使老兵,也不能使地主满意,因为后者抱怨他们被赶出自己的家园,前者则抱怨他们并没有得到他们的兵役使他们希望得到的酬报。

(14)当路奇乌斯·安托尼乌斯仰仗着他的执政官的地位和他哥哥的权力,试图在这个时刻发动一次变革的时候,奥古斯都迫使他逃到佩路西亚去并且用饥饿的办法迫使他投降,当然,无论在战前还是在战时,他本人也是经历了很大的危险的。原来有一次在举行的比赛中,当他下令要一名侍从把坐在十四排①里的一名普通士兵赶出去时,诽谤他的人们就散布流言飞语说,他后来下令杀死了这个士兵,并且还拷打过他。结果在一群激怒的士兵中间他差一点送掉自己的性命,只因为据说失踪的那个士兵突然安全无恙地出现了,他才得以解脱。还有一次,当他在佩路西亚城墙的近旁奉献牺牲时,他几乎被向城外出击的一队剑奴劫走。

(15)在攻占了佩路西亚之后,他对许多人进行了报复,所有他们都试图乞求宽恕或表示道歉,但他们得到的答复只有一个:"你必须死!"有些人记述说,从战俘中间选出了两个等级的三百个人来,3 月 15 日那天在给圣优利乌斯修建的祭坛上当作大量的牺牲加以奉献。还有些人记述说,他是按照确定的目标拿起了武器的,目的在于揭露他的潜在的敌人和那些出于畏惧而不是出于善意才对他保持忠诚的人,因为他给了这些人追随路奇乌斯·安托尼乌斯的领导的机会。一旦这些人这样办了,他就可以制服他们,没收他们的产业用来偿付答应给他的老兵的报酬。

(16)西西里战争属于他最早进行的那些战争,但是因为中间

---

① 据公元前 67 年保民官路奇乌斯·罗斯奇乌斯·奥托提出并得到通过的法律,紧挨乐队席的前十四排座位是保留给骑士的。

多次耽搁而拖了很久，而所以拖下来，一则是为了重建他的舰队，因为都是在夏天发生的舰船失事和暴风使他两次丧失了舰队；再则是在粮食供应被切断并且发生了严重饥荒时，因民众之请而讲和的缘故。

最后，当新船修造起来并且解放了两万名奴隶并把他们训练成桨手之后，他便把海水引进卢克里努斯湖和阿维尔努斯湖从而在拜阿伊修筑了一个优利乌斯港。他利用整个冬天在那里训练军队，这之后，他就在米莱和纳乌洛库斯之间打败了庞培，而就在这场战斗之前，他突然不由自主地沉沉地睡了一觉，以致他的友人不得不把他唤醒以便发出作战的信号。我认为，正是这一点给了安托尼乌斯一个嘲笑的借口："甚至在舰队作好战斗准备的时候，他都不能盯住它，而是仰面朝天昏昏睡倒，直到玛尔库斯·阿格里帕已经打跑敌人的舰船他才起来或者在士兵面前露面。"有些人则指责他的另一种言行，说当他在暴风雨中丧失了他的舰队时，他竟然喊道："没有涅普图努斯①我也将取得胜利！"并且，在第二天，竞技场上有比赛，可他却把涅普图努斯的像从神像的行列中搬走。可以有把握地说，在他所经历的战争中，没有一次比这次经历的危险更多、更严重了。原来，当他把一支军队运到西西里并且回到大陆他其余的军队这里来的时候，他受到庞培的海军将领德谟卡列斯和阿波罗帕尼斯的突然袭击，他是在九死一生的情况下乘了一只船逃命的。还有一次，他徒步通过罗克里②去列吉乌姆③，看到庞培的一些双层桨船停泊在岸边而以为是自己的船，于是就向海岸

① 涅普图努斯(Neptunus)是罗马神话中的海神，相当于希腊神话中的波赛东(Poscidon)。

② 意大利最南端的地区布路提乌姆的东南沿海城市。

③ 布路提乌姆最西南端的城市，与西西里隔海相望。

那里走去,因此这次他又险些被敌人捉住。也正是在这同时,当他通过一条狭窄的小道逃跑时,他的同伴埃米利乌斯·帕乌路斯一名奴隶曾想把他杀死,因为这名奴隶对他怀恨在心而认为这时正好是一个报复的机会,原来在当时不久之前,奥古斯都曾经宣布把他的主人的父亲列入不受法律保护者的名单。

在庞培逃跑之后,被奥古斯都从阿非利加召来帮助他的另一位同僚玛尔库斯·列皮都斯因为自信有二十个军团作自己的后盾而飞扬跋扈起来。列皮都斯发出可怕的威胁,一定要取得第一把手的地位。但是奥古斯都却剥夺了他的军队。虽然列皮都斯在请求饶命时,奥古斯都同意了,却一直把他放逐到奇尔凯伊①。

(17)最后他同玛尔库斯·安托尼乌斯的联盟关系也破裂了,因为这一联盟始终是难以捉摸的和可疑的,并且无论采取怎样的和解措施也难以把这一联盟保持下去。奥古斯都认为最好的办法是要大家知道,他的对手的行动已经不够做一个罗马公民,因为此人在他留在罗马的遗嘱中把他同克列欧帕特拉之间所生的孩子②列为自己的继承人,于是奥古斯都便下令向民众公开宣读这一遗嘱。但是当安托尼乌斯被宣布为罗马的公敌时,奥古斯都把安托尼乌斯的所有亲属和友人,其中包括当时还担任执政官的盖乌斯·索西乌斯和提图斯·多米提乌斯都送回到安托尼乌斯那里去。他还宽恕了波诺尼亚这个城市在全意大利的集会上站到安托尼乌斯一面的行为,因为这个城市从古昔以来便依附于安托尼乌斯家族。这之后不久,他便在阿克提乌姆的海上取得了胜利,这一

---

① 拉提乌姆的一个沿海市镇,在罗马东南。
② 公元前47年,克列欧帕特拉已同恺撒生了一个儿子恺撒里昂。她在公元前41年第一次在塔尔苏斯同安托尼乌斯相遇。她为他生了双生的亚历山大·赫利欧斯和托勒密·赛列涅。

战斗持续到当天很晚的时候，以致胜利者奥古斯都是在船上过夜的。阿克提乌姆一战之后，奥古斯都去撒摩斯的冬营，他在那里听到一个不快的消息，即他从他的各部分军队选出并且在胜利后派赴布伦狄西乌姆的军队发生了兵变，因为他们要求取得报酬，要求复员。并且在他返回意大利的途中，他又两次遇到海上的风暴。一次是在伯罗奔尼撒和埃托利亚的两个地岬之间；一次是在沿凯劳尼亚山的海面上。在两个地方，他都有自己的一部分舰船沉没了；他所乘坐的那艘船的索具被风吹跑，船舵也损坏了。他在布伦狄西乌姆只停留了二十七天，这段时期正好用来满足士兵的全部要求，然后绕道亚细亚和叙利亚去埃及包围了亚历山大——因为安托尼乌斯和克列欧帕特拉就躲在这里——并很快便攻占了这座城市。虽然安托尼乌斯在第十一时①试图同奥古斯都达成协议，但奥古斯都却逼得他自杀了，并且亲眼看到了他的尸体。他十分想保全克列欧帕特拉的生命以便在举行凯旋式时把她带在行列里，他甚至要人把普叙利带到她那里去，以便把她伤口里的毒药吸吮出来，因为人们认为她是给一种毒蛇咬死的。奥古斯都给这两个人举行了葬礼，并把他们合葬到一处，还下令把他们开始营建的陵墓全部建成。年轻的安托尼乌斯即富尔维娅和安托尼乌斯所生的两个儿子中的那个大的，跑到圣优利乌斯的像前进行多次恳求，但是无效，最后还是被他从那里拖走和杀死了。克列欧帕特拉声称同恺撒生的那个恺撒里昂在逃跑时也被奥古斯都追上，带回来给杀死了。但是奥古斯都赦免了安托尼乌斯和克列欧帕特拉的其余后人，后来并且按照他们各自的地位分别细心加以抚养，就仿佛

---

① 罗马的历法把从日出到日没分成十二等分，每一等分称一时，但因白天长短不同，每一时的长短也随之变化。冬至日一时只有四十五分钟，夏至日则长达七十五分钟，只春秋分两天的一时正好六十分钟。

他们是自己的亲属一样。

(18)大约就在这同时,他要人们把亚历山大大帝的石棺和遗体从陵墓中搬出来①,而在对之注视一番之后,就在它上面放置了一顶金冠并把花撒到上面以表示敬意。继而人们又问他,想不想也看一看托勒密家族的陵墓,他回答说:"我是想看一位国王,而不是尸体。"他把埃及改组为一个行省,继而为了促进它的粮食生产,使之更加适于成为罗马的粮食供应基地,他使他的士兵疏浚了可以把涨水的尼罗河的河水引过来的全部沟渠,因为它们由于年久而淤塞了。为了宣扬阿克提乌姆一战的胜利并使之永垂于世,他在阿克提乌姆附近建了一座叫做尼科波利斯②的城市,并且规定每五年在那里举行一次庆祝比赛。他扩建了古老的阿波罗神殿,并且在装修了他放置海上战利品的那个营地旧址之后,就把这个地方奉献给了涅普图努斯神和玛尔斯神。

(19)这之后,他又在不同时期,把若干起企图发动变革与阴谋的事件消灭在萌芽状态。它们都是在没有造成严重后果的时候就被揭露出来了。发动的人首先是年轻的列皮都斯,后来有瓦罗·穆列纳和范尼乌斯·凯皮欧,这之后则是玛尔库斯·埃格纳提乌斯,再后面是普劳提乌斯·茹福斯和路奇乌斯·帕乌路斯(皇帝的孙婿辈)。除了这些人之外,路奇乌斯·奥达西乌斯这个既老且弱的人物被指控有伪造文件的行为;还有阿西尼乌斯·埃皮卡都斯,这是一个有帕尔提亚血统的混血儿;最后则是一个妇女的奴隶和侍从③提列普斯。要知道,就是地位最低贱的人们也曾阴谋反对

---

① 亚历山大的圣域内就有亚历山大大帝和后来诸王的陵墓,参见斯特拉波(17、18)。

② 希腊语:胜利城。

③ 原文 nomenculator 是一个向自己的主人或女主人提醒人们的名字的奴隶。

他并危及他的人身安全。奥达西乌斯和埃皮卡都斯曾计划把他的女儿优利娅和他的外孙阿格里帕从他们被禁闭的岛用武力劫持到军队里去;提列普斯则是想袭击奥古斯都本人和元老院,因为他幻想自己注定应当取得统治大权。人们夜里在皇帝的寝室附近捉到过一个带着猎刀的人,他是伊利里库姆军队中一名士兵的仆从,是逃过门卫的眼睛溜进来的。但人们还不清楚,这个人是个疯子还是装疯,因为无论怎么拷问他,他也不作任何招供。

(20)他亲自进行的对外战争只有两次:一次是他年轻时在达尔玛提亚;一次是在打败安托尼乌斯之后对坎塔布里人的战争①。在前一次战争中,他也受了伤。那是在一次战斗中,他的右膝被石头击中。在后一次战争中,他的双臂和一条腿被塌下来的桥压成重伤。其他战争是通过他的将领进行的,不过在潘诺尼亚和日耳曼的某些战斗中,他本人是在场或是在前线附近的,因为他曾从罗马一直来到拉温那、美狄欧拉努姆或阿克维列亚。

(21)部分地作为领袖,部分地是同在他的总的统率②之下的军队,他征服了坎塔布里亚③、阿克维塔尼亚④、潘诺尼亚和全部伊利里库姆⑤,此外还有莱提亚以及文戴利奇人和撒拉喜人——这些都是阿尔卑斯山区的部族。他还堵截了达奇人⑥的侵犯,杀死

---

① 坎塔布里人居住在西班牙北部沿岸的坎塔布里亚。他们是通过公元前25年到公元前19年的战争才被罗马人彻底征服的。

② 具体的战争虽然不是由他指挥,但出发作战时他作为统帅,要由他来进行占卜。

③ 参见注①。

④ 在高卢西南部。

⑤ 亚得里亚海东岸山区。

⑥ 大体上居住在今天罗马尼亚境内的居民。

了他们许多人,其中包括他们的三个头目,并且把日耳曼人逼回阿尔比斯河的对岸,例外的只有向他屈服的苏埃比人和西伽姆布里人①,这些人被移入高卢并安置在莱茵河附近的土地上。他还征服了处于骚乱状态的其他若干民族。

但如果没有正当合理的理由,他绝不向任何民族发动战争,并且,他根本不想不惜任何代价扩充自己的领土或发扬自己的军威,因此他就迫使某些蛮族的头目在复仇者玛尔斯神的神殿里发誓,他们将忠诚地保持他们要求的和平。在某些情况下,他确实想要求取得一种新的人质,即用妇女做人质,因为他发现蛮族并不重视男子所作的保证;但所有的人都被授予这样的权利,即任何时候只要他们愿意,他们可以召回自己的人质。对于经常地或者在特别背信弃义的情况下发动叛乱的那些人,他从不加以特别严厉的惩罚,充其量也不过是把这些战俘卖为奴隶,但有一个附加条件,即他们不得在他们本乡本土附近的地区做奴隶,并且三十年之内不得解放他们。他因此而取得的英勇和宽厚的声誉,使得我们只在传闻中才知道的民族印度人和斯奇提亚人(旧译西徐亚人)都自动派遣使节前来,请求同他和罗马人民结成友好的关系。当他对阿尔明尼亚提出主权要求时,帕尔提亚人也乐于向他表示服从,并且按照他的要求,送回了他们从玛尔库斯·克拉苏斯和玛尔库斯·安托尼乌斯手中夺去的军旗②。此外,他们还向他交出了人质,并且,有一次,当有几个人要求取得他们的王位时,他们只接受奥古斯都选定的那个人做国王。

———————

① 西伽姆布里人(Sigambri),也叫苏伽姆布里人(Sugambri),他们住在西伽河与莱茵河之间,乌比伊人之北。

② 公元前 53 年,克拉苏斯在卡尔莱之战中失去军旗;安托尼乌斯的副帅在公元前 40 年和公元前 36 年战败时失去了军旗。

(22)雅努斯·克维里努斯的神殿从罗马建城以来直到他的时候,只关闭过两次①,但是在短得多的一段时间之内,由于他赢得了陆上和海上的和平,他就把这座神殿关闭了三次。在菲利皮一战并且在西西里的战争之后,他通过小凯旋式进了两次城,并且,为了他在达尔玛提亚、在阿克提乌姆以及在亚历山大取得的胜利,他还举行了三次正规的凯旋式,每次都是连续三天②。

(23)他只经历过两次严重的和不光彩的失败。一次是洛利乌斯的,另一次是瓦鲁斯的。两次都是在日耳曼。前一次与其说是惨重的失败,毋宁说是屈辱的失败,后一次却几乎是致命的了,因为三个军团连同他们的统帅、他的副帅和所有的辅助部队都受到了歼灭性的打击。当这一失败的消息传到罗马时,奥古斯都下令全城在夜间实行戒严以预防任何不测事件,并且延长了各行省长官的任期,这是为了使同联盟者熟悉的有经验的长官能保持联盟者对罗马的忠诚。他还向至高至善的朱庇特神许愿,在共和国的情况一旦得到好转时,为他举办大规模的比赛,而过去在对金布里人③和玛尔喜人④作战时,也许过这样的愿。事实上,人们说,他的心情变得十分沉重,以致连续几个月不剪胡须和头发,有时竟用头去撞门,大声呼叫:"克温提利乌斯·瓦鲁斯,把我的军团还给我!"罗马军团遇难的这一天,每年都要被他作为哀悼的日子

---

① 指在努玛当政时期以及在公元前235年第一次布匿战争结束后。

② 在小凯旋式中胜利者徒步入城,在正规的凯旋式中,胜利者则乘坐四匹马的战车入城,此外,还有别的区别,参见盖利乌斯:《阿提卡之夜》(第5卷、第6章)。

③ 金布里人是日耳曼人的一支,公元前105年曾两次重创罗马军队,直到公元前101年才为罗马人彻底击败。

④ 玛尔喜人是撒贝里人(Sabelli)的一个部族,居住在意大利中部山区,对玛尔喜人的战争即同盟战争(参见拙译《古代罗马史》,第527页以次)。此外,日耳曼人也有一支叫玛尔喜人,居住在今天的狄恩河与卢尔河之间,但他们同这里所说的玛尔喜人不是一回事。

加以纪念。

（24）他除了恢复一些古老的习惯之外，还对军队进行了许多改革。他要求军队执行最严格的纪律。他甚至很不愿意叫他的将领去看他们的妻子，后来则只允许他们在冬天去。一个罗马骑士由于切掉了他的两个年轻的儿子的拇指以逃避兵役，结果此人连同他的财产一道被奥古斯都公开拍卖掉。但是当他看到某些收税人一心要把他买到手时，便把他拍定给他自己的一名被释奴隶，只是有一个条件，即他必须被放逐到乡村地区，但允许他自由地生活。他遣散了现在已经失宠的整个第十军团，因为这个军团不听指挥，他还解散了傲慢无礼地要求复员的另一些军团，不过没有像忠实服役的军队所应得的那样的报酬。如果任何步兵中队在战斗中退却，他便对他们施行什一处死^①的惩罚，而对其余的人只给大麦吃^②。如果百人团长擅离自己的岗位，他便对他们处以死刑，就和他对待一般士兵一样。对于其他类人员的错误，他也给以各种带有侮辱性的惩罚，诸如要他们整天站在将领的营帐前面，有时只穿着内衣并且不系佩刀的带子，或是还要拿着十尺长的竿子，甚至抱着一个土块^③。

（25）在内战之后，无论在集会上还是在命令中，对任何军队他都从来不用"战友"（commilitio）的称呼，而总是用"士兵"这个词。他不许人们、甚至他的那些担任军事领导职务的儿子们和继子们用别的头衔称呼他们。他认为"战友们"一词，无论对纪律的要求，对当时的和平状态，以及对他个人的和他一家的尊严来说，讨好的

---

① 由抽签的办法处死全体中的十分之一。

② 通常士兵吃小麦。

③ 拿竿子是为了丈量营地，拿土块是为了修筑壁垒，这都是普通士兵干的事情，如果军官拿着这类东西，就是受到了贬损。

意味都太重了。除了作为罗马的消防队以及在缺粮时为了防止骚乱，他只有两次把被释奴隶当作士兵来使用：一次是在伊利里库姆的附近，用他们来守卫移民地；还有一次是用他们来保卫莱茵河的河岸。即使在这样的情况下，他也只是征募有产业的还是奴隶身份的男女，并且立刻把自由给了他们。并且，他把他们保留在原来番号的队伍里，不使他们同自由人的军队混在一起或者用同样的方式来武装他们。

他比较喜欢给士兵们外部的金属饰物①或项圈作为战利品，因为这些东西都是值钱的金银制品，但他不大喜欢给因勇登壁垒或城墙才能取得的荣冠，因为那意味着很高的荣誉。关于后者，他尽量少给，而且不徇私情，往往甚至给予普通士兵。在他的海战取得胜利之后，他在西西里送给玛尔库斯·阿格里帕一面蓝色的旗帜，他认为只有举行过凯旋式的人才没有资格接受战利品，即使这些人和他一同进行过战役并分享过他的胜利也不行，理由是这些人自己无论在什么地方，只要愿意的话，他们自己也有权颁赐这样的荣誉。他认为对于一位理想的领袖来说，最不应当有的品质就是仓促和鲁莽，因此他就喜爱这样的格言："要抓紧，但不能图快。""宁可要一位稳妥的，也不要一位勇猛的统帅。"以及"只要做得好，那就是够快的了"。他经常说，不应当在任何情况下随便发动一场战争或战斗，除非得的希望明显地大于失的恐惧；他把冒着相当的风险去攫取那为数不多的好处比之为用金钩去钓鱼，因为金钩一旦被鱼拖走，钓上任何东西来也弥补不了这种损失。

（26）在规定的年龄之前，他就取得了各种官职和荣誉，其中有些是新的并且是终身性质的。他二十岁那年就强行担任了执政官

---

① 多指铠甲或马具上作为装饰的那些金属圆片之类（Phalerae）。

的职务,率领着军团像进攻敌人的城市那样地进攻罗马,并以他的军队的名义为自己要求官职。并且,当元老院对此拿不定主意的时候,他的一名百人团长,也就是他派出的代表团的团长科尔涅利乌斯就把外袍掀开,露出了他的剑柄,并立即在元老院扬言:"如果你们不干,这家伙能使他当上执政官!"

九年后,他第二次担任执政官①,隔了一年又第三次担任执政官②。其余的一直到第十一次③都是连任的。后来,在拒绝了人们建议要他担任的一些次之后,经过长时期的间隔,他才自动要求担任第十二次的执政官④,这次的间隔至少有十七年。两年之后,他又要求第十三次担任执政官⑤,这次他所以愿意担任这一最高的官职,是为了在他的两个儿子盖乌斯和路奇乌斯成年时引导他们参加政治生活。从第六次到第十次这五任执政官,他都担任了满一年,其余各次则是九个月、六个月、四个月或三个月不等,例外的是他的第二次,这次他只担任了几个钟头。原来在 1 月 1 日这一天清晨很早的时候他在卡皮托利乌姆山上朱庇特神的神殿前高级长官的座椅上坐了不多一会儿之后,就放弃了这一荣誉并任命另一个人来代替他。他并不是在罗马开始担任所有各次的执政官职务的。第四次是在亚细亚,第五次是在撒摩斯岛,第八次和第九次则是在塔尔拉科⑥。

(27)他有十年是三头的成员,以便恢复国内的秩序。虽然在一个时期里他反对自己的同盟者的做法并试图阻止宣布公民非法

---

① 公元前 33 年。
② 公元前 31 年。
③ 公元前 30 年到公元前 23 年。
④ 公元前 5 年。
⑤ 公元前 2 年。
⑥ 西班牙东北部沿海城市。

的行动,但一旦这件事开始,他却干得比其余两个人更加不留情面。其余两个人往往可以因为个人的影响与请求而动心,唯有他最坚决,一个人都不宽恕,甚至在名单上加上了他父亲担任营造官时的同僚,也就是他的监护人盖乌斯·托腊尼乌斯的名字。优利乌斯·撒图尔尼努斯还说,在宣布非法的行动过去以后,玛尔库斯·列皮都斯向元老院发表演说,为过去的做法辩护,并且表示希望今后可以实行宽大的政策,因为他们已经进行了足够的惩处。但相反的,奥古斯都却宣布说,他只有在如下的条件下才同意结束宣布非法的行动,这就是,要使他在将来能放手行动。不过,为了对他这种不妥协的态度表示悔恨,后来他把提图斯·维尼乌斯·皮洛培门列入骑士等级,作为对他的表彰,因为据说他曾把他那被宣布非法的主人藏了起来。

当奥古斯都是三头之一的时候,他的许多行为遭到了普遍的厌恶。比如说,当他向士兵们发表讲话并且允许一大群市民也来参加这次集会的时候,他注意到有一个名叫皮那里乌斯的骑士在作记录,于是他下令立刻用刀把这个人当场刺死,因为他认为这个人是一个窃听者和密探。由于当选的执政官特狄乌斯·阿菲尔以恶意的语言指责他的某一做法,他就对之进行极为可怕的威胁,致使对方被迫自杀①。还有,当一位行政长官克温图斯·伽利乌斯来向他致敬时拿着一个合起来的册子的手放在外袍下面,奥古斯都便怀疑他在那里藏着一把匕首,却又不敢当场搜查,因为担心搜查出来的是另外的东西。但是过了一会儿,他却要几个百人团长把伽利乌斯推到座台下面去,然后对他像对奴隶一样地加以拷问,

———————————

① 原文 se precipitaverit,意为"头朝下冲下来",可能是"投河",也可能是"从悬崖或高处跳下"。

而尽管伽利乌斯什么也没有招供出来,但奥古斯都还是下令把他处死了。而在处死前,他竟亲手挖出了这个人的两眼。但是,据他本人的记述,伽利乌斯在请求会见他之后,曾背信地向他发动了攻击,这样才被拖进了监狱,并且,在此人被处以流刑并被送出罗马之后,他是死在一次难船之中或是死在伏击的盗贼之手的。

他取得了终身的保民官的权力,并且,有一两次,他选择了每次为期五年的一位同僚。他还取得了监督风化的权力,监督所有各时期的法律的权力,而由于他的这个地位,尽管他没有监察官的头衔,却仍然进行了三次人口调查,第一次和第三次时有一位同僚协助他,第二次则是他单独进行的。

(28)他有两次想把共和国恢复起来。第一次是紧接在打倒安托尼乌斯之后,因为他还记得,他的对手常常指责他,说正是由于他的过错,共和国才没有恢复起来。还有一次是由于长期生病而使他感到厌倦,当时他甚至把高级长官和元老们都召到他家里来,向他们报告了帝国的总的情况。但是想到一旦他退休,他本人无法摆脱危险,而且使民众把国家控制起来也是一件冒险的事情,因此他继续把国家的统治权掌握在自己手里。但人们不容易判断他的意图或这种意图的后果哪一种更好一些①。他不仅时时表现出他的善意,并且把如下的话在一项命令中形之于文字记录之中:"但愿我的特权就是把国家建立得巩固而又安全,并且从这一行动中取得我所期望的成果。但这又只有在我可以被人们称为尽可能好的政府的创建者并且在我死去时可以指望我为国家奠立的基础将不会动摇的时候。"而由于他竭尽全力不使人们对他的新体制有

————————

① 饶尔夫认为,这里作者似乎是表明,他的意图和这些意图的后果同样都是好的。

任何不满,因此他就实现了自己的期望。由于罗马城的外表配不上帝国的尊严所要求的那种程度,并且受到洪水和火灾的威胁,因此他就着手美化这座城市,以致他能以公正地夸口说,他初来罗马时看到它是砖造的,但离开它时它却是大理石的了。在人们所能预见到的范围之内,他也保证了这座城市未来的安全。

(29)他修建了许多公共建筑物,特别是如下一些:他那有复仇者玛尔斯的神殿的广场,帕拉提乌姆山上的阿波罗神殿和卡皮托利乌姆山上雷电之神朱庇特的神殿。他修建广场的理由是罗马的居民人数、诉讼事件都在增加,因此看来有必要再建一个广场,因为原来的两个已不再够用了。因此在玛尔斯神殿竣工之前,这个广场便有点仓促地向公众开放了,并且作出规定,除去其余的诉讼以外,公开的诉讼也在这里进行,陪审人员也在这里通过抽签的办法选出。在为了给他的继父报仇而进行的菲利皮战争期间,他曾发愿修建玛尔斯神的神殿。因此他规定,元老院应当在这座神殿里讨论战争和要求凯旋的问题,带着军事统率权去行省的人们应当从这里被护送出发,并且,胜利者在他们返回时应当把他们的胜利标志带到这一神殿来。在帕拉提乌姆山上他的官邸里,他把阿波罗神殿修建在预言者指定的一个地点,因为他们说阿波罗神曾通过用雷电击中这个地方以表示自己的愿望。他把带有拉丁和希腊图书馆的柱廊同神殿建筑在一起,并且,当他渐渐变成一位老人的时候,他常常也在这里举行元老院的会议并且审查陪审人员的名单。由于一次侥幸逃命,他把神殿奉献给雷电之神朱庇特。原来当他出征坎塔布里亚时,在一次夜行军中,一次雷电掠过他的抬床,结果击死了打着火把走在他前面的一名奴隶。他还以别人的名义,比如他的外孙、他的妻子、他的姊妹的名义,修建了一些建筑——诸如盖乌斯和路奇乌斯的柱廊和会堂;此外还有利维娅和屋大维娅的柱廊,还有玛尔凯路斯的剧场。更有进者,他还常常敦促其他的著名人物用新的纪念建筑物来装点罗马,或者修复并装饰旧的建筑物。当然,每人要根据自己的财力行事。当时有许多人出资建了许多这类建筑物——例如玛尔奇乌斯·菲利浦斯就修建了缪斯的赫丘利斯的神殿;路奇乌斯·科尔尼菲奇乌斯修建了狄安娜的神殿;阿西尼乌斯·波利欧修建了自由会堂;穆那提乌斯·普兰库斯修建了撒图尔努斯神殿;科尔涅利乌斯·巴尔布斯修建了一座剧场;斯塔提利乌斯·陶路斯修建了一座圆形剧场。特别是玛尔库斯·阿格里帕修建了许多宏伟的建筑物。

(30)他把整个罗马城分成了若干地区和住区,规定地区应由每年通过抽签办法选出的高级官吏来治理,而住区则由有关邻里居民选出的"区长"来治理。为了防止火灾,他发明了一种办法,要人们在夜间定点值班;而为了控制洪水,他展宽并疏浚了梯伯河的河道:梯伯河一个时期以来被倒满了垃圾,并且由于突出的建筑物而被弄得狭窄。此外,为了使人们从各方面易于来到罗马,他亲自出资重修佛拉米尼亚大道全程直到阿尔米努姆,并且把重修其余大道的任务指定给举行过凯旋式的人们,要他们用作为战利品取得的钱来铺设大道。

他修复了由于年深日久而倾圮或者被火烧毁的那些神殿,并且用最丰厚的礼物来装点这些以及其他神殿,而把一万六千磅黄金作为独一无二的供品存放在卡皮托利乌姆山上的朱庇特神殿,此外还有珍珠和其他宝石,其总值达五千万谢斯特尔提乌斯。

(31)在列皮都斯去世时,他终于担任了最高司祭的职务。原来当列皮都斯在世时,奥古斯都不能下决心剥夺他的这一荣誉地位。在这之后,他收集了正在流行的源自希腊或拉丁的、由不知名的作家或没有什么名气的作家写作的所有预言书,把其中的两千多种烧掉而只把西比拉预言书留下。即使对于这种预言书,他也进行了选择。并且,他把这些预言书保存在帕拉提乌姆山上的阿波罗像底座下面的两个镀金盒子里。由于经过圣优利乌斯整顿的历法后来因无人管理而被搞得混乱不堪,他又把它恢复成原来的样子。在整顿这一历法时,他用自己的名字来称呼赛克斯提利斯月①,而不用来称呼他出生的 9 月,因为他在赛克斯提利斯月第一次担任执政官并取得最辉煌的胜利。他增加了司祭的数目并提高了他们的地位,还提高了他们的津贴和特权,特别是维斯塔贞女的津贴和特权。而且,当这一位贞女去世而有了选另一位贞女的机会,而许多人都运用他们的全部影响回避使自己的女儿遭到中选的命运时,他郑重地发誓说,如果他的孙女辈中有谁达到了中选的年龄,他是会提出她的名字的。他还恢复了一些已逐渐无人过问的古老的仪节,诸如安宁占卜②、朱庇特神的司祭职位③、卢佩尔卡利亚节④的仪节、百年赛会和孔皮塔利亚节⑤。但他禁止没有胡须的青年参加卢佩尔卡利亚节的赛跑,也不许青年男女参加百年赛会夜里的任何娱乐活动,除非有一位成年的亲属陪伴。他还规定每年要有两次——春季和夏季——给十字路口的守护神戴上花冠。

除去天神之外,他还崇祀使罗马人民从卑微上升到伟大地位的那些领袖。因此他就把这些人修建的建筑物连同它们原有的铭文都加以恢复,并且,在他的广场的两个柱廊里,他树起了所有这

---

① 即 8 月。他的名字仍保存在今天的大多数欧洲语言里(如英语 August)。
② 安宁占卜(augurium salutis)是在和平时期进行占卜以便了解是否可以为了国家的安宁(de salute)进行祈祷。
③ 即 flamen Dialis。
④ 古罗马为纪念牧神卢佩尔库斯而在每年 2 月 13 日举行的节日。
⑤ 纪念十字路口的保护神的节日。

些人的穿着凯旋服的像。此外,他还在一项公告里宣称:"我想出这样的办法是为了使公民们在我活着的时候感到我还有用,并且还使后世的领袖们能够达到古昔的英雄豪杰所设立的标准。"他还把庞培的像从盖乌斯·恺撒遇刺的会堂中搬了出来,安放在庞培剧场宏伟的正门对面的大理石拱门上。

(32)由于内战年代无视法律的习惯而残留下来了许多有碍于公众安全的邪恶的做法,而许多这类的做法甚至是在和平时期发生的。成群的匪徒带着刀剑公开地在各处走来走去,表面上说是自卫,但乡间的旅客,不分自由人还是奴隶,都受到他们的绑架并被囚禁在地主的作坊①里。为了干各种各样的坏事,又成立了许多帮会,却用某个新的公会的名义来作掩护②。为了肃清这种打劫行为,他在看来需要的地方设立士兵的岗哨,检查作坊,并且解散了所有的公会,除非它们有悠久的历史并且有合法的目的。他把欠给国库的旧债的文书全都烧掉,因为它们极易成为敲诈勒索的依据。罗马城内的土地,凡是国家没有确实依据取得的,他都移交给持有这些土地的人。他从名单上勾销了长久以来受到指控的那些人的名字,因为这些人虽受到屈辱③,但除了使仇家快意之外,什么好处也没有。而且,他在勾销名字时还约定一个条件:今后如果有谁再想重新挑起诉讼,此人将有可能受到同样的惩处④。为了使有关要求赔偿或有争议的要求的任何诉讼不致落空或被拖延下去,他给法庭的期限又增加了过去用来举行纪念性比赛的三

---

① 原文 ergastula 实际上是关奴隶的监牢,奴隶就带着镣铐在这里进行强制的劳役。

② collegia 是手艺人的公会,这种公会在罗马当时是很多的。坏人往往利用公会的名义拉帮结伙干各种违法的勾当。

③ 受控诉的人在公众的场合要穿丧服。

④ 这是说,此人如控诉失败,他将被判处被告如证实有罪时应得的刑罚。

十天。在三类的陪审员之外,他还加上了出身较低贱的第四类,这第四类的人叫"杜凯那里"(ducenarii)①,他们参加审判涉及的钱数不多的案件。他把三十岁或三十岁以上的人登记为陪审员,就是说,比通常的情况要年轻五岁。但是当许多人都极力想逃避法庭的义务的时候,他不得已只好同意,每一类人都依次可以有一年的豁免期,并且取消通常在 11 月和 12 月开庭的习惯。

(33)他本人定期主持审判,并且往往到夜幕降临的时候,而如果他身体不适,他就叫人把他的抬床放在审判台上。他甚至还躺在家里进行审判。他在审判时,不但十分公正而且极为宽厚。为了拯救一个显然犯了杀害双亲罪的人使其不遭受缝入袋中的惩处(只有自己服罪的人才受这种惩处)②,据说他向此人提出了下面这样的问题:"你的确没有杀死你的父亲,是吗?"还有,在涉及伪造遗嘱的一个案件里(据科尔涅利乌斯法,凡是在上面签名的都要受到惩处),他分给陪审人员的不单单是"判罪"或"无罪"两个牌子,还有第三个牌子,用以赦免那些看来是由于误传或误解而被引诱签了名的人。每年他都把涉及公民的案件上诉事宜提交给市长官,但是外地人之间的案件则交给担任过执政官的人。他要他们之中一人主持一个行省的事务。

(34)他修订了现行的法律并制订了一些新的法律,比如,有关禁止奢华的法律、有关通奸和守贞的法律,有关惩处行贿的法律以及有关鼓励在不同阶级的公民之间结婚的法律。在最后一项法律较之在其他法律中,他作了比较更加令人信服的修改,但是实际上他却无法贯彻它,因为人们公开反抗这一法律的条文。最后,除了

---

① 指有二十万谢斯特尔提乌斯的财产或相当骑士的一半财产的人。

② 犯了弑亲罪的人要同一只狗、一只公鸡、一条蛇和一只猴子一道缝入袋内,然后把这袋子投入海中或河中。

在丈夫或妻子死后增加赏金并且不强制在三年内必须结婚以外，他还取消并减轻了一部分的惩处。当骑士因而甚至坚持要求公开撤销这一法律时，他要人们把日耳曼尼库斯的孩子们召来，使他们在公开的场合有的出现在他自己的怀里，有的出现在他们父亲的怀里，用他的手势和表情使人们明确认识到，他们不应当拒绝学这个青年人的榜样。而当他发现，同未成年的女孩子订婚和经常更换妻子的做法正在同他的法律的精神抵触的时候，他便缩短了订婚的期限并对离婚加以限制。

（35）由于元老院的人数因出身卑微和成分复杂的民众参加进来而增加了——事实上，元老院的人数已超过一千人，其中一些俗称"欧尔奇维"①的人，根本是无耻之徒，他们是在恺撒死后通过后门或是用贿赂的手段混进来的——因此他通过两次登记恢复了元老院先前的限制和尊荣。第一次是根据元老们本身的推选，由每个人推选出另一个人；第二次是由阿格里帕和他本人一道进行的。人们认为他在主持第二次的登记时，外衣下面穿了锁子甲，旁边还放着一把剑，同时有元老中和他有朋友关系的十名彪形大汉站在他座椅旁边。克列穆提乌斯·科尔杜斯②记述说，甚至那时元老也只能一个一个地走到他跟前去，并且元老的外袍每一个地方都要事先经过仔细的搜查。有些人受到他的羞辱而自行辞去了元老的职务，不过甚至对于这些人，他也允许他们保留自己的尊贵的服装，保留在贵宾席参观比赛和参加元老的公共宴会的特权。此外，

---

① 欧尔奇维（orcivi）或欧尔奇尼（orcini）原意是"因欧尔库斯（冥界之神）的好意而得到解放的奴隶"，即主人自愿解放的奴隶。安托尼乌斯借口恺撒的文件的提名而把这些人引入元老院。

② 罗马历史学家，生于公元前一世纪后半叶，他的历史作品已失传。据说他的作品记述了内战直到奥古斯都统治时期，他是一个有共和思想的人，政治上同情西塞罗和布路图斯。公元25年他因被控叛国罪而自杀，作品也被禁。

为了使被选定并且得到同意的那些元老能更加公正地和较少干扰地执行自己的任务,他规定每一位元老在就座之前都要向神(即作为开会地点的神殿里的那位神)前的祭坛献香和敬酒;元老院的定期会议每月最多不超过两次,即 1 日和 15 日;在 9 月和 10 月,只有抽签抽中的元老才必须参加会议,而且只要够通过法令的法定人数即可。他还采用了枢密团的办法,成员用抽签的办法选出,任期六个月。枢密团的任务是预先同他一道讨论要提交整个元老院讨论的事务。在特别重要的问题上,他要元老们不是按习惯规定的次序发表自己的意见,并且,正像他所设想的那样,要每个人都全神贯注地开会,就好像不是同意别人的看法,而是自己提出某种做法似的①。

(36)他还制订了另外一些革新措施,其中有:元老院的议事录不应加以公布②;高级长官卸任之后不应立刻派赴行省;应当给执政官级的长官一笔固定的款项以便用于骡子和帐篷,因为按照惯例,这些东西是要由国家承办和付钱的;国库的管理应当从市财务官手中转到前任行政长官或行政长官手中;通常由前任财务官召集的百人法庭③则应由十人团来召集。

(37)为了能使更多的人参加国家的管理,他设置了新的官职:负责公共建筑物的、负责道路的、负责水道的、负责梯伯河河道的、负责向民众分配粮食的官吏、还有市长官、推选元老的三人团,另

---

① 这是说,元老院实际上就是按照他的意旨行事,还要装模作样地作出有权参与国家大事的姿态。

② 公布元老院的议事录是恺撒提出的做法。

③ 一个十分古老的法庭,最初由一百零八人组成(每一特里布斯出三人),后来由一百八十人组成。它的开庭地址是优利乌斯会堂(Basilica Julia),前面树立一支投枪(hasta)作为罗马公民所有权的古老象征。法庭公为四部分,通常分别活动,有时也合而为一或分为两部分进行活动。

一个每当需要时便可成立的、检阅骑士队伍的三人团。他任命了久已出缺的监察官。他增加了行政长官的数目。他还要求每当他当选执政官时，他应当有两位同僚，而不是像过去那样的一位同僚。但是这一建议并未得到通过，因为所有的元老都大喊大叫说，他同另一个人而不是单独担任执政官，这对他的至高无上的尊严来说已足以是一种冒犯了①。

（38）在崇尚勇武精神方面他是同样慷慨的，因为他曾同意三十多位统帅举行正规的凯旋式，并且同意向比那个数目还要多一点的人们赠予凯旋的标记。

为了使元老的儿子们能较早地接触政治生活，他允许他们在穿上成年人的外袍之后立刻就加上紫色的宽条，并允许他们参加元老院的会议；当他们开始军人生涯的时候，他不仅使他们能在一个军团里担任军团司令官，并且还要他们指挥一个骑兵中队；而为了使他们所有的人都有从军生活的经验，通常他使每个中队由两位元老的儿子来指挥。

他经常检阅骑士的队伍，并且恢复了列队行进的习俗。这种习俗是废置已久的了。但是他不想使控诉人在任何一个人骑马经过时强行使这个人下马，像过去常常发生的那样。并且，他还允许那些著名人物因为年老体弱在检阅中只把他们的乘骑先送来，而他们自己则徒步来参加检阅，以便在他们受到召唤时可以应答。后来他豁免了三十五岁以上的那些人②，并且不愿意留下他们正式交出的乘骑。

（39）在从元老院那里得到了十名助手之后，他便迫使每个骑

---

① 这有如太史公的笔法，可以看出元老院里实际上都是一些什么人物。

② 当时人们的寿命一般都不长，三十五岁就算"老"了。

士都交一份自传,惩处了一些品行恶劣的人并贬黜了另一些人;对于较大部分的骑士,他作了严厉程度各有不同的申斥。方式最温和的斥责就是公开地给他们两个牌子,要他们当场默诵。他指责了这样一些人,因为他们以低利借到钱,却以更高的利息去投资。

(40)在选举保民官时如果没有足够的元老等级的候选人①,他便从骑士中任命,条件是,在他们的任期期满之后,可以留在他们愿意选择的任何等级里。而且,由于在内战中丧失了不少财产的许多骑士因为害怕触犯有关剧场的规定而不敢坐到十四排以内观看表演,于是他就宣布说,只要他们本人或他们的双亲过去曾经拥有一个骑士的财产,那么他们任何人都不会受法律条款的追究。

他们一条街一条街地订正居民的名册,并且,为了避免使民众不致由于分发谷物而过于频繁地被召离他们的本业,他决定发放供应四个月的票据,每年三次;但是如有紧急需要,他允许沿用旧的办法,即每月领取一份。他还恢复了古昔的选举特权,试图用许多惩罚办法来制止贿赂,并且自己出钱在选举日向和他有同族关系的法比乌斯族和斯卡普提乌斯族②的成员每人赠送一千谢斯特尔提乌斯,以便使他们不致向任何候选人去寻求任何东西。

他认为使罗马民众的血统纯洁而不受外国和奴隶血统的玷污也是十分重要的事情,因此他对于授予罗马公民权一事极为慎重,并且给奴隶的解放设了一个界限。当提贝里乌斯为他的一位希腊被保护人要求公民权的时候,奥古斯都回信说,除非这个人亲自来见他,并且要他相信,这个人有充分的理由提出这个请求,他才能

---

① 参见本传记第十章有关注释。
② 他同法比乌斯族有关,是因为他被过继进了优利乌斯族;同斯卡普提乌斯族有关,则是由于他同屋大维家族的关系。

授给公民权。而当利维娅为一个来自纳贡的行省的高卢人请求公民权时,他拒绝了,但是代替公民权,他却免了这个人纳贡的义务,宣称他宁愿使自己个人的钱袋受到损失,也不想亵渎罗马公民权的荣誉。他通过如下的办法,即对那些被解放的奴隶的数目、条件和身份作仔细的规定,从而使奴隶难以取得自由,更难以取得充分的权利,但他并不以此为满足,他又附加上一个条款,这就是,戴过镣铐或受过拷打的任何人都不应因任何程度的自由而取得公民权①。

他还想恢复古老式样的服装,而有一次,当他在一次集会上看到穿深色外衣的一群人时,他就愤怒地喊道:"看看他们这些罗马人、世界的主人、穿外袍的民族!"②并且下令营造官,今后任何人如不脱下外衣穿上外袍,将绝不再允许这个人到广场或其附近地区。

(41)在适当的时刻,他常常对所有的阶级都表现得慷慨大度。比如说,由于在亚历山大的凯旋中他把皇家的财库带到了罗马,他手头的现款竟如此之多,以致利率下降而不动产的价值大为提高了。并且,在那之后,每当因出售被定罪的人们的财产而现款过多的时候,他便对能够拿出一倍价值的抵押品的任何人,在一定的时期内提供无息贷款。他提高了元老的财产资格,把它从八十万提高到一百二十万谢斯特尔提乌斯,并且为那些没有这样多财产的人们补足这个数目。他常常给民众以慷慨的赠赐,但通常数目不同:每人有时是四百,有时是三百,有时是二百五十谢斯特尔提乌斯;并且他甚至连少年也包括在内,不过通常他们只有过了十一岁才能得一份。在歉收的年份,他常常以非常低的价格向每个人发

---

① 这就是说,在可以给予公民权的 justa libertas 的情况下也不行。
② 参见维吉尔:《埃涅阿斯》,第 1 卷,第 282 行。

放粮食,有时分文不取,并且加倍发放钱证①。

(42)但是为了表明他是个更关心国计民生而不是猎取好感的一位帝王,当公众抱怨葡萄酒少而且价钱高的时候,他就对他们进行了严厉的谴责,指出说:"我的女婿阿格里帕已充分注意到通过修造几条水道使人们不致受干渴之苦。"还有,当民众要求实际上他已经答应过的赠赐时,他回答说:"我是个说话算数的人。"但是当他们要求他没有答应过的一项赏赐时,他便在一项声明中谴责他们的厚颜无耻,并且宣布说,甚至在他打算给予这种赏赐时,他也不会给了。当他有一次宣布发放现金,却发现在公民的名册里加上了解放的许多奴隶时,他便同样严正和坚定地宣布说,凡是事先没有得到许诺的人们将什么也得不到,而对其余的人们也比他原来答应的给得少,以便使原定的款项够用。有一次,确实发生了严重的灾荒,而那时又难以找到对策,于是他便把待售的奴隶赶出罗马,同时赶出的还有那些剑奴训练所,所有的外国人,只有医生、教师和一部分家用奴隶是例外。而当粮食终于比较多了的时候,他写道:"我极力主张永远废除发放粮食的制度,因为人们依赖发放的粮食,农业就被忽略了。但是我并没有把我的意图付诸实施,因为我深信,为了想取得声望,有一天这种制度还会恢复起来的。"但是从那时起,为了民众的利益,同样也为了农民和谷物商人的利益,他把这一做法作了调整。

(43)他之在公众面前出现,无论在次数、方式的多样化,还是在场面的豪华方面,都超过了他所有的先行者。他说他以他自己的名义举办的比赛有四次,为其他不在罗马或没有钱的高级官吏举办的比赛有二十三次。有时他使所有的区都有东西可看,使许

---

① 钱证(tesserae nummulariae)是记着数目的小牌牌或空心的木球。它们作为钱币的证券发出,并规定持有者可以按上面记的数目领到现金。发放粮食、油和其他商品时也使用类似的票证(tesscrae)。

多舞台上都有使用各种语言的优伶表演,并且不仅在广场或圆形剧场,就是在竞技场和"撒埃普塔"①也都有剑奴的比试。但有时他只举办一场同野兽的角斗。他也在玛尔斯原野那里举办运动会,在那里搭起木板的座位;他还在梯伯河附近挖一个人工湖,举行模拟的海战,那里也就是今天恺撒家族的圣林所在之处。在这样的情况下,他在城市各处设置卫兵以防止它们受到盗贼的攻占,因为这时留在家里的人已经不多了。在竞技场,他举办车赛、赛跑和屠杀野兽的表演,表演者往往是那些地位最高的青年。此外,他还常常举办有较大的和较小的男孩子参加的特洛伊游戏②。他认为用这种办法可以使最高贵的贵族的这一历史悠久的和有价值的习俗能为世人所知。当诺尼乌斯·阿斯普列那斯在这一游戏中摔坏了腿时,他便送给他一条金项链,并且允许他本人和他的后人取得"托尔克瓦图斯"的绰号③。但是不久之后,他便放弃了这种形式的游戏,因为演说家阿西尼乌斯·波利欧在元老院中悲痛和愤怒地抱怨他的孙子埃赛尔尼努斯遇到的一次事故:这个孩子也是在这一游戏中摔坏了腿的。

他有时甚至雇用罗马骑士在舞台上和角斗场上表演,但只是在元老院对此明令禁止之前。这之后,他就禁止任何出身高贵的人表演了,例外的只有一个名叫吕奇乌斯的青年人,但他是将此人作为珍物加以展示的。原来此人身高不到二英尺,体重不过十七磅,然而声音却十分洪亮。在举行表演的一天里,他带领着送到罗马

---

①　saepta(saeptum)原指围墙或栅栏,这里指广场上圈起的一个地方。它原来是供民会开会进行选举之用的。

②　在作者的《圣优利乌斯传》第39章里也提到了这一游戏,但具体内容未详,可能是模拟特洛伊战争的一种体育比赛之类。

③　大约在公元前300年,提图斯·曼利乌斯·托尔克瓦图斯在一次决斗中从被杀死的高卢人身上取下他的项链,故用他的名字作纪念。

来的第一批帕尔提亚的人质穿过场子的中心,然后把他们安置在他自己座位上首的第二排。这样做也是为了使人们看到这批人质。此外,如果有什么稀罕的和值得看的东西带到罗马来,他习惯于在原定没有表演的日子里在随便一个方便的地点特别加以展示。比如说,在"撒埃普塔"就展示过一头犀牛,在舞台上展示过一只老虎,在民会会场展示过一条有五十英寸长的蛇。

有一次当他许愿在竞技场举办表演的时候,他病了,因此他就躺在抬床上率领着敬神的行列。还有一次,当他奉献给玛尔凯路斯剧场的那场表演刚开始的时候,恰巧他的高级长官的座椅的榫子脱落了,结果他仰面朝天地跌了下去。在为他的孙辈举行的表演中,当民众都十分惊恐,担心剧场会坍塌下来,而他又无法使他们平息下来或用别的什么办法给他们鼓劲儿时,他就离开自己的座位,在看来是最危险的地方就座。

(44)由于在普提欧利举行有众多人参加的表演时,在拥挤的房屋中竟无人给一位元老让个座位,对这种无礼的行为他十分气愤,因此他便发布一些特殊的规定来消除人们在观看表演时的这种杂乱无章的做法。为此元老院发布命令,不管在什么时候什么地方,只要举行公开的表演,第一排的座位都应保留给元老;并且,在罗马,他不允许同罗马有联盟关系的自由国家的使节坐到元老席里去,因为他听说,甚至被释奴隶有时也被指定坐到那里去。他把士兵同民众隔开,他为民众中结了婚的男子安排特殊的座位,给没有成年的男孩子安排他们专门的席位,而他们的教师①的席位则同他们的席位相接。此外,他还规定,穿深色衣服的任何人都不

---

① 教师通常是奴隶或东方人(特别是希腊人),他们的社会地位大都低于他们的学生。

能坐在观众席的中间部分①。他甚至不允许妇女观看剑奴的比
试，除非坐在高层的座位上，尽管按照过去的习惯，观看这种比试
时是男女混坐在一起的。只有维司塔贞女有她们自己的专座——
同行政长官的座台相对。至于体育比赛，他则严禁妇女观看，以致
为了纪念他当选为最高司祭而举行的表演中，当一对拳击手被召
出进行比赛时，他却把比赛延期到第二天早上，并声明说他不希望
妇女在第五时以前到剧场来。

（45）在竞技场他本人通常是从他的友人或被释奴隶的上层厢
座观看表演的，但有时也坐在给皇帝专设的包厢里，甚至有妻子和
孩子同他在一起。他往往离开几个小时，有时是一整天。他对此
表示歉意，但是他指定主持的官员坐在他的位子上。不过无论什
么时候只要他在场，他就全神贯注地观看表演，这或者为了避免招
致他的义父恺撒通常受到的那种非难（这一点他是看到了的，因为
恺撒在观看表演时，实际上是把时间用来阅读和答复书信和请愿
书）；但也可能因为他对他所看的东西有兴趣，他喜欢他看的东西。
他从不否认这一点，而是常常坦白承认。因此，在别人举办的比赛
中，他也经常自己出钱提供特别的奖品和许多值钱的礼物，并且每
次参加希腊式的比赛②，他一定按照每个参加者的表现把礼品送
给他们。他特别喜欢观看拳击比赛，特别是拉丁民族出身的拳击
手的比赛，而且不仅仅喜欢看那些被归入专业拳击手行列的、受到
认可的人们——他习惯于叫他们甚至同希腊人比试——的比赛，
还喜欢看那些未经过训练的普通市民在狭窄的街道上所进行的那

---

①　剧场的观众席横着分成三部分：下面的即第一部分（ima 或 prima cavea），中间
的部分（media cavea）和上面的即后面的部分（summa 或 ultima cavea）。罗马上层人物
穿外袍，外袍是白色的（羊毛的本色）。

②　在罗马举行希腊式的比赛时，人们穿希腊服装，讲希腊语。

种没有技巧的、乱七八糟的扑打。总之,对于公开进行各种表演的
人们,他都表示有兴趣。他保留了运动员的特权,甚至增加了他们
的特权。在剑奴比试时,他不许人们不给予负方以要求饶命的权
利;他剥夺了一项古老的法律给予高级官吏的这样一种权力,即他
们不论在任何时候,任何地方都能够惩处优伶,而把这一权力限制
在表演的时候和在剧场里。虽然如此,在角力厅的比试里以及在
剑奴的比试里,他规定了最严格的纪律。特别他对于约束优伶的
违法行为这一点是极为严格的,以致有一次,当他得知罗马戏剧的
一个演员斯提帕尼欧有一位像男孩子那样把头发剪得很短的主妇
等候他的时候,就叫人用棍棒在三个剧场①里打他,然后把他驱逐
出去。一个哑剧演员叙拉斯由于有一位行政长官对他不满而受到
在自己家的中庭那里被公开笞打的惩处。皮拉德斯被驱出罗马以
及意大利,就是因为他用指头指一位嘘他的观众②,使得在场的人
全都把目光转向这个人。

(46)在把城市和它的事务安排停妥之后,他又亲自建立了二
十八个移民地,把它们加进意大利的居民之中。他在意大利的许
多地方修建了公共建筑物,并且使它们有了收入;他至少在某种程
度上甚至给予它们同罗马城相等的权利和尊严,办法则是安排一
种选票,每一移民地地方元老院的成员可以用它们推选在罗马任
官的人,选票是封好后在选举当天才送到罗马来的。为了保证有
地位的人能得到不断的补充,以及为了促使普通民众能增殖,他允
许由任何城市推荐的人们担任过去只有骑士才能担任的军职③,

---

① 指庞培、巴尔布斯和玛尔凯路斯三个剧场。

② 这里是用中指(digitus medius),也就是 infamis digitus 指向别人,这是对别人
的一种侮辱。

③ 属于这类职位的有中队长(tribunus cohortis)、骑兵长官(praefectus alae)和军
团司令官(tribunus legionis)。

而当他在巡视城市时,对于那些宣称生了优秀儿女的普通人则分配给每一个孩子一千谢斯特尔提乌斯。

(47)那些比较强大的行省是不能由每年更换的长官容易地或安全地来治理的,于是他就把它们收归自己的统治之下;其他行省则由他交给通过抽签选出的执政官身份的长官。不过他时而把某些行省从一类改变为另一类,并且常常出访属于这两类的许多行省。某些同罗马有条约关系,但是由于没有法制而正走在毁灭道路上的城市,就被他剥夺了独立。他解救了另一些被债务压得喘不过气来的城市,重建了一些毁于地震的城市,并且把拉丁权①或充分的公民权给予那些可以证明自己曾为罗马人民效过力的城市。我认为,没有一个行省他没有去过,例外的只有阿非利加和撒地尼亚。他曾计划在他打败赛克斯图斯·庞培之后,从西西里渡海去这些地方,但是因一连串猛烈的暴风而未能成行,而后来他就再也没有机会作这样的旅行了。

(48)除去少数的例外,他总是把通过征服取得的王国还给他所由取得王国的人们,或是把这些王国同其他的王国合并起来。他还要同他有同盟关系的国王们相互缔结条约,并且十分愿意建议或者促成他们之间的联姻或者友谊关系。他总是关切地把它们都看成是帝国的不可缺少的构成部分,并且,每当一个国王因太年轻或精神不正常而无法进行统治时,他照例要为这种人指定一位监护人,直到他们长大成人或者病愈。他抚育了许多国王的子女,并且叫这些子女同他自己的子女一道受教育。

---

① 因过去古老的拉丁城市而得名的一种有限制的公民权,内容因时间和地点而不同。

(49)他把他的军队中的军团和辅助部队分配在各个行省,两支舰队中一支在米塞努姆,一支在拉温那,以保卫上下两个海域,其余的军队则部分地用来保卫罗马城,部分当作他自己的亲卫队,而解散了卡拉古尔里塔尼人的一支军队和日耳曼人的一支军队。卡拉古尔里塔尼人的军队曾被他用来组成自己的部分亲卫队直到打倒安托尼乌斯的时候,日耳曼人的那支军队则被他保留到瓦鲁斯被打败的时候。不过,他绝不允许三个以上的步兵中队留在罗马城内,而且,即使这些中队也没有固定的营地。其余的军队他照例派往罗马附近市镇的冬营或夏营。此外,对于所有地方的全体士兵,都规定了固定的饷银和津贴,确定了他们服役的年限,并且按照每人的军阶在服役期满时给予报酬,以防止他们在复员后因为受到年龄或贫困的引诱而有不轨的行为。为了在任何时候都能够毫无困难地有现款来维持军队并支付应当给予他们的报酬,他设立了一个军事金库,金库是以新的税收为来源的。

为了使在每个行省发生的事情都能更快地传到他这里来,他起初是在军路上每隔一定距离便安置一些年轻人,后来则设置驿站的马车。看来,驿站的马车是一种更方便的设施,因为对于不管从什么地方送来急报的人们,如果情况需要的话,也是可以提出怀疑的。

(50)在过路文书、急报和私人信件上,他的封印最初是一个狮身人面兽、后来是亚历山大大帝的像,最后则是他自己的像,这个印记是狄奥斯库里德斯给他刻的。他的继承人仍旧使用这个印记作为他们自己的印记。他在他所有的书信上总是注明确切的时间,不但白天的、甚至还有夜晚的时间,以便精确表明信是什么时候写的。

(51)可以证明他的仁慈和宽厚的证据是很多的,并且是很有说服力的。他不仅赦免了敌对派别的人们,而且允许他们在国内担任高级的官职,这些人的名字我就不一一列举了。我可以说的只是,他在惩处两个平民优尼乌斯·诺瓦图斯和卡西乌斯·帕塔维努斯时也只是认为分别处以罚金和一种性质温和的放逐便可以了。虽然,要论起这两个人的行为来,则前者曾以小阿格里帕的名义散发对他进行十分恶毒的攻讦的信件,而后者在一次盛大的宴会上竟然公开宣布说,自己既不真想、又没有勇气刺死他。还有一次,当他在审理对科尔杜巴的埃米利乌斯·埃利亚努斯的控诉案件时,对被告的指控中最主要的一项罪名就是,这个人有一个说恺撒的坏话的习惯。奥古斯都于是假装生气的样子对控告者说:"我希望你能证实这件事是真的。我要叫埃利亚努斯知道,我和他一样也有一个舌头,要知道,关于恺撒,我要说的话甚至更多。"并且,无论当时还是后来,他都没有再追究下去。还有一次,当提贝里乌斯在一封信里向他抱怨同样的情况时,他以更加有说服力的语言回答他以如下的话:"我亲爱的提贝里乌斯,在任何人讲我的坏话这种事情上不要因为少年气盛而把握不住自己,或者过于放到心上。如果我们能制止任何人直接伤害我们,我们就应当感到满足了。"

(52)虽然他清楚地知道,人们通常会作出决定把神殿献给甚至担任过执政官的人,但是他本人却连行省里的神殿也不接受,除非是以他和罗马二者联合的名义。在罗马本城,他特别强调拒绝这一荣誉,甚至把先前为了崇祀他而铸造的银像熔化,并且用这些银子铸成的钱币买了一个黄金的三脚架献给帕拉提乌姆山上的阿波罗神。

当民众用一切办法把独裁大权强加给他时,他却跪在地上,从肩头脱下自己的外袍,敞着胸部恳求民众不要坚持他们的意见①。

(53)他总是回避使用"主人"②这样一个头衔,认为这个头衔是应受谴责的和侮辱性的。有一次他看笑剧,当里面的台词出现一句"公正仁慈的主人啊!"(O dominum aequum et bonam)的话的时候,所有在场的人都跳了起来欢呼,就好像这话是为他而说出似的,但是他立刻便通过自己的表情和手势制止了他们这种不光彩的奉承行为,并且,在第二天的一道命令中对他们进行了严厉的谴责。这之后,他就不容许人们叫他主人,甚至他自己的孩子和孙辈,无论开玩笑还是正经地,都不能这样称呼他。并且他不允许他们甚至在他们中间用这种奉承的词语。除非迫不得已,他出入城总是在晚上或者夜里,以避免用不可免的仪节打搅任何人。在他担任执政官时,他通常是徒步走在街上,而当他不担任执政官时,他一般是乘坐有罩子的抬床。所有的人早上都可以到他那里去致意,甚至民众也可以。他满足人们十分亲切和蔼地向他提出的请求,但是诙谐地责备一个十分犹豫不决地向他递交一份请求书的人,说他像是"想把一个小钱交给大象似的"。在元老院开会的日子,他总是向已经就座元老们打招呼,③不用人提醒便叫得出每个人的名字;并且,当他离开元老院时,同样是向在座的元老们告别,而元老们不用站起来。他同许多人有社交上的往来,一直不断地参加他们所有的各种纪念活动,直到上了年纪的时候,并且有一次在参加一个人的订婚时,他因人多而感到不快。当一位同他毫无亲密交往的友人伽路斯·凯尔里尼乌斯因失明而想绝食自杀时,奥古斯都就去拜访他,用安慰的话使他继续活下去。

---

① 敞着胸部表示这是他出自内心的意见。
② 在共和国时期,主人(dominus)一词是对奴隶而言的。
③ 元老院如不开会,元老们在早上通常是要到他家问候的。

(54)当他在元老院发言时曾有人对他说:"我听不懂。"还有一个人说:"如果我有机会,我是会反驳你的。"有几次当他因为辩论者同他争吵得过分激烈而怒气冲冲地冲出元老院时,有些人在他后面叫道:"在国家大事上元老们应当有权利谈他们自己的看法。"当人们用一位元老推选另一位元老的办法推选元老时,安提斯提乌斯·拉贝欧提了玛尔库斯·列皮都斯的名字。列皮都斯是奥古斯都的宿敌,当时正在流放之中。当奥古斯都问拉贝欧,是否有别的人更加适于这一荣誉的时候,拉贝欧回答说,每个人都有他自己的看法。尽管如此,没有任何人因为自己的说话随便或态度傲慢而遭到迫害。

(55)他甚至不害怕在元老院散发的反对他的讽刺文字,而是用很大的气力去驳斥这些东西。他并不想去追究这些文字出自谁的手笔,他只是建议,今后公开散发的用假名诽谤他人的文字或诗句应当依法说明理由。

(56)当有一些人对他开下流的或恶意的玩笑时,他就在公开的声明中予以答复;不过他还是否决了限制遗嘱中的言论自由的一项法律。① 每当他参加高级官吏的选举时,他就偕同自己的候选人到各特里布斯去,按照传统方式为他们游说。他和普通民众一样,也是在他自己的特里布斯里投票的。当他在法庭作证时,对质问和甚至反驳都表现得极有耐心。

他使他的广场修筑得比他原计划的要狭窄,因为他不敢把邻接房舍的主人赶走。他在推荐他的儿子担任公职时,总不忘加上一句:"如果他们配得上的话。"当他们还没有成年,而剧场的观众

---

① 罗马人往往在他们的遗嘱中就政治人物和事件表示自己的意见。据狄奥·卡西乌斯(第58卷,第25章)的说法,死在狱中的富尔奇尼乌斯·特里欧在遗嘱中就猛烈地谴责了提贝里乌斯。

一致起立向他们欢呼致敬时,他表示坚决不同意这种做法。他希望他的友人都成为国内杰出的、有影响的人物,但是他们要和其余的人一样受到同样法律的约束,同样应当受到法律的追究。当他的一位好友诺尼乌斯·阿斯普列那斯被卡西乌斯·谢维路斯指控有放毒罪行的时候,奥古斯都就问元老院,他们认为他应当怎么办;因为,他说,他拿不定主意,原来他担心:如果他支持阿斯普列那斯,人们会认为他在包庇一名罪犯,而如果他不这样做,就表明自己对一位朋友不忠而且对他的案件不利。继而由于所有的人都同意他出席这一诉讼,他就在法庭的凳子①上坐了好几个钟头,一句话也不讲,甚至没有赞扬过被告。② 然而他的确为他的某些被保护人辩护过,比如说,先前在他手下作过军官的一个叫斯库塔里乌斯的人就曾被控以诽谤罪。但是他只作到使仅仅一个人免于起诉,而且那还是通过求情的办法,原来他成功地在陪审员面前说服了原告放弃起诉;这个原告叫卡斯特里奇乌斯,他曾通过此人了解到了穆列纳的阴谋。

(57)人们很容易想象,由于他的这种令人敬佩的行为,他受到了人们何等的爱戴。我且不提元老院的那些法令,因为看来它们是出于必要或由于有所担心才发布的。罗马骑士之庆祝他的生日,是自动的、一致的,并且总是要连续庆祝两天③。各种各样身份的人,为了给他的幸福生活还愿,每年都要向库尔提乌斯湖(Lacus Curtius)投进一个小钱币,还要把一份新年的礼物于元旦带往朱庇特神殿,甚至当他不在罗马的时候。他用这笔钱为罗马的每

---

① 法庭为辩护人、证人等准备的可以搬动的凳子。

② 为被告辩护从而全面地称颂他的品行的做法受到庞培的禁止(在他第三次担任执政官时),不过实际上人们(甚至庞培本人)还是使用这种办法。

③ 9月22日和23日。

一居民区都购买并奉献了值钱的神像，诸如凉鞋街的阿波罗神像
（Apollo Sandaliarius）、特拉戈埃都斯区的朱庇特神像（Jupiter
Tragoedus）和其他神像等等。为了重建帕拉提乌姆山上他那被火
烧毁的住宅，老兵、各公会①、特里布斯，甚至其他身份的个人都乐
于按照本人财力捐献金钱。但是他只是象征性地从每一堆钱里取
很少一点，从全部里取得的还不到一狄那里乌斯。在他从一个行省
返回时，人们不仅用祈祷和祝愿，而且还用歌唱来迎接他。还有这
样一项规定，即无论他在什么时候进城，都不能有任何人遭到惩处。

（58）全体公民突然一致地心血来潮，把国父的头衔送给了他：
首先是民众，他们派了一个代表团去安提乌姆，由于他拒绝了，随
后则再一次是在罗马，那是当他进入剧场时，他们有大群人等在那
里，都戴着月桂的花环。后来元老院在会堂开会时，不是通过法令
或欢呼，而是通过瓦列里乌斯·美撒拉提出的。美撒拉代表全体
元老说："恺撒·奥古斯都，好运和神恩降临给你和你的一家。要
知道，这样我们就感到，我们是在为我们国家的持久的繁荣和我们
城市的幸福而祈求了。"接着奥古斯都就含着泪作了如下的回答
（我这里记录的完全是原话，就和我记录美撒拉的话一样）："既然
我已经达到我的最高期望，元老们，如果在此之外我还必须向不朽
的诸神请求什么的话，我可以把你们这同样的一致同意一直保留
到我一生的尽头。"

（59）由于安托尼乌斯·穆撒的照料，奥古斯都从一场危险的
疾病中恢复过来。为了对穆撒表示崇敬，人们筹集了一笔钱，在埃
斯库拉皮欧斯②像的旁边给穆撒也立了一个像。有些家长在他们

---

①　可能是抄手和其他低级官员的公会。
②　希腊神话中的医神。

的遗嘱里规定,他们的继承人应当把用作牺牲的牲口赶到朱庇特神殿去,代表他们向神上供表示感谢,因为奥古斯都活得比他们长久,并且,他们前面应当打出一个牌子说明这一点。某些意大利城市把他首次访问这些城市的那一天当作他们一年的开始。许多行省的几乎每一座城市除了神殿和祭坛之外,还规定了每五年举行一次的赛会,以对他表示崇敬。

(60)国王们当中他的友人和联盟者都各自在他自己的王国内建立一座名叫恺撒列亚的城市。他们全部联合起来计划捐献一笔钱来建成朱庇特·奥林皮乌斯的神殿——它是古时在雅典开始修建的——并且把它献给他的守护神。他们常常离开他们的王国,像被保护人常有的情况那样,到他这里来献殷勤,他们穿罗马人的外袍,不带王权的标记,不仅在罗马是如此,甚至当他在各行省巡行时也是如此。

(61)奥古斯都本人在担任文职和军职时的行为如何,平时和战时在世界各地统治罗马国家时的行为如何,我上面已经谈过了,下面我要谈一下他的私人生活和家庭生活,记述他一生从青年直到临终时他在家里和在他的家人中间他的品行和他的遭遇。

当他第一次担任执政官的时候①,他失去了母亲;而在他五十四岁的时候,他又失去了姊妹屋大维娅。当她们在世的时候,他对她们有很深厚的感情,而在她们去世后,又给了她们最高的荣誉。

(62)在他的青年时代,他同普布利乌斯·谢尔维利乌斯·伊扫里库斯的女儿订了婚,但是当他在同安托尼乌斯发生第一次争吵后归于和解,并且他们的军队请求两位对手之间应当建立某种亲属的联系时,他就娶了安托尼乌斯的继女克劳狄娅——克劳狄

---

① 公元前43年。

娅是富尔维娅同她的前夫普布利乌斯·克洛狄乌斯所生的女儿，这时刚刚到了结婚的年龄。但是由于他同岳母富尔维娅发生了一次争吵，在他同克劳狄娅开始同居以前就同她离婚了。不久之后，他就同斯克里波尼娅结了婚。斯克里波尼娅在那之前曾嫁过两个担任过执政官的人，并且同其中的一人生过子女。但他同她也离了婚，因为，正如他自己所写的，他"忍受不了她那种泼妇的性格"。这次离婚之后，他立刻就从提贝里乌斯·尼禄手中夺取了他当时业已怀孕的妻子利维娅·杜路西拉。终其一生，他都爱她并敬重她，没有一个人能同她相比。

（63）他同斯克里波尼娅生了一个女儿优利娅，同利维娅却没有生任何子女，尽管他诚心诚意地想同她生儿育女；她怀过一个孩子，但是小产了。他最初把优利娅嫁给玛尔凯路斯，就是他的姊妹屋大维娅的儿子。当时玛尔凯路斯几乎还是一个孩子。玛尔凯路斯死后，他又把优利娅嫁给了玛尔库斯·阿格里帕，他是说服了自己的姊妹屋大维娅把她的女婿让给了他的。原来那时阿格里帕已经同一个玛尔凯拉结了婚并且有了子女。当阿格里帕又死了的时候，奥古斯都就联姻问题想了很久，作了各种不同的考虑，甚至想到骑士等级里去寻求女婿，但最后却选中了他的继子提贝里乌斯。提贝里乌斯已经结婚并做了父亲，现在却被迫同已经怀孕的妻子离婚。玛尔库斯·安托尼乌斯记述说，奥古斯都起初曾把女儿许给了他的儿子安托尼乌斯，后来又许给了盖塔伊人的国王科提佐，另一方面，他又要求国王把自己的女儿嫁给他。

（64）阿格里帕和优利娅为他生了三个外孙盖乌斯、路奇乌斯和阿格里帕，两个外孙女优利娅和阿格里皮娜。他把优利娅嫁给了一位监察官的儿子路奇乌斯·帕乌路斯，并且把阿格里皮娜嫁给了他的姊妹的外孙日耳曼尼库斯。他把盖乌斯和路奇乌斯过继到自己家里来,他是以私人的身份通过象征性的出售手续①,把他们从他们的父亲手中买来的,并且在他们还年轻时就把他们引入政治生活,把他们以当选执政官的身份派到各行省和军队中去。在抚养自己的女儿和外孙女时,他甚至要人们教给她们纺织的技术;他还告诫她们:无论说什么、做什么都要光明正大,并且应当是可以记入家庭日志里面的②。他对她们的管教极为严格,不许她们会见生人。有一次他写信给一位身份高、品行好的青年路奇乌斯·维尼奇乌斯说:"你到拜阿伊去访问我的女儿,这种行为是僭越的。"他教给他的外孙们读书、游泳、还有其他教育项目,大都是亲自教,而且特别用心训练他们模仿他自己的笔迹。他同他们一道进餐时,一定要他们坐在自己身旁最低的卧椅③上,如果一道出行,一定要他们走在自己车子的前面或是骑马紧贴在它的两侧。

(65)但是当他最幸福,而对于他的家人及其教育又最有信心的时候,命运却表明它是变化无常的!他发现他自己的女儿和外孙女这两个优利娅原来是无恶不作的,于是就把她们放逐出去。在十八个月当中,他接连失去了盖乌斯和路奇乌斯:前者死在吕奇亚,后者死在玛西利亚。于是他就公开过继了他的第三个外孙阿格里帕,同时又过继了他的继子提贝里乌斯,这是根据在库里亚的集会上通过的一项法令而进行的④,但是不久他就把阿格里帕否

---

① 这种古老象征式的购买,是买主当着行政长官的面用一枚小钱在天平(libra)敲三下然后给予卖主,便算成交。

② 即记载皇帝家庭中发生的事件的记录。这种日志的做法看来是从奥古斯都时期开始的,如我国的起居注,不过起居注是由史官记皇帝个人的,而这是皇室成员自记的。

③ 卧椅(lectus)是罗马人进餐时用的,可以坐也可以卧,它的挨近饭桌的一面较高。

④ 库里亚是古代公民的一种政治单位。在过继的时候象征性地代表库里亚的是三十名侍从,由最高司祭主持。这种过继方式通常用之于成人。

定了,因为此人情操低劣,性情暴躁。于是他把阿格里帕送到苏尔伦图姆①去。

　　他对于亲人的死之较之对于他们的不端的品行有大得多的承受力,远为想得开。盖乌斯和路奇乌斯的遭遇并没有使他在精神上完全垮掉,但是他给元老院写了一封信,通报了他的女儿的堕落情况,这封信是他没有出席元老院的情况下由一名财务官②宣读的。正是由于感到羞愧,他在长时期里不愿会见任何人,他甚至考虑到把她处死的问题。无论怎样,当优利娅所信任的一个名叫培贝的被释女奴隶几乎在这同时上吊自杀时,奥古斯都说:"我宁可是培贝的父亲!"在优利娅被放逐之后,他禁止她喝酒和使用各种奢侈品,并且不允许任何人,无论是奴隶还是自由人,在不得到他允许的情况下去看她,后来,去看她的人,一定要把此人的身材、面貌,甚至是否身上有什么标记或疤痕等等先要让他知道。直到五年之后,他才把她从岛③上迁到陆地上来,并且稍稍放宽了对她的待遇。但他无论如何也不能完全接受把她召回来的劝说,并且当罗马民众几次为她说情并且苦苦向他哀求时,他在一次公开的集会上,召请诸神作证,诅咒这些人也会有同样的女儿和同样的妻子。他不准许他的外孙女优利娅在判罪后生的孩子得到承认和抚养。当阿格里帕变得再也无法管教,并且相反地,变得日益疯狂的时候,他就把阿格里帕迁移到一个岛④上去,还派了一队士兵加以看守。他通过元老院的一道命令规定,阿格里帕在那里要受到终

---

　　①　苏尔伦图姆(Surrentum)是康帕尼亚的一个沿海城市,在涅阿波利斯东南,今天叫索尔伦托(Sorrento)。

　　②　财务官一般都是青年人。

　　③　潘达塔里亚岛。

　　④　普拉那西亚岛。

身的监禁,并且每次在提到他和提到两个优利娅的时候,他都要深深地叹气,甚至叫道:"如果我从不结婚,如果我死时不留后裔那该多好。"①他也从来不提起这三个人,除非是把他们比作他的三个疖子或者他的三个脓疮。

(66)他并不随便交朋友,但是一旦交上朋友,他一定是始终如一,极为忠诚,他不仅对他们的德行和功劳给以适当的奖赏,而在他们犯了不太严重的错误时,他甚至对之加以宽恕。事实上,在他的许多朋友中间,人们并不能随便举出谁来在他面前是失宠的,例外的只有撒尔维狄耶努斯·茹福斯和科尔涅利乌斯·伽路斯。这两个人都是出身极为低贱的,但是前者被他提升到执政官的等级,后者则被他任命为埃及长官。他把前者交付元老院,以便它可以处他死刑,因为他阴谋发动一场政变;对于后者,他不允许此人在属于皇帝的行省②安家,也不给他居留在这里的特权,因为这个人忘恩负义,又生性猜忌。但是当伽路斯受到控诉者的威胁并因元老院的法令而也不得不自杀的时候③,奥古斯都虽然称许他们的忠诚和为了他而引起的激愤情绪,但还是流下了泪,并且为他们的下场而悲伤,因为只有他一个人不能自己选定他同朋友发怒时的界限④。他所有其余的朋友则终其一生继续享有权力和财富,每个人都在其本阶级中占居领导地位——尽管有时也会发生争论。且不说别的人,他偶尔发现阿格里帕缺乏耐性,而麦凯纳斯没有保密的本领。原来前者就因为稍稍怀疑自己受到冷淡和奥古斯都偏

---

① 荷马:《伊利亚特》(第3卷,第40行)中海克托尔对帕里斯讲的话,引用时略有改变。

② 参见本传记第47章开头部分。

③ 这里是说,撒尔维狄耶努斯·茹福斯也是自杀的。

④ 这意思是说,普通人可以同朋友争吵并和好,但奥古斯都的地位使他的愤怒对别人成为致命的。

爱玛尔凯路斯,就把一切都丢掉,到米提列涅去,而后者则把发现穆列纳的阴谋这一秘密泄露给了他的妻子特伦提娅。

作为回报,他要求他的朋友们无论在生前还是死后都要表现出自己的友情。要知道,尽管他绝不是一个掠夺遗产的人,而且事实上,他也从来不能使自己接受任何陌生人在遗嘱中留给他的任何东西,但是在对待他的友人的临终遗言这件事上,他却是十分敏感的。如果对方留给他的东西没有什么价值或者赠赐之外没有恭维的词句,他也从不掩饰自己的懊恼情绪,但如果他受到感谢和爱戴,他也不掩饰自己的满意心情。不管什么地位的有子嗣的人,只要把遗产留给他或是指定了他的份额,他或者立刻把它们转让给孩子,或者,如果孩子还没成年,则当他们穿上成年人的服装或者当他们结婚时,他就把这笔钱连同利息还给他们。

(67)他使他的许多被释奴隶享有崇高的荣誉并且同他们保持亲密的关系,比如李奇努斯·凯拉都斯和其他人就都是这种情况,但是作为保护人和主人,他的严格同他的宽厚仁慈是相当的。他的奴隶科斯穆斯谈到他时讲了极难听的侮辱言词,但他也只是给他上了镣铐。当他同他的管家狄奥美德斯同行时突然遇到了一只野熊的袭击,那管家在惊慌失措中竟然躲到了他的身后,但对此他也只是责备此人胆怯,并没有把这件事同任何更严重的情况联系在一起,结果这样一件极为危险的事故就一笑了之,因为他知道,这里毕竟并不存在任何恶意。但是他所宠爱的一名被释奴隶波路斯,因为犯了同罗马主妇通奸的罪,于是奥古斯都就迫使这个人自杀了。他的秘书塔路斯为了五百狄那里乌斯而泄露了一封信的内容,他便打断了这个人的腿。由于他的儿子盖乌斯的教师和侍从利用他们主人生病和死亡的机会在他的行省里干了横行霸道和贪财枉法的事情,他便下令把重物系在他们的脖颈上然后投入河中。

(68)在少年时期,他被指责有各种各样不知羞耻的行为,赛克斯图斯·庞培嘲笑他有女人气。玛尔库斯·安托尼乌斯则说他所以受到恺撒的过继,是因为他们之间有不正当的关系。玛尔库斯·安托尼乌斯的兄弟路奇乌斯则说他在他受了恺撒的侮辱之后,在西班牙又以三十万谢斯特尔提乌斯的代价委身于奥路斯·希尔提乌斯,并且他经常用烧红的核桃壳烫自己的腿,以便使自己的头发长得更柔软些。还有,有一天剧场里在演戏,当台上这样一句涉及正在打鼓的、一位众神之母的司祭的台词:"请看一个淫妇的手指是在怎样地击鼓啊!"①被所有的人理解成是针对着奥古斯都的时候,他们就高声地欢呼起来。

(69)说他有通奸的癖好,对于这一点甚至他的朋友也不否认,虽然如此,确实他们对此表示谅解,因为他这样做并不受情欲的驱使,而是出于如下的策略,那就是,他可以更方便地通过他的对手家族的妇女了解到对手们的计划。除去奥古斯都匆匆忙忙地同利维娅结了婚这件事之外,玛尔库斯·安托尼乌斯还指控他曾把一位担任过执政官的人的妻子当着他丈夫的面把她从他丈夫的餐室拖到卧室里去,而当他把她带回餐桌时,她的头发已经乱了,并且她的两只耳朵也变得通红;他还指出,斯克里波尼娅所以被他休掉,是因为她太随便地对一位对手②过大的影响表现了愤恨的情绪;他还说,他的朋友都像是给他拉皮条的人,他要主妇和长大成人的女孩子都脱光了给他检查,就仿佛奴隶贩子托腊尼乌斯把她们展示出来准备出售似的。当安托尼乌斯无论在私人关系上还是

---

① 原文 Videsne ut clnaedus orbem digito temperat 中的 orbem 有"圆鼓"和"世界"两个意义,而 temperat 又有"击"和"指挥"双关的意思。所以"击鼓"还可以理解为"统治世界"。

② 当指利维娅。

政治关系上还没有同他完全破裂的时候,也以如下亲昵的口气写信给奥古斯都本人说:"是什么使你发生了这样一个变化? 是因为我同一位皇后同居吗? 她是我的妻子。是我刚刚开始这样做或者这是九年前的事! 你的情况怎样? 你只同德路西拉同居吗? 如果你读这封信时你没有去找过特尔图拉或特伦提拉或茹菲拉或撒尔维娅·提提赛尼娅或所有她们,那就祝你好运! 你在什么地方以及同谁寻欢作乐,这有关系吗?"

(70)此外,他还有一个通常被称为"十二神仙会"的私人晚餐会,它是人们谈论的话题。在这一晚餐会上,客人都扮成男女神仙的模样,他本人则扮成阿波罗的样子,这件事不仅在安托尼乌斯的一些信里受到指责,安托尼乌斯还恨恨地举出了所有客人的名字,一位匿名者还就此写了如下的这样一些尽人皆知的诗句:

> 一旦那一桌坏蛋搞到了一位化妆师①,
> 而玛利亚②看到男神女神各六个,
> 这时恺撒就亵渎神明地扮演了阿波罗这个荒谬角色,
> 并在诸神新花样的放荡行为中寻欢作乐;
> 这时所有的神从大地转过脸去,
> 朱庇特自己也逃离了黄金宝座。

由于当时正值荒年而人们都在挨饿,这种宴会的名声就更不好听了。第二天就有人叫喊说,诸神吃掉了所有的粮食,而恺撒确实是阿波罗,不过是折磨人的阿波罗,原来在一个城区里崇祀的阿波罗

---

① 原文 choragus,在雅典是掌管演剧时服装道具的人,这里喻指化妆的人。
② 可能即是那个化妆师的名字。

便有这个绰号。人们还批评他太喜欢贵重的家具和科林斯的青铜制品,就和他醉心于赌博一样。确实,早在公布宣告公敌的名单时,就有人在他的像上写着:"我父亲过去经营银钱,而我则经营科林斯的宝物。①"由于人们认为,他所以把某些人列入宣告公敌的名单,就是因为这些人收藏有科林斯的器皿。后来,在西西里战争期间,下列的警句诗是流行的:"在他两次在海上被打败并且失去了自己的舰船之后,他一直在用骰子赌博,指望赢得一次胜利。"

(71)在这些指责或诽谤(不管我们可以把它们叫做什么)当中,对于不正当关系一点,他是很容易用他当时和以后的清白生活加以反驳的;当他攻占亚历山大时,他没有给自己留下一件皇宫里的家具(例外的只有一只玛瑙杯),并且立刻就把日用的全部黄金器皿都熔化了,这一事实可以证明他是厌恶奢侈的。说他好色,这一点他没有办法辩解,他们说甚至在他的晚年他也喜欢糟蹋女孩子。人们从各个地区把女孩子为他集中起来,甚至他自己的妻子也参与这种事情。他一点也不回避他的好赌的名声,为了消遣他是公开地、坦然地赌博的,甚至在他上了年纪的时候。他不仅在12月②里赌博,在别的节日以及在工作日他也赌博。这一点是无可怀疑的,因为在他的一封亲笔信里就这样写着:"亲爱的提贝里乌斯,我还是和那些人在一起吃饭,此外,我们还请来维尼奇乌斯和老西利乌斯做客。昨天和今天我们都像老年人那样地边吃边赌;骰子一抛下去,如果有谁抛出'狗'或者'六'③来,他就为每一

---

① 原文 Corinthiarius 大概指保管科林斯制造的酒瓮的奴隶,此处系借喻。
② 因为这个月里的撒图尔那利亚节是允许赌博的。
③ 即六个(也有用四个或三个的)骰子都是一点的。这里的"六"当指六点。

只骰子放一狄那里乌斯到池子①里去，而如果有谁抛出‘维纳斯’②来，那他就把池子里的钱全都拿走。”

　　在另一封信里他又写道：“我们十分愉快地度过了五日节③，我亲爱的提贝里乌斯，因为我们玩了一整天，一直没有离开赌桌。你的兄弟因为赌运好而高兴得大叫起来，但是在长时间的赌博当中他最后毕竟没有输的太多。原来他起初输得很惨，但是想不到他竟一点一点地捞回了很多。至于我，我输了两万谢斯特尔提乌斯，这是因为在赌博中我一向是慷慨到浪费的程度。如果我要求每个人都下和我一样的赌注，或者我把下出去的所有的赌注留下来④，那我就会赢足足的五万。但是我更喜欢我原来的做法，因为我的慷慨将使我上升到不朽的光荣地位。”在给自己女儿的信里他写道：“我送给你二百五十狄那里乌斯，只要我的客人愿意或者在空闲的时候，甚至在吃饭的时候玩骰子，我就给他们每个人这样一笔钱。”

　　（72）在他的其他生活细节方面，人们通常一致认为，他的性情极其温和，甚至对任何过错都不怀疑。他最初住在罗马广场附近，在戒指匠台阶的上首原来属于演说家卡尔武斯的一所房屋里。后来他搬到帕拉提乌姆山上原来属于霍尔田西乌斯的仍旧是简陋的一所房屋里，这所房屋既不雄伟也不精美，但是有短短一个柱廊，那柱子都是用阿尔巴努斯山的石头⑤修筑的；房屋里既没有任何

---

　　①　赌博者出钱的地方，在牌桌中央。

　　②　这里指六个骰子的点都不一样，而只有我们所谓的“顺”，即从一点到六点才会是这样。

　　③　为米涅尔瓦女神举行的节日，在3月20日到25日间举行。

　　④　这大概是说，他赢的时候多，但得的钱少，因为别人的赌注小；他偶尔输一次，但赌注大，实际上这有照顾同桌赌博者的意思。

　　⑤　这种石头通称 peperino，是一种坚硬的火山石，石内有类似胡椒子的黑色矿瘤。

大理石的装饰，也没有漂亮的地面。四十多年间，无论在冬天还是夏天，他都睡在同一间卧室里。尽管他发现罗马城在冬天对他的健康不利，但他仍继续在那里过冬。如果他在什么时候打算私下里或不间断地做任何事情，那么在住房的顶端他有一个僻静之处，他把这个地方称作"西拉库塞"①和"提克尼皮昂"②。为了不见客人，他就经常躲到这里，否则就躲在他的一个被释奴隶的市郊的别墅里。但只要他觉得身体不适，他就睡在麦凯纳斯的家里。为了休养的目的，他最常去沿海各地和康帕尼亚沿海诸岛，或者去罗马附近的市镇，诸如拉努维乌姆、普列涅斯特或提布尔——在这里，他常常在赫邱利斯神殿的柱廊里开庭审判。他不喜欢雄伟豪华的乡间别宫，他的外孙女优利娅修造得奢华的一座别宫实际上被他夷为平地。对于他自己的那些相当朴素的别墅，他不大用漂亮的雕像和图画来装点，他更多是使用露台、小树林和以珍奇古老著称的东西。比如，在卡普里埃，他用作饰物的是海中巨怪和野兽的巨骨（它们被称为"巨人之骨"）③和英雄的武器。

（73）他使用的家具和日常用品的简朴可以从今天还在的床和桌子看出来，其中有许多对于一个普通公民来说都不能说是精美的。人们说他总是睡在一个矮而设备简朴的床上。除了有特别的情况，他穿的都是家居的便服，衣服则是由他的姊妹、妻子、女儿或孙女缝制的。他的外袍不瘦也不肥，外袍上紫色的条纹不窄也不宽，他的鞋子的后跟稍高一些，这是为了使他看起来比实际要高。但是在他的房屋里总是把公开场合用的鞋子和衣服准备好，以备

---

① 可能喻指阿基米得的书房，也可能在西拉库塞，人们通常都利用这种高处的房屋。
② 原文希腊语是"小作坊"的意思。
③ 此处当指鲸骨或恐龙之类古生物的化石，即所谓龙骨。

不时之需。

(74)他经常举行宴会,而且总是正式的宴会①,他非常重视他的客人的地位与人格。瓦列里乌斯·美撒拉记述说,他从来不请一个被释奴隶来参加宴会,只有美那斯一人是例外,而且也只有在此人出卖了赛克斯图斯·庞培的舰队之后被登记入自由人名册的时候。奥古斯都本人记述说,有一次他还请过参加他的亲卫队的一个人,他经常到这个人的别墅去留住②。在举行这样的宴会时,他有时来得迟走得早,但是他允许他的客人们在他就座之前先吃并且在他离开后留下来继续饮宴。他的晚宴是三道菜,最破费的时候是六道菜,晚宴没有不必要的浪费,但是气氛极为融洽。原来他把那些不讲话的和低声谈话的人都请来参加整个宴会的谈论,宴会上他还安排音乐和优伶的表演,甚至从竞技场找来流浪的卖艺的人,特别是说书人③。

(75)对于节日和假日,他照例是庆祝得奢侈的,但有时只是觉得好玩而已。在撒图尔那利亚节或在他记得起的任何别的时候,他都要赠赐衣服或金银作为礼品,有时则是各式各样的钱币,其中包括国王的古币以及外国的钱币。但有时则没有别的东西,而只有毛布、海绵、拨火棍和火钳以及具有难解的双关意义的名称的诸如此类的物品。他还习惯于在宴会上拍卖彩券,彩券得的东西其价值相差极大,绘画都是背面向外,这样就得碰运气,看是否能充分满足买者希望了,不过条件是所有的客人在拍卖时都要出价,赔与赚是由大家来分担。

―――――――――――

① 正式的宴会(cena recta)中客人卧在躺椅上,围着一张餐桌。与之相对的则是非正式的用饭(sportula)。

② 参见本传记第 72 章。

③ 这是为了助兴,这些人不是宴会的正式参加者。

(76)他吃的不多(甚至这一细节我也不愿忽略),并且照例吃
简单的食品。他特别爱吃粗粉的面包、小鱼、手制的水分多的干酪
和第二茬的绿无花果。不管什么地方,什么时候,他饿了就吃,甚
至在晚饭之前。下面我逐字逐句引用他信中的原话:"我在车里吃
了一点儿面包和一些枣子。"还有:"当我乘抬床从旧王宫回家的时
候,我吃了一两面包和一串硬肉葡萄①上的几个果子。"再有:"我
亲爱的提贝里乌斯,甚至在安息日十分认真地斋戒的一个犹太人
今天也不能同我相比。你知道,直到夜里第一时之后,我在浴场开
始涂油之前才吃了两口面包。"由于这种不规则的生活习惯,他有
时在宴会开始前单独吃东西,或者在宴会结束后单独吃,而在宴会
进行期间他什么也不吃。

(77)他的本性是极为节俭的,就是在酒的使用上也是如此。
科尔涅利乌斯·涅波斯记述说,在木提那前的营地里,在晚饭时他
的习惯是饮酒不超过三次。后来当他放开量纵饮的时候,他也从
来不超过半升多一点或者他超过了,则他习惯于把它吐出来②。
他最喜欢莱提亚的酒③,但是很少在晚饭前饮酒。可是他却要吃
一点泡在冷水里的面包、一片黄瓜、一小块莴苣或一个鲜的或干的
果饼味④的苹果。

(78)在他吃了午饭之后,他通常是穿着衣服或鞋子休息一会
儿,脚部也不盖东西,双手则举到眼睛的地方。晚饭后他就到他的

---

① 硬肉葡萄是吃的,不是造酒的,也可能就是葡萄干。

② 罗马人在宴会上吃得太多,习惯于用催吐剂把胃里的东西吐出来,再接着吃
喝。

③ 公元前15年左右被奥古斯都征服,大约相当今天的巴伐利亚的部分,提罗尔
和瑞士一部分,北以多瑙河为界。

④ 注家认为是酸酒味的。

书房的躺椅那里去,在那里一直留到深夜①,直到他办完了白天留下的全部或大部分事情。然后他就去睡觉,但时间最多不超过七个小时,而就在这期间也不是一直睡下来,而是要醒三四次。如果一旦中断(这样的事是会发生的)而不能再睡下去,他就叫人去把朗读者或说书人召来,而当他再睡时,他往往就要睡到天亮之后了。在黑暗中,他绝不会醒着躺在床上,而是一定要有人侍坐他的身旁。他不喜欢早起,而如果为了某项公务或宗教事务而比平时起得早些的话,则为了不致使自己感到不方便,他就到要去的地点附近他的某个朋友家里去过夜。即使这样,他也常常受到失眠之苦,而当他卧在抬床上经过街道,并且由于某种耽搁而他的抬床被放下的时候,他却会入睡。

(79)他长得非常漂亮,并且在他一生所有各个时期都极为文雅,尽管他根本不关心个人的装饰②。他绝不特别注意整理自己的头发,以致他会叫几名理发师匆匆忙忙地同时给他整修头发;至于他的胡须,他有时要人剪,有时要人剃,就在这时他也不是在读就是在写些什么。无论是谈话或者沉默,他的表情都是如此平静温和,以致高卢行省的一个领导人对他本国人承认,他的表情使他的心软了下来,使得他下不了狠心实现把皇帝从悬崖上推下去的计划。原来当奥古斯都越过阿尔卑斯山时,此人曾在同他商量一件事的借口下得到允许挨近他的身边。他有一双澄净、明亮的眼睛,他用这双眼睛喜欢让人家认为那里有一种神圣的力量,而当他对任何人凝视时,如果对方好像不敢逼视阳光似地把头低下,这就使他感到十分高兴。他的牙齿小、相互隔得很远,并且保养得也不

---

① 一般是凭借灯光读书、看文件。
② 这一点同他的舅祖父形成鲜明的对比,恺撒是注意修饰打扮的。

好。他的头发略有弯曲并且带一点金黄色。他的眉毛凝聚在一处。他的耳朵不大不小，他的鼻子尖稍稍突出，然后又略向内弯①。他的面色在深色与白皙之间。他的身材短小，（虽然他的被释奴隶和他的文书保管人优利乌斯·玛腊图斯说他身高五尺九寸②），但由于他的身材比例适当和匀称，所以使人看不出他身材不高，而只有较高的人站在他身边时人们才会注意到这一点。

（80）据说他身上斑点很多，他的胸部和腹部有不少生下来就有的胎记，这些胎记的形状、排列的方式和数目恰似天上的大熊星座③。由于他的身体经常发痒和用力使用擦身器，他有许多有似于轮癣的硬皮。他的左臀部、大腿和小腿都不大得力，有时走路略带跛状；但是他用沙子和苇子加以治疗④从而加强了这一侧的力量。他有时发现他右手的食指一遇寒冷便发麻和抽搐，因此他时而觉得它用不上劲，以致几乎不能用它写字，即使有一只角制的指套的帮助也不行。他还抱怨自己的膀胱不好，而只有在尿中把结石排出来才能解除痛苦。

（81）在他一生当中，他得了几次严重而又危险的病，特别是在征服了坎塔布里亚之后，那时他因肝脏脓肿而陷入一种绝望的困境，以致他不得不接受一种从未有过的、冒险的治疗。既然热敷不能减轻他的痛苦，他的医生安托尼乌斯·穆撒就劝他试一试冷敷的疗法⑤。

他还有一些每年定期要复发的疾病。原来就在他的生日之

---

① 这是典型的"罗马鼻"。
② 比五英尺七英寸略短，约当一米七〇，这在欧洲人来说是较矮的。
③ 即北斗七星。
④ 可能是一种敷沙的疗法，具体不详。
⑤ 事在公元前23年。

前,通常他总要闹病;在开春的时候,他会因横膈膜的肥大而苦恼,并且南方起风时,他就患黏膜炎。因此他的体质如此虚弱,以致无论冷热他都受不了。

(82)在冬天,他用四件上衣和一件厚实的外袍来保护自己,此外还有一件内衣,一件羊毛护胸,大腿根和胫骨部分也都有保护的东西,而在夏天,他睡觉时卧室的门都敞开着,他往往睡在露天的院子里一个水泉旁边,旁边还有人给他打扇。然而即使在冬天,他也不能忍受太阳的照射,而从不在不戴宽边帽子的情况下在露天中散步,甚至在家中也是如此。他是乘坐抬床出游的,通常是在夜间,并且他的出行是如此缓慢而从容,以致他去普列涅斯特或提布尔要用两天的时间;并且如果他能从海路到达目的地的话,他宁愿坐船前往。尽管如此,他还用十分细心的照料,特别是用适当的淋浴来弥补自己的虚弱。他照例全身涂油或在火旁出一身汗,这之后他便用长时间晒在太阳底下的温吞水或微温的水来泼身。但当他为了风湿病而不得不洗热盐水浴和硫磺浴时,他就只满足于坐在他用西班牙语称之为"杜列拉"(durela)的木制浴座上,依次把手脚泡到水里。

(83)在内战之后,他立刻放弃了在玛尔斯原野上进行的马术和武器的操练,转而先是玩传球①和大轻球②,不久便只限于骑马或散步,而散步到最后就变成裹着一件罩衣或毯子的跑跳了。为了散心,他有时钓鱼,有时和小孩子一道玩骰子、石子和坚果,为此他到处寻找那些因面貌好看或者能说善道而惹人喜爱的孩子,特别是叙利亚人的和摩尔人的孩子。要知道,他讨厌侏儒、跛子或这

———————————

① 这是三个人站成三角形抛传一种小而硬的球(pila)。
② 每人在右臂上有一防护用具用以击这种大轻球(folliculus)。

一类的任何事物,把这些看成是自然界的怪物和不吉利的东西。

(84)从少年时期他便认真地和极为勤勉地致力于演说术和人文学科的研习。在木提那战争期间,尽管事务繁忙,据说每天他都读书、写作和朗诵。实际上,此后他每在元老院或者对人民或士兵发表演说时,他必定事先都写好精心结构的文稿,尽管他并不缺少即席发言的才能。而且,为了避免把要说的话忘掉或在准备背诵时浪费时间,他采取了一种无论什么都念稿子的办法。甚至他同个别人的谈话,同他自己的妻子的比较重要的谈话,他总是事先写下来,从一个笔记本上念,因为他担心即席发言会讲得太多或太少。他的发音悦耳并有特色。他经常同一位演说教师进行练习;但有时由于嗓子容易出毛病,他是通过一名通报人向民众讲话的。

(85)他用散文写过各种各样的许多作品,他把其中一些念给他的一群亲密的友人听,就好像别人在讲堂上念书一样:比如,他的《答布路图斯论加图》①就是这样。在朗读这些作品时,他在快要结束的地方感到累了,便把作品交给提贝里乌斯读完,因为他年纪已经很大了。他还写过《对哲学的告诫》和几卷自传,他用十三章的篇幅记述了他一生的行事直到坎塔布里亚战争时期,但是后面就没有了。他的论诗的文字都没有谈出什么问题。传下来的一部书是用六步格的诗句写的,内容和标题叫《西西里》。还有一部同样短的作品《警句诗》,其中大都是在他入浴的时候写的。虽然他十分热心地着手写作了一部悲剧,但是他抛掉了它,因为他不满意自己的文风。当他的一些朋友问他埃阿克斯到底怎样了的时候,他回答说:"我的埃阿克斯已经掉到他的海绵上了。"②

---

① 因为布路图斯在公元前46年发表了赞美加图的文章。
② 意为被抹掉了。

　　(86)他形成了自己的一种演说风格,一种简洁而又高雅的
风格,他避免卖弄警句和不自然的词序,用他自己的话来说,就
是"那些矫揉造作的用词给人造成的讨厌的印象",而他的主要
目的则是尽可能清楚地表达自己的思想。为了这个目的,为了
避免在任何一点上把读者或听众的头脑搅得混乱或妨碍他们的
理解,他毫不犹豫地对城市的名字使用前置词,也毫不犹豫地几
次重复连词①。尽量省略连词虽然给人以高雅的感觉,却会造成
某种晦涩。对于好用新造的词和专用古词的人,他同样瞧不起,认
为两种倾向都是错误的。他时而对他们挖苦一番,特别是他的朋
友麦凯纳斯,他一有机会就抨击并通过拟作来嘲弄他们。他把麦
凯纳斯的文字说成是"淌油的发卷"②。甚至对提贝里乌斯他也不
放过,因为提贝里乌斯有时专门去寻找那些老旧的和学究气的词
句;至于玛尔库斯·安托尼乌斯,则他把此人说成是一个疯子,因
为他写文章是为了哗众取宠,而不是为了叫人理解。接着,在进而
嘲笑安托尼乌斯在选择一种演说风格时的那种乖僻和变化无常的
趣味时,他又说了下面的话:"你使用的词是撒路斯提乌斯·克里
斯普斯从加图的《古代史》里拣来的,这样你还能怀疑你是应当模
仿安尼乌斯·奇姆贝尔还是维腊尼乌斯·弗拉库斯③吗？或者,
你是不是宁愿把亚细亚演说家的那种啰嗦的和毫无意义的流畅引
入我们的语言？④"在一封赞美他的外孙女阿格里皮娜的才能的信
里,他写道:"但是你必须特别注意无论写作或讲话都不可装腔作
势。"

――――――――

　①　但是在诗歌中,为了风格和格律,这种省略还是常见的。
　②　喻指堆砌华丽词句的文体。
　③　可能是当时有影响的作家。
　④　亚细亚的文风可以比拟为我国华丽而空洞的骈文。

(87)在自己的日常谈话中他有一些爱用的特殊词语,这一点从他的亲笔信函中可以看出来;在这些信里,当他想指出某些人永远不会付出钱来时,他时常说"他们要到希腊的 Kalendae① 才会付钱"。在劝说同他通信的人同现状妥协时,他说:"让我们满足于我们现有的那个加图吧。"②并且,为了表示一个仓促的行动的速度,他说:"比你能烧出芦笋来还要快。"他一直不断地把 baceolus(呆子)用作 stultus(愚人)的意思,把 pulleiaceus(略黑的)用作 pullus(深色的)的意思,把 vacerrosus(愚昧的)用作 cerritus(疯狂的)的意思;又把 vapide se habere(感到乏味)用作 male se habere(心情不好)的意思,把 belizare(有如甜菜)用作 languere(虚弱)的意思,而后面这个词在俗语里则是 lachanizare。此外,他还把 simus 用来代替 sumus,把单数第二格的 domos③ 用来代替 domuos。他始终不变地使用最后两种变格,因为他担心人们会把它们看成是错误而不是一种习惯。

我还注意到他的书写方式方面的这样一个特点:对于在一行行末写不完的词他并不把它分开或是把没有写完的字母转到下一行开头部分,而是把这一部分写在前一部分的下面并画一个圈把它圈起来。

(88)他写字并不严格遵照正字法,这就是说,同语法学家规定的那些拼法规则并不严格一致,而看来同那些认为我们怎样发音应当完全照拼的人们的意见是相同的。当然,他之常常变换或省

① Kalendae 在罗马历法中是"初一",而希腊历法中是没有 Kalendae 的,犹如我国往往把永远不会到来的日期称为"鸭子年"。

② 小加图过去是同恺撒严重对立的共和派,这里用来表示反对派。意思似乎是说反对派只要不明目张胆反对我们就行了。

③ 拉丁语法的单数第二格无 domos 的语形。domuos 则是所有格较早的语形,其语尾为-os,后来则是-s。

略字母以及音节,这乃是所有的人常犯的笔误。如果不是下述的情况使我感到吃惊,我是不会注意到这一点的,原来有些人记述说,他曾把一位执政官级的长官免职,认为他没有教养和愚昧无知,就因为他看到他把 ipsi 写成了 ixi。每当他用密码写东西时,他就用 B 代替 A,用 C 代替 B,用 AA 代替 X。

(89)对于希腊的学问他是同样有兴趣的,并且成绩也十分突出。他的朗诵教师是佩尔加门人阿波罗多路斯。在他年轻时,他甚至把当时已是一位老人的阿波罗多路斯从罗马带到阿波罗尼亚去。后来,通过同哲学家阿列乌斯及其两个儿子狄奥尼西乌斯和尼卡诺尔的交往,他精通了各门的学问。然而他从来也未能流畅地讲希腊语或用希腊语写任何东西;原来如果他有机会使用这一语言,他就把他必须说的话用拉丁语写出来并把它交给别人译成希腊语。不过,对于希腊诗歌他是相当熟悉的,甚至十分喜欢古喜剧,并且常常在他招待公众的时候上演这些戏。在阅读希腊拉丁语作家的著作时,他最认真阅读的是对公众或对个人有教育作用的那些格言和事例;他常常把这些东西逐字逐句地抄下来,送给家里的人或他的将领与行省长官,只要他们中间的任何一个人需要告诫的话。他甚至把整卷整卷的书读给元老院,并且以公告的方式使人民注意到这些作品。例如,属于这样作品的有克温图斯·梅特路斯的演说《论子女的增殖》,茹提利乌斯的演说《论建筑物的高度》;这也是为了要他们相信,他并不是第一个注意到这些事情的,甚至他们的祖先对这些问题就已经有了兴趣。

他用一切办法鼓励当时的有才能的人,他有礼貌地和耐心地听他们朗诵不仅是诗歌和历史,而且还有演说和对话。但是如果有人拿他作题目写任何文章他都是会感到恼火的,除非文章写得严肃认真或者作者是最著名的作家。他常常嘱告行政长官们不要使朗读比赛降低了他的声誉。

（90）下面据说是他对待宗教事务的态度。他是有点害怕雷电的，因为无论到哪里他总是把一块海豹皮带在身边作为保护，并且，只要看到猛烈的暴风雨的迹象，他就要躲到有拱顶的地下室去，因为我在前面说过①，在一次夜间的旅行中他差一点儿被雷击中，这简直把他吓坏了。

（91）对于他自己做的梦或者别人做的有关他的梦，他并不是无所谓的。在菲利皮一战中，虽然他因病已下决心不离开他的营帐，但当他在友人的梦中受到警告时，最后他还是离开了。结果是幸运的，因为他的营地被攻占，并且当敌人冲入时，他的抬床被敌人刺了又刺，并且被砸碎，因为敌人相信他还因病卧在那里。在整个春天他自己的梦很多，而且可怕，然而它们是无效的和不曾应验的。在这一年的其余时期，梦比较少，但是比较可信。由于他习惯于常常去他在卡皮托利乌姆山上修筑的雷神朱庇特神殿，他梦见朱庇特·卡皮托利努斯抱怨说，崇祀他的人们正在从他那里被拖走，而他则回答说他已把雷神安置在自己身旁，给自己看门；于是他立刻便给神殿的山墙饰以铃铛花彩，因为这些东西通常是挂在家门口的。同样因为一个梦，每年在指定的一日，他都乞求民众的施舍，伸出张开的手让人们把小钱放上去②。

（92）他认为某些兆头和预示是一定会应验的。如果在早上他的鞋子穿错了，左脚的鞋穿到右脚上，他认为这是一个不祥之兆。如果他经陆路或海路出发远行时恰好有小雨，他认为这是一个吉兆，预示他的归途又快又顺当。但是奇异的事物对他的影响特别

---

① 参见本传记第 29 章。

② 有的注家认为这是卡利古拉干的事情而混到这里来了。

大。当他的房屋前的路上从裂缝中长出棕榈树来时,他就把它移植到内院他的家神神像旁,并尽力使它成活。当卡普里埃岛上一株老橡树的已经垂到地面并且正在枯萎的树枝在他到达那里时又苗壮起来的时候,他高兴到如此程度,以致他同涅阿波利斯城商定用埃那里亚把那个岛换给自己。他也对某些日子加以重视。比如,在一个集日①的次日他就从不出行,他也从不在诺那伊日②做任何重要的事情。不过在后一种情况下,正如他在写给提贝里乌斯的信中指出的,他只是害怕这一天的名称的不吉利的发音③。

(93)对于外国的古老的和有根有据的祭仪,他是十分尊重的,但是他瞧不起其余的那些。比如说,奥古斯都曾在雅典参加过埃列乌西斯秘仪的活动④,而后来,当他在罗马审判涉及凯列斯神的司祭的特权的案件时,因为提出了一些不能公开的事情,于是他就要他的顾问和旁听的大群人退席,并在不公开的情况下听取双方的争论。但是,另一方面,当他在埃及旅行时,他不仅不去参观绕不远的路就可以看到的阿皮斯⑤,而且当他的孙子盖乌斯行经犹太时没有在耶路撒冷进行祈祷,对这一点他给予高度的赞扬。

(94)既然写到这里,我想,再谈一下他生日那天他降生之前和以后的各种朕兆是恰当的,因为后来从这些朕兆,人们可以预料和觉察到他未来的伟大和始终不断的好运。

在古昔的日子里,当维利特莱的部分城墙被雷电击毁的时候,有人便预言,这个城市将会有一个公民统治世界。维利特莱人对

---

① 集日是罗马八日制的一周中最后一日(nundinae),其所以称第九日(＝noven＋dies)是因为从一个集日起算另一集日是第九日。

② 按罗马历法,3、5、7、10月的第七日,其他各月之第五日叫诺那伊日(nonae)。

③ 可能 nonae 中的 non 有否定意味,故视为不吉。

④ 崇祀农事女神凯列丝的祭仪。

⑤ 古埃及神圣的公牛。

这一点深信不疑,于是他们立刻对罗马人民发动战争,此后又同他们战斗多次,几乎招致自己的彻底毁灭。但终于在长时期以后,事实才证明,朕兆所预言的乃是奥古斯都的统治。

根据优利乌斯·玛腊图斯的记载,在奥古斯都生前几个月,有一个在罗马的人们都看到的前兆,前兆预示,大自然正在为罗马人民孕育着一位国王。于是惊惶不安的元老院便发布命令,这一年出生的任何男孩子都不应加以养育;但妻子已经怀孕的那些人却设法不使这一法令归入国库①,因为每个人都认为这一预言会应到他自己的家中。

我在门德斯的阿斯克列皮亚斯的一部题为《神论》(*Theologumena*)②的作品中读到这样一个故事。当阿提娅在午夜到阿波罗神那里去郑重地顶礼膜拜时,她要人们把她的抬床安放在神殿里,并且在那里睡着了。这时其余的罗马主妇也睡着了。突然间一条蛇溜到她那里,不久之后它就离开了。当她醒来之后,她就行了被除的仪式,就好像他同丈夫刚刚同过房似的,并且立刻在她身上就出现了一个形状像蛇的带颜色的标记,而她无论如何也除不掉它。为此她立刻就永不再去公众的浴场。在那之后第十个月,奥古斯都降生了,并因此而被认作是阿波罗的儿子。阿提娅在她生下奥古斯都之前也梦见她的内脏被带到上天的星星那里去,并且布满整个陆地和大海,而屋大维则梦见一轮太阳从阿提娅的腹中升起。

他出生的那天元老院正面临着卡提利那的阴谋,屋大维是因为自己妻子的分娩而迟到的。于是,正像大家都知道的那样,普布利乌斯·尼吉狄乌斯了解到屋大维迟到的原因,并且知道了出生

---

① 法令送入国库存档之后,手续才算完备。
② 亚里士多德也有一部同名的作品。

的时刻,便宣告说,世界的领袖已经降生了。后来,当屋大维率领着一支军队穿过色雷斯的边远地区,并且在利倍尔父神的圣林中按照蛮族的仪节向司祭们请示他的儿子的星命时,他们也作了同样的预言。原来从泼到祭坛上的酒里升起了一个火柱,火柱穿过神殿的屋顶直上云霄,而且只有亚历山大大帝在同一个祭坛奉献牺牲时才出现过同样的朕兆。而且,就在第二夜里,他梦见他的儿子以比凡人要威严的形象出现在他面前,带着雷电、权标和至高至善的朱庇特神的标记,头戴四周放光的王冠,驾着由特别洁白的十二匹马拉着的饰以月桂花环的战车。根据盖乌斯·杜路苏斯的记述,当奥古斯都还是一个婴儿的时候,他在晚上被他的保姆放在楼下的摇篮里,不过第二天早上却不见了。但是经过长时间的寻找,他终于被发现躺在一座高塔上,面部朝着上升的太阳。

他刚开始说话,恰巧那时在他祖父的乡间那里青蛙发出了巨大的鸣声;他要它们静下来,据说从此就没有任何青蛙在那里鸣叫了。当他在康帕尼亚的大道①的第四个里程碑处的一个圣林中吃早饭时,一只鹰突然从他手中夺走了他的面包,而同样使他惊讶的是,鹰飞到很高的地方,然后轻轻落下来把面包还给他。

在克温图斯·卡图路斯奉献了朱庇特神殿之后,他接连两夜都做了梦:第一夜他梦见至高至善的朱庇特神把在他的祭坛四周玩耍的、出身高贵的男孩子们中的一个叫出来,把他手中拿着的象征罗马的像放到这个孩子的外袍里去;第二夜他梦见同一个男孩子坐在神殿中朱庇特神的怀里,并且当他下令要人们把这个男孩子拖走时,神却要他不可这样做,声明这个男孩子要被培养成国家的救主。当卡图路斯第二天遇到他先前根本没有见过的奥古斯都

---

①　即阿皮亚大道(Via Appia)。

时,他望了之后十分惊讶,他说奥古斯都同他前一夜梦见的那个孩子十分相似。

关于卡图路斯在第一夜做的梦,有些人的说法不同。当一大群出身高贵的孩子向朱庇特要求一位监护人时,他指出他们中间的一个孩子,他们可以把自己的全部希望寄托在他身上,接着,在用他的手指轻轻地触了这个孩子的嘴之后,又把手指放在自己的嘴上①。

在玛尔库斯·西塞罗陪同盖乌斯·恺撒去朱庇特神殿时,他偶然地把他在前一夜做的梦告诉给他的朋友们,即一个面容高贵的男孩子用金链子从天上送下来,站在神殿的门口,而朱庇特则给了他一条鞭子。正巧这时西塞罗突然看到了当时在场的大多数人还都不认识的、但是被舅祖父带来参加仪式的奥古斯都,于是他就宣称,这正是他在梦里看到的那个孩子。

当奥古斯都开始穿上成年人的外袍时,他的元老的外衣②从中间裂开并且掉在他的脚下。某些人认为这肯定是预示着,这种外衣象征的体制终有一天会被抛弃到他的脚下。

当圣优利乌斯在孟达砍伐一处森林,以便用来修建营地时,他遇到了一株棕榈树,于是他就要人们把它保留下来,作为胜利的前兆。从这株树立刻长出了一个嫩枝,不到几天这个嫩枝便长得如此之大,以致它不仅可以同母树相比,甚至遮盖了它。而且,尽管鸽子特别不愿接近粗而硬的叶子,但是却有许多鸽子在这里作巢。人们认为,确实特别是那个前兆使得恺撒愿意选定他的姊妹的外孙做自己的继承人。

---

① 这一动作表明他吻了这个孩子。
② 元老的外衣上面有紫色的宽条(latus clavus),奥古斯都论资历本来不能穿这种衣服,这里当是恺撒给予他的荣誉。

当奥古斯都退居在阿波罗尼亚时,他曾同阿格里帕一道骑马去占星术士提奥根尼斯的工作室去。先是阿格里帕去算命,当术士预言他将会干出一番伟大的和几乎是无法相信的事业时,奥古斯都却坚持不愿说出他出生的时间,并且拒绝泄露,因为他自己没有信心,并害怕术士会说他的事业结果竟还不如阿格里帕。当他在多次恳切的要求之后终于被迫犹豫不决地说出他的出生时间的时候,提奥根尼斯竟跳了起来,并且匍匐在他的面前。从那时起,奥古斯都对他的命运的信心如此坚定不移,以致他竟公布了他自己的星命图,并且铸造了一枚上面铸有山羊星座的银币,因为他本人就是在这一星座下诞生的。

(95)当恺撒去世后,奥古斯都从阿波罗尼亚返回,进入罗马城时,虽然天空澄净无云,在日轮的周边却突然出现了一个彩虹式的圆圈,并且恺撒的女儿优利娅的坟墓也立刻受到了雷电的轰击。还有,当他在执政官的第一任上占卜取兆时,有十二只兀鹰出现在他的视界之内,就同当初的罗慕路斯的情况一样。而当他屠宰当作牺牲的牲畜时,人们发现所有它们的肝脏的下部都是双叶的,而所有精于此道的人们一致宣称:这种兆头预示一个伟大而幸福的未来。

(96)他甚至事先占卜所有他的战争的结果。当三头的军队集中在波诺尼亚的时候,停歇在他的营帐上的一只鹰冲向从两边来攻击它的两只乌鸦并且把它们打倒地上。从这一朕兆,全军推想到,终有一天在同僚之间会发生不和,像实际发生的那样,他们并且占卜了这种不和的结果。正当他去菲利皮时,一个帖撒里亚人以圣恺撒的权威为依据向他通告了即将到来的胜利,因为他在一条僻静的路上遇到了恺撒的神灵。当他在佩路西亚奉献牺牲而得不到吉兆并因而下令送来更多的牺牲时,敌人突然出击,把奉献牺牲时的全部设备劫走;于是预言者一致认为,威胁到奉献牺牲的人的全部危险和灾难将反要落到夺得内脏的那些人头上。结果也确是如此。当他在西西里海战的前一日走在海岸上时,从海里跳出了一条鱼,并且落到他的脚下。在阿克提乌姆,当他正在从岸上走下来准备开始战斗的时候,他遇到一头驴子和赶驴子的人,那个人名叫优提库斯①,那牲口名叫尼康②。而在胜利之后,他就在他设营的地方改成的圣所里立了驴子和赶驴人的铜像。

(97)他的死亡(下面我还要谈到)和他死后的神化也是因明确的朕兆而事先为人所知的。当他在玛尔斯原野当着一大群人的面正在结束被除式③时,一只鹰在他身边飞过去好几次,然后穿过附近的神殿,停在阿格里帕的名字的第一个字母上。奥古斯都看到这一情况,就要担任他的同僚的提贝里乌斯朗诵通常为随后五年许的愿。原来,虽然他已要人把誓愿拟出并写在一个板子上,但他宣称,对于他永远不会实现的誓愿,他是不负责任的。大约在这同时,他的名字的第一个字母因为一次闪电而从他的一座像上的铭文上熔化下来;人们对这一点的解释是,从那时起,他只能活一百天,因为这个数目是由 C 这字母来表示的,而他所以会被列入诸神,是因为 aesar(也就是 Caesar 这个名字除去 C 之后余下的部分)在埃特路里亚语里就是"神"的意思。

随后,也是当他正要把提贝里乌斯送往伊利里库姆,并且打算把他一直送到倍涅文图姆,而诉讼人却由于提出一件又一件的诉讼而把他留在审判的位子上时,他就叫嚷说,即使所有的事情一致

①　希腊语:"幸福的"。
②　希腊语:"胜利者"。
③　每五年一次,在人口调查结束后举行,仪式上要献三牲(souvetaurilia,即猪、羊、牛)。

要使他留下来,他也不想在罗马再待下去了——这一点后来也被人们看成是他将死的朕兆。当他已经开始了旅程时,他一直走到阿斯图腊,而从那里,一反他通常的习惯,他在夜里上了船(因为恰好那时是顺风),因此便从泻肚子开始而得上了病。

(98)接着,在沿着康帕尼亚的海岸和附近的海岛穿行之后,他就在他的卡普里埃的别墅又停留了四天,在那里他把时间完全用于休息和社交娱乐。当他乘船经过普提欧利湾时,正好发生了这样一件事:从一只刚刚到达那里的亚历山大的船上,穿着白色衣服、头戴花环并且烧着香的旅客和水手纷纷向他问候致意,并对他加以最高的赞美。他们表示,正是由于他,他们才活下来;正是由于他,他们才在海上航行;正是由于他,他们才享受到他们的自由和他们的幸福,奥古斯都对此感到极为高兴,他就给他的随行人员每人四十个金币,但是要求他们之中的每个人发誓保证不把这些钱用于别的方面,而只用来买亚历山大的商品。在这之外,在他这次停留的其余几天,他分送了各种各样的小礼品,其中也有外袍和外衣①,他规定罗马人要穿希腊的衣服,说希腊语,而希腊人则穿罗马的衣服,说拉丁语。他一直不断地注视“埃菲比”②们的体育锻炼,在卡普里埃,按照古老的习俗,那里仍有相当数量的“埃菲比”。他还设宴款待了这些青年,他亲自出席了宴会,并且不仅允许,甚至要求人们尽情开玩笑,并尽情夺取他投掷给他们的那些可以换取鲜果、糖果和各种各样的东西的小票。总之,他在那里沉湎于所有各种各样的欢乐之中。

———————————

① 原文 pailia(pailium)指希腊式的外衣,而外袍(toga)则是罗马人的。

② 埃菲比(ephebi)指有充分公民权的希腊青年,体育锻炼是他们的教育中的一个组成部分。

他把同卡普里埃岛相邻接的部分称为阿普腊戈波利斯①,就是因为住在那里的某些陪伴他的人是懒惰的。此外,他习惯于把他所宠信的一个叫玛斯伽巴的人称为克提斯特斯②,就仿佛此人是这个岛的创建人似的。奥古斯都从他的餐室看到有一大群人带着许多火把去拜谒一年前死去的这个玛斯伽巴的坟墓,于是他就用希腊语高声朗诵了即兴吟出的这样一句诗:"我看到创建人的坟墓映照在火光之下。"然后他转向斜卧在他对面的特拉叙路斯——提贝里乌斯的侍从之一,他一点也不知道这件事——问他,他认为这句诗是哪位诗人作的。当特拉叙路斯不知怎样回答时,他又用希腊语加上了另一句:"你看到现在人们用火光向玛斯伽巴致敬吗?"并且又问他对这句诗的看法。特拉叙路斯说不出什么,只是说不管这诗句是谁写的都写得很好,于是奥古斯都便笑了起来并就此事开了个玩笑。

不久他便渡海到涅阿波利斯去,尽管他的肚子还是要不时地发病。尽管如此,他还是观看了为了向他致敬而举办的五年一度的体育比赛,然后同提贝里乌斯一道出发去目的地③。但是他在归途中病加重了,终于病倒在诺拉,于是又把正在去伊利里库姆途中的提贝里乌斯召回,并和他进行了长时间的密谈,这之后,他就不再留心重要的事情了。

(99)在他一生的最后一日,他常常问外面是否因为他的缘故而发生什么骚乱;继而他就要人拿来一面镜子,并且要人为他梳理头发,把垂下来的下巴合拢④。在这之后,他把友人们召进来,并

① 意为"无所事事者之乡"。
② 克提斯特斯在希腊语是建立城市或移民地的人。
③ 即倍涅文图姆。
④ 可能是因为他太虚弱了。

且问他们是否认为他已经适当地演完了这出人生的喜剧,随即加
上了这样的结句:

> 既然我的角色演得不错,那你们就都拍手
> 并且用欢呼声把我送下舞台吧。

然后他就请他们都出去,而当他向从城里新来的一些人打听有关
正在生病的杜路苏斯的女儿的情况时,他突然在吻着利维娅并且
说着下面这句话时去世了。他对利维娅说的最后的话是:"利维
娅,在今后的日子里记住我们的婚姻生活吧,永别了!"(Livia,nos-
tri coniugii memor vive,ac,vale!)他很幸福:他死得这样爽快并且
有他始终渴慕的一个人守在他的身边。当他听到谁死得爽快和没
有痛苦时,他几乎总是祈求说:但愿他和他的伴侣也能有同样的
euthan asia①,这是他常用的一个词。在他咽最后一口气之前,只
有一次精神错乱的迹象,即他突然恐怖地喊叫说有四十个年轻人
正在把他抬走。而且甚至这一点也毋宁说是一种预兆,而不是一
种幻觉,因为正是有四十名近卫军士兵抬着他的遗体到停灵处的。

(100)他同他的父亲屋大维死在同一间房屋里:他死在赛克斯
图斯·庞培和赛克斯图斯·阿普列乌斯担任执政官的那一年的
9月1日之前的第十四日②第九时,正是他第七十六个生日之前三
十五天。

各自治市和移民地的元老们把他的遗体从诺拉一直运送到
波维莱。由于时令的关系,遗体的运送是在夜间进行的,白天则

---

① 希腊语:无疾而终。
② 公元 14 年 8 月 19 日。

把遗体停在他们到达的市镇的会堂里或是当地的主要神殿里。骑士等级的成员在波维莱迎候，然后把遗体抬到罗马他家的前庭停放。

元老们为了对死者表示崇敬，并为他举行一次盛大的葬礼，他们争先恐后地提出了各种各样的建议，有些人提出，送葬的行列要在元老院会堂里的胜利女神神像的引导下穿过凯旋门，而出身高贵家族的男女孩童这时则要唱挽歌；另一些人建议，在举行葬礼那一天，人们应当摘下金戒指而换上铁的；还有些人建议，由最高司祭团的成员来收他的骨灰。有一个人建议把8月的名称①转用于9月，因为奥古斯都生于9月，却是死在8月的。另有一个人建议把从他生的那一天直到他死的那一天称为奥古斯都时代，并把它载入历法。虽然对给予死者的荣誉定下了一个限度，但对他的赞颂却进行了两次：一次由提贝里乌斯发表演说，地点是在圣优利乌斯神殿前；一次由提贝里乌斯的儿子杜路苏斯发表演说，地点是在广场的旧讲坛。遗体是由元老们抬着送到玛尔斯原野并在那里火化的。甚至有一位前任行政长官发誓说，在皇帝火化成灰之后，他看到了皇帝升天时的身形。骑士等级的领导人物收集了他的骨灰送往陵墓，他们都赤着脚，外衣不系带，以示哀悼。这座陵墓位于佛拉米尼亚大道和梯伯河河岸之间，是他第六次担任执政官时修建的，并且同时向公众开放了它四周的圣林和人行路。

（101）在路奇乌斯·普兰库斯和盖乌斯·西利乌斯担任执政官的那一年的4月第五日前的第三天②，也就是在他去世前一年

---

① 8月（Augustus）是以奥古斯都的名字命名的。
② 公元13年4月3日。

又四个月,他在两个册子里立下了遗嘱,遗嘱部分是他亲手写的,部分是由他的被释奴隶波利比乌斯和希拉里昂笔录的。遗嘱曾交维司塔贞女加以保存,这时才由她们连同三个以同样方式封起的文书卷一齐拿了出来。这些东西在元老院打开并加以宣读。他指定把遗产给予他的主要继承人提贝里乌斯和利维娅,前者三分之二,后者三分之一。他还要这两个人继承他的名号①。他的第二等亲的继承人、提贝里乌斯的儿子杜路苏斯取得三分之一,而其余的归日耳曼尼库斯和他的三个男孩子。关于第三等亲,他提到了他的许多亲友。他留给罗马人民四千万谢斯特尔提乌斯;留给各特里布斯三百五十万;留给近卫军士兵每人一千,留给军团士兵每人三百。他命令立刻支付这些钱,因为这笔钱是他一直准备在手头以便这时使用的。他还有别的遗产给予不同的个人,有些人得到多达两万谢斯特尔提乌斯,但是他约定,这些钱要迟一年付,迟付的理由则是他的财产不多,他并且宣称,他的继承人所得不超过一亿五千万;要知道,虽然在过去二十年中间他因他的友人的遗嘱而得到十四亿,但是他说为了国家的利益他几乎把它们全部花光,此外还塔上了他的两处祖产和他继承的其他财产。他还下令,一旦他的女儿和外孙女发生什么事的时候②,不得进入他的陵墓。在三个文书卷的第一个里面,他对葬礼作了指示;在第二个里面,他记述了他完成的事业,他希望把这些记述刻到青铜板上,并且放在陵墓入口处③;在第三个里面,他综述了整个帝国的情况:在帝

---

①　提贝里乌斯继承"奥古斯都"的名号,他的母亲利维娅则继承"奥古斯塔"的名号。但实际上提贝里乌斯是在元老院作出了决定后才接受这一名号的。

②　即一旦她们死去时,这里是委婉的说法。

③　原件现已遗失,但在小亚细亚的安启拉发现了此件的复本铭文(拉丁语和希腊语译文)。全文即本书附录一。

国各地服现役的士兵有多少人，国库里有多少钱，他个人有多少钱，还有多少钱没有收进来。此外他还列举了可以提供详情的被释奴隶和奴隶的名字。

附录三

奥古斯都生平简要年表

（△号者为参考事件）

公元前 63 年（汉宣帝元康三年，戊午）。罗马执政官：玛尔库斯·图利乌斯·
西塞罗（Marcus Tullius Cicero）、盖乌斯·安托尼乌斯（Gaius Anto-
nius）。

屋大维生于维利特莱（9 月 23 日）。

△执政官玛·图·西塞罗发表反卡提利那的阴谋的演说。

△恺撒提出对 C. 拉比里乌斯的指控并表示反对处决卡提利那派。

△庞培在东方攻陷耶路撒冷，征服犹太。

△西塞罗四十五岁，恺撒三十九岁（按生年为公元前 100 年计），安托尼
乌斯约十九岁，贺拉斯两岁，维吉尔七岁。

△阿格里帕可能生于此年。

△米特里达特斯在克里米亚自杀。

公元前 62 年（汉宣帝元康四年，己未）。罗马执政官：戴奇姆斯·优尼乌斯·
西拉努斯（Decimus Junius Silanus）、路奇乌斯·李奇尼乌斯·穆列纳
（Lucius Licinius Murena）。

屋大维一岁。

△庞培返回罗马，解散了自己的军队并举行了凯旋式。

△恺撒任行政长官。

△卡提利那战死。

公元前 61 年（汉宣帝神爵元年，庚申），罗马执政官：玛尔库斯·普皮乌斯、皮

索·佛路吉·卡尔普尔尼亚努斯(Marcus Pupius Piso Frugi Calpurnia-nus)、玛尔库斯·瓦列里乌斯·美撒拉·尼格尔(Marcus Valerius Messalla Niger)。

屋大维两岁。

屋大维的父亲盖乌斯任行政长官。

△恺撒任远西班牙长官,他在这里取得了巨额财富,清偿了债务。

△庞培要求元老院批准他在东方的措施并安置他的老兵,但遭到拒绝。

公元前 60 年(汉宣帝神爵二年,辛酉),罗马执政官:克温图斯·凯奇利乌斯·梅特路斯·凯列尔(Quintus Caecilius Metellus Celer)、路奇乌斯·阿弗拉尼乌斯(Lucius Afranius)。

屋大维三岁。

△恺撒、庞培和克拉苏斯结成私人性质的联盟,史称"前三头"(有异说,姑系于本年)。恺撒取得任公元前 59 年度执政官的许诺。

公元前 59 年(汉宣帝神爵三年,壬戌),罗马执政官:盖乌斯·优利乌斯·恺撒(Gaius Julius Caesar)、玛尔库斯·卡尔普尔尼乌斯·毕布路斯(Marcus Calpurnius Bibulus)。

屋大维四岁。

屋大维的父亲盖乌斯去世,身后有二女一子。

△执政官恺撒满足了庞培自东方返回后提出的要求。

△历史学家提图斯·李维生(有异说)。

公元前 58 年(汉宣帝神爵四年,癸亥),罗马执政官:路奇乌斯·卡尔普尔尼乌斯·皮索·凯索尼努斯(Lucius Calpurnius Piso Caesoninus)、奥路斯·伽比尼乌斯(Aulus Gabinius)。

屋大维五岁。

△恺撒赴高卢,开始了长达九年的高卢战争。恺撒的岳父卡尔普尔尼乌斯(本年度执政官)事实上成了恺撒在罗马的代理人。

△恺撒在高卢作战:他打退了埃尔维提伊人和日耳曼人(阿里欧维斯图斯领导的)的进攻,平定了高卢东北部分。

△克洛狄乌斯通过一法案,规定凡不经审判而杀死罗马公民者均应被放逐,矛头直指公元前 63 年西塞罗的行动。西塞罗被迫离开罗马去马其顿,他的三处产业被克洛狄乌斯一派洗劫。

公元前 57 年（汉宣帝五凤元年，甲子），罗马执政官：普布利乌斯·科尔涅利乌斯·连图路斯·斯宾特尔（Publius Cornelius Lentulus Spinther）、克温图斯·凯奇利乌斯·梅特路斯·涅波斯（Quintus Caecilius Metellus Nepos）。

　　屋大维六岁。

　　△恺撒在高卢征服比尔吉人和沿今英法海峡之各部族。

　　△庞培取得管理粮食供应的权力（为期五年），但他失去了军权和处理东方事务的权力。

　　△在米洛的支持下，庞培通过了召回流放中的西塞罗的法案。

　　△西塞罗在年底返回罗马。

公元前 56 年（汉宣帝五凤二年，乙丑），罗马执政官：格涅乌斯·科尔涅利乌斯·连图路斯·玛尔凯利努斯（Gnaeus Cornelius Lentulus Marcellinus）、路奇乌斯·玛尔奇乌斯·菲利浦斯（Lucius Marcius Philippus）。

　　屋大维七岁。

　　△恺撒平定高卢东南部。

　　△为了对付元老院的威胁，恺撒在 4 月同庞培和克拉苏斯在卢卡会见，重新确认了他们之间的联盟关系。会上内定庞培与克拉苏斯为公元前 55 年度执政官。

公元前 55 年（汉宣帝五凤三年，丙寅），罗马执政官：格涅乌斯·庞培·玛格努斯（Gnaeus Pompeius Magnus）（第二任，第一任在公元前 70 年）、玛尔库斯·李奇尼乌斯·克拉苏斯（Marcus Licinius Crassus）（第二任，第一任也在公元前 70 年）。

　　屋大维八岁。

　　△恺撒渡过莱茵河进入日耳曼尼亚，并进攻不列塔尼亚。

公元前 54 年（汉宣帝五凤四年，丁卯），罗马执政官：路奇乌斯·多米提乌斯·阿埃诺巴尔布斯（Lucius Domitius Ahenobarbus）、阿皮乌斯·克劳狄乌斯·普尔凯尔（Appius Claudius Pulcher）

　　屋大维九岁。

　　△恺撒再次进攻不列塔尼亚。

　　△恺撒的女儿、庞培的妻子优利娅去世，恺撒和庞培的关系开始疏远。

　　△庞培取得西班牙的统率权（为期五年），但他留在罗马附近，通过他的副帅进行统治。

    △克拉苏斯取得叙利亚的统率权（为期五年）。他想征服帕尔提亚以取
    得荣誉，因此向美索不达米亚西部发动进攻。

公元前 53 年（汉宣帝甘露元年，戊辰），罗马执政官：格涅乌斯·多米提乌
    斯·卡尔维努斯（Gnaeus Domitius Calvinus）、玛尔库斯·瓦列里乌斯·
    美撒拉·茹福斯（Marcus Valerius Messalla Rufus）。
    屋大维十岁。
    △恺撒再渡莱茵河。
    △克拉苏斯在对帕尔提亚的战争中于卡尔莱全军覆没，他本人也被杀
    死。
    △西塞罗当选为占卜官。

公元前 52 年（汉宣帝甘露二年，己巳），罗马执政官：格涅乌斯·庞培·玛格
    努斯（第三任）、克温图斯·凯奇利乌斯·梅特路斯·皮乌斯·斯奇比奥
    （Quintus Caecilius Metellus Pius Scipio）
    屋大维十一岁
    △年初由于克洛狄乌斯（行政长官候补人）被米洛杀害，民众发动骚乱，
    焚毁了元老院会堂；元老院宣布紧急状态而庞培被任命为没有同僚的
    执政官，并同克·凯·梅特路斯的女儿科尔涅利娅结婚。
    △夏天，庞培选定原候选人克·凯·梅特路斯为他的同僚执政官。
    △高卢爆发由维尔琴格托里克斯领导的大规模起义，但为恺撒所镇平。

公元前 51 年（汉宣帝甘露三年，庚午），罗马执政官：谢尔托里乌斯·苏尔皮
    奇乌斯·茹福斯（Sertorius Sulpicius Rufus）、玛尔库斯·克劳狄乌斯·
    玛尔凯路斯（Marcus Claudius Marcellus）。
    屋大维十二岁，他的外祖母优利娅（恺撒的姊妹，阿提亚的母亲）去世，他
    在她的葬仪上发表送葬的颂词（laudatio）。
    △恺撒最后平定高卢。
    △西塞罗出任奇利奇亚（在小亚细亚）长官。
    △执政官玛·克·玛尔凯路斯发动反恺撒的运动，企图中止恺撒在高卢
    的统率权。

公元前 50 年（汉宣帝甘露四年，辛未），罗马执政官：路奇乌斯·埃米利乌
    斯·帕乌路斯（Lucius Aemilius Paullus）、盖乌斯·克劳狄乌斯·玛尔
    凯路斯（Gaius Claudius Marcellus）。

屋大维十三岁。

△庞培与恺撒谈判破裂。

△执政官盖·克·玛尔凯路斯(屋大维娅之夫)未能使元老院下令召回
恺撒,于是委托庞培领导卡普阿的两个军团并征募更多的军队。

公元前49年(汉宣帝黄龙元年,壬申),罗马执政官:盖乌斯·克劳狄乌斯·
玛尔凯路斯(Gaius Claudius Marcellus)(按此人与上一年执政官同名,
但不是一人,是从兄弟关系)、路奇乌斯·科尔涅利乌斯·连图路斯·克
鲁斯(Lucius Cornelius Lentulus Crus)。

屋大维十四岁。

△1月7日,元老院宣布共和国处于危急状态,它要恺撒交卸统率权,否
则以公敌论处。

△1月10日夜(有异说),恺撒率军渡过鲁比康河(当时为山南高卢与意
大利之间的界河),事实上等于挑起了内战。

△庞培和大部分元老仓促渡海去希腊。

△4月,西塞罗去希腊投奔庞培。

△夏天,恺撒又转而去西班牙,8月2日,在埃布罗河以北的伊列尔达对
庞培派军队取得胜利。在返回意大利途中,他又迫使玛西利亚向他投
降。

公元前48年(汉元帝初元元年,癸酉),罗马执政官:盖乌斯·优利乌斯·恺
撒、普布利乌斯·谢尔维利乌斯·瓦提亚·伊扫里库斯(Publius Servili-
us Vatta Isauricus)。

屋大维十五岁。

△恺撒渡海去希腊,于8月9日以劣势兵力在帕尔撒路斯一役战胜庞
培。

△庞培逃往埃及,但他则一登陆便遭杀害。

△冬天,恺撒被埃及人包围在亚历山大地区。

公元前47年(汉元帝初元二年,甲戌),罗马执政官:克温图斯·富菲乌斯·
卡列努斯(Quintus Fufius Calenus)、普布利乌斯·瓦提尼乌斯(Publius
Vatinius)。

屋大维十六岁,这一年他穿上了表明业已成年的成年人外袍(toga viril-
is)并分享恺撒的战利品。

△年初,恺撒在埃及得到亚细亚方面的增援而摆脱困境。

△恺撒安排克列欧帕特拉及其弟托勒密十三世共治埃及,托勒密应和克
列欧帕特拉同居。克列欧帕特拉废黜其弟。

△恺撒去叙利亚,8 月 2 日在吉拉打败了进攻本都的帕尔纳凯斯(米特
里达特斯六世之子)。他就此事给元老院写的报告,就是那著名的三
个词:veni,vidi,vici(我来了,看了,胜了)。

公元前 46 年(汉元帝初元三年,乙亥),罗马执政官:盖乌斯·优利乌斯·恺
撒、玛尔库斯·埃米利乌斯·列皮都斯(Marcus Aemilius Lepidus)。

屋大维十七岁,他在大病初愈后,随恺撒去西班牙,途中表现了坚强不屈
的精神,给恺撒留下相当深刻的印象。

△1 月,恺撒在阿非利加登陆。

△4 月,恺撒在塔普苏斯打败斯奇比奥统率下的庞培派军队。玛尔库
斯·波尔奇乌斯·加图在乌提卡自杀。

△恺撒被任命为任期十年的独裁官,并被任命为风纪长官(Praefectus
morum)。

△7 月,恺撒在罗马庆祝了四重的凯旋(对高卢、埃及、本都和努米地
亚),然后去西班牙讨伐庞培的儿子赛克斯图斯和格涅乌斯。

公元前 45 年(汉元帝初元四年,丙子),罗马执政官:盖乌斯·优利乌斯·恺
撒(第四任,无同僚)。补缺执政官:克温图斯·法比乌斯·玛克西姆斯
(Quintus Fabius Maximus);补缺执政官:盖乌斯·特列波尼乌斯(Gaius
Trebonius);补缺执政官:盖乌斯·卡尼尼乌斯·列比路斯(Gaius Can-
inius Rebilus)。

屋大维十八岁,随恺撒在西班牙。

△3 月,恺撒在西班牙的孟达彻底打败庞培派的军队;9 月,返回罗马,庆
祝凯旋(第五次)并被任命为终身的独裁官。

公元前 44 年(汉元帝初元五年,丁丑),罗马执政官:盖乌斯·优利乌斯·恺
撒、玛尔库斯·安托尼乌斯(Marcus Antonius)。补缺执政官:普布利乌
斯·科尔涅利乌斯·多拉贝拉(Publius Cornelius Dolabella)。

屋大维十九岁。年初,屋大维同他的友人玛尔库斯·阿格里帕和撒尔维
狄耶努斯·茹福斯在伊利里库姆的阿波罗尼亚。屋大维到这里一方
面是为恺撒的东征打前站,另一方面是继续深造,学习希腊文化。他
在这里得到恺撒被害的消息。

恺撒遗嘱把屋大维过继为继子并定为继承四分之三财产(ex dodrante)

的继承人;屋大维开始使用盖乌斯·优利乌斯·恺撒·屋大维亚努斯
(Gaius Julius Caesar Octavianus)的名字。

4月底,屋大维以恺撒继承人的身份来到罗马。

屋大维以私人身份在恺撒的老兵中间征募了一支军队。

△3月15日,恺撒在元老院开会时遇刺身死。谋杀者自称"解放者",为
首者为玛尔库斯·布路图斯和盖乌斯·卡西乌斯。

△3月17日,元老院开会,西塞罗提出妥协办法、大赦凶手,但是批准恺
撒的一切命令。

△玛·安托尼乌斯受托处理恺撒遗留的文件。

△3月19日,公开展读恺撒的遗嘱,遗嘱指定屋大维为继承人。

△9月初,西塞罗发表反安托尼乌斯的第一篇演说。

△秋天,布路图斯和卡西乌斯去东方征募军队。

公元前43年(汉元帝永光元年,戊寅),罗马执政官:盖乌斯·维比乌斯·潘
撒·凯特洛尼亚努斯(Gaius Vibius Pansu Caerronianus)、奥路斯·希尔
提乌斯(Aulus Hirtius);补缺执政官:盖乌斯·优利乌斯·恺撒·屋大
维亚努斯;补缺执政官:克温图斯·佩狄乌斯(Quintus Pedius);补缺执
政官:普布利乌斯·文提狄乌斯(Publius Ventidius);补缺执政官:盖乌
斯·卡尔里那斯(Gaius Carrinas)。

屋大维二十岁。1月,在西塞罗的影响下,元老院授予屋大维元老称号
和同行政长官的统率权,这样,他私人征募的军队就合法化了。

4月,屋大维在木提那战争中击败安托尼乌斯,使安托尼乌斯向北溃逃,
但元老院歧视屋大维,不派他去追击安托尼乌斯。

8月,屋大维同元老院决裂后,率军开入罗马,并使自己当选为执政官,
后来这一月(原名 sextilis 月)就被改名为奥古斯都(augustus)月。据
佩狄乌斯法,杀害恺撒的凶手被宣布为公敌,反安托尼乌斯和列皮都
斯的命令均被取消。恺撒对屋大维的过继正式得到批准。

11月,月初,屋大维亚努斯同安托尼乌斯与列皮都斯在波诺尼亚会见,
缔结"三头"(史称"后三头"),决定实行公敌宣告,列皮都斯任公元前
42年度执政官,其余二人去东方对付"解放者"以及行省的分配等。
月底,三头进入罗马。保民官普布利乌斯·提奇乌斯提出并通过一项
法律,在五年间授予三头以无限的全权(至公元前38年底)。

△年初,安托尼乌斯去山南高卢,由于戴·布路图斯拒绝让出,安托尼乌
斯便于4月把他包围在木提那。

△12月7日,西塞罗在卡普阿附近被杀害(因他被列入公敌宣告名单之

内）。

△诗人奥维狄乌斯生。

公元前 42 年(汉元帝永光二年,己卯),罗马执政官:玛尔库斯·埃米利乌斯·列皮都斯(第二任)、路奇乌斯·穆纳提乌斯·普兰库斯(Lucius Munatius Plancus)。

屋大维亚努斯二十一岁。

元旦,恺撒正式被崇祀为神,屋大维亚努斯随之取得“神之子”(divi filius)身份。

秋天,屋大维亚努斯和安托尼乌斯渡海东去,并在菲利皮(在马其顿)击败布路图斯和卡西乌斯的共和派军队。战后,屋大维亚努斯取得了西班牙和撒地尼亚(一个时期里还有阿非利加),此外,他还要返回意大利为老兵解决土地问题。

屋大维亚努斯同富尔维娅的女儿解除婚约。

△秋天到冬天,安托尼乌斯去小亚细亚,直抵奇利奇亚,并把克列欧帕特拉召到那里去。然后两人一同来到亚历山大。

公元前 41 年(汉元帝永光三年,庚辰),罗马执政官:路奇乌斯·安托尼乌斯(Lucius Antonius)、普布利乌斯·谢尔维利乌斯·瓦提亚·伊扫里库斯(第二任)。

屋大维亚努斯二十二岁。

年初,屋大维亚努斯到罗马。

屋大维亚努斯对路奇乌斯·安托尼乌斯和富尔维娅作战。路奇乌斯曾利用屋大维亚努斯因强占土地而引起的不满情绪来反对他。路奇乌斯曾一度占领罗马,后来才退向北方。

△玛·安托尼乌斯在亚历山大同克列欧帕特拉生活在一起。

公元前 40 年(汉元帝永光四年,辛巳),罗马执政官:格涅乌斯·多米提乌斯·卡尔维努斯(第二任)、盖乌斯·阿西尼乌斯·波利欧(Gaius Asinius Pollio);补缺执政官:路奇乌斯·科尔涅利乌斯·巴尔布斯(Lucius Cornelius Balbus);补缺执政官:普布利乌斯·卡尼狄乌斯·克拉苏斯(Publius Canidius Crassus)。

屋大维亚努斯二十三岁。

2 月,屋大维亚努斯在长期围攻佩路西亚之后,迫使路奇乌斯·安托尼乌斯和富尔维娅投降。

为了改善同赛克斯图斯·庞培的关系,屋大维亚努斯同庞培的妻子的姑母斯克里波尼娅结婚。

10月,屋大维亚努斯、安托尼乌斯和列皮都斯缔结了布伦狄西乌姆协定,重新分配了行省;安托尼乌斯娶了屋大维亚努斯的姊妹屋大维娅。屋大维亚努斯举行了小凯旋式。

△希罗德斯大帝逃往罗马。

△安托尼乌斯离开亚历山大的克列欧帕特拉。

公元前39年(汉元帝永光五年,壬午),罗马执政官:路奇乌斯·玛尔奇乌斯·肯索里努斯(Lucius Marciùs Censorinus)、盖乌斯·卡尔维西乌斯·撒比努斯(Gaius Calvisius Sabinus);补缺执政官:盖乌斯·科凯乌斯·巴尔布斯(Gaius Cocceius Balbus);补缺执政官:普布利乌斯·阿尔菲努斯·瓦鲁斯(Publius Alfenus Varus)。

屋大维亚努斯二十四岁。

屋大维亚努斯同斯克里波尼娅离婚,不久后就娶了提贝里乌斯·克劳狄乌斯·尼禄的妻子利维娅。利维娅生于公元前58年,她同屋大维亚努斯结婚时,第二个儿子杜路苏斯尚在腹中(或降生不久)。

春天,三头同赛克斯图斯·庞培达成米塞努姆协议。庞培保证不再接受逃跑的奴隶,但已被编入他的军队的奴隶则获得了自由。庞培对西西里等地和舰队拥有为期五年的统治权。此后,他应担任执政官并取得他父亲的财产。

公元前38年(汉元帝建昭元年,癸未),罗马执政官:阿皮乌斯·克劳狄乌斯·普尔凯尔(Appius Claudius Pulcher)、盖乌斯·诺尔巴努斯·弗拉库斯(Gaius Norbanus Flaccus);补缺执政官:路奇乌斯·科尔涅利乌斯·连图路斯(Lucius Cornelius Lentulus);补缺执政官:路奇乌斯·玛尔奇乌斯·菲立浦斯(Lucius Marcius Philippus)。

屋大维亚努斯二十五岁。

屋大维亚努斯开始对赛克斯图斯·庞培的战争。

公元前37年(汉元帝建昭二年,甲申),罗马执政官:玛尔库斯·维普撒尼乌斯·阿格里帕(Marcus Vipsanius Agrippa)、路奇乌斯·卡尼尼乌斯·伽路斯(Lucius Caninius Gallus);补缺执政官:提图斯·斯塔提利乌斯·陶路斯(Titus Statilius Taurus)。

屋大维亚努斯二十六岁。

5月,屋大维亚努斯同安托尼乌斯在塔伦图姆达成协议。安托尼乌斯是偕同屋大维娅从雅典前来的,屋大维娅对协议的促成起了重大作用。协议保证相互帮助,三头同盟从本年元旦起再延长五年。协议后安托尼乌斯返回东方。

△阿格里帕在本年执政官任上主持训练屋大维亚努斯的舰队。

△年底,安托尼乌斯又同克列欧帕特拉见面并同她结婚。

公元前36年(汉元帝建昭三年,乙酉),罗马执政官:路奇乌斯·盖利乌斯·波普利科拉(Lucius Gellius Poplicola)、玛尔库斯·科凯乌斯·涅尔瓦(Marcus Cocceius Nerva);补缺执政官:路奇乌斯·诺尼乌斯·阿斯普列那斯(Lucius Nonius Asprenas);补缺执政官:玛尔奇乌斯(Marcius)。

屋大维亚努斯二十七岁。

屋大维亚努斯取得了保民官的"神圣不可侵犯权"(sacro-sanctitas)。

9月,屋大维亚努斯的亲密助手玛尔库斯·维普撒尼乌斯·阿格里帕在西西里北部沿岸的米莱和纳乌洛库斯一带的两次海战中彻底打败赛克斯图斯·庞培的舰队。庞培逃往小亚细亚。屋大维亚努斯举行了小凯旋式。

列皮都斯在西西里登陆后想独霸该岛,但被屋大维亚努斯打败。此后,列皮都斯即处于隐退地位,专任最高司祭,直到他公元前12年去世(有异说)。

△安托尼乌斯出征帕尔提亚失败,但俘获了阿尔明尼亚的国王。

公元前35年(汉元帝建昭四年,丙戌),罗马执政官:塞克斯图斯·庞培(Sextus Pompeius)(按此人同大庞培之幼子不是同一人)、路奇乌斯·科尔尼菲奇乌斯(Lucius Cornificius);补缺执政官:普布利乌斯·科尔涅利乌斯·斯奇比奥(Publius Cornelius Scipio)、提图斯·培都凯乌斯(Titus Peducaeus)。

屋大维亚努斯二十八岁。

从本年起,屋大维亚努斯在伊利里库姆和达尔玛提亚作战,以保卫意大利的东部边界。这一行动大概延续到公元前33年。阿格里帕参加了这一战事。

△安托尼乌斯在年初在安提奥奇亚同克列欧帕特拉会面,却不允许妻子屋大维娅到自己身边来,对此屋大维亚努斯深感不满。

公元前34年(汉元帝建昭五年,丁亥),罗马执政官:玛尔库斯·安托尼乌斯

（第二任）、路奇乌斯·斯克里波尼乌斯·利波（Luciu Scribonius Libo）；补缺执政官：路奇乌斯·显普洛尼乌斯·阿特拉提努斯（Lucius Sempronius Atratinus）；补缺执政官：帕乌路斯·埃米利乌斯·列皮都斯（Paullus Aemilius Lepidus）；补缺执政官：盖乌斯·美米乌斯（Gaius Memmius）；补缺执政官：玛尔库斯·赫伦尼乌斯（Marcus Herennius）。

屋大维亚努斯二十九岁。

屋大维亚努斯和阿格里帕在伊利里库姆和达尔玛提亚作战，同时他对安托尼乌斯在埃及的行为进行了猛烈的抨击。

△安托尼乌斯借口公元前36年阿尔明尼亚国王逃跑而合并了阿尔明尼亚并在亚历山大举行了一次凯旋式。

△安托尼乌斯公然宣布克列欧帕特拉为众王之女王，并把领土分给她和她的孩子。这一做法引起许多本来支持他的人的非难。

公元前33年（汉元帝竟宁元年，戊子），罗马执政官：统帅·恺撒·神之子（Imperator Caesar Divi F.，即屋大维亚努斯，第二任）、路奇乌斯·沃尔卡奇乌斯·图路斯（Lucius Volcacius Tullus）；补缺执政官：路奇乌斯·奥特洛尼乌斯·佩图斯（Lucius Autronius Paetus）；补缺执政官：路奇乌斯·佛拉维乌斯（Lucius Flavius）；补缺执政官：盖乌斯·丰泰乌斯·卡皮托（Gaius Fonteius Capito）；补缺执政官：玛尔库斯·阿奇利乌斯·格拉布里欧（Marcus Acilius Glabrio）；补缺执政官：路奇乌斯·维尼奇乌斯（Lucius Vinicius）；补缺执政官：克温图斯·拉洛尼乌斯（Quintus Laronius）。

屋大维亚努斯三十岁。

屋大维亚努斯继续前一年的战事并取得胜利。此外，他同安托尼乌斯的关系更加紧张。

△阿格里帕任营造官，在他的领导下罗马大兴土木。

△年终（或公元前32年年初），安托尼乌斯和克列欧帕特拉一同到达以弗所，这里已集结有安托尼乌斯的大批军队。

公元前32年（汉成帝建始元年，己丑），罗马执政官：格涅乌斯·多米提乌斯·阿埃诺巴尔布斯（Gnaeus Domitius Ahenobarbus）、盖乌斯·索西乌斯（Gaius Sosius）；补缺执政官：路奇乌斯·科尔涅利乌斯·秦纳（Lucius Cornelius Cinna）；补缺执政官：玛尔库斯·瓦列里乌斯·美撒拉（Marcus Valerius Messalla）。

屋大维亚努斯三十一岁。

年初,在元老院的会议上,属于安托尼乌斯派的两位执政官公开指责屋大维亚努斯,屋大维亚努斯指使本派的人包围元老院,执政官和三百多名元老逃往安托尼乌斯处。

屋大维亚努斯公布了安托尼乌斯的遗嘱,其中对克列欧帕特拉的赠予触怒了罗马人,因此元老院和人民大会宣布剥夺安托尼乌斯的权力,并对侵夺了罗马人民财产的克列欧帕特拉宣战。

屋大维亚努斯和安托尼乌斯分别使自己的军队向自己宣誓效忠。

屋大维亚努斯谴责安托尼乌斯和克列欧帕特拉的行为,对此安托尼乌斯正式宣布同屋大维娅离婚,并要屋大维娅离开他在罗马的家。

△4月到5月,安托尼乌斯将大本营迁到撒摩斯。随后他又同克列欧帕特拉渡海去雅典,准备把军队沿着面对意大利的希腊海岸布置起来。

公元前31年(汉成帝建始二年,庚寅),罗马执政官:统帅·恺撒·神之子(即屋大维亚努斯,第三任)、玛尔库斯·瓦列里乌斯·美撒拉·科尔维努斯(Marcus Valerius Messalla Corvinus);补缺执政官:玛尔库斯·提提乌斯(Marcus Titius);补缺执政官:格涅乌斯·庞培(Gnaeus Pompeius)。

屋大维亚努斯三十二岁。

9月2日,在阿克提乌姆一战中,屋大维亚努斯在海上战胜了安托尼乌斯。克列欧帕特拉逃回埃及,安托尼乌斯随后也逃到埃及。

公元前30年(汉成帝建始三年,辛卯),罗马执政官:屋大维亚努斯(第四任)、玛尔库斯·李奇尼乌斯·克拉苏斯(Marcus Licinius Crassus);补缺执政官(以下均属第二位执政官的补缺者):盖乌斯·安提斯提乌斯·维图斯(Gaius Antistius Vetus)、玛尔库斯·图利乌斯·西塞罗(Marcus Tullius Cicero)(同名之另一人)、路奇乌斯·撒埃尼乌斯(Lucius Saenius)。

屋大维亚努斯三十三岁。

夏天,屋大维亚努斯从叙利亚方面去埃及,克列欧帕特拉笼络他的计谋失败后就自杀了(8月10日)。埃及最后并入罗马的版图。

冬天,屋大维亚努斯在东方处理那里的政务。

△安托尼乌斯在自己士兵投向对方并得到克列欧帕特拉自杀的误传时自杀(8月1日)。同日屋大维亚努斯进入亚历山大。

△元老院通过撒埃尼乌斯法(Lex Saenia)授权屋大维亚努斯用新的家族来补充已经减员的贵族队伍。

公元前29年(汉成帝建始四年,壬辰),罗马执政官:屋大维亚努斯(第五任)、塞克斯图斯·阿普列乌斯(Sextus Appuleius);补缺执政官:波提图斯·瓦列里乌斯·美撒拉(Potitus Valerius Messalla)。

屋大维亚努斯三十四岁。

年初,屋大维亚努斯在撒摩斯。

夏天,屋大维亚努斯返回意大利。8月13日进入罗马。他连续三天举行了达尔玛提亚、阿克提乌姆和亚历山大三次战争的凯旋式。雅努斯神殿在罗马历史上第三次关闭。然后去布伦狄西乌姆,再去涅阿波利斯。

屋大维亚努斯重订元老院名单。

屋大维亚努斯的"统帅"(Imperator)称号正式得到批准,成为他的名字的第一部分。

△圣优利乌斯(Divus Julius)神殿正式奉献。

公元前28年(汉成帝河平元年,癸巳),罗马执政官:屋大维亚努斯(第六任)、玛尔库斯·维普撒尼乌斯·阿格里帕(第二任)。

统帅·恺撒·神之子(Imperator Caesar Divi filius,即屋大维亚努斯)三十五岁。

屋大维亚努斯在元老院中被列为第一名,成为首席元老(princeps senatus)。

屋大维亚努斯取得了监察权,清洗了元老院,并且进行了自公元前70年便未曾进行的人口调查,调查结束时举行被除献牲式(Lustrum)。

屋大维亚努斯在佛拉维亚大道和梯伯河之间营造自己的陵墓,在帕拉提乌姆山上修建阿波罗神殿。

公元前27年(汉成帝河平二年,甲午),罗马执政官:奥古斯都(第七任)、玛尔库斯·维普撒尼乌斯·阿格里帕(第三任)。

奥古斯都三十六岁。

屋大维亚努斯在1月13日向元老院和人民大会宣布交卸"三头"之一的权力和"重建"共和。

奥古斯都取得西班牙、高卢、叙利亚和埃及为自己的行省(包括大部分军队),为期十年。他派赴行省的人取得他的副帅(legati)之称号,而不用长官的名义。

1月16日元老院授予屋大维亚努斯"奥古斯都"(意为"神圣"、"崇高"、"庄严"等)称号。

"赛克斯提利斯月"(Sextilis)用他的名字改为"奥古斯都月"(August),即

8月,并规定这个月为大月。元老院会堂设金盾纪念他"重建"共和的功劳。

奥古斯都同元老院分享造币的权力(以前造币由元老院负责)。

奥古斯都年中去西班牙,由玛尔库斯·瓦列里乌斯·美撒拉任罗马市长官(praefectus urbi)。秋天起,他在纳尔波高卢,随侍身边的有玛尔凯路斯和提贝里乌斯。他整顿了各行省,把行省分成元首的和元老院的两类并进行了新的人口调查。

公元前26年(汉成帝河平三年,乙未),罗马执政官:奥古斯都(第八任)、提图斯·斯塔提利乌斯·陶路斯(T. Statilius Taurus,第二任)。

奥古斯都三十七岁。

奥古斯都督师在西班牙作战,对付埃塔布里人和阿斯图列斯人,这期间他得了重病。西班牙战争迁延了十年之久(从公元前28年到公元前19年)。

△印度的丝绸、西班牙的麻、马耳他的棉花开始输入罗马。

公元前25年(汉成帝河平四年,丙申),罗马执政官:奥古斯都(第九任)、玛尔库斯·优尼乌斯·西拉努斯(Marcus Junius Silanus)。

奥古斯都三十八岁。

奥古斯都镇平了坎塔布里亚。他在西班牙因体力不支返回塔尔拉科,年底返回意大利。

奥古斯都把女儿优利娅嫁给了外甥玛尔凯路斯(屋大维娅之子),玛尔凯路斯只好解除了同赛克斯图斯·庞培的女儿的婚约。这一年玛尔凯路斯仍随奥古斯都在西班牙。

奥古斯都指令他的埃及代理官玛尔库斯·埃利乌斯·伽路斯进攻阿拉伯·菲利克斯,结果失败(至次年)。

△奥路斯·特伦提乌斯·瓦罗·穆列纳在阿欧斯塔谷地残酷镇压撒拉喜人。此地原为撒拉喜人的首府,后来罗马人名之为奥古斯塔·普莱托里亚。

公元前24年(汉成帝阳朔元年,丁酉),罗马执政官:奥古斯都(第十任)、盖乌斯·诺尔巴努斯·弗拉库斯(Gaius Norbanus Flaccus)。

奥古斯都三十九岁。

奥古斯都年中回到罗马(他离开罗马已有三年)。

奥古斯都修建以他的名字命名的广场和复仇者玛尔斯神的神殿。

年底(一说次年年初,姑系于此),马其顿长官玛尔库斯·普里姆斯被控告进攻色雷斯王国,普里姆斯借口有元首的指示,奥古斯都亲自出庭作证并无此事,被告被定罪(狄奥、卡西乌斯将此事定于公元前 22 年,不确)。

公元前 23 年(汉成帝阳朔二年,戊戌),罗马执政官:奥古斯都(第十一任)、奥路斯·特伦提乌斯·瓦罗·穆列纳(Aulus Terentius Varro Murena);补缺执政官:路奇乌斯·赛斯提乌斯·克维里那利斯(Lucius Sestius Quirinalis)、格涅乌斯·卡尔普尔尼乌斯·皮索(Gnaeus Calpurnius Piso)。

奥古斯都四十岁。

奥古斯都发现了谋害他的阴谋,主谋人是他的执政官同僚穆列纳和法尼乌斯·凯皮欧。阴谋者均被给以应得的惩处。阴谋的详情已不得而知,有人怀疑是一种陷害。因为穆列纳的妹夫麦凯纳斯(奥古斯都最亲信的人物之一)也无法挽救他。

为了表示自己对旧共和派并无成见,他提名一个有名倔强的共和派卡尔普尔尼乌斯·皮索任补缺执政官。

奥古斯都大病几死,但在病危时并未就后事作明确交代,只将若干文书交给执政官皮索并把自己的印章指环赠给阿格里帕。但因安·穆撒的冷水浴疗法竟恢复了健康。

7 月 1 日,奥古斯都放弃了连续担任多年的执政官职位,选定了过去追随"解放者"的一个名叫路奇乌斯·赛斯提乌斯的人做执政官。但选任执政官的核定之权仍在他手中。

奥古斯都对全帝国的同执政官的统治大权,这样所有行省长官对他来说只是副帅的地位。而且,奥古斯都在罗马城内也拥有这种权力,可以保持自己的近卫军(Cohortes Praetoriae)。

奥古斯都还取得了保民官的权力(tribunicia potestas)(自 7 月 1 日起),此后每年都任保民官,拥有这一权力。

奥古斯都在冬天派阿格里帕(也取得了为期五年的同执政官统治大权)去东方对付帕尔提亚人。阿格里帕去后,奥古斯都即去列斯波斯岛休养地。

△玛尔凯路斯在营造官任上死去(生于公元前 42 年)。

公元前 22 年(汉成帝阳朔三年,己亥),罗马执政官:玛尔库斯·克劳狄乌斯·玛尔凯路斯·埃谢尔尼努斯(Marcus Claudius Marcellus Aeserninus)、路奇乌斯·阿尔伦提乌斯(Lucius Arruntius)。

奥古斯都四十一岁。

奥古斯都拒绝独裁官官职,但因罗马发生饥荒而接受监督粮食供应(cura annonae)的权力。他把纳尔波高卢(后来还有伊斯帕尼亚·巴伊提卡,即远西班牙行省的一部分)转交给元老院治理。

奥古斯都去西西里和东方(希腊和亚细亚)巡视(至公元前 19 年)。

△为了整顿社会风气,罗马设置了两位监察官:帕乌路斯·埃米利乌斯·列皮都斯和路奇乌斯·穆纳提乌斯·普兰库斯。

公元前 21 年(汉成帝阳朔四年,庚子),罗马执政官:玛尔库斯·洛利乌斯(Marcus Lollius)、克温图斯·埃米利乌斯·列皮都斯(Quintus Aemilius Lepidus)。

奥古斯都四十二岁。

奥古斯都冬天到东方的撒摩斯。

奥古斯都把女儿优利娅再嫁给阿格里帕(年初),阿格里帕去高卢和西班牙。

公元前 20 年(汉成帝鸿嘉元年,辛丑),罗马执政官:盖乌斯·阿普列乌斯(Gaius Appuieius)、普布利乌斯·西利乌斯·涅尔瓦(Publius Silius Nerva)。

奥古斯都四十三岁。

奥古斯都仍在东方,与帕尔提亚国王普拉特斯四世达成协议,收回帕尔提亚人过去从克拉苏斯(公元前 53 年)和安托尼乌斯(公元前 36 年)手中夺去的罗马军旗(鹰标)。

奥古斯都设置专门监管道路的官吏(curatores viarum)。

△优利娅同阿格里帕之子盖乌斯生。

△印度、斯奇提亚使节来罗马。

公元前 19 年(汉成帝鸿嘉二年,壬寅),罗马执政官:盖乌斯·森提乌斯·撒图尔尼努斯(Gaius Sentius Saturninus)、克温图斯·卢克列提乌斯·维斯皮洛(Quintus Lucretius Vispillo)。补缺执政官:玛尔库斯·维尼奇乌斯(Marcus Vinicius)。

奥古斯都四十四岁。

奥古斯都年初在希腊,参加埃列乌西斯秘仪。

奥古斯都再次审订元老院名单。

10 月 19 日,奥古斯都返回罗马。

△阿格里帕在西班牙彻底征服了坎塔布里人。

△罗马对努米地亚以南的伽拉曼特斯人进行了成功的征讨。

△一个叫埃格纳提乌斯·茹福斯的人被控有阴谋杀害元首的意图,因而被处决。

△诗人维吉尔在陪同奥古斯都从希腊返回意大利时死在布伦狄西乌姆(9 月 20 日)。

△罗马水道建成。

公元前 18 年(汉成帝鸿嘉三年,癸卯),罗马执政官:普布利乌斯·科尔涅利乌斯·连图路斯·玛尔凯利努斯(Publius Cornelius Lentulus Marcellinus)、格涅乌斯·科尔涅利乌斯·连图路斯(Gnaeus Cornelius Lentulus)。

奥古斯都四十五岁。

奥古斯都的各项权力延长五年,阿格里帕和他一样也取得了为期五年的同执政官的统治大权和保民官的权力。

奥古斯都为整顿风纪而通过反对通奸的法律(lex Iulia de adulteriis)和近乎迫使人们结婚的法律(lex Iulia de marlntandis ordinibus)。此外,他还以监察官的身份整顿元老院,把元老人数从九百人减少至六百人。

公元前 17 年(汉成帝鸿嘉四年,甲辰),罗马执政官:盖乌斯·富尔尼乌斯(Gaius Furnius)、盖乌斯·优尼乌斯·西拉努斯(Gaius Junius Silanus)。

奥古斯都四十六岁。

奥古斯都过继阿格里帕和优利娅所生之盖乌斯和本年出生之路奇乌斯为继子,意在指定他们为未来可能的接班人。

奥古斯都在行省的大权十年期满,元老院一致决定再延长五年。

夏天,奥古斯都在罗马举行"百年节"(Ludi saeculares),这种节日在帝国时期是第一次,后来约每百年才举行一次。这时号称是纪念罗马建国以来第五个世纪(saeculum)的结束。

△阿格里帕返回东方处理博斯波鲁斯王国事件,意在将波列蒙一世安置在王位上。

△高卢长官洛利乌斯被进攻的日耳曼人战败。(有人将此事归入公元前 16 年,似不确。)

公元前 16 年（汉成帝永始元年，乙巳），罗马执政官：路奇乌斯·多米提乌斯·阿埃诺巴尔布斯（Lucius Domitius Ahenobarbus）、普布利乌斯·科尔涅利乌斯·斯奇比奥（Publius Cornelius Scipio）；补缺执政官：路奇乌斯·塔里乌斯·茹福斯（Lucius Tarius Rufus）。

奥古斯都四十七岁。

奥古斯都偕提贝里乌斯去高卢，安排这一地区的事务，市长官提图斯·斯塔提利乌斯·陶路斯留守罗马。提贝里乌斯接替了洛利乌斯的军务。

△阿格里帕再去东方。（至公元前 13 年。）

公元前 15 年（汉成帝永始二年，丙午），罗马执政官：玛尔库斯·李维乌斯·杜路苏斯·利波（Marcus Livius Drusus Libo）、路奇乌斯·卡尔普尔尼乌斯·皮索·佛路吉（Lucius Calpurnius Piso Frugi，司祭）。

奥古斯都四十八岁。

奥古斯都在高卢。莱提亚和诺里库姆被并入罗马版图，成为行省（一说在公元前 16 年，姑系于本年）。

奥古斯都从元老院手中取得铸造金银币的独占特权。

△利维娅柱廊建成。

△帝国在路格杜努姆（里昂）建立最大的铸币厂，元老院只能负责铸造铜币。本年罗马重新铸造铜币。

△阿格里帕访问犹太并同希罗德斯建立友好关系。

公元前 14 年（汉成帝永始三年，丁未），罗马执政官：玛尔库斯·李奇尼乌斯·克拉苏斯（Marcus Licinius Crassus）、格涅乌斯·科尔涅利乌斯·连图路斯（Gnaeus Cornelius Lentulus，占卜官）。

奥古斯都四十九岁。

奥古斯都在高卢。

△罗马的道路一直通到西班牙最南端的伽地斯港。

公元前 13 年（汉成帝永始四年，戊申），罗马执政官：提贝里乌斯·克劳狄乌斯·尼禄（Tiberius Claudius Nero）、普布利乌斯·克温克提利乌斯·瓦鲁斯（Publius Quinctilius Varus）。

奥古斯都五十岁

奥古斯都与阿格里帕的权力再延长五年。

奥古斯都自西班牙与高卢之行返回罗马，阿格里帕同时也返回罗马。

奥古斯都修建"和平祭坛"（Ara Pacis，公元前 9 年完成）与玛尔凯路斯剧
场。

△罗马开始了对付潘诺尼人的军事行动。阿格里帕奉派前往潘诺尼亚。

公元前 12 年（汉成帝元延元年，己酉），罗马执政官：玛尔库斯·瓦列里乌
斯·美撒拉·巴尔巴图斯·阿皮亚努斯（Marcus Valerius Messalla Bar-
batus Appianus）、普布利乌斯·苏尔皮奇乌斯·克维里尼乌斯（Publius
Sulpicius Quirinius）；补缺执政官：盖乌斯·瓦尔吉乌斯·茹福斯（Gaius
Valgius Rufus）；补缺执政官：盖乌斯·卡尼尼乌斯·列比路斯（Gaius
Caninius Rebilus）；补缺执政官：路奇乌斯·沃路西乌斯·撒图尔尼努斯
（Lucius Volusius Saturninus）。

奥古斯都五十一岁。

自公元前 44 年担任最高司祭的玛尔库斯·埃米利乌斯·列皮都斯（三
头之一）去世（一说公元前 13 年），奥古斯都继任了最高司祭，这时他
成了罗马政教两界的领袖。

奥古斯都修建以盖乌斯与路奇乌斯为名的柱廊与会堂。

△阿格里帕年初返回意大利后不久因病死于康帕尼亚（2 月）。提贝里
乌斯被迫同自己的妻子维普撒尼娅·阿格里皮娜离婚，以便同阿格里
帕的遗孀优利娅结婚。

△提贝里乌斯受命以伊利里库姆副帅的身份去征讨潘诺尼人和达尔玛
提人。杜路苏斯则率领各莱茵军团和在高卢征募的军队进攻日耳曼
尼亚并最终开抵易北河。战争持续到公元前 9 年。在本年，杜路苏斯
征服了弗里喜人，打败了苏甘布里人、布路克特里人、卡乌奇人，但是
他的舰队在返航时受到损失。

△路奇乌斯·皮索开始征讨色雷斯。

公元前 11 年（汉成帝元延二年，庚戌），罗马执政官：克温图斯·埃利乌斯·
图倍罗（Quintus Aelius Tubero）、帕乌路斯·法比乌斯·玛克西姆斯
（Paullus Fabius Maximus）。

奥古斯都五十二岁。

奥古斯都第三次审订元老院名单。

△提贝里乌斯和杜路苏斯继续前一年的战争。

△杜路苏斯征服了乌西佩提斯人并推进到威悉河，为此他举行了一次小
凯旋式，因为奥古斯都不同意他举行正式的凯旋式。

△奥古斯都之姊屋大维娅去世（终年五十九岁左右）。

公元前 10 年(汉成帝元延三年,辛亥),罗马执政官:阿非利卡努斯·法比乌斯·玛克西姆斯(Africanus Fabius Maximus)、优路斯·安托尼乌斯(Iullus Antonius)。

奥古斯都五十三岁,再去高卢。

在公元前 27 年归元老院治理的伊利里库姆分成两个由皇帝治理的行省(皇帝因其最高统治大权随时可以干预元老院所属行省的事务)。

△提贝里乌斯继续前一年的战争。

△杜路苏斯对卡提伊人作战。

公元前 9 年(汉成帝元延四年,壬子),罗马执政官:尼禄·克劳狄乌斯·杜路苏斯(Nero Claudius Drussus)、提图斯·克温克提乌斯·克里斯皮努斯·苏尔皮奇亚努斯(Titus Quinctius Crispinus Sulpicianus)。

奥古斯都五十四岁。

奥古斯都奉献本年建成之"和平祭坛"。

△提贝里乌斯最后征服了潘诺尼亚。他在杜路苏斯于本年死后又开始了日耳曼的战役。

△杜路苏斯以本年度执政官身份对苏埃比人、玛尔科曼尼人和凯路斯奇人作战并推进到易北河。但他在夏营突然身亡。元老院授予他和他的后人以"日耳曼尼库斯"的称号。

公元前 8 年(汉成帝绥和元年,癸丑),罗马执政官:盖乌斯·玛尔奇乌斯·肯索里努斯(Gaius Marcius Censorinus)、盖乌斯·阿西尼乌斯·伽路斯(Gaius Asinius Gallus)。

奥古斯都五十五岁。

奥古斯都对元老院进行第三次清洗并进行第二次人口调查。

奥古斯都的各种权力又延长十年。

奥古斯都修订恺撒的优利乌斯历(旧译儒略历,一说公元前 9 年),把他开始担任执政官并取得重大胜利的赛克斯提利乌斯月(Sextilius)改为奥古斯都月(即今之 8 月),并定为大月。

△提贝里乌斯继续在日耳曼作战。

△麦凯纳斯去世,他把巨额产业遗赠给奥古斯都。

△贺拉斯去世(11 月 27 日,比麦凯纳斯晚几个月),终年五十七岁。

公元前 7 年(汉成帝绥和二年,甲寅),罗马执政官:提贝里乌斯·克劳狄乌斯·尼禄(第二任)、格涅乌斯·卡尔普尔尼乌斯·皮索(Gnaeus Calpurnius Piso）。

奥古斯都五十六岁。

奥古斯都整顿罗马的几个重要祭司团（Collegia）。

奥古斯都开始进行军队复员的工作。

△罗马分成十四个区。

△提贝里乌斯继续在日耳曼尼亚作战。

△狄奥尼西乌斯撰成了《罗马古代史》，从公元前 30 年到公元前 7 年（一说公元前 8 年），他一直在罗马讲学，甚有影响。

公元前 6 年（汉哀帝建平元年，乙卯），罗马执政官：戴奇姆斯·莱利乌斯·巴尔布斯（Decimus Laelius Balbus）、盖乌斯·安提斯提乌斯·维图斯（Gaius Antistius Vetus）。

奥古斯都五十七岁。

奥古斯都授意元老院把保民官的权力（tribunicia potestas）给予提贝里乌斯，但他仍有意使同自己有血统关系的人作为自己的继承人（当指盖乌斯·恺撒）。提贝里乌斯察觉此意，乃借故退居罗得斯岛。

奥古斯都将帕弗拉哥尼亚并入伽拉提亚。

罗马发生要求盖乌斯任执政官的骚动，奥古斯都公开表示不同意，实则内心高兴。

公元前 5 年（汉哀帝建平二年，丙辰），罗马执政官：奥古斯都（第十二任）、路奇乌斯·科尔涅利乌斯·苏拉（Lucius Cornelius Sulla）；补缺执政官（补第二位）：路奇乌斯·维尼奇乌斯（Lucius Vinicius）；补缺执政官：克温图斯·哈提里乌斯（Quintus Haterius）；补缺执政官：盖乌斯·苏尔皮奇乌斯·伽尔巴（Gaius Sulpicius Galba）。

奥古斯都五十八岁。

奥古斯都仍进行大量军队的复员工作（至公元前 2 年基本结束）。

△骑士集团宣布盖乌斯·恺撒为首席青年（princeps juventutis），因元老院决定盖乌斯五年后（即公元 1 年）任执政官。

△自本年起执政官的人数每年大多在两人以上，并且是指定的，而不是选出的。

公元前 4 年（汉哀帝建平三年，丁巳），罗马执政官：盖乌斯·卡尔维西乌斯·撒比努斯（Gaius Calvisius Sabinus）、路奇乌斯·帕西耶努斯·茹福斯（Lucius Passienus Rufus）；补缺执政官：盖乌斯·凯利乌斯（Gaius Caelius)；补缺执政官：伽路斯·苏尔皮奇乌斯（Gallus Sulpicius）。

奥古斯都五十九岁。

△基督教认为耶稣本年生于伯利恒。

△提贝里乌斯在罗得斯岛。

△犹太国王希罗德斯大帝死（公元前73年左右生）。

公元前3年（汉哀帝建平四年,戊午）,罗马执政官：路奇乌斯·科尔涅利乌斯·连图路斯（Lucius Cornelius Lentulus）、玛尔库斯·瓦列里乌斯·美撒拉·美撒利努斯（Marcus Valerius Messalla Messallinus）。

奥古斯都六十岁。

△路奇乌斯·安奈乌斯·塞内加生（尚有公元前4年、公元前2年等说,姑系于此年）。

公元前2年（汉哀帝元寿元年,己未）,罗马执政官：奥古斯都（第十三任）、玛尔库斯·普劳提乌斯·西尔瓦努斯（Marcus Plautius Silvanus）；补缺执政官（2）：路奇乌斯·卡尼尼乌斯·伽路斯（Lucius Caninius Gallus）；补缺执政官（1）：盖乌斯·富菲乌斯·盖米努斯（Gaius Fufius Geminus）；补缺执政官（1）：克温图斯·法布里奇乌斯（Quintus Fabricius）。

奥古斯都六十一岁。

奥古斯都因女儿优利娅生活作风问题而将她放逐。

奥古斯都向公众引见继子盖乌斯和路奇乌斯。

奥古斯都奉献复仇者玛尔斯神神殿并举行海战表演。

奥古斯都从元老院取得祖国之父（Pater Patriae）的名号。

△路奇乌斯着成人之外袍并取得和盖乌斯相同之荣誉。

公元前1年（汉哀帝元寿二年,庚申）,罗马执政官：科苏斯·科尔涅利乌斯·连图路斯（Cossus Cornelius Lentulus）、路奇乌斯·卡尔普尔尼乌斯·皮索（Lucius Calpurnius Piso,占卜官）、奥路斯·普劳提乌斯（Aulus Plautius）、奥路斯·凯奇纳·谢维路斯（Aulus Caecina Severus）。

奥古斯都六十二岁。

奥古斯都将盖乌斯派往东方,盖乌斯同阿尔明尼亚国王进行商谈并使罗马指定的人任阿尔明尼亚国王。

△玛尔库斯·洛利乌斯（公元前21年执政官）以顾问身份随盖乌斯去东方。洛利乌斯过去曾任马其顿、高卢等地长官。

△盖乌斯在进攻阿尔塔吉腊时身负重伤。

公元 1 年（汉平帝元始元年,辛酉）,罗马执政官:盖乌斯·恺撒（Gaius Caesar）、路奇乌斯·埃米利乌斯·帕乌路斯（Lucius Aemilius Paullus）;补缺执政官（2）:玛尔库斯·赫伦尼乌斯·皮肯斯（Marcus Herennius Picens）。

奥古斯都六十三岁。

公元 2 年（汉平帝元始二年,壬戌）,罗马执政官:普布利乌斯·维尼奇乌斯（Publius Vinicius）、普布利乌斯·阿尔菲努斯（Publius Alfenus）;补缺执政官（1）:普布利乌斯·科尔涅利乌斯·连图路斯·斯奇比奥（Publius Cornelius Lentulus Scipio）;补缺执政官（2）:提图斯·克温克提乌斯·克里斯皮努斯·瓦列里亚努斯（Titus Quinctius Crispinus Valerius）。

奥古斯都六十四岁。

由于利维娅的斡旋,奥古斯都允许提贝里乌斯返回罗马,但提贝里乌斯未参与政事。

△路奇乌斯去西班牙,途中死于玛西利亚（马赛）。

△盖乌斯在幼发拉底河的一个岛上同帕尔提亚国王举行会谈。洛利乌斯因失宠于盖乌斯而自杀,克维里努斯取代了他。

公元 3 年（汉平帝元始三年,癸亥）,罗马执政官:路奇乌斯·埃利乌斯·拉米亚（Lucius Aelius Lamia）、玛尔库斯·谢尔维利乌斯（Marcus Servilius）;补缺执政官（1）:普布利乌斯·西利乌斯（Publius Silius）;补缺执政官（2）:路奇乌斯·沃路西乌斯·撒图尔尼努斯（Lucius Volusius Saturninus）。

奥古斯都六十五岁。

公元 4 年（汉平帝元始四年,甲子）,罗马执政官:赛克斯图斯·埃利乌斯·卡图斯（Sextus Aelius Catus）、盖乌斯·森提乌斯·撒图尔尼努斯（Gaius Sentius Saturninus）;补缺执政官（1）:格涅乌斯·森提乌斯·撒图尔尼努斯（Gnaeus Sentius Saturninus）;补缺执政官（2）:盖乌斯·克洛狄乌斯·李奇努斯（Gaius Clodius Licinus）。

奥古斯都六十六岁。

奥古斯都宣布提贝里乌斯为继子,提贝里乌斯取得同执政官统治大权。

奥古斯都开始在军事方面提拔新人,如次年的波斯图姆斯,公元 8 年的哈比纳斯等。

△盖乌斯在返回意大利途中,因伤死于吕奇亚。

△提贝里乌斯过继其侄（杜路苏斯之子）日耳曼尼库斯为继子。

日耳曼尼库斯随提贝里乌斯出征潘诺尼人和日耳曼人。

公元5年（汉平帝元始五年，乙丑），罗马执政官：路奇乌斯·瓦列里乌斯·美撒拉·沃列苏斯（Lucius Valerius Messalla Volesus）、格涅乌斯·科尔涅利乌斯·秦纳·玛格努斯（Gnaeus Cornelius Cinna Magnus）；补缺执政官（1）：盖乌斯·维比乌斯·波司图姆斯（Gaius Vibius Postumus）；补缺执政官（2）：盖乌斯·阿泰乌斯·卡皮托（Gaius Ateius Capito）。

奥古斯都六十七岁。

△提贝里乌斯进抵易北河。

△近卫军服役期限规定为十六年，辅助部队服役期限规定为二十五年。

公元6年（汉孺子婴居摄元年，丙寅），罗马执政官：玛尔库斯·埃米利乌斯·列皮都斯（Marcus Aemilius Lepidus）、路奇乌斯·阿尔伦提乌斯（Lucius Arruntius）；补缺执政官：路奇乌斯·诺尼乌斯·阿斯普列那斯（Lucius Nonius Asprenas）。

奥古斯都六十八岁。

奥古斯都进一步复员军队，为老兵设置军库（aerarium militare）。

△提贝里乌斯征讨本年发生暴乱的伊利里库姆和潘诺尼亚。

△犹太的希罗德斯之子阿尔凯拉乌斯被黜，撒玛利亚和伊都美亚归罗马代理官统治。争取犹太民族独立的狂热派正式组成。

△普劳提乌斯·西尔瓦努斯（伽拉提亚副帅）镇压伊扫里亚山区居民。

公元7年（汉孺子婴居摄二年，丁卯），罗马执政官：克温图斯·凯奇利乌斯·梅特路斯·克列提库斯·西拉努斯（Quintus Caecilius Metellus Creticus Silanus）、奥路斯·李奇尼乌斯·涅尔瓦·西拉努斯（Aulus Licinius Nerva Silanus）；补缺执政官（2）：路奇利乌斯·隆古斯（Lucilius Longus）。

奥古斯都六十九岁。

△玛·普·西尔瓦努斯奉提贝里乌斯之召自伽拉提亚来巴尔干协助美西亚副帅凯奇纳·谢维路斯作战。

公元8年（汉孺子婴初始元年，戊辰），罗马执政官：玛尔库斯·富里乌斯·卡米路斯（Marcus Furius Camillus）、赛克斯图斯·诺尼乌斯·克温克提利亚努斯（Sextus Nonius Quinctilianus）；补缺执政官（1）：路奇乌斯·阿普洛尼乌斯(Lucius Apronius);补缺执政官(2):奥路斯·维比乌斯·哈比图斯(Aulus Vibius Habitus)。

奥古斯都七十岁。

奥古斯都放逐自己的外孙女优利娅。此外,他还放逐了罗马诗人奥维狄乌斯。

公元9年(新莽治建国元年,己巳),罗马执政官:盖乌斯·波培乌斯·撒比努斯(Gaius Poppaeus Sabinus)、克温图斯·苏尔皮奇乌斯·卡美里努斯(Quintus Sulpicius Camerinus);补缺执政官(1):玛尔库斯·帕皮乌斯·木提路斯(Marcus Papius Mutilus);补缺执政官(2):克温图斯·波培乌斯·谢孔都斯(Quintus Poppaeus Secundus)。

奥古斯都七十一岁。

△莱茵军团的副帅普布利乌斯·克温克提利乌斯·瓦鲁斯率军从威悉河附近的夏营返回时,在撒尔图斯·条托布尔吉恩西斯中阿尔米尼乌斯的伏击后自杀。他的惨败使年迈的奥古斯都受到很大的刺激。

△提贝里乌斯结束对潘诺尼亚和伊利里库姆的镇压。

公元10年(新莽治建国二年,庚午),罗马执政官:普布利乌斯·科尔涅利乌斯·多拉贝拉(Publius Cornelius Dolabella)、盖乌斯·优尼乌斯·西拉努斯(Gaius Junius Silanus);补缺执政官(1):谢尔维乌斯·科尔涅利乌斯·连图路斯·玛路吉年西斯(Servius Cornelius Lentulus Maluginensis);补缺执政官(2):克温图斯·优尼乌斯·布莱苏斯(Quintus Junius Blaesus)。

奥古斯都七十二岁。

公元11年(新莽治建国三年,辛未),罗马执政官:玛尔库斯·埃米利乌斯·列皮都斯(Marcus Aemilius Lepidus)、提图斯·斯塔提利乌斯·陶路斯(Titus Statilius Taurus);补缺执政官(1):路奇乌斯·卡西乌斯·隆吉努斯(Lucius Cassius Longinus)。

奥古斯都七十三岁。

公元12年(新莽治建国四年,壬申),罗马执政官:日耳曼尼库斯·恺撒(Germanicus Caesar)、盖乌斯·丰泰乌斯·卡皮托(Gaius Fonteius Capito);补缺执政官(2):盖乌斯·维赛利乌斯·瓦罗(Gaius Visellius Varro)。

奥古斯都七十四岁。

奥古斯都依据大逆治罪法下令追究造谣诽谤他人的卡西乌斯·谢维路
斯并将他流放到克里特岛。

公元13年（新莽治建国五年,癸酉）,罗马执政官:盖乌斯·西利乌斯·奥路
斯·凯奇那·拉尔古斯（Gaius Silius Aulus Caecina Largus）、路奇乌
斯·穆纳提乌斯·普兰库斯（Lucius Munatius Plancus）。
奥古斯都七十五岁。
奥古斯都的各项权力延长十年,同时提贝里乌斯的同执政官统治大权与
保民官的权力也延长十年。提贝里乌斯实际上成为奥古斯都的共治
者。
奥古斯都将他的遗嘱连同他的《行述》交由维斯塔贞女保存（4月）。
△日耳曼尼库斯奉派统率莱茵河的军队。

公元14年（新莽天凤元年,甲戌）,罗马执政官:赛克斯图斯·庞培（Sextus
Pompeius）、赛克斯图斯·阿普列乌斯（Sextus Appuleius）。
奥古斯都七十六岁。
奥古斯都举行第三次人口调查。
8月,提贝里乌斯去伊利里库姆。
8月17日（一说19日）,奥古斯都去世,提贝里乌斯匆忙赶回。
9月17日,奥古斯都被崇祀为神。

图书在版编目(CIP)数据

奥古斯都/(英)特威兹穆尔著;王以铸译.—北京:
商务印书馆,2010
ISBN 978-7-100-06638-9

I.奥… II.①特…②王… III.奥古斯都(前63~
14)—生平事迹 IV.K835.467=2

中国版本图书馆 CIP 数据核字(2009)第 064200 号

奥 古 斯 都

〔英〕特威兹穆尔 著

王以铸 译

商 务 印 书 馆 出 版
(北京王府井大街36号 邮政编码 100710)
商 务 印 书 馆 发 行
北 京 瑞 古 冠 中 印 刷 厂 印 刷
ISBN 978-7-100-06638-9

2010 年 3 月第 1 版　　　　开本 787×1092 1/16
2010 年 3 月北京第 1 次印刷　　印张 38½　插页 6
定价: 68.00 元